本书受中国藏学研究中心重点课题『西藏文化史·吐蕃卷』经费资助

吐蕃文化史料集萃

黄维忠 魏迎春 主编

U0874793

中国藏学出版社

目　录

传世文献篇

敦煌文献篇

碑铭、墓志铭篇

附　录

前 言

何为“史料”？随着人类对历史认识的不断深化，史料的观念与范围也越来越大。不但有意识的记录可以作为史料，无意识的记录也可以作为史料；不但文字记录可以作为史料，实物材料和口头材料（口述史）也可以作为史料。史料总是不可避免地带有产生它那个时代的特点，文字史料必然会打上记录史料的个人与集团的时代烙印。

具体到吐蕃历史文化领域的史料，既有文献史料，也有实物史料。前者包括汉文文献和藏文文献两类，按照文献性质还可以分为传世文献、出土文献。后者包括考古材料、岩画、壁画、塑像、建筑、碑铭等。

《吐蕃文化史料集萃》是中国藏学研究中心重大课题《西藏文化史吐蕃卷》的阶段性成果之一，所收录的史料分为传世文献篇、敦煌文献篇和碑铭、墓志铭篇三类。

一、传世文献篇

传世文献篇收录汉藏文文献各两种。中国社会科学院的吴玉贵先生将留存在唐代史学著作中的有关吐蕃历史文化的汉文传世文献大体分为两大类，一类是资料性质的史料，如《唐大诏令集》《文馆词林》《唐会要》《全唐文》及唐人别集、笔记等直接或分类抄录原始资料的著作，都可归为资料性质的史料；另一类是著述性质的史料，如《旧唐书》《新唐书》《资治通鉴》《通典》等都属于著述性质的史料。至于《册府元龟》《太平御览》《玉海》等后出的大型类书则以抄录上述两类史料为主。[①] 本书所收录的新旧《唐书》中的《吐蕃传》，陈述了吐蕃王朝的形成、发展与衰亡的过程，为我们了解吐蕃王朝历史与文化提供了一个最为基础的“框架”。

藏文文献之一的《吐蕃王统》节选自藏族史学名著《新红史》。《新红史》成书于1538年（明嘉靖十七年），其特点是形式新颖，取材侧重政治，且提纲挈领、言简意赅。吐蕃历史虽不是《新红史》的重点，但在这部分中，为我们勾勒了吐蕃历代赞普的主要事迹。加之，该书译者中国社会科学院的黄颢先生做了详细注释，且注释资料以藏文史料为主，对我们全面了解吐蕃历史非常有帮助。《致吐蕃臣民与僧众书》则见载于藏文《大藏经》书翰部，是古印度南方某王之子桑杰商哇（Buddhaguhya，佛密）所著。据学者考证，完成于761年前后。有助于我们了解佛教传入吐蕃的历史进程。

二、敦煌文献篇

敦煌文献篇收录藏汉文文献27种、32个卷号。作为出土文献的敦煌文献是我国20世纪初中国古文献的四大发现之一。敦煌文献，或称敦煌遗书、敦煌卷子、敦煌文书、敦煌写本等，据学者不完全统计，目前有6万余件[②]，其中藏文有1万余件。从786年到848年（大中二年）六十余年的时间中，敦煌归吐蕃统治，因此敦煌所出的汉文文献中有一部分为吐蕃时期的文献。这些文献，学者们归为三类：一是佛事文书，又称释门杂文。主要内容是转经求佛发愿祈福之类，但从中能反映吐蕃统治河西敦煌的时政、对外交流和军事等方面的情况。二是社会政治经济类文书。这类文书内容庞杂，根据行文格式和具体内容，大致分为人物传记资料、官府案卷簿籍及契约借贷文

① 吴玉贵：《古代吐蕃汉文史料编年辑考（638—663）》，《中国藏学》2012年S1期，第278页。

② 郝春文：《敦煌学概论》，北京：高等教育出版社，2010年，绪论第1页。刘进宝在《敦煌学通论》（增订本）（兰州：甘肃教育出版社，2019年）358页认为“总数6万卷左右”。

书三种。三是文学作品。敦煌汉文吐蕃史料内容丰富，反映的问题很多，有关吐蕃统治时期的政策、职官、宗教、寺院经济、民族关系、文化形态等方面的情况，均有涉及。本书除收录《呈吐蕃赞普奏章》（P. 3201v）、《吐蕃监军论董勃藏修伽蓝功德记》（Дx. 1462 + P. 3829）、《吐蕃监军论董勃藏修伽蓝功德记》（羽 689）、《大蕃敕尚书令尚起律心儿圣光寺功德颂》（P. T. 1070/P. 2765v）等汉文文献外，还以附录形式收录吐蕃时期敦煌汉文文书中有确切纪年及学者研究推论抄写年代者，并辑录相关题记。

1 万余件敦煌藏文文献大多缺少明确纪年，故很难判定其确切年代，不过学界的共识是，总体以 9—10 世纪的文献为主，早一些的可追溯至 8 世纪。内容涉及历史、宗教、文化、社会、经济、科技等各个领域。本书收录的《古藏文编年史》（P. T. 1287/P. T. 1286）、《戌年十二月德论为沙州众僚对官秩品阶意见不一事牒》（P. T. 1089）属历史部分，《尚书》（P. T. 986）、《春秋后语》（P. T. 1291）、《礼仪问答》（P. T. 1283/P. T. 2111）、《分别讲说人的行止》（P. T. 992）、藏文儒家格言读物（中村不折藏敦煌文书/P. T. 987、P. T. 988）、《孔子项托相问书》（P. T. 992）属文化部分，《脉诊书》（P. T. 1054r）、《十二生肖人命相》（P. T. 127r1）、《六十甲子纳音五行》（P. T. 127v2）属科技部分，《楞伽师资记》（IOL Tib J 710）、《顿悟真宗要诀》［P. 2799/P. 3922/P. T. 116（Ⅷ）］、《无所得一法论》（P. T. 116Ⅴ）、《顿悟摄要论》《大乘中观义论》《显明智慧论》（P. T. 121）、摩诃衍教义（P. T. 813）、禅师语录（P. T. 116Ⅶ）、《禅师南喀宁波善知识传承略说》《大乘无分别修习之道》（P. T. 996）、《印度高僧德瓦布扎事略》（P. T. 849）、《于阗教法史》（P. T. 960）属宗教部分。其中多数藏文文献为学者新近翻译整理的，少量的属于修订翻译的。尤其是《古藏文编年史》（P. T. 1287/P. T. 1286），在国内学界以《敦煌本吐蕃历史文书》而闻名[①]。只是，对于 P. T. 1286 和 P. T. 1287，学

---

① 敦煌所出 P. T. 1286《小邦邦伯家臣及赞普世系》、P. T. 1287《吐蕃赞普传记》及 P. T. 1288 + IOL Tib J 750 和 Or. 8212. 187 两种《吐蕃大事纪年》，学界合称《敦煌本吐蕃历史文书》，是研究吐蕃史最基本和最重要的文献之一。

界逐渐认识到它们在叙事上有某种连续性，二者互相补充，原先当为一件写卷，因为这种认识，学者遂将这两件文书合称为“Old Tibetan Chronicle”[①]，译成汉文，可作《古藏文编年史》。本书收录的《古藏文编年史》（P. T. 1287/P. T. 1286）是国家社科基金重大项目“敦煌吐蕃文献分类整理与研究”子课题历史卷的最新成果之一，是课题组在中央民族大学陈践教授的指导下，重新研读 P. T. 1287、P. T. 1286 的基础上整理完成的。

三、碑铭、墓志铭篇

碑铭、墓志铭篇收录汉文碑铭、墓志铭 22 种。

有关吐蕃历史文化的碑铭、墓志铭同样有藏汉两种文字。吐蕃时期遗留下来的藏文碑铭文献主要分为两类，即石碑和摩崖石刻，另有少量钟铭。目前所了解到的吐蕃藏文碑铭文献有 35 处（未含境外拉达克等地），年代在吐蕃赞普赤松德赞到赤祖德赞执政时期，即 8 世纪中叶至 9 世纪 40 年代之间，其中石碑 13 通，摩崖石刻 18 处，钟铭文 4 处。自 20 世纪 80 年代以来，国内外学界对此已经有深入的研究，且有详细的录文和译注[②]，因此本书不再予以收录。

---

① 参见如 G. Uray, “The Structure and Genesis of the Old Tibetan Chronicle of Dunhuang,” in Alfredo Cadonna ed., *Turfan and Tun-huang: The Texts. Encounter of Civilizations on the Silk Route*, Firenze: Leo S. Olski Editore, 1992, pp. 123-124; Brandon Dotson and Agnieszka Helman-Ważny, *Codicology, Paleography, and Orthography of Early Tibetan Documents: Methods and A Case Study*, Wien: Arbeitskreis für Tibetise und Buddhistise Studien Universität Wien, 2016, p. 119.

② 代表性的有：王尧：《吐蕃金石录》，北京：文物出版社，1982 年；Richardson, Hugh, *A Corpus of Early Tibetan Inscription*, London: Royal Asiatic Society, 1985; Li, Fang Kuei and Weldon South Coblin, *A Study of the Old Tibetan Inscriptions*, Taipei: Institute of History and Philology, Academica Sinica, 1987; 王启龙译：《古代西藏碑文研究》，拉萨：西藏人民出版社，2006 年；Iwao, Kazushi, Nathan Hill and Tsuguhito Takeuchi eds., *Old Tibetan Inscriptions*, Old Tibetan Documents Online Mogograph Series, Vol. 2. Tokyo: Research Institute for Languages and Cultures of Asia and Africa, Tokyo University of Foreign Studies, 2009; 巴桑旺堆：《吐蕃碑文与摩崖石刻考证》（藏文），拉萨：西藏人民出版社，2011 年；恰嘎旦正：《藏文碑文研究》（藏文），拉萨：西藏人民出版社，2012 年。

相对而言，藏学界鲜少关注与吐蕃历史文化相关的唐代汉文碑铭、墓志铭。唐代碑铭、墓志铭数量庞大，涵盖社会生活的方方面面，其中不乏对吐蕃历史、文化、吐蕃与唐朝的交往等历史史实的载记。这些载记是该时代最直观、最直接的历史呈现，是吐蕃研究、唐蕃关系研究等方面的第一手文献资料，有着重要的文献价值。因此本书在唐代诸多碑铭、墓志铭中，精选了两组 22 篇碑志文，一组有关论氏家族，共 8 篇，可以梳理出较为完整的论氏世系；一组为综合反映唐蕃关系，共 14 篇，从中可以了解吐蕃文化、唐蕃关系等。

本资料集所收录文献以解题、录文、注释（校释）方式呈现，每篇文献最后以括注形式标注该文献的来源。因此《吐蕃文化史料集萃》可以说是学界共同整理出来的成果。

传世文献篇

《旧唐书·吐蕃传》

一、解题

《旧唐书》为后晋刘昫等奉敕修撰。据考，《旧唐书》实际上出自众手，以赵莹、张昭远用力最勤，书成时刘昫为相，世人以刘昫位高，又是监修，故称刘昫撰。

《吐蕃传》见于《旧唐书》卷一百九十六，列传第一百四十六，分上下篇。该传对吐蕃的地理、族源、政治军事体制、习俗、物产等方面都作了详细记述，尤其详于唐蕃关系，对唐蕃之间的交聘、联姻、战争及和盟等都作了详尽的记载，是研究西藏地方与祖国内地关系发端最为重要的史料。

版本以中华书局点校本为佳。

二、原文

《旧唐书·吐蕃传》上（列传第一百四十六上）

吐蕃，在长安之西八千里，本汉西羌之地也。其种落莫知所出也，或云南凉秃发利鹿孤之后也。利鹿孤有子曰樊尼，及利鹿孤卒，樊尼尚幼，弟傉檀嗣位，以樊尼为安西将军。后魏神瑞元年，傉檀为西秦乞佛炽盘所灭，樊尼招集余众，以投沮渠蒙逊，蒙逊以为临松太守。及蒙逊灭，樊尼乃率众西奔，济黄河，逾积石，于羌中建国，开地千里。樊尼威惠夙著，为群羌所怀，皆抚以恩信，归之如市。遂改姓为窣勃野，以秃发为国号，语讹谓之吐蕃，其后子孙繁昌，又侵伐不息，土宇渐广。历周及隋，犹隔诸羌，未通于中国。

其国人号其王为赞普，相为大论、小论，以统理国事。无文字，刻木结绳为约。虽有官，不常厥职，临时统领。征兵用金箭，寇至举烽燧，百里一亭。用刑严峻，小罪剜眼鼻，或皮鞭鞭之，但随喜怒而无常科。囚人于地牢，深数丈，二三年方出之。宴异国宾客，必驱牦牛，令客自射牲以供馔。与其臣下一年一小盟，刑羊狗猕猴，先折其足而杀之，继裂其肠而屠之。令巫者告于天地山川日月星辰之神云："若心迁变，怀奸反覆，神明鉴之，同于羊狗。"三年一大盟，夜于坛墠之上与众陈设肴馔，杀犬马牛驴以为牲，咒曰："尔等咸须同心戮力，共保我家，惟天神地祇，共知尔志。有负此盟，使尔身体屠裂，同于此牲。"

其地气候大寒，不生秔稻，有青稞麦、豋豆、小麦、荞麦。畜多牦牛猪犬羊马。又有天鼠，状如雀鼠，其大如猫，皮可为裘。又多金银铜锡。其人或随畜牧而不常厥居，然颇有城郭。其国都城号为逻些城。屋皆平头，高者至数十尺。贵人处于大毡帐，名为拂庐。寝处污秽，绝不栉沐。接手饮酒，以毡为盘，捻麨为碗，实以羹酪，并而食之。多事羱羝之神，人信巫觋。不知节候，麦熟为岁首。围棋陆博，吹蠡鸣鼓为戏，弓剑不离身。重壮贱老，母拜于子，子倨于父，出入皆少者在前，老者居其后。军令严肃，每战，前队皆死，后队方进。重兵死，恶病终。累代战没，以为甲门。临阵败北者，悬狐尾于其首，表其似狐之怯，稠人广众，必以徇焉，其俗耻之，以为次死。拜必两手据地，作狗吠之声，以身再揖而止。居父母丧，截发，青黛涂面，衣服皆黑，既葬即吉。其赞普死，以人殉葬，衣服珍玩及尝所乘马弓剑之类，皆悉埋之。仍于墓上起大室，立土堆，插杂木为祠祭之所。

贞观八年，其赞普弃宗弄赞始遣使朝贡。弄赞弱冠嗣位，性骁武，多英略，其邻国羊同及诸羌并宾伏之。太宗遣行人冯德遐往抚慰之。见德遐，大悦。闻突厥及吐谷浑皆尚公主，乃遣使随德遐入朝，多赍金宝，奉表求婚，太宗未之许。使者既返，言于弄赞曰："初至大国，待我甚厚，许嫁公主。会吐谷浑王入朝，有相离间，由是礼薄，遂不许嫁。"弄赞遂与羊同连，发兵以击吐谷浑。吐谷浑不能支，遁于青海之上，以避其锋。其国人畜并为吐蕃所掠。于是进兵攻破党项及白兰诸羌，率其众二十余万，顿于松州西境。遣使贡金帛，云来迎公主。又谓其属曰："若大国不嫁公主与我，即当入寇。"遂进攻松州，都督韩威轻骑觇贼，反为所败，边人大扰。太宗遣吏部尚书侯君集为当弥道行营大总管，右领军大将军执失思力为白兰道行军总管，左武卫将军牛进达为阔水道行军总管，右领军将军刘兰为洮河道行军总管，率步骑五万以击之。进达先锋自松州夜袭其营，斩千余级。弄赞大惧，引兵而退，遣使谢罪。因复请婚，太宗许之。弄赞乃遣其相禄东赞致礼，献金五千两，自余宝玩数百事。

贞观十五年，太宗以文成公主妻之，令礼部尚书、江夏郡王道宗主婚，持节送公主于吐蕃。弄赞率其部兵次柏海，亲迎于河源。见道宗，执子婿之礼甚恭。既而叹大国服饰礼仪之美，俯仰有愧沮之色。及与公主归国，谓所亲曰："我父祖未有通婚上国者，今我得尚大唐公主，为幸实多。当为公主筑一城，以夸示后代。"遂筑城邑，立栋宇以居处焉。公主恶其人赭面，弄赞令国中权且罢之，自亦释毡裘，袭纨绮，渐慕华风。仍遣酋豪子弟，请入国学以习《诗》《书》。又请中国识文之人典其表疏。

太宗伐辽东还，遣禄东赞来贺。奉表曰："圣天子平定四方，日月所照之国，并为臣妾，而高丽恃远，阙于臣礼。天子自领百万，度辽致讨，隳城陷阵，指日凯旋。夷狄才闻陛下发驾，少进之间，已闻归国。雁飞迅越，不及陛下速疾。奴忝预子婿，喜百常夷。夫鹅，犹雁也，故作金鹅奉献。"其鹅黄金铸成，其高七尺，中可实酒三斛。二十二年，右卫率府长史王玄策使往西域，为中天竺所掠。吐蕃发精兵与玄策击天竺，大破之，遣使来献捷。

高宗嗣位，授弄赞为驸马都尉，封西海郡王，赐物二千段。弄赞因致书于司徒长孙无忌等云："天子初即位，若臣下有不忠之心者，当勒兵以赴国除讨。”并献金银珠宝十五种，请置太宗灵座之前。高宗嘉之，进封为賨王，赐杂彩三千段。因请蚕种及造酒、碾、硙、纸、墨之匠，并许焉。乃刊石像其形，列昭陵玄阙之下。

永徽元年，弄赞卒。高宗为之举哀，遣右武侯将军鲜于臣济持节赍玺书吊祭。弄赞子早死，其孙继立，复号赞普，时年幼，国事皆委禄东赞。禄东姓薮氏，虽不识文记，而性明毅严重，讲兵训师，雅有节制，吐蕃之并诸羌，雄霸本土，多其谋也。初，太宗既许降文成公主，赞普使禄东赞来迎，召见顾问，进对合旨，太宗礼之，有异诸蕃，乃拜禄东赞为右卫大将军，又以琅邪长公主外孙女段氏妻之。禄东赞辞曰：“臣本国有妇，父母所聘，情不忍乖。且赞普未谒公主，陪臣安敢辄娶。”太宗嘉之，欲抚以厚恩，虽奇其答而不遂其请。禄东赞有子五人：长曰赞悉若，早死；次钦陵，次赞婆，次悉多干，次勃论。及东赞死，钦陵兄弟复专其国。

后与吐谷浑不和，龙朔、麟德中递相表奏，各论曲直，国家依违，未为与夺。吐蕃怨怒，遂率兵以击吐谷浑。吐谷浑大败，河源王慕容诺曷钵及弘化公主脱身走投凉州，遣使告急。咸亨元年四月，诏以右威卫大将军薛仁贵为逻娑道行军大总管，左卫员外大将军阿史那道真、右卫将军郭待封为副，率众十余万以讨之。军至大非川，为吐蕃大将论钦陵所败，仁贵等并坐除名。吐谷浑全国尽没，唯慕容诺曷钵及其亲信数千帐来内属，仍徙于灵州。自是吐蕃连岁寇边，当、悉等州诸羌尽降之。

上元三年，进寇鄯、廓等州，杀掠人吏，高宗命尚书左仆射刘仁轨往洮河军镇守以御之。仪凤三年，又命中书令李敬玄兼鄯州都督，往代仁轨于洮河镇守。仍召募关内、河东及诸州骁勇，以为猛士，不简色役。亦有尝任文武官者召入殿庭赐宴，遣往击之。又令益州长史李孝逸、巂州都督拓王奉等发剑南、山南兵募以防御之。其年秋，敬玄与工部尚书刘审礼率兵与吐蕃战于青海，官军败绩，审礼没于阵，敬玄按军不敢救。俄而收军却出，顿于承风岭，阻泥沟不能动，贼屯于高冈以压之。偏将左领军员外将军黑齿常之率敢死之士五百人，夜斫贼营，贼遂溃乱，自相蹂践，死者三百余人。敬玄遂拥众鄯州，坐改为衡州刺史。往剑南兵募，于茂州之西南筑安戎城以压其境。俄有生羌为吐蕃乡导，攻陷其城，遂引兵守之。时吐蕃尽收羊同、党项及诸羌之地，东与凉、松、茂、巂等州相接，南至婆罗门，西又攻陷龟兹、疏勒等四镇，北抵突厥，地方万余里，自汉、魏已来，西戎之盛，未之有也。

高宗闻审礼等败没，召侍臣问绥御之策，中书舍人郭正一曰："吐蕃作梗，年岁已深，命将兴师，相继不绝。空劳士马，虚费粮储，近讨则徒损兵威，深入则未穷巢穴。望少发兵募，且遣备边，明烽堠，勿令侵抄。使国用丰足，人心叶同，宽之数年，可一举而灭。"给事中刘齐贤、皇甫文亮等皆言严守之便。寻而黑齿常之破吐蕃大将赞婆及素和贵于良非川，杀获二千余级，吐蕃遂引退。诏以常之为河源军使以镇御之。

仪凤四年，赞普卒，其子器弩悉弄嗣位，复号赞普，时年八岁，国政复委于钦陵。遣其大臣论寒调傍来告丧，且请和。高宗遣郎将宋令文入蕃会葬。永隆元年，文成公主薨，高宗又遣使吊祭之。

则天临朝，命文昌右相韦待价为安息道大总管，安西大都护阎温古为副。永昌元年，率兵往征吐蕃，迟留不进，待价坐流绣州，温古处斩。待价素无统御之才，遂狼狈失据，士卒饥馑，皆转死沟壑。明年，又命文昌右相岑长倩为武威道行军大总管以讨吐蕃，中路退还，军竟不行。如意元年，吐蕃大首领曷苏率其所属并贵川部落请降，则天令右玉钤卫大将军张玄遇率精卒二万充安抚使以纳之。师次大渡水，曷苏事泄，为本国所擒，又有大首领昝捶率羌蛮部落八千余人诣玄遇内附。玄遇以其部落置叶川州，以昝捶为刺史。仍于大度西山勒石纪功而还。长寿元年，武威军总管王孝杰大破吐蕃之众，克复龟兹、于阗、疏勒、碎叶等四镇，乃于龟兹置安西都护府，发兵以镇守之。万岁登封元年，孝杰复为肃边道大总管，率副总管娄师德与吐蕃将论钦陵、赞婆战于素罗汗山。官军败绩，李杰坐免官。万岁通天元年，吐蕃四万众奄至凉州城下，都督许钦明初不之觉，轻出按部，遂遇贼，拒战久之，力屈为贼所杀。时吐蕃又遣使请和，则天将许之；论钦陵乃请去安西四镇兵，仍索分十姓之地，则天竟不许之。

吐蕃自论钦陵兄弟专统兵马，钦陵每居中用事，诸弟分据方面，赞婆则专在东境，与中国为邻，三十余年，常为边患。其兄弟皆有才略，诸蕃惮之。圣历二年，其赞普器弩悉弄年渐长，乃与其大臣论岩等密图之。时钦陵在外，赞普乃佯言将猎，召兵执钦陵亲党二千余人，杀之。发使召钦陵、赞婆等，钦陵举兵不受召，赞普自帅众讨之，钦陵未战而溃，遂自杀，其亲信左右同日自杀者百余人。赞婆率所部千余人及其兄子莽布支等来降，则天遣羽林飞骑郊外迎之，授赞婆辅国大将军、行右卫大将军，封归德郡王，优赐甚厚，仍令领其部兵于洪源谷讨击。寻卒，赠特进、安西大都护。

久视元年，吐蕃又遣其将麹莽布支寇凉州，围逼昌松县。陇右诸军州大使唐休璟与莽布支战于洪源谷，斩其副将二人，获首二千五百级。长安二年，赞普率众万余人寇悉州，都督陈大慈与贼凡四战，皆破之，斩首千余级。于是吐蕃遣使论弥萨等入朝请求和，则天宴之于麟德殿，奏百戏于殿庭。论弥萨曰："臣生于边荒，由来不识中国音乐，乞放臣亲观。"则天许之。于是论弥萨等相视笑忭拜谢曰："臣自归投圣朝，前后礼数优渥，又得亲观奇乐，一生所未见。自顾微琐，何以仰答天恩，区区褊心，唯愿大家万岁。"明年，又遣使献马千匹、金二千两以求婚，则天许之。

时吐蕃南境属国泥婆罗门等皆叛，赞普自往讨之，卒于军中。诸子争立，久之，国人立器弩悉弄之子弃隶蹜赞为赞普，时年七岁。中宗神龙元年，吐蕃使来告丧，中宗为之举哀，废朝一日。俄而赞普之祖母遣其大臣悉薰热来献方物，为其孙请婚，中宗以所养雍王守礼女为金城公主许嫁之。自是频岁贡献。景龙三年十一月，又遣其大臣尚赞吐等来迎女，中宗宴之于苑内球场，命驸马都尉杨慎交与吐蕃使打毬，中宗率侍臣观之。四年正月，制曰：

圣人布化，用百姓为心；王者垂仁，以八荒无外。故能光宅遐迩，裁成品物。由是隆周理历，恢柔远之图；强汉乘时，建和亲之议。斯盖御宇长策，经邦茂范。朕受命上灵，克纂洪业，庶几前烈，永致和平。睠彼吐蕃，僻在西服，皇运之始，早申朝贡。太宗文武圣皇帝德侔覆载，情深亿兆，思偃兵甲，遂通姻好，数十年间，一方清净。自文成公主化往其国，因多变革。我之边隅，亟兴师旅，彼之蕃落，颇闻彫弊。顷者赞普及祖母可敦、酋长等，屡披诚款，积有岁时，思托旧亲，请崇新好。金城公主，朕之少女，岂不钟念，但为人父母，志息黎元，若允乃诚祈，更敦和好，则边土宁晏，兵役服息。遂割深慈，为国大计，筑兹外馆，聿膺嘉礼，降彼吐蕃赞普，即以今月进发，朕亲自送于郊外。

中宗召侍中纪处讷谓曰："昔文成公主出降，则江夏王送之。卿雅识蕃情，有安边之略，可为朕充吐蕃使也。"处讷拜谢，既而以不练边事固辞。上又令中书侍郎赵彦昭充使。彦昭以既充外使，恐失其权宠，殊不悦，司农卿赵履温私谓之曰："公国之宰辅，而为一介之使，不亦鄙乎？"彦昭曰："然计将安出？"履温因阴托安乐公主密奏留之。于是以左卫大将军杨矩使焉。其月，帝幸始平县以送公主，设帐殿于百顷泊侧，引王公宰相及吐蕃使入宴，中坐酒阑，命吐蕃使进前，谕以公主孩幼，割慈远嫁之旨，上悲泣歔欷久之。因命从臣赋诗饯别，曲赦始平县大辟罪已下，百姓给复一年，改始平县为金城县，又改其地为凤池乡怆别里。公主既至吐蕃，别筑一城以居之。

睿宗即位，摄监察御史李知古上言："姚州诸蛮，先属吐蕃，请发兵击之。"遂令知古征剑南兵募往经略之。蛮酋傍名乃引吐蕃攻知古，杀之，仍断其尸以祭天。时张玄表为安西都护，又与吐蕃比境，互相攻掠，吐蕃内虽怨怒，外敦和好。时杨矩为鄯州都督，吐蕃遣使厚遗之，因请河西九曲之地以为金城公主汤沐之所，矩遂奏与之。吐蕃既得九曲，其地肥良，堪顿兵畜牧，又与唐境接近，自是复叛，始率兵入寇。

开元二年秋，吐蕃大将坌达焉、乞力徐等率众十余万寇临洮军，又进寇兰、渭等州，掠监牧羊马而去。杨矩悔惧，饮药而死。玄宗令摄左羽林将军薛讷及太仆少卿王晙率兵邀击之。仍下诏将大举亲征，召募将士，克期进发。俄而晙等与贼相遇于渭源之武阶驿，前军王海宾力战死之，晙等率兵而进，大破吐蕃之众，杀数万人，尽收复所掠羊马。贼余党奔北，相枕藉而死，洮水为之不流。上遂罢亲征，命紫微舍人倪若水往按军实，仍吊祭王海宾而还。吐蕃遣其大臣宗俄因子至洮河祭其死亡之士，仍款塞请和，上不许之。自是连年犯边，郭知运、王君㚟相次为河西节度使以捍之。

吐蕃既自恃兵强，每通表疏，求敌国之礼，言词悖慢，上甚怒之。及封禅礼毕，中书令张说奏言："吐蕃丑逆，诚负万诛，然又事征讨，实为劳弊。且十数年甘、凉、河、鄯征发不息，纵令屡胜，亦不能补。闻其悔过请和，惟陛下遣使。许其稽颡内属，以息边境，则苍生幸甚。"上曰："待吾与王君㚟筹之。"说出，谓源乾曜曰："君㚟勇而无谋，常思侥幸，两国和好，何以为功？若入陈谋，则吾计不遂矣。"寻而君㚟入朝奏事，遂请率兵深入以讨之。

十五年正月，君㚟率兵破吐蕃于青海之西，虏其辎重及羊马而还。先是，吐蕃大将悉诺逻率众入攻大斗谷，又移攻甘州，焚烧市里。君㚟畏其锋，不敢出战。会大雪，贼冻死者甚众，遂取积石军西路而还。君㚟先令人潜入贼境，于其归路烧草。悉诺逻军还至大非山，将士息甲牧马，而野草皆尽，马死过半。君㚟与秦州都督张景顺等率众袭其后，入至青海之西，时海水冰合，将士并乘冰而渡。会悉诺逻已渡大非川，辎重及疲兵尚在青海之侧，君㚟纵兵俘之而还。其年九月，吐蕃大将悉诺逻恭禄及烛龙莽布支攻陷瓜州城，执刺史田元献及王君㚟之父寿，尽取城中军资及仓粮，仍毁其城而去。又进攻玉门军及常乐县，县令贾师顺婴城固守，凡八十日，贼遂引退。俄而王君㚟为回纥余党所杀，乃命兵部尚书萧嵩为河西节度使，以建康军使、左金吾将军张守珪为瓜州刺史，修筑州城，招辑百姓，令其复业。时悉诺逻恭禄威名甚振，萧嵩乃纵反间于吐蕃，云其与中国潜通，赞普遂召而诛之。明年秋，吐蕃大将悉末朗复率众攻瓜州，守珪出兵击走之。陇右节度使、鄯州都督张忠亮引兵至青海西南渴波谷，与吐蕃接战，大破之。俄而积石、莫门两军兵马总至，与忠亮合势追讨，破其大莫门城，生擒千余人，获马一千匹、牦牛五百头，器仗衣资甚众，又焚其骆驼桥而还。八月，萧嵩又遣副将杜宾客率弩手四千人与吐蕃战于祁连城下，自辰至暮，散而复合，贼徒大溃，临阵斩其副将一人。贼败，散走投山，哭声四合。初，上闻吐蕃重来入寇，谓侍臣曰："吐蕃骄暴。恃力而来，朕今按地图，审利害，亲指授将帅，破之必矣。”数日而露布至。

十七年，朔方大总管信安王祎又率兵赴陇右，拔其石堡城，斩首四百余级，生擒二百余口，遂于石堡城置振武军，仍献其俘囚于太庙。于是吐蕃频遣使请和，忠王友皇甫惟明因奏事面陈通和之便。上曰：“吐蕃赞普往年尝与朕书，悖慢无礼，朕意欲讨之，何得和也！”惟明曰：“开元之初，赞普幼稚，岂能如此。必是在边军将务邀一时之功，伪作此书，激怒陛下。两国既斗，兴师动众，因利乘便，公行隐盗，伪作功状，以希勋爵，所损钜万，何益国家！今河西、陇右，百姓疲竭，事皆由此。若陛下遣使往视金城公主，因与赞普面约通和，令其稽颡称臣，永息边境，此永代安人之道也。”上然其言，因令惟明及内侍张元方充使往问吐蕃。惟明、元方等至吐蕃，既见赞普及公主，具宣上意。赞普等欣然请和，尽出贞观以来前后敕书以示惟明等，令其重臣名悉猎随惟明等入朝，上表曰：

外甥是先皇帝舅宿亲，又蒙降金城公主，遂和同为一家，天下百姓，普皆安乐。中间为张玄表、李知古等东西两处先动兵马，侵抄吐蕃，边将所以互相征讨，迄至今日，遂成衅隙。外甥以先代文成公主、今金城公主之故，深识尊卑，岂敢失礼。又缘年小，枉被边将谗拘斗乱，令舅致怪。伏乞垂察追留，死将万足。前数度使人入朝，皆被边将不许，所以不敢自奏。去冬公主遣使人娄众失力将状专往，蒙降使看公主来，外甥不胜喜荷。谨遣论名悉猎及副使押衙将军浪些纥夜悉猎入朝，奏取进止。两国事意，悉猎所知。外甥蕃中已处分边将，不许抄掠，若有汉人来投，便令却送。伏望皇帝舅远察赤心，许依旧好，长令百姓快乐。如蒙圣恩，千年万岁，外甥终不敢先违盟誓。谨奉金胡瓶一、金盘一、金碗一、马脑杯一、零羊衫段一，谨充微国之礼。

金城公主又别进金鸭盘盏杂器物等。十八年十月，名悉猎等至京师，上御宣政殿，列羽林仗以见之。悉猎颇晓书记，先曾迎金城公主至长安，当时朝廷皆称其才辩。及是上引入内宴，与语，甚礼之。赐紫袍金带及鱼袋，并时服、缯彩、银盘、胡瓶，仍于别馆供拟甚厚。悉猎受袍带器物而却进鱼袋，辞曰：“本国无此章服，不敢当殊异之赏。”上嘉而许之。诏御史大夫崔琳充使报聘。仍于赤岭各竖分界之碑，约以更不相侵。

时吐蕃使奏云：“公主请《毛诗》《礼记》《左传》《文选》各一部。”制令秘书省写与之。正字于休烈上疏请曰：

臣闻戎狄，国之寇也；经籍，国之典也。戎之生心，不可以无备；典有恒制，不可以假人。《传》曰：“裔不谋夏，夷不乱华。”所以格其非心，在乎有备无患。昔东平王入朝求《史记》、诸子，汉帝不与。盖以《史记》多兵谋，诸子杂诡术。夫以东平，汉之懿戚，尚不欲示征战之书，今西戎，国之寇雠，岂可贻经典之事！且臣闻吐蕃之性，剽悍果决，敏情持锐，善学不回。若达于书，必能知战。深于《诗》，则知武夫有师干之试；深于《礼》，则知月令有兴废之兵；深于《传》，则知用师多诡诈之计；深于《文》，则知往来有书檄之制。何异借寇兵而资盗粮也！臣闻鲁秉周礼，齐不加兵；吴获乘车，楚疲奔命。一以守典存国，一以丧法危邦，可取鉴也。且公主下嫁从人，远适异国，合慕夷礼，返求良书，愚臣料之，恐非公主本意也。虑有奔北之类，劝教于中。若陛下虑失蕃情，以备国信，必不得已，请去《春秋》。当周德既衰，诸侯强盛，礼乐自出，战伐交兴，情伪于是乎生，变诈于是乎起，则有以臣召君之事，取威定霸之名。若与此书，国之患也。《传》曰：“于奚请曲县鞶缨，仲尼曰：‘惜也，不如多与之邑。惟名与器，不可假人。’”狄固贪婪，贵货易土，正可锡之锦绮，厚以玉帛，何必率从其求，以资其智！臣忝叨列位，职刊秘籍，实痛经典，弃在戎夷。昧死上闻，惟陛下深察。

疏奏不省。二十一年，又制工部尚书李暠往聘吐蕃。每唐使入境，所在盛陈甲兵及骑马，以矜其精锐。二十二年，遣将军李佺于赤岭与吐蕃分界立碑。二十四年正月，吐蕃遣使贡方物金银器玩数百事，皆形制奇异。上令列于提象门外，以示百僚。

其年，吐蕃西击勃律，遣使来告急。上使报吐蕃，令其罢兵。吐蕃不受诏，遂攻破勃律国，上甚怒之。时散骑常侍崔希逸为河西节度使，于凉州镇守。时吐蕃与汉树栅为界，置守捉使。希逸谓吐蕃将乞力徐曰：“两国和好，何须守捉，妨人耕种。请皆罢之，以成一家，岂不善也？”乞力徐报曰：“常侍忠厚，必是诚言。但恐朝廷未必皆相信任。万一有人交抅，掩吾不备，后悔无益也。”希逸固请之，遂发使与乞力徐杀白狗为盟，各去守备。于是吐蕃畜牧被野。俄而希逸傔人孙诲入朝奏事，诲欲自邀其功，因奏言“吐蕃无备，若发兵掩之，必克捷。”上使内给事赵惠琮与孙诲驰往观察事宜。惠琮等至凉州，遂矫诏令希逸掩袭之，希逸不得已而从之，大破吐蕃于青海之上，杀获甚众，乞力徐轻身遁逸。惠琮、孙诲皆加厚赏，吐蕃自是复绝朝贡。希逸以失信怏怏，在军不得志。俄迁为河南尹，行至京师，与赵惠琮俱见白狗为祟，相次而死。孙诲亦以罪被戮。诏以岐州刺史萧炅为户部侍郎判凉州事，代希逸为河西节度使；鄯州都督杜希望为陇右节度使；太仆卿王昱为益州长史、剑南节度使，分道经略，以讨吐蕃。仍令毁其分界之碑。

二十六年四月，杜希望率众攻吐蕃新城，拔之，以其城为威戎军，发兵一千以镇之。其年七月，希望又从鄯州发兵夺吐蕃河桥，于河左筑盐泉城。吐蕃将兵三万人以拒官军，希望引众击破之，因于盐泉城置镇西军。时王昱又率剑南兵募攻其安戎城。先于安戎城左右筑两城，以为攻拒之所，顿兵于蓬婆岭下，运剑南道资粮以守之。其年九月，吐蕃悉锐以救安戎城，官军大败，两城并为贼所陷，昱脱身走免，将士已下数万人及军粮资仗等并没于贼。昱坐左迁括州刺史。初昱之在军，谬赏其子钱帛万计，并擅与紫袍等，所费钜万，坐是寻又重贬为端州高要尉而死。

二十七年七月，吐蕃又寇白草、安人等军，敕临洮、朔方等军分兵救援。时吐蕃于中路屯兵，断临洮军之路。白水军守捉使高柬于拒守连旬，俄而贼退，萧炅遣偏将掩其后，击破之。王昱既败之后，诏以华州刺史张宥为益州长史、剑南防御使，主客员外郎章仇兼琼为益州司马、防御副使。宥既文吏，素无攻战之策，兼琼遂专其戎事。俄而兼琼入奏，盛陈攻取安戎之策。上甚悦，徙张宥为光禄卿，拔兼琼令知益州长史事，代张宥节度，仍为之亲画取城之计。

二十八年春，兼琼密与安戎城中吐蕃翟都局及维州别驾董承宴等通谋，都局等遂翻城归款，因引官军入城，尽杀吐蕃将士，使监察御史许远率兵镇守。上闻之甚悦。中书令李林甫等上表曰："伏以吐蕃此城，正当冲要，凭险自固，恃以窥边。积年以来，蚁聚为患，纵有百万之众，难以施功。陛下亲纡秘策，不兴师旅，顷令中使李思敬晓喻羌族，莫不怀恩，翻然改图，自相谋陷。神算运于不测，睿略通于未然，累载逋诛，一朝荡灭。又臣等今日奏事，陛下从容问臣等曰：'卿等但看四夷不久当渐摧丧。'德音才降，遽闻戎捷，则知圣与天合，应如响至，前古以来，所未有也。请宣示百僚，编诸史策。"手制答曰："此城仪凤年中羌引吐蕃，遂被固守，岁月既久，攻伐亦多。其地险阻，非力所制。朝廷群议，不合取之。朕以小蕃无知，事须处置，授以奇计，所以行之，获彼戎心，归我城守，有足为慰也。"其年十月，吐蕃又引众寇安戎城及维州，章仇兼琼遣裨将率众御之，仍发关中彍骑以救援焉。时属凝寒，贼久之自引退。诏改安戎城为平戎城。

二十九年春，金城公主薨，吐蕃遣使来告哀，仍请和，上不许之。使到数月后，始为公主举哀于光顺门外，辍朝三日。六月，吐蕃四十万攻承风堡，至河源军，西入长宁桥，至安仁军，浑崖峰骑将盛希液以众五千攻而破之。十二月，吐蕃又袭石堡城，节度使盖嘉运不能守，玄宗愤之。天宝初，令皇甫惟明、王忠嗣为陇右节度，皆不能克。七载，以哥舒翰为陇右节度使，攻而拔之，改石堡城为神武军。

天宝十四载，赞普乞黎苏笼猎赞死，大臣立其子婆悉笼猎赞为主，复为赞普。玄宗遣京兆少尹崔光远兼御史中丞，持节赍国信册命吊祭之。及还，而安禄山已窃据洛阳，以河、陇兵募令哥舒翰为将，屯潼关。

昔秦以陇山已西为陇西郡。汉怀匈奴于河右，置姑臧、张掖、酒泉、伊吾等郡；又于碛外置西域都护，控引胡国；又分陇西为金城、西平等郡，杂以氐、羌居之。历代丧乱，不为贤豪所据，则为远夷侵废，迨千年矣。武德初，薛仁杲奄有陇上之地，至于河虏；李轨尽有凉州之域，通于碛外。贞观中，李靖破吐谷浑，侯君集平高昌，阿史那社尔开西域，置四镇。前王之所未伏，尽为臣妾，秦、汉之封域，得议其土境耶！于是岁调山东丁男为戍卒，缯帛为军资，有屯田以资糗粮，牧使以娩羊马。大军万人，小军千人，烽戍逻卒，万里相继，以却于强敌。陇右鄯州为节度，河西凉州为节度，安西、北庭亦置节度，关内则于灵州置朔方节度，又有受降城、单于都护庭为之籓卫。及潼关失守，河洛阻兵，于是尽征河陇、朔方之将镇兵入靖国难，谓之行营。曩时军营边州无备预矣。乾元之后，吐蕃乘我间隙，日蹙边城，或为虏掠伤杀，或转死沟壑。数年之后，凤翔之西，邠州之北，尽蕃戎之境，淹没者数十州。

肃宗元年建寅月甲辰，吐蕃遣使来朝请和，敕宰相郭子仪、萧华、裴遵庆等于中书设宴。将诣光宇寺为盟誓，使者云：蕃法盟誓，取三牲血歃之，无向佛寺之事，请明日须于鸿胪寺歃血，以申蕃戎之礼。从之。宝应元年六月，吐蕃使烛番莽耳等二人贡方物入朝，乃于延英殿引见，劳赐各有差。而剑南西山又与吐蕃、氐、羌邻接，武德以来，开置州县，立军防，即汉之笮路，乾元之后，亦陷于吐蕃。宝应二年三月，遣左散骑常侍兼御史大夫李之芳、左庶子兼御史中丞崔伦使于吐蕃，至其境而留之。

广德元年九月，吐蕃寇陷泾州。十月，寇邠州，又陷奉天县。遣中书令郭子仪西御。吐蕃以吐谷浑、党项羌之众二十余万，自龙光度而东。郭子仪退军，车驾幸陕州，京师失守。降将高晖引吐蕃入上都城，与吐蕃大将马重英等立故邠王男广武王承宏为帝，立年号，大赦，署置官员，寻以司封崔瓌等为相。郭子仪退军南保商州，吐蕃居城十五日退，官军收上都，以郭子仪为留守。

初，车驾东幸，衣冠戚里尽南投荆襄及隐窜山谷，于是六军将士持兵剽劫，所在阻绝。郭子仪领部曲数百人及其妻子仆从南入牛心谷，驼马车牛数百两，子仪迟留，未知所适。行军判官、中书舍人王延昌、监察御史李萼谓子仪曰："令公身为元帅，主上蒙尘于外，家国之事，一至于此。今吐蕃之势日逼，岂可怀安于谷中，何不南趋商州，渐赴行在。"子仪遽从之。延昌曰："吐蕃知令公南行，必分兵来逼，若当大路，事即危矣。不如取玉山路而去，出其不意。"子仪又从之。延昌与李萼皆从子仪，子仪之队千余人，山路狭隘，连延百余里，人不得驰。延昌与萼恐狭径被追，前后不相救，至倒回口，遂与子仪别行，逾绝涧，登七盘，趋于商州。先是，六军将张知节与麾下数百人自京城奔于商州，大掠避难朝官、士庶及居人资财鞍马，已有日矣。延昌与萼既至，说知节曰："将军身掌禁兵，军败而不赴行在，又恣其下虏掠，何所归乎？今郭令公元帅也，已欲至洛南，将军若整顿士卒，喻以祸福，请令公来抚之，以图收长安，此则将军非常之功也。"知节大悦。其时诸军将臧希让、高升、彭体盈、李惟诜等数人，各有部曲，率其数十骑，相次而至，又从其计，皆相率为军，约不侵暴。延昌留于军中主约，萼以数骑往迎子仪，去洛南十余里，及之，遂与子仪回至商州。诸将大喜，皆遵其约束。

吐蕃将入京师也，前光禄卿殷仲卿逃难而出，鞍马衣服尽为土贼所掠。仲卿至蓝田，纠合散兵及诸骁勇愿从者百余人，南保蓝田，以拒吐蕃，其众渐振，至于千人。子仪既至商州，未知仲卿之举，募人往探贼势。羽林将军长孙全绪请行，以二百骑隶之。又令太子宾客第五琦摄京兆尹，同收长安。全绪至韩公堆，昼则击鼓，广张旗帜，夜则多燃火以疑吐蕃。仲卿探知官军，其势益壮。遂相为表里，以状闻于子仪。仲卿帅二百余骑游奕，直渡浐水。吐蕃惧，问百姓，百姓皆给之曰："郭令公自商州领众却收长安，大军不知其数。"贼以为然，遂抽军而还，余众尚在城。军将王抚及御史大夫王仲升顿兵自苑中入，椎鼓大呼，仲卿之师又入城，吐蕃皆奔走，乃收上都。郭子仪乘之，鼓行入长安，人心乃安。

吐蕃退至凤翔，节度孙志直闭门拒之，吐蕃围守数日。会镇西节度、兼御史中丞马璘领精骑千余自河西救杨志烈回，引兵入城。迟明，单骑持满，直冲贼众，左右愿从者百余骑。璘奋击大呼，贼徒披靡，无敢当者，贼疲而归。贼众恃其骁勇，翌日又逼城请战。璘披甲开悬门，贼乃抽退。皆曰："此将不惜死不可当，且避之。"又复居原、会、成、渭之地。

十二月，乘舆还上都。二年五月，放李之芳还。九月，叛将仆射、大宁郡王仆固怀恩自灵武遣其党范志诚、任敷等引吐蕃、吐谷浑之众来犯王畿。十月，怀恩之众至邠州挑战，节度白孝德及副元帅先锋郭晞婴城拒之，以挫其锋。贼众遂逼奉天县西二十里为营，郭子仪屯于奉天，又按军不战。郭晞于邠州西三十里，令精骑二百五十人、步卒五十人斫怀恩营，破五千众，斩首千余级，生擒八十五人，降其大将四人，马五百匹。十一月，仆固怀恩引吐蕃之众退。

广德二年，河西节度杨志烈被围，守数年，以孤城无援，乃跳身西投甘州，凉州又陷于寇。

永泰元年三月，吐蕃请和，遣宰相元载、杜鸿渐等于兴唐寺与之盟而罢。秋九月，仆固怀恩诱吐蕃、回纥之众，南犯王畿。吐蕃大将尚结息赞磨、尚息东赞、尚野息及马重英率二十万众至奉天界，邠州节度使白孝德不能御，京城戒严。先是，朔方先锋兵马使浑日进、孙守亮屯军于奉天以拒之，于是诏追副元帅郭子仪于河中府领众赴援，屯于泾阳，诸将各屯守要害。初，吐蕃列营奉天，浑日进单骑冲之，骁骑二百人继进，冲突其营，左右击刺，贼徒惊骇，无不应弦而毙。日进挟一蕃将，跃马而归，蕃将奋身，失其撒饭一，日进之众，无中锋镝者，军中望而益振。明日，吐蕃悉众围之，日进命抛车夹石投之，杂以弓弩，贼死伤众。数日，敛军回营。寻又日进夜斫贼营于梁母神下，杀千余人，生擒五百人，获驼马器械。

上又下诏亲征，括朝官马，京城置团练。镇西节度马璘遇吐蕃游奕四百余人于武功东原，使五十人击而尽杀之，无噍类。自十七日雨至二十五日晚际始止，议者以为天助。吐蕃移营于醴泉县九嵕山北，因攻掠醴泉。京城大骇，人皆空室，大户凿窦以出。逆党任敷以兵五千余人犯白水县。浑日进露布而至，屯于奉天马嵬店。今月十九日已后至二十五日已前，交战二百余阵，破吐蕃一万余众，斩首五千级，生擒一百六十人，马一千二百四十二匹，驼一百一十五头，器械、幡旗共三万余事。朝官震惧，家口回避者十室八九，禁之不止。自前年吐蕃犯王畿后，于中渭桥鄠丰城以营兵，至是功毕。

吐蕃退至永寿北，遇回纥之众，虽闻怀恩死，皆悖其众，相诱而奔，复来寇。至奉天，两蕃猜二争长，别为营垒。吐蕃游奕至窑底，吐蕃又至马嵬店，因纵火焚居人庐舍而退。回纥三千骑诣泾阳降款，请击吐蕃为效，子仪许之。于是朔方先锋兵马使开府南阳郡王白元光与回纥合于泾阳，灵台县东五十里，攻破吐蕃，斩首及生擒获驼马牛羊甚众。上停亲征，京师解严，宰相上表称贺。

《旧唐书·吐蕃传》下（列传第一百四十六下）

永泰二年二月，命大理少卿兼御史中丞杨济修好于吐蕃。四月，吐蕃遣首领论泣藏等百余人随济来朝，且谢申好。大历二年十月，灵州破吐蕃二万余众，生擒五百人，获马一千五百匹。十一月，和蕃使、检校户部尚书、兼御史大夫薛景仙自吐蕃使还，首领论泣陵随景仙来朝，景仙奏云："赞普请以凤林关为界。"俄又遣使路悉等十五人来朝。三年八月，吐蕃十万寇灵武，大将尚悉摩寇邠州。邠宁节度使马璘破二万余众，擒其俘以献之。九月，寇灵州，朔方骑将白元光破之。俄又复破二万众于灵武，获羊马数千计。关内副元帅郭子仪于灵州破吐蕃六万余众。十二月，以蕃寇岁犯西疆，增修镇守，乃移马璘镇泾州，仍为泾原节度使。剑南西川亦破吐蕃万余众。五年五月，徙置当、悉、拓、静、恭五州于山陵要害之地，以备吐蕃。

八年秋，吐蕃六万骑寇灵武，蹂践我禾稼而去。十月，寇泾、邠等州，郭子仪遣先锋将浑瑊与贼战于宜禄，我师不利，副将史籍等三人死之，村墅居人为驱掠者凡千余人。是夜，瑊收合散卒袭贼营，会马璘亦袭其辎重，凡杀数千人，贼遂溃。子仪大破吐蕃十余万众。初，吐蕃犯我邠郊，马璘以精卒二千余人潜夜掩贼营，射贼豹皮将中目，贼众扶之号泣，遂举营遁去。璘因收获朔方兵健二百余人，百姓七百余人，驼马数百匹。

九年四月，以吐蕃侵扰，预为边备，乃降敕："宜令子仪以上郡、北地、四塞、五原、义渠、稽胡、鲜卑杂种步马五万众，严会栒邑，克壮旧军。抱玉以晋之高都，韩之上党，河、湟义从，汧、陇少年，凡三万众，横绝高壁，斜界连营。马璘以西域前庭，车师后部，兼广武之戍，下蔡之徭，凡三万众，屯于回中，张大军之援。忠诚以武落别校，右地奇锋，凡二万众，出岐阳而北会。希让以三辅太常之徒，六郡良家之子，自渭上而西合汴宋、淄青、河阳、幽蓟，总四万众，分列前后。魏博、成德、昭义、永平总六万众，大舒左右。朕内整禁旅，亲誓诸将，资以千金之费，锡以六牧之马。其戎装战器，军用边储，各有司存，素皆精办。咨尔将相文武宣力之臣，夫师克在和，善战不阵，各宜保据疆界，屯据要冲，斥堠惟明，首尾相应。若既悔过，何必劳人；如或不恭，自当伐罪。然后眷求统一，以制诸军。进取之宜，俟于后命。”

十一年正月，剑南节度使崔宁大破吐蕃故洪等四节度兼突厥、吐浑、氐、蛮、羌、党项等二十余万众，斩首万余级，生擒蠵城兵马使一千三百五十人，献于阙下，牛羊及军资器械，不可胜纪。十二年九月，入寇坊州，掠党项羊马而去。十月，崔宁破吐蕃望汉城。十四年八月，命太常少卿韦伦持节使吐蕃，统蕃俘五百人归之。十月，吐蕃率南蛮众二十万来寇：一入茂州，过汶川及灌口；一入扶、文，过方维、白坝；一自黎、雅过邛崃关，连陷郡邑。乃发禁兵四千人及幽州兵五千人同讨，大破之。

建中元年四月，韦伦至。自大历中聘使前后数辈，皆留之不遣。俘获其人，必遣中官部统徙江、岭，因缘求财及给养之费，不胜其弊。去年冬，吐蕃大兴师以三道来侵，会德宗初即位，以德绥四方，征其俘囚五百余人，各给衣一袭，使伦统还其国，与之约和，敕边将无得侵伐。吐蕃始闻归其人，不之信，及蕃俘入境，部落皆畏威怀惠。其赞普乞立赞谓伦曰："不知是来也，而有三恨，奈何?"伦曰："未达所谓。"乞立赞曰："不知大国之丧，而吊不及哀，一也。不知山陵之期，而赙不成礼，二也。不知皇帝舅圣明继立，已发众军三道连衡。今灵武之师，闻命辄已；而山南之师已入扶、文，蜀师已趋灌口，追且不及，是三恨也。"乃发使奉贽，不二旬而复命。蜀帅上所获戎俘，有司请准旧事颁为徒隶，上曰："要约著矣，言庸二乎?"乃各给缣二匹、衣一袭而归之。五月，以韦伦为太常卿，复使吐蕃。其冬，遣宰相论钦明思等五十五人随伦至，且献方物。吐蕃见伦再至，甚欢。既就馆，声乐以娱之，留九日而还，兼遣其渠帅报命。

二年十二月，入蕃使判官常鲁与吐蕃使论悉诺罗等至自蕃中。初，鲁与其使崔汉衡至列馆，赞普令止之，先命取国信敕。既而使谓汉衡曰："来敕云：'所贡献物，并领讫；今赐外甥少信物，至领取。'我大蕃与唐舅甥国耳，何得以臣礼见处？又所欲定界，云州之西，请以贺兰山为界。其盟约，请依景龙二年敕书云：‘唐使到彼，外甥先与盟誓；蕃使到此，阿舅亦亲与盟。’”乃邀汉衡遣使奏定。鲁使还奏焉，为改敕书，以“贡献”为“进”，以“赐”为“寄”，以“领取”为“领之”。且谓曰：“前相杨炎不循故事，致此误尔。”其定界盟，并从之。

三年四月，放先没蕃将士僧尼等八百人归还，报归蕃俘也。九月，和蕃使、殿中少监、兼御史中丞崔汉衡与蕃使区颊赞至。时吐蕃大相尚结息忍而好杀，以尝覆败于剑南，思刷其耻，不肯约和。其次相尚结赞有材略，因言于赞普，请定界明约，以息边人。赞普然之，竟以结赞代结息为大相，终约和好，期以十月十五日会盟于境上。以崔汉衡为鸿胪卿，以都官员外郎樊泽兼御史中丞、充入蕃计会使。初，汉衡与吐蕃约定月日盟誓，汉衡到，商量未决，已过其期，遂命泽诣结赞复定盟会期，且告遣陇右节度使张镒与之同盟，泽至故原州，与结赞相见，以来年正月十五日会盟于清水西。

四年正月，诏张镒与尚结赞盟于清水。将盟，镒与结赞约，各以二千人赴坛所，执兵者半之，列于坛外二百步，散从者半之，分立坛下。镒与宾佐齐映、齐抗及会盟官崔汉衡、樊泽、常鲁、于頔等七人皆朝服；结赞与其本国将相论悉颊藏、论臧热、论利駞、斯官者、论力徐等亦七人，俱升坛为盟。初约汉以牛，蕃以马，镒耻与之盟，将杀其礼，乃谓结赞曰：“汉非牛不田，蕃非马不行，今请以羊、豕、犬三物代之。”结赞许诺。塞外无豕，结赞请出羝羊，镒出犬及羊，乃于坛北刑之，杂血二器而歃盟。文曰：

唐有天下，恢奄禹迹，舟车所至，莫不率俾。以累圣重光，历年为永，彰王者之丕业，被四海之声教。与吐蕃赞普，代为婚姻，固结邻好，安危同体，甥舅之国，将二百年。其间或因小忿，弃惠为雠，封疆骚然，靡有宁岁。皇帝践祚，愍兹黎元，俾释俘隶，以归蕃落。蕃国展礼，同兹叶和，行人往复，累布成命。是必诈谋不起，兵车不用矣。彼犹以两国之要，求之永久，古有结盟，今请用之。国家务息边人，外其故地，弃利蹈义，坚盟从约。今国家所守界：泾州西至弹筝峡西口，陇州西至清水县，凤州西至同谷县，暨剑南西山大渡河东，为汉界。蕃国守镇在兰、渭、原、会，西至临洮，东至成州，抵剑南西界磨些诸蛮，大渡水西南，为蕃界。其兵马镇守之处，州县见有居人，彼此两边见属汉诸蛮，以今所分见住处，依前为定。其黄河以北，从故新泉军，直北至大碛，直南至贺兰山骆驼岭为界，中间悉为闲田。盟文有所不载者，蕃有兵马处蕃守，汉有兵马处汉守，并依见守，不得侵越。其先未有兵马处，不得新置，并筑城堡耕种。今二国将相受辞而会，斋戒将事，告天地山川之神，惟神照临，无得愆坠。其盟文藏于宗庙，副在有司，二国之成，其永保之。

结赞亦出盟文，不加于坎，但埋牲而已。盟毕，结赞请镒就坛之西南隅佛幄中焚香为誓。誓毕，复升坛饮酒。献酬之礼，各用其物，以将厚意而归。

二月，命崔汉衡持节答蕃，遣区颊赞等归。上初令宰相、尚书与蕃相区颊赞盟于丰邑里坛所。将盟，以清水之会疆场不定，遂罢。因留颊赞未遣，复令汉衡使于赞普。六月，答蕃使判官于頔与蕃使论颊没藏等至自青海。七月，以礼部尚书李揆加御史大夫，为入蕃会盟使。又命宰相李忠臣、卢杞、关播、右仆射崔宁、工部尚书乔琳、御史大夫于颀、太府卿张献恭、司农卿段秀实、少府监李昌夔、京兆尹王翃、左金吾卫将军浑瑊等与区颊赞等会盟于坛所。初，于頔至自蕃中，与尚结赞约："疆场既定，请归其使。"从之。以丰邑坊盟坛在京城之内非便，请卜坛于京城之西。其礼如清水之仪。先盟二日，命有司告太庙，盟官致斋。三日，朝服升坛，关播跪读盟文。盟毕，宴赐而遣之。

兴元元年二月，以右散骑常侍兼御史大夫于颀往泾州已来宣慰吐蕃，仍与州府计会顿递。时吐蕃款塞请以兵助平国难，故遣使焉。四月，命太常少卿、兼御史中丞沈房为入蕃计会及安西、北庭宣慰使。是月，浑瑊与吐蕃论莽罗率众大破朱泚将韩旻、张廷芝、宋归朝等于武功之武亭川，斩首万余级。

贞元二年，命仓部郎中、兼侍御史赵聿为入吐蕃使。八月，吐蕃寇泾、陇、邠、宁数道，掠人畜，取禾稼，西境骚然。诸道节度及军镇，咸闭壁自守而已。京师戒严。上遣左金吾将军张献甫与神策将李升昙、苏清沔等统兵屯于咸阳，召河中节度骆元光率众戍咸阳以援之。九月，以吐蕃游骑及于好畤，上复遣张献甫等统兵屯于咸阳，又诏遣左监门将军康成使于吐蕃。初，吐蕃大相尚结赞累遣使请盟会定界，乃命成使之。至上砦原，与结赞相见，令其使论乞陀与成同来。

是月，凤翔节度使李晟以吐蕃侵轶，遣其将王佖夜袭贼营，率骁勇三千人入汧阳，诫之曰："贼之大众，当过城下，无击其首尾。首尾虽败，中军力全，若合势攻之，汝必受其弊。但候其前军已过，见五方旗、虎豹衣，则其中军也。出其不意，乃是奇功。"佖如其言出击之，贼众果败，副将史廷玉力战死之。又寇凤翔城下，李晟出兵御之，一夕而退。十月，李晟遣兵袭吐蕃之摧沙堡，大破之，焚其归积，斩蕃酋扈屈律设赞等七人，传首京师。

十一月，吐蕃陷盐州。初，贼之来也，刺史杜彦光使以牛酒犒之。吐蕃谓曰："我欲州城居之，听尔率其人而去。"彦光乃悉众奔鄜州。十二月，陷夏州，刺史拓拔乾晖率众而去，复据其城。又寇银州，素无城壁，人皆奔散。三年春，命检校左庶子、兼御史中丞崔浣为入吐蕃使，相次又遣左庶子李铦使之。河东、保宁等道节度使马燧来朝。初，尚结赞既陷盐、夏等州，各留千余人守之，结赞大众屯于鸣沙。自去冬及春，羊马多死，粮饷不给。时诏遣华州、潼关节度骆元光、邠宁节度韩游瑰统众与凤翔、鄜、邠及诸道戍卒，屯于塞上，又命燧率师次于石州，分兵隔河与元光等掎角讨之。结赞闻而大惧，累遣使请和，仍约盟会。上皆不许。又遣其大将论颊热厚礼卑词求燧请盟，燧以奏焉，上又不许。惟促其合势讨逐。燧喜赂信诈，乃与颊热俱入朝，盛言其可保信，许盟约，上于是从之。燧既赴朝也，诸军但闭壁而已。结赞遽悉其众弃夏州而归，马既多死，有徒行者。及是夏平凉之会，竟渝盟，马燧亦由此失兵柄而奉朝请矣。

四月，崔浣至自鸣沙。初，浣至鸣沙，与尚结赞相见，询问其违约陷盐、夏州之故。对曰："本以定界碑被牵倒，恐二国背盟相侵，故造境上请修旧好。又蕃军顷年破朱泚之众于武功，未获酬偿，所以来耳。及徙泾州，其节度使闭城自守，音问莫达。又徙凤翔，请通使于李令公，亦不见纳。及遣康成、王真之来，皆不能达大国之命。日望大臣充使，兼展情礼，实无至者，乃引军还。及盐、夏二州之师，二州惧我之众，请以城与我，求全而归，非我所攻陷也。今君以国亲将命，若结好复盟，蕃之愿也。盟会之期及定界之所，唯命是听。君归奏决定，当以盐、夏相还也。”又云：“清水之会，同盟者少，是以和好轻慢不成。今蕃相及元帅已下凡二十一人赴。灵州节度使杜希全禀性和善，外境所知，请令主盟会。泾州节度李观，亦请同主之。”又同章表上闻。浣诱赂蕃中给役者，求其人马真数，凡五万九千余人、马八万六千余匹，可战者仅三万人，余悉童幼，备数而已。

是日，改崔浣为鸿胪卿，再入吐蕃。令浣报尚结赞曰：“杜希全职在灵州，不可出境。李观今已改官，以侍中浑瑊充盟会使。”约以五月二十四日复盟于清水。又令告以盐、夏二州归于我，才就盟会。上疑蕃情不实，以得州为信焉。五月，浑瑊以充盟会使来辞，且受命。以兵部尚书崔汉衡为盟会副使，司勋员外郎郑叔矩为判官。浑瑊赴会盟所，上令瑊统众二万余人，遣华州潼关节度骆元光赴之。上令宰臣召吐蕃使论泣赞等于中书议会盟之所。初崔浣与尚结赞约复会于清水，且先归我盐、夏二州，结赞云：“清水非吉地，请会于原州之土梨树。”又请盟毕归二州。浣遣使与泣赞等同奏，上务怀柔远人，皆从之。约以五月十五日盟于土梨树，上召宰臣谋之。先是左神策将马有麟奏：“土梨树地多险隘，恐蕃军隐伏，不利于我。平凉川四隅坦平，且近泾州。就之为便。”由是乃定盟所于平凉川。时蕃使论泣赞已复命，遽追还，告而遣之。

浑瑊与尚结赞会于平凉。初，瑊与结赞约，以兵三千人列于坛之东西，散手四百人至坛下。及将盟，又约各益游军相觇伺。结赞拥精骑数万于坛西，蕃之游军贯穿我师。瑊之将梁奉贞率六十骑为游军，才至蕃中，皆被执留，瑊不虞也。结赞又遣人请瑊曰：“请侍中以下服衣冠剑珮以俟命。”盖诱其下马，将劫持之。瑊与崔汉衡、监军特进宋凤朝等皆入幕次，坦无他虑，结赞命伐鼓三声，其众呼噪而至。瑊遽出自幕后，偶得他马，跨而奔归。时马不加衔，瑊伏于鬣而手加之，凡驰十余里，衔方及口，故追骑之矢，过而不伤焉。唯瑊之裨将辛荣招合数百人，据北阜与贼接战，须臾贼众四合，荣力屈而降。凤朝及瑊判官韩弇，并为乱兵所杀。汉衡及中官刘延邕、俱文珍、李清朝，汉衡判官郑叔矩、路泌，掌书记袁同直，大将扶余准、马宁及神策、凤翔、河东大将孟日华、李至言、乐演明、范澄、马弇等六十余人皆陷焉。余将士及夫役死者四五百人，驱掠者千余人，咸被解夺其衣。

初，汉衡为乱军所击，其从吏吕温以身蔽之，刃中温而汉衡获免。汉衡乃夷言谓执者曰："我汉使崔尚书也，结赞与我善，如若杀我，结赞亦杀汝。"乃舍之，尽驱而西。既已面缚，各以一木自领至趾约于身，以毛绳三束之，又以毛绳连其发而牵之。夜皆踣于地，以发绳各系一橛，又以毛罽都覆之，守卫者卧其上，以防其亡逸也。至故原州，结赞坐于帐中，召与相见，数让国家，因怒浑瑊曰："武功之捷，皆我之力，许以泾州、灵州相报，皆食其言，负我深矣。举国所忿，本劫是盟，在擒瑊也。吾遣以金饰桎梏待瑊，将献赞普。既以失之，虚致君等耳，当遣君辈三人归也。"吕温带疮亦至，结赞嘉其义，厚给赍之。结赞率其众于石门，遣中官俱文珍、浑瑊之将马宁、马燧之将马弇归于我，遂送汉衡、叔矩等囚于河州，辛荣、扶余准等于故廓州、鄯州分囚之。结赞本请杜希全、李观同盟，将执二节将，率其锐师来犯京师，希全等既不行，又欲执浑瑊长驱入寇，其谋也如此。上遣中官王子恒赍诏书以遗结赞，蕃界不纳而还。

初，瑊与骆元光将发泾州，元光谓瑊曰："本奉诏令营于潘原堡，以应援侍中。窃以潘原去盟所六七十里，蕃情多诈，侍中倘有急，何由知之？请次侍中为营，以虞其变。"瑊以非诏旨，固止之。元光与同进。瑊之营西去盟所二十余里，元光之营次之。其濠栅颇深固，瑊之濠栅可逾越焉。及瑊单骑奔归，未及其营，守将李朝彩不能整众，多已奔散。瑊至，空营而已，器械资粮悉弃之，赖元光之众阵于营中，瑊既入，贼追骑方退。元光乃先遣辎重，次与瑊俱申其号令，严其部伍而还。瑊复镇于奉天。

六月，盐、夏二州吐蕃焚城门及庐舍，毁城壁而归。七月，诏曰：

乃者吐蕃犯塞，毒我生灵，俶扰陇东，深入河曲。朕以兵戈粗定，伤夷未瘳，务息战伐之谋，遂从通和之请。亦知戎丑，志在贪婪，重违修睦之辞，乃允寻盟之会。果为隐匿，变发壝宫，纵犬羊凶狡之群，乘文武信诚之众，苍黄沦陷，深用恻然。此皆由朕之不明，致其至此。既无德于万众，亦有愧于四方，宵旰贻忧，何嗟而及。今兵部尚书崔汉衡等，皆国之良士，朝之荩臣，婴絷穷庐，眇然殊域。念其家室，或未周于屡空；录以息男，庶或资于薄俸。汉衡宜与一子七品官；司勋员外郎郑叔矩、检校户部郎中路泌、殿中侍御史韩弇及大将孟日华、辛荣、李至言、范澄、王良贲、乐演明、阳昔、权交成等，各与一子八品官；试左金吾兵曹参军袁同直、榆次尉裴颋及副兵马使以下，各与一子九品官。仍并与正员官。余将干各与一子官，仍委本使即具名衔闻奏。

于是遣决胜军使唐良臣以众六百人戍潘原堡，神策副将苏太平率其众五百人戍陇州。

八月，崔汉衡至自吐蕃。初，汉衡与同陷者并至河州，尚结赞令召汉衡与神策将孟日华、中官刘延邕，俱至石门而遣之。结赞令五十骑送至境上，且赍表请进。及潘原，李观使止曰："有诏不许更纳蕃使。"受其表而返其人。自是吐蕃率羌、浑之众犯塞，分屯于潘口及青石岭。先是，吐蕃之众自潘口东分为三道：其一趋陇州，其一趋汧阳之东，其一趋钓竿原。是日，相次屯于所趋之地，连营数十里。其汧阳贼营，距凤翔四十里，京师震恐，士庶奔骇。贼遣羌、浑之众，衣汉戎服，伪称邢君牙之众，奄至吴山及宝鸡北界，焚烧庐舍，驱掠人畜，断吴山神之首，百姓丁壮者驱之以归，羸老者咸杀之，或断手凿目，弃之而去。初，李晟在凤翔，令伐大木塞安化峡，及是，贼并焚之。

九月，诏神策军将石季章以众三千戍武功，召唐良臣自潘原戍百里城。是月，吐蕃大掠汧阳、吴山、华亭等界人庶男女万余口，悉送至安化峡西，将分隶羌、浑等，乃曰："从尔辈东向哭辞乡国。"众遂大哭。其时一恸而绝者数百人，投崖谷死伤者千余人，闻者为之痛心焉。浑瑊遣其将任蒙主以众三千戍好畤。是月，吐蕃之众复至，分屯于丰义及华亭。百僚入计以破吐蕃围。陇州刺史韩清沔与苏太平夜出兵伏于大像龛，及夜半，令城中及龛各举火相应，贼大惊，因袭其营，贼乃退散。时吐蕃攻陷华亭。初，贼之围华亭也，先绝其汲水道。其守将王仙鹤及镇兵百姓凡三千人，皆在围中。使人间道请救于陇州，刺史韩清沔令苏太平率一千五百人赴之。及中路，其游骑百余没于贼，太平素懦怯寡谋，遽引众退归。贼自是每日令游骑千余至陇州，州兵不敢复出。凡四日，围中绝水，援军不至，贼又积柴城下，将焚之，仙鹤遂降于贼。贼并焚庐舍，毁城壁，虏士众十三四，收丁壮弃老而去。北攻连云堡，又陷。堡之三面颇峭峻，唯北面连原，以濠为固。贼自其北建抛楼七具，击堡中，堡中唯一井，投石俄而满焉。又飞梁架濠而过，苦攻之。堡将张明遂与其众男女千余口东向恸哭而降。泾州之西，唯有连云堡每侦候贼之进退，及是堡陷，泾州不敢启西门，西门外皆为贼境，樵苏殆绝，收刈禾稼，必布阵于野而收获之。获既失时，所得多空穗。于是泾人有饥忧焉。吐蕃驱掠连云堡之众及邠、泾编户逃窜山谷者，并牛畜万计，悉其众送至弹筝峡。自是泾、陇、邠等贼之所至，俘掠殆尽。是秋，数州人无积聚者，边将唯遣使表贺贼退而已。

十月，吐蕃数千骑复至长武城，韩全义率众御之。韩游瑰之将请以众助之，游瑰不许。及暮，贼退，全义亦引还。自是贼之骑常往来泾、邠之间，诸城西门莫敢启者。贼又修故原州城，其大众屯焉。

四年五月，吐蕃三万余骑犯塞，分入泾、邠、宁、庆、麟等州，焚彭原县廨舍，所至烧庐舍，人畜没者约二三万，计凡二旬方退。陈许行营将韩全义自长武城率众抗之，无功而还。游瑰素无军政，且疾不能兴，闭城自守，莫敢御也。先是，吐蕃入寇，恒以秋冬，及春则多遇疾疫而退。是来也，方盛暑而无患。盖华人陷者，厚其资产，质其妻子，为戎虏所将而侵轶焉。九月，吐蕃将尚悉董星、论莽罗等寇宁州，节度使张献甫率众御之，斩首百余级，贼转寇麟坊等州，纵掠而去。

五年十月，剑南节度使韦皋遣将王有道等与东蛮两林苴那时、勿邓梦冲等帅兵于故嶲州台登北谷大破吐蕃青海、猎城二节度，杀其大兵马使乞臧遮遮、悉多杨朱，斩首二千余级，其投崖谷赴水死者不可胜数，生擒笼官四十五人，收获器械一万余事、马牛羊一万余头匹。遮遮者，吐蕃骁勇者也，或云尚结赞之子，频为边患。自其死也，官军所攻城栅，无不降下。蕃众日却，数年间，尽复嶲州之境。

六年，吐蕃陷我北庭都护府。初，北庭、安西，既假道于回纥朝奏，因附庸焉。蕃性贪狠，征求无度。北庭近羌，凡服用食物所资，必强取之，人不卿生矣。又有沙陀部六千余帐，与北庭相依，亦属于回纥。回纥肆其抄夺，尤所厌苦。其葛禄部及白服突厥素与回纥通和，亦憾其夺掠，因吐蕃厚赂见诱，遂附之。于是吐蕃率葛禄、白服之众，去岁各来寇北庭，回纥大相颉干迦斯率众援之，频战败绩，吐蕃攻围颇急。北庭之人既苦回纥，是岁乃举城降于吐蕃，沙陀部落亦降焉。北庭节度使杨袭古与麾下二千余人出奔西州，颉干迦斯不利而还。七年秋，又悉其丁壮五六万人，将复北庭，仍召袭古偕行，俄为吐蕃、葛禄等所击，大败，死者大半。颉干迦斯绐之曰："且与我同至牙帐，当送君归本朝也。"袭古从之，及牙帐，留而不遣，竟杀之。自是安西阻绝，莫知存否。唯西州之人，犹固守焉。颉干迦斯既败衄，慕禄之众乘胜取回纥之浮图川，回纥震恐，悉迁西北部落羊马于牙帐之南以避之。

八年四月，吐蕃寇灵州，掠人畜，攻陷水口城，进围州城，塞水口及支渠以营田。诏河东、振武分兵为援，又分神策六军之卒三千余人戍于定远、怀远二城，上御神武楼劳遣之。吐蕃引去。六月，吐蕃数千骑由青石岭寇泾州，掠田军千余人还，及连云堡，守捉使唐朝臣遣兵出战，大将王进用死之。九月，西川节度使韦皋攻吐蕃之维州，获大将论赞热及首领献于京师。十一月，山南西道节度严震击破吐蕃于芳州及黑水堡，焚其积聚，并献首虏。

九年二月，诏城盐州。是州先为吐蕃所毁，自此塞外无堡障，灵武势隔，西逼鄜坊，甚为边患，故命城之，二旬而毕。又诏兼御史大夫纥干遂统兵五千与兼御史中丞杜彦光之众戍之。是役也，上念将士之劳，厚令度支供给。又诏泾原、剑南、山南诸军深讨吐蕃，以分其力。由是板筑之际，虏无犯塞者。及毕，中外咸称贺焉。是月，西川韦皋献获吐蕃首虏。器械、旗帜、牛马于阙下。初，将城盐州，上命皋出师以分吐蕃之兵，皋遣大将董勔、张芬出西山及南道，破俄和城、通鹤军。吐蕃南道元帅论莽热率众来援，又破之，杀伤数千人，焚定廉故城。凡平栅堡五十余所。

十年，南诏蛮蒙异牟寻大破吐蕃于神川，使来献捷，语在《南诏传》。十一年八月，黄少卿攻陷钦、横、浔、贵四州，吐蕃渠帅论乞髯荡没藏悉诺律以其家属来降，明年并以为归德将军。十二年九月，吐蕃寇庆州及华池县，杀伤颇甚。十三年正月，邢君牙奏请于陇州西七十里筑城以备西戎，名永信城。吐蕃赞普遣使农桑昔赍表请修和好，边将以闻。上以其豺狼之性，数负恩背约，不受表状，任其使却归。五月十七日，吐蕃于剑南山、马岭三处开路，分军下营，仅经一月，进军逼台登城。嶲州刺史曹高任率领诸军将士并东蛮子弟合势接战，自朝至午，大破之，生擒大笼官七人，阵上杀获三百人，余被刀箭者不可胜纪，收获马畜五百余头匹、器械二千余事。十四年十月，夏州节度使韩全义破吐蕃于盐州西北。十六年六月，盐州破吐蕃于乌兰桥下。

十七年七月，吐蕃寇盐州，又陷麟州，杀刺史郭锋，毁城隍，大掠居人，驱党项部落而去。次盐州西九十里横槽烽顿军，呼延州僧延素辈七人，称徐舍人召。其火队吐蕃没勒遽引延素等疾趋至帐前，皆马革梏手，毛绳缧颈。见一吐蕃年少，身长六尺余，赤髭大目，乃徐舍人也。命解缚，坐帐中，曰："师勿惧。余本汉人，司空英国公五代孙也。属武后斫丧王室，高祖建义中泯，子孙流播绝域，今三代矣。虽代居职位，世掌兵要，思本之心无涯，顾血族无由自拔耳！此蕃、汉交境也，复九十里至安乐州，师无由归东矣。"延素曰："僧身孤亲老，恳祈全活。"悲不自胜。又曰："余奉命率师备边，因求资食，遂涉汉疆，展转东进至麟州。城既无备，援兵又绝，是以拔之。知郭使君是勋臣子孙，必将活之，不幸为乱兵所害。"适有飞鸟使至，飞鸟，犹中国驿骑也，云："术者上变，召军亟还。"遂归之。时诏韦皋分遣偏将勒步骑合二万，出成都西山，南北九道并进，逼栖鸡、老翁、故维州、保州、松州诸城，以纾北边故也。

九月，韦皋大破吐蕃于维州。十八年正月，韦皋擒吐蕃大首领论莽热来献，赐崇仁里宅以居之。莽热，吐蕃内大相也。先贞元十六年，韦皋累破吐蕃二万余众于黎州、嶲州，吐蕃遂大搜阅，筑垒造舟，潜谋寇边，皋悉挫之。于是吐蕃酋帅兼监统曩贡、腊城等九节度婴婴、笼官马定德与其大将八十七人，举部落来降。定德有计画，婴婴习知兵法及山川地形，吐蕃每用兵，定德常乘驿计议，诸将禀其成算。至是自以边功不立，惧得罪而归心焉。其明年，吐蕃昆明城管磨些蛮千余户又来降。吐蕃以其众外溃，遂北寇灵、朔，陷麟州。诏韦皋出兵成都西山以纾北边。皋遂命镇静军兵马使陈洎等，统兵万人出三奇路，威戎军使崔尧臣率兵一千出龙溪石门路南，维保二州兵马使仇冕、保霸两州刺史董振等率兵二千进逼吐蕃维州城中，北路兵马使邢玼并诸州刺史董怀愕等率兵四千进攻栖鸡、老翁等城，都将高倜、王英俊等率兵二千进逼故松州，陇东路兵马使元膺并诸将郝宗等复分兵八千出南道雅、邛、黎、嶲等路。又令邛州镇南军使、御史大夫韦良金发镇兵一千三百续进，雅州经略使路惟明与三部落主赵日进等率兵三千进攻逋租、偏松等城，黎州经略使王有道率三部落郝金信等二千过大渡河深入吐蕃界，嶲州经略使陈孝阳与行营兵马使何大海、韦义等及磨些蛮三部落主苴那时率兵四千进攻昆明、诺济城。自八月至于十二月，累破十六万众，拔其七城、五军镇，受降三千余户，生擒六千余人，斩首一万余级，遂围维州。救军再至，转战千余里，吐蕃连败，灵、朔之寇引众南下，于是赞普遣莽热以内大相兼东境五道节度兵马使、都统群牧大使率杂虏十万众，来解维州之围。王师万余众，据险设伏以待之。先以千人挑战，莽热见我师之少也，悉众来追，入于伏中，请将四面疾击，遂擒莽热，虏众大溃。

十九年五月，吐蕃使论颊热至。六月，以右龙武大将军薛伾兼御史大夫，使于吐蕃。二十年三月上旬，赞普卒，废朝三日，命工部侍郎张荐吊祭之。赞普以贞元十三年四月卒，长子立；一岁卒，次子嗣立。命文武三品以上官吊其使。四月，吐蕃使臧河南、观察使论乞冉及僧南拨特计波等五十四人来朝。十二月，遣使论袭热、郭志崇来朝。二十一年二月，顺宗命左金吾卫将军、兼御史中丞田景度持节告哀于吐蕃，以库部员外郎、兼御史中丞熊执易为副使。七月，吐蕃使论悉诺等来朝。永贞元年十月，赞普使论乞缕勃藏来贡，助德宗山陵金银、衣服、牛马等。十一月，以卫尉少卿、兼御史中丞侯幼平充入蕃告册立等使。

元和元年正月，福建道送到吐蕃生口十七人，诏给递乘放还蕃。六月，遣使论勃藏来朝。五年五月，遣使论思耶热来朝，并归郑叔矩、路泌之柩及叔矩男文延等一十三人。叔矩、泌，平凉之盟陷焉，凡二十余年，竟不屈节，因没于蕃中，至是请和，故归之。六月，命宰相杜佑等与吐蕃使议事中书令厅，且言归我秦、原、安乐州地。七月，遣鸿胪少卿、摄御史中丞李铦为入蕃使，丹王府长史、兼侍御史吴晕副之。六年至十年，遣使朝贡不绝。十二年四月，吐蕃以赞普卒来告，以右卫将军乌重玘兼御史中丞，充吊祭使，殿中侍御史段钧副之。

十三年十月，吐蕃围我宥州、凤翔，上言遣使修好。是月，灵武于定远城破吐蕃二万人，杀戮二千人，生擒节度副使一人、判官长行三十九人，获羊马甚众。平凉镇遏使郝玼破二万余众，收复原州城，获羊马不知其数。夏州节度田缙于灵武亦破三千余人。十一月，盐州上言：吐蕃入河曲，夏州破五万余人。灵武破长乐州罗城，焚其屋宇器械。西川节度使王播攻拔峨和、栖鸡等城。

十四年正月，敕曰："朕临御万邦，推布诚信，西戎纳款，积有岁时，中或亏违，亦尝苞贷。我有殊德，宁不是思，重译贡珍，道途相继，申恩示礼，曾无阙焉。昨者蕃使奉章，又至京辇，将君长之命，陈和好之诚。临轩召见，馆气加厚，复以信币，谕之简书。亦既言旋，才及近甸，遽闻蚁聚，来犯封陲，河曲之间，颇为暴扰。背惠弃约，斯谓无名，公议物情，咸请诛绝。朕深惟德化之未被，岂虑夷俗不之宾，其国失信，其使何罪！释其维絷以遂性，示之弘覆以忘怀。予衷苟孚，庶使知感。其蕃使论矩立藏等并后般来使，并宜放归本国。仍委凤翔节度使以此意晓谕。"

八月，吐蕃营于庆州方渠，大军至河州界。十月，吐蕃节度论三摩及宰相尚塔藏、中书令尚绮心儿共领军约十五万众，围我盐州数重，党项首领亦发兵驱羊马以助。阅历三旬，贼以飞梯、鹅车、木驴等四面齐攻，城欲陷者数四。刺史李文悦率兵士乘城力战，城穿坏不可守，撤屋版以御之，昼夜防拒，或潜兵斫营，开城出战，约杀贼万余众。诸道救兵无至者。凡二十七日，贼乃退。

十五年二月，以秘书少监兼御史中丞田洎入吐蕃告哀，并告册立。三月，攻掠我青塞堡。七月，遣使来吊祭。十月，侵逼泾州。命右军中尉梁守谦充左右神策、京西、京北行营都监，统神策兵四千人，并发八镇全军往救援。以太府少卿、兼御史中丞邵同持节入吐蕃，充答请和好使。贬前入吐蕃使、秘书少监田洎郴州司户。初，洎入蕃为吊祭使，蕃请于长武城下会盟，洎懦怯，恐不得还，唯唯而已。至是西戎入寇，且曰："田洎许我统兵马赴盟誓。"遂贬之。戎人实以边将扰之致忿，徒假洎为辞也。泾州上言："吐蕃大将并退。"于是罢神策行营兵。自田缙统夏州，以贪狠侵扰，党项苦之，屡引西戎犯塞。及是大兵入寇，边将郝玼数袭击蕃垒，杀戮甚众，邠州李光颜复以全师而至，戎人惧而退。盖田缙始生国患，而赖光颜、郝玼之驱戮也。十一月，夏州节度使李祐自领兵赴长泽镇，灵武节度使李听自领兵赴长乐州，并奉诏讨吐蕃也。十二月，吐蕃千余人围乌、白池。

长庆元年六月，犯青塞堡，以我与回纥和亲故也。盐州刺史李文悦发兵进击之。九月，吐蕃遣使请盟，上许之。宰相欲重其事，请告太庙，太常礼院奏曰："谨按肃宗、代宗故事，与吐蕃会盟，并不告庙。唯德宗建中末，与吐蕃会盟于延平门，欲重其诚信，特令告庙。至贞元三年，会于平凉，亦无告庙之文。伏以事出一时，又非经制，求之典礼，亦无其文。今谨参详，恐不合告。"从之。乃命大理卿、兼御史大夫刘元鼎充西蕃盟会使，以兵部郎中、兼御史中丞刘师老为副，尚舍奉御、兼监察御史李武、京兆府奉先县丞兼监察御史李公度为判官。十月十日，与吐蕃使盟，宰臣及右仆射、六曹尚书、中执法、太常、司农卿、京兆尹、金吾大将军皆预焉。其词曰：

维唐承天，抚有八纮，声教所臻，靡不来廷。兢业齐栗，惧其陨颠，缵武绍文，叠庆重光，克彰浚哲，罔忝洪绪，十有二叶，二百有四载。则我太祖，权明号而建不拔，铺鸿名而垂永久，类上帝以答嘉应，享皇灵以酬景福，曷有怠已？越岁在癸丑冬十月癸酉，文武孝德皇帝诏丞相臣植、臣播、臣元颖等，与大将和蕃使礼部尚书论讷罗等，会盟于京师，坛于城之西郊，坎于坛北。凡读誓、刑牲、加书、复壤、陟降、周旋之礼，动无违者，盖所以偃兵息人，崇姻继好，懋建远略，规恢长利故也。

原夫昊穹上临，黄祇下载，茫茫蠢蠢之类，必资官司，为厥宰臣，苟无统纪，则相灭绝。中夏见管，维唐是君；西裔一方，大蕃为主。自今而后，屏去兵革，宿忿旧恶，廓焉消除，追崇舅甥，曩昔结援。边堠撤警，戍烽韬烟，患难相恤，暴掠不作，亭障瓯脱，绝其交侵。襟带要害，谨守如故，彼无此诈，此无彼虞。呜呼！爱人为仁，保境为信，畏天为智，是神为礼，有一不至，构灾于躬。塞山崇崇，河水汤汤，日吉辰良，奠其两疆，西为大蕃，东实巨唐。大臣执简，播告秋方。

大蕃赞普及宰相钵阐布、尚绮心儿等，先寄盟文要节云："蕃、汉两邦，各守见管本界，彼此不得征，不得讨，不得相为寇雠，不得侵谋境土。若有所疑，或要捉生问事，便给衣粮放还。"今并依从，更无添改。

预盟之官十七人，皆列名焉。其刘元鼎等与论讷罗同赴吐蕃本国就盟，仍敕元鼎到彼，令宰相已下各于盟文后自书名。灵武节度使李进诚于太石山下破吐蕃三千骑。

二年二月，遣使来请定界。六月，复遣使来朝。盐州奏："吐蕃千余人入灵武界，遣兵逐便邀截。"又言："擒得与党项送书信吐蕃一百五十人。"是月刘元鼎自吐蕃使回，奏云："去四月二十四日到吐蕃牙帐，以五月六日会盟讫。"初，元鼎往来蕃中，并路经河州，见其都元帅、尚书令尚绮心儿云："回纥，小国也。我以丙申年逾碛讨逐，去其城郭二日程，计到即破灭矣，会我闻本国有丧而还。回纥之弱如此，而唐国待之厚于我，何哉?"元鼎云："回纥于国家有救难之勋，而又不曾侵夺分寸土地，岂得不厚乎！"是时元鼎往来，渡黄河上流，在洪济桥西南二千余里，其水极为浅狭，春可揭涉，秋夏则以船渡。其南三百余里有三山，山形如鏊，河源在其间，水甚清冷，流经诸水，色遂赤，续为诸水所注，渐既黄浊。又其源西去蕃之列馆约四驿，每驿约二百余里。东北去莫贺延碛尾，阔五十里，向南渐狭小，北自沙州之西。乃南入吐浑国，至此转微，故号碛尾。计其地理，当剑南之直西。元鼎初见赞普于闷惧卢川，盖赞普夏衙之所，其川在逻娑川南百里，臧河之所流也。时吐蕃遣使论悉诺息等随元鼎来谢，命太仆少卿杜载使以答之。

三年正月，遣使论答热来朝贺。四年九月，遣使求《五台山图》。十月，贡牦牛及银铸成犀牛、羊、鹿各一。宝历元年三月，遣使尚绮立热来朝，且请和好。九月，遣光禄卿李锐为使以答之。大和五年至八年，遣使朝贡不绝，我亦时遣使报之。开成元年、二年，皆遣使来。会昌二年，赞普卒。十二月，遣论赞等来告哀，诏以将作少监李璟吊祭之。大中三年春，宰相尚恐热杀东道节度使，以秦、原、安乐等三州并石门、木硖等七关款塞，泾原节度使康季荣以闻，命太仆卿陆耽往劳焉。其年七月，河、陇耆老率长幼千余人赴阙，上御延喜楼观之，莫不欢呼忭舞，更相解辫，争冠带于康衢，然后命善地以处之，观者咸称万岁。

史臣曰：戎狄之为患也久矣！自秦、汉已还，载籍大备，可得而详也。但世罕小康，君无常圣，我衰则彼盛，我盛则彼衰，盛则侵我郊圻，衰则服我声教。怀柔之道，备预之方，儒臣多议于和亲，武将唯期于战胜，此其大较也。彼吐蕃者，西陲开国，积有岁年，蚕食邻蕃，以恢土宇。高宗朝，地方万里，与我抗衡，近代以来，莫之与盛。至如式遏边境，命制出师，一彼一此，或胜或负，可谓劳矣。迨至幽陵盗起，乘舆播迁，戍卒咸归，河、湟失守，此又天假之也。自兹密迩京邑，时纵寇掠，虽每遣行人，来修旧好，玉帛才至于上国，烽燧已及于近郊，背惠食言，不顾礼义，即可知也。夫要以神明，贵其诚信，平凉之会，畜其诈谋，此又不可以忠信而御也。孔子曰："夷狄之有君，不如诸夏之亡也。"诚哉是言！

赞曰：西戎之地，吐蕃是强。蚕食邻国，鹰扬汉疆。乍叛乍服，或弛或张，礼义虽摄，其心豺狼。

（选自《旧唐书》，中华书局，1975 年）

《新唐书·吐蕃传》

一、解题

《新唐书》共二百二十五卷，北宋宋祁、欧阳修等撰，于宋嘉祐五年（1060）编就。提举官曾公亮等在《进新修唐书表》中称，“其事则增于前，其文则省于旧”。

《吐蕃传》为《新唐书》卷二百十六，列传第一百四十一，分上下篇。与《旧唐书·吐蕃传》一样，讲述了吐蕃的族源、居地、风俗、制度、物产，以及吐蕃的发展、鼎盛与衰落，尤重唐蕃关系史，是研究唐代吐蕃史的基本史料。与《旧唐书·吐蕃传》相比，除了文字增多之外，也有一些特点，如文中增补了吐蕃赞普名单世系、吐蕃职官名称，而这些都是利用第一手材料即藏文文献的结果，对于吐蕃制度史研究价值很大。该书作者还提出了对某些重大问题的看法，最突出者如族源问题，与《旧唐书·吐蕃传》倾向于吐蕃来自鲜卑拓跋部说不同，《新唐书·吐蕃传》主张吐蕃源于西羌。在材料取舍上，《新唐书·吐蕃传》省去了部分诏旨，如景龙四年（710）唐中宗送金城公主出嫁时的600余字的制诰等。因此，研究唐代吐蕃史，两唐书的《吐蕃传》不能偏废，而应参校阅读。

版本以中华书局点校本为佳。1958年科学出版社出版王忠《〈新唐书·吐蕃传〉笺证》，或增补其阙，或考证其事，或笺其所出，或正其讹误，尤重唐蕃经济文化交流，多有创获。1983年青海民族出版社出版端智嘉、陈庆英翻译的藏文本，方便了藏文读者。

二、原文

《新唐书·吐蕃传》上（列传第一百四十一上）

吐蕃本西羌属，盖百有五十种，散处河、湟、江、岷间，有发羌、唐旄等，然未始与中国通。居析支水西。祖曰鹘提勃悉野，健武多智，稍并诸羌，据其地。蕃、发声近，故其子孙曰吐蕃，而姓勃窣野。或曰南凉秃发利鹿孤之后，二子，曰樊尼，曰傉檀。傉檀嗣，为乞佛炽盘所灭。樊尼挈残部臣沮渠蒙逊，以为临松太守。蒙逊灭，樊尼率兵西济河，逾积石，遂抚有群羌云。

其俗谓强雄曰赞，丈夫曰普，故号君长曰赞普，赞普妻曰末蒙。其官有大相曰论茝，副相曰论茝扈莽，各一人，亦号大论、小论；都护一人，曰悉编掣逋；又有内大相曰曩论掣逋，亦曰论莽热，副相曰曩论觅零逋，小相曰曩论充，各一人；又有整事大相曰喻寒波掣逋，副整事曰喻寒觅零逋，小整事曰喻寒波充：皆任国事，总号曰尚论掣逋突瞿。地直京师西八千里，距鄯善五百里，胜兵数十万。国多霆、电、风、雹，积雪，盛夏如中国春时，山谷常冰。地有寒疠，中人辄痞促而不害。其赞普居跋布川，或逻娑川，有城郭庐舍不肯处，联毳帐以居，号大拂庐，容数百人。其卫候严，而牙甚隘。部人处小拂庐，多老寿至百余岁者。衣率毡韦，以赭涂面为好。妇人辫发而萦之。其器屈木而韦底，或毡为盘，凝麨为碗，实羹酪并食之，手捧酒浆以饮。其官之章饰，最上瑟瑟，金次之，金涂银又次之，银次之，最下至铜止，差大小，缀臂前以辨贵贱。屋皆平上，高至数丈。其稼有小麦、青稞麦、荞麦、登豆。其兽，牦牛、名马、犬、羊、彘，天鼠之皮可为裘，独峰驼日驰千里。其宝，金、银、锡、铜。其死，葬为冢，塈涂之。其吏治，无文字，结绳齿木为约。其刑，虽小罪必抉目，或刖、劓，以皮为鞭抶之，从喜怒，无常算。其狱，窟地深数丈，内囚于中，二三岁乃出。其宴大宾客，必驱牦牛，使客自射，乃敢馈。其俗，重鬼右巫，事羱羝为大神。喜浮屠法，习咒诅，国之政事，必以桑门参决。多佩弓刀。饮酒不得及乱。妇人无及政。贵壮贱弱，母拜子，子倨父，出入前少而后老。重兵死，以累世战没为甲门，败懦者垂狐尾于首示辱，不得列于人。拜必手据地为犬号，再揖身止。居父母丧，断发、黛面、墨衣，既葬而吉。其举兵，以七寸金箭为契。百里一驿，有急兵，驿人臆前加银鹘，甚急，鹘益多。告寇举烽。其畜牧，逐水草无常所。其铠胄精良，衣之周身，窍两目，劲弓利刃不能甚伤。其兵法严，而师无馈粮，以卤获为资。每战，前队尽死，后队乃进。其四时，以麦熟为岁首。其戏，棋、六博。其乐，吹螺、击鼓。其君臣自为友，五六人曰共命。君死，皆自杀以殉，所服玩乘马皆瘗，起大屋冢颠，树众木为祠所。赞普与其臣岁一小盟，用羊、犬、猴为牲；三岁一大盟，夜肴诸坛，用人、马、牛、闾为牲。凡牲必折足裂肠陈于前，使巫告神曰："渝盟者有如牲。"

其后有君长曰瘕悉董摩，董摩生佗土度，佗土生揭利失若，揭利生勃弄若，勃弄生讵素若，讵素生论赞索，论赞生弃宗弄赞，亦名弃苏农，亦号弗夜氏。其为人慷慨才雄，常驱野马、牦牛，驰刺之以为乐，西域诸国共臣之。

太宗贞观八年，始遣使者来朝，帝遣行人冯德遐下书临抚。弄赞闻突厥、吐谷浑并得尚公主，乃遣使赍币求昏，帝不许。使者还，妄语曰："天子遇我厚，几得公主，会吐谷浑王入朝，遂不许，殆有以间我乎？"弄赞怒，率羊同共击吐谷浑，吐谷浑不能亢，走青海之阴，尽取其赀畜。又攻党项、白兰羌，破之。勒兵二十万入寇松州，命使者贡金甲，且言迎公主，谓左右曰："公主不至，我且深入。"都督韩威轻出觇贼，反为所败，属羌大扰，皆叛以应贼。乃诏吏部尚书侯君集为行军大总管，出当弥道，右领军大将军执失思力出白兰道，右武卫大将军牛进达出阔水道，右领军将军刘兰出洮河道，并为行军总管，率步骑五万进讨。进达自松州夜鏖其营，斩首千级。

初东寇也，连岁不解，其大臣请返国，不听，自杀者八人。至是弄赞始惧，引而去，以使者来谢罪，固请昏，许之。遣大论薛禄东赞献黄金五千两，它宝称是，以为聘。

十五年，妻以宗女文成公主，诏江夏王道宗持节护送，筑馆河源王之国。弄赞率兵次柏海亲迎，见道宗，执婿礼恭甚，见中国服饰之美，缩缩愧沮。归国，自以其先未有昏帝女者，乃为公主筑一城以夸后世，遂立宫室以居。公主恶国人赭面，弄赞下令国中禁之。自褫毡罽，袭纨绡，为华风。遣诸豪子弟入国学，习《诗》《书》。又请儒者典书疏。

帝伐辽还，使禄东赞上书曰："陛下平定四方，日月所照，并臣治之。高丽恃远，弗率于礼，天子自将度辽，隳城陷阵，指日凯旋，虽雁飞于天，无是之速。夫鹅犹雁也，臣谨冶黄金为鹅以献。"其高七尺，中实酒三斛。二十二年，右卫率府长史王玄策使西域，为中天竺所钞，弄赞发精兵从玄策讨破之，来献俘。

高宗即位，擢驸马都尉、西海郡王。弄赞以书诒长孙无忌曰："天子初即位，下有不忠者，愿勒兵赴国共讨之。"并献金琲十五种以荐昭陵。进封賨王，赐饷蕃渥。又请蚕种、酒人与碾硙等诸工，诏许。永徽初，死，遣使者吊祠。无子，立其孙，幼不事，故禄东赞相其国。

显庆三年，献金盎、金颇罗等，复请昏。未几，吐谷浑内附，禄东赞怨忿，率锐兵击之，而吐谷浑大臣素和贵奔吐蕃，惎以虚实，故吐蕃能破其国。慕容诺曷钵与弘化公主引残落走凉州，诏凉州都督郑仁泰为青海道行军大总管，率将军独孤卿云等屯凉、鄯，左武候大将军苏定方为安集大使，为诸将节度，以定其乱。吐蕃使论仲琮入朝，表吐谷浑罪，帝遣使者谯让，乃使来请与吐谷浑平憾，求赤水地牧马，不许。会禄东赞死。

东赞不知书而性明毅，用兵有节制，吐蕃倚之，遂为强国。始入朝，占对合旨，太宗擢拜右卫大将军，以琅邪公主外孙妻之。禄东赞自言："先臣为聘妇，不敢奉诏。且赞普未谒公主，陪臣敢辞！"帝异其言，然欲怀以恩，不听也。有子曰钦陵、曰赞婆、曰悉多于、曰勃论。禄东赞死，而兄弟并当国。自是岁入边，尽破有诸羌羁縻十二州。

总章中，议徙吐谷浑部于凉州旁南山。帝刈吐蕃之入，召宰相姜恪阎立本、将军契苾何力等议先击吐蕃。立本曰："民饥未可以师。"

何力曰："吐蕃介在西极，臣恐师到，兽窜山伏，捕讨无所得，至春复侵吐谷浑。臣请勿救，使疑吾力困而骄之，一举可灭也。"恪曰："不然，吐谷浑方衰，吐蕃负胜，以衰气拒胜兵，战必不亢，不救则灭。臣谓王师亟助之，使国幸存，后且徐图可也。"议不决，亦不克徙。

咸亨元年，入残羁縻十八州，率于阗取龟兹拨换城，于是安西四镇并废。诏右威卫大将军薛仁贵为逻娑道行军大总管，左卫员外大将军阿史那道真、左卫将军郭待封自副，出讨吐蕃，并护吐谷浑还国。师凡十余万，至大非川，为钦陵所拒，王师败绩，遂灭吐谷浑而尽有其地。诏司戎太常伯、同东西台三品姜恪为凉州道行军大总管出讨，会恪卒，班师。

吐蕃遣大臣仲琮入朝。仲琮少游太学，颇知书。帝召见问曰："赞普孰与其祖贤？"对曰："勇果善断不逮也，然勤以治国，下无敢欺，令主也。且吐蕃居寒露之野，物产寡薄，乌海之阴，盛夏积雪，暑毼冬裘。随水草以牧，寒则城处，施庐帐。器用不当中国万分一。但上下一力，议事自下，因人所利而行，是能久而强也。"帝曰："吐谷浑与吐蕃本甥舅国，素和贵叛其主，吐蕃任之，夺其土地。薛仁贵等往定慕容氏，又伏击之，而寇我凉州，何邪？"仲琮顿首曰："臣奉命来献，它非所闻。"帝韪其答。然以仲琮非用事臣，故杀其礼。

上元二年，遣大臣论吐浑弥来请和，且求与吐谷浑脩好，帝不听。明年，攻鄯、廓、河、芳四州，杀略吏及马牛万计。乃诏周王显为洮州道行军元帅，率工部尚书刘审礼等十二总管，以相王轮为凉州道行军元帅，率左卫大将军契苾何力、鸿胪卿萧嗣业等军讨之。二王不克行。吐蕃进攻垒州，破密恭、丹岭二县，又攻扶州，败守将。乃高选尚书左仆射刘仁轨为洮河镇守使，久之，无功。

吐蕃与西突厥连兵攻安西，复命中书令李敬玄为洮河道行军大总管、西河镇抚大使、鄯州都督，代仁轨。下诏募猛士，毋限籍役痕负，帝自临遣。又敕益州长史李孝逸、巂州都督拓王奉益发剑南、山南士。先战龙支，吐蕃败。敬玄率刘审礼击吐蕃青海上，审礼战没。

敬玄顿承风岭，碍险不得纵，吐蕃压王师屯，左领军将军黑齿常之率死士五百，夜斧其营，虏惊，自相轥藉而死者甚众，乃引去。敬玄仅脱。

帝既儒仁无远略，见诸将数败，乃博咨近臣，求所以御之之术。帝曰："朕未始擐甲履军，往者灭高丽、百济，比岁用师，中国骚然，朕至今悔之。今吐蕃内侵，盍为我谋？"中书舍人刘祎之等具对，须家给人足可击也。或言贼险黠不可与和，或言营田严守便。惟中书侍郎薛元超谓："纵敌生患，不如料兵击之。"帝顾黄门侍郎来恒曰："自李勣亡，遂无善将。"恒即言："向洮河兵足以制敌，但诸将不用命，故无功。"帝殊不悟，因罢议。

仪凤四年，赞普死，子器弩悉弄立，钦陵复擅政，使大臣来告丧，帝遣使者往会葬。明年，赞婆、素和贵率兵三万攻河源，屯良非川，敬玄与战湟川，败绩。左武卫将军黑齿常之以精骑三千夜捣其营，赞婆惧，引去。遂擢常之为河源军经略大使。乃严烽逻，开屯田，虏谋稍折。

初，剑南度茂州之西筑安戎城，以迮其鄙。俄为生羌导虏取之以守，因并西洱河诸蛮，尽臣羊同、党项诸羌。其地东与松、茂、嶲接，南极婆罗门，西取四镇，北抵突厥，幅圆余万里，汉、魏诸戎所无也。

永隆元年，文成公主薨，遣使者吊祠，又归我陈行焉之丧。初，行焉使虏，论钦陵欲拜己，临以兵，不为屈，留之十年。及是丧还，赠睦州刺史。赞婆复入良非川，常之击走之。

武后时，与蛮夷同朝贺。永昌元年，诏文昌右相韦待价为安息道大总管，安西大都护阎温古副之，以讨吐蕃，兵逗留，坐死、徙。明年，复诏文昌右相岑长倩为武威道行军大总管讨之，兵半道罢。

又明年，大首领曷苏率贵川部与党项种三十万降，后以右玉钤卫将军张玄遇为安抚使，率兵二万迎之，次大度水，吐蕃禽曷苏去。而它酋昝插又率羌、蛮八千自来，玄遇即其部置叶州，用昝插为刺史，刻石大度山以纪功。

是岁，又诏右鹰扬卫将军王孝杰为武威道行军总管，率西州都督唐休璟、左武卫大将军阿史那忠节击吐蕃，大破其众，复取四镇，更置安西都护府于龟兹，以兵镇守。议者请废四镇勿有也，右史崔融献议曰："戎狄为中国患尚矣，五帝、三王所不臣。汉以百万众困平城，其后武帝赫然发愤，甘心四夷，张骞始通西域，列四郡，据两关，断匈奴右臂，稍稍度河、湟，筑令居，以绝南羌。于是鄣候亭燧出长城数千里，倾府库，殚士马，行人使者岁月不绝，至作皮币，算缗法，税舟车，榷酒酤。夫岂不怀，为长久计然也！匈奴于是孤特远窜，遂开西域，置使者领护。光武中兴，皆复内属，至于延光，三绝三通。太宗文皇帝践汉旧迹，并南山抵葱岭，剖裂府镇，烟火相望，吐蕃不敢内侮。高宗时，有司无状，弃四镇不能有，而吐蕃遂张，入焉耆之西，长鼓右驱，逾高昌，历车师，钞常乐，绝莫贺延碛，以临燉煌。今孝杰一举而取四镇，还先帝旧封，若又弃之，是自毁成功而破完策也。夫四镇无守，胡兵必临西域，西域震则威憺南羌，南羌连衡，河西必危。且莫贺延碛袤二千里，无水草，若北接虏，唐兵不可度而北，则伊西、北庭、安西诸蕃悉亡。"议乃格。

于是首领勃论赞与突厥伪可汗阿史那俀子南侵，与孝杰战冷泉，败走。碎叶镇守使韩思忠破泥熟没斯城。证圣元年，钦陵、赞婆攻临洮，孝杰以肃边道大总管战素罗汗山，虏败还。又攻凉州，杀都督。遣使者请和，约罢四镇兵，求分十姓地。武后诏通泉尉郭元振往使，道与钦陵遇。元振曰："东赞事朝廷，誓好无穷，今猥自绝，岁扰边，父通之，子绝之，孝乎？父事之，子叛之，忠乎？"钦陵曰："然！然天子许和，得罢二国戍，使十姓突厥、四镇各建君长，俾其国自守若何？"元振曰："唐以十姓、四镇抚西土，为列国主，道非有它，且诸部与吐蕃异，久为唐编人矣。"钦陵曰："使者意我规削诸部为唐边患邪？我若贪土地财赋，彼青海、湟川近矣，今舍不争何哉？突厥诸部碛漠广莽，去中国远甚，安有争地万里外邪？且四夷唐皆臣并之，虽海外地际，靡不磨灭，吐蕃适独在者，徒以兄弟小心，得相保耳。十姓五咄陆近安西，于吐蕃远，俟斤距我裁一碛，骑士腾突，不易旬至，是以为忧也。乌海、黄河，关源阻奥，多疠毒，唐必不能入；则弱甲孱将易以为蕃患，故我欲得之，非窥诸部也。甘、凉距积石道二千里，其广不数百，狭才百里，我若出张掖、玉门，使大国春不耕，秋不获，不五六年，可断其右。今弃不为，亦无虞于我矣。青海之役，黄仁素约和，边守不戒，崔知辩径俟斤掠我牛羊万计，是以求之。”使使者固请，元振固言不可许，后从之。

钦陵专国久，常居中制事，诸弟皆领方面兵，而赞婆专东境几三十年，为边患。兄弟皆才略沈雄，众惮之。器弩悉弄既长，欲自得国，渐不平，乃与大臣论岩等图去之。钦陵方提兵居外，赞普托言猎，即勒兵执其亲党二千余人杀之，发使者召钦陵、赞婆，钦陵不受命，赞普自讨之。未战，钦陵兵溃，乃自杀，左右殉而死者百余人。赞婆以所部及兄子莽布支等款塞，遣羽林飞骑迎劳，擢赞婆特进、辅国大将军、归德郡王，莽布支左羽林大将军、安国公，皆赐铁券，礼尉良厚。赞婆即领部兵戍河源，死，赠安西大都护。

又遣左肃政台御史大夫魏元忠为陇右诸军大总管，率陇右诸军大使唐休璟出讨。方虏攻凉州，休璟击之，斩首二千级。于是论弥萨来朝请和。赞普自将万骑攻悉州，都督陈大慈四战皆克。明年，乃献马、黄金求昏。而虏南属帐皆叛，赞普自讨，死于军。

诸子争立，国人立弃隶蹜赞为赞普，始七岁，使者来告丧，且求盟。又使大臣悉董热固求昏，未报。会监察御史李知古建讨姚州蛮，削吐蕃向导，诏发剑南募士击之。蛮酋以情输虏，杀知古，尸以祭天，进攻蜀汉。诏灵武监军右台御史唐九征为姚巂道讨击使，率兵击之。虏以铁絙梁漾、濞二水，通西洱蛮，筑城戍之。九征毁絙夷城，建铁柱于滇池以勒功。

中宗景龙二年，还其昏使。或言彼来逆公主，且习闻华言，宜勿遣，帝以中国当以信结夷狄，不许。明年，吐蕃更遣使者纳贡，祖母可敦又遣宗俄请昏。帝以雍王守礼女为金城公主妻之，吐蕃遣尚赞咄名悉腊等逆公主。帝念主幼，赐锦缯别数万，杂伎诸工悉从，给龟兹乐。诏左卫大将军杨矩持节送。帝为幸始平，帐饮，引群臣及虏使者宴，酒所帝悲涕嘘欷，为赦始平县，罪死皆免，赐民徭赋一年，改县为金城，乡曰凤池，里曰怆别。公主至吐蕃，自筑城以居。拜矩鄯州都督。吐蕃外虽和而阴衔怒，即厚饷矩，请河西九曲为公主汤沐，矩表与其地。九曲者，水甘草良，宜畜牧，近与唐接。自是虏益张雄，易入寇。

玄宗开元二年，其相坌达延上书宰相，请载盟文，定境于河源，丐左散骑常侍解琬莅盟。帝令姚崇等报书，命琬持神龙誓往。吐蕃亦遣尚钦藏、御史名悉腊献载辞。未及定，坌达延将兵十万寇临洮，入攻兰、渭，掠监马。杨矩惧，自杀。有诏薛讷为陇右防御使，与王晙等并力击。帝怒，下诏自将讨之。会晙等战武阶，斩首万七千，获马羊无虑二十万。又战长子，丰安军使王海宾战死。乘之，虏大败，众奔突不能去，相枕藉死，洮水为不流。帝乃罢行。诏紫微舍人倪若水临按军实战功，且吊祭战亡士，敕州县并瘗吐蕃露胔。

宰相建言："吐蕃本以河为境，以公主故，乃桥河筑城，置独山、九曲二军，距积石二百里。今既负约，请毁桥，复守河如约。"诏可。遣左骁卫郎将尉迟瓌使吐蕃，慰安公主。然小小入犯边无闲岁，于是郭知运、王君㚟相继节度陇右、河西，一以捍之。吐蕃遣宗俄因子到洮水祭战死士，且请和。然恃盛强，求与天子敌国，语悖傲。使者至临洮，诏不内。金城公主上书求听修好，且言赞普君臣欲与天子共署誓刻。吐蕃又遣使者上书言："孝和皇帝尝赐盟，是时唐宰相豆卢钦望、魏元忠、李峤、纪处讷等凡二十二人及吐蕃君臣同誓。孝和皇帝崩，太上皇嗣位，修睦如旧。然唐宰相在誓刻者皆殁，今宰相不及前约，故须再盟。比使论乞力等前后七辈往，未蒙开许，且张玄表、李知古将兵侵暴甥国，故违誓而战。今舅许湔贷前恶，归于大和，甥既坚定，然不重盟为未信，要待新誓也。甥自总国事，不牵于下，欲使百姓久安。舅虽及和，而意不专，于言何益?"又言："舅责乞力徐集兵，且兵以新故相代，非集也。往者疆场自白水皆为闲壤，昨郭将军屯兵而城之，故甥亦城。假令二国和，以迎送；有如不通，因以守境。又疑与突厥骨咄禄善者，旧与通聘，即日舅甥如初，不与交矣。因奉宝瓶、杯以献。"帝谓昔已和亲，有成言，寻前盟可矣，不许复誓。礼其使而遣，且厚赐赞普，自是岁朝贡不犯边。

十年，攻小勃律国，其王没谨忙诒书北庭节度使张孝嵩曰："勃律，唐西门。失之，则西方诸国皆堕吐蕃，都护图之。"孝嵩听许，遣疏勒副使张思礼以步骑四千昼夜驰，与谨忙兵夹击吐蕃，死者数万，多取铠仗、马羊，复九城故地。始勃律王来朝，父事帝。还国，置绥远军以捍吐蕃，故岁常战。吐蕃每曰：“我非利若国，我假道攻四镇尔。”及是，累岁不出兵。

于是陇右节度使王君㚟请深入取偿。十二年，破吐蕃，献俘。后二年，悉诺逻兵入大斗拔谷，遂攻甘州，火乡聚。王君㚟勒兵避其锐，不战。会大雪，吐蕃皲冻如积，乃逾积石军趋西道以归。君㚟豫遣谍出塞，烧野草皆尽，悉诺逻顿大非川，无所牧，马死过半。君㚟率秦州都督张景顺约赍穷蹑，出青海西，方冰合，师乘而度。于时虏已逾大非山，留辎重疲弱滨海，君㚟纵兵俘以旋。时中书令张说以吐蕃出入数十年，胜负略相当，甘、凉、河、鄯之人奉调发困甚，愿听其和。帝方宠君㚟，不听。

未几，悉诺逻恭禄、烛龙莽布支入陷瓜州，毁其城，执刺史田元献及君㚟父，遂攻玉门军，围常乐，不能拔，回寇安西，副都护赵颐贞击却之。会君㚟为回纥所杀，功不遂。帝乃用萧嵩为河西节度使，左金吾将军张守珪瓜州刺史，复城之。嵩纵反间，杀悉诺逻恭禄。明年，大将悉末朗攻瓜州，守珪击走之；鄯州都督张志亮又战青海西，破大莫门城，焚橐它桥；陇右节度使杜宾客以强弩四千射虏，破之祁连城下，斩副将一，上级五千首。虏败，恸而走山。又明年，守珪率伊、沙等州兵破虏大同军；又信安王祎出陇西，拔石堡城，即之置振武军，献俘于庙。帝以书赐将军裴旻曰：“敢有掩战功不及赏者，士自陈将吏皆斩。战有逗留，举队如军法。能禽其王者，授大将军。”于是士益奋。

吐蕃令曩骨委书塞下，言：“论莽热、论泣热皆万人将，以赞普命，谢都督刺史：二国有舅甥好，昨弥不弄羌、党项交构二国，故失欢，此不听，唐亦不应听。”都督遣腹心吏与曩骨还议盟事。曩骨，犹千牛官也。于是忠王友皇甫惟明并言约和便。帝曰：“赞普向上书悖慢，朕必灭之，毋议和！”惟明曰：“昔赞普幼，是必边将好功之人为之，以激怒陛下。且二国交恶必兴师，师兴则隐盗财利，诈功级，希陛下过赏，以甘心焉。今河西、陇右赀耗力穷，陛下幸诏金城公主许赞普约，以纾边患，息民之上策也。”帝采其言，敕惟明及中人张元方往聘，以书赐公主。惟明见赞普言天子意，赞普大喜，因悉出贞观以来书诏示惟明，厚馈献。使名悉腊随使者入朝，奉表言：“甥，先帝舅显亲也。曩为张玄表、李知古交斗，遂成大衅。甥以文成、金城公主，敢失礼乎？特以冲幼，枉为边将谗乱。如蒙澄亮，死且万足，千万岁不敢先负盟。”且献怪宝。使者至，帝御前殿，列羽林仗内之。悉腊略通华文，既宴与语，礼甚厚，赐紫服、金鱼。悉腊受服辞鱼，曰：“国无是，不敢当。”帝遣御史大夫崔琳报聘。

吐蕃又请交马于赤岭，互市于甘松岭。宰相裴光庭曰：“甘松中国阻，不如许赤岭。”乃听以赤岭为界，表以大碑，刻约其上。又请《五经》，敕秘书写赐，并遣工部尚书李暠往聘，赐物万计。吐蕃遣使谢，且言：“唐、吐蕃皆大国，今约和为久长计，恐边吏有妄意者，请以使人对相晓敕，令昭然具知。”帝又令金吾将军李佺监赤岭树碑，诏张守珪与将军李行祎、吐蕃使者莽布支分谕剑南、河西州县曰：“自今二国和好，无相侵暴。”乃使悉诺渤海纳贡，并以币器遍遗执政。明年，上宝器数百具，制冶诡殊，诏置提象门示群臣。

其后吐蕃西击勃律，勃律告急，帝谕令罢兵，不听，卒残其国。于是崔希逸为河西节度使，镇凉州，故时疆畔皆树壁守捉，希逸谓虏戍将乞力徐曰：“两国约好，而守备不废，云何？请皆罢，以便人。”乞力徐曰：“公忠诚，无不可，恐朝廷未皆信，脱掩吾不备，其可悔?”希逸固邀，乃许。即共刑白犬盟，而后悉彻障壁，虏畜牧被野。

明年，傔史孙诲奏事，妄言“虏无备，可取也”。帝采之，诏内竖赵惠琮共往按状。小人欲徼幸，至凉州，因共矫诏，诏希逸发兵袭破吐蕃青海上，斩获不赀，乞力徐遁走。吐蕃恚，不朝。二十六年，大入河西，希逸拒破之。鄯州都督杜希望又拔新城，更号威戎军。希逸顾失信，悒悒怅恨，召拜河南尹。既而与惠琮俱见犬祟，疑而死，诲亦及它诛。

萧炅代为河西节度留后，杜希望陇右节度留后，王昱剑南节度使，分道经略，碎赤岭碑。希望发鄯州兵夺虏河桥，并河筑盐泉城，号镇西军，破吐蕃兵三万。昱以剑南兵入攻安戎城，筑二少垒左右之，兵次蓬婆岭，输剑南粟饷军。吐蕃悉锐来救，昱大败，少垒皆没，士死凡数万。昱贪妄，非将选，故败，贬死高要。明年，吐蕃攻白草、安人军，诏临洮、朔方分援。虏绝临洮道，白水军使高東于拒守，虏引去。炅遣将追尾，有云出军上，白兔舞，大破吐蕃。昱之败，以张宥代节度剑南，以章仇兼琼为益州司马。宥，文吏，不知兵，委事兼琼。兼琼因得入奏，天子果其议，拔兼琼代宥节度。兼琼谍诱吐蕃安戎城主为应，导官军入，尽杀虏戍，以监察御史许远守之。吐蕃围安戎，绝水泉，会石裂泉涌，虏惊引去。复攻维州，不得志。诏乃改安戎曰平戎云。

是岁，金城公主薨。明年，为发哀，吐蕃使者朝，因请和，不许。虏乃悉众四十万攻承风堡，抵河源军，西入长宁桥、安仁军，浑崖烽骑将臧希液以锐兵五千破之。吐蕃又袭廓州，败一县，屠吏人。攻振武军石堡城，盖嘉运不能守。

天宝元年，陇右节度使皇甫惟明破虏大岭军；战青海，破莽布支，斩首三万级。明年，破洪济城，战石堡，不克，副将诸葛詡死之。又明年，惟明破虏，献俘京师。帝以哥舒翰节度陇右，翰攻拔石堡，更号神武军。又禽其相兀论样郭。

十载，安西节度使高仙芝俘大酋以献。是时，吐蕃与蛮阁罗凤联兵攻泸南，剑南节度使杨国忠方以奸罔上，自言："破蛮众六万于云南，拔故洪州等三城，献俘口。"哥舒翰破洪济、大莫门诸城，收九曲故地，列郡县，实天宝十二载。于是置神策军于临洮西、浇河郡于积石西、及宛秀军以实河曲。后二年，苏毗子悉诺逻来降，封怀义王，赐李氏。苏毗，强部也。是岁，赞普乞黎苏笼腊赞死，子挲悉笼腊赞嗣，遣使者修好，诏京兆少尹崔光远持节赍册吊祠。还而安禄山乱，哥舒翰悉河、陇兵东守潼关，而诸将各以所镇兵讨难，始号行营，边候空虚，故吐蕃得乘隙暴掠。

至德初，取巂州及威武等诸城，入屯石堡。其明年，使使来请讨贼且脩好。肃宗遣给事中南巨川报聘。然岁内侵，取廓、霸、岷等州及河源、莫门军。使数来请和，帝虽审其谲，姑务纾患，乃诏宰相郭子仪、萧华、裴遵庆等与盟。

宝应元年，陷临洮，取秦、成、渭等州。明年，使散骑常侍李之芳、太子左庶子崔伦往聘，吐蕃留不遣。破西山合水城。明年，入大震关，取兰、河、鄯、洮等州，于是陇右地尽亡。进围泾州，入之，降刺史高晖。又破邠州，入奉天，副元帅郭子仪御之。吐蕃以吐谷浑、党项兵二十万东略武功，渭北行营将吕日将战盩厔西，破之。又战终南，日将走。代宗幸陕，子仪退趋商州。高晖导虏入长安，立广武王承宏为帝，改元，擅作赦令，署官吏。衣冠皆南奔荆、襄，或逋栖山谷，乱兵因相攘钞，道路梗闭。光禄卿殷仲卿率千人壁蓝田，选二百骑度浐，或绐虏曰："郭令公军且来！"吐蕃大震。会少将王甫与恶少年伐鼓噪苑中，虏惊，夜引去。子仪入长安，高晖东奔至潼关，守将李日越杀之。吐蕃留京师十五日乃走，天子还京。

吐蕃退围凤翔，节度使孙志直拒守，镇西节度使马璘以千骑战却之，吐蕃屯原、会、成、渭间，自如也。是岁，南入松、维、保等州及云山新笼城。明年，还使人李之芳等。剑南严武破吐蕃南鄙兵七万，拔当狗城。会仆固怀恩反，自灵武遣其将范志诚、任敷合吐蕃、吐谷浑兵攻邠州，白孝德、郭晞婴垒守，乃入居奉天西。子仪入奉天，按军不战。郭晞以锐士夜捣其营，斩首数千级，夺马五百，取四将，吐蕃引去。是时严武拔盐川，又战西山，取其众八万。虏围凉州，河西节度使杨志烈不能守，跳保甘州，而凉州亡。

永泰元年，吐蕃请和，诏宰相元载、杜鸿渐与虏使者同盟。怀恩不得志，导虏与回纥、党项羌、浑、奴刺犯边，吐蕃大酋尚结息、赞摩、尚悉东赞等众二十万至醴泉、奉天，邠将白孝德不能亢，任敷以兵略凤翔、盩厔，于是京师戒严。朔方兵马使浑日时、孙守亮屯奉天，诏子仪以河中兵屯泾阳，李忠臣屯东渭桥，李光进屯云阳，马璘、郝廷玉屯便桥，骆奉先、李日越屯盩厔，李抱玉屯凤翔，周智光屯同州，杜冕屯坊州，天子自率六军屯于苑。吐蕃逼奉天，日进以单骑驰之，士二百踵进，左右击刺，射皆应弦仆，虏大惊辟易。日进挟虏一将跃出，举军望而噪，士还，无一矢着身者。明日，虏薄城，日进发机石劲弩，故兵多死。凡三日，虏敛军入壁，日进知虏曲折，即夜斫其营，斩千余级，生禽五百。又战马嵬，凡七日，破贼万人，斩首五千，获马、橐它、帜械甚众。帝欲自讨贼，下诏大搜马，京师始置团练，都人震扰，凿垣亡去者十八，诏中人户都门，不能止。吐蕃游骑四百略武功，镇西节度使马璘使健士五十击之，歼，士气益奋。虏徙营九嵕之阴，掠醴泉居人数万，焚室庐，田皆赤地。周智光与虏战澄城，破之。吐蕃至邠北，复与回纥合，还攻奉天，抵马嵬。任敷以兵五千掠白水，残同州。于是城中渭桥、鄠以屯兵。

会怀恩死，虏谋无主，遂与回纥争长。回纥怒，诣子仪请击吐蕃自效，子仪许之，使白元光合兵攻吐蕃于灵台西，大破之，降仆固名臣，帝乃班师。

《新唐书·吐蕃传》下（列传第一百四十一下）

永泰、大历间，再遣使者来聘，于是户部尚书薛景仙往报。诏宰相与吐蕃使者盟。俄寇灵州，掠宜禄，郭子仪精甲三万戍泾阳，入屯奉天。灵州兵破虏二万，上级五百首。景仙与伦泣陵偕来，请境凤林关，而路悉等十五人又来。三年，虏引众十万复攻灵州，略邠州。先是，尚悉结自宝应后数入边，以功高请老，而赞磨代之，为东面节度使，专河、陇。邠宁马璘、朔方将白元光再破其众，获马羊数千，剑南亦破虏万人。尚悉摩复来朝。天子以虏数入塞，诏治守障，徙当、悉、柘、静、恭五州，皆据险以守。

八年，虏六万骑侵灵州，败民稼，进寇泾、邠，浑瑊与战不利，副将死，略数千户。瑊整卒夜袭其营；泾原马璘以兵掩之潘原，射豹皮将死，军中哭，乃遁去。璘收所俘士及男女而还。郭子仪又破其众十万。

九年，帝遣谏议大夫吴损修好，虏亦使使者入朝。于是子仪屯邠州，李抱玉屯高壁，马璘屯原州，李忠臣屯泾州，李忠诚屯凤翔，臧希让屯渭北，备虏之入。明年，西川节度使崔宁破虏于西山。虏攻临泾、陇州，次普润，焚掠人畜；与抱玉战义宁，破之；道泾州，璘尾追，败之于百里。又明年，崔宁破虏故洪节度、氐、蛮、党项等兵，斩首万级，禽酋领千人，牛羊麇铠甚众，献之朝。吐蕃不得志，入掠黎、雅，于是剑南兵合南诏与战，破之，禽大笼官论器然。又侵坊州，取党项牧马。崔宁攻望汉城，破之。山南西道节度使张献恭战岷州，吐蕃走。宁破西山三路及邛南兵，斩首八千级。十三年，虏大酋马重英以四万骑寇灵州，塞汉、御史、尚书三渠以扰屯田，为朔方留后常谦光所逐，重英残盐、庆而去。乃南合南诏众二十万攻茂州，略扶、文，遂侵黎、雅。时天子已发幽州兵驰拒，虏大奔破。

初，虏使数至，留不遣，所俘虏口，悉部送江南。德宗即位，先内靖方镇，顾岁与虏确，其亡获相偿，欲以德绥怀之，遣太常少卿韦伦持节归其俘五百，厚给衣褚，切敕边吏护亭障，无辄侵虏地。吐蕃始闻未信，使者入境，乃皆感畏。

是时，乞立赞为赞普，姓户虏提氏，曰："我乃有三恨：不知天子丧，不及吊，一也；山陵不及赙，二也；不知舅即位，而发兵攻灵州，入扶、文，侵灌口，三也。"即发使者随伦入朝。帝又遣伦还蜀俘。虏以伦再至，欢甚，授馆，作声乐，九日留，以论钦明思等五十人从献方物。

明年，殿中少监崔汉衡往使，赞普猥曰："我与唐舅甥国，诏书乃用臣礼卑我。"又请云州西尽贺兰山为吐蕃境，邀汉衡奏天子。乃遣入蕃使判官常鲁与论悉诺罗入朝，道赞普语，且引景龙诏书曰"唐使至，甥先与盟，蕃使至，舅亦将亲盟"；赞普曰"其礼本均。"帝许之，以"献"为"进"，"赐"为"寄"，"领取"为"领之"。以前宰相杨炎不通故事为解，并约地于贺兰。其大相尚悉结嗜杀人，以剑南之败未报，不助和议，次相尚结赞有谋，固请休息边人，赞普卒用结赞为大相，乃讲好。

汉衡与其使区颊赞偕来，约盟境上。拜汉衡鸿胪卿，以都官员外郎樊泽为计会使，与结赞约；且告陇右节度使张镒同盟。泽与结赞约盟清水，以牛马为牲。镒欲末其礼，乃给结赞曰："唐非牛不田，蕃非马不战，请用犬、豕、羊。"结赞听诺。将盟，乃除地为坛，约二国各以二千士列遗外，冗从立坛下。镒与幕府齐映齐抗、鸿胪汉衡、计会使于頔及泽、鲁皆朝服，结赞与论悉颊藏、论臧热、论利陀、论力徐等对升坛，刑牲坛北，杂其血以进，约："唐地泾州右尽弹筝峡，陇州右极清水，凤州西尽同谷，剑南尽西山、大度水。吐蕃守镇兰、渭、原、会，西临洮，东成州，抵剑南西磨些诸蛮、大度水之西南。尽大河北自新泉军抵大碛，南极贺兰橐它岭，其间为闲田。二国所弃戍地毋增兵，毋创城堡，毋耕边田。”既盟，请镒诣坛西南隅浮屠幄为誓。于是升坛大享，献酬乃还。

帝命宰相、尚书与虏使者盟长安，而清水之约，疆场不定，复令汉衡决于赞普，乃克盟。于是宰相李忠臣卢杞关播崔宁、工部尚书乔琳、御史大夫于頔、太府卿张献恭、司农卿段秀实、少府监李昌夔、京兆尹王翃、金吾卫大将军浑瑊与区颊赞等同盟京城之右郊，礼如清水。前二月告庙，齐，三日，关播跪读载书，已盟乃大享。诏左仆射李揆为入蕃会盟使，还区颊赞等。

朱泚之乱，吐蕃请助讨贼，诏右散骑常侍于頔持节慰抚，太常少卿沈房为安西、北庭宣慰使以报之。浑瑊用论莽罗兵破泚将韩旻于武亭川。初，与虏约，得长安，以泾、灵四州界之。会大疫，虏辄引去。及泚平，责先约求地。天子薄其劳，第赐诏书，偿结赞、莽罗等帛万匹，于是虏以为怨。

贞元二年，诏仓部郎中赵建往使，而虏已犯泾、陇、邠、宁，掠人畜，败田稼，内州皆闭壁。游骑至好畤，左金吾将军张献甫、神策将李升昙等屯咸阳，河中浑瑊、华州骆元光援之。以左监门将军康成使焉。尚结赞屯上砦原，亦令使论乞陀来请盟。凤翔李晟遣部将王佖以锐兵三千夜入汧阳，明日，薄其中军，虏惊溃走，结赞仅自脱。虏众二万侵凤翔，李晟击却之，因袭破摧沙堡，烧储庤，斩守者。吐蕃攻盐、夏，刺史杜彦光、拓拔乾晖不能守，悉其众南奔，虏遂有其地。天子以边人残没，下诏避正殿，痛自咎。诏骆元光经略盐、夏。

三年，命左庶子崔浣、李铦踵使。结赞得盐、夏，皆戍以兵，乃自屯鸣沙，然馈饷数困。于是骆元光、韩游瑰滨塞而屯，而燧次石州，跨河相掎角。结赞大惧，屡请盟，天子不许。即以贵将论颊热厚赂乞和于燧，燧以为情，身入见天子，诸将以燧入，皆守壁不战。结赞遽还走，马多死，士不能步，有饥色。浣始至鸣沙，传诏让结赞破约陷盐、夏，对曰：“本以武亭功未偿乃来，又候碑仆，疆场不明，故行境上。泾州乘城自保，凤翔李令不纳吾使，虽康成等来，皆不能致委曲。我日望大臣而卒无至者，我故引还。盐、夏守将惧吾众，以城丐我，非我敢攻也。若天子复许盟，虏之愿也，唯所命，当以盐、夏还唐。”又言清水盟，大臣少，故约易坏，请悉遣宰相元帅二十一人会盟。并言灵盐节度使杜希全、泾原节度使李观，外蕃所信，请主盟。帝复使浣报结赞曰：“希全守灵州，有分地，不可以越境；观既徙官，以浑瑊为盟会使。”约五月盟清水，使先效二州，以验虏信。结赞辞清水非吉地，请会原州之土梨树，乃归二州。天子从之。

瑊来受命，拜汉衡兵部尚书以副瑊。瑊率师二万待期，诏骆元光助之。宰相议所盟地，左神策将马有邻建言：“土梨树林荟岩阻，兵易诡伏，不如平凉夷漫坦直，且近泾，缓急可保也。”乃定盟平凉。瑊约结赞，主客均以兵三千至坛外，诞从四百叩坛，以游军交逻相入。将盟，结赞伏精骑三万于西，纵逻骑出入瑊军，瑊将梁奉贞亦駷马入虏军营，阴执之，而瑊不知也。客请瑊等具冠剑，皆就幄更衣，从容胖肆。虏忽三伐鼓，众噪而兴，瑊不知所出，走幄后，得马不衔而驰，十里始得衔。虏追，矢若雨不伤也，至元光营乃脱。裨将辛荣兵数百据北阜与虏战，矢尽乃降。判官韩弇、监军宋凤朝死之。汉衡与判官郑叔矩路泌、掌书记袁同直、列将扶余准马宁孟日华李至言乐演明范澄马弇、中人刘延邕俱文珍李朝清等六十人皆被执，士死者五百，生获者千余人。汉衡语虏曰：“我，崔尚书也，结赞与我善。若杀我，结赞亦杀若。”乃不死。人负一木，以绳三约之，系其发驱之；夜则杙地系而仆，蒙以罽，守者寝其上。始结赞将劫希全、观，急以锐兵直趣京师，既不克，又欲禽瑊等，捣虚入寇，其谋本然。既引去，至故原州，坐帐中见汉衡等，慢言：“浑瑊战武功，我力也。许裂地偿我，而自食其言。吾既作金枷，将必得瑊以见赞普，乃今失之，徒致公等，无益也。当使人归报。”初，汉衡遇乱，从史吕温身蔽兵，温伤而汉衡脱，虏人嘉其义，厚给养之。结赞屯石门，以俱文珍、马宁、马弇归唐，而囚汉衡、叔矩河州，辛荣廓州，扶余准鄯州。帝犹使中人赍诏书赐结赞，拒不受。虏戍盐、夏，涉春疫大兴，皆思归。结赞以骑三千迎之，火二州庐舍，颓郛堞而去，杜希全分兵保之。帝哀汉衡等陷辱，下诏赐其子七品官，叔矩、泌、弇、日华、荣、至言、澄、良责、演明一子八品官，袁同直而下一子九品官。以决胜军使唐良臣屯潘原，神策将苏太平屯陇州。结赞召汉衡、日华、延邕至石门，以五骑送境上，遣使者奉表来。李观曰："有诏不内吐蕃使者。"受汉衡等，放其使。

结赞以羌、浑众屯潘口，傍青石岭，三分其兵趋陇、汧阳间，连营数十里，中军距凤翔一舍，诡汉服，号邢君牙兵，入吴山、宝鸡，焚聚落，略畜牧、丁壮，杀老孺，断手劓目，乃去。李晟尝蹙大木塞安化隘处，虏过，悉焚之。诏神策将石季章壁武功，良臣移师百里城。虏又剽汧阳、华亭男女万人以畀羌、浑，将出塞，令东向辞国，众恸哭，投堑谷死者千数。吐蕃又入丰义，围华亭，绝汲道。守将王仙鹤请救于陇州，刺史苏清沔合太平兵赴之，虏逆战，太平不胜，引还。虏日千骑四掠，陇兵不敢出。虏积薪将焚华亭，仙鹤以众降。清沔潜兵大象龛，夜半，约城中举火烛天，虏众惊，因袭其营，乃去。更攻连云堡，飞石投中，井皆满。为虚梁绝堑而升，守将张明远降于虏。虏分捕山间亡人及牛羊率万计，泾、陇、邠之民荡然尽矣。诸将曾不能得一俘，但贺贼出塞而已。连云堡，泾要地也，三垂峭绝，北据高，虏所进退，候火易通。既失之，城下即虏境，每艺稼，必陈兵于野，故多失时。是岁，三州不宿麦。虏数千骑犯长武城，城使韩全义拒之。韩游瑰兵不出，于是虏安行邠、泾间，诸屯西门皆闭，虏治故原州保之。帝取所获吐蕃生口不二百，徇诸市以安京师。

四年五月，虏三万骑略泾、邠、宁、庆、鄜五州之鄙，焚吏舍民闾，系执数万。韩全义以陈许兵战长武，无功。初，吐蕃盗塞，畏春夏疾疫，常以盛秋。及是得唐俘，多厚给产，质其孥，故盛夏入边。尚悉董星、论莽罗等又寇宁州，张献甫拒斩裁百级，转剽鄜、坊乃去。

五年，韦皋以剑南兵战台登，杀虏将乞臧遮遮、悉多杨朱，西南少安。不三年，尽得巂州地。久之，北庭沙陀别部叛，吐蕃因是陷北庭都护府，安西道绝。独西州人尚为唐守。

八年，寇灵州，陷水口，塞营田渠。发河东、振武兵，合神策军击之，虏引还。又寇泾州，掠田军千人，守捉使唐朝臣战不利。山南西道节度使严震破虏于芳州，取黑水壁，焚积聚。自虏得盐州，塞防无以障遏，而灵武单露，鄜、坊侵迫，寇日以骄，数入为边患。帝复诏城之，使泾原、剑南、山南深入穷讨，分其兵，毋令专向东方。诏朔方河中晋绛邠宁兵马副元帅浑瑊、朔方灵盐丰夏绥银节度都统杜希全、邠宁节度使张献甫、右神策军行营节度使邢君牙、夏绥银节度使韩潭、鄜坊丹延节度使王栖曜、振武麟胜节度使范希朝合兵三万，以左神策将军胡坚、右神策将军张昌为盐州行营节度使，板筑之，役者六千人，余皆阵城下。九年始栽，阅二旬讫功，而虏兵不出，遂以兼御史大夫纥干遂与兼中丞杜彦光戍之。当是时，韦皋功最多，破堡壁五十余所，败其南道元帅论莽热没笼乞悉蓖；又与南诏破之于神川，于铁桥，皋俘馘三万，降首领论乞髯汤没藏悉诺硉。

十二年，寇庆州及华池，杀略吏人。是岁，尚结赞死。明年，赞普死，其子足之煎立。邢君牙筑永信城于陇州以备虏，虏使者农桑昔来请修好，朝廷以其无信，不受。韦皋取新城，虏治剑山、马岭，进寇台登，巂州刺史曹高仕击却之，禽笼官，斩级三百，获马、粮、械数千。

十四年，韩全义破虏于盐州。十六年，灵州破虏于乌兰桥，韦皋拔末恭、颙二城。十七年，寇盐州，陷麟州，杀刺史郭锋，湮隍堕陴，系居人，掠党项诸部，屯横槽烽。虏将徐舍人者，语俘道人延素曰："我乃司空英公裔孙也。武后时，家祖以兵尊王室不克，子孙奔播绝域，今三世矣。我虽握兵，心未尝忘归也，顾不能自拔耳。"阴使延素夜逸。又言："吾按边求资粮，至麟而守者无备，遂入之。知郭使君勋臣家，欲全安之，不幸死乱兵。"语方已，会飞鸟使至，召其军还，遂引去。飞鸟，犹传骑也。

韦皋出西山与虏战，破之雅州。笼官马定德本虏之知兵有策虑者，周知山川险易，每用兵，常驰驿计议，授诸将以行。比年寇黎、巂，皋常折其兵，定德畏得罪，遂来降，因定昆明诸蛮。吐蕃以下屡叛，大侵灵州。时皋围维州，赞普使论莽热没笼乞悉蓖兼松州五道节度兵马都统、群牧大使，引兵十万援维州。皋率南诏兵薄险设伏以待，才使千人尝敌，乞悉蓖见兵寡，悉众追，堕伏中，兵四合急击，遂禽之，献京师。明年，吐蕃使者论颊热复来，右龙武大将军薛伾往报。

二十年，赞普死，遣工部侍郎张荐吊祠，其弟嗣立，再使使者入朝。

顺宗立，以左金吾卫将军田景度、库部员外郎熊执易持节往使。永贞元年，论乞缕勃藏归金币、马牛助崇陵，有诏陈太极廷中。

宪宗初，遣使者修好，且还其俘。又以使告顺宗丧，吐蕃亦以论勃藏来。后比年来朝，然以五万骑入振武拂鹈泉，万骑至丰州大石谷，钞回鹘还国者。

五年，以祠部郎中徐复往使，并赐钵阐布书。钵阐布者，虏浮屠豫国事者也，亦曰“钵掣逋”。复至鄯州擅还，其副李逢致命赞普，复坐贬。虏以论思邪热入谢，且归郑叔矩、路泌之柩，因言原归秦、原、安乐州。诏宰相杜佑等与议中书，论思邪热拜于廷，佑答拜堂上，复以鸿胪少卿李铦、丹王府长史吴晕报之。自是朝贡岁入。又款陇州塞，丐互市，诏可。

十二年，赞普死，使者论乞髯来，以右卫将军乌重玘、殿中侍御史段钧吊祭之。可黎可足立为赞普，重玘以扶余准、李骖偕归。准，东明人，本朔方骑将；骖，陇西人，贞元初战没于虏者。使者知不死，求之，乃得还。诏以准为澧王府司马，骖嘉王友。

吐蕃使论矩立藏来朝，未出境，吐蕃寇宥州，与灵州兵战定远城，虏不胜，斩首二千级。平凉镇遏使郝玼又破虏兵二万，夏州节度使田缙破其众三千，诏留矩立藏等不遣。剑南兵拔峨和、栖鸡城。十四年，乃归矩立藏等。吐蕃节度论二摩、宰相尚塔藏、中书令尚绮心儿总兵十五万围盐州，为飞梯、鹅车攻城，刺史李文悦拒之，城坏辄补，夜袭其营，昼出战，破虏万人，积三旬不能拔。朔方将史敬奉以奇兵绕出虏背，大破之，解围去。

始，沙州刺史周鼎为唐固守，赞普徙帐南山，使尚绮心儿攻之。鼎请救回鹘，逾年不至，议焚城郭，引众东奔，皆以为不可。鼎遣都知兵马使阎朝领壮士行视水草，晨入谒辞行，与鼎亲吏周沙奴共射，彀弓揖让，射沙奴即死，执鼎而缢杀之，自领州事。城守者八年，出绫一端募麦一斗，应者甚众。朝喜曰：“民且有食，可以死守也。”又二岁，粮械皆竭，登城而呼曰：“苟毋徙佗境，请以城降。”绮心儿许诺，于是出降。自攻城至是凡十一年。赞普以绮心儿代守。后疑朝谋变，置毒靴中而死。州人皆胡服臣虏，每岁时祀父祖，衣中国之服，号恸而藏之。

穆宗即位，遣秘书少监田洎往告，使者亦来。虏引兵入屯灵武，灵州兵击却之。又犯青塞烽，进寇泾州，濒水而营，绵五十里。始洎至牙，虏欲会盟长武，洎含糊应之。至是显言："洎许我盟，我是以来。"逼泾一舍止。诏右军中尉梁守谦为左右神策军、京西北行营都监，发卒合八镇兵援泾州，泛洎郴州司户参军，以太府少卿邵同持节为和好使。初，夏州田缙裒沓，党项怨之，导虏入钞，郝玼与战，多杀其众。李光颜又以邠兵至，乃引去。复遣使者来。南略雅州，诏方镇与虏接者谨备边。

长庆元年，闻回鹘和亲，犯清塞堡，为李文悦所逐。乃遣使者尚绮力陀思来朝，且乞盟，诏许之。崔植、杜元颖、王播辅政，议欲告庙。礼官谓："肃宗、代宗皆尝与吐蕃盟，不告庙。德宗建中之盟，将重其约，始诏告庙。至会平凉，不复告，杀之也。"乃止。以大理卿刘元鼎为盟会使，右司郎中刘师老副之，诏宰相与尚书右仆射韩皋、御史中丞牛僧孺、吏部尚书李绛、兵部尚书萧俛、户部尚书杨于陵、礼部尚书韦绶、太常卿赵宗儒、司农卿裴武、京兆尹柳公绰、右金吾将军郭鏦及吐蕃使者论讷罗盟京师西郊。赞普以盟言约："二国无相寇雠，有禽生问事，给服粮归之。"诏可。大臣豫盟者悉载名于策。方盟时，吐蕃以壮骑屯鲁州，灵州节度使李进诚与战大石山，破之。虏遣使者赵国章来，且致宰相信币。

明年，请定疆候，元鼎与论讷罗就盟其国，敕虏大臣亦列名于策。元鼎逾成纪、武川，抵河广武梁，故时城郭未隳，兰州地皆秔稻，桃李榆柳岑蔚，户皆唐人，见使者麾盖，夹道观。至龙支城，耋老千人拜且泣，问天子安否，言："顷从军没于此，今子孙未忍忘唐服，朝廷尚念之乎？兵何日来？"言已皆呜咽。密问之，丰州人也。过石堡城，崖壁峭竖，道回屈，虏曰铁刀城。右行数十里，土石皆赤，虏曰赤岭。而信安王祎、张守珪所定封石皆仆，独虏所立石犹存。赤岭距长安三千里而羸，盖陇右故地也。曰闷怛卢川，直逻娑川之南百里，臧河所流也。河之西南，地如砥，原野秀沃，夹河多柽柳。山多柏，坡皆丘墓，旁作屋，赪涂之，绘白虎，皆虏贵人有战功者，生衣其皮，死以旌勇，徇死者瘗其旁。度悉结罗岭，凿石通车，逆金城公主道也。至麋谷，就馆。臧河之北川，赞普之夏牙也。周以枪累，率十步植百长槊，中剚大帜为三门，相距皆百步。甲士持门，巫祝鸟冠虎带击鼓，凡入者搜索乃进。中有高台，环以宝楯，赞普坐帐中，以黄金饰蛟螭虎豹，身被素褐，结朝霞冒首，佩金镂剑。钵掣逋立于右，宰相列台下。唐使者始至，给事中论悉答热来议盟，大享于牙右，饭举酒行，与华制略等，乐奏《秦王破阵曲》，又奏《凉州》《胡渭》《录要》、杂曲，百伎皆中国人。盟坛广十步，高二尺。使者与虏大臣十余对位，酋长百余坐坛下，上设巨榻，钵掣逋升，告盟，一人自旁译授于下。已歃血，钵掣逋不歃。盟毕，以浮屠重为誓，引郁金水以饮，与使者交庆，乃降。

元鼎还，虏元帅尚塔藏馆客大夏川，集东方节度诸将百余，置盟策台上，遍晓之，且戒各保境，毋相暴犯。策署彝泰七年。尚塔藏语元鼎曰："回鹘小国，我尝讨之，距城三日危破，会国有丧乃还，非我敌也。唐何所畏，乃厚之？"元鼎曰："回鹘有功，且如约，未始妄以兵取尺寸地，是以厚之。"塔藏默然。元鼎逾湟水，至龙泉谷，西北望杀胡川，哥舒翰故壁多在。湟水出蒙谷，抵龙泉与河合。河之上流，繇洪济梁西南行二千里，水益狭，春可涉，秋夏乃胜舟。其南三百里三山，中高而四下，曰紫山，直大羊同国，古所谓昆仑者也，虏曰闷摩黎山，东距长安五千里，河源其间，流澄缓下，稍合众流，色赤，行益远，它水并注则浊，故世举谓西戎地曰河湟。河源东北直莫贺延碛尾殆五百里，碛广五十里，北自沙州，西南入吐谷浑浸狭，故号碛尾。隐测其地，盖剑南之西。元鼎所经见，大略如此。

虏遣论悉诺息等入谢，天子命左卫大将军令狐通、太仆少卿杜载答之。是岁，尚绮心儿以兵击回鹘、党项，小相尚设塔率众三万牧马木兰梁。比岁，使者献金盎、银冶犀、鹿，贡牦牛。

宝历至大和，再遣使者朝。五年，维州守将悉怛谋挈城以降，剑南西川节度使李德裕受之，收符章仗铠，更遣将虞藏俭据之。州南抵江阳岷山，西北望陇山，一面崖，三涯江，虏号无忧城，为西南要捍。会牛僧孺当国，议还悉怛谋，归其城。吐蕃夷诛无遗种，以怖诸戎。自是比五年虏使来，必报。所贡有玉带、金皿、獭褐、牦牛尾、霞氎、马、羊、橐它。

赞普立几三十年，病不事，委任大臣，故不能抗中国，边候晏然。死，以弟达磨嗣。达磨嗜酒，好畋猎，喜内，且凶愎少恩，政益乱。开成四年，遣太子詹事李景儒往使，吐蕃以论集热来朝，献玉器羊马。自是国中地震裂，水泉涌，岷山崩；洮水逆流三日，鼠食稼，人饥疫，死者相枕藉。鄯、廓间夜闻鼙鼓声，人相惊。

会昌二年，赞普死，论赞热等来告，天子命将作监李璟吊祠。无子，以妃綝兄尚延力子乞离胡为赞普，始三岁，妃共治其国。大相结都那见乞离胡不肯拜，曰："赞普支属尚多，何至立綝氏子邪?"哭而出，用事者共杀之。

别将尚恐热为落门川讨击使，姓末，名农力，"热"犹中国号"郎"也，谲诡善幻，约三部得万骑，击鄯州节度使尚婢婢，略地至渭州，与宰相尚与思罗战薄寒山。思罗败走松州，合苏毗、吐浑、羊同兵八万保洮河自守，恐热谓苏毗等曰："宰相兄弟杀赞普，天神使我举义兵诛不道，尔属乃助逆背国耶?"苏毗等疑而不战，恐热麾轻骑涉河，诸部先降，并其众至十余万，禽思罗缢杀之。

婢婢，姓没卢，名赞心牙，羊同国人，世为吐蕃贵相，宽厚，略通书记，不喜仕，赞普强官之。三年，国人以赞普立非是，皆叛去。恐热自号宰相，以兵二十万击婢婢，鼓鼙、牛马、橐它联千余里，至镇西军，大风雷电，部将震死者十余人，羊、马、橐它亦数百。恐热恶之，按军不进。婢婢闻之，厚币诒书约欢，恐热大喜曰："婢婢，书生，焉知军事。我为赞普，当以家居宰相处之。"于是退营大夏川。婢婢遣将厖结心、莽罗薛吕击恐热于河州之南，伏兵四万，结心据山射书极骂，恐热怒甚，盛兵出斗。结心伪北，恐热追至数十里，莽罗薛吕以伏兵衷击，大风雨，河溢，溺死甚众，恐热单骑而逃。既不得志，尤猜忍杀戮，部将岌藏、丰赞皆降，婢婢厚遇之。明年，恐热复攻鄯州，婢婢分兵五道拒守，恐热保东谷山，坚壁不出。岌藏缭以重栅，断汲道，旬日，恐热走薄寒山，募散卒稍至，得数千人，复战鹞鸡山，再战南谷，皆大败。兵挐仍岁不解。

大中三年，婢婢屯兵河源，闻恐热谋渡河，急击之，为恐热所败。婢婢统锐兵扼桥，亦不胜，焚桥而还。恐热间出鸡顶岭关，冯硖为梁攻婢婢，至白土岭，败其将尚铎罗榻藏，进战牦牛硖。婢婢将烛卢巩力欲负硖自固以困恐热，大将磨离罴子不从，乃辞疾先归。罴子急击恐热，一战而死。婢婢粮尽，引众趋甘州西境，以拓拔怀光居守，恐热麾下多归之。

恐热大略鄯、廓、瓜、肃、伊、西等州，所过捕戮，积尸狼藉，麾下内怨，皆欲图之。乃扬声将请唐兵五十万共定其乱，保渭州，求册为赞普，奉表归唐。宣宗诏太仆卿陆耽持节慰劳，命泾原、灵武、凤翔、邠宁、振武等兵迎援。恐热既至，诏尚书左丞李景让就问所欲。恐热倨夸自大，且求河渭节度使，帝不许。还过咸阳桥，咄叹曰："我举大事，觊得济此河与唐分境。"于是复趋落门川收散卒，将寇边，会久雨粮绝，恐热还奔廓州。

于是凤翔节度使李玭复清水；泾原节度使康季荣复原州，取石门等六关，得人畜几万；灵武节度使李钦取安乐州，诏为威州；邠宁节度使张钦绪复萧关；凤翔收秦州；山南西道节度使郑涯得扶州。凤翔兵与吐蕃战陇州，斩首五百级。是岁，河、陇高年千余见阙下，天子为御延喜楼，赐冠带，皆争解辫易服。因诏差赐四道兵，录有劳者；三州七关地腴衍者，听民垦艺，贷五岁赋；温池委度支榷其盐，以赡边；四道兵能营田者为给牛种，戍者倍其资饷，再岁一代；商贾往来于边者，关镇毋何留；兵欲垦田，与民同。

初，太宗平薛仁杲，得陇上地；虏李轨，得凉州；破吐谷浑、高昌，开四镇。玄宗继收黄河积石、宛秀等军，中国无斥候警者几四十年。轮台、伊吾屯田，禾菽弥望。开远门揭候署曰"西极道九千九百里"，示戍人无万里行也。乾元后，陇右、剑南西山三州七关军镇监牧三百所皆失之。宪宗常览天下图，见河湟旧封，赫然思经略之，未暇也。至是群臣奏言："王者建功立业，必有以光表于世者。今不勤一卒，血一刃，而河湟自归，请上天子尊号。"帝曰："宪宗尝念河、湟，业未就而殂落。今当述祖宗之烈，其议上顺、宪二庙谥号，夸显后世。”又诏：“朕姑息民，其山外诸州，须后经营之。”

明年，沙州首领张义潮奉瓜、沙、伊、肃、甘等十一州地图以献。始，义潮阴结豪英归唐，一日，众擐甲噪州门，汉人皆助之，虏守者惊走，遂摄州事。缮甲兵，耕且战，悉复余州。以部校十辈皆操挺，内表其中，东北走天德城，防御使李丕以闻。帝嘉其忠，命使者赍诏收慰，擢义潮沙州防御使，俄号归义军，遂为节度使。其后河、渭州虏将尚延心以国破亡，亦献款。秦州刺史高骈诱降延心及浑末部万帐，遂收二州，拜延心武卫将军。骈收凤林关，以延心为河、渭等州都游弈使。

咸通二年，义潮奉凉州来归。七年，北庭回鹘仆固俊击取西州，收诸部。鄯州城使张季颙与尚恐热战，破之，收器铠以献。吐蕃余众犯邠、宁，节度使薛弘宗却之。会仆固俊与吐蕃大战，斩恐热首，传京师。

八年，义潮入朝，为右神武统军，赐第及田，命族子淮深守归义。十三年卒。沙州以长史曹义金领州务，遂授归义节度使。后中原多故，王命不及，甘州为回鹘所并，归义诸城多没。

浑末，亦曰嗢末，吐蕃奴部也。虏法，出师必发豪室，皆以奴从，平居散处耕牧。及恐热乱，无所归，共相啸合数千人，以嗢末自号，居甘、肃、瓜、沙、河、渭、岷、廓、叠、宕间，其近蕃牙者最勇，而马尤良云。

赞曰：唐兴，四夷有弗率者，皆利兵移之，蹷其牙，犁其廷而后已。惟吐蕃、回鹘号强雄，为中国患最久。赞普遂尽盗河湟，薄王畿为东境，犯京师，掠近辅，残馘华人。谋夫虓帅，圜视共计，卒不得要领。晚节二姓自亡，而唐亦衰焉。夫外抚内宁，惟圣人不让。玄宗有逸德，而拓地太大，务远功，忽近虞，逆贼一奋，中原封裂，讫二百年不得复完，而至陵夷。然则内先自治，释四夷为外惧，守成之良资也。

（选自《新唐书》，中华书局，1975 年）

《吐蕃王统》

一、解题

本《吐蕃王统》节选自藏族史学名著《新红史》。该书全称《王统幻化之钥新红史》，又称《王统幻化之钥》。《新红史》成书于1538年（明嘉靖十七年）。作者是班钦·索南查巴（1478—1554），全名又称泽塘巴·夏孜班钦·索南查巴。班钦·索南查巴学识渊博，亦精佛历年代学（即佛历年表），犹对西藏历史及藏传佛教宗派中之噶当派颇有研究。其著述甚多，有《班钦·索南查巴全集》传世。

索南查巴在博览群书、广采众说的基础上写出了《新红史》。该书包括7个部分：印度王统、香跋拉王统、汉地历朝帝王传承、蒙古王统、西夏王统、吐蕃王统及宋元明时期西藏地方割据势力。全书主要篇幅是记述西藏历史。

在编纂顺序上，大体是蔡巴·贡噶多吉在《红史》中所采取的方法，其文风以叙事脉络清晰、语言简练、朴实无华、史实多而议论少见长。

索南查巴在其著作中主要记述的是藏族史。这部分又被分成两大阶段加以叙述。首先是从藏族族源叙述到五代时期的佛教重兴，其中主要记载吐蕃王朝史及王朝衰亡后诸王族后裔的活动。大体说来，这部分记载了藏族祖先的传说；赞普的出现及四十余位赞普的传承；农牧业等经济的发生、发展；苯教与佛教两种宗教的产生、作用以及两者间的斗争；藏族在政治、经济、宗教及文化方面与邻族的关系，特别是吐蕃与中央政权的关系；吐蕃王朝形成过程、统治措施、内部斗争及王朝崩溃；吐蕃奴隶起义后王族的逃亡及后裔的发展、藏族人民所创造的文化等。第二部分，记载宋到明中叶的藏地社会情况，共记载了20个封建割据势力的形成、发展及变化情况，其中记载最多的是萨迦及帕竹两大势力。与此同时，还记载了元明两朝中央政府在西藏地方所推行的政治措施。在这20个封建割据势力的发展过程中，我们也同时可以看到西藏佛教各派的创立和发展，而且其中许多宗派据点同时也是当地的政治权力中心。所谓“政教合一”的封建统治形式，在这部分中一目了然。①

在叙述上述历史的过程中，我们可以看到《新红史》具有以下特点：一、形式新颖，取材侧重政治方面。二、提纲挈领、言简意赅。《新红史》取材广泛，但均能择其要点，使读者能得其要领，无冗长繁琐之弊。吐蕃历史不是《新红史》的重点，但在这部分所载的各代赞普事迹，也将其主要情节勾勒了出来。当然，有的地方过于简略，甚至不应略的都略去了，如松赞干布时的重大政治措施等。三、提供了一般史书不载的珍贵史料，这以记载元明时期的史料较明显。

像其他史书一样，《新红史》也存在某些不足。一如前所说的有些历史事件叙述过于简略；另在考证历史年代方面，索南查巴因精于历算而注重时间概念，对每事都有时间交待，这无疑有利于历史研究，但是，有时过于自信或主观，以致所考年代不准确。如将在位一年多的牟尼赞普，考订为在位7年零9个月。作者有独立见解，不人云亦云，如他不同意牟尼赞普一年中3次均贫富的观点，也反对传统的“天降宝箧经等宗教文物”的说法。这显然是有见地的。但是，作者因社会和他自身的局限，有的地方又沿袭了错误的传统说法，如赞普来自印度王统说、唐军入藏说等等。纵然如此，《新红史》仍不失为一部有重要价值的史书。②

---

① 编者注：本书选辑的内容即该书的第一部分：吐蕃王统。

② 编者注：《新红史》是一部纲要性的通史，有些地方过于简略。本书译者黄颢先生为此尽可能做了针对性的注释，且注释资料以藏文史料为主，对我们全面了解吐蕃历史非常有帮助。

二、译文及注释[①]

（14b）所谓西藏（吐蕃）王统。关于西藏人最初之形成情况，有所谓猴与岩魔女相合而成之说[②]。再者，在净时之初，佳森王之第

---

① 编者注：黄颢先生的译文中对人名、地名、书名等专有名词的翻译与现今常见的译名多有不同，此处除现在的地名加以统一外，其余均保留其原文所用译名。

② 猴与岩魔女结合繁衍人类之事，在《红史》《贤者喜宴》《西藏王统记》《西藏王臣记》等西藏史籍中均有记载，甚至《雍仲苯教史》亦有此论。上述诸书均为吐蕃佛教产生后的著作，具体地说是元以后的书。由于这些书都说猴与岩魔女的结合是在观世音菩萨的指点下促成的，这就显然带上了佛教的色彩。关于猴与人类结合的事，在《大藏经》中的《善见律毗婆沙》有类似的记载，只不过是一雌猕猴与比丘相合，“共行不净法”。（见大正新修《大藏经》，《善见律毗婆沙》卷六，猕猴品，第715页。）看来，西藏史籍中的猴破戒与岩魔女结合的记载，似源于佛教的神话。虽系神话，但流传甚广。相传今雅隆地区的泽当平原，其东有贡布山，山上有所谓猴子洞，传云此洞即猴与岩魔女成婚处。但有关藏族之起源，并非仅此一说，还有说是由“六个黄色发光之卵”繁衍而为人者。（见《雍仲苯教史》）《朗氏宗谱》又说朗氏家族远祖产生于“十八卵”。卵生反映了人类早期只知其母不知其父的母系社会的情景。这已摒弃了佛教的色彩。此外，还有说藏族先祖出自十三天的天神。（见《敦煌古藏文文选》，巴黎，1979年影印本。）关于藏族的发祥地，藏史一般均称是在泽当，由“六猴雏”发展成为“六人种”：斯，穆，桐，冬，查及楚。（见《贤者喜宴》，木刻版，ཇ函）

关于藏族的形成，其中还包括南迁的原住在甘青川交界的古代部分羌族，《新唐书·吐蕃传》就说，吐蕃“祖曰鹘提悉勃野，健武多智，稍并诸羌，据其地”。所说的“鹘提悉勃野”，即藏族的远古始祖的号，后以此为姓，藏文写作འོ་ལྡེ་སྤུ་རྒྱལ，其中སྤུ་རྒྱལ即“悉勃野”或“悉补野”。（《通典》）འོ་ལྡེ་སྤུ་རྒྱལ一词，在《长庆会盟碑》东侧碑文中有载，而藏文史籍因此称吐蕃早期赞普为悉补野赞普。（见《敦煌古藏文文选》第二册，巴黎影印本，巴考本《敦煌吐蕃古藏文文书》。）在另一件吐蕃古藏文文书中还称赞普为悉补野苯之赞普，文中之བོན་གྱི་བཙན་པོ即བོད་ཀྱི་བཙན་པོ。

吐蕃原始部落兴起于雅隆，一般称此部落为雅隆部落。《敦煌吐蕃古藏文文书》说的最早的天降赞普就首先降落在雅隆的拉日江托，这个部落又叫“六牦牛部”。《敦煌古藏文文选》说，吐蕃最早的人主就是首先到达“吐蕃六牦牛地区”。

对于吐蕃地区和古代藏族的称谓，除去吐蕃之外，还有上述的“吐蕃六牦牛地区”。此外还称“赤面国”。（见《拔协》，1980年排印本，第7页；敦煌出土汉文文书，吐蕃人桂·法成译：《释迦牟尼如来像法灭尽之记》。）而称吐蕃人又谓“食肉赤面者”。（《五部遗教·王者噶塘》）有时则简称为“食肉种”，称国王为“赤面种国王”。（《敦煌古藏文文选》）同书中还以“悉补吐蕃种”称之。《册府元龟》说：“自号吐蕃为宝髻。”（该书外臣部·土风三·吐蕃条）句中之“宝髻”即藏文སྤུ་རྒྱལ之对音。

五子，当他打败茹扎军时，有名叫茹西王者，他乔扮女装随军逃往（西藏），居于雪山之中，遂由此而形成一些人类①。在《广戒经》及《时轮金刚经》等著作中，其间亦多有论及西藏者。因此，与我佛出现相比较，（西藏）地区及其人类在此很早以前业已形成，（原注：如与印度同时形成，此亦不矛盾）。至于王统，《布顿佛教史》（15a）说："可能是光胜王之第五世子，或者是影胜王之子多琼之第五世子，亦可能是贝萨拉王恰切子，此子具有伟人之像。"该三者均与聂墀赞普王相当。再者，论及（此三者）为释迦族，则确非前两者，如果后者为释迦世系则相合。②

聂墀赞普③王抵达雅隆索卡地区，其所建之温布拉卡堡寨是最早

---

① 诤时。此为佛教的所谓四时之一：圆满时、三分时、二分时、诤时（斗争时）。佛教的说法是前三时已过，现正处于诤时，此时需要四十三万二千年。诤时始于公元前3102年，佳森王即活动在诤时之内。

佳森王是前述释迦氏族中释迦隐者的后代。སྐྱ་སེང 一名，在《松赞干布遗训》中写作སྐྱབས་སེང，其弟为玛佳巴，此二人均为夏哇王之子。此二人在承继父王之王政方面不和，发生战争。佳森王时玛佳巴战败，这时玛佳巴之妻秋桑玛生有一子，长得很奇特，名叫茹哇杰。由于相貌奇特，其父要杀他，大臣把他装在盒中投入恒河。后来此子被救，长大后听说其父曾经想杀他，由于惧怕而逃往雅隆的拉日江托。（见《松赞干布遗训》）此人即《新红史》所说的རུ་ཏི或རུ་ཏ，后来此人当了吐蕃最早的王。这种说法是吐蕃佛教界中某些人的妄谈之词，无据可寻。至于说什么由此人而衍为西藏后裔，更属谬论。

② 布顿在这里所提到的影胜王等可参见本译文佛教部分。布顿之论亦属佛教徒的不实之词，与印度相联系，实为风马牛不相及者。

③ 聂墀赞普，这是传说中的第一位吐蕃赞普。《新红史》《布顿佛教史》都说他是印度王系后裔。《红史》引《布顿佛教史》亦说是印度王贝萨罗恰切之子（见该书，1981年民族出版社排印本，第33页）。实际上聂墀赞普是生于吐蕃雅隆本土的部落酋长。

《敦煌古藏文文选》说，聂墀赞普是天神墀顿祉之子。墀顿祉与另外"天父六君"合为最初的七个天神。（见该书伯字1286号卷子）这种说法虽然也是神话，但较之《布顿佛教史》的源于印度王裔的说法，就显得朴素多了。明显地削弱了佛教色彩。此说表明吐蕃赞普与印度王系无关。

何以称为聂墀赞普?《松赞干布遗训》说，聂墀赞普自天降到雅隆，被十二位苯教贤者所见，遂以木制一椅，众人以肩颈抬回部落，奉之为王，故称其为聂墀赞普（意为颈座赞普）。又说，因此赞普如飞鸟一般从天而降，遂又称其为恰墀赞普（见该书，手抄楷书本，民族宫本，第69页）。敦煌文书又称其为墀·聂墀赞普及岱·聂墀赞普（见《敦煌古藏文文选》第二册，伯字1286号卷子）。

之堡寨[①]，此后依次是：穆墀赞普、丁墀赞普、索墀赞普、莫墀赞普、达墀赞普以及斯墀赞普等七人，（15b）此称之为“七天墀”。[②]

此后者之王（斯墀赞普）之子止贡赞普，止贡赞普之子布代贡杰，此二人谓之“二上丁”[③]。

再者，止贡赞普王心乱无缘，因与大臣洛昂战斗，遂被大臣所弑[④]。

---

① 温布拉卡堡寨，相传是吐蕃最早的宫堡建筑。地在今琼结地区。关于此堡寨的称谓有如下几种：ཡུམ་བུ་བླ་ཀང（《贤者喜宴》ཇ函，第26页，木版）、ཕོ་བྲང་ཡུམ་བུ་བླ་སྒང（《西藏王臣记》，1957年排印本，第19页）、ཨན་བུ་བླ་སྒང（《红史》1981年排印本，第33页）、ཨམ་བུ་བླ་སྒང་མཁར（《西藏王统记》，1981年民族出版社排印本，第55页）。《拉达克王统记》说吐蕃最早的宫堡是青旺达孜（见弗朗克著《印藏文物》第二部分——A. H. Francke: *Antiquities of lndian Tibet*）。温布拉卡即雍布拉康，其遗址今存，内有壁画。

关于聂墀赞普出现在吐蕃，《汉藏文书》（编者注：即《汉藏史集》）记载说，聂墀赞普行走的路线是：拉日江托卡——雅莫纳西——拉雅拉香波——拉日贡波山——赞塘果西。这些地方都在雅隆河流域。该书还指出，迎接聂墀赞普的十二位智者（也是护卫畜群者）在牲畜活动的地方建造了雍布拉康宫堡，并将此堡寨献给了聂墀赞普。（以上均见该书之上册第92页）

从上述十二位智者看，吐蕃当时早已有人类活动。而王的出现只说明吐蕃人类社会进入一个新的阶段。《汉藏文书》记载的这种发展过程是：猴雏变人——六人种——四部落：叶桑嘎波、叶门纳波、江墀益西、门宗纳波——玛桑九兄弟——二十五小邦——十二（四十）小邦——神做人王。（以上见《汉藏文书》上册第91页）上述诸种力量在不同时期统治着所谓悉补野吐蕃（见《汉藏文书》上册第9页、91页）。关于十二小邦，参见《贤者喜宴》ཇ函，第4—5页。

② 穆墀赞普以下六人之名称，他们的名称中的第一字，是取自他们各自生母名称中的最后一个字或第一个字。此六人生母之名依次是：囊穆穆、萨丁丁、索唐唐、托梅梅（མོ་ཁྲི་བཙན་པོ 即《西藏王统记》中的མེ་ཁྲི་བཙན་པོ）、达拉嘎莫、斯拉云莫。（见《贤者喜宴》《敦煌古藏文文选》《西藏王统记》《汉藏文书》及《红史》《青史》等）

③ 止贡赞普：他是斯墀赞普（《敦煌古藏文文选》伯字1286号卷子称此人为墀白赞普）之子。又写作“གྲི་གུམ་བཙན་པོ”。

布代贡杰。此人是止贡赞普之子恰墀的尊号。据《贤者喜宴》说，“སྤུ་དེ་གུང་རྒྱལ”是“བུ་དེ་ཀུན་ལས་རྒྱལ”（意为“此子将胜一切”）的音变（见该书，木版，ཇ函，第8页）。

④ 大臣洛昂：《敦煌古藏文文选》第二册，伯字1287号卷子又作“ལོ་ངམ་རྟ་རྫི”。《贤者喜宴》说洛昂达孜是止贡赞普的属民（ཇ函，第7页）。但同书在记载早期吐蕃十二小邦时说，在娘若香波有洛昂王，其名叫做钟（ཇ函，第4—5页）。此处之洛昂王似即洛昂达孜，可能在十二小邦时，洛昂曾是娘若香波地区的“王”，但后来则被止贡赞普收为属民。

止贡赞普与洛昂约定在娘若孜（娘若孜在江孜娘曲流域）之泰哇才比武，当场被洛昂射箭致死。洛昂遂取得政权。（此段史料见《贤者喜宴》ཇ函，第7页；又见《西藏王统记》藏文版，1981年排印本，第55—56页。《西藏王臣记》亦有类似记载。）《西藏王统记》又将洛昂写作“ལོང་ངམ”（排印本，第55—56页）。

止贡赞普子霞墀、聂墀及恰墀三人被驱往工（布）、隆（波）及波卧等地①。政权遂被洛昂所夺。（洛昂）令止贡赞普王之王妃牧马，并命公主为小妃。

其时，止贡赞普王之王妃生一雅拉香波之子，其名称谓之茹拉杰，此子成年后杀死洛昂，继而往迎三兄，遂自波卧地区迎回恰墀，因登王位乃称其为布代贡杰②。（16a）并建青昂达孜堡③。其弟茹

（接上页）

据《汉藏文书》载：“此以前，吐蕃尚无刀这类物品。在止贡赞普王时，在甫森这个凶地，有九个小人兄弟打制刀子，于是吐蕃遂有所谓九刀。九兄弟之弟子分散九地，吐蕃刀剑由是众多。”（该书上册，第93页上）。

① 隆（波）：在《西藏王统记》（排印本，第56页）及《贤者喜宴》（ཇ函，第7页下）均称娘波。此娘波系指拉萨东部的尼羊河流域一带。

② 雅拉香波：此为山名，又是山神之名，此山在雅隆河谷的南部和芝古湖之间。

茹拉杰：《红史》（排印本，第34页）、《贤者喜宴》（第8页上—8页下，ཇ函）及《西藏王臣记》（排印本，第19页）均写作“རུ་ལས་སྐྱེས”。《西藏王统记》说，此人是由雅拉香波神化身为一白牦牛后与其母结合而生，故名“茹莱杰”（意为“角生”）（见同书第19页）。此谓茹拉杰之母即止贡赞普之妃。又，《敦煌吐蕃古藏文文选》说，茹拉杰是扎氏之子，又称“天子茹莱杰”（第一册，伯字1287卷子）。同卷文书又说，茹莱杰将毒药涂在狗毛上，复把狗献给洛昂，洛昂以手抚狗，中毒身亡。茹莱杰率兵攻下洛昂宫堡娘若香波。

茹拉杰迎三兄，是指霞墀、聂墀及恰墀。但《敦煌吐蕃古藏文文书》则只记有霞墀（写作“ཤ་ཁྲི”）及聂墀（写作“ཉ་ཁྲི”）（伯字1287号卷子）。同卷文书又说，茹拉杰到工布地区的芝纳寻找霞墀、聂墀。芝纳，在今工布地区，加拉白垒峰西，大约在白努和业马之间，附近有色莫塘。

长兄霞墀住在工布芝纳（ཀོང་ཡུལ་གྱི་སྣ——即ཀོང་ཡུལ་བྲེ་སྣ）做了工布王。被当地民众尊奉为白工布王（即《工布第穆萨摩崖碑》中之ཀོང་དཀར་པོ་མང་པོ་རྗེ，见社会科学院民族所1981年该碑拓片，季坚尚、列芳贤拓本）。弟聂墀，被尊奉为聂尊王，做了达波王。此二人没有被请到，次弟恰墀住波窝查托（波窝即今之波密），其尊号被称作“波代贡杰”，此即前注之布代贡杰，他做了波窝王。此恰墀（布代贡杰或波代贡杰）被迎去，委任他继承王位，从此之后，此“悉补野吐蕃之地”的说法遂得以流传（以上见《汉藏文书》上册，第95页上。文中之“སྤུ་རྒྱལ་བོད”，同书第9页上又写作“སྤུ་རྒྱལ་བོད”。有关此称可参见前注）。

关于止贡赞普的尸体的处理情况是：其尸体置于铜盒之内，从吉达桑卡将盒投入娘曲河，流到江卡措古，滞留七日夜无人拾取。又流到春堆古尔摩塘，在这里滞留十三个日夜，仍无拾者。后来流到工布河之拉图，被一水妖之女奴捞鱼时获得此盒，献给女王后罩于仓库之中。（以上见《汉藏文书》上册，第94页上。）后来，恰墀（布代贡杰）为王后，即将此尸盒迎到雅隆，埋葬在琼结昌莫昌琼。（见《汉藏文书》上册，第95页上—95页下。）又据

拉杰任大臣①。当此王臣之时，世人盛行从事农业之习规。并说由福德之力而产生银、铜、铁三种②。据称政权以苯教护持。其时，生于边地大食地区之辛饶大师，他自香雄地区译得苯教（经典）并加以宏传③。而苯教自己之文书又说：（苯教）产生于聂墀赞普之时。

此后，依次是：阿肖列、依肖列、代肖列、古茹列、仲杰列及托肖列等六人，此谓之“六中列”④。

（接上页）《西藏王臣记》载，止贡赞普陵建于青域阿塘，并说此为吐蕃建陵之始（见该书，1957年排印本，第20页）。《敦煌古藏文文选》（第二册，伯字1287号卷子）说，止贡赞普之陵建于强多拉甫。上述之青域阿塘和强多拉甫都在雅隆河谷。青域阿塘，据《汉藏文书》说，是苯教徒巴热之子杰结茂切用刀将尸盒打开后，从尸盒中发出怒吼之声，此地遂称“怒吼坝”（音译即为“阿塘”）（见该书上册，第95页下）。至于“强多拉甫”中之“强多”，当即《贤者喜宴》所称之拉日强多的异体（ཇ函，第6页下）。

③ 青昂达孜堡：《西藏王统记》写作“ཕྱིང་ང་སྟག་རྩེ”（排印本，第57页）；《西藏王臣记》写作“ཕྱིང་བ་སྟག་རྩེ”（排印本，第20页）；《贤者喜宴》写作“འཆིང་ང་སྟག་རྩེ”（ཇ函，第8页下）。

① 茹拉杰任大臣：《贤者喜宴》说，吐蕃有“七贤臣”，而茹拉杰被列为七贤臣之首（该书ཇ函，第8页下）。

② 关于此时的吐蕃经济，《汉藏文书》记载说：“以颓为牲畜（牛，འབྲོང）的计算单位。引水灌溉。开垦草原。以炭冶炼矿石，而得金、银、铜、铁。水上架桥。”（上册，第96页上）《贤者喜宴》还说：“钻木为孔，制做犁及牛轭；……犁牛耦耕。……，由耕种而得谷物即始于此时。”（ཇ函，第8页下）

③ 辛饶大师生于阿里札达县境内。古史称为温莫隆仁（《贤者喜宴》ཇ函，第8页下—9页上）。苯教史《格言宝库》又作“ཨོལ་མོ་གླིང”（见1970年，伦敦版，第123页，编辑与翻译是SAMTENG KARMAY，噶尔迈·桑木旦）。《雍仲苯教史》又作“ཨོལ་མོ་ལུང་རིང”（民族所手抄本，第45—46页）。又，香雄即今之阿里一带。

关于此时输入苯教情况，《汉藏文书》说：“香雄及勃律之苯教徒，在止贡赞普之时取得辛之杜苯。”（上册，第95页下—96页上）《贤者喜宴》上详细记载了兑苯、五种果苯、无上雍仲之乘以及四类获财苯教等在吐蕃的传播情况。（该书ཇ函，第8页下—9页上）《西藏王统记》亦有类似记载。该书中的注释说：“据苯教史载，聂墀赞普之时宏扬苯教。止贡赞普消灭苯教。布代贡杰之时发展苯教。墀松德赞时灭苯教。最后苯教上师尼雅钦里秀嘎热从康地得获苯教之余火，返回卫藏地方，遂自伏藏中取出所有一切之苯教经典，创立日兴、塔丁、格丁、安咱卡，桑日及尤塘等等苯教宗派，大事宏扬苯教。据谓：苯教亦有前宏期、中宏期和后宏期等三期。”（见该书排印本，第58页）

④ 《贤者喜宴》载：洁洁茹莱杰之子，名叫拉甫果嘎，乃七贤臣中之第二人，其聪睿之业绩是；以双牛一日所耕土地面积作为计算耕地面积的单位。以“颓”作为计算牲畜的单

（16b）此后依次为：杰萨纳木森代、代朱纳木雄赞、斯虐纳木代、斯虐波代、代虐纳木、代虐波、代结波及代珍赞等八人，此谓之“八地代”①。

此后依次为：墀赞纳木、墀查崩赞及墀托杰托赞等三人，此称之为“三下赞”②。

“三下赞”中后者之子（བཙན་ཕྱི་མའི་སྲས 后者指墀托杰托赞——译者）为拉托托日年赞，此人系普贤菩萨化身。③当此人坐于温布拉卡堡寨之顶部时，自天空降落《宝箧经》《诸佛菩萨名称经》以及金塔等等，遂称此诸物为“年波桑哇”，并予以供奉，因此其享年为一百二十岁。④又据传说，此赞普曾于梦中得一预言：你之后五世，将出

（接上页）位。引溪头流水而成灌田沟渠。在低处种植水田即行于此时。……于此“六地列”之时，建有六座青昂孜堡，即达孜、桂孜、扬孜、赤孜、孜莫琼杰及墀孜崩杜等六座。（见该书ང函，第9页上）此“六地列”即《新红史》之“六中列”。

① 《汉藏文书》称此八代为“八中代”。（见该书上册，第96页下）又，八代之名均取自母亲之名的一部分（见《贤者喜宴》ང函，第9页上）。

② 《汉藏文书》称为五赞。该书认为代珍赞之子是多日隆赞王。其时吞弥珍波杰、努缅多日、达尔之子冬塔尔杰等任大臣。（见该书上册，第96页下）《新红史》未载此人之名。

《汉藏文书》记载，多日隆赞以上均与神龙之女联姻。此以后始与属民联姻。（上册，第96页下）同书又载，多日隆赞之子是杰墀赞内（疑为ཁྲི་བཙན་ནམ之误）。由努尼雅多日祖洛及德甫墀松门更任大臣。杰墀查崩赞的大臣，由噶尔墀查吉屯及屯弥路芒柴波担任。墀托杰托赞时，由噶尔赞尼雅屯甫及努杰托杰洛赞担任大臣。此以上之人王由神担任。在二十七代之间，政权由寓、谜语（原文为“ལྡེབས”，当为“ལྡེའུ”之误。此据《贤者喜宴》及《红史》均为“ལྡེའུ”，故知“ལྡེབས”为笔误）及苯教三者护持。（见该书上册，第96页下—97页上）

③ 拉托托日年赞：《汉藏文书》写作“ལྷམ་ཐོ་དོ་རིའི་གཉེན་ཙ”。并载此赞普是墀托杰托赞与茹雍萨冬佳措所生。其时是吐蕃王聂墀赞普来后，历九百六十六年的阴火兔年所生。此以上总称“五赞”。（见该书上册，第97页上）同书同页又载，拉托托日年赞的大臣为墀托杰祖及昌墀松连巴所担任。

④ 据《汉藏文书》载，天降神物均装在铜盒之内。除去《新红史》所记内容之外，尚有梅檀玛尼咒和牟扎百拜经。（见该书上册，第97页上—97页下）同书又载，因不知这些为佛经，想来颇为稀有，遂置彼等于宫堡之顶，以供品及碧玉奉之，并称这些神物为“年波桑哇”（意为“玄秘神物”）。并载，此年正值吐蕃之猴年（该书上册，第97页下）。《红史》说天降佛经中还有《六字明咒》（该书第34页）。

现解此（年波桑哇）之义者。（17a）而聂巴说：“因苯教崇拜苍天，故此遂说（神物）从天而降。”实际上是班哲达洛森措及译师黎堤斯将此诸神物携之而来，然而因王不解文字之词义，故将诸佛典留置下来，译师及班哲达遂返回。洛森措与希瓦措同义，当吐蕃王统九世之时，此堪布居于泥婆罗（即今之尼泊尔——译者），因此这种解释近乎正确，此为《青史》一书所载①。

拉托托日年赞之子墀年松赞②，墀年松赞子仲年代如，此子有一龙女王妃，因她于别处吃段食，故其体态光洁。仲年代如王见之，（17b）亦想有此美食。继之背着王妃，用钥匙将门打开，见到许多油炸之蛙，因此心生疑念，遂渐生癫病。此王有一天生盲子，王对此子遗嘱道：“供奉先祖之‘年波桑哇’；延请医生，眼开之后即可执政。”说罢，父母二人活着即居住于坟墓之中。王子遵从父王之嘱行事，因此睁开双眼，由于见到达日山之盘羊，故称其为达日年斯王③。

---

① 此说法出自《青史》，本刻版，ཀ函，第20页上。《松巴堪布史》说，班哲达洛森措即希瓦措（即所谓寂护或静命，又称波提萨达，系古印度佛学家）（见该书，第108页上）。看来，所谓天降神物，当是作者将后世之事经过神化后纳入此时。

《汉藏文书》又载，作者认为这些天降佛经是为吐蕃获得佛经之始。（该书上册，第97页下）同书又载，五赞以下诸赞普之墓均建于青隆阿热塘。即前注之青域阿塘。五赞之陵土状如帐幕。据说陵前无供物，亦不知四方形之陵墓。（见该书上册，第98页上）又，《雅隆觉卧佛教史》将“འཕྱིང་ལུང་དར་ཐང”写作“འཕྱིངས་ལུང་དར་ཐང”（民族宫手抄本，第30页下—31页上）。

② 墀年松赞：《敦煌吐蕃古藏文文选》写作“ཁྲི་སྙ་ཟུང་བཙན”（伯字，1286号卷子）。其大臣是贝囊谢达赞及噶尔墀真。其陵墓建于顿卡达。（见《汉藏文书》上册，第98页上）

③ 仲年代如：《汉藏文书》写作“འབྲོ་གཉན་ལྡེ་རུ”（该书上册，第98页上）。同书还载，他的大臣是尼雅唐邦扬及努墀塔日彤波（该书上册，第89页上）。仲年代如娶琛萨陆江安甫为妃。仲年代如同其王妃及大臣尼雅唐邦扬杰等三人活着进入墓中。此前王曾对其盲子遗嘱道：“好思想如同黄金，好的议论即是甘露，故此应当倾听。至于诸歹徒，固如火一样，故应抛弃。世间俗事应予探察，故可消除疑惑。你应供奉‘年波桑哇’！阿柴，即吐谷浑。（见《汉藏文书》上册，第82页下）医生于吐蕃将你眼医愈，如医眼不果，则孙波地区有一苯教徒之妻，名贾莫贾江，她与我曾在某夜相识，她有子名叫孙日容波，是你长兄，将他召唤前来，承继于位。”仲年代如之陵墓建于香达。（见《汉藏文书》上册，第98页下）

达日年斯之子囊日松赞，其时自北方获得食盐，从汉地得到历算及医药。①

(接上页)

盲子穆隆衮巴扎即达日年斯。他极力供奉年波桑哇，并请来吐谷浑医生，在雍布宫堡之顶，将眼医愈，始见吉雪达莫山（见《医学总纲》，第34页下）上盘羊吃草，于是献尊号为“达日年斯”，遂使其执政。其大臣由门墀托日囊赞、纳囊芒尼亚及昌墀松缅巴担任。(见《汉藏文书》上册，第99页上)

《新唐书·吐蕃传》记载吐蕃早期赞普，是从墀托杰托赞起开始具体记名，《吐蕃传》称墀托杰托赞为瘕悉董摩。拉托托日年赞，《吐蕃传》称为拉土度。称墀年松赞为揭利失诺。称仲年代如为勃弄若。达日年斯被称为讵素若。

据《贤者喜宴》载，达日年斯时，将当时三分之二的小邦纳入（吐蕃）统治之下。本巴王、吐谷浑工、昌格王、森巴王及香雄王等均被征服。娘、贝、嫩等氏族也被纳为属民。其时，墀托囊尊蒙（即门墀托日囊赞）之子，他制造升、斗及秤，以量谷物及酥油。此外，还出现了双方按照意愿进行交易的商业。在此以前，吐蕃尚无交易及升、斗和秤。(ཇ函，第11页下)

① 囊日松赞有四位大臣，即贝囊谢、蔡邦纳嘎纳斯、娘佐古、暖潘阿松。其时从汉地得到五行算（全名为“五行算六十种”，这是以阴阳五行推算吉凶祸福的算术）医术（此指包括内科服药和外科手术治疗法）以及饮料与食品的影响。复从印度得到十二因缘［又称十二缘起或十二支，据《大缘方便经》说，十二因缘指老死、生、有、取、爱、受、触、六入缘、色、识、行、无明（即痴）等十二缘。见《大正新修大藏经》第一卷，长阿念经卷第十，第60页］及六宫日。这些即是吐蕃得到医药、历算之始。此时吐蕃尚不知文字及翻译之事，因此，除去学者、师长（发出）的指示之外，未取得广泛传播发展。又，此囊日松赞王征服佳地及突厥。娘、贝、暖三氏族亦被置于此王统治之下。再者，据传突厥的古玉，共有十八个骡驮子，也在此时输入到吐蕃。囊日松赞的宫堡名叫墀孜崩杜，此系由红牛奶和泥建成。(见《汉藏文书》上册，第99页上—99页下)

《汉藏文书》还载，囊日松赞携带一个盲人和两个大力士，往北方查松汀玛湖一带畋取野牦牛，将牦牛肉挂在马鞍子上，肉落于地（肉沾上了咸盐），因之得到了盐。此以前吐蕃根本无（食物）加盐的事，就是盐的名称也没有。从此以后遂派人运取北盐，并对取盐者给以六十个单位的小麦，以做报酬。(该书上册，第100页上)

关于囊日松赞时的经济，“于蔡邦山得金，于格日岩得银，于成波崖得铜，于热嘎山得铁。于北方拉措湖得盐。又将公母野牦牛驯养为公母牦牛。将公母鹿育成黄牛。将公母野山羊驯养为绵羊，将公母獐驯化成山羊，将公母野骡驯化成马，将公母狼驯化成犬。此时开垦土地而有农业。牧养牲畜之牧者亦产生于此时。”（《松赞干布遗训》第82页）此段文中关于野生动物的驯化，其中虽有不科学的说法，但总的起来看，它反映了此时家庭饲养牲畜之事已相当普遍。

在官制方面，此时设置了外相和内相。(《松赞干布遗训》第82页)

囊日松赞之子松赞干布[①]，（18a）他在佛涅槃后一千四百四十九

（接上页）

此时社会经济的发展，为雅隆部落北伐打下了物质基础。《敦煌古藏文文选》有专篇记载囊日松赞北伐孙波之事。他攻下宇那堡（此地在拉萨河上游，墨竹工卡东20公里处）。孙波王（苏毗王）芒波杰孙波逃往突厥。并将埃波地区改为彭域（此地有彭波河。故这一带又称彭波）。其时囊日松赞势力，西到香雄（在颂词中多次涉及冈底斯山和玛旁雍措。此外，《拉达克王统记》说囊日松赞时征服了西面尼雅秀。此即《贤者喜宴》记载十二小邦中的香雄王黎纳许。见该书，第30页）；东到工布、娘波、温；南到达波、雅隆、门；北到彭域及羌塘拉措湖，甚至接近西北的突厥。（以上均见该文选，伯字1287号卷子，第二册）

囊日松赞事迹在《新唐书·吐蕃传》中记载甚少，称他的名字是论赞索。《通典》称其名为论赞率弄赞。并说他在隋开皇中（公元581—600年）“居匹播城五十年矣”（匹播城即勃令驿，也即今之雅隆琼结县青昂达孜一带）。在《敦煌古藏文文选》中称他为论赞隆囊（《敦煌古藏文文选》第二册，伯字1286号卷子）。在其征服江北拉萨河流域及彭域一带的孙波之后，属民赞他“政比天高，权比山坚”，乃上尊号为“囊日伦赞”（见《敦煌古藏文文选》第二册，伯字1287号，第563页）。他晚年被属下施毒置死（见《敦煌古藏文文选》第二册，伯字1287号卷子，第568页），或谓此王“因食牦牛肉，被肉毒致死”（见《松赞干布遗训》，第84页）。据《汉藏文书》载，囊日松赞之陵建于雅隆顿卡达。并在索卡地方设有祭祀供物（该书上册，第100页上）。《西藏王统记》说，此有设供物的地方称作冈日索卡。（见排印本，第62页）

有必要补注的一点是，囊日松赞在政治、经济等方面，除以上述及者外，在政治上还有两点值得提及，一是囊日松赞大范围地采取给各地的新兴的奴隶主分封土地和奴隶的政策。据《敦煌古藏文文选》载，他封赐的奴隶主涉及十个大氏族，其中有具体奴隶户数的有五个，最多的奴隶主得到奴隶是“藏蕃的二万户”（གཙང་བོད་ཁྲིམ་ཉིས་ཁྲི 原文是ཉིས་གྲི，应即ཉིས་ཁྲི之异体。又，文中之ཁྲིམ་是指བྲན་ཁྲིམ而言），最少的得到“三百奴户”。其余三户均得到一千五百奴户。（见该书第二册，伯字1287卷子，第563页）这无疑反映了吐蕃奴隶制的特点。第二，囊日松赞时已采用以告身区别官的级别。大臣义策就得到过“金字告身”。（见《敦煌古藏文文选》第二册，伯字1287号卷子，第566页）这个材料说明，一般藏族史籍所说松赞干布时开始制订告身制度的说法不十分确切，应是在囊日松赞之时开始采用。

① 松赞干布又称松赞（《汉藏文书》上册，第100页上）。《敦煌古藏文文选》对松赞干布有几种称谓，即赞普墀松赞（第二册，伯字1287号卷子，第574页）、松德赞（第二册，伯字1286号卷子，第556页）及松赞干布（此名是属民为他上的尊号，“全体人民感其恩德，乃上尊号为松赞干布”——见《敦煌古藏文文选》，第二册，伯字1287号卷子，第574页）。汉文史书对松赞干布有七个称号，即：弃宗弄赞、弃苏农、弗夜氏（《新唐书·吐蕃传》）、器宗弄赞（《册府元龟》）、器宋弄赞、不弗弄赞（《册府元龟》）、弃苏农赞（《通典》）。

年的阴火牛年①，生于雅嫩查堆园之强巴敏久林宫堡②。喇嘛八思巴之《彰所知论》载：佛涅槃后二千年生聂墀赞普，其后五百年生拉托托日年赞③。鉴于此说使佛逝世年代太多，故无需同此一致。松赞干布十三岁，在其父死后遂即执政④。其住地宫室建于红山⑤。总之，此王之大臣之多虽然令人无法想象，但贤良大臣则是：朱吉纳秦仁桑（原注：雅隆人）(18b)、吞弥桑布扎、噶尔东赞（原注：堆垅让巴人）、支・塞如贡敦(原注:止贡人)、娘・墀桑(原注:娘瑟人)⑥。

(接上页)

① 《汉藏文书》说，此阴火牛年是“先祖托托日年赞生后历一百九十一年的那个阴火牛年”(上册，第100页上)。

② 强巴敏久林，位于拉萨河上游，墨竹工卡西约25公里处之拉萨河南岸。雅嫩查堆园，从《新红史》的这种记载看，当在强巴敏久林附近。此园在公元821年唐蕃会盟时是吐蕃地区的会盟盟址。

③ 《彰所知论》，全称是“ཤེས་བྱ་རབ་ཏུ་གསལ་བ་ཞེས་བྱ་བའི་བསྟན་བཅོས”。收录入《萨迦五祖全集》的པ函。由八思巴于1278年著于萨迦大寺。此论是八思巴给蒙古真金太子讲的。汉文大藏经中有载，由江浙总统沙罗巴大师译（见《大正新修大藏经》，第三十二卷，论集部，第226—237页）。陈寅恪著有《〈彰所知论〉与〈蒙古源流〉》一文曾论及此事（见《中央研究院历史语言研究所集刊》，第二本，第三分册）。又，经查发现汉文有漏译之处，如果汉藏文对校阅读则可补此缺漏。再者，《新红史》此处有关《彰所知论》的引文，原藏文与此有别。(见藏文原文第19页上第一行)

④ 《汉藏文书》载：“在其十三岁的父死之年，(松赞干布）被尊奉为王，执政六十九年。”(该书上册，第100页上)《贤者喜宴》上说了两种情况，其中之一是：“天神之子松赞干布年至十三岁时，父王将王权献给了松赞干布”（ཇ函，第13—15页上)。此二说，诸藏籍各执己见。

⑤ 红山即今布达拉宫所在之山，又称布达拉山。松赞干布居红山当在自雅隆迁都拉萨之后，始建红山宫居之。(见《玛尼宝训》，第169页上)

⑥ 据《贤者喜宴》载，《新红史》所举之五名大臣，除第一人属于内相六贤臣之外，其余四人均属不可缺少之四大臣。（见该书ཇ函，第18页上）关于此五名大臣的出生地，《西藏王统记》所载与《新红史》有异，如：朱吉纳秦仁桑是昌珠人，吞弥桑布扎是屯隆热嘎哇人。(见《西藏王统记》排印本，第74页)

《贤者喜宴》记载了松赞干布时的官制情况。该书说当时“大臣凡三百人，其间之主要化身大臣凡十六人，他们执行王命，捍卫王国安宁”。所谓十六个主要化身大臣，该书说，即：内相六贤臣、外相六猛臣以及不可缺少的四大臣，总为十六大臣。该书解释说：“内相大臣总为一百人，他们是王的御前侍从，执掌全部内务。”“外相大臣凡一百人，他们掌管全部外务。”“不可缺少的四大臣，如是之凡一百人，他们保持（社会或政权）之间的均衡，维

吞弥被派往印度，向婆罗门李瑾及班哲达拉日巴僧格学习文字、声明及颂等①。返回吐蕃后，将印度五十字母制成藏文三十字母，并

（接上页）护政教两法。”（均见该书ཇ函，第18页上）上述十六大臣名单在《贤者喜宴》ཇ函，第18页中有载。在《西藏王统记》中也有记载。两者人名略有区别，可相互参阅。此外，《汉藏文书》提到此时有六贤臣，但指出的人名只有娘·芒波杰祥囊一人，而此人为《贤者喜宴》及《西藏王统记》两书中所无（指六贤臣）。（该书上册，第104页下）

关于吐蕃时的大臣情况，《五部遗教》的《大臣遗教》中有载（该函，第8页始）。又，《敦煌古藏文文选》（伯字1287号卷子，第558—560页）亦有记载吐蕃大臣情况，从代朱波南木雄赞（此人即《新红史》所载“八地代”中之代朱纳木雄赞）时开始记载，最早的是东和杰二人任大臣。总记各代赞普手下的著名大臣共三十五人，并重点记载某些大臣的政绩，如噶尔·东赞域松家族、娘·芒波杰祥囊、吞弥、韦·达扎孔略，以及恩兰·达扎录恭等家族担任大臣的情况。

① 据《汉藏文书》载，松赞干布执政后闻名各地，他十四岁依佛法护政。其时，四方诸王献来奇异财宝物品，并奉献书函。对于给吐蕃王所献之物，吐蕃虽然亦有回赠财宝，但除去口信（回复）之外，却无文字书函。于是（松赞干布）想到：吐蕃无论如何也应有文字。遂后则有吞弥阿奴热之子，名桑布扎米琼（སམ་ཧོ་ར即《贤者喜宴》之སམྦྷོ་ཊ——见该书ཇ函，第15页上）。此人系一聪敏之人。授给他以黄金，遣他前往印度学习文字和佛法。因此，（吞弥）与学者李瑾相见。李瑾（对吞弥桑布扎说）；“我懂六十四种不同的文字，已写在大海岸旁的石碑之上。弟子你想（学习）什么文字呢?”于是，（吞弥）学会了西藏文字，又精通了翻译，并将《宝云经》《集宝顶经陀罗尼》及《大悲白莲华经》等佛经迎请（到吐蕃）。松赞干布王心中甚喜。此即吐蕃翻译和文字专家中的最早学者。（该书上册，第100页下—101页上）该书在“松赞干布王心中甚喜”句后有如下注释：“吞弥去时，谒见了印度高波罗王。他从印度请来文字专家李瑾和班哲达阿年达。又翻译了《集宝顶经陀罗尼》等佛经。以上是琼波尤芝所著《吐蕃文字总义》一书中所载。”（该书上册，第101页上）

《汉藏文书》又载吞弥开始译经之事。松赞干布王说道：“现在，我先祖的那个‘年波桑哇’是什么？应予颂读和讲解。”经看阅，则是《宝箧经》《诸佛菩萨名称经》《十善经》及《观音咒》。（松赞干布）对此甚为尊敬，遂即闭关四年，学习文字及佛经。再者，将吞弥取自印度的《宝云经》等佛经译成了藏文，此即翻译佛经之始。在（吐蕃）的所有统辖地区之内，广泛宏扬佛法和推广文字。松赞干布将最早的吐蕃文字第一批字形写成《大悲观音三眷属佛颂》，并奉献出来，……这个颂词书写在拉萨月亮崖上。（见该书上册，第102页下—103页上）

据《贤者喜宴》载，吞弥桑布扎在印度还向拉日桑格等班哲达学习声明。后来他携大乘佛典等返回吐蕃。他仿纳卡热及迦什弥罗（即今克什米尔）等文字，在玛荣宫内创制字形，仿照神字连察体（此系尼泊尔一种文字）作楷体字，以瓦都龙字作草书。（见该书ཇ函，第15—17页）

关于吐蕃创造文字事，在前注中，《汉藏文书》说，囊日松赞时不知文字和翻译之事。《敦煌吐蕃古藏文文选》中也说，“吐蕃以前（指松赞干布以前）尚无文字，于此赞普时（指

将字母献给松赞干布王。复教诸大臣（学字）。翻译了《宝云经》①。吞弥尚著有《声明学》等许多著作。因此（吞弥）对于吐蕃之恩德甚重。屯米自己说道："在此边地吐蕃王土，我是首先来到的贤者，我是清除黑暗的明灯，国王如同日月而存在、（19a）在大臣同僚中舍我其谁，对于吐蕃雪城之众人，我吞弥之恩德岂不大哉！"此乃诚实之语啊。

（接上页）松赞干布时）方有之"。（《敦煌古藏文文选》第二册，伯字1287号卷子，第574页）这种松赞干布时开始创制文字的说法，在西藏史书中大部执此说。但是，究竟吐蕃向什么民族学的文字，这在国内外学者中有分歧，一种认为学自印度，另一种认为吐蕃文字是仿古于阗文（即"和阗"，藏文写作"ལི་ཡུལ"。又采用拼音写法为"ཨུ་ཐེན"或"ཨོ་ཐན"。——见《汉藏文书》上册，第81页下）创制而成。国外郝恩烈（A. F. Rudotf Hoeinte）曾据新疆出土的古和阗文卷子（此卷系佛经文学残卷），在《印度碑铭学》中发表论文，经研究对比文字认为，吞弥在克什米尔学取文字时，在那里遇到了和阗僧人婆罗门骊宾（即ལི་བྱིན），此人把其国（和阗）字母教给了吞弥。他的结论是传入西藏的字母是和阗字。我国著名语言学家罗常培先生经研究亦倾向郝恩烈的观点。他在《梵文颚音五母之藏汉对音研究》一文中申述自己的这种看法，他在文章中详细将和阗文、梵文和藏文分别勘比分析（并附和阗文与梵文及和阗文与藏文两个对比表，均按辅音、元音分类勘比）。最后认为："华尔德（他主张藏文取自北印度文字）的结论，照我看不如郝恩烈的可信。"（此文载于《中央研究院历史语言研究所集刊》，第三本、第二部分。1931年12月印）中华人民共和国成立后，王忠在《新唐书·吐蕃传笺证》中也认为"李敬（ལི་བྱིན——李瑾）之李（ལི་རྗེ）即李域（ལི་ཡུལ）之李（ལི），李域为和阗，藏文与古和阗文最为接近"。实际上，和阗建国远早于吐蕃，汉代史书已见其名。早在公元前1世纪中即信仰佛教，建寺宏法。文字也早已推行于其国，新疆出土文物和阗文卷子，经考证是公元5世纪至10世纪的卷子，无论从宗教信仰和地理位置看，吐蕃与和阗更有接近的便利条件。至于从和阗古文字看，如果说藏文更接近和阗文是有物为证的。因此，藏文取自和阗文之说是有相当说服力的。

关于吐蕃创文字，苯教史书说，吐蕃文字在松赞干布之前已有，是"首先由桑波朋墀及辛饶大师二人创造"。并说文字的演变过程是：神文、经大食苯教徒转变为"崩文"（或译作"聚集文"）、又经香雄译师转变为"大小玛文"，而大小玛文又被香雄和吐蕃译师转变为"大玛行书体"及"小玛楷书体"，并加以推广"。（以上见《雍仲苯教史》，第48页下）总之，苯教史书所载，主要说明吐蕃文字来自苯教文字（神文、崩文、玛文）。但至今无任何实物可资证实此说。

① 关于松赞干布时译经事，《贤者喜宴》记载，当时由吞弥桑布扎及其弟子达磨郭霞、拉垅多吉贝、印度的阿阇黎古萨热、婆罗门香嘎、迦什弥罗的达努、泥婆罗之尸罗曼殊、汉地和尚玛哈德瓦茨（即大天寿和尚）等，共同翻译了《月灯经》《不空羂索经》《妙法莲花经》等各种佛经二十一种。

松赞干布十六岁时，派遣诸大臣，前往迎请泥婆罗王约色果恰之公主墀尊[①]，其陪奁是：尊者不动金刚、慈氏法轮、栴檀度母及琉璃乞化钵等[②]。这反映了在吐蕃产生佛教征兆的开始。

松赞干布十八岁时，派遣噶尔等大臣、骑士百人[③]，前往迎请唐朝皇帝狮子赞普之女文成公主[④]，（19b）当抵达森辛宫时[⑤]，献上松

---

① 约色果恰旧译为“光胄”。又，据《汉藏文书》载，前往泥婆罗迎墀尊公主的吐蕃使臣是大臣噶尔（即禄东赞）和吞弥琼（意为“小吞弥”，即吞弥桑布扎）。

② 墀尊公主曾在红山建造城池，其状如罗刹区楞伽布日之城，内有碉堡九百九十九座，外有三十二层围墙。南墙内有索波宫堡，高九层。此宫堡与赞普的最高宫室间有银桥相连。（详见《汉藏文书》上册，第111页上—111页下）历史上是否确有过此堡尚难肯定。即使有过，其遗迹亦早已无存。

③ 据《汉藏文书》记载，前往迎请文成公主的大臣除噶尔·东赞域松之外，还有吞弥桑布扎（见《汉藏文书》上册，第111页下）。又据此书载，吐蕃使臣携带的迎婚礼物有：银币百枚、宝衣一件、覆以珍宝璎珞之大象一件（吐蕃不产象，故此处之大象当指一种工艺品）及半升金粉。（见该书上册，第111页下—112页上）该书还引《唐书》之《吐蕃传》史料记述松赞干布向唐请婚之事：“为迎唐朝公主，松赞干布乃献金甲，但仍不许以公主。于是率二十万吐蕃军，击败吐谷浑，并占领之，后众军返回。又经多时，吐蕃大臣噶尔东赞携黄金五千两及众多珍宝，被派迎娶公主。因此，太宗之女文成公主，于阴铁鸡年前来（吐蕃），在柏海（即今之扎陵湖与鄂陵湖）送行人与迎婚人相汇，随后抵吐蕃。”（《汉藏文书》上册，第76页上）此种记载，与汉史吐蕃传大体相同。《新唐书·吐蕃传》载：“太宗贞观八年，（吐蕃）始遣使者宋朝。帝遣行人冯德遐下书临抚。弄赞（即松赞干布）闻突厥、吐谷浑并得尚公主，乃遣使赍币求昏，帝不许。使者还，妄语曰：天子遇我厚，几得公主，会吐谷浑入朝，遂不许，殆有以间我乎！弄赞怒，率羊同（即香雄）共击吐谷浑，吐谷浑不能亢，走青海之阴，尽取其赀畜。……勒兵二十万入寇松州，命使者贡金甲，且言迎公主，……初东寇也，连岁不解，其大臣请返国，不听，自杀者八人。至是弄赞始惧，引而去，以使者来谢罪，固请昏，许之，遣大论薛禄东赞献黄金五千两，它宝称是，以为聘。十五年，妻以宗女文成公主。诏江夏王道宗，持节护送，筑馆河源王之国，弄赞率兵次柏海亲迎。”（见《新唐书·吐蕃传》）

又据《汉藏文书》载，“文成公主奏禀唐皇，吐蕃早昔无文书（此句又可译作‘吐蕃初无告身’），为此遂予制定。又，唐皇爱惜大臣噶尔，于是乃将外孙女公主及右卫大将军之职称赐予噶尔东赞，此即是最早授吐蕃以汉地之官职。”（见该书上册，第76页上）文中之为吐蕃制定文书之事，此似指吐蕃传所载之“（吐蕃）又请中国识文之人典其表疏”而言。唐太宗赐噶尔官职等事，吐蕃传亦有载：太宗擢拜（禄东赞）右卫大将军，以琅邪公主外孙妻之。禄东赞自言：“先臣为聘妇，不敢奉诏。且赞普未谒公主，陪臣敢辞。”

④ “唐朝皇帝狮子赞普”，即唐太宗李世民。又，文成公主，《汉藏文书》又称其为“唐太宗之女水莲公主，吐蕃语谓之海莲花”（该书上册，第75页下）。

⑤ 《贤者喜宴》称作“神京万祥门”。森幸宫是音译。唐代长安城有南内兴庆宫，或许即指“兴庆宫”而言。

赞干布王所送的礼品、并禀明请求赐予公主的理由。唐朝皇帝及大臣属民人等虽然极不愉快，但仍稍作假意问道："你吐蕃王订立了十善法吗？是否建造了寺院？有否能享用的五种妙欲？如果有，则赐予公主。因此，（你们）去问一问吧！"对此，如果噶尔往返于汉地与吐蕃之间逐一送信，那将失去迎娶公主的机会。据说，为了回答（题问），松赞干布王业已授给（使者）三封信，依次逐一献上，其中即有三种答话等等。（信中说）："虽然这样做了，如果仍不给公主，我将调遣五万化身兵士杀你，（20a）并夺取公主、摧毁一切地区。"①唐朝皇帝见此信后虽然极为恐惧，但却佯装镇静地说："你那吐蕃王太傲慢！"由于上述原因以及大臣噶尔所显示的七、八种聪明智慧②，（唐朝皇帝）遂不再担心，于是，乃将公主以及作为嫁奁的尊者释迦

---

① 关于松赞干布的"三封信"，在《贤者喜宴》《汉藏文书》《西藏王臣记》中未见载，但在《西藏王统记》中同见此种记载（见1981年排印本，第98—99页）。这种"三封信"的记载，也曾给泥婆罗王，是为娶墀尊公主而写。

② "噶尔所显示的七八种聪明智慧"，藏史说这是唐太宗测验各国迎婚使者智慧而设计的几种方法。之所以采取这种方法，是因为当时向唐朝求婚的使者非只吐蕃一家，据《汉藏文书》载："其时，派来迎公主的使者，诸如印度、大食、仲格萨尔以及霍尔王等，各有百名骑士，均汇集于此。"（该书上册，第112页上）。在这种情况下，唐太宗便依国法行事，并口谕道："今日，你等诸位大臣，何人智慧高超，（我即将公主）赐予何人。"言罢即向不同的每一个人，分别逐一给以肉、酒，规定在一日之内吃喝完毕，羊皮揉妥，房屋（整洁）不变；又有汉玉一方，内有曲孔，看谁能将丝线穿过；京师万祥门内的门，比谁能辨认；百匹（牝）马及百匹马驹谁能认出其母子关系：母鸡与鸡雏各百只，谁能辨出其母子关系；最后，在同公主相似的三百名少女中，谁能认出公主者即给予公主。大臣噶尔智慧出众，他依靠驻地之妇女的指教，上述所有一切均能知晓。因此，不将公主赐予吐蕃的话没有了。其他国家的大臣一一返回（自己的国家）。至于汉人，他们说道："我们的那位公主到吐蕃去了"，并且放声哭泣。虽然如此，但是（文成公主）赴吐蕃之事，却因此建立了宿缘关系和法律的基础（最后这句所谓"宿缘关系"和"法律的基础"，是指汉藏间的友好关系而言）。（《汉藏文书》上册，第112页上—112页下）再者，关于噶尔为迎文成公主而显示的聪明才智，在《贤者喜宴》（ཇ函，第28页上—29页下，第30页下）、《西藏王臣记》（1957年排印本，第44页—46页）、《西藏王统记》（1981年排印本，第101页—111页）等藏史中有详细记载，可参阅。关于文成公主在藏史中所描写的形象是："那化身公主，不比其他宫女大，也并不比别人体态美。此女特征是：青色中透着红彩［比喻文成公主如海莲花］，口生青莲之馨味，碧玉之蜂在她顶上飞翔，右颊有骰子点纹，左颊有一莲花纹，额间有黄丹圆圈，其上显有度母字样，其齿洁白细密，中间略有缝隙，喉部柔润，颈部有小斑点。"（《贤者喜宴》ཇ函，第30页下）。

牟尼像等，这些像心中的花鬘一样赐给了（吐蕃）①。

在父王（唐太宗）送行的地方，支·塞如贡敦忌妒噶尔，他说：“如果一位聪敏的大臣留居汉地，则汉藏关系不至中断。”当（支·塞如贡敦）对噶尔凝目而视的时候，唐皇迅速决定要噶尔留居下来。（20b）噶尔虽然了解其同僚支·塞如贡敦的忌妒之心，但仍然佯装极其愿意的姿态（原注：为缓和唐皇的戒备），并说：“遵命。”遂又暗中牵着吞弥及娘氏②二人说道：“我仅居汉地五个月，其间将尽量做有害于汉地之事。”如是，噶尔极尽欺骗狡诈之能事，损害了汉地疆土③，并且逃脱，后于邓柯地区追赶上来。文成公主和释迦牟尼像

---

① 文成公主带到吐蕃的物品、书籍等等不少，据《汉藏文书》载，有“释迦牟尼佛像、六十部五行图经（གབ་རྩེ་དྲུག་ཅུ་བསྐོར་ཁྲ。“གབ་རྩེ”，又可译作‘五行算图表’。《玛尼宝训》载，文成公主带到吐蕃的这种五行图经原为八十部，见该书第212页）、医药及医疗法、十八种工艺、各种谷物（这里当指谷物种籽而言）以及男女众多奴仆”（见该书上册，第112页下—113上）。关于文成公主带到吐蕃的物品内容，《贤者喜宴》记载较详，其中有“金释迦牟尼佛像、十种工艺书籍、《大医典》、八十部占筮历算法”，此外还有“蔓菁种籽”（以上均见该书，ཇ函，第29页下）。《贤者喜宴》又载，文成公主所带物品还有：“众多珍宝仓库、宝库，金玉所制的告身文书、三百六十部佛经、珍宝黄金碧玉之种种饰物、各种熟食及干食之食物调制法、镶有玉片的黄金马鞍、上面有八种狮子和鸟的绸缎座垫、垫上尚有枝叶宝篆纹。……六十部工巧著作、医药及治疗法方面的八观察法、五诊断法、六拔除法及四部配药法等等。另有珍贵饰物的衣服两万件，貌美而又与其同心之少女等五名。”（见该书，ཇ函，第30页下）《西藏王统记》也记载了文成公主所带物品，这些物品是：产生平安利益的尊者佛像；众多珍宝库藏；由金玉制成的大告身；三百六十部经典；多种珍宝饰物；多种已蒸调过的食品；多种饮食制作法；镶有玉片的金鞍；饰有八种狮子、鸟类的精致的彩缎垫上，绘着树木宝篆纹；汉地五行算图经三百部；显示善恶的业力之镜；六十部精巧施工、装饰可意的工艺书籍；治疗四百零四种病的药物；检验法百种；医疗法五种；拔除法六种，四部配药法；终生享用的丝缎及光润的绸；饰有各色的衣服二万件；姿态娟丽同心同意之少女二十五名。（见《西藏王统记》，1981年排印本，第113页—115页）

唐代松赞干布时，吐蕃通过迎娶文成公主而得到许多内地工艺品和技术。文成公主进藏后，在唐高宗时，文成公主向唐朝“又请蚕种、酒人与碾磑等诸工，诏许”（《新唐书·吐蕃传》）。对此，《汉藏文书》亦有同载：“赐予吐蕃所无之丝蚕以及制造谷酒、制造玻璃（水晶），等等众多工匠技艺。”（见该书上册，第76页下）

② 娘氏，此人亦系吐蕃使者之一。

③ 从汉藏文献看，噶尔东赞域松是识大体的吐蕃名臣，为完成赴唐请婚使命，此人有功。此处，有关他所谓“损害汉地”之事，以及后来返藏途中“越轨”行为等（见《松赞干布遗训》）记载，均系某些文人的毫无根据的无稽之谈。

等被送到红山上的松赞干布王前[①]，所举行的难以想象之欢乐喜宴，着实美好。

松赞干布王做了法主之后，遂即诵读《观音六字明经》及《圣大威德》（21a）等等许多各类佛经，并建造静修处。继之建造了昌珠、边压及再压等等寺院。[②] 二位王妃也相继建造了大昭寺及小昭寺，分别安置二尊者佛像。[③] 总之，松赞干布是观世音化身、二王妃是二天女化身，这是确实的。据称，大多数大臣也是化身。世间的三分之二被十善之王法所充满。至于旱涝灾害、瘟疫以及纷争等，其名称亦不存在。除去未能建造有僧人的寺院之外，其他佛法宏扬至极。所以，此即所谓吐蕃佛教之发端。

（21a）其时二妃无子。依次所娶之其他二妃也无子[④]。此后，自堆垅娶芒妃墀江，生子芒松芒赞，他十三岁登王位，执政五年，十八岁死。他有子恭松恭赞，因其未成年，故需父王松赞干布重新掌政。但在《西藏王统记》中将芒松与恭松二人前后颠倒。然而《布顿佛教史》因如前者所说，故此无误。[⑤]

此后，父王松赞干布对其孙、大臣及属民人等说道：此逻些地区

---

① 其时松赞干布住在红山之小宫堡，似即今之布达拉宫顶部的观音堂等处。释迦像最初可能即供于此堡之内，待后又移至建成后的小昭寺。金城公主进藏后始移供于今之大昭寺。

② 据《西藏王臣记》载，共建这类寺十二座，分建于四如各地（见1957年排印本，第53—54页）。同见《布顿佛教史》木刻版，第119页上。又，《贤者喜宴》说，除此十二座寺外，还建了“九对治寺”。（见该书ང函，第39页上—40页上）

③ 在未建大、小昭二寺之前，先已建成地处拉萨北面的吉雪娘禅帕彭卡宫堡。（见《西藏王臣记》，排印本第53页）

大昭寺是文成公主设计、尼婆罗公主施工建成的。小昭寺是文成公主设计并建成的。此二寺均在唐时吐蕃的“逻娑川”，即《汉藏文书》所称的“ལྷ་སི་ཐང”（意为逻娑平原）。大昭寺地区，原是一湖，称卧塘措。经文成公主建议并设计，一面将拉萨河引向南方的嘎琼布瓦东，一面利用山羊从彭域驮土填湖。大昭寺就是建在填平湖后的地基之上。（见《贤者喜宴》ང函，第36页上至44页）

又，大昭与小昭之“昭”，其称似始于清季。“昭”即“ཇོ་བོ”之对音。因二寺均供尊者释迦佛像，故称“ཇོ་བོ་ཁང”（尊者神殿之意）。今北京香山六世班禅所居之“昭庙”，即译为“ཇོ་བོ་ཁང”。（见昭庙内乾隆所撰之昭庙六韵碑文）

④ 《贤者喜宴》称此二妃为：香雄王之女香雄妃黎娣缅及弭药王之女茹雍妃洁莫尊。（见该书ང函，第33页下）

⑤ 见《布顿佛教史》，木刻版，第119页下。

将逐渐（22a）被水分隔，（其所隔之地）如鱼、如蛙、如蝌蚪、如蚌。当如蚌之时，其间当供奉神佛，并修补外部堤坝，如果一切众生以强烈的热爱敬奉尊者释迦牟尼，那么（逻些地区）存在的时间就将稍长一些。（当松赞干布）行将涅槃之时，他来到北部的寺庙后殿，对其孙做了遗嘱："应当以佛法护持国政"，并预言未来说："在我之后五世，将出现名为'墀'与'德'的王，他将建造许多寺庙，并由宫廷予以赡养，将使佛教明如白昼。"（松赞干布）八十二岁（22b）土狗年，与二王妃一起融于十一面观音之胸中。《西藏王统记》与《青史》说是死于铁狗年（原注：此说不确），这种说法与火牛年生，在年代上不符。[①] 众大臣对于（松赞干布等）融于佛像胸中一事予以保密，传言说死于彭域塞莫岗。随后建陵于琼结索达，其间填以稀有之珍宝，称此陵为松赞干布陵，今仍称此名[②]。

此后，孙恭松恭赞十三岁继王位。在逻些建立祭祀先祖等事，崇信三宝。执掌政权十五年，（23a）二十七岁时死于藏地。在此王之时，唐军抵达吐蕃，红山焚于火；尊者释迦牟尼佛像被藏匿于大昭寺，（唐军）未得到。但汉地之史册则载：（唐军）将尊者不动金刚佛像携带到一上午的路程（原注：在曲隆达）。又，大臣噶尔率十万吐蕃军破坏汉地，据说噶尔本人亦死于军中[③]。

芒松芒赞王之子堆松囊朱王，他在其父死后七日生于布普，执政

① 松赞干布的年龄说法不一，但死于公元650年（"永徽元年"死，见《旧唐书·高宗纪》）则为诸家公认。再者，文成公主与尼婆罗公主死年当在松赞干布去世之后，并非同时。《新唐书·吐蕃传》载："永隆元年（680年），文成公主薨。"据《于阗国教史》载："文成公主亦心患严重天花而逝"（见《敦煌古藏文文选》第一册，第244页，伯字960号卷子）。

② 松赞干布墓葬于琼结之雅隆顿卡塘，墓名称"红陵"。文成公主墓建于青瓦达孜山（亦在雅隆地区）。泥婆罗公主墓建于后藏地区。（均见《松赞干布遗训》，第263—264页）

又有藏史载，松赞干布陵建于雅隆穆日山。松赞干布尸体涂以金，置于银匣之中。墓内建有四神殿。并分九隔，分置供物及诸宝。墓壁有壁画。陵墓设专人守护，逢年祭祀。此为《五部遗教》中之《王者遗教》所载，详见该书，木刻版，第39页下。又见第40上—40页下；《松赞干布遗训》，第264页上—264页下亦有类似记载，可参阅。

③ 关于唐军入吐蕃逻娑（即逻些）之事，此处藏文记载同其他藏史一样，多有类似记载，均为讹传。唐军终唐之世，均未曾进入过逻娑。相反，吐蕃军却在公元763年（代宗广德元年）攻陷唐都长安。（见《新唐书·吐蕃传》；又见《敦煌吐蕃古藏文历史文书》第八节）

二十九年[①]，崇敬三宝。据说其时有七位大力士大臣[②]。噶尔之子年赞亭甫率领叫蕃军（23b）十万破坏汉地疆土，为扩大吐蕃之王的权势出力甚大[③]。

堆松囊朱之子称为墀德祖甸梅阿丛，生于东塘罕嘎宫（原注：雅隆）[④]，十岁继王位。建庙宇、译佛经，大力侍奉佛教[⑤]。他高傲地

（接上页）

为何吐蕃史有“唐军入逻娑”之谬说呢？据查此为藏人将汉文《新唐书·吐蕃传》的一段记载译误之过，而后又经吐蕃文人无端杜撰臆测，致使吐蕃逻娑曾被唐军攻入之说谬种流传。据《汉藏文书》载，在该书中有一段翻译《新唐书·吐蕃传》的文字：“吐蕃王芒松时，唐蕃时和时战，此情多有发生。唐大臣薛仁贵（རྒྱའི་བློན་པོ་དཔྱ་བཞིན་དཀྱིའི）文中之‘དཔྱ་བཞིན་དཀྱིའི’当是‘薛仁贵’之对音，其中之‘དཔྱ’应是‘薛’字之音误，被授以百万大军，前往逻娑之中途。其时，吐蕃禄东赞之长子（即钦陵）为将军，击败全部唐军。”（第76页下—77页上，该书上册）《汉藏文书》的这段记载，正是《新唐书·吐蕃传》的下述史料之翻译：“诏右威卫大将军薛仁贵为逻娑道行军大总管，……出讨吐蕃，并护吐谷浑还国。师凡十余万，至大非川，为钦陵所据，王师败绩。”时在670年（咸亨元年），正是芒松（即乞黎跋布）在位（650—676年）。显然，吐蕃传所载甚明，薛仁贵为“逻娑道行军大总管”，文中“逻娑道行军大总管”乃一官职名，非是进军逻娑之意。而且他所率之十余万唐军，在青海湖南不远的大非川已被吐蕃大将钦陵打败，岂有“进抵逻娑”之言?！藏史（如《新红史》《西藏王臣记》等等）杜撰臆造军入逻娑之事，此谬之千里也！

《新红史》说噶尔·禄东赞在所谓唐军入藏期间，因与唐军作战而亡。此说亦误，据《敦煌吐蕃古藏文历史文书》编年载，禄东赞在667年时已死。而薛仁贵与钦陵战于大非川时在670年，也就是说，此时禄东赞已死三年矣！又，汉史说667年吐蕃曾破生羌十二州，但未载禄东赞死于军中。

① 据《敦煌吐蕃古藏文历史文书》编年部分载，堆松囊朱王（即墀堆松）生于公元676年，死于704年。他703年攻南诏,704年死蛮地。此蛮地,即《贤者喜宴》所称之“ལྗང་གི་ཡུལ”（见该书ཛ函,第70页上—70页下,木刻版）。“ལྗང”又写作“འཛང”,两者意同,即“南诏”。

② 《西藏王臣记》记有俄仁拉纳波等七勇士之名，七勇士各有绝技。（见1957年排印本，第66页）

③ 此赞普时吐蕃境域甚广。《旧唐书·吐蕃传》载：“东与凉、松、茂、巂等州相接，南至婆罗门，西又攻临龟兹、疏勒等四镇，北抵突厥，地方万余里，……”《拉达克王统记》亦载其四境范围（见弗朗克本，第二册，32页）。

④ 《西藏王臣记》称此王生于甸卡宫（ཕོ་བྲང་ལྡན་མཁར）（该书，第66页）。《西藏王统记》则写作“ཕོ་བྲང་ལྡན་དཀར”（1981年铅印本，第196页）。

⑤ 此赞普迎请印度僧人桑杰桑瓦及桑结希瓦于冈底斯山。二僧未至,但据二僧口述而成五部经论,为此建查玛珍桑等五神殿,分别储藏五部佛经。又请经师译《金光明经》《律差别论》及一些医算之学。复请于阗僧人到吐蕃,予以供养。（见《西藏王臣记》,第66页—67页）

想到：其先祖松赞关于墀松德赞的预言是他本人。因此，他迎请班哲达。据说他还着手建造寺院。（墀德祖甸）为其子姜擦拉本自汉地迎金城公主为妃。汉公主未抵吐蕃时王子去世，于是公主即与父王（墀德祖甸）相聚。(24a)（金城公主）找到了被隐藏起来的尊者释迦牟尼佛像，良加供奉[①]。

王子墀松德赞于阳土马年[②]生在查玛宫堡（原注：桑耶），其时正是松赞干布死后八十年。王子刚一诞生，王妃那囊氏说："（此子）是我所生"，遂即夺去。其时诸大臣心疑。金城公主也心烦意乱，她想：现在不会再掌握这个孩子了。于是，据传她毁坏了吐蕃的许多地势。墀德祖甸王从二王妃的住地请来她们的父兄，并为之安置住地。当王子满周岁时，让他辨认舅方。因此，王子说道："我墀松德赞乃汉人之子，无需你那囊氏舅家。"(24b) 随后即将斟满谷酒的金杯递给汉人。于是母亲（金城公主）极为欢欣。当王子认出了舅方之时，

① 姜擦拉本之死，据《西藏王臣记》载，因姜擦拉本没有娶尼雅氏之女为王妃，遂被尼雅氏墀桑扬顿杀害。(见该书，第67—68页）亦有说金城公主未到吐蕃前，姜擦拉木坠马而死。(见《贤者喜宴》ཇ函，第71页下）同书又说，吐蕃赞普派尼雅氏墀桑扬顿等三十名迎婚使者赴唐迎金城公主（ཇ函71页下）。如果后者所说属实，则远在汉地的墀桑扬顿不可能杀害姜擦拉本。

又，金城公主在709年被吐蕃使者尚赞咄名悉腊迎请，710年抵吐蕃逻娑之鹿园。（见《新唐书·吐蕃传》及《敦煌吐蕃古藏文历史文书》编年第61条）

金城公主进藏，唐中宗"赐锦缯别数万，杂技诸工悉从，给龟兹乐"(《新唐书·吐蕃传》)。再者，金城公主带到吐蕃的医书，就有著名的《月王药诊》。(《见医学总纲》藏文版，第78页下；又见拙作《唐代汉地医学对藏族医学的影响》，1980年第5期《民族研究》）此外，金城公主将文成公主带到吐蕃的释迦牟尼像，从所藏匿的大昭寺南镜门内寻出，建立谒佛之供，此朝佛习俗延续至今。金城公主还将汉地的"七期荐亡"活动传到吐蕃。藏文写作"བདུན་ཚིགས"。(上述两则，均见《贤者喜宴》ཇ函，第72页上）

又据《敦煌吐蕃古藏文历史文书》编年第90条载，金城公主逝世于公元739年。但《旧唐书·吐蕃传》说："（开元）二十九年（741年）春，金城公主薨，吐蕃遣使来告哀。"

② 墀松德赞生年，藏史各执一词，有说马年者（742年，指阳水马年）(《敦煌吐蕃古藏文历史文书》编年第93条，又见《西藏王臣记》)；有说阳铁马年者（730年）（见《贤者喜宴》ཇ函，第72页下；《红史》铅印本，第36页）；《拔协》记作兔年（727年？739年？原文不确），等等，莫衷一是。据藏史诸书记载，墀松德赞系金城公主之子，但《敦煌吐蕃古藏文历史文书》载金城公主死于739年，而墀松德赞却在金城公主死后的三年出生，于理不和。总之，从汉藏史料看，墀松德赞生年当在739—741年之间，即其生年最晚应与金城公主死年同时（前夕），而不能在金城公主死后。

其母（金城公主）说道：“虽然毁了一半地方（原注：吉雪红山和雅隆梅纳山），但有治理之法。”①

王子墀松德赞生后五年，其母（金城公主）谢世。墀德祖甸王年六十三逝世于羊卓。但汉地史书所载与此不同。② 王子墀松德赞十三岁继王位③。大臣玛祥仲巴杰及达热禄恭等不喜佛法者权势甚大，因此，他们先将尊者释迦牟尼佛像埋于沙中，因为产生了一些不吉祥的征兆，于是复将佛像取出，并派人送往印度，当抵达芒域吉隆之时，（25a）据谓道路不通，遂藉口（将佛像）置于彼地④。《西藏王统记》说：“此尊者不动金刚佛像被带至一个上午的路程处。”显而易见此说极不正确。

墀松德赞王至成年时，信教大臣桂·墀桑及祥·娘桑等商议，当议论到施行佛法之时，娘桑说：“由于另两个大臣权势显赫，所以将不能完成。”桂氏说：“有实现的办法，随我行之。”如是，遂以巧计奇谋将玛祥活埋（原注：堆垅人）。并将达热禄恭驱逐到北方。⑤ 继而首先自芒域迎回尊者释迦牟尼佛像，安置在逻些。复遣巴塞囊（25b）迎请阿阇黎希瓦措。此人先至逻些，随后抵桑耶，赞普予以

---

① 《贤者喜宴》对于墀松德赞认母之事，有详载（见该书ཇ函，73 页上）。另扎什伦布寺之壁画《金城公主与子墀松德赞》及罗布林卡新宫《墀松德赞宴前认母图》等壁画，均记此事。

又，所谓金城公主毁坏吐蕃某些地势，是指金城公主曾以某种五行之术破坏吐蕃风水，以泄其子被劫之愤。实际多系无稽之谈。详参《西藏王统记》1981 年铅印本，第 199—200 页。

② 据《敦煌吐蕃古藏文历史文书》载，墀德祖赞是在 755 年被人谋害致死（见该书，编年第 104 条）。《西藏王统记》说，死于羊卓之巴才卡（见该书铅印本，第 201 页）。

③ 《新唐书·吐蕃传》载：“是岁（即天宝十四年，公元 755 年），赞普乞黎苏笼腊赞（应是弃隶缩赞之误，即墀德祖甸）死，子挲悉笼腊赞（即墀松德赞）嗣，遣使者修好，诏京兆少尹崔光远持节赍册吊祠。”又，《拔协》说墀德祖甸死于赛马。（该书铅印本，第 6 页）

④ 《拔协》载，将佛像送往卡查冬，并埋于沙中。（见该书铅印本，第 9 页）。而《西藏王统记》则说，释迦佛置于芒域长达十四年之久。尊者不动金刚佛像想送往汉地，但只送到东方的托莫塘，置之七日，故此地遂称卧杰塘（意为“辛苦坝”），又称却隆达。继而放在小昭寺。（见《西藏王统记》1981 年铅印本，第 202 页）

⑤ 玛祥即玛祥仲巴杰。他与达热禄恭合谋反佛崇苯。这是吐蕃佛苯斗争相当激烈的一次，实际是一场宗教色彩掩盖下的政治斗争。其时，玛祥制订“小法”，申明信佛者流放边地；将两座尊者佛像或运走或掩埋；毁掉卡查及珍桑二神殿；珍桑神殿之钟送往秦浦的岩石间埋掉；大昭寺被改为作坊（即屠宰场），将宰后的畜皮盖于神像之上，神像手中托着牲畜内脏等；不得举行冥寿之祭等等。（见《贤者喜宴》ཇ函，第 76 页上）据此，可知斗争之尖锐。

顶礼迎接。堪布希瓦措讲授了依十善及十二因缘所著之许多佛法，因此吐蕃之神魔不悦，于是显示了雷击红山、水卷旁塘（原注：雅隆）等等神变。堪布希瓦措经考虑后暂且前往尼婆罗①。后来按照（堪布希瓦措）关于迎请轨范师莲花生的教导迎请之②，遂令吐蕃之一切神龙立誓，并又迎回堪布希瓦措。

（26a）在墀松德赞王年二十二岁之阴土兔年，奠定了吉祥桑耶不变自成寺（即桑耶寺——译者）之基础，阴铁兔年竣工③。堪布绛秋森巴及阿阇黎莲花生担任主要开光者（原注：达玛格底也是“དྷརྨ་ཀིརྟི་ཡང་ཡིན”）。在阴木羊年七觉士于堪布跟前出家。《西藏王统记》虽然说在寺院建造之前七人业已出家，但此多系因循以前的说法。此外，又安排了许多信仰者及聪慧者出家。④总之，康地或其下部有寺

（接上页）

后大臣桂·墀桑制造舆论，赞普有灾，需建陵墓，并需重要大臣在陵内暂住数日，如是可为赞普消灾。后来，桂氏将玛祥骗进陵内活埋身死。（见《贤者喜宴》ཇ函，第79页下）达热禄恭后来又在墀松德赞面前公开声明反佛崇苯，墀松德赞遂将达热禄恭鞭打后流放北方。（见《贤者喜宴》ཇ函，第91页上）

① 希瓦措，意译则称寂护或静命，又称菩提萨埵。其梵文名又写作ཤཱནྟ་རཀྵིཏ，印度人，是印度著名显教学者。他应邀为墀松德赞讲法，时值吐蕃天灾，反佛者乘隙将天灾归于寂护讲法所致，遂被驱逐。（《贤者喜宴》ཇ函，第86页上）其学说属中观自立派（清辨派），内容即中观而兼密乘（见《西藏佛学原理》，第23页）。

② 莲花生即“པདྨ་འབྱུང་གནས”（贝玛迥乃），亦系印度人，以擅长咒术闻名。他经寂护推荐被迎到吐蕃讲法。他与寂护一起协助墀松德赞发展佛教，建寺、剃度僧人出家等等。他的“密乘咒法”对西藏佛教中宁玛派的形成有重要影响。他与寂护同属8世纪人。

③ 桑耶寺竣工时间说法不一，有763年、766年、779年及799年等等说法。总的看，似以779年桑耶寺开光之年为竣工时间较妥当一些。

又，桑耶寺是吐蕃第一座具备佛教各种条件的佛寺，即具有寺院、剃度僧人、佛像、佛经、佛塔等。故此一般藏史研究者认为，桑耶寺的建立是吐蕃具有佛教的标志。

桑耶寺的建筑，从寺院、佛塔、佛像、壁画等等，均按佛教教义规定。另有译场，延请印、汉、于阗及尼婆罗等处译师译写佛典，存储印、汉、藏三种文字佛经；有钟房；有石碑，等等。僧人供养当时均出自官府，桑耶寺是吐蕃佛教前宏期的中心寺院，也是后宏期初期的中心寺院。（详见《拔协》，第36—55页，1980年，铅印本；《贤者喜宴》ཇ函，第89页上—99页下）

④ 关于“初七子”出家，诸书所记人名不相统一，据《贤者喜宴》载，最早出家者为拔墀斯。以下是巴塞囊、贝若咱纳、恩兰·杰瓦丘央、玛阿咱热仁钦丘、莱松杰瓦绛丘及昆

院十二座，在叶尔巴及秦浦建造了修道处。（26b）请译师、班哲达等翻译了大部分的经咒、法相等佛法。遂成为建立讲听的侍者。由是创立了佛教之习规。①故后来尊者阿底峡说："如其时那样的吐蕃之佛教，印度也未曾有过。"此后，堪布遗言道："此吐蕃虽无外道，但佛教将分成两派，并将争论。因此，届时则当自印度迎请噶玛拉希拉使之进行辩论。"说罢圆寂（原注：九百九十九岁）。

不久，正如预言所说，自汉地来了一位和尚，他传播所谓："无需修习身语之法，（27a）有了'不应做之事'的本性，因此即可成佛。"②当大部分吐蕃均修此种断见之时，益西旺波向墀松德赞王启奏

（接上页）禄旺波。（见该书ང函，第103页下）《拔协》写作"初六子"，因未记昆禄旺波，故为六人（见该书，1980年铅印本，第59页）。《西藏王统记》所载随菩提萨埵出家之七人名称与《贤者喜宴》有些不同，可参阅该书1981年铅印本，第204—205页。又，继此七人之后，王妃、王子及贵族子弟出家者总计约三百人左右。（《贤者喜宴》ང函，第104页下。同时可参阅《拔协》，1980年，铅印本第59页；《西藏王统记》1981年铅印本，第204—205页）

① 译经由益喜旺波（སོ་རྣ་བ་ཆེན་པོ་ཡེ་ཤེས་དབང་པོ 即拔塞囊之僧名）及菩提萨埵负责主持。梵、藏、汉三种译经分派专人负责，并请汉僧马果列进藏译经。当时从事译经者，据载有一百零八位。均系有名气之译师。《拔协》说，最广泛的说法是首先翻译汉文佛典。也有谓拔热甸首译《十万般若颂》。当时还规定翻译原则，例如经藏及陀罗尼咒均译（属印度佛经），但《密宗三部》不译，密咒瑜伽不译，毗婆沙部译，大乘之对法论译，……。并将译经编为目录，如《丹噶目录》等三部目录。

为了维护业已兴起的佛教，墀松德赞还制订了《佛教大法》，申明一切众生听从王命，而一切王臣均应顶礼僧人，予以供奉。并令大臣发誓立碑（ཆོས་གཙུགས་མཛད་བཀའ་གཙིགས་ཀྱི་རྡོ་རིང，即所谓"桑耶寺碑"），对佛教信守不渝。继而又颁布两次兴佛诏书，一再令臣工发誓"不扬弃不毁灭佛教三宝"。第一诏书，以吐谷浑王为首签字者五十一人。（以上均见《贤者喜宴》ང函，第103页下—111页下）此后，曾打算规定"七户养僧"制度，但恐不能实现，故未行。继之又规定"三户养僧"制，即在一百户属民中，每三户供养僧人一人（以上两则，见《贤者喜宴》ང函，第114页上及122页下）。又，《桑耶寺碑》今存，1950年杜齐（Tucci）在《藏王墓》中有该碑照片、碑文及英译文。

② 此汉地和尚即摩诃衍，《拔协》写作"汉地和尚玛哈雅纳"（1980年铅印本，第64页）。《敦煌古藏文文选》则称"堪布摩诃衍"（见该书，法国影印本、第一册，110页，伯字116号卷子）。"玛哈雅纳"意为"大乘"，故又称此汉禅师为"大乘和尚"。此为汉地禅宗僧人，进吐蕃前似居敦煌，据日本山口瑞凤著文说，摩诃衍于786年应邀赴吐蕃（见山口瑞凤著《中原禅宗与吐蕃的佛教》，载日本敦煌讲座8《敦煌佛经与禅宗》，第379—407页）。此次辩论发生在792—794年。（出处同上；又可参阅王森：《关于西藏佛教史的十篇资料》第17页）他辩败后又回敦煌（796年），继续倡导禅宗学说，这在《敦煌古藏文文选》

堪布预言情况，因之醒悟。遂即派遣使者迎请噶玛拉希拉。和尚获悉此事之后，乃著《卧禅定轮》《重取禅定》[①]及《经藏八十种》等等论述。嗣后，噶玛拉希拉前来。墀松德赞王坐于中央，即令（噶玛拉希拉）与和尚论辩，和尚辩败，遂将和尚送回汉地。据传其诸种著述均埋为伏藏。噶玛拉希拉之理论及和尚之理论，两者依次称之为“渐门巴”及“顿门巴”，（27b）而藏语即名之为“渐行”及“顿时”。

在这些桑耶的王臣之时，与汉地甥舅不和，数次交兵。一次，拉桑路贝为将，率吐蕃军二十万，摧毁临洮、邹城及南蛮等地区。此事出自《汉地广史》。[②]

墀松德赞王之子为牟尼赞普〔原注：《瑜伽佛教史》又载：玛底

（接上页）第一册，伯字 814 号及伯字 116 号两个卷子中均有记载。

摩诃衍主张“禅定顿悟门”（见上引山口氏文，第 424 页），亦即“不思不观”。照法尊的解释，即摩诃衍所立之宗是：“若能都无所思（不取）、好能解脱生死。由不作意思，即无所得，故顿悟者与十地相等也”（见法尊《西藏民族政教史》卷一，第 21 页）。吕澂说，“其人（摩诃衍）持说近似禅宗，以为直指人心乃得开示佛性，依教修行均唐劳耳。”（见《西藏佛学原理》，第 22 页）摩诃衍所持之“顿悟门”，藏文音译为“སྟོན་མིན་པ”。而寂护及莲花戒所主张的律议之宗教，属中观之学。藏文译作“ཙེན་མིན་པ”，即汉语“渐门”之音译。此派主张“渐行”或“次第修行”，亦即“六度”之行。据王锡《顿悟大乘正理决序》载，摩诃衍的学说极受吐蕃人欢迎，并很快占了吐蕃宗教界的主导地位，甚至王妃没卢氏及纳囊氏等三十位王族随其出家，“于大唐国，请汉僧大禅师摩诃衍等三人，同会净域，手说真宗，我大师密授禅门、明标法印，皇后没卢氏，一自虔诚，画然开悟，剃除绀发，披挂缁衣”。据《贤者喜宴》载：“吐蕃僧人大都修习汉地和尚之法，以至桑耶寺的祭祀、供养为之中断，门徒及身语善业之传承亦绝。唯拔热甸、贝若咱纳及贝央等极少数人仍学习菩提萨埵之法。”（见该书ཇ函、115 页上；又可参阅《拔协》，铅印本，第 64 页）据王锡序文载，辩论结果，汉僧胜，而内地禅宗和莲花戒教派则从此并行吐蕃。但藏文记载：摩诃衍先胜后败，遂向莲花戒奉花服输，随即返唐，墀松德赞下令，藏人不得学习禅宗。实际禅宗并未绝于吐蕃。有关“顿渐之争”的详情，可阅王锡《顿悟大乘正理决》。又，《新红史》说莲花生死时九百九十九岁，此属神话传说而已。

① 法尊在《西藏民族政教史》中，将《卧禅定轮》译作《可眠静虑轮论》。将《重取禅定》译作《静虑答问及复答二论》。（卷一，十九页下）

② 此段即记载 763 年吐蕃军攻入长安之事。《新唐书·吐蕃传》载：“吐蕃以吐谷浑、党项兵二十万东略武功，……代宗幸陕。……高晖导虏入长安，立广武王承宏为帝。”《贤者喜宴》亦载，“以舅臣杰擦拉囊为帅，于阴水兔年（763 年）进攻汉地。”（ཇ函，第 112 页上）又，文中之南蛮，当即指“甫诏”而言。

赞普为牟尼赞普之子，此与其他（说法）不同〕、穆底赞普及墀德松赞三人。将王权交给长子，而墀松德赞王本人则居住在松卡之纽玛卡宫，后于六十九岁之土虎年去世。[①]（28a）但是，《布顿佛教史》载：牟尼赞普水虎年执政，掌权一年零七个月后于十七岁死（原注：不确）。《西藏王统记》说：永虎年生，二十八岁执政，掌政一年零九个月后于二十九岁死（原注：不确）。如果照这种说法，其子牟尼赞普应在四十五岁时继王位，父墀松德赞六十九岁火虎年时死。此与佛教史所载在年代上不符。如果按上述两种说法，那么墀松德赞王应在年四十五岁时生子。如是，墀松德赞王当死于五十六岁的水牛年，这在年代上也与佛教史所载不同，（28b）所谓死于木牛年的说法，此系印版之误。该版中还有许多其他在权力方面的错误。有的书（原注：《冈木冈京俄佛教史》）说，“王子牟尼赞普掌政七年零九个月”，此说显然正确。[②]

牟尼赞普王在吐蕃曾三次平均贫富。如果按两种佛教史所说的去做，那么三次平均（贫富），（在时间上）是不够的。[③]

---

① 墀松德赞死于土虎年，则为 798 年。而《资治通鉴》则称死于真元十三年（797 年）（见《通鉴》卷 235，十三年四月条）。又，今琼结达孜桥头有石碑一通，内颂墀松德赞之功德。（见《赤松德赞碑铭试解》，载于《西藏研究》1982 年第 1 期）

② 《红史》等藏史载，牟尼赞普“执政一年零九个月，在桑耶建四种供奉，三次平均吐蕃之贫富。其二十四岁被母所杀，其时彼父尚在”（该书铅印本，第 38 页）。《西藏王臣记》所载牟尼赞普的情况大体与《红史》同（该书第 89 页），并说此赞普是被母毒死。《西藏王统记》亦有类似记载，说此赞普死于雍布拉康宫堡（第 225 页，铅印本）。《贤者喜宴》说，其时墀松德赞在苏卡弥玛园修行。牟尼赞普死时，执政时间是一年零九个月（ཇ 函，第 123 页下）。据此看来，牟尼赞普执政一年多的说法较妥。

③ 《新红史》作者怀疑三次平均财富之事，看来当有道理。平均财富无疑是吐蕃社会中的大事，这是极为复杂之变革，勿言一年三次，就是一次也绝非易事。或许牟尼赞普确有平均财富的想法，但尚未展开，即被固守切身利益的贵族势力谋害。据《西藏王统记》载，牟尼赞普经三次平均贫富之后，“未满一年，诸富者依然如往昔之富，诸贫者复若先前之贫”，赞普问：“虽经三次平均财富，何以有如此苦乐之差?”僧众答：“此系昔日布施之力所致!”于是赞普对业果大生信心。且立即宏扬佛教。（见该书 1981 年铅印本，第 224 页）牟尼赞普的所谓“平均贫富”，其本身反映了此时的吐蕃社会已两极分化，预示吐蕃开始趋向衰落。

牟尼赞普之死，据《西藏王统记》记载，墀松德赞有一妃，高僧传说是其母金城公主的化身，墀松德赞极宠幸此妃，墀松德赞死前又将此妃波雍萨赐予牟尼赞普。牟尼赞普生母蔡邦氏对波雍萨甚嫉，随令刺客刺杀，因牟尼赞普护卫而未得逞，于是，蔡邦氏乃以毒食毒死牟尼赞普。（见该书铅印本，第 224—225 页）

此王遵循先祖之规制崇信佛教，在桑耶寺建立三藏，此三藏至今仍未湮泯[①]。其年二十三岁时，被母蔡邦氏（原注：因嫉妒王妃旁翁萨）献毒食致死。

此后，虽然应该将王权交给次子穆底赞普，但是，（29a）由于那囊氏将马弄惊，致使此子死去[②]。

幼子墀德松赞，因其未成年即继王位，故称其为塞纳来青云。（此王）统治王土，建十善之法，大力供奉先祖所建之佛寺。服侍众多译师、班哲达翻译前所未有之经部和声明[③]。据传又建杰德噶琼寺[④]。在此王与穆内赞普时，又与汉地时有交战，此说出自史册。[⑤]

墀德松赞王有臧玛、达玛、日巴坚及拉杰、伦珠等五子。（29b）而《布顿佛教史》则将拉杰及伦珠合二而一。《西藏王统记》说：“塞纳来之子丁墀，他有五子。”此说不确。同时这也同先祖松赞干布所做的预言不符，该预言说：“在墀松德赞之后的两代之时，将有金刚手化身日巴坚出生。”臧玛出家。拉杰与伦珠二人夭折。达玛虽

---

① 所谓三藏，指牟尼赞普在大昭寺、昌珠寺及桑耶寺分别供奉律藏、论藏及经藏事。亦有谓之“四大供奉”者。（见《贤者喜宴》ཛ函）

② 穆底赞普是牟尼赞普的三弟。他的死亦系源于政争。穆底赞普为王子时，大舅臣杰擦拉囊经与牟尼赞普商议，将一些大权交给了那囊氏家族。此事被王妃美准探知，遂生嫉恨，阴使王子穆底赞普乘隙将杰擦拉囊之子伍仁刺死。于是穆底赞普被流放北方，长达九年之久。后开释穆底赞普，令其执政，在返回的路途中，那囊氏又阴谋将马弄惊，致使穆底赞普坠马而死。（见《贤者喜宴》ཛ函，《红史》及《西藏王统史》）

吐蕃在政治斗争中导致赞普丧生，即从牟尼赞普与穆底赞普始，说明其时政争之烈，亦反映权臣的力量和母后家族的力量已壮大到可以左右吐蕃政局。

③ 此众多译师是：班哲达毕玛拉米扎、噶玛拉希拉、泽纳斯纳、尼婆罗之洪嘎热、译师昆禄旺波及玛仁钦秋等。（见《红史》）《西藏王统记》在所记译师中有贝若咱纳（旧译毗卢遮那）、毕夏嘎垫。

④ 此寺又称噶琼多吉英寺。（见《红史》）即旧译之“金刚界寺”。（法尊：《西藏民族政教史》卷上）此寺在拉萨西南郊。今噶琼寺有石碑，上刻建寺经过，并申明吐蕃今后对“所建三宝之所依处，所行圆觉之正法，不离不弃，不隳不灭，子子孙孙，均申盟誓”（见《吐蕃金石录》）。又，《贤者喜宴》载，在噶琼寺建成后，墀德松赞曾发布永崇佛教、不得毁损的盟誓诏文。诏文内容较噶琼多吉英寺碑丰富，很有研究价值。

⑤ 此似指吐蕃“以五万骑入振武拂鹈泉、万骑至丰州大石谷”事，时在808年。（见《新唐书·吐蕃传》）又，在此赞普时，请唐在陇州互市，汉藏经济交流得到发展。（同上）

然年长，因其不喜佛法，遂将王位交给年十二岁的墀日巴坚[①]。此年正值墀松德赞死后三十二年的火鸡年。《布顿佛教史》虽然说十八岁执政，(30a)但其所云多与前同。

日巴坚娶妃贝吉昂翠。阐卡贝云任大臣，统辖疆土。迎请班哲达兹纳米扎、希连扎贝笛、达纳希拉等等[②]。嘎、久、祥三译师翻译佛

---

① 据《红史》载，墀日巴坚是由诸钵阐布及诸大臣推戴而任赞普的。(见该书铅印本，第38页）此赞普又名墀祖德赞，815—836年在位。唐代文献称其为可黎可足及彝泰赞普。

② 当时共请印藏僧人十多人（《红史》铅印本，第39页)。他们从事译经。此时译经有了新的翻译原则，即："将以前所译一切佛经加以校正厘定（དགས་པར་བྱས་ཤིང་གསར་བཅད 又称སྐད་གསར་ཆད,《布顿佛教史》)"（《贤者喜宴》ཛ函，第132页下）并且得出结论发现"以前所译佛经，多译自印度中部方言、乌仗那、尼婆罗及汉地等语言文字，其中有些译成藏语有困难，于是就用原来各国语言文字，这样就难以理解。另外，有些是根据一些古文字和拼合起来的文字翻译的佛经，不通顺，且难读，与梵语不合。对于这些，决定均以中印度梵文版本的梵文规律为根据进行翻译。不得按梵文书籍的诗文间杂体的韵文规律译成藏语，如果直译则难以理解，故规定以易于理解的意译为主。再者，如果按印度的合体字译成藏文，则会误解，对此，则采取分开翻译。又如，ཀུ་ཤ二字，加上元音则ཀོ་ཤི་ཀ，像这种一音多义的词只选一词。此外，用以作为依据的词难以进行翻译，则保持原状。总之，主要用词与词组进行译写。至于文法中的格、近似的译写以及连接词等等方面，均应详查细审，然后以意译为主。"（见《西藏王臣记》，1957年铅印本，第94—95页）此外，据《贤者喜宴》载，当时还规定："古代的词和难懂的字，予以取缔，以使地区和时代相合，如是则可易解，并易诵经。为减少字母，随将མ加有下加字的'ྱ'字、再后加字'ད'字以及单体字母后所加的'འ'字等，均予取消。"（该书ཛ函，第132页下）

这次文字改革及译经新规，对吐蕃文字的变化及译经均有重要影响。这也为我们根据这些原则去判定吐蕃文献的年代界限，提供了依据。

关于文字改革，据《语合二章》载，又说此事发生在墀德松赞时期。《语合二章》藏名一般写作སྒྲ་སྦྱོར་བམ་གཉིས་པ（见《西藏王臣记》，1957年铅印本，第94页)。《西藏大藏经》则译作《中品区之谐切第二品》(见日本影印《西藏大藏经》第151卷，《丹珠尔》目录首函，藏文是上第138页；汉文是下第194页，第124函)。此外还有译作《语合二卷》《声明第二卷》《两卷本词语集》等等。原文见日本影印藏文大藏经144卷，第71—87页。

《语合二章》第一卷中记载，文字改革发生在马年，当时墀德松赞正住在吉温江多宫（《西藏王臣记》写作"སོ་བྲང་གི་ཨུ་ཤང་རྡོ"。见该书1957年排印本，第94页)。在墀德松赞时有802年及814年两个马年。原藏文没有具体指出是哪一个马年。据第一卷载，当时赞普命令印藏高僧阿阇黎孜纳米扎热丹热格希达及泽纳斯纳等十一人，将大小乘佛典由梵文译成藏文，并确定出语词名称，同时写出目录。此外，他们对于以前所译佛经，凡不符佛典、不符"恰嘎热纳规律"的词，其中非改不可的均进行修改。还增补了重要词语。对难解之词语则将语词逐一分开，并说明理由，然后写到（所译的）佛典之中。对于不能单独说的词语，宜于按音译的则坚决音译。对于某些适宜意译的则坚决意译。上述这些均经钵阐布贝吉云丹及钵阐布丁埃增等人合议，然后向王臣会议陈述。继之确定出译经方法以及将梵文译成藏文时的语词。随后由上级法定下来。

经。在建造众多寺院之后[①]，复广建修道院、讲院及调伏院等。[②]为每个僧人献七户属民作为侍者，[③]王之左右耳部系以绸缎，上坐僧人（意即坐于头顶之上，以示敬慕——译者），此即所谓之“两部僧伽”[④]。复建伍祥多之温江多无比吉祥扬善寺(30b)（原注：未开光），广宏佛教。

（接上页）

译经的总原则是，不得违反经义，又要适宜于吐蕃。这一原则具体体现在如下几个方面：改动原文次序及处治方法；多义词的解决规定；地名及动植物名称翻译方法；数量词、关联词及修饰语的翻译；一义多种表述方式的翻译；佛教用语；创立新词的原则及实施方法；密宗经典的翻译与限制等。

再者，前述称《语合二章》为《中品区参之谐切第二品》。这是针对所谓大品和小品说的。大藏经中称《翻译名义大集》为《声韵大品区参》。又称吞弥阿奴所著的《声韵论三十品》及另外几部学者著作为《小品区参》（出处同前《丹珠尔》总目）。这几部是吐蕃时期的有关语言学的著作。

关于《语合二章》涉及此次文字改革的内容很多，这是一篇重要文献。中央民族学院语文系周季文、罗秉芬两位老师对此也有专著，名为《藏文翻译史上的重要文献——〈语合〉》。载于《中央民族学院建校三十周年藏文论文集》，1981 年 6 月。该文附有《语合二章》的藏文原文，并有汉译文及考证。本条注释就参阅了这篇著作。

① 墀祖德赞“建造了伍香多贝白梅扎西格佩寺。此以上，吐蕃诸王臣已建寺院一千零八座”。（《红史》铅印本，第 39 页）“ཧུ་ཤང་དོ”在《西藏王统记》《西藏王臣记》等均写作“ཨུ་ཤང་དོ”。在江浦寺碑中则写作“འོན་ཅང་དོ”。汉译又作“温江岛”。墀祖德赞还在逻娑之东、西、南各建神殿两座。

墀祖德赞在宗教方面除建寺和神殿之外，还在译经和制度方面发布三种命令：“除根本说一切有部的佛经之外，凡未经指定者均不得翻译；密咒诸经典不得翻译；升、斗、称及斤、两、钱等度量衡均依印度规制厘定。”（《贤者喜宴》ཇ函，第 132 页下—133 页上）。并将所译经典编成目录。特别是，墀祖德赞令译师“并将诸法名句录出，详加训诂，汇为专册”（法尊：《西藏民族政教史》上卷，第 23 页下），此所谓“专册”，即著名的梵藏词书，名为《翻译名义大集》，藏文写作བྱེ་བྲག་ཏུ་རྟོགས་པ་ཆེན་པོ或བྱེ་བྲག་རྟོགས་བྱེད。相传该词典系由嘎、久及祥三译师所编辑。可以说是吐蕃时期最早的一部词典。共收词汇九千余条。至今享有国际声誉。又，关于《翻译名义大集》情况，可参阅前注。

② 修道院为推行闻、思、修；讲院为推行讲、辩、著述；调伏院为推行贤正善良（见《西藏王统记》铅印本，第 227 页）。

③ 此即“七户养僧”制度，意指由七户属民供养僧人一名（见《布顿佛教史》木刻版，第 124 页下）。据前述，《贤者喜宴》指出在墀松德赞时曾企图实行“七户养僧”制，但未能实现。一般藏史均说，此种制度始于墀祖德赞之际。这表明僧人的费用增加了。

④ 据《西藏王统记》记载，在墀祖德赞的长发左右两端，各系以丝绸，垂覆在僧人所坐之左右座席处，据谓请僧人坐丝绸上，以示敬仰。随称此为“僧伽二首部”。（该书铅印本，第 227 页）

其时，又与汉地发生甥舅不和，出动数万吐蕃军，毁坏汉地诸地方城镇，但吐蕃之诸僧侣予已调解，甥舅逐一盟誓，其盟文在逻些石碑中有之（原注：汉藏之交界处亦有）。①

---

① 此段即指公元821—822年唐蕃会盟及823年逻些立会盟碑之事。此次唐蕃会盟，是墀祖德赞时期的最佳政绩。会盟中所确定的唐蕃“社稷如一”的精神,具有极为深远的影响。

此次会盟前后两次，821年“盟京师西郊”，唐使者以大理卿刘元鼎为会盟使，共十一位大臣；吐蕃使者是论纳罗。(见《新唐书·吐蕃传》)《通鉴》又载：“命宰相及大臣十七人与论纳罗盟于城西；遣刘元鼎与纳罗入吐蕃，亦与其宰相以下盟”（《通鉴》卷二四二，长庆元年十月条)。文中之论纳罗，在唐蕃会盟碑中的吐蕃大臣人名中未见此名，在天下兵马都元帅同平章事尚绮心儿之下，有一名残缺之大臣人名：“བློན་ཆེན་པོ་བློན་སྣ……”。或许即“论纳罗”。822年刘元鼎入藏又盟于逻些。

关于两次盟址，在长安是西郊的王会寺，《唐会要》载：“命宰相崔植等十四人与吐蕃使论纳罗盟于郡城西王会寺。”（见该书卷九十七)文中之“王会寺”，在拉萨唐蕃会盟碑东侧碑文中写作“在京师西谢桑寺”。据张建木先生著文考证，此ཤེག་སང་སི，当是《出三藏记集》等书所载之“石羊寺”（见《读〈唐蕃会盟碑〉札记二则》载于《中央民族学院学报》1981年第1期)。吐蕃盟址，据盟文载是在“逻些官东部哲堆园”。此哲堆园无疑在逻些东。据《唐会要》载：“七月，吐蕃会盟使刘元鼎奏，以五月六日与吐蕃盟于闷惧庐川，是川盖赞普之夏衙也，中有臧河流焉。”文中之“闷惧庐”，即“糜谷”（《新唐书·吐蕃传》)，这两名均系“མལ་གྲོ”（墨竹）之古代对音。《新唐书·吐蕃传》说此地在“臧河之北川”，臧河即拉萨河，而墨竹工卡正在拉萨河北端。据此可知，当时会盟地之哲堆园当在墨竹工卡西部附近。

又，当时会盟碑共立三通，一通立于唐长安皇宫前，今已不存。另一通立于赤岭（今日月山附近)，并同时双方在此建有寺院一座，藏文称此地为“贡古梅如”。此碑与寺今亦不存。所存者唯今拉萨大昭寺之会盟碑，《布顿佛教史》称此碑为写有甥舅盟文的“逻些碑”(木版，第124页下)。又据《贤者喜宴》载，在赤岭立碑时，还在一块巨石上刻有日月各一，象征“天有日月，地有甥舅”，社稷如一，和睦永存（ཇ函，第132页上)。

盟文分汉藏两种，内容涉及当时双方政治、军事、地界、通商互市、通婚、人名、地名、历法、语言文字，以及石雕艺术等多方面。价值极高。

刘元鼎入吐蕃会盟返回时，途经大夏河的河州（今甘肃临夏)，当时吐蕃元帅尚塔藏予以迎接，并招集吐蕃“东道节度使将帅凡百余人”，让他们看吐蕃所署之盟文，同时向他们宣读，“因约束各守封界，无相侵掠”。(《新唐书·吐蕃传》)

关于唐蕃此次会盟，《贤者喜宴》有载（ཇ函，第132页上)，并附有简要盟文内容。据查，此简要盟文似是石碑西侧汉文盟文及东侧藏文碑文的综合提要，但亦有碑文所不载之内容。可详参该书。

再者，此时吐蕃范围相当广，据《红史》载：“往昔先祖时未征服之地；现已达到东方汉地集会处，并以此为边界，该地有索伦山山脉，此山脉犹如白绸之银幕（似一雪山)；西方与大食之边界，达到大食之达夏冬的果莫坚；北方与霍尔（似指突厥）之边界，达到霍尔的切玛岗山，该山好似美鱼之脊椎。”（见该书铅印本，第39页）关于南界该书未载，《贤者喜宴》说：“南方达到超越婆罗门地区（婆罗门既指泥婆罗，有时又指印度）以外的地方。”(ཇ函，第133页下)

如是，日巴坚王酷爱佛法，而众奸臣则不予支持，当他们商议毁坏佛法时一致议决：“如不杀死赞普则不能毁灭佛法”。但有些人则说：“虽然杀死了赞普，但因天子臧玛及大臣二人极爱佛法，所以仍不能毁坏（佛教）”。因此，首先将天子臧玛流逐到巴卓门。（3la）继之又制造大曲论（指阐卡贝云——译者）与王妃私通的谣言，大曲论遂无罪被杀。王妃也立即自尽。此后，日巴坚王在其三十六岁的铁鸡年时，被贝达纳坚及久若拉略二人扭颈而死（原注：在祥巴宫）①。从此以后，吐蕃之福德犹如无油之灯而完结了。十善之法好像腐朽的乱草绳一样毁掉了。邪恶的行径宛若阴天时的暴风一样刮了起来。众译师、班哲达及寺院已无侍者，于是他们各返原地。

在此铁鸡年，按诸奸臣之所愿，兄长墀达玛乌东赞（31b）年三

---

① 已如前述所载，墀祖德赞确实崇佛过分，其甚至对属民目瞪或手指僧人的事也处以刑罚。他宣布法律说：“目瞪僧人者挖其眼，手指僧人者断其指。”并令全体属民恪守十善之法。并禁止偷窃、抢劫及诈骗。墀祖德赞的这些措施，使厌恶佛法之臣僚十分疑惧。（见《西藏王统记》铅印本，第233页）

墀祖德赞的佞佛行经，无疑耗费了社会财富，增加了属民负担，也同时增大了不信佛的贵族集团的负担。于是，反佛大臣贝达纳坚、久若拉略及列杜赞等三人，利用社会的不满，经周密谋划，实施了宫廷政变。首先将王子臧玛（此人是朗达玛之兄，早年出家）流放到卓木（即今之亚东）（《红史》铅印本，第39页），《西藏王统记》说是贝卓门。据《贤者喜宴》载，臧玛后来又被那囊妃芒杰毒死（ཇ函，第134页下）。这就为朗达玛上台排除了政敌。据《红史》说，继之“又杀死了钵阐布”（该书铅印本，第39页）。此钵阐布即墀祖德赞的忠实宰相阐卡贝吉云丹。他是以僧人的身份出任宰相的。他是821年唐蕃会盟的吐蕃方面的主盟人。在碑文吐蕃名单上名列首位，写作“བན་དེ་ཆེན་པོ་དཔལ་ཆེན་པོ་ཡོན་ཏན”（见北侧碑文）。“钵阐布”即“བན་དེ་ཆེན་པོ”的缩写，意为“高僧”，此系一参政高僧之职称。《新唐书·吐蕃传》说：“钵阐布者，虏浮屠豫国事者也，亦曰钵掣逋。”“钵阐布”属“曲论”（意为执法大臣）。在墀祖德赞时高僧参政，颇具权势，正如《西藏王统记》所说：“（墀祖德赞）唯念佛教，随将权力交予僧人，令其抉择教法及国法。”（铅印本，第232—233页）此处所言高僧专权情况与《吐蕃传》所言相合。

据《贤者喜宴》说，贝达纳坚等杀害阐卡贝云，先是造谣说他与王妃久若妃贝吉昂促私通，因此迫使王妃自杀。阐卡贝吉云丹（即阐卡贝云）立即逃往北方，但贝达纳坚追踪而至，终捕杀阐卡贝云，后又剥皮，其人皮后供于叶尔巴神殿，又供于聂塘嘉容。（ཇ函，第135页上）

最后，在公元836年，贝达纳坚、久若拉略及列杜赞三人，乘墀祖德赞醉眠于墨竹样巴宫宝座之机，将赞普扭颈致死。（见《贤者喜宴》ཇ函，第135页上）

十九岁执政[①]（原注：执政五年）。委任饿鬼韦杰多日担任内相。[②]《西藏王统记》载："达玛生于阴土牛年。"因此，则使其（年龄）较之日巴坚为小。所以，其它诸佛教史亦如法炮制。

此后，赞普心中魔障（原注：罪孽显露），以各种方法使佛教之根本逐一消灭，以至搞得连僧侣的标志也不复存了，佛教从根本上被毁灭。[③] 从此以后，众生则称此赞普为牛，以畜牲之名呼之，很是恰当。

堪布与墀松德赞供施双方于木羊年建立有僧伽之佛教，此后至灭法的铁鸡年，(32a)以上共历时八十七年。如果按《布顿佛教史》所说在水羊年建立了有僧伽之宗教。那么桑耶寺之奠基则在火兔年(原注:不确)，这种说法系源于有福德者的失误所致。

---

① 朗达玛，又称墀达玛乌东赞，《唐书》称为达磨。据《通鉴》记载："是岁（即文宗开成三年，838 年），吐蕃彝泰赞普卒，弟达磨立。"可见朗达玛继位于公元 838 年，842 年死。

② 韦杰多日即贝达纳坚之别名。

③ 朗达玛在贝达纳坚的支持下，猛烈摧毁佛教。又据《布顿佛教史》载，当时支持朗达玛反佛的大臣还有那囊・杰擦墀松（该书木刻版，第 124 页下）。《布顿佛教史》历数韦杰多日等反佛行径："他们做了大量反对教法之事：捣毁译师、班哲达翻译佛经的译场；未译完的佛经弃之作罢；在温江岛未举行开光（指贝梅格佩寺）就停置不管了；此后，朗达玛长大成人，心中魔障，打击所有僧人：对于有成就者加以驱逐；对信仰佛教者，令彼等持弓、箭、鼓、钹，被派前往狩猎，凡不听从者均加杀戮。（破坏者）撼不动释迦牟尼佛像，随将像弄到沙滩埋掉；寺门砌起来，表面用泥抹平，上画高僧饮酒逻佛图；桑耶寺、小昭寺等寺门均涂上稀泥；大部分佛经均被埋于些山崖之内。"（该书木刻版，第 124 页下）。《西藏王统记》亦载奸臣灭佛事："（赞普）说将二尊者像投于河内，而信佛之诸大臣设计，分别埋于各自佛座之下。慈氏佛像以布缠裹，埋于卧塘湖畔；曾想将寺内之诸泥像全部投入河中……。大昭寺及桑耶寺等等诸寺之门均涂之以泥（梅如寺例外），余下之一切小殿尽毁之；佛典或投之于河，或焚之以火，抑或埋于沙内。诸信佛大臣知王心中魔障，极为忧愁，随一致禀明于王：'大王不宜毁灭佛教，请念昔日之善良习俗！请阅先祖之典籍！'言之泪下。"（该书铅印本，第 235—236 页）

《贤者喜宴》对朗达玛灭佛作如下描述："小昭寺、桑耶寺成了狐穴狼窝；佛像、佛塔及佛经等三宝及寺院多被捣毁。佛教经典大部分被焚或投之于河；著名僧人被杀，次等僧人被流放，低级的僧人被驱使为奴"；又说："大多数译师、班哲达各返本国。"（见该书ཇ函，木版，第 136 页上）该书还记载："大昭寺及桑耶两寺首先做了屠宰场，继而沦为狐穴狼窝，……一些没有逃脱的班哲达被遣往门域。玛仁钦秋及娘・丁增桑布等等圣者多被杀掉。大部分僧人逃往边地。未逃脱者沦为俗人。不听命者遇害。一些人被拖回，当作诸王臣上下马用的上马凳。"（见该书ཇ函，第 137 页下）

其时，除去两尊尊者佛像仍需埋在各自的佛座底下之外，拉萨和桑耶等等诸大寺院未能毁掉，同样，以前所译之大部分经论未毁，而且仍受到诸在家俗人的敬奉。在市镇和山沟中仍依靠总持咒者。已还俗的人们仍修持深奥之禅定，并延续流传。①

此后，出现了佛教的神变之年。其时（32b）拉垅贝吉多杰居于叶尔巴。因其闻有关暴君之言论，遂生起特殊之慈悲，经玛吉贝拉之鼓励，改换服装前往逻些，向达玛王之眉间射以铁箭，王遂被杀（原注：木牛年）。据传，（拉垅贝吉多杰）还说："如杀暴君，就如此而行。"这种发大乘心并具有英雄力士的行为，如同领导者大悲菩萨杀死持短矛的俗人一样。此凭借行大段食之缘而能生存者（即指拉垅贝吉多杰——译者）前往多康地区。②

---

① 灭法后的卫地，也包括部分藏地，是受打击最甚之处。多康、多麦及阿里，甚至雅隆，似乎受冲击甚小，有的地方还未受到反佛的影响，可见朗达玛反佛所涉及的地区并不很大。总的看，反佛势力主要打击的是逻些及桑耶两地的佛教核心势力，主要是从政治上打击、削弱佛教势力，巩固反佛势力政变后的政权，其目的似乎并不完全在于彻底摧毁佛教本身，据《贤者喜宴》载，反佛不久，一些大臣，"又将二尊者神像及慈氏神像重新迎供到原来的佛座之上，予以供奉"（ཇ函，第139页下）。这些史料正好说明了这点。

佛教仍在民间以不同的形式流传。有些寺院又有僧人居住。但形式与规模都有了变化，以适应仍在严令之中的环境。据《贤者喜宴》说，"当时出现了穿着带衣领僧裙的僧人，头上束一发髻，夏季安居三月，在寺院内护持五种根本戒律。在解除安居后，便返回乡镇过俗人的小家庭生活。当时这种僧人谓之'具顶髻阿罗汉'。为数很多。他们成了众生的供养对象。再者，当时成人死后诵《十万般若颂》。青年死后诵《大般若经》。幼儿死后诵《八千颂》。另有少数诵经大德还诵颂佛经集注。其中红（字）佛经是简略本，黑（字）佛经是广述本，小字的佛经是待查疑难本，这表明已有了一点从事注释的工作。而大多数的持咒僧人，依然在宣讲修行方法。在没有参禅的情况下，则以苯教仪规为模式，讲解或诵读修道佛典，并且在乡村挨户串门诵经。于是，讲解修道及炼尸等得以发展。同时还为人做解脱生者罪障的宗教活动"（ཇ函，第139页下）。

② 朗达玛之被刺，并非完全在于他灭佛，据《新唐书·吐蕃传》记载："达磨嗜酒，好畋猎，喜内，且凶愎少恩，政益乱。"可见达磨完全是一个祸国殃民的暴君。故其被僧人拉垅贝吉多杰刺死毫不足怪。

拉垅贝吉多杰，原名达尼雅桑，生于仲堆恭莫切。他曾是一位武将，守卫汉藏边地，征掠过某些汉地。传说他头盔内有"死后将入地狱"的咒语。于是他便同他的叔父及三兄弟前往桑耶，随毗玛拉米扎出家，又从莲花生得获菩萨律仪。他与他的两个兄弟热久旺波央及尊巴贝吉央，同在芝浦之嘎莫容修行。（见《贤者喜宴》ཇ函，第106页上）

拉垅贝吉多杰决心刺杀朗达玛之前，已知道朗达玛灭佛之事，当时社会更加混乱，而恰巧在这时，在甘肃洮河流域发生了强烈地震，西河州地区作为汉藏交界的界山倾倒，山崩地裂，声振云霄，雷击闪光，陨石坠地。（《贤者喜宴》ཇ函，第137页）《新唐书·吐蕃传》

再者，《王者遗训》所载预言说：“此后，此妖魔化身之人，成为有畜牲名称的王。此王心中魔障，（33a）捣毁神殿，毁灭佛法。僧侣之生命亦遭杀害。一切修习佛法者均被杀害或摧残。所有一切经卷焚之于火，喇嘛阿阇黎被役使为奴。令高僧大德与佛法相隔绝。指派诸僧侣为屠夫。将佛（像）的衣服投入河内。用石头砸毁三所依之供器。佛法之名亦使其不存。此后于叶尔巴岩洞中，有一金刚手化身者，此名谓之贝（即拉垅贝吉多杰——译者）的比丘，杀死暴君。此后在数周年间（原注：七十七年），佛教无存，啊！众生何等可怜！”

（33b）其时，小妃身怀有孕，而长妃亦伪言怀子。当小妃产子之时，（长妃）将刚出生的乞丐妇人之婴儿揣在怀中，并说：“此为我所生。”这时，众大臣遵照母亲之命加以保护，遂称此子为阿达云丹。（小妃）担心长妃危害其嫡嗣，于是白天以日光及灯光护卫，故

（接上页）亦载：“自是国中地震烈，岷山崩，洮水逆流三日，鼠食稼，人饥疾，死者相枕藉。”此次地震逻些东部都受到影响。在这种天灾人祸的复杂社会背景下，曾经身为武将的拉垅贝吉多杰，此时已是有相当声望的名僧，他的这些条件引起人们的关注，政界与宗教界都有人激励他下山刺杀朗达玛。当时的猎官和鱼官就寄信给他，暗中鼓动他下山。再者，宗教界的桑杰益西也亲到叶尔巴寺，鼓动拉垅贝吉多杰刺杀赞普。看来拉垅贝吉多杰是当时各方注重的中心人物，后来在他刺死朗达玛之后，朗达玛手下官员大臣就立即怀疑到他，急至叶尔巴查其行踪动态。（见《贤者喜宴》ཇ函，第138页下—138页上）可见此人并非一般人物，而是与吐蕃政界有某种联系的潜于宗教界的关键人物。

在各方面的鼓动之下，拉垅贝吉多杰打着保护和挽救佛教的幌子，从叶尔巴查拉孜下山，经过化装，潜入逻些，调查了赞普的准确行踪，乘朗达玛看逻些碑文时，发箭中其眉间，箭尾直通赞普后颈，朗达玛被弑。（《贤者喜宴》ཇ函，第138页上）《布顿佛教史》说，当时朗达玛正在读碑文，拉垅贝吉多杰见到后，便来到大昭寺和吉祥塔前，当时朗达玛正在此处叉腰而坐。拉垅贝吉多杰便用铁弓铁箭，从其膝部发箭，而朗达玛还以为是向他敬礼。（该书木版，第125页上）拉垅贝吉多杰行刺成功后，急回叶尔巴，又以伪装修行瞒过官府的追查，然后逃往多康。从此再无统治全吐蕃之王，而沦为所谓的“四分五裂”或“支离破碎”的局面。

又据《西藏王臣记》载，拉垅贝吉多杰当时用的是袖箭，非一般弓箭。他佯装向赞普敬礼，随即发箭中其胸，赞普瞬息而死。（1957年铅印本，第103页）

朗达玛之死，标志着一统的吐蕃王朝开始瓦解。

其子乃称约松。[①]

［选自班钦·索南查巴著，黄颢译注：《新红史》“西藏（吐蕃）王统”部分，拉萨：西藏人民出版社，2002 年］

① 此处所谓小妃名赞莫潘。长妃是那囊氏。（《贤者喜宴》ཇ函，第 139 页上—139 页下）小妃之子名囊德约松。长妃之子名墀德云丹。（《西藏王臣记》1957 年铅印本，第 104 页）

《致吐蕃臣民与僧众书》

一、解题

《致吐蕃臣民与僧众书》载于藏文《大藏经》，编号4194，归类于《书翰部》，是桑杰商哇（Buddhaguhya，སངས་རྒྱས་གསང་བ，佛密）所著。关于桑杰商哇的详细出生背景，文献里记载并不是很丰富。从藏文资料里，可以发现桑杰商哇出身于吉祥法护达摩巴拉王（རྒྱལ་པོ་དཔལ་ལྡན་ཆོས་སྐྱོང་རྣམ་པ་ལ）时代，[①] 是印度南方某王之子，自幼其父即期望文殊菩萨给予护佑。及长，前往印度东方的瓦那纳西（Varanasi）跟随五百班智达听闻佛法，并成为五百班智达中智慧最高者与大堪布。不久，桑杰商哇前往冈底斯山鸦脸金崖修行棚（གངས་ཏི་སེ་བྱ་རོག་གི་གདོང་པ་ཅན་གསེར་བྲག་བྱ་སྐྱིབས་བྱ་བ）修行。[②] 吐蕃请法使者听到他的声名，前往邀请而他未允，专心于冈底斯修行讲经。由此可知，桑杰商哇是墀松德赞20岁时决心兴佛，进行布署时所拟订邀请的印度高僧之一。桑杰商哇理应了解赞普的心思与处境，可因无法应邀而特别留下文字，正式答复墀松德赞。据此，可以认为《致吐蕃臣民与僧众书》是在761年前后写就，最晚也当在寂护第一次进入吐蕃而被迫离开之

① TAranAtha：*Dam pa'i chos rin po che 'phags pa'i yul du ji ltar dar ba'i tshul gsal bar ston pa dgos 'dod kun 'byung*，Varanasi，1971，pp. 200-202.

② 龙钦热坚巴赤美卫色：《龙钦教史》（藏文），拉萨：西藏藏文古籍出版社，1991年，第272页。

前就已完成。准此，推断桑杰商哇圆寂的时间，则当在761年以后至763年以前。

《致吐蕃臣民与僧众书》从顶礼妙吉祥文殊菩萨一偈开始，到署名撰者结束，共有320偈。主要分为4部分：与吐蕃王书、致诸论波、致诸大修行者、致全体僧众。由于桑杰商哇是与墀松德赞同时代，也是藏传佛教宁玛派的耳传传承祖师，他所留下的著作目前仍为国际学术界所感兴趣。尽管桑杰商哇的论著大都以佛教主题为主，但他以一位印度佛教出家人的身份驻锡在冈底斯，对吐蕃当时各种现况的观察，以及对佛教思想的描述，是值得探究的。

二、译文

(与吐蕃王书)

顶礼圣妙吉祥！

吐蕃悉补野黑头众尊，阿葱梅之子墀松德赞，
风空化现王者之主人，松赞干布观自在之身。
菩提勇识传承之法脉，六趣当中具大智慧者，
五毒华严六续众之基，墀尊始赞以下诸传承，
树立十善明律行调和。
种姓化身墀松德赞尊，为打开习气昏暗窗故，
于印度那烂陀法座中，传讲释迦能仁诸三藏，
阿难陀等诸眷属异熟，为南瞻布洲核心之中，
广大福报智者众异熟。
闻彼由心生起彻骨心，为成熟福报小邦国故，
遍寻所有无余圣种智，毗卢遮那与嘎巴贝孜，
卢伊杰称并与益西德，埃拉艾罗曼殊师利等，
携带最胜珠宝金银物，奉派迎请印度之正法，
大开吐蕃幽暗昏黑窗，世间政治权势接于天，
布答古哈耶我实欢喜。
一切政治歪曲皆端正，化现传承不断中之德，

墀松德赞尊主颁口谕，谕令人法神法集一尊。
胜宝炽燃遍及所有蕴，风赤卑尔根所积诸种病，
并及八万魔障无法攫，边山草民亦知文殊名。
由上而来邀请有如我，身体是否疲惫我无权，
圣妙吉祥亲口有谕示，汝若前往吐蕃将舍命。
我人无力回送赞普礼，谨致口诀瑜伽阿挖达，
劳请二位信使送回音，讲说现证菩提怛特罗，
所有内外诸多实修法，一无所余响应诸需求。
见解了悟著作恐有漏，吐蕃人比较感觉敏锐，
一切见解成为争论事，无分过患令正法成空，
地狱因多且果易亡失。
内外二事施政遭隐匿，戏弄二事回报为众生，
墀松德赞上之再大臣，罗刹二者之子分二宗，
吐蕃国境所属诸小邦，怒臣以下城邦行坏政。
服务微小却广纳仆妾，四方边境皆起叛离心，
王之夏宫成幼儿乐园，找寻女仆并离乡寻食。
来来往往所有旅途者，皆曰赞普款待如国人，
是谓稀有大人则不行，客旅途中何能得安眠？
四方而来译师勤翻译，为应王之愿望与功德，
三藏之中无余论与续，回报尊主信解臣子恩。
殚尽心力无余论与续，五十九期间播译事藏，
六十者将是为出世间，将生于其他国境饮食。
有情六趣尊卑歌舞生，自生智慧之王大自在，
实质智慧展现智慧中，了知心之性相谓富足。
是故善为了悟心性相，心似宅猿迅为六趣因，
上下去来唯心大自在，不懈不怠是谓观自心。
讲说教授口诀与经论，王若少流通故宫殿減，
与一后妃共处相饮食，两眼对看庄严又美丽，
一心一意恋着增疼爱。
罗刹女裔赭面吐蕃人，正法衰微皈依未圆满，

以智慧粗糙内涵缺乏，故谓只需过去为殊胜。
福报广大如意树所生，福报微薄吐蕃邦境中，
多罗树果不后生而生，有害树身故即断枝干。
诸佛堂与佛塔妙寺院，压服一切罪障此为基，
能为所有译述正法处，一次得为长时正量行。
王之本性不与他人说，规模宏伟细致极牢固，
心思广大内相勇士们，珍惜目标轻松知论事。
未曾听闻伤害世间言，不起嗔忿皆说良善语，
急躁与乐作诸论波们，言不过当且柔和慎行。
论波欲望如水不间断，世间城堡且有坏灭祸，
届临落为世间尘土时，无法拥子罪障无法摧。
译事无上反生谗言语，分隔胜忍所知与耳闻，
悟世间水边且知不断，供奉三宝如眼谓如常。
趣入一切三乘诸法门，为得一切法门之正果，
需与密咒金刚乘共饮，导引之故说众修行法，
即为与金刚乘共饮食。
南边尼婆罗族有所知，诸无信许静坐如驴齿，
一切未断为蕴之祸端，是谓胡拉瞎扯如雀噪。
诸后妃与其余妇女者，贪欲本性往外欲求故，
心识昏睡完全不修行，你我相混且无分尊卑。
无有虔信目的无法成，食丰味美目标无依凭，
瞋怒一方黎民无远近，不为他人所见于他乡，
以对治故我也不前往。
王之本性如广大海水，伸展四方广阔且汇集，
王之本性如此遍覆盖，大海能净法能断诸毒。
伸展四方作义得舍利，个别显现再次相聚摄，
滋润芽苗正生百事兴，如水养成果实正法成。
有如不摇大海不能动，水如对治药能治嗔忿，
甚深大海难量无可量，倒转大水无方世间事。
与之大海遍覆共生存，如喝水饱足聚摄其他，

如海纳百川能聚眷属，如水影像清楚地明白。
有如大海具足诸功德，王者汇集功德于一身，
悉补野吐蕃王之王裔，是谓全体黑头拥护尊。
粗略言论禀呈尊驾前，期为主人打开王者窗，
祈于无时恒常置心田。

致诸论波：

若说暇满论波认为少，纳女攫利人之贪心起，
若断百福一切转成敌，正直眼光柔善是世理。
贤智教敕不亡子孙宝，嗔毒其为口柔论波畏，
惜位职僧论波具正法，食之所依平等对人慈。
性柔乐施之人寻友伴，盛怒不回嘴者不树敌，
敌方造业到深敌自受。
虽无千军集身敌亦惧，心专如处子者性坚稳，
口正直衣食足村夫计，香囊妇女心里话当听。
敬奉有德之人福报大，受学智慧之人成智者，
与不喜谗者议舍嗔心，女子仪美心思深不专。
男子声名若劣则败坏，思量不忘于心自行善，
知古究今即人之论波，知敌致胜即论波英雄。
善言少闻之人心不专，忍谤谣不动则信念坚，
供养父母与三宝如己，亲近诸恶友则趋下流，
忍敌耐劳苦则外敌惧。
嗔怒器小之人事不专，不弃妻女丑陋与老耄，
眼散羸弱之女命终征，言柔嗔广勇胆如强雄，
勇健远见心专是谓雄。
识文伏敌速则敌大畏，勤公如己事则欺诳少，
先公而后私则无可匹，公私分明言谨堪任兆。
强词夺理断善为逆言，废寝任事廉洁即道友，
远近皆往亦是助伴友。
和气正直眷属是为乐，父贤叔善恶子口气大，

争讼傲慢之友是为灾，长于父荫恶子自视高。
欺压卑微邻舍有如牛，妻女似如拉怒牛之绳，
父子共造恶业难挽回，父恶子许终为争斗事，
昔贤妥噶转生敌亦计。
不壮虚妄说辞言不壮，进言不听劝者岂非蠢？
无知诋毁德者是恶作，夸耀祖德是己为天灾。
克怒再嗔循环是畜生，无为而自观博为蠢汉，
做事不分真假是痴疯，争吃斗穿诸行为祸根。

致诸大修行者：

不遵戒法无法得慧地，一切三藏皆须观通达，
观不依文字依文义行，亲近精通经论善师友。
谓大修行无需洞中修，若无信仰则修行无功，
虽已断疑需再参口授，疑虽未断但仍心中显。
断修行迷障当知其义，如彼乌龟藏于自壳内，
卷缩行住他人无得见，并非轮回至是为出离。
核心义理非由日日生，妻女纵修阎罗不能役，
周遭喧哗不能为依处，自心自证时则不散乱。
一时若有掉举昏沉时，不矫情事而问诸上师，
是一切平等之核心相，完全不执着是为平等。
如此大修行与诸佛同，无时恒常以心为教诫，
愿即现起诸大修行心！

致全体僧众：

断诸不善而行十善业，身口意于四时皆不动，
正法甚深故以舍命求，称精通者未得智慧地，
虽已知然再疑问他人，法之存有如观想三域，
不为满足而以三慧学，未有定见勿教他人学。
护卫三相有如护田界，奉金刚阿阇黎如本尊，
珍惜甚深口诀如护眼。

虽知诸乘然于密乘中，彼于他知不及僧众者，
若知他乘不知金刚乘，如同想由泥土得黄金。
五烦恼未断生障相续，大德谓断生续令人怜，
烦恼未断大德二不及，如同种子生出腐烂果。
五烦恼毒株未尽除时，高声顶礼天神令人怜，
毒株未除深护二不及，如同黄柏刺为旗之桩。
不环绕五烦恼为界限，而为环绕庙塔令人怜，
不见法界而转二不及，如同转庙求酥油之犬。
五烦恼者完全不清净，净脸涤身洗手令人怜，
洗完全不清净二不及，如同以青稞断定升斗。
五烦恼者不寂静熄灭，而求法性寂静令人怜，
不寂灭则见解二不及，如同雨母天空树林子。
五烦恼者若不断其首，只缩头并缩肩令人怜，
烦恼不斩缩头二不及，如同寻求昏黑恶病事。
五烦恼者若不善调伏，欲摧对方敌军令人怜，
不调伏而破敌二不及，如同险坡崖壁赌博弈。
甚深法性以见解为界，修行利生禅定流不断，
应以智慧宝剑斩流续，烦恼五者起时融入定。
一再现起时则思法性，平等义中思维坚定住，
已无灌顶勿授他灌顶，三时正法性相住于心。
住于甚深密咒殿堂者，不作讲说不鸣铃鼓声，
知山羊绵羊谓不杀生，男女羞于众人中行事。
财买甚深密咒即为疯，密咒不与本尊做买卖，
僧众本质不住闹市中，不图买卖远离业障根。
不以男尊且远女信众，牛多不管是为业障因，
无日无夜为利众生故，自心清净能成希求义。
黑头黎民众多利生事，不分大小亦如禅定行，
僧众当知此等而无误，每日唪诵不断不为苦。
专心一意承许求精进，智者本性是为知义理，
知句义且知共修诵义。

由专心一意胜义风者，安住自心自在不衰退，
无日无夜为正法理者，三时无聚散而修禅定。
知识广博未登智能地，待金刚阿阇黎如本尊，
专心奉侍唯如本尊身，与彼不离终生相为伴。
胜义正法金刚阿阇黎，于如护眼敬奉本质中，
恶徒劣从为阿阇黎弃，不听法教谓如笨猿窜。
以上是我约略所论述，吐蕃邦境僧众当思量。
祈愿一切所言皆能现！

大阿阇黎桑杰商哇撰《致吐蕃之王墀松德赞臣民与吐蕃僧众书》（《致吐蕃臣民与僧众书》）竟。

（选自陈又新：《〈致吐蕃臣民与僧众书〉略探》，《中国藏学》2011 年 S1 期，有改动）

敦煌文献篇

古藏文编年史

——P. T. 1287/P. T. 1286

一、解题[①]

敦煌所出 P. T. 1286《小邦邦伯家臣及赞普世系》、P. T. 1287《吐蕃赞普传记》及 P. T. 1288 + IOL Tib J 750 和 Or. 8212. 187 两种《吐蕃大事纪年》合称《敦煌本吐蕃历史文书》，是研究吐蕃史最基本和最重要的文献之一，1940 年由巴考(Jacques Bacot)、托玛斯(Frederick W. Thomas)、杜散(Charles G. Toussaint)刊布译注本[②]，极大地推动了学界在吐蕃史、西域史、唐蕃关系史等领域的研究。所谓《小邦邦伯家臣及赞普世系》《吐蕃赞普传记》和《吐蕃大事纪年》是国内学界对这几件文书的习惯称法，国际学界一般分别以 *Geneology*、*Chronicle*、*Annals I* 和 *Annals II* 称之。不过对于 P. T. 1286 和 P. T. 1287，后来人们逐渐认识到它们在叙事上有某种连续性，二者互相补充，原先当为一件写卷，因为这种认识，学者遂将这两件文书合称为

① 关于 P. T. 1287《吐蕃赞普传记》中藏文专名词的翻译问题，本应古音古译。但是，由于王尧和陈践《敦煌本吐蕃历史文书》流传较广，若现在另出一套译名，担心会引起混乱，故一般情况下皆采用其书中的译名。

② Jacques Bacot, Frederick W. Thomas, arles G. Toussaint, *Documents de Touen-houang relatifs a l'histoire du Tibet*, Paris: Libraire Orientaliste Paul Geuthner, 1940。由于战争，本书实际至 1946 年才面世，因此很多学者也将其出版时间写作 1940—1946 年。

*Old Tibetan Chronicle*①，译成汉文，可作《古藏文编年史》。确实，将 P. T. 1286 和 P. T. 1287 分别定名为《小邦邦伯家臣及赞普世系》和《吐蕃赞普传记》并不十分恰当，因为 P. T. 1286 共分 4 节，其中仅第 2 节为小邦内容，第 4 节为吐蕃赞普世系的内容；P. T. 1287 虽主要以历代赞普为中心来展开叙述，但并非完全如此，比如第 1 节所述止贡赞普（དྲི་གུམ་བཙན་པོ་）与其子悉补德贡野（སྤུ་དེ་གུང་རྒྱལ）的传说故事并不发生在吐蕃时期，第 2 节是大相世系，第 15 节是噶尔 · 钦陵赞卓（མགར་ཁྲིའ་སྡིང་བཙན་བྲོད,？—698，即唐史记载的禄东赞之子钦陵）与唐朝将领王孝杰论战的内容。但是，由于国内学界的这一称呼已经约定俗成，为免混乱，本文在分别举述这几件文书时，亦沿用之。在合称 P. T. 1286 + P. T. 1287 时，则以《古藏文编年史》言之。

P. T. 1286 和 P. T. 1287 均为卷轴装，前者大小为 92 厘米 × 25. 4 厘米，共存 69 行文字，据文书的云头符（ཡི་མགོ），其内容可分为 4 节，第 1 节共 5 行，在文书的最上面，可能因为磨损，字迹变得很淡，释读不易，其意难明，致使一些学者弃而不顾。不过拉露女士在其《法藏藏文文献解题目录》中著录了前 3 行的文字②，麦克唐纳［斯巴尼安］（Ariane Macdonald [Spanien]）在她 1971 年的长文中也对这 5 行文字做了录文并试图解释其内容，看来这部分是讲述古昔遥远时代戚属在天下的分布情况。③ 第 1 节之后是很长的一段空白，约

① 参见如 G. Uray, "The Structure and Genesis of the Old Tibetan Chronicle of Dunhuang," in Alfredo Cadonna ed., *Turfan and Tun-huang: The Texts. Encounter of Civilizations on the Silk Route*, Firenze: Leo S. Olski Editore, 1992, pp. 123-124; Brandon Dotson and Agnieszka Helman-Ważny, *Codicology, Paleography, and Orthography of Early Tibetan Documents: Methods and A Case Study*, Wien: Arbeitskreis für Tibetise und Buddhistise Studien Universität Wien, 2016, p. 119。

② Marcelle Lalou, *Inventaire des manuscrits tibétains de Touen-houang conservés à la Bibliothèque Nationale (Fonds Pelliot tibétain), Tome III*, Paris: Bibliothèque nationale de France, 1961, p. 2.

③ Ariane Macdonald [Spanien], "Une lecture des Pelliot tibétain 1286, 1287, 1038, 1047, et 1290: essai sur la formation et l' emploi des mythes politiques dans la religion royale de Srong bcan Sgam po," in Ariane Macdonald [Spanien] ed., *Etudes tibétaines dediees à la mémoire de Marcelle Lalou*, Paris: Adrien Maisonneuve, 1971, pp. 195-196；耿昇译：《敦煌吐蕃历史文书考释》，西宁：青海人民出版社，2010 年，第 8—11 页。

有15行文字的距离，然后开始第2节，即文书的第6—29行，讲述吐蕃王朝兴起以前西藏各地邦王与家臣的情况，在这部分的最后，叙述吐蕃王室先祖收归各个小邦于治下，统一高原。然后开始第3节，即文书的第30—41行，描述吐蕃王室的第一位祖先聂墀赞普（ཉག་ཁྲི་བཙན་པོ）如何从天上降临人间，来做大地之主。最后是第4节，即文书的第42—69行，记述从聂墀赞普到吐蕃最后一位赞普吾宜东丹（འུ་འི་དུམ་བརྟན 即朗达玛/གླང་དར་མ，841—842年在位）之间的世系。

P. T. 1287写卷大小为620厘米×26厘米，共存536行文字。其内容以下述三件大事为中心：即达布聂息（སྟག་བུ་སྙ་གཟིགས）和南日伦赞（གནམ་རི་སློན་མཚན）时期雅砻部族的扩张；松赞干布（སྲོང་བཙན་སྒམ་པོ,？—649）时期吐蕃征服象雄；墀都松（ཁྲི་འདུས་སྲོང，676—704）时期吐蕃王室与噶尔家族（མགར）的冲突。其他还有止贡赞普的传说、吐蕃大相世系及历代赞普的颂词等等。[①] 据其云头符，文书可分为16节，每节行数的划分及其主要内容详见下文第二部分。如上所述，学者已经认识到P. T. 1286和P. T. 1287实际为一件写卷，乌瑞（Géza Uray）详细列出关于此的三个理由：1）P. T. 1286和部分P. T. 1287抄写于同一件连贯的汉文写经的背面；2）P. T. 1286和部分P. T. 1287看起来似由同一人抄写；3）从内容来看，P. T. 1287是P. T. 1286的直接延续。[②] 其中第2点近年更由杜晓峰（Brandon Dotson）和阿格涅什卡·赫尔曼·沃日尼（Agnieszka Helman-Ważny）从写本学和正字法的角度进一步证实。[③] 不过应该提及的是，这两件文书不是像多数敦煌文献那样在藏经洞发现之后才被人为地撕作两份或者更多的残片，而是在进入藏经洞以前即被一分为二，其原因目前仍不得而知。

由于我们主要是对P. T. 1287《吐蕃赞普传记》进行重新译注，

---

① Brandon Dotson and Agnieszka Helman-Ważny, *Codicology, Paleography, and Orthography of Early Tibetan Documents: Methods and A Case Study*, p. 120.

② G. Uray, "The Structure and Genesis of the Old Tibetan Chronicle of Dunhuang," p. 124.

③ Brandon Dotson and Agnieszka Helman-Ważny, *Codicology, Paleography, and Orthography of Early Tibetan Documents: Methods and A Case Study*, p. 128.

所以下面先介绍前人的相关研究，讨论这件文书的分节及其主要内容，然后分别就其编纂年代、体裁特点和文献来源等方面进行介绍。

（一）前人相关研究

巴考等译注的《敦煌本吐蕃历史文书》一经刊布，早年国际上一批知名的藏学家如乌瑞、图齐（Giuseppe Tucci）、佐藤长、麦克唐纳、黎吉生（Hugh E. Richardson）、石泰安（Rolf A. Stein）、张琨等即纷纷就文书本身或利用这批文书探讨西藏古代史诸问题。本书英法合璧，Or. 8212. 187《吐蕃大事纪年》版本二由托玛斯英语译注，其他部分则用法语刊布。大概在欧美学者的眼里，英语和法语几无区别，但对于多数中国学者来说，阅读法语相当吃力，所以国内对这本书的利用率并不高。当然，由于本书出版年代已久，很多词汇的释读已被后来者推翻，现在看来，可谓刊布之功大于译注之劳。不过，由于迄今为止欧美学界对《敦煌本敦煌历史文书》仍无全面新译，国外学者在利用这几种文书时，必列此著，因此我们仍需有所了解。

巴考等的译注本之后最重要的研究之一是麦克唐纳的长文《有关 P. T. 1286、1287、1038、1047、1290 的解读》，本文 1971 年发表于《拉露女士纪念文集》[①]，在巴考等人的译著之上，重新审视并分析 P. T. 1286 和 P. T. 1287 各段的次序、内容及其与 P. T. 1038、P. T. 1047、P. T. 1290 等文书的关系，并结合后世藏文文献，着重讨论了吐蕃赞普的起源、雅砻部族的兴起与扩张、吐蕃早期尤其是松赞干布时期的宗教与信仰、吐蕃王朝的政权理论、P. T. 1286 和 P. T. 1287 的编撰时间等问题，堪称“博学的不朽之作”（monumental work of vast erudition）[②]，对国际古藏文学界影响重大。

中国最早试图解读《敦煌本吐蕃历史文书》的是被称为“20 世

① Ariane Macdonald [Spanien], “Une lecture des Pelliot tibétain 1286, 1287, 1038, 1047, et 1290,” pp. 190-391；［法］A·麦克唐纳著、耿昇译、王尧校：《敦煌吐蕃历史文书考释》，西宁：青海人民出版社，1991 年。

② Rolf A. Stein, “Apropos of the Word *gtsug lag* and the Indigenous Religion,” in *Rolf Stein's Tibetica Antiqua: With Additional Materials*, translated and edited by Arthur P. McKeown, Leiden: Brill, 2010, p. 117.

纪西藏奇僧”的根敦群培（དགེ་འདུན་ཆོས་འཕེལ，1903—1951）。20 世纪 30 年代，法国藏学家巴考曾携带一些敦煌藏文卷子前往印度寻求帮助，他在噶伦堡（Kalimpong）遇到一位名叫 Tharchin 的传教士，他们一起解读了一些艰涩的句子。我们不知道巴考与根敦群培是否曾经谋面，但 Tharchin 明显得到了根敦群培的帮助。根敦群培把现编号作 P. T. 1286、P. T. 1287、P. T. 1288、IOL Tib J 750 的文献及其他一些卷子转录下来，还加了一些词汇解释。他的著作《白史》在叙述吐蕃历史时即利用了其对这些文书的研究成果。不过在 1990 年《根敦群培著作》出版以前，很少有人知道根敦群培的这一工作。[①] 国内最为人所知的较早刊布《敦煌本吐蕃历史文书》的是王尧与陈践两位先生，他们先后在 1980 年和 1992 年合作推出《敦煌本吐蕃历史文书》的初版和增订版，正如任小波所论，此书重视安多方言和汉语文献在藏语文释读中的作用，代表了当时中国藏学界的水准。[②] 2000 年，黄布凡与马德重新推出译注本，对一些词汇的理解有所推进。[③] 2009 年，美国学者杜晓峰与奥地利学者哈佐德（Guntram Hazod）合作出版《吐蕃大事纪年译注并附图说》，附有 P. T. 1286 第 4 节的翻译，哈佐德的图说对吐蕃地理及吐蕃统一以前西藏的小邦地名做了精彩而细致的考证。[④] 近年有关《敦煌本吐蕃历史文书》的全面译注可见止贡活佛的《吐蕃史》。[⑤] 其书主要根据敦煌写本和碑铭文献叙述

---

① 霍康·索郎边巴等编：《根敦群培著作（第 3 册）》（དགེ་འདུན་ཆོས་འཕེལ་གྱི་གསུང་རྩོམ），拉萨：西藏藏文古籍出版社，1994 年，第 123—300 页。Leonard W. J. van der Kuijp, “Tibetan Historiography,” in José Ignacio Cabezón and Roger R. Jackson ed., *Tibetan Literature: Studies in Genre*, New York: Snow Lion Publication, 1996, p. 40. 按《根敦群培著作》初版于 1990 年。

② 王尧、陈践译注：《敦煌本吐蕃历史文书》（增订本），北京：民族出版社，1992 年；任小波：《评多特生、哈佐德〈吐蕃纪年译注并附图说〉》，姚大力、刘迎胜主编：《清华元史》第 3 辑，北京：商务印书馆，2015 年，第 467 页。

③ 黄布凡、马德：《敦煌藏文吐蕃史文献译注》，兰州：甘肃教育出版社，2000 年。

④ Brandon Dotson, *The Old Tibetan Annals: An Annotated Translation of Tibet's First History. With an Annotated Cartographical Documentation by Guntram Hazod*, Vienna: Verlag der Österreiisen Akademie der Wissensaften, 2009.

⑤ H. H. the Drikung Kyabgon Chetsang, *A History of the Tibetan Empire: Drawn from the Dunhuang Manuscripts*, Meghan Howard with Tsultrim Nakchu (trans.), Dehra Dun, India: Songtsen Library, 2011.

从聂墀赞普到乌宜东丹（朗达磨）之间的吐蕃历史，按年代顺序，以一位或几位赞普为中心，翻译了包括 P. T. 1286、P. T. 1287 在内的多种敦煌藏文文献，每部分包括历史背景介绍、相关文献录文、文献重要词汇解释（藏文）、文献的英文翻译，最后是相关讨论。词汇解释部分有所创新，但是对于同一个词语，词汇解释部分与英文翻译部分有时会出现完全不同的情况，整体上讲，似以词汇解释部分的水准更高一些，每有新意。

另外杜晓峰在译注《吐蕃大事纪年》之后，就 P. T. 1287 文书研究发表了三篇论文。其中《古藏文编年史的文献来源》通过考察两种梵夹装文献 IOL Tib J 1375① 和 P. T. 1144② 与 P. T. 1286 + 1287 写卷的关系，指出《古藏文编年史》可能有多种版本，流通广泛，现存的 P. T. 1286 + 1287 写卷不过是其中的一种。IOL Tib J 1375 和 P. T. 1144 的形制和书法特点完全相同，当为一人所写，且属同一件现已不存的梵夹装文献，而后者可能就是 P. T. 1286 + 1287 的来源文本。他还指出，《古藏文编年史》的文本可能并不固定，而是如同《格萨尔史诗》一样，被人不断地传唱和讲述，因此可能存在不同版本。③《悲伤的新娘及其哀叹》一文分析 P. T. 1287 第 11 节第 408—412 行赞蒙赛玛噶（སད་མར་ཀར）吟唱的第一首歌，指出其中利用了西藏叙事传统中的“婚姻叙事比喻”（matrimonial narrative trope），这种传统主要见于古藏文仪轨和占卜文献如 P. T. 1040、P. T. 1136、P. T. 1285、

① 这件文书记载琼波·邦色苏孜（ཁྱུང་པོ་སྤུང་སད་ཟུ་ཙེ）的早年事迹，其内容大部分与 P. T. 1287 重叠。有关这件文书的最新翻译，见黄维忠：《英藏敦煌藏文文献 IOT TIB J 1375 译释》，《西藏民族大学学报》2016 年第 2 期，第 55—58 页。

② 这件文书记述松赞干布的祖父达布聂息（སྟག་བུ་སྙ་གཟིགས）被关押的事情。文书残损，难于识读，其内容不见于 P. T. 1286 和 P. T. 1287。

③ Brandon Dotson, “Sources for the Old Tibetan Chronicle: A Fragment from the Non-Extant Chronicle Pothi,” in Yoshiro Imaeda, Matthew T. Kapstein and Tsuguhito Takeuchi ed., *Old Tibetan Documents Online Monograph Series Vol. III, New Studies of the Old Tibetan Documents: Philology, History and Religion.* Tokyo: RILCAA, Tokyo University of Foreign Studies, 2011, pp. 231-245.

IOL Tib J 739 等[①]。《公主与牦牛》分析 P. T. 1287 第 11 节 412—416 行赞蒙赛玛噶吟唱的第二首歌，指出其中以狩猎隐喻战争的传统可见于古藏文仪轨和占卜文献，文章接着讨论了吐蕃时期的一种大型狩猎 ལིངས，指出这种狩猎可能源自欧亚地区的皇家狩猎传统。[②] 我们期待在不久的将来，他会出一本有关 P. T. 1287 的新译注本。他近年发表的其他一些文章与《古藏文编年史》也有一定关联，比如《赞普的名号》一文讨论到 P. T. 1287 记载的止贡赞普、南日伦赞等赞普名字的由来[③]。《亡者及其故事》分析了 P. T. 1286 记载的小邦与古藏文仪轨先例传说（རབས）中相关记载的异同，比如小邦出现的顺序相同，皆自西向东；邦王名称非其真名，而是王室族称[④]。

除了以上介绍的这几种专门对《敦煌本吐蕃历史文书》进行译注或讨论的综合性著作，其他涉及《古藏文编年史》的内容或研究其中个别词汇含义的单篇论文或著作数量极多，可谓举不胜举。比如 1955 年，匈牙利学者罗那-塔斯（András Róna-Tas）分析 P. T. 1287 第 4 节中出现的 ཕུ་ནུ 和 ཕ་སྤུན、ཟན 及 དཀོར་རྒྱལ 等几个社会名词的含义，指出 ཕུ་ནུ 和 ཕ་སྤུན 指同族兄弟；ཟན 基本上指社会地位较低的、处于依附地位的阶层，但在早期，其身份并不固定，为 ཟན 者亦可上升为贵族，དཀོར་རྒྱལ 则指国王的随从。[⑤] 1958 年，佐藤长在其名著《古代西藏史研究》中，将 P. T. 1287 第 11 节松赞干布派遣出使象雄劝说其妹的 སྤྱག་གྱིམ་བཙན་མང་ཅུང 与出现于《吐蕃大事纪年》653/654 年条出任象

① Brandon Dotson, "The Unhappy Bride and Her Lament," *Journal of the International Association for Bon Research*, Volume 1, Inaugural Issue, 2013, pp. 199-225.

② Brandon Dotson, "The Princess and the Yak: The Hunt as Narrative Trope and Historical Reality," in Brandon Dotson, Kazushi Iwao & Tsuguhito Takeuchi eds., *Scribes, Texts, and Rituals in Early Tibet and Dunhuang*. Wiesbaden: Reiert Verlag, 2013, pp. 61-85.

③ Brandon Dotson, "Naming the King: Accession, Death, and Afterlife through the Re-, Un-, and Nick- Naming of Tibet's King," *Cahiers 'd'Extrême-Asie* 24, 2015, pp. 1-27.

④ Brandon Dotson, "The Dead and Their Stories: Preliminary Remarks on the Place of Narrative in Tibetan Religion," in Christoph Cüppers, Robert Mayer and Michael Walter ed., *Tibet after Empire: Culture, Society and Religion between 850-1000*, Lumbini: Lumbini International Research Institute, 2013, pp. 51-83.

⑤ András Róna-Tas, "Social Terms in the List Grants of the Tibetan Tun-huang Chronicle," *Acta Orientalia Academiae Scientiarum Hungaricae*, vol. 5. 3, 1955, pp. 249-270.

雄岸本官（མངན）的 ཕྱུག་གྱིམ་བཙན་རྨ་ཚུང 比定为一人。不过同时他错误地认为此人为吐蕃出征象雄的将军。① 1962 年，石泰安在其名著《西藏的文明》一书中翻译了 P. T. 1287 的部分诗歌。② 石泰安还撰写了多篇《吐蕃文献集释》的论文（Tibetica Antiqua I-VI），讨论见于包括《古藏文编年史》在内的敦煌文书和碑铭文献中的一系列重要古藏文词汇如 ཆོས、ཆོས་ཀྱི་གཞུང、གནམ་རི་ཕྱྭ、ཕྱྭ、འཕྲུལ་གྱི、གཙུག、གཙུག་ལག、ལུགས、གཡུང་དྲུང 等的含义。因为善于利用汉文文献，其结论大多至今仍然可以成立。文章原为法文，2010 年由阿瑟・麦基翁（Arthur P. McKeown）译成英文并结集由荷兰博睿书店出版。③ 另外，1969 年哈尔（Erik Haarh）在其著《雅砻王朝》中也翻译了《古藏文编年史》的部分段落，特别是第 1 节。④

自 20 世纪 60 年代至 90 年代，乌瑞有关《古藏文编年史》的系列文章特别重要，至今仍是后人再研究的出发点。比如他的《古藏文 *'Greṅ* 是否指羌族》一文分析《古藏文编年史》等一系列古代文献中出现的 འགྲེང 和 དུད 二字，指出其意为“直立人群”和“俯行兽类”，两词最常见地是作为政治意识形态（political ideology）的术语出现在有关赞普统治的段落中，其次也作为宗教—宇宙意识形态（religious-cosmicideology）的术语出现在有关人类在宇宙世界秩序中的位置的段落中。འགྲེང 并非如托玛斯（F. W. Thomas）等人所理解的那样，指羌族或贵族⑤。《〈贤者喜宴〉有关〈古藏文编年史〉的一

① 佐藤长：《古代チベット史研究》，京都：同朋舍，1977 年（本书初版于 1958 年），第 207—209、245 页。

② Rolf A. Stein, *La civilisation tibétaine*, Paris, 1962; rééd. revue et augmentée, Paris, 1981; 1987, 3rd ed. *Tibetan civilization*, translated by J. E. Stapleton Driver, Stanford: Stanford University Press, 1972；耿昇译：《西藏的文明》，北京：中国藏学出版社，2012 年。

③ Rolf A. Stein, *Rolf Stein's Tibetica Antiqua: With Additional Materials,* translated and edited by Arthur P. McKeown, Leiden: Brill, 2010.

④ Erik Haarh, *The Yar-luṅ Dynasty: A Study with Particular regard to the Contribution by Myths and Legends to the History of Ancient Tibet and the Origin and Nature of Its Kings*, København: G. E. E. Ga'Ds Verlag, 1969, pp. 211-212, 231-232, 401-406.

⑤ G. Uray, "*'Greṅ*, The Alleged Old Tibetan Equivalent of the Ethnic Name Ch'iang," *Acta Orientalia Academiae Scientiarum Hungaricae*, vol. XIX, 1966, pp. 245-256.

段叙事遗痕》一文指出，《贤者喜宴》中有四处记载可溯自 P. T. 1287 第 3 节和第 4 节有关达布聂息和南日伦赞时期雅砻悉补野氏征服岩波（ངས་པོ）之王森波杰（ཟིང་པོ་རྗེ）的叙事，但其专名词多已偏离原形，甚至存在窜改的现象。因此，虽然《贤者喜宴》利用了不见于其他后期文献的早期史料，但学者利用需加谨慎，应首先对文本进行仔细考证①。《古藏文编年史的年代学问题》和《敦煌古藏文编年史的结构与文献来源》两文分析 P. T. 1287 的结构和次序，认为这件文书应当分为 16 节，而非如巴考等人划分的 10 节，并指出在文书第 8 节和第 11 节开始的地方，写卷的纸张粘贴错误，文书各段落的次序应该重新调整为 1—7，11—16，8—10。他还指出，从这件文书来看，墀松德赞（ཁྲི་སྲོང་ལྡེ་བཙན，742—800）与松赞干布的事迹有互相混淆的迹象，而文书原来的次序应该按赞普的世系排列。②《古藏文编年史中赞蒙赛玛噶之歌》在巴考等人的基础上，重新译注 P. T. 1287 第 11 节赞蒙赛玛噶之歌，对一些词汇的释读及赞蒙所吟之歌内涵的理解有较大推进。③ 长文《〈贤者喜宴〉有关法制与行政组织的叙述》分析《贤者喜宴》的史源，其中注 91 达 3 页之长（第 37—39 页），分析 P. T. 1144 和 IOL Tib J 1375 两件所谓“编年史残片”（Chronicle Fragments）为 P. T. 1287 的直接来源文本之一④。《公元 751 年以前有关中亚史的藏文史料概述》则涉及 P. T. 1287 中有关中亚的史料⑤。

---

① G. Uray, “Traces of a Narrative of the *Old Tibetan Chronicle* in the *Mkhas-pa'i dga'-ston*,” *Monumenta Serica*, vol. XXVI (Li Fang Kuei Festsrift), 1967 (1969), pp. 498-505.

② G. Uray, “Notes on a Chronological Problem in the Old Tibetan Chronicle,” *Acta Orientalia Academiae Scientiarum Hungaricae*, vol. XXI, 1968, pp. 289-299; Idem, “The Structure and Genesis of the Old Tibetan Chronicle of Dunhuang,” pp. 123-143.

③ G. Uray, “Queen Sad-mar-kar's Songs in the Old Tibetan Chronicle,” *Acta Orientalia Academiae Scientiarum Hungaricae*, vol. XXV, 1972, pp. 5-38.

④ G. Uray, “The Narrative of Legislation and Organization in *mKhas-pa'i dGa'-Ston*: The Origin of the Traditions Concerning Sroṅ-brcan sGam-pa as First Legislation and Organizer of Tibet,” *Acta Orientalia Academiae Scientiarum Hungaricae*, vol. 26. 1, 1972, pp. 11-68.

⑤ G. Uray, “The Old Tibetan Sources of the History of Central Asia up to 751 A. D. : A Survey,” in János Harmatta, ed., *Prolegomena to the Sources on the History of Pre-Islamic Central Asia*, Budapest: Akadémiai Kiadó, 1979, pp. 284-287.

同一时期，英国学者黎吉生也撰写多篇文章，利用《敦煌本吐蕃历史文书》及其他材料，讨论吐蕃史的相关问题。比如其《松赞干布年岁几何?》一文指出，由于《吐蕃大事纪年》明确记载松赞干布逝于650年［引者按，当是649年］，则后期藏文文献所谓松赞干布寿达82岁高龄的记载不确，松赞干布的生年仍不确定，可能在609—613年之间。①《古藏文记录的姓名与称号》一文分析古藏文文书和碑铭材料中出现的古代藏族人的姓名与称号。②《古藏文ཆིས与ཚིས》一文提出P. T. 1287等早期文献中出现的ཆིས一词，指有关属民事务的管理，后被ཚིས字取代。③《再论敦煌文书残片》分析P. T. 1286第1节的内容，这个部分在巴考等人的译注本中被忽略了。④《吐蕃王朝的大相》主要据《敦煌本吐蕃历史文书》和碑铭文献，叙述吐蕃时期各位宰相的宦场沉浮，兼及尚论在吐蕃朝廷中的作用、吐蕃宰相对佛教的态度等各方面问题。⑤《7世纪吐蕃的噶尔家族》据藏文和汉文资料综述噶尔家族特别是禄东赞（མགར་སྟོང་རྩན་ཡུལ་ཟུང,？—667）及其长子赞悉若（མགར་བཙན་སྙ་ལྡོམ་བུ）和次子钦陵在吐蕃内政外交各方面的成就，以及噶尔家族在墀都松赞普时期覆灭的经过。⑥

① Hugh E. Richardson, "How Old Was Srong brtsan sgam po?" *Bulletin of Tibetology* II/1, 1965, pp. 5-8; reprinted in Michael Aris ed., *High Peaks, Pure Earth. Collected Writings on Tibetan History and Culture*, London: Serindia Publications, 1998, pp. 3-6.

② Hugh E. Richardson, "Names and Titles in Early Tibetan Records," *Bulletin of Tibetology* IV-1, 1967, pp. 5-20; reprinted in Michael Aris ed., *High Peaks, Pure Earth. Collected Writings on Tibetan History and Culture*, 12-24.

③ Hugh E. Richardson, "Tibetan *Chis* and *Tshis*," *Asia Major*, vol. xiv. 2, 1969, pp. 254-256; reprinted in Michael Aris ed., *High Peaks, Pure Earth. Collected Writings on Tibetan History and Culture*, pp. 25-27.

④ Hugh E. Richardson, "Further Fragments from Tun Huang," *Bulletin of Tibetology*, vol. 6, no. 1, 1969, pp. 5-13; reprinted in Michael Aris ed., *High Peaks, Pure Earth. Collected Writings on Tibetan History and Culture*, pp. 28-36.

⑤ Hugh E. Richardson, "Ministers of the Tibetan Kingdom," *The Tibet Journal* II-1, 1977, pp. 10-27; reprinted in Michael Aris ed., *High Peaks, Pure Earth. Collected Writings on Tibetan History and Culture*, pp. 56-73.

⑥ Hugh E. Richardson, "The Mgar Family in Seventh Century Tibet," *Reflections on Tibetan Culture*, Lewiston, 1990, pp. 49-58; reprinted in Michael Aris ed., *High Peaks, Pure Earth. Collected Writings on Tibetan History and Culture*, pp. 114-123.

《吐蕃王朝的起源》主要据 P. T. 1286、P. T. 1287 和一些后期藏文文献叙述从第一代赞普聂墀赞普到松赞干布之间的吐蕃历史①。《8—9 世纪吐蕃的德论（bde-blon）大区》讨论德论大区的四至并提出其衙署可能是 821 年出使逻些的唐朝使臣刘元鼎所记录的大夏，地在今甘肃拉卜楞寺。②

其他如 1979 年《法国国家图书馆藏藏文文献选集》的导论部分，魏普贤（Hélène Vetch）分析了 P. T. 1286 和 P. T. 1287 背面的汉文写经，这对于人们正确认识两件文书各个段落的次序有重要意义③；另外今枝由郎在麦克唐纳 1971 年长文的基础上，再次讨论了《古藏文编年史》的史料来源问题（详后）。④ 1980 年，今枝由郎撰写《ཆིས 字释读》一文，指出据 P. T. 986 藏译汉文典籍《尚书》、P. T. 1287 等早期藏文文献中出现的ཆིས字对译汉文的“乂”“治”，即执政、管理之意。⑤ 同一时期，日本藏学大家山口瑞凤也撰写了一些与《古藏文编年史》有关的论文，比如《敦煌藏文文书释读——ཉེ་བ 与ཉེ་བ之混同》一文分析 P. T. 1287 第 11 节开头རྒྱལ་འདི་འི་རིང་ལ།།ཞང་

① Hugh E. Richardson, “The Origin of Tibetan Kingdom,” *Bulletin of Tibetology*, new series, no. 3, 1989, pp. 5-19; reprinted in Michael Aris ed., *High Peaks, Pure Earth. Collected Writings on Tibetan History and Culture*, pp. 124-134.

② Hugh E. Richardson, “The Province of the Bde-blon of the Tibetan Empire, 8th to 9th Centuries,” in P. Daffinà ed., *Indo-Sino-Tibetica: Studi in honore di Luciano Petech. A Collection of Oriental Studies Presented to Professor Petech on the Occasion of His 75th Birthday*, Roma: Bardi Editore, 1990, pp. 305-332; reprinted in Michael Aris ed., *High Peaks, Pure Earth. Collected Writings on Tibetan History and Culture*, pp. 167-175.

③ Hélène Vetch, “Analyse de Rouleaux P. T. 1286 et 1287,” in Ariane Macdonald [Spanien] and Yoshiro Imaeda ed., *oix de documents tibétains conservés à la Bibliothèque Nationalenationale: complété par quelques manuscrits de l'India office et du British Museum*, Tome 2. Paris: Bibliothèque nationale de France, 1979, pp. 23-31.

④ Yoshiro Imaeda, “P. T. 1286 et 1287,” in Ariane Macdonald [Spanien] and Yoshiro Imaeda ed., *oix de documents tibétains conservés à la Bibliothèque Nationalenationale: complété par quelques manuscrits de l'India office et du British Museum*, Tome 2, Paris: Bibliothèque nationale de France, 1979, pp. 21-23.

⑤ Yoshiro Imaema, “Towards an Interpretation of the Word *chis*,” in Michael Aris and Aung San Suu Kyi eds., *Tibetan Studies in Honour of Hugh Richardson: Proceedings of the International Seminar on Tibetan Studies, Oxford* 1979, Warminster: Aris and Phillips LTD, 1980, pp. 131-132.

ཞང་ལྟེ་བུ……中的ལྟེ་བུ一词。此词最初巴考、杜散、乌瑞、麦克唐纳皆读作ལྡེ་བུ，译作“ལྡེ之子”，认为指吐蕃赞普。山口瑞凤仔细阅读文书影印件后，指出当作ལྟེ་བུ，此词亦见于同文书的其他各处，意为“如……者”“例如”“就……而言”等。① 再如《吐蕃王家之祖先》一文分析辅助止贡赞普之子夏器（ཤ་ཁྲི，即悉补德贡野/སྤུ་དེ་གུང་རྒྱལ）复位的达拉杰（དར་ལ་སྐྱེས）的身份，提出 P. T. 1287 第 2 节《大相世系》所列第一位大相འདའར་ཀྱི་བུ་སྟོང་དང་རྗེ即达拉杰，而 P. T. 1287 第 2 节开头所述的赞普岱处保南木雄赞（ལྡེ་སྤྲུ་བོ་གནམ་གཞུང་རྩན）亦可推断为悉补德贡野，即夏器的别称，颇有启发意义。② 1983 年山口瑞凤出版专著《吐蕃王国成立史研究》;③ 1985 年山口瑞凤主编《讲座敦煌》第六卷《敦煌胡语文献》付印，两书的相关章节翻译了《古藏文编年史》中的大量段落。④

其他方面，1984 年端智嘉（དོན་གྲུབ་རྒྱལ，1953—1985）在其长文《西藏道歌的历史及其特点》中将 P. T. 1287 的诗歌部分全部译成现代藏语，对一些词句的理解有所进步。⑤ 1985 年武内绍人比定出 P. T. 1287 第 4 节有关森哥·米钦（སེང་གོ་མི་ཆེན）的一段叙事源自《史记》卷七六《平原君列传》中“毛遂自荐”的故事。⑥ 1997 年，李勤璞从比较文学的视角，分析了包括 P. T. 1287 第 1 节在内的藏文文献对有关聂墀赞普和止贡赞普被置于铜匣（ཟངས་ཀྱི་གཞ）之内随江水漂流的故事，指出铜匣漂流是印度史诗和佛经中久盛不衰的文学母

① 山口瑞凤:《敦煌チベット文語の解釈について——lde buとlte buの混同》，《東京大学文学部文化交流研究施設研究紀要》第 1 号，1975 年，第 31—41 页。

② 山口瑞凤:《吐蕃王家の祖先——sToṅ lom ma tseの意味》，《驹泽大学佛教学部研究纪要》第 31 卷，1973 年，第 360—337 页。

③ 山口瑞凤:《吐蕃王国成立史研究》，东京：岩波书店，1983 年。

④ 山口瑞凤主编:《讲座敦煌》6《敦煌胡语文献》，东京：大东出版社，1985 年，第 453—489 页。其中第四章第二部分中的《吐蕃史文献》和《史传文学——讽喻歌、应答歌》两节翻译了 P. T. 1287 的许多段落。

⑤ 端智嘉:《西藏道歌的历史及其特点》（མགུར་གླུའི་ལོ་རྒྱུས་དང་ཁྱད་ཆོས），万果、扎加编:《端智嘉全集》（དཔལ་དོན་གྲུབ་རྒྱལ་གྱི་གསུང་འབུམ），北京：民族出版社，1997，第 316—582 页。(本文初版于 1984 年)

⑥ Tsuguhito Takeuchi, “A Passage from the Shih-i in the Old Tibetan Chronicle,” in B. Aziz & M. Kapstein eds., *Soundings in Tibetan Civilization*, New Delhi, 1985, pp. 135-146.

题，这些情节并非历史事实，不可依之而建构吐蕃古史。①同年赞拉·阿旺措成（བཙན་ལྷ་ངག་དབང་ཚུལ་ཁྲིམས）编辑出版《古藏文辞典》，频频引用P. T. 1287的例句来解释词汇。②自1979年出版《吐蕃赞普墀松德赞研究》一书，我国台湾地区吐蕃史研究大家林冠群教授在其一系列著述中皆引用到《古藏文编年史》的相关段落，于历史脉络中对其内涵有深入理解与分析。③再者，由于P. T. 1287第1节与吐蕃赞普的葬仪有关，近年仍被多次重译并得到细致的研究。④任小波从文学情味与政治意趣的角度分析了P. T. 1287第5节松赞干布和韦氏的盟誓及第12节吐蕃灭象雄后松赞干布和禄东赞之间的吟歌酬唱。⑤他在博士论文《吐蕃盟誓研究》中对P. T. 1287的相关段落即有所探讨。⑥关于P. T. 1287个别词语含义的分析，前述罗那－塔斯、乌瑞、石泰安等皆已作出不菲的成绩，近年最突出的是陈践老师的系

---

① 李勤璞：《铜匣（Zangs-Kyi Gavu）漂流记——聂赤赞普和支贡赞普》，《中国社会科学》1997年第1期，第168—182页；英文版Li Qinpu, "The Zangs-kyi Gavu (Brase Case) and Its Drift—Gnyav-khri btsan-po and Gri-gum btsan-po," *Social Sciences in China*, vol. 1999. 1, pp. 114-133。

② 赞拉·阿旺措成：《古藏文辞典》(བརྡ་དཀྲོལ་གསེར་གྱི་མེ་ལོང), 北京：民族出版社，1997年。

③ 参见林冠群：《吐蕃赞普墀松德赞研究》，台北：台湾商务印书馆，1979年；《唐代吐蕃史论集》，北京：中国藏学出版社，2006年；《唐代吐蕃历史与文化论集》，北京：中国藏学出版社，2007年；《唐代吐蕃史研究》，台北：联经出版事业股份有限公司，2011年；《唐代吐蕃宰相制度之研究》，台北：联经出版事业股份有限公司，2015年；《玉帛干戈：唐蕃关系史研究》，台北：联经出版事业股份有限公司，2016年。

④ Nathan W. Hill, "The *Old Tibetan Chronicle*: apter 1," *Revue d'Etudes Tibétaines*, vol. 10, 2006, pp. 89-101; Bettina Zeisler, "For Love of the Word: A New Translation of Pelliot tibétain 1287, the *Old Tibetan Chronicle*, Chapter I", in Yoshiro Imaeda, M. T. Kapstein and Tsuguhito Takeuchi ed., *New Studies of the Old Tibetan Documents: Philology, History and Religion*, Old Tibetan Documents Online Monograph Series Vol. III, Tokyo: ILCAA, Tokyo University of Foreign Studies, 2011, pp. 97-213；任小波：《赞普葬仪的先例与吐蕃王政的起源——敦煌P. T. 1287号〈吐蕃赞普传记〉第1节新探》，《敦煌吐鲁番研究》第13卷，上海：上海古籍出版社，2013年，第419—440页。

⑤ 任小波：《吐蕃盟歌的文学情味与政治意趣——敦煌P. T. 1287号〈吐蕃赞普传记〉第5、8节探析》，《中国藏学》2012年第2期，第114—119页。文书第12节，任小波文作第8节，不确。

⑥ 任小波：《吐蕃盟誓研究》，北京：中央民族大学历史文化学院博士学位论文，2010年。

列论文①，其他如嘉耶扎布（རྒྱ་ཡེ་བཀྲ་རྡོ）、巴尔卡·阿贵（བར་ཁང་དག་དཀོན）、卓鸿泽、加羊达杰、刘凤强、内藤丘（Nathan W. Hill）、朱丽双等人的文章对相关地名的考证及一些词语、句子和段落的释读亦皆有新意②。

对这件文书的语言学分析，可见黄布凡、王志敬、内藤丘、蔡斯勒（Bettina Zeisler）的相关论著③，其中蔡斯勒对 P. T. 1287 第 1 节

---

① 陈践：《若干典型古藏文语词疏译之一——重读〈敦煌本吐蕃历史文书〉之体会》，《中国藏学》2015 年 S0 期，第 62—74 页；《吐蕃藏文文献词语释读琐议》，《民族翻译》2015 年第 4 期，第 61—64 页；《若干典型古藏文语词疏译之二》，《中国藏学》2016 年第 3 期，第 5—10 页；《若干典型古藏文语词疏译之三》，《中国藏学》2016 年第 4 期，第 24—33 页；《温故知新——重读〈敦煌本吐蕃历史文书〉体会之二》，《民族翻译》2016 年第 3 期，第 19—23 页；陈践、杨本加：《吐蕃时期藏文文献中的盟誓》，《中国藏学》2009 年第 3 期，第 133—141 页。

② 嘉耶扎布：《论〈敦煌本吐蕃历史文书〉中“བཙན་བརྡུངས”一词的含义》（《ཏུན་ཧོང་ནས་ཐོན་པའི་བོད་ཀྱི་ལོ་རྒྱུས་ཡིག་ཆའི་》ཁྲོད་ཀྱི་‘བཙན་བརྡུངས’ཞེས་པར་དཔྱད་པ），《中国藏学》（藏文版）2000 年 1 期，第 69—73 页。收入卡岗·扎西才让主编：《藏族文献研究》（བོད་ཀྱི་ཡིག་རྙིང་ཞིབ་འཇུག），北京：民族出版社，2003 年，第 323—326 页；巴尔卡·阿贵：《敦煌吐蕃文献中的小邦地名考证》（ཏུན་ཧོང་ནས་ཐོན་པའི་བོད་ཀྱི་ལོ་རྒྱུས་ཡིག་ཆ་ལས་རྒྱལ་ཕྲན་རིམ་བྱུང་གི་ཡུལ་མིང་སྐོར་མདོ་ཙམ་གླེང་བ），《中国藏学》2009 年第 1 期，第 67—80 页；卓鸿泽：《杂胡称兜鍪为“突厥”说》，载氏著《历史语文学论丛初编》，上海：上海古籍出版社，2012 年，第 52—58 页；卓鸿泽：《“吐蕃”源出“秃（偷）发”问题析要》，载氏著《历史语文学论丛初编》，第 70—97 页；加羊达杰：《〈敦煌本吐蕃历史文书·赞普传记〉汉译本散文部分的若干翻译问题》，《民族翻译》2012 年第 3 期，第 29—34 页；刘凤强：《敦煌吐蕃历史文书的“春秋笔法”》，《中国藏学》2014 年第 1 期，第 103—108 页；Nathan W. Hill, “‘Come as Lord of the Black-headed’—an Old Tibetan Mythic Formula,” *Zentralasiantise Studien des Seminars für Spra-und Kulturwissensaft Zentralasiens des Universitat Bonn*, vol. 45, 2016, pp. 203-216；朱丽双：《P. t. 1287〈吐蕃赞普传记〉所见之'phan》，《唐研究》第 22 卷，北京：北京大学出版社，2016 年，第 377—396 页；朱丽双：《赞蒙赛玛噶之歌》，《中国藏学》2017 年第 2 期，第 1—20 页。

③ 黄布凡：《藏语词汇演变的速率和方式对敦煌藏文写卷抽样的电脑统计分析》，收入戴庆厦、黄布凡等著：《电脑辅助汉藏语词汇和语音研究》，北京：中国藏学出版社，1996 年；《从敦煌吐蕃历史文献看藏文不自由虚词用法的演变——兼议藏文文法〈三十颂〉的写作年代》，敦煌研究院编：《敦煌吐蕃文化学术研究会论文集》，兰州：甘肃民族出版社，2009 年，第 241—251 页；Bettina Zeisler, “For Love of the Word,” pp. 97-213；王志敬：《敦煌藏文语法研究》，北京：中国藏学出版社，2012 年；Nathan W. Hill, “Personal Pronouns in Old Tibetan,” *Journal Asiatique*, vol. 298. 2, 2010, pp. 549-571; Idem, “The converb-*las* in Old Tibetan,” *Bulletin of the School of Oriental and African Studies*, vol. 73. 2, 2010, pp. 245-260; Idem, “The Emergence of the *Pluralis Majestatis* and the Relative Chronology of Old Tibetan Texts”, in Franz-Karl Ehrhard and Petra Maurer eds., *Nepalica-Tibetica: Festgabe for Christoph Cüppers*, Andiast: International Institute for Tibetan and Buddhist Studies GmbH, 2013, pp. 249-262。

的词汇作了极其详细的语言学和词源学分析，这对后人进一步理解古藏文的意思极有启发意义。内藤丘《敬语多数的出现与古藏文文献的相对年代》一文别有意趣。他指出，首先不论在古藏文（Old Tibetan，700—1000）还是古典藏文（Classical Tibetan）时期，ང 而非ངེད 用作第一人称单数，ཁྱོད 而非ཁྱེད 用作第二人称单数；虽然在现代藏语中，ངེད 是ང（我）的敬语，ཁྱེད 是ཁྱོད（你）的敬语，但在古藏文中，ངེད 是ང 的复数，意为“我们”，ཁྱེད 是ཁྱོད 的复数，意为“你们”。第一人称敬语多数（pluralis majestatis）出现在早期古藏文时期（Early Old Tibetan）结束之后。在《古藏文编年史》中，吐蕃赞普用ང 来指称其本人，用ཁྱེད（你们）来称呼一组臣下，表明这件文书成立的年代在敬语多数出现之前。①

另外，高瑞（ཀུའ་གོང་དཀོན་མཆོག་ཚེ་བརྟན）先后于1995 年和2001 年出版《吐蕃文献选读》和《吐蕃古藏文文献诠释》两书，其中收录了包括《古藏文编年史》在内的多件敦煌文献和石刻铭文，对一些词汇有其独到见解。② 2003 年卡岗·扎西才让（ཁ་སྒང་བཀྲ་ཤིས་ཚེ་རིང）主编《藏族文献研究》一书出版③，收录有多篇与《古藏文编年史》有关的论文④。2009 年恰嘎·旦正（ཆབ་འགག་རྟ་མགྲིན）《评析敦煌文献中的人物传说》一文分析《古藏文编年史》所记述的聂墀赞普、止贡赞普、琼波·邦色苏孜（ཁྱུང་པོ་སྤུང་སད་ཟུ་ཙེ）等人的传说，指出在《古藏文编年史》中，人物传记所占比重较大，且有历史性与文学性

---

① Nathan W. Hill, “The Emergence of the *Pluralis Majestatis* and the Relative Chronology of Old Tibetan Texts”, pp. 249-262.

② 高瑞：《吐蕃文献选读》（བོད་ཀྱི་བརྡ་རྙིང་ཡིག་ཆ་བདམས་བསྒྲིགས），北京：民族出版社，1995 年；《吐蕃古藏文文献诠释》（བོད་ཀྱི་བརྡ་རྙིང་ཡིག་ཆ་རྩ་ཆེན་བདམས་བསྒྲིགས་རྣམས་ཀྱི་ཚིག་དོན་ཀུན་ནས་གྲོལ་བར་བྱས་པ་རབ་གསལ་མེ་ལོང），兰州：甘肃民族出版社，2001 年。

③ 卡岗·扎西才让编：《藏族文献研究》，北京：民族出版社，2003 年。

④ 参见如རྒྱ་ཡེ་བཀྲ་རྡོ：“《ཏུན་ཧོང་ནས་ཐོན་པའི་བོད་ཀྱི་ལོ་རྒྱུས་ཡིག་ཆ》ཁྲོད་ཀྱི‘བརླའ་བརྟུངས’ཞེས་པར་དཔྱད་པ”，卡岗·扎西才让主编：《藏族文献研究》，北京：民族出版社，2003 年，第323—326 页；སང་རྒྱས་མཁར་：“ཏུན་ཧོང་གཏེར་ཡིག་ལས・འབང་ཀྱི་ནང་ན། དོར་ཏེ་ཕྱུག་ཚམས་སྐྱེ་འཛོམ་དཔལ་བ་འི་མཚན་མར། སྟག་ཐོག་བུ་སྙལ་ཏོའ་ཞེས་བྱུང་བའི་དོན་དང་དེ་འབྲེལ་ཀྱི་ལོ་རྒྱུས་ལ་དཔྱད་པ”，卡岗·扎西才让主编：《藏族文献研究》，北京：民族出版社，2003 年，第417—431 页；སང་རྒྱས་མཁར་：“ཏུན་ཧོང་གཏེར་ཡིག་ལ་བྱུང་བའི་གཡག་ཞུའིའ་སྐོར་གླེང་བ，”卡岗·扎西才让主编：《藏族文献研究》，北京：民族出版社，2003 年，第456—460 页。

结合的特点。[①] 看来正是因为这个原因，一些论述西藏文学史的著作，在描述古代西藏的传说（ངག་རྒྱུན）和歌谣（མགུར་གླུ）时，亦往往引用《古藏文编年史》的某些段落来中以解说。[②] 此外，2016 年杜晓峰和赫尔曼·沃日尼合著出版《古藏文文书的写本学、古文书学和正字法》，从写本学、古文书学和正字法的角度对 P. T. 1287 作了十分细致的分析。[③]

（二）文书的分节问题

对于 P. T. 1287《吐蕃赞普传记》，巴考—杜散和王尧—陈践都把这件文书分为 10 节，但对第 7 节和第 8 节的行数划分则有所不同：

段落	行数（巴考—杜散）[④]	行数（王尧—陈践）
Ⅰ	1—62	1—62
Ⅱ	63—117	63—117
Ⅲ	118—172	118—172
Ⅳ	173—246	173—246
Ⅴ	247—298	247—298
Ⅵ	299—327	299—327
Ⅶ	328—337	328—397
Ⅷ	338—455	398—455
Ⅸ	456—494	456—494
Ⅹ	495—536	495—536

① 恰嘎·旦正：《评析敦煌文献中的人物传说》（དུན་ཧོང་ཡིག་རྙིང་ཁོད་ཀྱི་མི་སྣའི་ངག་རྒྱུན་བཤད་པ），敦煌研究院编：《敦煌吐蕃文化学术研讨会论文集》，兰州：甘肃民族出版社，2009 年，第 33—46 页。

② 恰嘎·多杰才让等编著：《藏族文学史（一）》（བོད་ཀྱི་རྩོམ་རིག་ལོ་རྒྱུས），拉萨：西藏人民出版社，2009 年，第 43—76 页。

③ Brandon Dotson and Agnieszka Helman-Ważny, *Codicology, Paleography, and Orthography of Early Tibetan Documents: Methods and A Case Study*, Wien: Arbeitskreis für Tibetise und Buddhistise Studien Universität Wien, 2016.

④ Jacques Bacot, Frederick W. Thomas, arles G. Toussaint, *Documents deTouen-houang relatifs a l'histoire du Tibet*, pp. 97-122.

国内学者利用这件文书时，一般皆不加分辨地采用王尧和陈践的分节。实际上，文书在每节开始皆有起始符号，即云头符①，据此文书共有 16 节②，每节内容如下：

第Ⅰ节，第 1—62 行，止贡赞普（དྲི་གུམ་བཙན་པོ）至悉补德贡野（སྤུ་དེ་གུང་རྒྱལ）之传说。

第Ⅱ节，第 63—117 行，赞普岱处保南木雄赞（ལྡེ་སྤྲུ་བོ་གནམ་གཞུང་ཙན）以后诸大相世系。

第Ⅲ节，第 118—172 行，赞普达布聂息（སྟག་བུ་སྙ་གཟིགས）时代的纷争。

第Ⅳ节，第 173—246 行，南日伦赞（གནམ་རི་སློན་མཚན）时代的兼并。

第Ⅴ节，第 247—298 行，墀松赞（ཁྲི་སྲོང་བཙན，即松赞干布）与韦氏（དབའས）盟誓。

第Ⅵ节，第 299—314 行，墀松赞亲政与尚囊之死。

第Ⅶ节，第 315—327 行，琼波·邦色苏孜事迹。

第Ⅷ节，第 328—337 行，墀都松（ཁྲི་འདུས་སྲོང）赞普颂词。

第Ⅸ节，第 338—365 行，墀德祖赞（ཁྲི་ལྡེ་གཙུག་བཙན）勋绩。

第Ⅹ节，第 366—397 行，墀松德赞（ཁྲི་སྲོང་ལྡེ་བཙན）勋绩。

第Ⅺ节，第 398—432 行，赞蒙赛玛噶（སད་མར་ཀར）与吐蕃灭象雄。

第Ⅻ节，第 433—455 行，赞普墀松赞与噶尔·东赞域宋之欢歌宴盟及赞普墀松赞之勋绩。

第ⅩⅢ节，第 456—481 行，墀都松赞普针对噶尔氏叛逆之歌。

第ⅩⅣ节，第 482—494 行，喀垓·野咄热弩囊（ཁེ་ཀད་རྒྱལ་ཏོ་རེ་མདོ་སྣང）有关墀都松及属卢氏（ཅོག་རོ）之歌及属卢氏之答歌。

第ⅩⅤ节，第 495—525 行，噶尔·钦陵赞卓（མགར་ཁྲི་འབྲིང་བཙན་བྲོད）

---

① 藏文称作ཡིག་མགོ或དབུ་ཁྱུད，是书头或篇首的一种弯曲状的起始符号，也称作书头符、云头符。见巴桑旺堆：《关于古藏文写本的研究方法的再探索》，《中国藏学》2009 年第 3 期，第 68 页。

② 参见黄布凡、马德：《敦煌藏文吐蕃史文献译注》，兰州：甘肃教育出版社，2000 年。

与王孝杰论战。

第XVI节，第526—536行，噶尔·莽布支悉诺赞（མགར་མང་པོ་རྗེ་སྟག་ཙན）与巴策·野咄热（པ་ཚབ་རྒྱལ་དོ་རེ）投唐。

从以上分节来看，这件文书基本上是按时间顺序编排每位赞普在位时的主要事迹。但对两位赞普的叙事出现了混乱：在第7节叙述松赞干布时期的事迹之后，第8、9、10节分别叙述松赞干布之后的墀都松、墀德祖赞、墀松德赞三位赞普的事迹，但是第11和第12节的叙事，据学者考证还是发生在松赞干布时期；另一方面第13和第14节，又再次叙述墀都松赞普的事迹。另外，由于第10节叙述的是墀松德赞的勋绩，而第11节和第12节的开篇却没有明确说明当时是哪位赞普（རྒྱལ་འདི་འི་རིང་ལ，“此王之时”），加上松赞干布原名墀松赞（ཁྲི་སྲོང་བཙན），与墀松德赞（ཁྲི་སྲོང་ལྡེ་བཙན）仅一字之差。这样的结果，是容易误导人们将第11节所述吐蕃灭象雄的年代放到墀松德赞时期，比如最早翻译这件文书的巴考和杜散就有此误解。① 不过随后国际上即有多位藏学家注意到这件文书在年代顺序上的问题②，其中乌瑞更是两次撰文专门对此加以讨论，起初他通过仔细观察每部分纸张粘贴的先后次序，发现在一般情况下，这件文书是两张纸先粘贴上，然后抄写文字。但在两处地方，也就是第8节和第11节开始的地方，上一张纸盖住了下一张纸最上部位的元音符号，因此显然是先抄写而后粘贴，而他认为，恰恰是在这两个地方，纸张贴错了位置，也就是说，文书各段落的正确次序应该是1—7，11—16，8—10。下表列其调整的结果及其更为细致地对每节内容的概括③。

---

① Jacques Bacot, Frederick W. Thomas, arles G. Toussaint, *Documents deTouen-houang relatifs a l'histoire du Tibet*, p. 159, note 1.

② 参见如佐藤长：《古代チベット史研究》，第208页；Luciano Petech, “La Struttura del MS. Tib. Pelliot 1287, ”*Rivista degli Studi Orientali*, XLIII, 1968, pp. 253-256; reprinted in Luciano Petech, *Selected Papers on Asian History*, Roma, 1988, pp. 309-311; Ariane Macdonald [Spanien], “Une lecture des Pelliot tibétain 1286, 1287, 1038, 1047, et 1290, ”pp. 219-220；耿昇译：《敦煌吐蕃历史文书考释》，第48—49页。

③ G. Uray, “Notes on a Chronological Problem in the *Old Tibetan Chronicle*, ”*Acta Orientalia Academiae Scientiarum Hungaricae*, vol. 21, no. 3, 1968, pp. 289-299; Idem, “The Structure and Genesis of the *Old Tibetan Chronicle*,” pp. 126-127, 130-131.

调整后段落数	原段落数及行数	每段内容	在位赞普
1	1（1—62）	止贡赞普之死及其安葬；悉补德贡野复位。	
2	2（63—117）	大相世系	
3	3（118—172）	赞普达布聂色时代：森波杰墀邦松的覆灭，之一。	达布聂色
4	4（173—246）	赞普南日伦赞时代： a）森波杰墀邦松的覆灭，之二； b）大臣琼波·邦色苏孜的事迹，之一； c）琼波·邦色苏孜与森哥·米钦的争论及森哥·米钦降服达波（དགས་པོ）； d）琼波·邦色苏孜之歌与娘·莽布支尚囊（མྱང་མང་པོ་རྗེ་ཞང་སྣང）的答歌；娘·莽布支尚囊政治地位上升之始。	南日伦赞
5	5（247—298）	娘·莽布支尚囊获罪遣之后，墀松赞与韦氏盟誓，确定韦·旁咄热义策（དབའས་ཕངས་ཏོ་རེ་དབྱི་ཚབ）后代世袭的权利。	松赞干布（？—649）
6	6（299—314）	a）墀松赞亲政：属邦叛离；收服苏毗（སུམ་པ）；出征唐境和吐谷浑（འ་ཞ）； b）娘·莽布支尚囊因琼波·邦色苏孜之离间而获罪。	
7	7（315—327）	琼波·邦色苏孜事迹，之二。	
8	11（398—432）	吐蕃赞普与象雄王李迷夏（ལིག་མྱི་རྷྱ）之间的冲突。	
9	12（433—455）	a）为覆灭李迷夏而举行欢宴； b）松赞干布颂词。	
10	13（456—481）	墀都松针对噶尔·钦陵赞卓获罪之歌。	
11	14（482—494）	喀垓·野咄热弩囊有关墀都松及属卢氏之歌及属卢氏的答歌。	

续表 1

调整后段落数	原段落数及行数	每段内容	在位赞普
12	15（495—525）	噶尔·钦陵赞卓于虎山唐人坟（སྟག་ལ་རྒྱ་དུར）战胜王［孝］杰。	墀都松（676—704）
13	16（526—536）	噶尔·莽布支悉诺赞与巴策·野咄热投唐时，巴策所吟之歌。	
14	8（328—337）	赞普墀都松颂词。	
15	9（338—365）	赞普墀德祖赞的统治。	墀德祖赞（704—754）
16	10（366—397）	赞普墀松德赞的统治。	墀松德赞（742－800）

至于 P. T. 1287 出现上述排序混乱的原因，国际藏学界亦有不少探讨。最初意大利藏学家毕达克（Luciano Petech）称，由于文书前面 7 节的顺序是正确的，后面的混乱可能是当抄写者开始抄写后面部分时，弄乱了作为模版的 4 张纸的正确顺序。① 乌瑞则认为，与其他各节不同，第 8 节和第 11 节是先写好内容，然后将纸张粘贴在一起；因此问题不出在抄写者，而出在粘贴纸张的人，是后者的粘贴失误导致目前的这个顺序。② 但麦克唐纳对此有不同意见，她认为，文书目前的顺序并非技术失误，主要原因在于文书的各段内容源自不同体裁的文本，如王统世系（རྒྱལ་རབས）、大臣世系（*བློན་རབས）、可能还有王妃世系（*བཙུན་རབས），而当《古藏文编年史》编纂成文时，各部分没有进行过统一和改写；因此，文书年代上的混乱是由于编者面对不同特质的材料而引起的。③ 麦克唐纳进一步指出，将第 11 节和第

① Luciano Petech, "La Struttura del MS. Tib. Pelliot 1287," pp. 253-256；转引自 G. Uray, "The Structure and Genesis of the Old Tibetan Chronicle of Dunhuang," p. 129.

② G. Uray "Notes on a Chronological Problem in the Old Tibetan Chronicle," *Acta Orientalia Academiae Scientiarum Hungaricae*, pp. 298-299.

③ Ariane Macdonald[Spanien], "Une lecture des Pelliot tibétain 1286, 1287, 1038, 1047, et 1290," pp. 333-334；耿昇译：《敦煌吐蕃历史文书考释》，第 231—234 页。བློན་རབས 和 བཙུན་རབས 两词因出自构拟，故于其前加＊。

12 节错误地归于墀松德赞时期也可能是文书编纂者有意为之，苯教传统将象雄王李迷夏与墀松德赞看作生活在同一年代之人的观点可追溯到《古藏文编年史》。① 如果按照调整后的次序，吐蕃征服象雄发生在松赞干布时期，而根据《吐蕃大事纪年》和 P. T. 1047 等材料，事实亦的确如此。但如果按照文书目前的编排次序，则令人产生吐蕃征服象雄发生在墀松德赞时期的印象，这就正好符合后期苯教文献的传说。

对于 P. T. 1287 第 7 节以后排序混乱的问题具有重大推进意义的当属前述 1979 年魏普贤的研究。她通过对文书背面汉文写经的分析，发现如果将 P. T. 1287 的第 8—10 节拿走，那么全部 P. T. 1286 和一部分 P. T. 1287 背面抄写的鸠摩罗什（Kumārajīva）译汉文佛经《维摩诘所经说》（*Vimilakīrtinirdeśasūtra*）除了略有缺损，基本连续完整。魏普贤还发现，如果假定汉文写卷是在《古藏文编年史》抄写完毕之后才被剪开，那么其顺序当是 P. T. 1286 第 4 节、P. T. 1287 第 8—10 节、P. T. 1286 第 1—3 节、P. T. 1287 第 1 节。另外，从背面的汉文写经来看，第 7 节和第 11 节开始部分原先是一件汉文写卷，后来被剪成了两张纸。②

魏普贤的研究支持了乌瑞 1968 年的结论，也就是说，P. T. 1287 的第 7 节和第 11 节原本相连，而第 8—10 节是后来抄写并插入其中的。③ 乌瑞后来又在魏普贤研究的基础上，继续讨论 P. T. 1287 第 7 节后排序混乱所产生的原因，他推断第 7 节和第 11 节最初应是连续抄写下来，只是后来出于某种原因被人为地剪开，并于中插入第 8—10 节。换言之，P. T. 1287 第 7 节以后的排序混乱是某人的有意行为，

---

① Ariane Macdonald[Spanien], "Une lecture des Pelliot tibétain 1286, 1287, 1038, 1047, et 1290," pp. 333-335；耿昇译：《敦煌吐蕃历史文书考释》，第 231—234 页。

② Hélène Vet, "Analyse de Rouleaux P. T. 1286 et 1287," pp. 23-31. Cf. G. Uray, "The Structure and Genesis of the Old Tibetan Chronicle of Dunhuang," p. 132; Henk Blezer, "The Two Conquests of Zhang Zhung and the Many Lig-kings of Bon: A Structural Analysis of the *Bon ma nub pa'i gtan tshig*," in Anne ayet, et al eds, *Edition, éditions: l'écrit au Tibet, evolution et devenir*, München: Indus Verlag, 2010, p. 24.

③ G. Uray, "The Structure and Genesis of the Old Tibetan Chronicle of Dunhuang," p. 132.

而非早年他所推测的那样出自粘贴纸张之人的技术失误。[①] 他的这一观点近年被杜晓峰和赫尔曼·沃日尼从写本学的角度确认。[②]

至于 P. T. 1287 第 7 节以后排序混乱和苯教传统的关系问题，近年荷兰莱顿大学的亨克·布雷泽（Henk Blezer）博士有进一步发挥，他指出 P. T. 1287 的编排错误可能与 11 世纪以后逐渐形成的苯教文献的编纂传统（即将象雄王国的灭亡归于墀松德赞时期）有某种联系。[③] 若此推测不误，则彼时吐蕃王朝已经灭亡很久，因此其中所叙述的事件，可能参杂了其他内容，有后人加工甚至创作的成分。确实我们在阅读 P. T. 1287，特别是其中诗歌的部分时，经常能感到史诗一般的叙述特征。P. T. 1287 的某些表达方式亦可见于敦煌所出的藏文仪轨和占卜文献，某些叙事具有印度史诗《罗摩衍那》(*Rāmāyaṇa*) 和汉籍《史记》的影响。[④] 近年杜晓峰即提出，《古藏文编年史》可能不是一个固定的文本，而是像格萨尔史诗一样，处于不断地被讲述的（telling）过程之中。因此除了我们熟知的 P. T. 1287 之外，或许还有其他类似文本存在。[⑤] 敦煌藏文残片 IOL Tib J 1375 叙述的是琼

① G. Uray, "The Structure and Genesis of the Old Tibetan Chronicle of Dunhuang," pp. 135-136.

② Brandon Dotson and Agnieszka Helman-Ważny, *Codicology, Paleography, and Orthography of Early Tibetan Documents: Methods and A Case Study*, pp. 129-130.

③ Henk Blezer, "The Two Conquests of Zhang Zhung and the Many Lig-kings of Bon," pp. 23-31.

④ Ariane Macdonald [Spanien], "Une lecture des Pelliot tibétain 1286, 1287, 1038, 1047, et 1290," p. 264；耿昇译：《敦煌吐蕃历史文书考释》，第 125—126 页；Tsuguhito Takeuchi, "A Passage from the *Shih chi* in the *Old Tibetan Chronicle*," in Barbara Nimri Aziz and Matthew T. Kapstein eds, *Soundings in Tibetan Civilization*, New Delhi: Manohar, 1985, pp. 135-146；李勤璞：《铜匣（Zangs-Kyi Gavu）漂流记——聂赤赞普和支贡赞普》，第 168—182 页；Brandon Dotson, "Theorising the King: Implicit and Explicit Sources for the Study of Tibetan Sacred Kingship," *Revue d'Etudes Tibétaines*, vol. 21, 2011, pp. 90-91; Brandon Dotson, "The Unhappy Bride and Her Lament," *International Journal of Bon Research*, vol. 1, 2013, pp. 208-219; Brandon Dotson and Agnieszka Helman-Ważny, *Codicology, Paleography, and Orthography of Early Tibetan Documents: Methods and A Case Study*, p. 121。

⑤ Brandon Dotson, "Sources for the Old Tibetan Chronicle: A Fragment from the Non-Extant Chronicle Pothi," in Yoshiro Imaeda, Matthew T. Kapstein and Tsuguhito Takeuchi ed., *New Studies of the Old Tibetan Documents: Philology, History and Religion*, Tokyo: ILCAA, Tokyo University of Foreign Studies, 2011, pp. 242-243.

波·邦色苏孜事迹，其内容与 P. T. 1287 所记大致接近，当是 P. T. 1287 的来源文本之一；另一件残片 P. T. 1144 所记为达布聂息赞普被捕之事，其内容虽不见于 P. T. 1287，但乌瑞和杜晓峰先后通过书写风格和写本学的分析，判断 P. T. 1144 和 IOL Tib J 1375 为一人所抄写。[①] 另一个非常有趣的现象是，近年杜晓峰和赫尔曼·沃日尼通过正字法和古文字学的分析，发现 P. T. 1286 + P. T. 1287《古藏文编年史》和 IOL Tib J 737. 3 + IOL Tib J 737. 1《罗摩衍那》为一人所抄写，而这两种文献的某些表述方式几乎相同，比如 P. T. 1287 第 1 节第 19—20 行叙述止贡赞普被洛昂（ལོ་ངམ）杀害后，སྤུར་ཟངས་བརྒྱའ་ཁ་སྦྱོད་ཀྱི་ནང་དུ་བཅུག་སྟེ་ཙང་ཆུ་འི་གཞུང་ལ་བཏང་ངོ། “尸骸置于一能开启的铜箧之内，弃于藏布江之中流”，IOL Tib J 737. 1《罗摩衍那》第 62 行叙述罗刹王达夏支瓦（མདའ་ཤ་གྲི་བ）之女（即 སི་ཏ，悉多）出生不久，ཟང་ཁ་སྦྱོར་གྱི་ནང་དུ་ཚལ་ཏེ་ཆུ་བསྐུར་བ॥ “被放在一个有盖的铜盒内，随水漂走”。[②] 又 P. T. 1287 第 1 节第 28—29 行，述札氏（བཀྲགས）子 ངར་ལེ་སྐྱེས 问其母之语：མི་གང་བྱ་གང་ལ་རྗེ་བོ་ཡོད་ན་ང་འི་རྗེ་བོ་གར་རེ། མི་གང་བྱ་གང་ལ། ཕ་ཡོད་ན་ང་འི་ཕ་ག་རེ། “人皆有王，鸟皆有王，吾之王为谁？人皆有父，鸟皆有父，吾之父为谁？”IOL Tib J 737. 3《罗摩衍那》第 25—26 行述罗刹曼拉雅本达（མན་ཏ་པན་ད）心中所思：ཡུལ་མི་ཁྱིམ་ཚེས་ཀུན་ལ॥ ཕ་མ་དང་གཉེན་འདུན་དུ་བཅས་པ་ཤེ་དག་ན॥ ང་འི་ཕ་མ་དང་གཉེན་འདུན་གོ་གར་སོང་॥ “乡邻皆有父母与亲属，吾之父母与亲属皆往何处？”[③] 这种现象发生的原因，杜晓峰和赫尔曼·沃日尼认为一种可能是两处文本源自相同的传统；

---

① Ariane Macdonald [Spanien], “Une lecture des Pelliot tibétain 1286, 1287, 1038, 1047, et 1290,” pp. 251-255；耿昇译：《敦煌吐蕃历史文书考释》，第 103—109 页；G. Uray, “The Narrative of Legislation and Organization in *mKhas-pa'i dGa'-Ston*: The Origin of the Traditions Concerning Sroṅ-brcan sGam-pa as First Legislation and Organizer of Tibet,” *Acta Orientalia Academiae Scientiarum Hungaricae*, vol. 26. 1, 1972, pp. 37-39, n. 91; Brandon Dotson, “Sources for the Old Tibetan Chronicle,” p. 241; Brandon Dotson and Agnieszka Helman-Ważny, *Codicology, Paleography, and Orthography of Early Tibetan Documents: Methods and A Case Study*, pp. 125-126.

② 郑炳林、黄维忠主编：《敦煌吐蕃文献选辑·文学卷》，北京：民族出版社，2011 年，录文见第 163 页；王尧、陈践译文见第 182 页。

③ 郑炳林、黄维忠主编：《敦煌吐蕃文献选辑·文学卷》，录文见第 160 页；王尧、陈践译文见第 180 页。

但是，考虑到这两种文献为一位书手所写，所以也不能排除互文（intertextuality）、甚至书手自己添加一笔的可能。[①]

总而言之，正如前述李勤璞对有关铜匣漂流作为文学母题的分析，以及恰嘎·旦正所论《古藏文编年史》历史性与文学性相互结合的特点，凡此种种提示我们，不能完全将 P. T. 1287 当作信史来对待。

（三）文书编撰年代

敦煌藏经洞所出古藏文写本大多缺少明确纪年，故很难判定其确切年代。早年人们以为，这些文献主要抄写于吐蕃统治敦煌时期（786—848）。但是，1929 年刊布的钢和泰（A. von Staël-Holstein）收藏的藏文、于阗文文书，据蒲立本（Edwin G. Pulleyblank）考证，时间在 925 年前后。[②] 1981 年乌瑞发表《吐蕃统治结束以后河西和于阗诸政权中使用藏语的情况》一文，从敦煌出土藏文文献中揭示出一批 9 世纪中叶以后的藏文官府文书。[③] 以后乌瑞、武内绍人、沙木（Sam van Schaik）、戴礼同（Jacob P. Dalton）等找出更多属于“后吐蕃时代”的文献，不仅有世俗文书，更有大量佛教文献，尤其是密宗文献。目前学界的共识是，敦煌藏文写本的年代总体以 9—10 世纪为主，其中更有大量属于后吐蕃时代的文献，即吐蕃王国 9 世纪中叶崩溃后至 11 世纪初藏经洞封闭期间。这大概是由于公元 8 世纪末至 9 世纪中叶吐蕃对西域和河西地区的长期统治，所以在吐蕃统治结束以后相当长的一段时间内，藏文仍然是于阗王国与沙州归义军、甘州回鹘等地方政权之间往来的一种通用语。[④]

---

① Brandon Dotson and Agnieszka Helman-Ważny, *Codicology, Paleography, and Orthography of Early Tibetan Documents: Methods and A Case Study*, p. 169.

② F. W. Thomas and S. Konow, “Two Medieval Documents from Tun-huang,” *Publications of the Indian Institute* I. 3: *Oslo Etnografiske Museums Skrifter* III. 3, 1929, pp. 122-160; E. R. Pulleyblank, “The Date of the Staël-Holstein Roll,” *Asia Major*, new series, vol. 4. 1, 1954, pp. 91-95.

③ G. Uray, “L’emploi du tibétain dans les ancelleries des états du Kan-sou et de Khotan postérieurs à la domination tibétaine,” *Journal Asiatique* CCLXIX, 1981, pp. 81-90.

④ 荣新江、朱丽双：《一组反映 10 世纪于阗与敦煌关系的藏文文书研究》，载作者《于阗与敦煌》，兰州：甘肃教育出版社，2013 年，第 375—376 页。

具体到 P. T. 1287，麦克唐纳认为 P. T. 1286 和 P. T. 1287 最后编定的时间在 842 年以前，由几件不同的、各自独立的文本组织而成。① 乌瑞最初认为编辑于 9 世纪中叶的敦煌，② 后来更确切地指出在乌宜东丹统治期间（838—842）或其后。其理由，首先是 P. T. 1286 第 4 节“吐蕃赞普世系”所列的最后一位赞普是乌宜东丹，即朗达玛；其次，P. T. 1287 第 2 节所列的倒数第二位的大相是没卢·乞力心儿悉罗囊（འབྲོ་ཁྲི་སུམ་རྗེ་སྟག་སྣང），此人见于 821—822 年的《唐蕃会盟碑》；再次，P. T. 1287 第 2 节所列的最后一位大相是韦·野咄热悉罗聂（དབའས་རྒྱལ་ཏོ་རེ་སྟག་སྣ），据后期藏文史料，他是乌宜东丹时期的大相。③

1983 年，石泰安发表长文《吐蕃文献集释》第一篇《敦煌写本中的印—藏与汉—藏翻译两种词汇》④，文末附资料解说。对于 P. T. 1286 和 P. T. 1287，他指出，虽然这两件文书包含早期资料，但主要是由口传（史诗故事、吟唱、祖先传说）和/或通过（档案）书写而流传下来，最后编订于 9 世纪初（800—840），因此在 P. T. 1287 中，墀松德赞因其佛教活动而被赞美，而 P. T. 1286 则以墀祖德赞和乌宜东丹的诞生而结束。这两个名字也有可能是后加的。两件文书中还可见到一些佛教表述，如ཆུ་སྲིན（鲸鱼）、རི་རབ་ལྷུན་པོ（须弥山）和ཡི་དགས（饿鬼）等，这可能是后人将它们插入到早期叙事之中。⑤

---

① Ariane Macdonald [Spanien], “Une lecture des Pelliot tibétain 1286, 1287, 1038, 1047, et 1290,” pp. 191, 228, 334-335；耿昇译：《敦煌吐蕃历史文书考释》，第 3、62—63、234 页。

② G. Uray “The Old Tibetan Sources of the History of Central Asia up to 751 A. D.: A Survey,” in János Harmatta, ed., *Prolegomena to the Sources on the History of Pre-Islamic Central Asia*, Budapest: Akadémiai Kiadó, 1979, p. 285.

③ G. Uray, “The Structure and Genesis of the Old Tibetan Chronicle of Dunhuang,” pp. 124-125. 按，据唐代史料，此人确为乌宜东丹时期的大相。

④ Rolf A. Stein, “Tibetica Antiqua I: les deux vocabulaires des traductions indo-tibétane et sino-tibétane dans les manuscripts des Touen-Houang,” *Bulletin de l'École française d'Extrême-Orient*, vol. 72, 1983, pp. 149-236; trans. and ed. by Arthur P. Mckeown, “Tibetica Antiqua I: The Two Vocabularies of Indo-Tibetan and Sino-Tibetan Translations in the Dunhuang Manuscripts,” in Arthur P. Mckeown trans. and ed., *Rolf Stein's Tibetica Antiqua*, pp. 1-96.

⑤ Rolf A. Stein, trans. and ed. by Arthur P. Mckeown, *Rolf Stein's Tibetica Antiqua*, p. 87, p. 235.

综合以上，直到20世纪90年代，学者普遍认为这件文书编写于9世纪前半叶。但是2009年，迈克·沃尔特(Michael L. Walter)在《佛教与帝国》一书中提出新说，他认为，《吐蕃赞普传记》和《吐蕃大事纪年》很不一样，后者可以说是“官方的”、朝廷的产物，与存世的吐蕃时期的碑铭文献不论在语言还是风格上皆相当类似；而前者虽然包含早期的内容（这些内容很可能编写于吐蕃王朝崩溃后不久），但几乎可以肯定地断代在后吐蕃时代。[①] 他提出这件文书的编纂时间可能迟至11世纪初，其主要理由之一是《吐蕃赞普传记》缺少真正的古藏文拼写法，且其保守的书写风格可见于一些明显偏晚期的敦煌文献(但没有提供例证)；其二是其内容强调贵族的突出才能，表明它实际是为表彰他们的伟大荣光而编纂的，而这在后吐蕃时代的历史背景中更具意义；其三，文书有以རྒྱལ་པོ（“王”）这个词来称呼吐蕃赞普的现象，吐蕃时期的文献不用这个词，而用བཙན་པོ(“赞普”)。[②]

沃尔特此说，有些学者表示赞同，如布雷泽[③]；另外一些则不予认同，比如沙木和高亦睿（Imre Galambos）即认为，虽然大多数写在汉文写本背面的藏文文献属于10世纪，但《吐蕃大事纪年》《古藏文编年史》和包括法律文书在内的其他一些公文书例外。这些文献似抄写于吐蕃在敦煌及其周边地区的统治结束后不久，其目的可能是为了保存一些吐蕃行政管理的记录。[④] 这恰好和早年马德的观点不谋而合。马德认为，P. T. 1286和P. T. 1287应编成于吐蕃统治结束之后，编辑之地就在敦煌，是“住在敦煌的吐蕃文人们参照汉唐制度，编史修志，总结吐蕃历史的经验教训，不仅为后人留下一份珍贵的历史文献，也为后世历史的发展提供借鉴”。[⑤] 2013年，杜晓峰在其有关敦煌藏文写经的研究中指出，《古藏文编年史》写卷所用的纸张中

① Michael L. Walter, *Buddhism and Empire*, Leiden: Brill, 2009, p. xxii.

② Michael L. Walter, *Buddhism and Empire*, p. xxvi, note 5.

③ Henk Blezer, “The Two Conquests of Zhang Zhung and the Many Lig-kings of Bon,” p. 27.

④ Sam van Schaik and Imre Galambos, *Manuscripts and Travellers: The Sino-Tibetan Documents of a Tenth-century Buddhist Pilgrim*, Berlin: De Gruyter, 2012, pp. 31-32.

⑤ 马德：《“特蕃”考》，《兰州大学学报》2006年第5期，第78页。

有一件废弃的汉文《大般若波罗蜜多经》，它和藏文《十万颂般若波罗蜜多经》和《无量寿宗要经》的数千件抄本一起，是在大约820—840年之间、吐蕃赞普墀祖德赞在位期间诏令抄写的，是吐蕃官方抄经工程的一部分。这些废弃的纸张被重新利用很可能发生在841年以后，但也可能早在826年抄经工程开始之时。[①] 这个观察支持了乌瑞对《古藏文编年史》编纂于9世纪中叶的推断。杜晓峰进一步论道，如果说P. T. 1287的年代在10世纪中后期或甚至11世纪初，那就意味着它重新利用了大约100—150年以前被写了一面的纸张，这在敦煌这样能够生产纸张的地区是十分不同寻常的。[②] 因此他推测，《古藏文编年史》可能编纂于9世纪中叶吐蕃王朝崩溃之后不久。[③] 不过三年之后，杜晓峰和赫尔曼·沃日尼合著出版《古藏文文书的写本学、正字法和古文字学》一书时，其观点似发生转变，比如此书述及P. T. 2118的正面包括汉文《妙法莲花经》(*Saddharmapuṇḍarīka sūtra*)，据其跋文，抄写于689年12月。作者言，假定这件写卷背面的藏文写于吐蕃占领敦煌时期，则距其正面文字抄写的时间也已经过去了至少一百年。他们还提到，汉文《大般若波罗蜜多经》背面抄写的藏文文献大多属于归义军晚期，比如IOL Tib J 720、IOL Tib J 727、IOL Tib J 742等。他们指出，从历史的视角观之，这样的纸张重用确实有些不同寻常，因为首先这些废弃的纸张需要保存达数十年甚至数个世纪之久，其次敦煌是一个产纸中心，在其历史上很少发生纸张不敷使用的情况。总之这个问题尚需探讨。另外除了上述这些归

---

① Brandon Dotson, "The Dead and Their Stories: Preliminary Remarks on the Place of Narrative in Tibetan Religion," in Christoph Cüppers, Robert Mayer and Michael Walter ed., *Tibet after Empire: Culture, Society and Religion between* 850-1000, Lumbini: Lumbini International Research Institute, 2013, p. 69. Brandon Dotson and Agnieszka Helman-Ważny, *Codicology, Paleography, and Orthography of Early Tibetan Documents: Methods and A Case Study*, pp. 130-134. 关于820—840年之间敦煌抄写藏文和汉文《般若波罗蜜多经》和《无量寿宗要经》的活动，见Brandon Dotson, "The Remains of the Dharma: Editing, Rejecting, and Replacing the Buddha's Words in Officially Commissioned *Sūtra*s from Dunhuang, 820s-840s," *Journal of the International Association of Buddhist Studies*, vol. 36/37, 2013/2014 (2015), pp. 5-68, esp. pp. 56-57。

② Brandon Dotson, "The Dead and Their Stories," p. 69.

③ Brandon Doston, "The Unhappy Bride and Her Lament," p. 202.

义军晚期重新利用废纸的例子，还有一些文献是在吐蕃占领敦煌结束时重新利用废纸来抄写的，比如前述沙木和高亦睿即指出，《吐蕃大事纪年》《古藏文编年史》和几件法律文书是在吐蕃统治敦煌结束之后不久抄写的。杜晓峰和赫尔曼·沃日尼进一步指出，虽然《吐蕃大事纪年》和《吐谷浑大事纪年》写在汉文文献的背面，但这些汉文文献不属于吐蕃官方抄经工程中的《大般若波罗蜜多经》，不过狩猎法律文书 P. T. 1071 所用的纸张中确实有吐蕃官方抄经工程中的《大般若波罗蜜多经》。如果我们将 826 年视作吐蕃官方抄经工程的开始，那么这也是这些纸张被重新使用的最早时期。如同《吐蕃大事纪年》一样，P. T. 1071 在每个字之间使用两个 tsheg，这是一种年代相对较早的标点法，在吐蕃结束对敦煌的占领后的藏文文献中非常罕见。就《古藏文编年史》而言，由于它利用了吐蕃官方抄经工程中废弃的《大般若波罗蜜多经》的纸张，表明至少这些内容的抄写时间不会早于 826 年，事实上，从其内容来分析，《古藏文编年史》确实当完成于 841 年以后。他们说，古文字学的分析无法提供更多佐证来判断其年代，但对于表示属格的འི字，《古藏文编年史》更多采用与其前面的文字分离的འི而非连在一起，表明这件文书可能归属于归义军晚期，不过归义军时期藏文写本的另一典型特征是波浪形的下降笔划线（wave-form descenders），而《古藏文编年史》却无此特点。另一件对判断《古藏文编年史》年代有关的是“编年史残片”IOL Tib J 1375，这件文书来自吐蕃本土，而且几乎可以肯定是在吐蕃占领敦煌期间带到敦煌的。假设《古藏文编年史》是归义军晚期的作品，那么不仅其所用的纸张，而且其来源文本——不论一直在流通还是被收藏起来——都需要完好无损地保存一个世纪之久，直到《古藏文编年史》编辑成文。这虽然并非不可能或没有先例，但概率应该很小。① 将《古藏文编年史》和多件相关敦煌文书及《唐蕃会盟碑》从写本学、正字法和古文字学的角度进行比较之后，他们遗憾地

---

① Brandon Dotson and Agnieszka Helman-Ważny, *Codicology, Paleography, and Orthography of Early Tibetan Documents: Methods and A Case Study*, pp. 23, 134-136, 163, 172.

宣布，目前仍然无法确定《古藏文编年史》的年代。[①] 无论如何，这种分析仍是有益的尝试。他们通过这种分析发现《古藏文编年史》和 IOL Tib J 731. 3 + IOL Tib J 731. 1《罗摩衍那》有相同的笔迹，为一人所抄写。虽然这一发现目前仍然无助于判断两种文书的年代，我们期待将来会有更多的文书得到分析，使判断文书年代框架的标准得以建立，这样对于《古藏文编年史》的编纂年代也将会有一个相对可信的推测。[②] 另外，前述内藤丘从语言学分析的角度来推断写本年代的作法也值得留意。

（四）文书体裁及其史料来源

1971 年，麦克唐纳在其长文中提出《古藏文编年史》的史料来源问题，她认为，P. T. 1286 中的各个段落属于所谓རྒྱལ་རབས，即王统世系的内容，而 P. T. 1287 写卷中相当数量的段落乃以大臣为中心，应该来自一种或几种可以称之为 *བློན་རབས，即大臣世系的文献。这个短语(བློན་ཆེ་བགྱིས་པ་འི་རབས)即出现在 P. T. 1287 第 2 节开始的地方。不过 P. T. 1287 有些章节的内容颇为模棱两可，尤其是第 1 节，因为，如果说阿列杰(ངར་ལེ་སྐྱེས)在其中起到非常重要的作用，那么止贡赞普及其两个儿子也应该占据相当突出的地位，因此她认为或可将它视作某部王统世系史的组成部分。她又说，P. T. 1287 第 2—7 节也是有关大臣，描述他们的丰功伟绩以及他们与其君主之间的盟誓。第 11 节的中心人物是赛玛噶，虽然麦克唐纳没有明言，但暗示这部分内容可能来自某部与王妃(བཙན་མོ)有关的文献。第 12 节的第一部分，即松赞干布和禄东赞互相酬唱的内容大概属于大臣世系，但其第二部分包含对松赞干布的颂词，因此当属于某种王统世系。如果将第 12 节视作一个整体，那么其所有内容似乎都应该纳入王统世系的范畴。麦克唐纳进一步指出，P. T. 1287 的各个段落属于不同的体裁，虽然各段文字各

① Brandon Dotson and Agnieszka Helman-Ważny, *Codicology, Paleography, and Orthography of Early Tibetan Documents: Methods and A Case Study*, pp. 162-163.

② Brandon Dotson and Agnieszka Helman-Ważny, *Codicology, Paleography, and Orthography of Early Tibetan Documents: Methods and A Case Study*, pp. 164-169.

自都很协调,但相互之间却不一致。因此,如同 P. T. 1286 一样,P. T. 1287“是一组不完整的、原先各自独立的资料(élément),先由不同作者撰写,后由一位编者汇集或重新抄写,其时间不早于 9 世纪”。①

1979 年,麦克唐纳与今枝由郎主编《法国国家图书馆藏藏文文献选集》,于其导论中,今枝由郎根据魏普贤对文书背面汉文写经的分析,判断 P. T. 1286 + P. T. 1287 共 20 个段落可分成两个部分,一是 P. T. 1286 第 1—4 节 + P. T. 1287 第 1 节 + P. T. 1287 第 8—10 节;二是 P. T. 1287 第 2—7 节 + P. T. 1287 第 11—14 节。两部分各对应于不同的文献体裁。今枝由郎认为,首先存在两件写卷,各由不同而互为补充的作品组成,即王统世系(རྒྱལ་རབས)和大臣世系(*བློན་རབས),大臣世系由大臣名表(P. T. 1287 第 2 节)组成,各个段落按年代先后编排有关最重要的大臣的事迹(P. T. 1287 第 3—7 节,第 11—16 第)。王统世系包括 P. T. 1286 第 1—4 节,P. T. 1287 第 1 节和第 8—10 节,不过对于王统世系,我们难以重构其最初的形式。然后,王统世系和大臣世系被分成不同段落,组成我们目前所看到的文书的内容。②

对于麦克唐纳和今枝由郎的上述观点,乌瑞不予认同。他认为,虽然“王统世系”(རྒྱལ་རབས)作为一种文献体裁人所共知,但恐怕不存在一个与王统世系相对应的“大臣世系”(*བློན་རབས)这样一种文献体裁。乌瑞指出,目前我们还找不到任何一部作品纯粹描述大臣的功绩。麦克唐纳提出来作为例证的伏藏本(གཏེར་མ)《五部遗教》(བཀའ་ཐང་སྡེ་ལྔ)中的《大臣遗教》(བློན་པོ་བཀའི་ཐང་ཡིག)由乌坚林巴(ཨོ་རྒྱན་གླིང་པ)“发现于”1347 年,主要描述的是行政管理的结构与原则而非大臣的功绩。③ 乌瑞说,麦克唐纳与今枝由郎理论的另一个问题是他们将各节视为一个连续的、互为独立的整体,但事实上,有几节是由两个到四个小段不同的内容所组成;反过来,我们又可以找到有

① Ariane Macdonald [Spanien], “Une lecture des Pelliot tibétain 1286, 1287, 1038, 1047, et 1290,” pp. 333-334;耿昇译:《敦煌吐蕃历史文书考释》,第 231—233 页。

② Yoshiro Imaeda, “P. T. 1286 et 1287,” pp. 21-23; G. Uray, “The Structure and Genesis of the Old Tibetan Chronicle of Dunhuang,” pp. 132-133.

③ G. Uray, “The Structure and Genesis of the Old Tibetan Chronicle of Dunhuang,” p. 133.

些叙事被分成了两部分，并被放到不同的节之中。比如 P. T. 1287 第 4 节可分成四个部分，而且这四个部分不论其内容还是陈述方式和风格皆各不相同。另一方面，P. T. 1287 第 4 节第一部分（a）却可以和 P. T. 1287 第 3 节共同组成一个不论从风格上还是内容上都可谓组织完好的叙事（乌瑞称为ཟིང་པོ་རྗེnarrative“森波杰叙事”）。同样地，P. T. 1287 第 4 节的第二部分（b）和 P. T. 1287 第 7 节构成一个单独叙事，即琼波·邦色苏孜事迹，它们在陈述方式和叙述风格上亦十分一致。应该注意的是，琼波·邦色苏孜事迹还见于英藏藏文文书 IOL Tib J 1375（Ch. Xvii 2）。如上所述，这件残片和另一件法藏残片 P. T. 1144 均是梵夹装，可能是某件梵夹装的古藏文编年史的组成部分。乌瑞认为，IOL Tib J 1375 当是 P. T. 1287 第 4 节（b）和第 7 节的原型，南日伦赞和松赞干布时期有关琼波事迹的内容只是在《古藏文编年史》编辑成文时才被分开，其内容亦被人为地进行调整，以符合新的文本。不过 P. T. 1144 中所记载的达布聂息被捕之事就没有被《古藏文编年史》所采用，而仅保存在后期本教文献中。①

乌瑞进一步指出，英藏 IOL Tib J 1375 和 P. T. 1287 第 4 节（b）+第 7 节都出现了琼波·邦色苏孜事迹，其内容即相关又不完全一致，这表明 P. T. 1286 和 P. T. 1287 并非编纂于吐蕃本土，而是在敦煌。在编纂的过程中，其内容逐渐偏离原型，而且根据不同赞普的先后顺序而重新编排各个段落。其结果，某些叙事被分成了两部分，而每个部分被插入《古藏文编年史》的不同地方。不过，敦煌的这位编纂者没有严格按照年代先后次序来进行编排，比如，如果从年代上讲，第 5 节当放在第 6 节和第 7 节之间。② 可以补充乌瑞此处论述的是，近年汉堡大学的赫尔曼·沃日尼博士通过对 IOL Tib J 1375 纸张的分析，指出这件文书所用的纸张是由结香/瑞香属（Daphne/Edgeworthia）植物的纤维所造，这种植物不见于敦煌及其附近地区，却大量出产于西藏中部和南部海拔 3500 米以下的地方。赫尔曼·沃日尼和杜晓峰由此推论道，IOL Tib J 1375 和 P. T. 1144 这两件“编年史残

① G. Uray, “The Structure and Genesis of the Old Tibetan Chronicle of Dunhuang,” p. 134.

② G. Uray, “The Structure and Genesis of the Old Tibetan Chronicle of Dunhuang,” p. 135.

片”（Chronicle Fragments）来自吐蕃本土，或者有可能采用了来自吐蕃本土的材料。他们通过正字法和写本学的分析，确定 IOL Tib J 1375 和 P. T. 1144 的成文早于 P. T. 1287，其书写风格亦更为古朴。他们进一步认为，包含这两件残片的文书是在吐蕃占领敦煌时期从吐蕃本土带到敦煌的。[①] 这个结论表明，吐蕃本土可能曾经存在过一部梵夹装的、与我们目前所见到的这部《古藏文编年史》有关的资料，或者可能是另一种形式的《古藏文编年史》，而敦煌藏经洞所出的这部写本则是依据前者并加以增删而形成的。

乌瑞指出，由于魏普贤的研究证实 P. T. 1287 第 7 节和第 11 节原先是写在一张纸上面，这表明敦煌的编纂者知道第 7 节和第 11 节是前后连续的，而且事实上也是前后连续地抄写下来。如此一来，第 7—14 节之间的排列混乱就不是某位粘贴纸张的人的失误所致，因为需要先把第 7 节和第 11 节剪开，然后才能于中插入第 8—10 节。对此乌瑞解释说，可能正如麦克唐纳所述，在 9 世纪下半叶，人们已经试图将象雄最后一位国王李迷夏的覆灭与墀松德赞时期吐蕃对非佛教宗教的迫害联系在一起。不过在此方面，乌瑞承认自己提供不了更多可资佐证的材料。[②]

关于《古藏文编年史》的文献来源问题，早在 1955 和 1956 年，李盖提曾于其大学演讲系列中提出《古藏文编年史》的编排反映了韦氏（དབའས）、娘氏（མྱང）、农氏（མནོན）和蔡邦氏（ཚེ་སྤོང）等几个贵族的利益，他引证的段落包括：1）P. T. 1287 第 3—6 节，尤其是“森波杰叙事”（第 4 节 a）最后一段有关南日伦赞赏赐的描述；2）P. T. 1287 第 5 节松赞干布与韦・旁呫热义策盟誓所呈述的对韦氏后代世袭特权的确定。后来乌瑞对李盖提的上述观点作了进一步发挥，乌瑞指出，实际上 P. T. 1287 相当多的段落体现了娘氏和韦氏家族的利益，但蔡邦氏和农氏的利益对《古藏文编年史》则几乎没有影响。

① Brandon Dotson and Agnieszka Helman-Ważny, *Codicology, Paleography, and Orthography of Early Tibetan Documents: Methods and A Case Study*, pp. 126-128.

② G. Uray, “The Structure and Genesis of the Old Tibetan Chronicle of Dunhuang,” pp. 135-136.

他认为 P. T. 1287 下面的这些行文反映的是韦氏和娘氏家族的利益：

第 2 节大相世系：噶尔·东赞域松逝世之后，小尚论和属民希望韦·松囊（དབའས་སུམ་སྣང）继任，但君臣秘密商议后，由噶尔·东赞域松之子噶尔·赞悉若多布继任大相；

第 3 节和第 4 节（a），森波杰叙事：对森波杰墀邦松的背叛标志着雅砻王朝统一吐蕃的开始，而此背叛行为是由娘·孟咄热曾古（མྱང་སྨོན་ཏོ་རེ་ཅེང་སྐུ）和韦·旁咄热义策发起的，他们在事成之后得到的赏赐亦最多；

第 4 节（d），琼波·邦色苏孜与娘·莽布支尚囊之间的争论：此次事件是娘氏地位上升的开始；

第 5 节：松赞干布与韦·旁咄热义策盟誓，确定韦氏后代的世袭权利；

第 6 节（b）：娘·莽布支尚囊因琼波·邦色苏孜的离间之计而遭覆灭；

第 9 节，墀德祖赞时期：此节开头叙述吐蕃攻破唐朝瓜州城，获诸多财宝，而此战争是在赞普与大相韦·悉诺罗恭禄（དབའས་སྟག་སྒྲ་ཁོང་ལོད）共同商议之后决定发动的。据《吐蕃大事纪年》和《旧唐书·吐蕃传》，727 年 9 月，吐蕃大将韦·悉诺罗恭禄与烛龙·莽布支（ཅོག་རོ་མང་པོ་རྗེ་ཁྲི་ཆུང）攻陷唐瓜州城，随后韦·悉诺罗恭禄被任命为大相，但次年韦氏即遭罪谴。①

乌瑞说，对于上述这些叙事，唯一的解释是《古藏文编年史》不仅利用了娘氏和韦氏家族的历史，而且后来《古藏文编年史》还经过某种程度的改写，从而体现娘氏和韦氏家族的利益。②

综合乌瑞的观点，他反对《古藏文编年史》源于各自独立的某种王统世系、大臣世系或王妃世系的文献，相反，由于 P. T. 1287 的

---

① G. Uray, "The Structure and Genesis of the Old Tibetan Chronicle of Dunhuang," pp. 137-138; Cf. IOL Tib J 750《吐蕃大事纪年》，727—728 年条和 728—729 年条（Brandon Dotson, *The Old Tibetan Annals: An Annotated Translation of Tibet's First History*, pp. 116-117）；《旧唐书》卷一九六上《吐蕃传》上，北京：中华书局，1975 年，第 5229 页。

② G. Uray, "The Structure and Genesis of the Old Tibetan Chronicle of Dunhuang," pp. 138-139.

相当段落体现了韦氏和娘氏家族的利益，《古藏文编年史》利用了娘氏和韦氏家族的历史，而且还经过一定程度的改写，以体现这两个家族的利益。

关于 P. T. 1287 的行文特点，2009 年沃尔特(Michael L. Walter)在其著作《佛教与帝国》中略有提及，他认为 P. T. 1287 更注意将尊贵的贵族领袖与赞普的关系理想化，为他们的德行提供典范，而非全面赞扬和支持赞普。站在赞普一边的文献是碑文。盟誓则在这两种文献中皆扮演重要角色。[①] 另外，2011 年蔡勒斯在翻译 P. T. 1287 第 1 节时，认为这件文书具有“未完成”(unfinished) 和“未经润色”(unpolished) 的特点。她指出，考虑到其重新排序、前后矛盾及语言方面的特点，目前我们所见的《古藏文编年史》可能只是初稿(draft version)，有待出于某种政治目的而被进一步修改。最后的版本可能如同后期的历史著作那样，以一种更加连贯的方式更有条理地安排事实（facts）与虚构（fictions）。这个最后版本是否曾经存在过，或它是否曾经影响了后来的传统，仍是一个未知之谜。[②]

二、译注

（一）P. T. 1287

1. 止贡赞普[③]年幼之时，［诸人］请示老祖婆婆[④]卓夏玛吉林玛：

---

① Michael L. Walter, *Buddhism and Empire*, Leiden: Brill, 1996, p. 24.

② Zeisler, Bettina. “For Love of the Word: A New Translation of Pelliot tibétain 1287, the *Old Tibetan Chronicle*, Chapter I”, in Yoshiro Imaeda, M. T. Kapstein and Tsuguhito Takeuchi ed., *New Studies of the Old Tibetan Documents: Philology, History and Religion*. Old Tibetan Documents Online Monograph Series Vol. III. Tokyo: ILCAA, Tokyo University of Foreign Studies, 2011, pp. 101-102.

③ 赞普：系藏文“བཙན་པོ”之对音。在吐蕃，先民以“བཙན”为原始崇拜之精灵，与年（གཉན）、鲁（ཀླུ）并列。后转为统治者自称，在吐蕃诸王中多以此字为名，以示崇巍。《新唐书・吐蕃传》云：“其俗谓雄强曰赞，丈夫曰普，故号君长曰赞普”，颇得其意。

④ 此处的“མ་མ”，当指一位女性前辈，本文译成“老祖婆婆”。在藏文传统史籍中，这位བྲོ་ཞ་མ་སྐྱི་བཞིང་མ还被称为“མ་མ་དྲོ་ཞལ་སྐྱིད་སྙིང་མ”（《弟吴教法史》）、“ཨ་ཕྱི་གདགས་ལྷ་དཀར་མོ”（《贤者喜宴》）、“ཨ་ཕྱི་བརྟགས་ཀྱི་ལྷ་མོ་དཀར་མོ”（《汉藏史集》）等，通常译为“祖母”。现代藏语中，“ཨ་ཕྱི”亦为“外祖母”之意。

“[给他]取什么名?”老祖婆婆问曰：

2. “吉查玛帕山岩是否坍塌？塘玛止邦草场①是否焚毁？措溏列贝湖水②

3. 是否干涸?”答曰：“岩未塌，湖也未干，草场亦未被焚毁。”老祖婆婆卓夏

4. 玛年迈耳背，结果误听成“岩已塌，草场也焚,湖亦干”，

5. 遂曰：“如此，必定是‘水中亡、厉鬼杀’③，就叫止贡赞普吧。”于是取名为止贡赞普。

6. ［由于］起错名字，［止贡赞普］常耿耿于怀。④ 作为天神之子，［此王］虽然形同凡人，

7. 却具当众升天等巨大神通与幻化之力，故不能克制其狂躁与骄慢，

8. 强令［他人与自己］比武试能，问父族九系⑤和母族三支⑥：“［尔等］敢如勇士对峙、牦牛对角一般⑦［与吾］迎面相斗乎?”

9. 众人皆称“不敢”。罗阿木达孜亦答“不敢”，

10. ［却为赞普］所不允。于是罗阿木启禀曰：“既然［赞普］不允［所辞］，

---

① 通常将这里的山名、草场名和湖名译成“畿地方之扎玛岩”“当玛地方之母牦牛草场”，本文将“སྐྱི་བྲག་མར་བ”和“དང་མ་འབྲི་སྤངས”理解为一个完整的名字。

② 止贡绛贡切仓（འབྲི་གུང་སྐྱབས་མགོན་ཆེ་ཚང）所编《敦煌藏文文献所见吐蕃赞普世系》(ཏུན་ཧོང་བོད་ཀྱི་ཡིག་རྙིང་ལས་བྱུང་བ་བོད་བཙན་པོའི་རྒྱལ་རབས།，以下简称“止贡《吐蕃赞普世系》”）中根据《雅隆教法史》的记载，认为“མཚོ་དམ་ལེ་དབལ་མཚོ”是吐蕃赞普王室的魂湖。见止贡《吐蕃赞普世系》，松赞图书馆（སྲོང་བཙན་དཔེ་མཛོད་ཁང་།），2010 年，第 109 页注 117。

③ 止贡《吐蕃赞普世系》将这里的“སྲི”理解成“སྲིད”即国政，遂译为“水中亡、国政毁”。见第 109 页注 118。《敦煌本吐蕃历史文书》译为“短命夭亡”。注释中说སྲི或སྲིའུ总是和“出生不久就死去的小孩”有关。例如，叶斯开和达斯《藏英字典》说是“一种专门吞食小孩的鬼”。

④ 止贡《吐蕃赞普世系》根据《弟吴教法史》的记载，将“ཐུགས་སུ་ཡང་ཞུགས”理解为“ཐུགས་སུ་ཡང་གདོན་ཞུགས”即心魔缠身，见第 111 页注 134。

⑤ 按《弟吴教法史》等史籍记载，吐蕃赞普父系为六系，分别为ཉོ、སྙགས、ཁུ、གནུབས、སོ、རྔོ，此处的九系，似为泛指，暂存疑。参止贡《吐蕃赞普世系》，第 111 页注 135。

⑥ 母族三支指ཁྱུང、གནུབས、གཉན。参止贡《吐蕃赞普世系》，第 111 页注 136。

⑦ 此句之前多理解为“到牦牛跟前……”从原文句式看，其中“དགྲ་ཅུ་ཀལ”和“གཡག་ཏུ་རྡང”似为对仗关系，暂分译为“勇士对峙、牦牛对角”。

11. 若赐臣［赞普御用］自动击刺之矛、自动挥砍之剑、自动穿戴之甲、自动遮护之盾等

12. 诸幻化神器，则敢［斗胆］一战。”［赞普］遂将上述天神幻化神器皆赐之。

13. 于是，罗阿木达孜提前来到娘若香波堡寨前，赞普亦至娘若香波，

14. ［两人］于娘若台瓦林中对阵。接着达孜又禀曰：“［若要公平一战］请［赞普］摘坚固之头盔，

15. 脱厚实之护颈。”① 所请两事亦得允准。

16. 于是，罗阿木在一百头犍牛的牛角上绑金矛尖二百支，牛背上驮以灰袋，

17. ［驱使］牛群奔走倾轧，使得［牛背所驮灰袋破裂，］灰尘漫天，罗阿木借灰尘弥漫乘机进攻。当止贡赞普被其

18. 护身天神德拉贡杰引往天宫时，罗阿木自腋下取出一猴②，德拉贡杰［受惊后］降落在

19. 第斯雪山当中隐去，止贡赞普亦于该地遇害。③［止贡赞普的］遗体被置于合口铜箧之中，

20. 抛入藏曲河之中央，在下游赛仓地方进入鲁王④俄德贝德仁

---

① “དབལ་འཐེང”和“དབལ་སྐས”一直以来被译为“天绳”和“天梯”，近有学者对此作出纠正，参止贡《吐蕃赞普世系》，第109页注128、129；陈践：《若干典型古藏文语词疏译之一——重读〈敦煌本吐蕃历史文书〉之体会》，见《中国藏学》2015年S0期，第64页。

② 猴子为一种厌胜物，据藏文文献记载，止贡赞普曾说对方若是七头红牛驮着灰袋上阵则我不敌，宝剑在头顶挥舞则我不敌，右腋掏出猴子则我不敌，左腋掏出猫则我不敌，额头挂宝镜则我不敌。罗阿木达孜听到后定下了取胜之计，遂在阵前从右腋下掏出猴子，惊走了赞普的保护神。止贡《吐蕃赞普世系》，第111页注137。参陈践：《若干典型古藏文语词疏译之一——重读〈敦煌本吐蕃历史文书〉之体会》，见《中国藏学》2015年S0期，第64—65页。

③ 关于止贡赞普与罗阿木比武被杀害，罗阿木篡位的故事，在后来的藏文史书中均有记载，内容大致相同，情节稍有变动，如《吐蕃王统世系明鉴》（1388年成书）、《贤者喜宴》（1564年成书）、《西藏王臣记》（1642年成书，民族出版社铅印本，第19页）。这一故事反映出西藏早期历史上氏族之间的斗争起伏的过程，同时也可看出民间传说在流传过程中被文人吸收，纳入史籍所作的删削增改，颇有代表性。

④ 通常译为龙王，鉴于藏文中“ཀླུ(鲁)”和“འབྲུག(龙)”有别，在此将其译为鲁王。

摩之腹中。

21. ［止贡赞普的］两位王子，被命名为夏墀、聂墀，并被［罗阿木］流放于工域[①]地方。[②] 此后，有哈牙氏莫古希库

22. 与那囊氏赞雄杰二人，在两只世间大獒“温苏雅查”和“姜古苏勒玛姜唐温古”[③]

23. 的毛上涂以剧毒，翻过昌波[④]的高山，观颇拉山[⑤]相，现吉兆。

24. 于是，来到娘若香波附近，通过施展妙计，由阿维达孜[⑥]牵着涂有剧毒的獒［来到罗阿木达孜近旁］，

25. 罗阿木以手抚摩神獒，［因为］獒毛之上被阿维达孜涂了剧毒，所以手摸毒毛即被毒死，

26. 从而得以雪恨。其后，札氏之子拉布茹拉杰父系与哈牙氏父系互相争斗，

---

① 工域，地区名，今西藏东部尼洋河上游流域工布江达县一带。旧时包括江达、觉木、则拉、雪卡等宗，现已经划为数县，参见《卫藏道场胜迹志》注释213。参见《敦煌藏文吐蕃史文献译注》，第85页。

② 夏墀、聂墀复国，杀罗阿木的故事，流传至蒙古地方，产生新的变体，传出蒙古的祖先实为夏墀、聂墀之弟，名为葭墀（《蒙古源流》译音为“持”）。这一系人种繁衍，遂成蒙古民族。详见《蒙古源流》卷3“额讷特珂克土伯特蒙古汗等源流”。此说比较奇怪，看来是西藏佛教传入蒙古地区以后产生的影响。1997年，李勤璞从比较文学的视角，分析了包括P. T. 1287第1节在内的藏文文献对有关聂墀赞普和止贡赞普被置于铜匣之内随江水漂流的故事，指出铜匣漂流是印度史诗和佛经中久盛不衰的文学母题，这些情节并非历史事实，不可依之而建构吐蕃古史。李勤璞《铜匣（Zangs-Kyi Gavu）漂流记——聂赤赞普和支贡赞普》，《中国社会科学》1997年第1期，第168—182页；英文版Li Qinpu, “The Zangs-kyi Ga-vu (Brase Case) and Its Drift-Gnyav-khri btsan-po and Gri-gum btsan-po,” *Social Sciences in China*, vol. 1999. 1, pp. 114-133。

③ 从上下文来看，应该有两条藏獒。“སྲིད་ཀྱི་ཁྱི་བོ་ཆེ་འོན་ཟུགས་ཡར་གྲུགས་དང་།འཇང་གི་ཟུ་ལེ་མ་འཇང་དང་འོན་རྐུ་གཉིས”一句虽然包含了两个“དང”，但从语感来看，后面的“དང”应该是名字的一部分而非“和”的意思，所以两条獒应该分别叫“温苏雅查”和“姜古苏勒玛姜唐温古”。

④ བྲག་གཡའ་བོ为“峻岭”意，这里的འཕྲང་བོ似为一地名。

⑤ 此处将“ཐོ་ལ”理解为一山名。

⑥ 有些文章将这里的“ང་འི་རྟ་རྗེ”理解为罗阿木达孜，从上下文来看是错误的。止贡《吐蕃赞普世系》认为此人即后文中出现的“ངར་ལས་སྐྱེས།”，但也没有提出证据。此处暂将其译为一个人名，不排除是哈牙氏莫古希库与那囊氏赞雄杰某一人的异名，因为下一句就有“獒毛之上被阿维达孜涂了剧毒”的说法。

27. ［结果］哈牙氏将札氏灭族绝嗣，人户凋零。札氏一妻得以虎口脱生，逃回父兄之部落，逃亡之时怀有遗腹之子。

28. 此儿刚能站立于［大人的］膝盖①时就问其母：“人皆有王，吾王为谁？

29. 人皆有父，吾父为谁？请指于吾看！”其母曰：“幼稚小儿

30. 别说大话！小小斧子②别夸刃利，吾亦不知！”膝上子阿列杰③曰：

31. “若不指于吾看，吾将不苟活于人世！”母亲于是便将始末告之：“汝父为哈牙氏所杀，汝王

32. 赞普被罗阿木达孜所害，遗骸装入一个合口铜箧之中，弃于藏曲河之

33. 中央，在下游赛仓地方进入鲁王俄德贝德仁摩之腹中！两位王子

34. 被命名为夏墀、聂墀，流放到了工布地方。”于是，膝上子阿列杰曰：

35. “［如此，］人若不见，吾可按踩出之足迹去寻找，水若断流，吾可由遗留之河道去寻找！”遂动身上路。

36. ［膝上子阿列杰］在工布哲那地方见到夏墀、聂墀两位王子，也见到了鲁王俄德贝德仁摩，

37. 问［鲁王］：“用何物可赎回赞普尸骸？”答曰：“别无他求，只需一人，目如鸟目、眼皮上翻。”

38. 膝上子阿列杰走遍天涯，寻遍四方，也未找到

39. 目如鸟目、眼皮上翻之人。［直至］干粮吃尽，靴底磨穿，方回至母前，

40. 曰：“按踩出之足迹找到了人，由遗留之河道找到了水！吾

---

① བུ་སྤུས་ལ་འགྲེང་ནུས་ཙམ一句，学界通常译为“能够扶着大人的膝盖站立”，但也可理解为“能够在大人的膝盖上站立”，从语感上讲，后者似乎更能强调年纪小之意。

② “ཏེ་ཝ་ཙུང”，即“སྟེའུ་ཆུང”，意为小斧子。

③ “སྤུས་ཀྱི་བུ་ངར་ལེ་སྐྱེས”，有译为“悉布氏之子阿列吉”或“布之子阿尔勒结”，即把“སྤུས”理解为一个姓氏，因上文已明确阿列杰为札氏之后，故译为“布氏之子”或“布之子”稍显牵强。

已见到夏墀、聂墀二王子，也见到

41. 鲁王俄德贝德仁摩，［鲁王］要求用一目如鸟目、眼皮上翻的人赎回［赞普］遗骸，

42. ［吾至今］未能寻得，请为吾准备干粮，还需继续寻找!”于是复又启程。

43. ［一日］抵达岗巴春山下，来到一位正在田中除草的人鸟族①妇女近前，［发现她］背篓中有一小儿②，

44. 目如鸟目、眼皮上翻。于是问其母：“若求此子，所需若何?”

45. 其母答：“别无他求，唯愿无论何时，赞普王者一经亡故，皆束发于顶髻，

46. 涂丹朱于面庞，装饰于全身，③ 鞭挞赞普遗体④，不掠百姓⑤，

47. 供人饮食，能否如此遵行?”［膝上子阿列杰］答曰：“能!”乃立重誓，

48. 以庄严誓词为证后，将人鸟族女儿领走，作为［赞普］尸骸的替代品，置入鲁王俄德贝德仁摩腹中。

49. 聂墀、夏墀⑥迎回赞普遗体，在降多拉布⑦山顶修建陵墓。

---

① “ཚ་མྱི་བྱ”，可理解为“人鸟家族”，“ཚ”指家族，“མྱི་བྱ”为人鸟，参王尧、陈践：《敦煌本吐蕃历史文书》，见《王尧藏学文集》卷一，北京：中国藏学出版社，2012年，第268页注64。

② 从下文来看，应为一女婴。

③ “བཞགས”为装饰意。

④ “འཚོག”有汇集和击打两种含义，因此以往对此句有填充和鞭挞两种理解，此处取鞭挞之意。古藏文文献《ཟངས་མ་གཞུག་དྲལ་ཅན》记载有阿列杰与人鸟族父母就如何赎买其女的约定，即鞭挞赞普遗体一百鞭。参止贡《吐蕃赞普世系》，第118页注154。

⑤ “འཕྲོག་ཆེམ”应为“抢掠”意，可理解为“不抢掠百姓”。此句似有阙文，若按原文为“抢掠他人”，上下文不通。《敦煌本吐蕃历史文书》译作“对众人秘而不宣”。参见王尧、陈践：《敦煌本吐蕃历史文书》，见《王尧藏学文集》卷一，北京：中国藏学出版社，2012年，第214页。

⑥ 按照止贡《吐蕃赞普世系》的理解，此处的ཉ་ཤ་གཉིས即སྲས་ཉ་ཁྲི་དང་ཤ་ཁྲི之意。

⑦ 降多拉布：苯教神山。传说聂墀赞普自天而降时是从该山下来的。参见《第穆萨摩崖刻石》第4行。

50. 王弟聂墀安葬先王，王兄夏墀前去为先王复仇。聂墀者，即

51. 工布王噶波者也。[夏墀] 率兵三千三百启程奔赴秦瓦堡寨，[唱] 曰：“故土

52. 若无父王在，人畜皆逝地荒芜[①]；故地如无甘霖降，枝枝柽柳

53. 亦空杆！”遂跨过勉巴成瓦岭，翻越丁索戎仁山，至巴

54. 曲贡塘。至娘若香波时，罗阿木之一百男丁头扣铜锅

55. 自尽，罗阿木之一百女眷胸贴大锅而亡。于是攻下娘若香波堡寨，

56. 凡站立直行之人皆置于囹圄，凡俯地而行之牲畜皆掠为财富。[处置完毕后，复返] 至巴曲贡塘，乃作歌曰：

57. “要说亲，父最亲，鸟族矛头毙，器皿散落脚下碎。

58. 攻拉康[②]，筑陵墓，若无沃德[③]无布德[④]!”复返秦瓦达则，

59. 再唱曰：“登上故土王座兮，人畜满地不荒芜！故地普降甘霖兮，

60. 枝枝柽柳不空杆！”如此歌毕，如锅置于支锅石上一样的合适，

61. 众望所归，遂为人主[⑤]，在世时名为布德贡杰，逝世后建墓章木南赛，

62. 诚然为站立众人之王者，俯行牲畜之主宰也！

---

① 参止贡《吐蕃赞普世系》，第 118 页注 159。

② 此处的“བཙའ”似为“ཡུམ་བུ་བཙ་མཁར།”，即雍布拉康，意为被罗阿木达孜占去的悉补野王宫得到光复。止贡《吐蕃赞普世系》将其解释为娘若香波。

③ 止贡《吐蕃赞普世系》将其解释为之前保管止贡赞普遗体的鲁王俄德贝德仁摩，本文认为也可以理解为悉补野之祖先神沃德贡杰。

④ 止贡《吐蕃赞普世系》将其解释为悉补野王族的保护神，即止贡赞普被害时逃遁的德拉贡杰，本文认为夏墀后来称王后号为“布德贡杰”，因此认为这里的布德是指布德贡杰自己。

⑤ 如锅置于支锅石上一样的合适，众望所归，遂为人主：“民以食为天，灶为食所依，锅灶对每个人都是不可缺少，必须拥有的，夏墀（布德贡杰）来当悉补野国王，众人犹如获得了生活不可缺少的锅灶一样，过日子有了保障，这是很真实、贴切的比喻。”参见陈践：《若干典型古藏文语词疏译之一——重读〈敦煌本吐蕃历史文书〉之体会》，《中国藏学》2015 年 S0 期，第 66 页。

63. 赞普岱处保南木雄赞时期以及之后大相的世系：最初，

64. 达尔氏之子东当杰①任职，贤明勇武，忠贞不贰。其后,埃·

65. 多吉杰任职，勇武贤明。其后，麹②·拉俄高噶任职，

66. 对敌勇武，善谋略。③ 其后，洛·塘真牙登任职，抵御外敌，

67. 修明内政。其后，埃·塘雍塘杰任职，勇武贤明。

68. 其后，努④·孟多日邦赞任职,善谋略。其后,吞米⑤·中子甲

69. 赞努任职，此人诡计多端，对其亲妹吞米·萨牙登进毒⑥，

70. 妹饮门毒⑦后，遂为赞努所害。其后，那囊⑧·

71. 真道杰任职。其后，努·赤多日通保任职。其后，努·

72. 赤道杰祖伦任职。其后，努·年多日恩囊任职。其后，

73. 许布·杰多日阿米任职。以上诸大相均有神变，持重刚直，

74. 贤明无与伦比，此等人物，前无古人后无来者。其后，蒙⑨·

75. 赤多日芒策布任职，其贤明事迹如下：曾剿灭藏蕃之小王马尔门。

76. 当其谋划时，心想，最近将有一使者前来，应速作针对

---

① 有学者认为“东当杰”与麹·拉俄高噶为同一个人。参见林冠群文章。

② “麹”氏：据《贤者喜宴》所载，该族始祖为止贡赞普遗孀与雅拉香波山神化现的白牦牛交合所生，名“茹来杰”，后此人杀罗阿木，报仇复国，位极人臣。其苗裔称“麹”，意为“叔父”。著名学者麹顿·尊珠雍仲，即出于该族。其采邑在山南唐卜赤地方，元代封为八千户所。今属西藏琼结县辖。

③ སྙིང་ཤེས་ཀྱིག་རྫོ，本义知人察微，引申为善谋略。

④ “努”氏：采邑在羊卓雍湖一带。羊卓雍湖古名“努氏之湖”。今属西藏浪卡子县辖。

⑤ “吞米”氏：又译作“吞弥”“屯弥”“通米”等，西藏古老家族之一。采邑在今尼木县境内，有吞区、吞村，相传为吞氏故址。创藏文者“吞米桑布扎”，即出于该族。

⑥ 关于“进毒”的原因，有两种解释：其一，政治斗争所致；其二，在藏地的一些地方，有向某人进毒后这个人的福祉就转移到自己身上的说法。

⑦ མོན་དུག，门毒，指门域地方的一种下毒方式。

⑧ “那囊”氏：亦为与赞普结盟并通婚家族。墀松德赞一妃姓那囊氏，相传曾抢金城公主所生子，伪作己有，遂有金城之子宴前认舅等故事。载《西藏王臣记》，北京：民族出版社铅印本，1959 年，第 69—71 页。

⑨ “蒙”氏：采邑在曲水与堆龙德庆之间，“蒙”村即其故址。松赞干布王妃之一，即出于该族。

77. 使者之答词。在尚未准备好使者的答辞时，[①]

78. 使者毕至，遂不需刑牲备礼，盖此前已有所准备矣，此其大概也。

79. 其后，噶尔·赤扎孜门任职，贤明且持重刚直。

80. 与三宾客结伴而行，彼能知为首者、中间者、

81. 最后者心中所想。后，向诸友人询问真假，

82. 三人同说，果如赤扎孜门所言。其贤明

83. 如此。其后，娘[②]·莽布支尚囊任职，赞普父王墀伦赞

84. 升遐。王子赤松赞在位之时，娘·莽布支尚囊受命收抚苏毗

85. 诸部，归于治下。娘·莽布支尚囊以

86. 智慧和谋略二者，人马均无耗损，有如种羊领群之方法，以口舌言语，

87. 抚服庶民百姓，为其固有之属民，此其大概也[③]。其后，噶尔·芒

88. 相松囊任职。芒相松囊与麹·赤聂古松二人备利剑，设暗号。

89. 昔日，赞普卓年之时，吞米·中子甲赞

90. 努为大相，心怀异志，噶尔·芒相松囊对其备利剑、

91. 设暗语有所察觉，乃擒而治其罪焉。由芒相松

92. 囊亲自行刑，杀之，割其首级，抓在手中，塞入怀兜。

93. ［吞米·中子甲赞努］行五六步，其尸体方扑倒在地云。其

---

① 王尧、陈践将该段翻译为："当其不依恃任何准备即可作答之时。"见王尧编著：《王尧藏学文集》（卷一），北京：中国藏学出版社，2012 年，第 215 页；黄布凡、马德将其译为："于是作了让使者得不到任何回报的安排。"见黄布凡、马德：《敦煌吐蕃史文献译注》，兰州：甘肃教育出版社，第 147 页。

② "娘"氏："娘"唐代译作"明"。这一家族分布很广，东支原在工布一线，尼洋河流域，西支在江孜至日喀则一线，年楚河流域。按尼洋与年楚均为"娘"的不同汉字译音。热巴巾时重臣娘·定埃增出于该族。其采邑在今西藏墨竹工卡县境内，仍有当年颁赐的封碑存在。参见《吐蕃金石录》所载甲、乙《谐拉康碑》。

③ 此处前人译作"其贤明如此""其人如此贤明"，其实原文并无"贤明"二字。参见王尧编著：《王尧藏学文集》（卷一），第 216 页；黄布凡、马德：《敦煌吐蕃史文献译注》，第 147 页。

后，琼保·邦色苏孜任职。

94. 一次，其与倭美岱类赞失和，前往赤邦松城堡，

95. 于此城堡搞大阴谋，以宴请赞普松赞为名谋反，事为噶尔·域宋

96. 察觉，［琼保］乃自刎身亡。① 邦色苏孜之贤明，［可举例如下］：能算

97. 三笔账，或断四桩诉讼案，同时还能与人对弈取胜。② 一次，有群鸽

98. 自天上飞过，彼点数之，一、二、三、四、五、六。迨鸽飞返时，

99. 复数之，缺其一，乃曰：“抑或为鹰隼所噬乎？速往观之！”

100. 众人往视，果见一鸽为鹰所噬。如邦色苏孜之敏明、计谋深远、

101. 识人聪俊、集众人所长于一身者，绝无第二人③。于众人之中能如彼者，不可复得也。其后，

102. 噶尔·东赞域松任职。域松年耄，由倭美岱类赞继任，

103. 不久，彼以心怀异志被杀。其后，大臣东赞重新出任，六年后

104. 老死。继任者，经尚论占卜④和庶民推举，谓：“由韦⑤·松囊

---

① 关于琼保·邦色苏孜谋逆一事，英藏敦煌藏文文献 IOL TIB J 1375 吐蕃大臣琼保·邦色苏孜传记有详细记载。可参黄维忠：《英藏敦煌藏文文献 IOL TIB J 1375 译释》，《西藏民族大学学报（哲学社会科学版）》2016 年第 2 期。

② 同时还能与人对弈取胜：“ཟླ”可理解为ཟླ་བོ། 为“配偶”之意，引申为“同时”。陈践：《若干典型古藏文语词疏译之一——重读〈敦煌本吐蕃历史文书〉之体会》，见《中国藏学》2015 年 S0 期，第 68 页。

③ ཟུ་ཙེ་ལྟེ་བུ་སུ་ག་ལ་ཡང་མྱེད་དོ། 直译为“非邦色苏孜莫属”。因前有“如邦色苏孜”，再翻译为“非邦色苏孜莫属”，这样，同一人名在一个句子中出现两次，不太符合汉文习惯，故意译为“绝无第二人”。

④ པྲ་མོ། 圆光占卜。系借助镜面等进行的一种占卜。并非ཕྲ་མོ།（细小）之异体字。

⑤ “韦”氏：早期即与吐蕃赞普悉补野氏家族结盟。杀害热巴坚的权臣韦·达那金，起义领袖韦·罗泊罗穷均出于该族。

105. 担任不好吗[①]？” 王臣密商后以噶尔·赞聂多布任大相，

106. 以其聪俊有如良骏也，并以韦·松囊为大相之助理。

107. 松囊死，赞聂多布独自任职。其后，麴·莽布

108. 支拉松任职，拉松获罪谴后，由韦·赤色乡年任职。

109. 后，由噶尔·钦陵赞婆任职。后，韦·赤松杰藏热任职。

110. 后，埃·芒相达策任职。后，韦·达

111. 扎孔类［悉诺罗恭禄］任职，获罪谴，由没庐[②]·穷桑俄儿玛任职。其后，

112. 末[③]·杰桑东则布任职，杰桑东则布获罪谴后，韦·囊热

113. 苏赞任职。其后，管[④]·赤桑雅卜拉任职。其后，

114. 其后，琛[⑤]·尚野息许丁任职。其后，恩兰[⑥]·达扎路恭任职。

115. 其后，那囊·尚颊村拉囊任职。其后，没庐·赤苏若木夏任职。

116. 其后，巴·芒杰拉类任职。其后，没庐·赤松杰达

117. 囊任职。其后，韦·颊道日达聂任职。

118. 秦瓦达则城堡，王达布聂色居焉；辗噶尔旧［堡］，有森波杰达甲吾在；

---

① དཔའས་སུམ་སྣང་བཙུག་ཀྱང་ཞེས་དཔྱད་དོ། 其中的 ཀྱང་། 为 གྱང་། 之异体字，系古藏文的疑问语气词。

② “没庐” 氏：原为参与联盟的羊同一大氏族，且与吐蕃王室通婚。羊同为吐蕃抚服后，成为一大贵姓。《新唐书·吐蕃传》载尚婢婢事：“婢婢姓没庐，名赞心牙，羊同国人，世为吐蕃贵相，宽厚，略通书记，不喜仕，赞普强官之。” 基本符合史实。墀松德赞一妃名没卢妃菩提主，曾从汉僧大乘和尚出家，习禅悦。事见敦煌本《大乘顿悟正理决序》，戴密微《吐蕃僧诤记》一书有详尽考证。

③ “末” 氏：这一家族事迹载《吐蕃大事纪年》第102（公元746年）、104（公元755年）条。末氏任大论，后遭罪谴。《新唐书·吐蕃传》载：“尚恐热为落门川讨击使，姓末名农力……”，即末氏另一要人。

④ “管” 氏：采邑在后藏“襄”郡，今属南木林，谢通门县境，达那地方。后又分出一支，进入山南，称“下管”，原地称“上管”，均见于《五部遗教》。吐蕃时期著名译师管·法成及后来的管·熏奴贝（《青史》作者），均出自该族。

⑤ “琛” 氏：在山南桑耶寺附近。这一家族的成员又见于《唐蕃会盟碑》。

⑥ “恩兰” 氏：采邑在拉萨以北，彭域地区。恩兰·达扎路恭即《新唐书·吐蕃传》所记吐蕃大将马重英，参见李方桂《马重英考》。详见《恩兰·达扎路恭纪功碑》及《五部遗教》。

119. 都瓦之宇那，有森波杰墀邦松在焉。[①] 其后，就森波杰达甲吾而言：任何事

120. 均倒行逆施，以恶者为善，以善者为恶

121. 对贤明忠忱、善持政事、沉着端方之士，不听［其言］；对阿谀奉承之辈，谄媚之词

122. 分外听从，并以此类人为准[②]。仇视贤明之士耿介之举、勇士忠勇之举，

123. 减少其俸禄[③]，且施以不当严厉之处罚，行诸多不应做之事。

124. 如是，森波杰达甲吾离经叛道，擅改国政，此王无恶不作，若有人

125. 见而进忠言，即被施以不当之严厉处罚。因其严辞，无人再敢劝谏矣！

126. 王暴虐[④]于上，臣仆惧怕于下；王狂悖于上，臣仆则逃逸于下矣！

127. 各自互不信赖，所思各异，而森波杰王溺于恶政，

128. 一切皆倒行逆施，无恶不作；致使地方政事日衰，民怨沸腾。

---

① 森波杰达甲吾与森波杰墀邦松，均为苏毗小邦君长，与悉补野部落接壤，后为吐蕃所并。汉文史籍《新唐书·苏毗传》《册府元龟》卷977“外臣部降附所引哥舒翰755年上玄宗奏疏”所载、《资治通鉴》卷217“天宝十四载（755）”、卷246“会昌二年（842）”等内容与这一段藏文所记对照阅读，即可了解。“大致可以推定，苏毗虽臣服于吐蕃，但仍然保留自己的原有建制，并不甘心受吐蕃控制，所以中间又发生投唐的事件。直至朗达磨死后，在吐蕃王廷发生严重分裂的军事对立的情况下，苏毗还有一定的武装力量，参与了尚恐热与尚思罗二派之间的斗争。”参见《王尧藏学文集》卷一，北京：中国藏学出版社，2012年。

② འདི་ཉེ་ཟུ 此类。ཡུས 的意思较多，此处可作“正确”解，故翻译成“以此类人为准”。此句翻译差异较大，王尧、陈践老师译为“此人形同儿戏”，黄布凡、马德老师译为“视之为有功”。

③ 减少俸禄(རི་མོ་བསྐྱུངས།)：རི་བོ་བྱེད་པ། 在《藏汉大辞典》第2679页解释为：致敬，事奉。从P. T. 1287号整个卷子前后文来分析，རི་མོ 解释作“俸禄”更为妥当。རི་མོ་བསྐྱུངས། 减少俸禄，རི་མོ་བསྐྱེད། 增加俸禄。参见陈践：《若干典型古藏文语词疏译之一——重读〈敦煌本吐蕃历史文书〉之体会》，见《中国藏学》2015年S0期，第67页。此段王尧、陈践译为“每受敌视，均受贬黜”，黄布凡、马德译为“摘除其荣誉章饰”。

④ 暴虐：གཐུམ 即 གཏུམ། 意为凶恶，粗暴。古藏文文献中，清音不送气“ཏ”与送气“ཐ”常有替换现象。

129. 其后，有森波杰达甲吾之臣念・几松那保启禀王道：

130. “王之一切所为，均属倒行逆施，致使吾国之政事日非，道规[①]日乱，

131. 境内民庶贫困，政声日衰，几濒于隳灭，恐酿大错矣！”

132. 其后，森波杰达甲吾并不听从，且认为“此言有罪”，乃将几松逐出大臣

133. 之列。其后，几松不悦，乃归降森波杰墀邦松。那保[②]背叛

134. 甲吾并杀之，诚所谓“骡驹倒地，皮鞍破碎”也。其辖土叶若布德西[③]、

135. 垄牙松[④]均为森波杰墀邦松所收聚。［墀邦松］因其谋划有功，以

136. 吾瓦堡寨为界，将垄牙松以下划归念・几松作为属户。

137. 在属户之中，娘・南木多日处古与孟多日曾古拜父子也划归几松。

138. 其后，几松之妻巴曹氏对娘氏属户傲慢、羞辱，且示以女阴[⑤]。

139. 娘・曾古不悦，向森波杰墀邦松诉苦道：“实不敢做念氏之属户。”

140. 森波杰训斥道：“比念・几松更忠于吾者，别无他人，对如你这般之人所为

141. 并无不适，［且不说］主妇羞辱，示以女阴，即便将［女阴］贴于汝口，亦其权也，

---

① 道规，指律己之道，敬人之规。

② 即几松。

③ 叶若布德西：疑与 P. T. 1286 第 12 行的དབྱེ་མོ་ཡུལ་བཞི为同一个地方。

④ 垄牙松：当即 P. T. 1286 第 14 行的ཡུལ་ཀྱུང་རོ་འི་ཡ་སུམ。林冠群认为，垄若等小邦早于吐蕃王朝成立以前，松赞干布之祖父时期，就已遭到古止森波杰兼并。详见林冠群：《唐代吐蕃的杰琛（rgyal phran）》，氏著《唐代吐蕃史论集》，北京：中国藏学出版社，2008 年，第 20 页。

⑤ 示以女阴：藏族以女阴示人为极大侮辱。尤其以女阴正面示人，视为最毒咒辱之事。至今在民间仍有此传统。

142. 其无罪也!”不允其所请。闻此言后，曾古非常不悦，心灰意冷。

143. 此后，森波杰之岸本韦·雪多日楚古与线·墀热准孔二者

144. 于陈瓦湖边相斗，线氏将韦氏杀害。韦之兄旁多热义策

145. 启禀森波杰道：“吾弟为线氏所杀，请俯允赔偿命价。”森波杰因线·墀热

146. 为其掌理奴户之内臣①，碍于情面②，训斥道：“以善诛不善，诛则诛已！［何用抵偿?］”

147. 义策闻此言，非常不悦，心灰意冷。此后，灰心失望之娘、韦二氏结伴

148. 同行，义策在前，曾古在后，返回家乡。曾古一人于后唱出心中所思：“汤汤大河

149. 对岸，雅鲁藏布对岸，有一人，人之子，实乃天神之子，愿明君

150. 来役使，愿佳鞍来驮载。”义策在前，

151. 听得真切。义策了悟其辞之含义，乃发誓道：“曾古!

152. 没有比尔所言更为真实之话语矣，吾也对此完全同意，与汝所思，绝无二致。”

153. 其后，娘、韦二氏背叛森波杰，

154. 效忠于悉补野赞普③，共立极重之盟誓。其后，韦·义

155. 策与其舅农·桑多日结为盟友，立下重誓。桑多日死后，

156. 其子邦松准保［虽］为森波结之内侍，亦［与义策］结为盟友，立下重誓。娘·门多日与

157. 蔡邦·纳森［亦］结为盟友，立下重誓。后，娘氏、韦氏、农氏三者

158. 以蔡邦·纳森为信使，向悉补野达布传话，赞普曰：“吾虽

---

① ཁོལ་ཚབ་ནང་བློན: 掌理奴户的内臣。据林冠群:《吐蕃部落联盟时期宰相与官员设置研究》,《台湾师大历史学报》2013 年总第 50 期，第 39 页（第 33—58 页）。

② ངོ་མ་ཚོད: 碍于情面。

③ 王尧、陈践译文：娘、韦二氏均深恨森波杰(墀邦松),归心于赞普悉补野氏。

有一妹，

159. ［嫁］在森波杰之侧，但愿从诸君之言。”娘氏、

160. 韦氏、农氏三人盟誓后，潜入秦瓦堡寨，每天白昼暗藏于树洞之中，

161. 夜晚至秦瓦堡内。［彼等］共同盟誓时，为雅砻民庶觉察：

162. “杰士坐骑骏马，每日昼藏于林，夜潜至秦瓦，

163. 敌人乎？友人乎？”其后，尚未向森波杰发兵之际，

164. 达布王［聂西］升遐。最初与达布王联络的信使是蔡邦·纳森，

165. 此后，则由蔡邦·纳森之属户卜·金当芒布担任。卜·金

166. 当芒布亦［与他们］结为盟友，深恐梦中呓语泄密，与其妻分居，栖身于山中，

167. 且每晚必换一住处，嘱咐其妻道：“我为一怪异饿鬼所缠身，

168. 汝需严守秘密！”后，不知何故，与其妻争斗，

169. 其妻道：“汝诡计多端，并非饿鬼缠身,乃尔在捣鬼！”其后，

170. 晚间对［其妻］讨好、亲昵，接连两三晚与之同宿，

171. 乘间咬住其妻之舌，使劲噬断，其妻遂死。后

172. 尚未引兵至森波杰之处，金当芒布即为病魔所缠，绝嗣而卒。

173. 赞普伦赞与伦果尔兄弟二人,同娘·曾古、韦·义策、韦·梅

174. 囊、韦·布策、农·准保、蔡邦·纳森等六人盟誓，誓词云：“自今往后，定将

175. 森波杰弃于背后，定将悉补野搂于胸前，绝不背叛悉补野赞普，绝不使其丢脸，绝对保守

176. 秘密，决不把外人当自己人，决不三心二意，英勇征战，不惜牺牲。赞普

177. 伦赞所下命令，绝对听从执行，坚决不受他人诱骗！”如此盟誓。

178. ［此外，尚有］娘·曾钟、娘·慕森、蔡邦·那古、韦·梅囊、韦·布策等人参与盟誓。

179. 之后，［双方］约定日期，各回原地。［赞普］弟伦果尔与母后东宗二人在后方本土

180. 驻守，赞普墀伦赞亲率精兵万人启程。娘·曾古

181. 与农·准保二人，一直到达巴夏如山以内设哨瞭望，以充耳目。韦·义策、

182. 蔡邦·纳森二人充当赞普之向导。遇水涉渡，逢山开路。遂攻破宇

183. 那堡寨，灭古止森波杰，芒波杰孙波远遁突厥①而去。［自此］上起帕之勇瓦那以下，

184. 下至工布哲那以上，均为赞普所掌控矣。赞普墀伦赞乃发布命令，改岩波之

185. 名为彭域。娘氏、韦氏作歌云：“确是②天神之子兮，伦赞伦果

186. 确是天子矣！雄鹰传递信息③兮，蔡邦·纳森担任信使矣！明君已来役使④，

187. 佳鞍已经备身，佳人⑤已经入怀，孪生已经诞生。”此后，

---

① 孙波部落逃至突厥事：吐蕃与北方突厥的联系，在7世纪中叶趋于紧密，双方的来往亦多见于汉藏文史籍，比如《资治通鉴》卷198：“（贞观二十一年）龟兹王伐叠卒，弟诃黎布失毕立，浸失臣礼，侵渔邻国。上怒，戊寅，诏使持节、昆丘道行军大总管、左骁卫大将军阿史那社尔，副大总管、右骁卫大将军契苾何力，安西都护郭孝恪等将兵击之，仍命铁勒十三州、突厥、吐蕃、吐谷浑连兵进讨。”《资治通鉴》卷202：显庆年间，西突厥“诸部离散，弓月及阿悉吉皆叛。苏定方之西讨也，擒阿悉吉以归。弓月南结吐蕃，北招咽面，共攻疏勒，降之”。《资治通鉴》卷201：乾封二年（667年），西突厥继往绝可汗阿史那步真卒，“十姓无主，有阿史那都支及李遮匐收其余众附于吐蕃”。此时，吐蕃北联突厥，西交大食，积极谋取四镇。突厥与吐蕃关系也是时战时和。这里藏文所载，可备参考。

② 这里的“གཟུས”一词，止贡《吐蕃赞普世系》解为“最初、起初”（第169页注215）；端智嘉解为一种姓氏，同“ཛས”（《端智嘉全集》第三卷，北京：民族出版社，1997年，第587页注28）；黄布凡、马德译为“种族”（《敦煌藏文吐蕃史文献译注》，兰州：甘肃教育出版社，2000年，第193页）；王尧、陈践译为“来至人间”（《王尧藏学文集》卷一，北京：中国藏学出版社，2012年，第221页）。辞典无法查到“གཟུས”，与之相近的有“གཟུ”即“公正”之意，故本文暂时将其理解成“公正地讲”或“确定是”之意。

③ “ཕྲིན”通“འཕྲིན”，意为信息、消息、情报。

④ “བཀོལ”可理解成“役使”。之前此句多译为“真正的人主已登大位”。

⑤ “ཡི་སྨོན”为令人羡慕之意，此处理解为令人羡慕的“佳人”。

岩波地方之

188. 庶民，以及韦·义策等人为赞普上尊号，曰："国政比天高，

189. 权势比山固，" 遂号"囊日伦赞"。[由此]娘、韦和农三氏，

190. 将森波杰之政权献与赞普悉补野之手中。后，囊日伦赞亲自执鞭封地，

191. 赏赐娘·曾古者，为念·几松之吾瓦堡寨及其属民一千五百户。

192. 赏赐韦·义策者，为萨格线氏之地及墨竹地方属民一千五百户。赏赐农·准

193. 保者，为其农氏兄弟等属民一千五百户。赏赐蔡邦·纳森者，

194. 为温地孟卡堡寨之属民三百户。娘·曾仲与其堂兄弟① [娘·] 木森二人也参与盟

195. 誓，属参盟者之列。韦·义策之侄，[韦·] 达保杰梅囊与 [韦·] 芒布

196. 杰布策二人亦参与盟誓。蔡邦·纳森之弟 [蔡邦·] 那古亦参与盟誓。

197. 如此，娘、韦、农三氏，加上信使蔡邦共四氏，因其忠诚，故获赐众多属户与

198. 广袤土地，并成赞普之大臣。此王之时，琼保·邦色

199. 斩藏蕃王马尔门之首级，并献藏蕃两万户来投赞普。[琼保·邦色] 苏孜诚为忠诚也。

200. 之后，赞普伦赞奖其忠诚，赏 [琼保·邦色] 苏孜藏蕃二万户。此后，

201. 蒙温布对赞普兄弟心生叛逆，苏孜忠诚，遂揭露其阴谋，使赞普兄

202. 弟尊体未受伤害，[并] 诛杀蒙温布，苏孜 [可谓] 忠心耿耿也。[后又] 参与灭除森波杰之谋划，

---

① "ཕ་སྤུན་པོ" 即堂兄弟。

203. 苏孜［可谓］忠心耿耿也！尔后［又有］之前下属的达布[①]反叛，于是王

204. 臣全体聚集，共商[②]收服达布之策，问及谁可堪充［此次讨伐之］将军时，

205. 森哥·米钦应禀曰：“微臣愿往。”琼保·邦色随即曰：“像汝这般[③]

206. 能堪任将军乎？常言道：‘［凡有为］者，恰如锥子置于囊中’［，锥尖早晚都会显露］。像汝这般

207. 被任命为赞普悉囊纰波[④]已有多年，吾至今未闻［哪怕］有一人称赞汝贤明能干，

208. 像汝这般不堪大用，尚自不量力，［结果］只会荼毒[⑤]百姓。”

209. 米钦对曰：“众人不赞在下，确有此事。以往在下

210. 未被置入囊中，锥尖未露于外，确也不假。如若之前［各位］将在下置入囊中，

211. ［现在且］勿言锥尖，［甚至］锥柄以下亦已露之于［囊外］矣。此次在下所请，

212. ［恰是］在下往昔未被置于囊中，故请今日将吾放置于其中也。”于是

213. 赞普批准米钦所请，授其收抚达布属民之将军之职。

214. 其后米钦降达布王，收抚达布全境。为奖米钦

215. 之功，赐赛孔日乌盖[⑥]之民众与牲畜，［米钦也］被众人赞

---

① 达布：为吐蕃小邦之一，时叛时服，与工布、娘布合称“东部三小邦”。这里所记抚服达布部的史实，是悉补野家族扩大疆域的一个片断。

② “གྲོད”—“གྲོན”意为商议，计议，进谏。古藏文文献中，后加字“ད”与“ན”，由于发音部位相同，常有替换现象，如“བཙན་པོ”（赞普）写作“བཙད་པོ”；“ཆེན་པོ”（大）写作“ཆེད་པོ”。“གྲོད”实为“གྲོན”，文中作“商议”解。

③ “འདའ”通“ཉྭ་བུ”，为“像……一般”之意。

④ 吐蕃一官职名，此前多译为内侍官。

⑤ “ཆབ་འཚོལ་བ”，王尧、陈践理解为荼毒、遗害（《王尧藏学文集》卷一，北京：中国藏学出版社，2012年，第93页注215）；止贡《吐蕃赞普世系》将其理解为“不如像平民百姓一样待着为妙”（第170页注232）。

⑥ “གསེར་ཁུང་རེ་ཨུ་ཀལ”一句，通常有不同解释，此处将整句做地名解。

为“大野牦牛顶上之银角”①，

216. 有“森哥·米钦者，在那达布森卡寨，长矛一刺功，

217. 尽获全部卓木塘！曲岩松赞者，单人独骑驰骋疾，冠绝诸勇士，

218. 日斩达布一百人!”的颂歌流传。其后,忠贞不二之娘·孟多日

219. 之子尚囊，充任赞普内侍之官。后，

220. 赞普君臣设宴欢庆，时琼保·邦色［苏孜］作歌曰：

221. “门噶之地有一虎，杀虎者我苏孜也；斑斓虎皮献赞普，内脏分赏

222. 洛与埃。藏章②地区上空中，鹰鹫展翅翱翔忙，杀鹫者我苏孜也；

223. 鹰鹫双翅献赞普，羽毛分赏洛与埃。去年前年更早年，从那雪山底斯脚，

224. 鹿儿野驴奔跑疾，来食香波山下草。若从今天看明日，香波草是年神草，鹿儿野驴

225. 莫贪食。鹿儿野驴若贪食，底斯雪山掩埋你。去年前年更早年，从那玛旁湖水

226. 畔，野鸭黄鸭游荡疾，游至当戈湖面上。若从今天看明日，当戈湖是天神湖，

227. 野鸭黄鸭莫贪食。野鸭黄鸭若贪食，玛旁湖水淹没你。洛埃两氏添财富③，

---

① “འབྲོང་ཆེ་པོ་རྟུལ་གྱི་རྭ་ཅྱི”，似赞森哥·米钦如大野牦牛顶上之银角锐不可当。止贡《吐蕃赞普世系》认为此句应在上句“གསེར་ཁྱུང་རེ་འུ་ཏལ་གྱི་ཅྱི་དང”和“འབྲོག་དུ་བཆས་ཏེ་སྣལ་ཏོ།།”之间，为赐给森哥·米钦的银制牛角，而将前句“གསེར་ཁྱུང་རེ་འུ་ཏལ་གྱི་ཅྱི”理解为金制人偶。参止贡《吐蕃赞普世系》第174页。

② “ཙང་བྲང”，此前多将其理解为“ཙང་གི་ཕོ་བྲང་།”，即藏地的王宫或牙帐，此处将其理解为一个地名，与前面的“门噶”相对。

③ 关于这里的“འཕན”，以往多理解为地名即之前的彭波。从上下文看，似应理解为“财富”。止贡《吐蕃赞普世系》将其认作“ཕན”，理解为胜利。参止贡《吐蕃赞普世系》，第170页注244。

228. 塞琼两氏增富贵，往昔已是富贵家，如今更需仰头看①；中部秦瓦谷满仓，

229. 四周牛群围成团，一切岂非苏孜赐?”如此歌毕，赞普

230. 心中思忖：希望有一洛埃氏之臣吟歌对之。然无一人

231. 应对。随后见刚任随侍官员的尚囊脸上现出疑惑不解状②，遂问曰：

232. “汝乃忠贞父亲之子，能歌吟乎?”尚囊回禀曰：“愿斗胆一试。”

233. 尚囊遂作歌曰：“噫！去年前年更早年，滔滔大河彼岸处，雅鲁藏布彼岸处，

234. 王者古止森波杰，如同撒网捕鱼儿③，几网下去已捕尽。从那几曲捕鱼者，

235. 是那义策邦道日；在那大河涉渡者，是那曾古孟道日；重任在肩担负起，

236. 致力扩展领地者，是那邦松准保也。削断唐古拉④山顶，来做香波山⑤之基，

237. 攻克宇那卡尔⑥城，添为秦瓦⑦新属地，［国政］往昔已经耸入云，如今

238. 更是触及天。征服全部岩波⑧地，分赐雅隆⑨为仆役，［疆域］往昔已经宽又阔，如今

239. 更是无边际。洛埃两氏添财富，董东两氏增富贵，往昔已

---

① 之前“སྤྱན་ཡང་ཡས”多被理解成一望无际。从字面看，“ཡས”有朝上之意，故本文取“高山仰止”之意。

② “སྣང་མ་སྟོམ”有半清醒半糊涂之意，此处解为“迷惑”或“疑惑”。

③ “ཁམ”指分解，意为渔夫一网一网地捕鱼。参止贡《吐蕃赞普世系》，第170页注252。

④ 唐拉，即念青唐古拉山，此处指代森波。

⑤ 香波，即雅拉香波，此处指代雅隆悉补野。

⑥ 宇那卡尔，为森波杰之都城。

⑦ 秦瓦达孜，为雅隆悉补野之都城。

⑧ 岩波，原森波地。

⑨ 雅莫，即雅隆。

是富贵家，

240. 如今一览诸山小。去年前年更早年，普玛[①] ［之地］杀死一头［野牦］牛，竹中上品是南木，

241. 若无铁器来削尖[②]，竹子做箭射不穿；若不用羽来

242. 装配，［竹箭］射程不及猎牦牛。在那岩波山羊地，皮囊上品用豹皮，

243. 若不用针来穿透，筋线不能刺穿过，如若筋线不

244. 能穿，皮囊无法自形成！”如此歌毕，其词甚得赞普

245. 喜爱，遂命娘·尚囊入大臣之列，并授予其小银字告身[③]。

246. 为论相之标志云。

247. 后，韦·邦多日义策老迈，曝日闲居，值墀松赞赞普

248. 自辗噶尔去往几曲之时，［韦·］邦多日义策将讯息通过聂多日祖伦呈禀［赞普］：

249. “往昔，［我］将森波杰弃之背后，将悉补野揽于怀中，令社稷绵长宽广。

250. 娘氏不胜政事，遭罪论处。吾等父子一系对上不曾离心，亦未使［赞普］难堪。

251. 如今，［余］看来比尸体还虚弱，疮疤还能忍受，余乃一老迈之人矣，

252. 于未死之前，请［与我］单独盟誓，请恩允与吾子孙单独盟誓。先王赞普

253. 曾下榻寒舍，务请［您］驾临原处拉莫恰巴冲木地方[④]。”

254. 如此启请。其时，娘氏与属庐·多热木均获罪论处，

---

① “ཕོ་མ”，此处将其理解为地名。

② “དལ” 意为削。

③ 小银字告身：是吐蕃章饰的一种。关于吐蕃典章，见《新唐书·吐蕃传》“其官之章饰：最上瑟瑟，金次之，金涂银又次之，银又次之，最下至铜止。差大小缀臂前，以辨贵贱。”又：《册府元龟》卷961：“爵位则以宝珠·大瑟瑟、小瑟瑟、大银、小银、大鍮石、小鍮石、大铜、小铜等为告身，以别高下。”《贤者喜宴》ཇ函第21页有详细记载，迻译如下：“告身以金玉为最高，银与颇罗弥次之，铜、铁又次之。各分大小，计六种一十二级，以别贵贱焉。”与汉籍所记大致相符。这里的小银字告身为其中之四等八级。

④ ལ་མོ་ཆག་པ་བྲུམ། 地名，韦·枕多日邦赞的住地，此处汉译采用音译。

255. ［赞普］处理完内讧，允赴邀约。赞普下诏曰："有恩于我

256. 者，不令其心神沮丧；骏马良驹，不令其背脊磨伤[①]。往昔，父王在位之时，［韦·］枕多日邦赞

257. 与尔邦多日义策二人，早拟授命为大河两岸之公论，

258. 枕多日邦赞已作古，尔已老迈，曝日闲居。娘·尚

259. 囊得任大相，迨父王驾崩，娘氏即生异心，乃获罪遭处。

260. 如今，尔韦氏一族，自始至终忠心不二，［吾］将往拉莫恰巴冲木地方

261. 进宴，并允盟誓。"诏令毕。［韦氏］在拉莫恰巴冲木

262. 铺垫绸缦献酒奉宴，献给（赞普）犀牛皮[②]铠甲十种，董卓木[③]之多尔觉[④]宝剑

263. 两把。赞普准允盟誓。韦·义策父兄子侄七人参与

264. 盟誓。赞普誓词云："义策忠心耿耿，如［尔］西归，［吾］允诺亲为营葬，

265. 许杀马百匹，子孙中一合适之人，赐以金字告身，永续不断。"诏令毕。

266. 赞普高歌："雅姆河水短而浅，自交汇处流入雅鲁藏布江，

267. 雅姆河窄而小，自南向北而延伸，将争斗［的部落］聚集起来，轶闻典故

268. 说不完，［吾］四处巡游，鞋底从未浸湿[⑤]。从此以后，你

269. 不要背弃我，我将不会舍弃你；我若是抛弃你，苍天会保佑你；你若是

270. 背弃我，我会进行惩罚！"言毕。尔后，韦·义策歌云：

271. "主人[⑥]若想要威严，（吾）虽小（也要）将王扛在肩上；主人若希求财富，神山会赐福（给您）。

---

① 此句意为：རྟ་རྟེའུའི་སྒལ་པར་རྨ་མི་བཟོ། 即言不使马驹背脊磨伤。

② བསེའ། 即 བསེ།，指犀牛皮或漆皮革。

③ སྟོང་བྲོམ། 地名，此处汉译采用音译。

④ མདོར་ཅན། 此处汉译采用音译，或可译为"带鞘的"，修饰的对象是长剑。

⑤ "鞋底从未浸湿"，此处引申义为墀松赞赞普常胜不败。

⑥ བདག 一词的义项很多，此处应作"主人"解，指赞普墀松赞。

272. 赞普之诏令，任何时候都会立即执行。鸡是要展翅的，最终还是架上暖。[①]”

273. 唱罢，父系七人举行了盛大的酬神谢天。盟誓时［赞普］手中所持的圆形石

274. 由甲忱兰顿取来呈献［赞普］手中，此白色圆石[②]即

275. 修砌［韦·］义策墓地之基石。尚论内侍扈从参与盟誓者：麹·墀多热娘雄、

276. 努·聂多日祖伦、埃甲忱兰顿、蔡邦·墀赞孔道、

277. 俄玛岱墀桑洛赞、麹·孟多日旁策，君臣七人如此盟誓。

278. 誓词曰：“自今而后，尔等父系诸人对赞普悉补野

279. 忠心不二，不使［赞普］难堪，永永远远，对［韦·］义策之子孙

280. 决不无罪责谴，决不听信离间谗言，即或有闻谗言，亦［准其］辩解，

281. 不明析原委，决不惩处。［韦·］义策之任一子孙，未有预谋

282. 而不忠者，则决不惩治除不忠者本人以外之人，对其他不在盟誓之内者，

283. 决不加罪，决不像对待猪一般用武器来刺杀，决不像对待鸟一样成群驱赶，对一个无罪

284. 而有能力之人决不抛弃，决不减少俸禄，对［韦·］义策之一子，决不降低金字告身，

285. 决不无罪而褫夺其奴户、封地。若忠心不二而绝嗣，决不没夺其奴户、封地。

286. 尔若有二心，则不包括在此盟誓之内；尔若交换或献出奴户、封地，

287. 则不包括在此盟誓之内。永永远远，王族之子孙后代均依

---

① 此句喻指韦·义策对墀松赞赞普的忠心。

② 圆形白石：后世称之为“神圣白石”。至今部分地区藏族耕作时，以一块白石置田之中央，以求吉利云云。

此行事。”

288. ［韦·］义策父系诸人之誓词云：“对赞普悉补野墀松赞父子、

289. 宗系决不变心，永永远远，无论赞普之子孙谁为王，［我等］决不变心，

290. 决不在他人中另觅君主，决不与变心之人沆瀣一气；

291. 决不在食物中搀毒；决不说赞普墀伦赞一句坏话。

292. 若我之兄弟及子孙中有任何一人生出异心，决不隐瞒其有异心，

293. 决不与有异心之兄弟为伍。若觉察到其他人对赞普心怀二志，

294. 决不隐瞒；对高升之人，决不离间或是嫉妒；若受命充任长官，

295. 对于一切民庶决不有所偏私，决然奉行赞普之诏令，

296. 永不忘渝。”誓毕。参与此盟誓者：［韦·］义策本人；其子，巴赛多日聂多、囊多日松

297. 囊、墀松杰穹、芒杰赞松；其孙，达保杰梅囊，芒波杰布策，共七人，

298. 共盟此誓。

299. 松赞干布赞普之时，父王所属庶民叛[①]，母后所属庶民乱，

300. 姻亲象雄、犏牛苏毗（？佐孙波）、聂尼达布、工布、娘布悉数叛离。父王囊

301. 日伦赞遭进毒遇弑。子松赞［虽］年幼（？亲政，国政）不利，［仍］先

302. 族灭阴谋者及进毒者。此后，叛离之人复归辖治之下。

303. 其后，娘·芒布杰尚囊对苏毗全境无须发兵，

304. 有如种羊领群之方法[②]，以唇枪舌剑降服之。未损失户数

① ཡབ་འབངས་ནི་འཁུས།འཁུ། འཁུ་བ། 意为背叛，反对。参见《藏汉大辞典》，北京：民族出版社，2000 年，第 311 页。

② 见第 86 行。

[一兵一将],

305. 悉归附为属民真正之编氓矣。其后,赞普亲自出征,

306. 北路未遇敌军抵御,亦未发兵进击,迫使唐与吐谷浑朝贡,首次将吐谷浑

307. 收归辖下。其后,赞普松赞与芒布杰尚囊君臣之间

308. 为琼保·邦色离间,尚囊并未不忠,却在赞普驾前妄说尚囊不忠,

309. 赞普并未对尚囊罪谴,却对尚囊说赞普对其罪谴。此后,

310. 尚囊心中思忖,琼保·邦色与我至交,真的听信邦色所言。后,

311. 赞普有所遣命(? 即使赞普的命令送达),尚囊亦称病,迁延于吾瓦堡寨不应召。此后,

312. 赞普驾前声言,尚囊确实不忠,云云。[赞普]遂下令威逼尚囊

313. 之吾瓦堡寨。后,尚囊之奴仆巴策金布叛,

314. 灭尚囊,毁吾瓦堡。

315. 其后,琼保·邦色苏孜一再声言:娘·尚囊与赞普离心,为我苏孜揭发,杀尚囊,苏孜

316. 忠心耿耿。赞普之群臣中,比琼保·邦色苏孜更为忠顺者,无出其右。苏孜者,若言贤明则贤明也,若言英勇

317. 则英勇也,若谓胆大则胆大也,若谓宽厚则宽厚也,一人集众人之长于一身者,即邦色苏孜也。其后,

318. 此赞普[赤松赞]在位之时,琼保·邦色苏孜已老耄,曝日闲居矣。琼保·邦色于赞普驾前呈请:

319. “往昔,先王赞普囊日[伦赞]在位之时,[且看]小臣亲自将藏蕃收归大王辖下,而先王并未亲自巡视,

320. 亦未亲临其地,今,王子登赞普位请亲往巡视(请先王之子,赞普您亲往巡视),亲临其地。小臣将于寒舍赤邦松设

321. 酒宴,恭请大王莅临。”赞普应允邦色所请,令噶尔·域松前往安置牙帐行宫。

322. 域松至赤邦松察看，发现暗害赞普之阴谋。域宋潜返

323. 至赞普驾前呈报。域松潜返后，琼保·邦色［知事已败露］乃自刎毕命。死前，嘱其子昂

324. 日琼割下其首级，持往秦瓦堡寨，昂日琼在赞普驾前禀报：“吾父衰老之际，

325. 与赞普离心，设置阴谋，此罪行我将向噶尔·域松揭发时，

326. 为域松觉察，域松返回。吾将老父杀死，割其首级前来，

327. 请大王勿毁臣之家业。”墀松赞赞普亦如昂日琼所求，未毁其家业。

328. 赞普墀都松，年虽幼冲，曾刀砍野猪，绳绊野牛①，

329. 手捉虎耳，诸如此等。［赞普］心思深沉，加以武艺高强，圣明远超他人，

330. 故天下一切君王与庶民黔首上尊名曰“圣神赞普”，

331. 叙其教敕之事例。噶尔等一些论臣谋叛之时，［赞普］以深沉心思与

332. 坚固权势，运筹帷幄，将叛变之臣悉皆治罪。［赞普］执掌国政，社稷高于往昔，

333. 突厥等天下别部皆召为属民，征其贡赋，攻下坚固城堡，

334. 征服富庶地区，诸多善政，此中未及细述。此后，

335. ［赞普］推行政令于南诏，征白蛮贡赋，召黑蛮为属民，如此等等。

336. 此王权势坚固，政令四波，往昔诸王，

337. 未出其右者。

338. 王墀德祖赞之时，施政温和②，内政③和穆，人皆安乐。大论达扎

---

① གཡག་རྒོད་སྒྲོག་དུ་བཅུག：陈践老师认为，སྒྲོག 指绊脚绳、网罟，用来绊牛羊的脚（古藏文学修课程，2016 年 4 月 24 日）。这句话的意思，当是说墀都松能用绊脚绳套住野牦牛。

② ཛེད་ག་ཤིན：གཤིན 意为温和、善良、慈慧，ཛེད 字实不知其意。此解释据陈践老师开设的古藏文学修课程，2016 年 4 月 24 日。

③ ཆིས：据 P. T. 986《尚书》，此词对译“内政”。

339. 路恭，与王臣意见一致后，赞普亲自出征①，推行政令于唐境，

340. 攻下唐之瓜州等城。彼时也，唐朝国威远震，北方突厥亦皆为收服，

341. 直至大食以东，皆为唐朝辖境。唐于西部获得诸多财宝，

342. 聚于瓜州城，这些皆为吐蕃攻取享用，是故圣上得获诸多财宝，

343. 民庶黔首亦遍得唐人之上好绢帛。南方下部之南诏地面，有谓为“白蛮”

344. 之不小部落，其王赞普以深沉心思之威力及谋略诏敕之，

345. 蛮王名阁罗凤者，前来致礼，愿为属民。［赞普］赐以“王弟”名位。［吐蕃］人众

346. 增加，地域扩展②。以南诏王归降吐蕃为民之故，唐朝国政

347. 大为低落，且为不安。南诏蛮王原唯唐是瞻，唐王

348. 以敌待之，［南诏王］遂归顺于赞普墀德祖赞，其所攻陷之唐境地区以及

349. 城堡皆献予［赞普］。交战时，惩治唐人有如屠宰羔羊。后，于赞普

350. 墀德祖赞驾前，帕当（ཕང་དང）大殿［之中］，阁罗凤之臣段忠国

351. 前往致礼，时赞普君臣引吭而歌，其词云：“从七重天之苍穹，

352. 自诸神境域之中，降一天子为人之救主。与人境之一切地方，既不相似

① རྗེ་བློན་མོལ་ནས། །རྒྱལ་པོ་ཞབས་ཀྱིས་བཙུགས་ཏེ། རྗེ、བློན、རྒྱལ་པོ 三者同时并列，显然རྗེ指的是小邦之王，བློན 为官员，རྒྱལ་པོ 则指赞普。参见林冠群：《唐代吐蕃的杰琛（rgyal phran）》，氏著《唐代吐蕃史论集》，北京：中国藏学出版社，2008 年，第 22 页。

② འདབ་བསྐྱེད：陈践老师认为འདབ 为ལྡབ（一倍）的异体字，འདབ་བསྐྱེད 的意思是增长了一倍（古藏文学修课程，2016 年 4 月 24 日）。但南诏地域并不十分广大，吐蕃降服南诏，地域并未增长一倍，འདབ 有花瓣的意思，འདབ་བསྐྱེད 或暗含如花瓣一般扩展的意思。

353. 又不相同，高地净土名吐蕃，[天子]降临蕃境平原(གཤང)①，做一切人境之主。

354. 道法纯良，善政广备，一切小邦皆降服。去年、前年以及更早，

355. 汤汤大河下部，罗凤王与吾等，慷慨而又宽宏，

356. 善战而又英勇，唐王三郎呀，成了敌人，与之交战。敌友关系新变更，

357. 政事自那时兴旺。对［赞普］之救护心意合，［罗凤］投靠了天子赞普。

358. 天子呀善政广备，道法纯良，施政温和；教敕公正，所言有常。

359. 罗凤献出了政权，人政由天神来主宰，政业广弘，永不变更。罗凤王与

360. 吾等，立下了英勇勋业，摧毁了唐朝高城，收服了众多唐人，

361. 土地连同各部，皆成吐蕃属下，上使苍天欢喜，下使后土

362. 愉悦。罗凤王与吾等，越来越接近，与神接近，与天接近；越来越稳固，如香波年神

363. 稳固。从今天看明天，忠国臣与仆，天地心意合。烟雾

364. 充满神境，对一切皆有利。来相迎，去相送；歌吟之，舞蹈之，

365. 所需者，悉皆遵办。

366. 赞普墀松德赞之时，道法纯良，国政弘通，王居于天地二者之间，

367. 为直立人群与俯行兽类之君主，善政广备，为人之楷模。

368. 为善者，给予满意之赏赐；作恶者，科以应得之罪行。贤良英勇之士，

369. 加官晋级；贫穷微贱之人，以生计抚育。尔时诸执政论臣亦

---

① 平原（གཤང）：陈践老师认为当作ཐང་གཤང来理解，意为平原。古藏文学修课程，2016年4月24日。

370. 和衷共济。若有外敌出现，以谋略与戒备（ཡེ་སྒྲིག）① 应对之。内政修明，精勤为之。

371. 不嫉妒，不作恶。英勇贤明之士，按期行事。英勇

372. 贤明之士，到处予以褒扬，分授各地任职。下层民庶，令于各地劳作，

373. 教以贤良、正直二事。军人为斥候者，教以英勇之策略与武艺。因智慧、谋略

374. 之威力强大，故能克敌制胜，遂无怨敌敢来较量。得无上佛法而

375. 奉行之，自中央至边鄙皆建立伽蓝，树立教法，一切［人众］

376. 入慈悲念处，解脱生死，登于永恒。君臣商议，尚琛·野息等

377. 攻下唐都京师，立唐王广武皇帝，以其善行②，

378. 给予赏赐，授世袭之小瑟瑟告身。韦·结桑达囊

379. 与唐朝将军浑宰相（ཧོན་ཧེ་སངས）战于“古乐冈”，杀众多唐人，

380. 遂命名“古乐冈”为“唐人坟”。白兰·野扎列息引兵上部，于“木宗”（མུ་ཡུངས）

381. 击退来犯之敌，收陇王农谷以下为属民。韦·赞热咄陆

382. 等，引兵至凉州（མཁར་ཚན）以上，攻克八州（མཁར་རྒྱ་པ），驱逐反叛者，

383. ［余人］收到属民，国威远震，陇山山脉以上，皆入于掌握。

384. 设五通颊万户，新生一德论大节度（大行政区）。大论芒热达赞

385. 贤明有学识，吉祥好运，赐大宝告身。民庶

386. 之中，集齐朵部落与擘三部落（སྤྱུག་ཚམས་སྡེ），赐以勇士之标

① ཡེ་སྒྲིག：托玛斯意译作 ever on the elert。

② ལེགས་པ་ཞིན་པའི་བྱ་དགའ：第 453 行有 ལེགས་པ་ཟིན་འི་བྱ་དགའ，意思当同。

志虎皮章饰。赞普

387. 施以深沉心思之威力与坚固权势，征天下

388. 别部之贡赋，小邦召抚为属民，诸如此等。以此之故，国政远波

389. 四境。内部安乐均享，吐蕃民庶中，凡贡献税赋者，

390. 无不施以正善永固之因泽，赞普

391. 政事宏伟，往昔历代［赞普］，无出其右者。此王之时，没庐·墀苏

392. 菇木夏引兵至上部，召抚于阗为属民，征其贡赋。此后，

393. 白蛮原为属民，忽生叛逆。［赞普］敕令没庐·菇木夏将军［引兵出征］，

394. 于查孜发兵交战时，杀众多南诏人，

395. 擒获悉编掣逋宁仁（ཉིང་རིམ）、各级佐吏及民庶三百十二人。

396. 南诏王作为臣仆而来致礼，召为真正之属民，征其贡赋，且委其以

397. 往昔之职守。

398. 此王之时，就象雄而言，一边联姻结好，一边交兵征战。为主宰象雄，

399. 赞蒙赛玛噶前往与象雄李迷夏联姻。此象雄王先已有墟格妃ཙལ་ཐིང་ཤགས，故不与赞蒙

400. 同寝。赞蒙遂因李迷夏让与墟格妃载婷夏，不与李迷夏敦伦①，亦不与之生儿育女，

401. 居于别室②。此为王兄所闻，谓赞普如是颠倒为之，将有碍政事，

402. 不应如此。当与李迷夏敦伦且生儿育女。［赞普］敕令卜金赞芒穹［前往劝说赞蒙］。

403. 芒穹至琼垄城堡时，赞蒙不在彼处，玩水赏鱼而至玛旁湖。

404. 向赞蒙致礼。赞蒙敕言："赞普王兄政躬安泰否？"

① 敦伦：即男女房事。

② 别室（ཟོག）：此处ཟོག似当作ཟོགས，意为一旁、一边。

405. 答曰："政躬安泰。"［赞蒙］又言："芒穹身心安泰否？"答曰："身心安泰。"

406. 此后，芒穹转述赞普王兄之教谕如此云云。赞蒙敕言："［见］芒穹如［见］赞普兄之

407. 颜。你为宾客，请受我致礼。"言毕致礼。而后赞蒙引歌云：

408. 吾份内之住地，为琼垄银城。周边他人言：外看是深谷与山岩，内看是黄金与珍宝。

409. 于吾面前展现者，作住地不行乎？苍白又荒凉！吾份内之仆役，乃古格之脚夫。

410. 役使之不行乎？古格人，熟悉后，生怨尤！吾份内之食物，是鱼儿与小麦。作食物不行乎？

411. 鱼麦嚼食却苦涩！吾份内之牲畜，乃鹿儿与野驴。放牧之不行乎？鹿儿、野驴

412. "口硬"而粗野！噫！上部之北方牧场，有一雄性野牦牛。若欲杀北方牧场之野牛，

413. 沟头发声呐喊，董、东克能获益。沟尾挥舞呼应，几曲河的夏氏与布氏。

414. 中部射来一箭，雅砻洛氏与埃氏。沟头发声呐喊，沟尾挥舞呼应，

415. 与此呼应之间，杀死雄性野牛。牛心为琼瓦精华，牛角与筋赏"董"和"东"，肉、皮赏予"洛"和"埃"，

416. 肠肠肚肚给"夏"与"布"。在铁钩子尖端，挂上老虎肉，不要向右边歪斜，

417. 不要向左边倒塌，若往右边倒过去，有细喉鱼鹰在等着，若往左边倒过来，有水獭在一旁窥测，

418. 把它朝下悬挂着！若不是火速来取拿，过了明天，又后天，水獭子就会吃掉它！确是一条

419. 会跃出水面的大鱼啊！见到［大鱼］就抓吧，把鱼挂上铁钩子，能挂上就把它挂上吧！

420. 天上之银河，地上之泉水，相距虽远但可相连，要是越走越近了，往上走就靠近了天；天上星辰

421. 亮晶晶！要是越走越近了，命星就靠近了山岩，白岩石会成为粉末。“吾瓦”靠近大河，水獭一个个在跳跃；

422. 辗噶尔宫靠近地面，六谷长得绿油油；墨竹靠近陇姆；小风凉飕飕。要是越走越近了，

423. 药树和松树多得很，上方之沙山，爬上去又滑下来，设伏几曲深谷中，

424. 请君火速发兵来。……歌毕，芒穹致礼告别，向赞蒙请求给王兄赞普之回音书信。

425. 赞蒙谓：“听到王兄赞普陛下心身安泰，非常喜悦。

426. 赞普嘱咐各节儿，生死也要竭尽绵薄之力，一定效劳。请将

427. 此物献于赞普王兄。”乃将一帽作进贽之礼，盖上印章，献与赞普。金赞芒穹返回

428. 赞普驾前回报：“赞蒙未有任何文书回复，只如此

429. 如此唱了歌赞，盖印封交所献礼物，即此物也。”说毕将礼品献上。赞普当即拆封

430. 启视，见有大粒古旧松耳石三十颗，别无他物。赞普心中思忖；其意谓，若敢于攻打李

431. 迷夏则佩带此松耳石，若不敢进击则懦怯与妇人相似，着女帽可也。

432. 乃下令，君臣反复计议①，出兵灭李迷夏。

433. 此王之时，发兵攻象雄之王，统其国政，象雄王李迷夏失国，

434. 象雄一切部众咸归于辖下收为编氓。后，赞普聚众大论君臣欢庆宴乐，

435. 赞普墀松赞乃作歌，歌云：噫嘻！若问赞普是何名？乃我

---

① རྗེ་བློན་བློད་བློད་དེ། 句中བློད字出现两次，故译成“反复计议”。

墀松赞是也。这位大臣是何名？

436. 乃东赞域松是也，若问骏马是何名？乃骁布藏藏是也，藏藏为驯良之马也，

437. 我等君与臣，雅砻河水短而浅，自外向内深而远，雅砻谷地狭而窄，自南而北自

438. 延伸，从狭小地带到四境全获胜。吾等君与臣，为王者决不弃离臣下，为王者若弃离臣下啊，

439. 上天会来保佑你！臣下决不背离王者，臣下若是背离王者，我就会谴责处罚他！如此歌

440. 唱毕，为了酬答，禄东赞亦献歌。歌云：大王诏令下颁，

441. 臣工没世效劳，鸡是要展翅的，最终还是回到架上暖和。心是向下垂着的，永远不会朝上。纯金是金子里头最好者，

442. 无论何时是琼瓦精华所在，大王啊，切莫离弃臣下，大王若是离弃了臣下，就像鸟粪落到地上。臣下们，

443. 切莫背离大王，臣下若是背离了大王，百灵鸟冻死在树上。明天、后天、直到以后，永远永远永远，

444. 在山岭上有呼喊声，“葭布”就有应答声，在山谷里跑马，马不会把金鞍摔碎，

445. 谈着说着走着，您之谕旨没有人不听，要我去哪里就去哪里。[征战]，

446. 鞋底未曾浸湿过。如此歌毕。在上者深沉要数墀松赞赞普，在下者贤明要数东赞域松，

447. 王如天山奉祀“恰”神，臣如大地簇拥畿辅。统辖权势至为巨大之故，一切均已具足，

448. 外部政令遍及四境边鄙，内部事务不减光彩。黔首民庶高下尊卑不逾不越，

449. 轻徭薄赋，安居乐业。春秋易过，养育子女，所愿得施。

450. 有愿者断离，强横者入狱，惩治骄暴者，抑压令人畏怖者，忠诚者予以表彰，贤明者得以颂扬，

451. 英勇善战者受到鼓励，祝愿者予以官职，风俗纯良，政绩

崇伟，天下百姓日益安乐。吐蕃古昔

452. 并无文字，乃于此王之时出现也。吐蕃典籍律例诏册，论、相品级官阶，权势大小，

453. 职位高低，为善者予以奖赏，作恶者予以惩治；农田耦耕一天之亩数、牧场一件皮褐所需之皮张数、一个笼区长度均作统一划定。

454. 乃至升、合、斤等一切量度，举凡吐蕃之一切纯良风俗，贤明政事，均为此墀松赞王者之时出现也。一切民庶

455. 感此王之恩德，乃上尊号曰“松赞干布”。

456. 当噶尔氏心生叛离之时，赞普墀都松高歌：噫嘻！往昔古时，鸿蒙初始，

457. 在青青苍天之下，在广袤大地之上，妥善建立祖拉，高天不会坠落，大地

458. 不会塌陷。天上升起太阳，和煦阳光温暖大地，羽翎安装精巧，箭簇锋利，

459. 一射就能射死鹿儿，射死鹿儿，便养活了人。噫！以今天看明天，地上小昆虫妄想装作飞鸟，

460. 想飞到天上去！［它想］飞又没有翅膀，即便有翅膀，苍天是很高的，

461. ［它连］云朵的间隙也越不过，往上到不了天，往下达不了地，不高不低，变成了鹞鹰的食物。

462. 在葭布[①]小山谷里，一个平民想当王。噶尔想当王，虾蟆想上天。平民想当王，

463. 泉水往上流，磐石滚上山，葭达[②]［之人］纷纷说，即便往上滚动，到了香波山顶，

464. 想法也完全实现不了；在香波雪山脚下，纵然有阳光和火焰，香波雪山也不会融化。雅砻河水

465. 湛蓝清澈，即便截断引入水渠，雅砻河干流也不会干涸。

① 此为བྱ་པུ（བྱ་བུ།）的音译。

② 此为音译。

人人都在觊觎吐蕃悉补野［之王位］，

466. 但悉补野世系不会断绝。葭布小山谷里，一头黄牛发了情，种牛却不理睬。发了情不用鼻子去闻嗅，

467. 发情虽用鼻子闻了，吟唤也不理睬。孟噶有一只老虎，飞鸟翱翔也不看一眼，挑衅它连毛发也不

468. 竖起。曾登扎古山，与雅拉香波大山二者，孰大孰小？众人皆知。湛蓝畿曲河，

469. 与浩浩荡荡雅鲁藏布江，孰长孰短？唐拉雅秀［山神］知道。九渚努布错，与章波列公湖，

470. 孰大孰小？夏美岗噶知道。葭达白房，与琼瓦达孜宫殿二者，孰高孰低？

471. 雅拉香波知道。葭布小山谷里，噶尔属地芒洼，与雅砻琼垄的宽广洛埃

472. 二者，哪个雄伟？哪个低矮？日月在上能看见，特[①]杰申达［神］知道，众人都

473. 知晓。母牛发了情，牧牛人却未发觉。是庶民役使其王？还是王来役使庶民？

474. 苍穹在上它知道；是人来骑马？还是马来骑人？建“道”之“恰”神知道；是草来割镰刀？

475. 还是镰刀来割草？大地在下它知道；领土虽广阔无边，日月能见到，

476 苍天能听到，“恰”神之“道”不会改变，箭翎不会脱落，这是真是假？明天、后天

477. 以至将来，民庶都不能役使王者，马匹不能骑人，草不能割镰刀，在琼瓦达孜里，悉补野

478. 王统不会断绝。如今来观看，葭布小山谷里，有一群云雀，一只走得太远了，母雀

479. 被鹰鹞吃掉。小雀散布在草坝上。明天、后天以至将来，

---

① 特：为ཐེ一词的音译。据《敦煌吐蕃汉藏对音字汇》第 147 页，ཐེ对音为他、贪，ཐོ对音为土。

死了可不要悔恨啊！[①] 在黄金箭筒里，

480. 有一支绿松石箭，不射出它，杀不死鹿，可射出了它，箭筒就空了。[墀都松] 有时在草坝上，偶然地

481. 唱出了 [这样的词句]。

482. 墀都松赞普与达木之属庐萨共居之时，喀垓野多日道芒唱道：

483. “暴躁而又傲慢，居家目光短浅[②]。纹路斑斓而傲慢，是孟噶的一只老虎[③]。虽威严但不高明，是突厥

484. 边境之王。虽迅疾但不善走，是肃马和骇马二者。虽强硬但不善射，是野牛角做的弯弓。虽锋利但不便于运使，

485. 是安多铁打的小斧。贤明且恭敬有礼，是雅砻的洛埃夫人[④]；险恶而又高傲，是达木的属庐萨。

486. 腥秽气味是鱼腥，脏恶污垢是铜锈。莫非王之上半身，像绵羊般奔走乎？莫非王之下半身，像山羊般

487. 颠簸乎？在前面引路者，是赤达宇晋和多扎，[队伍] 长达天际；在后压阵者，

488. 是解村囊扎和慕根鲁九美；中间魁梧者，[年纪] 不大亦不小，都松

489. 芒保杰，圣躬多变幻，坐骑此骇马，征服四方境，疾驰或

490. 小跑，蹄印不得见。唯一大王芒保杰，来来去去芒保杰，坐下则日光无暖，……

491. 离去则容颜无泽。”属庐萨应对而歌：“噫！在达木平坝上，大王驾临

492. 而未见尊颜，大王驾临若见尊颜，俯身恭致敬，信息传来即收下。自此

---

① 原译文：“有一大群羊，其中一只走得太远了，被鹰鹞吃掉，小羊羔散布在草坝上。明天、后天，以至将来，你可不要追悔啊！”参见王尧、陈践：《敦煌本吐蕃历史文书》，北京：民族出版社，1992 年，第 170 页。

② 指属庐萨。

③ 指墀都松赞普。

④ 吐蕃洛埃氏依规制不能与赞普通婚，不能称王妃，在此处称作“夫人”。

493. 以后，［若］俯身来致敬，四肢短且小；［若］直立来致敬，礼法

494. 不相合。

495. 吐蕃论相噶尔·钦陵赞婆与唐之大臣王［孝］杰尚书二人相互比试，辩论、讽刺之言谈：唐之

496. 统军元帅，王［孝］杰尚书越境，率旅前来，时青海方面将军

497. 噶尔·钦陵赞婆与之对垒迎逆之。王［孝］杰尚书发来书翰，并赠以粟米一袋，蔓菁籽一袋。

498. 书信中言："吐蕃在虎关隘、牦牛关隘之军旅数吾亦相当，谚云：量颅

499. 缝帽，量足缝靴，吐蕃能聚集之大军，吾亦有相等之数今在焉。

500. 细喉咙能容纳，大肚子会装不下吗？天降霹雳，轰击岩石，岩石再大岂能相比。"

501. 噶尔·钦陵作答云："口头比试毋言数之多寡！小鸟虽众为一鹰隼之食物，

502. 游鱼虽多为一水獭之食物。鹿角虽多，岂能取胜。牛角虽短，却能取胜。松树生长百年，

503. 一斧足以伐倒，江河纵然宽阔，一寻之牛皮小舟即可渡过。青稞稻米长满大坝之上，入于一盘水磨之中成粉。

504. 星斗布满天空，一轮红日之光，使之黯然失色。山谷川口一星火焰，

505. 足以烧光高山、深谷之所有果木树林。一股泉水源头爆发山洪，

506. 足以冲走所有山上坝上的果木树林。满地土块之中，若使一石滚动，请观此一石破碎？或是土块破碎？

507. 请观在一大坝之上，一背干草与一根篾箍同放，草先朽乎？……

508. 篾箍先腐乎？请观一铜缸之中，放进一瓢盐，是水有味乎？盐有味乎？

509. 雷里霹雳之光舌甚少，天下四境所传之声甚大，你们之军

510. 旅实如湖上之绳群，为数虽多，不便于指挥，与夫山头云烟相似，对于人无足轻重也。吾之军丁

511. 岂不是有如一把镰刀割刈众草乎？牦牛虽大，以一箭之微，射之难道不能致死乎？”

512. 王［孝］杰尚书对答曰：“一卵之微，以大山之重压之，能胜任乎？一火之微，以大海之波灭之，……

513. 岂有不灭之理乎？”噶尔·钦陵又答之：“山之巅为岩，岩之上为树，树之梢头为巢，巢之内

514. 有卵，山如不坍，岩则不垮，岩不垮则树不断，树不断则巢不覆，巢不覆

515. 则卵不碎也，山有碎卵者，莫非此类者乎？大火燃于山上，河水流于谷中，山腰亦

516. 不能至。吐蕃悉补野氏，如天上之日头，唐主如月亮一般，虽同为君主则相似，

517. 然于天下，其光耀所及则相去甚远。大小之类言辞不必较量也。大海之中有鲸鱼在游，

518. 天降霹雳，杀鲸鱼于水中。雷电二者一旦降临，

519. 虽坚过岩石亦将粉碎也。吐蕃之神圣赞普，与苍天二者共同联手，大无过于末·计芒

520. 之子，他深藏于很深的地表之下，擒而杀之，由此观之，大小与夫多寡之得失优劣无有比试之必要也。”

521. 后，唐之元帅王［孝］杰尚书驱使唐军越境前来，吐蕃元帅论钦陵以战谋

522. 驱唐人如驱宰牦牛，在果瓦列阵交战，痛击唐军多人，于尸骸中朝天倒立一具……

523. 以表明杀十万众之标志。达拉山之“汉墓”与“黄河边之汉墓”实由此而得名也，自阿若以远，至娘……

524. 道尔保等地王子与庶民均已收抚，归为编氓，并建五道节度。

525. 廓州等北方与南方众多小邦亦收归治下，抚为编氓。

526. 莽布支悉诺赞与巴策野多日逃遁于唐之时，巴策野多日高歌吟诵。

527. 歌云：“妻子虽越过山头，孩子还遗留在后，［前年］早于去年啊，

528. 老祖母将我搂于怀中，母、妹伤心来送行，来至大小宗喀，……

529. 余之属官长上，是唐王三郎。逃亡者之故乡是大唐。”

530. 噶尔莽布支之妻室属庐氏同时投唐……

531. 歌云：“从年噶尔达则，一座铁样堡寨，放出一只铁犬。从玛氏之宫，

532. 燃起袅袅烽火。从美列朗玛，金鹿受惊逃逸，受惊的金鹿啊，

533. ……到哈卜钦贡拉山，漫游到索高杂，住宿在山顶上。

534. ……［忆前年早于去年］，长官悉诺赞，与唐王三郎二者间……如若相拼多日也能克敌，

535. 依现今来看，野牦牛命中注定，越过沼泽之草地。过去失和的唐王啊，倒来解救了我们！”

（《敦煌吐蕃文献分类与整理研究》课题组集体成果）

（二）P. T. 1286

1. 古昔天下戚属之历史，德之刚［跋］，为德妃刚拉玛；几之拉达，为几妃［卓］

2. ［参］；达之［森］堡，为达妃琴庞玛；琛域之岸［共］，为琛

3. 妃沙苍玛。戚属分布于天下，社稷一仪。［粮食］统一为秤，人……

4. ……天下……，天下社稷……，天下乘骑……，天下服饰

5. 是丝绸。此为天下戚属之历史与礼仪。①

---

① 以上5句因残损严重，语义不易理解，一直未曾汉译过。

6. 遍布各地之小邦，各据一堡寨，任小邦之王与小邦家臣者其历史如下：

7. 象雄①达尔巴之王为李聂秀，家臣为“琼保·若桑杰”与“东弄木玛孜”二氏。

8. 娘若切喀尔②之王为藏王兑噶尔，其家臣为“苏”与“囊”二氏。努布③境内林古

9. 之王为努布王斯巴，其家臣“苗乌”与“卓”二氏。娘若香波④之地，以弄昂玛吉仲木察为王，

10. 其家臣为“昂卜米”与“哲”二氏。几若江恩⑤之地以几杰芒保为王，其家臣为“谢乌”与“布”二氏。

11. 岩波查松⑥之地，王为古止森波杰，其家臣为“噶尔”与

---

① 林冠群根据敦煌藏文文献，研究认为，630 年以后，象雄（羊同）已是吐蕃之属邦，不复独立自主。678 年以后，象雄完全为吐蕃所收编，融为吐蕃编户之民。参见林冠群：《唐代吐蕃史论集》，北京：中国藏学出版社，2008 年，第 11—13 页。

② 娘若切喀尔，亦见于敦煌藏文文献 P. T. 1060、P. T. 1290。据《西藏通史·早期卷》：“娘若其噶尔（即娘若切喀尔）地处何处？辖境有多大？史料无明确记载。古藏文文献中‘娘若’一词大致指今日喀则市白朗县辖境至江孜县辖境范围。娘若境内有两个邦国，娘若其噶尔和娘若香波，因娘若香波地处江孜一带，故娘若其噶尔辖境当在今白朗县一带。”参见张云、石硕主编：《西藏通史·早期卷》，北京：中国藏学出版社，2016 年，第 208 页。

③ 努布，亦见于敦煌藏文文献 P. T. 1290、IOL Tib J 734、当许文书（为巴桑旺堆、罗布次仁所编的《当许噶塘蚌巴奇塔本古苯教文书汇编》一书的简称）。努布，“是吐蕃古老氏族努族的发祥地和统领的地区，其中心在今日喀则市仁布县境内，辖境包括仁布县全境和浪卡子县部分地区”。参见张云、石硕主编：《西藏通史·早期卷》，北京：中国藏学出版社，2016 年，第 208 页。据 P. T. 1287，努氏在 681 年以前就已不再是小邦了。参见林冠群：《唐代吐蕃史论集》，北京：中国藏学出版社，2008 年，第 23 页。

④ 娘若香波，亦见于敦煌藏文文献 P. T. 1060。有学者认为，娘若香波小邦的消亡，应早在布带贡甲赞普之时。参见林冠群：《唐代吐蕃史论集》，北京：中国藏学出版社，2008 年，第 27 页。其地理位置在今日喀则市江孜县一带。参见张云、石硕主编：《西藏通史·早期卷》，北京：中国藏学出版社，2016 年，第 208 页。

⑤ 几若江恩，亦译作“吉若江恩”，见于敦煌藏文文献 P. T. 1060、P. T. 1285、IOL Tib J 734 等。该邦名称在不同史籍中或衍字或错字，异字较多。P. T. 1060 写作“སྐྱི་རོལ་ཇོང་སྔོས”是正确的。该邦“地处吉曲河（拉萨河）下游流域，辖境主要在今拉萨市曲水县境内”。参见张云、石硕主编：《西藏通史·早期卷》，北京：中国藏学出版社，2016 年，第 208 页。

⑥ 岩波查松，《弟吴宗教源流》写作额波查那，亦见于敦煌藏文文献 P. T. 1290、IOL Tib J 734。“其辖境包括今拉萨市林周县全部、达孜县、当雄县和城关区部分地区。”参见张云、石硕主编：《西藏通史·早期卷》，北京：中国藏学出版社，2016 年，第 208—209 页。

"年"二氏。

12. 叶姆玉西[①]之地以雅杰喀尔巴为王，其家臣为"包"与"都"二氏。俄玉邦噶[②]之地，

13. 以俄杰新章察为王，其家臣为"鄂"与"韦"二氏。埃玉朱西[③]之地，

14. 以埃杰拉章为王，其家臣为"赛巴"与"娘耐"二氏。龙木若雅松[④]之地，

15. 以南巴之子森弟为王，其家臣为"娘"与"白兰"二氏。悉布玉若木贡[⑤]之地，

16. 以张杰内南木为王，其家臣为"秀琛"与"热德"二氏。贡布哲那[⑥]之地，

17. 以工杰噶波为王，其家臣为"喀尔"与"帕珠"二氏。娘玉达松[⑦]之地，

18. 以娘宗朗杰为王，其家臣为"乌如"与"扎克"二氏。达

---

① 叶姆玉西，亦见于敦煌藏文文献 P. T. 1060、P. T. 1285、IOL Tib J 734、当许文书等。

② 俄玉邦噶，亦见于敦煌藏文文献 IOL Tib J 511A。该邦"辖境在今山南地区桑日县境内"。参见张云、石硕主编：《西藏通史·早期卷》，北京：中国藏学出版社，2016 年，第 209 页。

③ 埃玉朱西，亦见于敦煌藏文文献 P. T. 1060、P. T. 1290、IOL Tib J 734、IOL Tib J 511A 等。有学者认为埃氏小邦早于 682 年以前即被废除。参见林冠群：《唐代吐蕃史论集》，北京：中国藏学出版社，2008 年，第 25 页。地理位置在今西藏山南地区境内。参见保罗：《解读敦煌吐蕃文书 P. T. 1286 号写卷及其历史内容》，《西藏研究》2008 年第 3 期，第 13 页。

④ 龙木若雅松，据谭其骧主编：《中国历史地图集》第 5 册，北京：中国地图出版社，1982 年，位于今拉萨河上游流域林周以上地段。参见黄布凡、马德：《敦煌藏文吐蕃史文献译注》，兰州：甘肃教育出版社，2000 年，第 130—131 页。

⑤ 悉布玉若木贡，《西藏通史·早期卷》第 209 页认为，今西藏以悉布字命名的地名不少，但该地的具体地理位置还有待进一步考证。《敦煌藏文吐蕃史文献译注》第 131 页认为，该地"疑今工布江达县斯坝乡"。《唐代吐蕃史论集》第 10 页标示疑为"悉立"。

⑥ 贡布哲那，亦见于敦煌藏文文献 P. T. 1060、P. T. 1285、IOL Tib J 734、IOL Tib J 511A 等。"辖境在今林芝地区林芝和米林两县境内。"参见张云、石硕主编：《西藏通史·早期卷》，北京：中国藏学出版社，2016 年，第 209 页。

⑦ 娘玉达松，亦见于敦煌藏文文献 P. T. 1060。"地处今林芝地区工布江达县娘蒲乡、江达乡一带。此地至今称之为'娘'地，是吐蕃王室后裔统治的地区。"参见张云、石硕主编：《西藏通史·早期卷》，北京：中国藏学出版社，2016 年，第 209 页。

布朱西[①]之地，以达

19. 杰竹森为王，其家臣为“泡古”与“卜若”二氏。琛玉古玉[②]之地，

20. 以琛杰内乌为王，其家臣为“当”与“丁蒂”二氏。苏毗[③]之雅松之地，

21. 以末计芒茹帝为王，其家臣为“郎”与“甘木”二氏。卓木南木松[④]之地，

22. 以斯日赤为王，其家臣为“江日那”也。十二小邦加上斯日赤共为十三，

23. 家臣二十有四，加上江日那共二十五家，堡寨十二，加上崇高中央牙帐共为十三。

24. 十二地域加上北方南木结。共为十三，所谓九大王加上翱氏共为十王，九大家臣

25. 加上琛氏即为十大家臣也。在此之前状况，当初分散（不统一）局面即如此说，

26. 古昔各地小邦王子及其家臣应世而出，众人之主宰，掌一大地面之首领，

---

① 达布朱西，亦见于敦煌藏文文献 P. T. 1285、IOL Tib J 734、IOL Tib J 511A 等。据《吐蕃大事纪年》，“达布可能于 718 年，就已消亡”。参见林冠群：《唐代吐蕃史论集》，北京：中国藏学出版社，2008 年，第 19 页。“为今之塔布，今山南地区加查县辖境为其邦国主要领地。”参见张云、石硕主编：《西藏通史 · 早期卷》，北京：中国藏学出版社，2016 年，第 209 页。

② 琛玉古玉，亦见于敦煌藏文文献 P. T. 1060、P. T. 1285、IOL Tib J 734、IOL Tib J 511A、当许文书等。据学者研究，该小邦于 654 年消亡。参见林冠群：《唐代吐蕃史论集》，北京：中国藏学出版社，2008 年，第 25 页。“其辖境在今林芝地区朗县、米林县卧绒乡一带，传统上这区属于下塔布、上工布范围，或位处塔布与工布交界之地。”参见张云、石硕主编：《西藏通史 · 早期卷》，北京：中国藏学出版社，2016 年，第 208 页。

③ 苏毗，或译孙波。于 692 年至 702 年之间，融入吐蕃本土的地方建制之中，成为吐蕃五茹之一的孙茹（སུམ་རུ）。参见林冠群：《唐代吐蕃史论集》，北京：中国藏学出版社，2008 年，第 13—14 页。地理范围在今“西藏昌都地区西北、那曲地区东北，以及青海玉树州西南部”。参见保罗：《解读敦煌吐蕃文书 P. T. 1286 号写卷及其历史内容》，《西藏研究》2008 年第 3 期，第 13 页。

④ 卓木南木松，地理范围“在拉萨河北部牧区，大致在当雄、纳木错及其周边地区”。参见保罗：《解读敦煌吐蕃文书 P. T. 1286 号写卷及其历史内容》，《西藏研究》2008 年第 3 期，第 13—14 页。

27. 王者威猛相臣贤明，谋略深沉者

28. 相互剿灭，并入治下收为编氓，最终，以鹘提悉补野之位势莫敌最为崇高。

29. 神灵降罪，民庶为诸侯混战彼此争夺矣！

30. 天神自天空降世，在天空降神之处上面，有天父六君之子，

31. 三兄三弟，连同墀顿祉共为七人。墀顿祉之子即为墀聂墀赞也。

32. 来做大地父王，父王来到人间。当初降临神山降多之时，须弥山

33. 为之深深鞠躬致敬，树木为之奔驰迎接，泉水为之清澈迎候，石头石块均

34. 弯腰作礼，遂来作吐蕃六牦牛部之主宰也。当初降临大地。

35. 来做天下之主。在天之中央、大地之中心、世界之心脏，

36. 雪山围绕一切河流之源头，山高土洁，地域美好，人聪睿

37. 而英勇，风俗纯良，在快马可以奔驰之辽阔大地之上，（他）化为人身降世。

38. 与其他国君不同之风俗者，以弯腰表致敬，以顶足为礼，

39. 对上等人用敬语说话，伟人巨子之礼仪姿态均

40. 由此时产生也。在众多树木之中，以松树最为高大，在大江大河之中，

41. 以雅鲁藏布江碧水最为流长，而雅拉香波（神山）乃最高之神也。

42. 降世天神之上，天父六君之子，三兄三弟，连同墀顿祉共七位，

43. 墀顿祉之子即岱·聂墀赞普来做雅砻大地之主，降临父辈之地，天神之子

44. 做人间之王，后又为人们目睹直接返回天宫。岱·聂墀赞普与南牟牟

45. 生子牟墀赞普。牟墀赞普与萨丁丁生子丁墀赞普。丁墀赞普

46. 与索当当生子索墀赞普。索墀赞普之子为德墀赞普。德墀赞普

47. 之子为墀白赞普。以上诸王大致相同，王子能骑马时父王即逝归天界。墀白

48. 赞普之子为止贡赞普。止贡赞普之子布带贡甲。即所谓天上七墀王也。

49. 若谓地上六列王者，如下述：布带贡甲逝后，名章木南木赛则，赛则之子为托列赞普。托列

50. 赞普之子，肖列赞普。肖列赞普之子，高茹列赞普。

51. 高茹列赞普之子，仲西列赞普。仲西列赞普之子，梯笑列赞普。

52. 梯笑列赞普之子，义笑列赞普。义笑列之子，萨南木森帝。萨南木森帝之子，

53. 岱处保南木雄赞。南木雄赞之子，岱管。岱管之子，南木岱诺南木。

54. 南木岱诺南木之子,色诺保。色诺堡之子,岱甲吾。岱甲吾之子,

55. 甲森赞。甲森赞之子，甲多日龙赞。甲多日龙赞之子，

56. 墀赞南木。墀赞南木之子，墀扎邦赞。墀扎邦赞之子，墀脱赞。

57. 墀脱赞与茹荣妃东甲错母所生之子拉脱杜聂赞。拉脱杜

58. 聂赞与饶氏妃芒木杰儿所生之子墀聂松赞。墀聂松

59. 赞与没庐妃东江热所生之子没庐年岱如。没庐年岱如与

60. 琛氏妃路甲恩木错所生之子达布聂西。达布聂西与

61. 俄管妃东君卓噶所生之子伦赞龙南木。伦赞龙南木与

62. 蔡邦妃甄玛脱所生之子松岱赞。松岱赞与蒙氏妃

63. 赤木年东登所生之子贡松贡赞。贡松贡赞与昆交芒木

64. 杰赤噶所生之子芒伦芒赞。芒伦芒赞与没庐妃赤玛勒

65. 赤登所生之子都松芒保杰。都松芒保杰与琛氏妃赞

66. 玛脱脱登所生之子墀德祖赞。墀德祖赞与那囊妃

67. 芒保杰细登所生之子赤松德赞。赤松德赞与蔡邦妃玛甲

68. 东噶所生之子牟尼赞与德松赞。牟尼赞无子嗣绝。德松

69. 赞与没庐妃拉杰芒木杰所生之子赤祖德赞与吾东赞［下残］

呈吐蕃赞普奏章

——P. 3201

一、解题

P. 3021 为王锡《呈吐蕃赞普奏章》二道。王锡系唐敦煌人。吐蕃占领敦煌前，曾任朝散大夫、殿中侍御史、河西节度观察使，吐蕃占领敦煌后，被赞普征至逻些（今西藏拉萨）。吐蕃权贵心怀忌恨，常向赞普进谗，王锡因申奏得自保，主动请充使节为唐蕃和解效力；又谏赞普以佛法拯救黎民，放弃杀伐。敦煌遗书中还有其《顿悟大乘正理决并序》一篇（P. 4646）。

此两道奏章，法国学者戴密微在《吐蕃僧诤记》中有详细的分析，[①] 新近有学者考证此两道奏章撰写于 782—783 年左右。[②]

二、录文

本录文据《法藏敦煌西域文献》第 22 册第 146 页影印件而录。戴密微、唐耕耦、李宗俊等也有录文，可参戴密微：《吐蕃僧诤记》，

---

① 参见戴密微：《吐蕃僧诤记》，拉萨：西藏人民出版社，2001 年，第 243—299 页。

② 赖俊、李宗俊：《〈王锡上吐蕃赞普书〉（P. 3201）的写作时间及相关史事考》，《西北民族论丛》2015 年第 2 期，第 68—84 页。

第243—245页和第274—277页，有漏录、错录十余处；唐耕耦、陆宏基主编：《敦煌社会经济文献真迹释录》（第四辑），北京：全国图书馆文献缩微复制中心，1990年，第358—360页。[①]

（一）

外臣锡言：臣闻，愚者不可考其智，老者不可备其力，贫者不可责其财，病者不可强其役；轮不可舒而直，辕不可糅（柔）而曲；此数者各其分也。臣家不血食[②]四百余年。更植□羸瘦，仍加冷疾。自到大蕃，不服水土；既无药饵，疾疴尤甚。忽恐一朝东征西伐，特乞不将臣随军而行！臣既婴（染）疾疴，又的（得）知欲到汉界，则扭手械足[③]，驱驰道路，蒙犯霜雪；臣则死于是也。

又臣虽愚，若得陪星使鼓唇舌，俾邻国协和，杜绝猜贰，则臣之分也。若随军旅犯封境，作威作福，乍寒乍暑，臣必缄其口而不能言，弹其舌而不能舆；此者何也？犹虎虽猛而不能捕鼠矣；岂尺所短而寸无所长哉？

大蕃将相或说谏　圣神曰：异俗之囚何用哉？即请降丝纶以诛之。臣必对利剑顾微躯，知泡幻不实，死生一致。然后收视反听，澄心撮妄，还源归素，契理全真，亦何所悲？□□□恐　赞普他时自须当臣寸而所使□□□百万之师众，如臣者未可得也。惟□之□□锡干犯圣威。诚惶诚恐。顿首顿首谨言。

年　月　日破落官朝散大夫、殿中侍御史　臣王锡上

（二）

破落外臣锡言：王者之要，莫过于安万姓；佛法之大，莫过于利

---

① 赖俊、李宗俊：《〈王锡上吐蕃赞普书〉（P. 3201）的写作时间及相关史事考》，《西北民族论丛》第12辑，第69—70页。

② 不血食：是指中断对土地神和稷神的带血三牲之祭（国破时），或者对先祖的祭奠（家亡时）。

③ 扭手械足：这一押解方式在《旧唐书·吐蕃传（下）》上有过记载。具体说来，就是将俘虏们的双手反剪背后，让他们背负一块从脖子到脚跟长的木板，并用三道绳子把木板捆在他们身上，再用一根绳子拴着他们的头发以便牵着他们走路。晚上，俘虏们被拴在木桩上就地露宿，身上盖着毯子；看守人员也睡在毯子里以便监视他们。

苍生。至如兵者，不得已而用者。今者大蕃之与大唐俱为大国，况仍邻接，又是舅甥。诚合使乎往来，商贾交易；停其斥候，杜彼嫌疑。

伏惟　圣神赞普，聪明广运，圣德弘深；武略贯于前王，仁恕光于后嗣。是以每举戎师，多见剋捷；抑亦天时人事，安可定准？故道经曰：知足不辱，知止不殆；又《易》所谓：物不可以终通，故授之以否，圣神得无意焉？

臣去年已献表，切论两国和好事，趣特蒙遣赴军头，共诸将相商议。夫为将者，务欲增人我之深感，取浮俗之虚誉；安肯怜愍苍生，匡救风俗？若战之捷，则功收于己；若战之败，则耻归于国。迭为矫诳，蒙蔽　君主，又安可共议夫高古之事也。伏见　赞普罄诚节竭身力，或澄心而妙入禅定，或发惠而广译真经；更建立伽蓝，雕刻素像，交驰驿使，迎请[①]僧徒，岂不是弘菩萨之心，启慈悲之愿，精修六度，拯拔四生[②]耶？若如此者，同声闻之修，非菩萨之行。菩萨行者，于施则三事[③]体空，于见则四生齐等，不彼不此，无是无非，虽垢净一如[④]，亦正果殊贯；凡其动念，无非利益有情为讳是也。

圣神兴兵战伐，开辟土（王）宇，岂不是欲成勋绩垂万代？□若如此者，是霸业之迹，非王道之术。夫王道者，锁剑戟，放牛马；纳谏中朝，不闭外户。今　圣神修道，是有为修，是着相修，是名闻修；理国者，是虐万姓，是危社稷，是反王道。何者？年年用兵，是危社稷之资，虐百姓之本。二事即尔，何有于王道哉？夫修道者，修之于内，不扬之于外；轸慈悲于苍生，是内修也。

圣神征战不歇，令非安业，父母兄弟，各在异所；[⑤] 道路既远，音信不接；目际天外，以溃肠断。更于战阵，务资煞戮。虽修塔建寺，邀诸僧尼，写经设斋，运泥造佛，此只人天有漏有为之福，非真

---

① 迎请：《吐蕃僧诤记》第276页录为“请德”。

② 四生：是指卵生、胎生、湿生和化生。

③ 三事：指施主、施物、受施者。

④ 如：《吐蕃僧诤记》第276页录为“加”，并注释：应读作“如”。

⑤ 令非安业，父母兄弟，各在异所，《吐蕃僧诤记》第277页录为“□非安，弃父母兄弟各在异所”。

福田。[①] 臣虽是汉，在大唐国□，人庶欲穷其数者，不可而滑（得）于中，与臣表里亲戚者，不过三二□家，必其名……阵，损伤不过一二，而闻何所返行其臣族颁经同假人□然者（下残）

① 以下文字，《吐蕃僧诤记》第277页录为“臣虽是汉在大唐国□庶欲穷其数者，不可而滑于中，与臣表里亲戚者，不过三二□家□姓名……”。

吐蕃监军论董勃藏修伽蓝功德记

——Дx. 1462 + P. 3829

一、解题

王重民《敦煌遗书总目索引·伯希和劫经录》："3829，关于西藏历史残卷，似应为论监军修功德记。只存下截二十七行。"施萍婷《敦煌遗书总目索引新编》记载："P. 3829，吐蕃论董勃藏重修伽蓝功德记。按：王重民原拟名为'关于西藏历史残卷似应为论监军修功德记'，并说明只存下截二十七行。李正宇发现俄藏 Дx. 1462 与此件可以缀合，并定名为'大蕃古沙州行人部落兼防御兵马使及行营留后监军使论董勃藏重修伽蓝功德记'。"首先注意到这两件文书的是李正宇，他于 1995 年访问俄罗斯科学院东方文献研究所回来后发表了《俄藏中国西北文物经眼记》（《敦煌研究》1996 年第 3 期）："Дx. 1462 为巴黎藏 P. 3829 写卷的上截，经余缀合后，知为《大蕃沙州行人部落兼防御兵马及行营留后使论董勃藏修伽蓝功德记》。俄藏残卷虽失去碑主之名，却载有其先祖论悉囊西、高祖论乞利髯农恭、皇祖论悉诺悉揭、父论乞利陀斯临玻之名与历官，可补唐史之阙，颇有研究价值。"后在《敦煌吐鲁番研究》第二卷（北京大学出版社，1997 年）发表了《吐蕃论董勃藏修伽蓝功德记两残卷的发现、缀合及考证》一文，对之有详细的录文。《法藏敦煌西域文献》第 28 册第 258 页有图版，定名为"吐蕃监军论董勃藏重修伽蓝功德记"。

《俄藏敦煌文献》第8册第192页有图版，定名“大蕃沙州行人三部落兼防御兵马及行营留后某功德记”。我们根据《俄藏敦煌文献》Дx. 1462首行为“大蕃古沙州行人部落兼防御兵马及行营留”，又根据文中记载董勃藏的官职为：“既监军论字号董勃藏，名金刚，敕补充沙州三部落兼防御兵马留后大监军使，授大鍮石告身。”全名应作：大蕃古沙州行人部落兼防御兵马及行营留后大监军使论董勃藏重修伽蓝功德记。简称：吐蕃监军论董勃藏重修伽蓝功德记。我们本次录文行间用“/”区分，而缀合部分用“//”区分，P. 3829录文用宋体，而Дx. 1462录文用宋体加黑以区别。李正宇根据文体风格认为“颇似蕃占中期至归义军初期在世的敦煌文士窦良骥手笔。窦良骥亦作窦骥，又作窦器，自书其郡望为扶风窦骥。吐蕃占领时期，始为布衣，约蕃占之后期为吐蕃国子监博士。敦煌遗书中存其署名诗文七篇。文体及风格可同本篇比观”。P. T. 1070《大蕃敕尚书令赐大瑟瑟告身尚起律心儿圣光寺功德记》亦为窦良骥的作品。缀合后的《吐蕃监军论董勃藏重修伽蓝功德记》前部三行下半行残缺外基本完整，仅后部残缺，估计文字不会很多。余于2011年8月17日访问俄罗斯科学院东方文献研究所时，和魏迎春博士一起再次调出这件文书，重新核对原文，发现背面杂写有“时”“锤”二字，正面碑文抄本有朱笔句读和增补改错字。P. 3699《斋文》记载：“（前略）赞普永垂阐化，宰相尚起心儿盐梅邦国，宰相上结罗论屈杍热□□论项勃藏弩悉恭位列南官，节儿、监军福祚潜运，出降大乘，荣贵日新，遐赞不朽。都督代天理物，助圣安人，福将山岳以高。康大郎天禄弥厚，宠寄日勤王之逾增瀚。三部落二判官繁祉斯集。东座诸尊纲弘悲不倦，匡救忘疲，演至道以建法幢。诸尼众等四依恒满，八敬常圆，扇爱道之。城乡等常染佛日，永沐法流。国大德的盈律和上，愿莲花世界。天下僧统触坚，愿敷扬政术，镇遏玄门，色内。本州教授驾三乘而诱物，严六度以。会如闻：弘阐幽宗，莫光乎讲唱；津梁品物，实显乎宣扬。时有摧宜法门，秉持教纲者，粤唯我释门二教授大德之谓欤？故能律藏精通，禅□深邃。三乘遂务，万法轨明。上则奉三道以矜矜，下则诚学徒而翼翼。将使佛日弘照，昏衢朗然。苦海停波，群弥觉悟者矣。今则元正上序，献岁中旬，九膺来啼，三春才至。农土由隙，舆人且闲。故能月面遐开，星罗听众；衣冠雨集，缁侣云迍。但会如有抻小才，嫪昇高座；词（辞）让不获，进退谁为。伏愿尊宿借辩惠端，赐无畏力，则小人敢申管见。”

二、录文

大蕃古沙州行人三部落[1]兼防御兵马及行营留//［后大监军使论董勃藏修伽蓝功德记］[2]

记曰：国之治也，泰道寰被；教之明也，则庶士□（下缺）

勤勚，果致功新。添百镒于金田，赍七珍于（下缺）

其监军论，宗源本吐蕃国人[3]，望高则大□//□□□□□□□□。前曾皇祖论乞利悉耶/名悉囊，西征勃律国行军大节度使[4]，授大//［鍮石告身］，□实犛牛皮皮裘，先锋猛将。高/皇祖论乞利髯农恭，前任中节度函馆使，//□仁纽川大统首领，授大鍮石告身[5]。皇祖论悉/悉诺悉揭，先征朔方军兵马使[6]，后改任北同城//使[7]，授大鍮石告身。皇考君论乞利陀欸临波/任宰相幕府兼度支使，专知蕃汉回纥三［国］//盟誓，得使三国和好，委任机密，勋绩有殊。授大银/告身[8]。并以德资务本，运智水而备方圆；业//绪论新，仰国风而横勇气。近经八阵，陈力就官，/远镇十年，奇功见采。故知部落酋豪，统兵//元帅矣。暨监军论字号董勃藏，名金刚，/敕补充沙州三部落兼防御兵马行营留后大监//军使，授大鍮石告身[9]。为政也，助其国，忧其民，/称其材，委其任。孳成畜聚，业绪基深；//果侚临军，毅勤边守。悬泉路次[10]，长承/偃草之风；右地阳关[11]，不假前茅之候。驱//鸡训俗，先为竹马之期；伏豹同弦，德最严/凝之重。五邻劝附，三部坚亲。执虎契而//论兵，案铜鱼而格俗。为仁义，依依古礼；更/号令，赫赫军容。控制万人，常居便地；科//驰百姓，使殖膏腴。藉田肆意于春光，/断狱不违于秋令。城中吏庶，更沐来苏；//路上行人，皆传颂德。开公门而信直，向法/界而清心；望南亩之桃蹊，将生金粟；味//东流之溉水，想似耨池。然则骋射戟于/营中，视蒐军于墎外；两偏既列，三令已//申；蹲甲使慎于孤虚，攒锋莫窥于/太白。时则回辕府幄，积虑途中；敬事//安全，早归信实。因遇州东三里平河口/侧[12]，故坏伽蓝一所，像制金躯，逐微尘//而化尽；垂形宝艳，类琢石而光消。知/存水际之基，未没风轮之座；墙生白草，//地遍黄蒿。监军论，遂以方祈十力，仰告/四王；虔跪一心，稽颡千礼。时有惠日辉辉，煦//开人境；翔云片片，似落天花。故知灵运/潜通，神聪异应；清波龙吐，将用圬镘；//白石龟文，宜安柱礩。遂即使推髻而/持筑锤，募胼胁而起新功。广布行廊，//高隆月殿，上成屋宇，内备素真者矣。/殿内素释迦牟尼像，兼侍菩萨七躯，//三身四智，贤劫千佛等[13]，诸图彩众多，不/得备论。然乃图真粉壁，疑梵天而下//来；德水涟漪，若弥陀之净域。光流紫麼（磨），/色现琉璃；花历夏而恒青，鸟迎春而似笑。//毫分绮绣，笔彩锦纹。论监军/仰三身而立效，省已回心；望十地而向修，//宜然速就。减灶殇生之便，预忏悔而/得除；焚巢火宅之灾，虑先鸣而得□。//加以福田善种，由甘露而生芽；佛性尘/迷，沐智贤而得免。傍求□□□□□□//□□□□□□号无尽藏，执尹铎/而扬村野□　□□□□□□□□□□□□//……………………………六度共/

（后缺）

三、校释

［1］李正宇录文行人后夺“三”字。行人三部落，即建成于820年的阿骨萨、悉董萨和建成于824年之后悉宁宗的三个汉人军事部落。部落成员平时从事生产，战时编队出征。敦煌吐蕃文献斯坦因编号Ch. 83. vi. 5（英国印度事务部图书馆藏IOL Tib J 1383）《丑年暨寅年阿骨萨部落孔宣子付粮牒》记载：“沙州汉人悉董萨和阿骨萨两千户部落，牛年和虎年在小突厥的磨坊欠下了……送去瓜州后。论·玉热的谷物在瓜州的庄园里，沙州……五十岗孔宣子之将，给王本聪大麦一驮，张……”杨铭《英国收藏敦煌古藏文文书选译》（民

族出版社，2018 年）认为阿骨萨，汉文本记为“曷骨萨”“纥骨萨”，均为藏文རྒོད་སར的音译，意为“新武士（部落）”，是吐蕃统治敦煌中期组建的准军事部落。“与悉董萨部落一样，纥骨萨部落也是9 世纪 20 年代以后 40 年代以前出现于沙州的半军事化的汉人部落之一，加上‘悉宁宗部落’，这三个半军事化的汉人部落习惯地被称为‘沙州三部落’。”敦煌吐蕃文献斯坦因编号 Ch. 73. xv. 5（英国印度事务部图书馆藏 IOL Tib J 1539）《沙州三部落百姓欠写经纸张账目》记载到悉董萨部落写经人令狐东孜等十将、阿骨萨部落张显等十将、悉宁宗部落康达措等十将写经人。P. T. 1111《寺庙粮食账目清单》记载：“马年秋，沙州唐人三部落（东岱）有唐人六百八十四户。”陈践认为：“沙州唐人三部落的称呼，可能是 790 年分部落时的术语，从文书中看，后来，部落名称有 9 个之多（擘三、上、下、丝绵、行人、阿骨萨、悉董萨、宁宗、撩笼）大概是又逐渐收编而增长的缘故。”（郑炳林、黄维忠主编，陈践编：《敦煌吐蕃文献选辑·社会经济卷》，民族出版社，2013 年，第 61 页）关于行人，敦煌文书 P. 3730《慈惠乡百姓李进达状》记载：“慈父在日，身充行人，征行数年。去载四月，不意□□之役。城内有舍一所，并□□等，去年早被制骨路达将□□。”行人李进达所服的应当是兵役。S. 5812《丑年八月女妇令狐大娘牒》记载：“丝绵部落无赖横相罗，识人张鸾鸾见住舍半分：尊严舍总是东行人舍，收得者为主居住，两家总无凭据。后阎开府上尊严有文判，四至内草院不嘱张鸾分，强构扇见人侵夺，请检虚实。一：论悉诺息来日，百姓论宅舍不定，遂留方印，已后见住为主，不许再论者。又论莽罗新将方印来，于亭子处分，百姓田园宅舍依旧，亦不许侵夺论理。右尊严翁家在日，南壁上有厨舍一口，张鸾分内，门向北开。其时张鸾父在日，他取稳便，换将造堂舍了。尊严遂收门庑舍，充造堂地替便，着畜生。经四、五年，张鸾阿耶更无论理。及至后时嫁女与吴诠，得他势便，共郭岁达相知，设计还夺堂舍，将直至蕃和已来，吴诠着马，后吴诠向东后，其庑舍当时尊严自收，着畜生。经七八年，后致三部落了监军，借张鸾堂一、南房一、厨舍一、小庑舍，共四口，又借尊严庑舍草院，着马。亦经五六年，监军死后，两家各自收本分舍，更无言语论理。今经一十八年，于四月内，张鸾因移大门，不向旧处安置，更侵尊严地界，已理共语，便称须共你分却门道。量度分割，尽是张鸾。及至分了，并垒墙了，即道庑舍草院先亦不嘱杜家。此人搅扰公衙，既若合得，缘何经廿年已上不论？请寻问。右件人，从上已来，无赖有名，欺尊严老弊妇人，无处识故。又不识公衙道理，纵有言语，亦陈说不得。向里换舍子细，外人不知，并舍老人委知。南壁上将舍换庑舍，其张鸾所有见人，共他兄弟相似，及是亲情，皆总为他说道理。又云，你是女人，不合占得宅舍，气有此事。丝绵部落人论事，还问本部落见人为定。自裁自割，道理自取。尊严妇人，说理不得谕。若后母怜儿乳，亦终当不与。伏望殿下仁明详察处分。牒件状如前，谨牒。丑年八月日女妇令狐大娘牒。”记载到三部落和行人。P. 2763V《巳年（789）沙州仓曹会计牒》记载吐蕃监使软勃匐强、监部落使名悉思恭。S. 2103《酉年（805？）十二月沙州灌进渠百姓李进评等请地牒并判》记载：“城南七里神农河母，两勒汎水，游淤沙坑，空地两段共叁突，东至碛，西至贺英倩，南道口，北至神农河北马国清。右南沙灌进渠用水百姓李进评等，为已前移灌进□向五石口前，逐便取水，本无过水渠道，遂凭刘屯子边卖（买）合行人地壹突用水。今刘屯子言是行人突地，依藉我收地，一任渠人别运为。进评等今见前件沙淤空闲地，拟欲起畔耕犁，将填还刘屯子渠道地替溉灌，得一渠百姓田地不废庄园，今拟开耕，恐后无凭，乞给公验处分。牒件状如前，谨牒。酉年十二月 日　　灌进渠百姓李进评等，百姓胡千荣，付营官寻问，实空，百姓杨老老，百姓窦太宁，闲无主，任修理佃种。百姓张达子。百姓氾□□。弁示。廿三日。”Дх. 01319V《今日好风光词》记载：“今日好风光，花开做建享；绕伴宜游胜，园苑好芬芳。坐驼堂落味，[□□□□]香；次树争娇鸟，戏蝶近新妆。申年十一月十八日丝绵部落百姓。”S. 5824《经坊供菜关系牒》记载：“应经坊合请菜蕃汉判官等。先子年已前蕃僧五人，长对写经廿五人。僧五人，一年合准方印，得菜一十七驮，行人部落供。写经廿五人，一年准方印得菜八十五驮，丝绵部落供。昨奉处分，当头供者具名如后：行人大卿，小卿，乞结夕，遁论磨，判罗悉鸡，张荣奴，张□子，索广弈，索文奴，阴兴定，宋六六，尹齐兴，蔡殷殷，康进达，冯宰荣，宋再集，安国子，田用用，王专，已上人每日得卅二束。丝绵苏南，触腊，翟荣胡，常弁，常闰，杨谦让，赵什德，王郎子，薛卿子，娑悉力，勃浪君君，王□□，屈罗悉鸡，陈奴子，摩悉猎，尚热磨，苏儿，安和子，张再再，已上人每日得卅三束。右件人准官汤料合请得菜请处分。牒件状如前，谨牒。（后缺）”另外，敦煌文书还记载到吐蕃时期的悉董萨、阿骨萨部落：P. T. 1297《子年二月三日孙清便粟契》记载：“子年二月二十三日悉董萨部落百姓孙清为无粮用，今于永寿寺便佛物粟汉斗叁硕，其粟请限至秋八月末送纳。如违倍，乃任掣夺家资，用充粟直。”P. 2502《寅年六月思董萨部落百姓镜兴逸便麦契稿》记载其为无粮用向处便麦两硕五斗，思董萨即同文书另外一件文书记载：“寅年七月六日丝董萨部落□□□送乞本马价麦壹驮半五斗，合出孔买宜将管下百姓宗萦奴，其麦并限至秋八月内还足。”丝董萨、思董萨即悉董萨部落，有将头，下管百姓。S. 6829V3《卯年（811）悉董萨部落百姓张和和取造楴篱价帖》记载：“卯年四月一日悉董萨部落百姓张和和为无种子，今于永康寺常住处取楴篱价麦壹番驮，断造楴篱贰拾扇，长玖尺，阔六尺。其楴篱限四月廿五日已前造了。如违其限，楴篱请倍，麦壹驮倍两驮。”S. 1475V6《酉年（817）行人部落百姓张乜奴便麦契》记载：“酉年十一月，行人部落百姓张乜奴，为纳突不办，于灵图寺僧海清处便佛麦陆硕，其麦限至秋八月内还足。如违限不还，其麦请倍。”S. 1475 V10《某年（823）阿骨萨部落百姓赵卿卿便麦契》记载：“□年三月廿七日，阿骨萨部落百姓赵卿卿为无种子，今于灵图寺佛帐家物内便麦两汉硕。其麦自限至秋八月内送纳寺仓足，如违，其麦请倍为肆汉硕。”S. 1475V11《卯年（823）阿骨萨部落百姓马其璘便麦契》记载：“卯年二月十一日阿骨萨部落百姓马其璘为乏粮种子，今于灵图寺佛帐家麦内便汉斗麦捌硕，限至秋八月内送纳寺仓足。如违限不还，其麦请倍，为壹拾陆硕仍任将契为领六，牵掣家资杂物牛畜等，用充佛麦。”S. 1475V12 记载卯年四月十八日悉董萨部落百姓翟米老向灵图寺佛帐内便麦陆硕。P. 3422V 记载卯年正月十九日阿骨萨部落百姓武光儿向灵图寺佛帐内便麦壹拾伍硕。P. 3730V《未年（839）四月纥骨萨部落百姓吴琼岳便麦契》记载纥骨萨部落百姓吴琼岳因无粮向永寿寺佛帐内便物汉斗捌硕。北图 59：500V（咸字 59）《寅年（822）汜英振承造佛堂契》记载僧慈灯于东河庄造佛堂一所，为无博士，遂共悉东萨部落百姓汜英振平章造前佛堂，断作麦捌汉硕。行人三部落百姓平常不仅从事农业生产，而且从事手工业生产。所以，大量的便麦绝不是为了自己家庭生活或耕种需要，而是为了部落民众的生活或耕种需要。吐蕃统治敦煌时期的部落见载敦煌文书的主要有：擘三部落（S. 3287、S. 2228、Ch. 9. i. 37）、上部落（P. 3444）、下部落（S. 3287）、丝绵部落（S. 5812、S. 3287、P. 3491、S. 5824、P. T. 1086、Ch. 75. iii. 3）、行人部落（S. 1475、P. 2449、S. 1864、S. 5824、S. 1475）、阿骨萨部落（P. T. 1203、P. T. 1113、S. 1475、P. 2686、Ch. frag. 82、Ch. 73. xv. fr. 12、Ch. 75. iii. 3、Or. 8210/S. 10828、Or. 8212/194b，又作纥古斯部落、纥故萨部落）、沙州汉人阿骨赞部落（Or. 8210/S. 10647）、悉董萨部落（S. 6829、P. T. 1294、P. T. 1094、P. T. 1598、P. 2502、Дx. 06012V、咸字 59、Or. 8210/S. 10828、Or. 8210/S. 348，又作思董萨部落）、悉宁宗部落（P. T. 1000、P. T. 1001、P. T. 1203、P. T. 1094、P. T. 1297、P. T. 1297、P. T. 1115、Ch. frag. 82、Or. 8210/S. 10828、Or. 8210/S. 7133、Or. 8210/S. 7133，又作宁宗木部落）、撩笼部落（P. 2763）、僧尼部落（S. 2729）、中元部落（S. 1291）等。还有蕃波部落和退浑部落（P. T. 1080）、吐谷浑莫贺延部落（P. T. 1081）、上郭仓部落（ITJ 649）、蔡多部落（P. T. 1297）、悉骨萨（ITJ 850）、通颊部落（P. T. 1081）、通颊色通（Or. 8210/S. 2228）、通颊西东巴部落（Or. 8210/S. 2228）、通颊东巴部落（P. T. 1094）、军部落（Ch. 86 ii. v）、查托部落（Ch. frag. 82）等。另外 Дx. 10289《丁卯年九月十五日部落都头杨帖》记载该部落康□□、陈佛德、李德子、龙保庆、王保□、张通信、索善通、安□□等有事商量，要求“卯时于大仓内取齐，捉后到二人罚酒壹升；全不来罚酒壹瓮。其帖速自示名递，不得滞留者。丁卯年九月十五日部落都头杨帖。”这是保留于归义军时期的部落。敦煌吐蕃文献还记载敦煌周边部落，吐谷浑玛界土振部落（P. T. 1095）、吐谷浑莫贺延部落（P. T. 1081）、慕罗瓦部落（P. T. 1081）、曹尔阿部落（P. T. 1084）、蕃波部落（P. T. 1080）、吐谷浑部落（P. T. 1080）。

［2］李正宇录文原文至“留”字，以下文字据碑文内容补入。

［3］《通鉴考异》卷21引《补国史》记载：“吐蕃国法，不呼本姓，但王族则曰‘论’，官族则曰‘尚’，其中字即蕃号也。”

［4］《新唐书》卷216上《吐蕃上》记载：“其后吐蕃西击勃律，勃律告急，帝谕令罢兵，不听，卒残其国。”《新唐书》卷221下《西域传下》记载：“大勃律，或曰布露。直吐蕃西，与小勃律接，西邻北天竺、乌苌。地宜郁金。役属吐蕃。”“小勃律……开元初，王没谨忙来朝，玄宗以儿子畜之，以其地为绥远军。国迫吐蕃，数为所困，吐蕃曰：‘我非谋尔国，假道攻四镇尔。’久之，吐蕃夺其九城，没谨忙求救北庭，节度使张孝嵩遣疏勒副使张思礼率锐兵四千倍道往，没谨忙因出兵，大破吐蕃，杀其众数万，复九城。……苏失利之立，为吐蕃阴诱，妻以女，故西北二十余国皆臣吐蕃，贡献不入，安西都护三讨之无功。天宝六载，诏副都护高仙芝伐之。”《资治通鉴》卷212唐玄宗开元十年（722）秋八月：“癸未，吐蕃围小勃律王没谨忙，谨忙求救于北庭节度使张嵩曰：‘勃律，唐之西门，勃律亡则西域皆为吐蕃矣。’嵩乃遣疏勒副使张思礼将蕃、汉步骑四千救之，昼夜倍道，与谨忙合击吐蕃，大破之，斩获数万。自是累岁，吐蕃不敢犯边。”《资治通鉴》卷214唐玄宗开元二十五年（737）记载：“时吐蕃西击勃律，勃律来告急，上命吐蕃罢兵，吐蕃不奉诏，遂破勃律；上甚怒。”唐出兵与吐蕃战青海西，大破之，“自是吐蕃复绝朝贡”。指的就是这场战争。唯论乞利悉耶名悉囊，唐史不见其名，而有论名悉猎，可能就是其人。《唐会要》卷97《吐蕃》条记载开元二年（714）五月“其月，吐蕃使其宰相尚钦藏及御史名悉猎来献盟书。……自五年至十年，凡八来朝，并贡方物。”“十七年（729），复遣使来朝。诏忠王及皇甫惟明及内侍张元方使于

吐蕃，惟明既见赞普及公主，皆欣然请和，尽出贞观以来敕书，以示惟明。及遣其重臣名悉猎随惟明入朝。赞普既献宝，公主又献盘杂盏器等物。悉猎颇晓书记，先是，迎公主至长安，当时朝廷皆称有才辩，及引入赐宴，与语，甚礼之。”《资治通鉴》卷213唐玄宗开元十八年（730）记载唐与吐蕃陇右河西大战之后，开元十八年吐蕃兵败遣使致书于境上求和，唐命皇甫惟明与内侍张元方使于吐蕃：“赞普大喜，悉出贞观已来所得敕书以示惟明。冬，十月，遣大臣论名悉猎随惟明入贡，……自是吐蕃复款附。”胡三省注：“《考异》曰：《实录》，‘十九年七月癸巳，吐蕃遣其大臣名悉猎来朝，请固和好之约，且献书’云云。”《旧唐书·玄宗纪上》记载开元十八年：“冬十月，吐蕃遣其大臣名悉猎献方物请降，许之。”《旧唐书·吐蕃传》记载皇甫惟明至吐蕃，“赞普等欣然请和，尽出贞观已来前后敕书以示惟明等，令其重臣名悉猎随惟明等入朝。”上表称：“谨遣论名悉猎及副使押衙将军浪些纥夜悉猎入朝，奏取进止。”“十八年十月，名悉猎等至京师，上御宣政殿，列御林仗以见之。悉猎颇晓书记，先曾迎金城公主至长安，当时朝廷皆称其才辩。”二十二年（734）“其年，吐蕃西击勃律，遣使来告急，上使报吐蕃，令罢兵。吐蕃不受诏，遂攻破勃律国，上甚怒之”。虽然没有记载吐蕃领兵大将，攻击勃律国基本上等于同唐作战，必然派遣熟悉唐朝情况的人，名悉猎是其不二人选。《新唐书·吐蕃传》记载：“惟明见赞普言天子意，赞普大喜，因悉出贞观已来书诏示惟明，厚馈献。使名悉腊随使者入朝。……使者至，帝御前殿，列羽林仗内之。悉腊略通华文，既宴与语，礼甚厚，赐紫服、金鱼。悉腊受服辞鱼。曰：‘国无是，不敢当。’”“其后吐蕃西击勃律，勃律告急，帝谕令罢兵，不听，卒残其国。”《资治通鉴》卷213唐玄宗开元十八年记载：“五月，吐蕃遣使致书于境上求和。”九月唐派遣皇甫惟明、张元方出使吐蕃，“赞普大喜，悉出贞观已来所得敕书以示惟明。冬，十月，遣其大臣论名悉猎随惟明入贡，表称：‘甥世尚公主，义同一家。中间张玄表等先兴兵寇钞，遂使二境交恶。甥深识尊卑，安敢失利！正为边将交构，致获罪于舅；屡遣使入朝，皆为边将所遏。今蒙远降使臣，来视公主，甥不胜喜荷。傥使复修旧好，死无所恨！’自是吐蕃复款附”。胡三省注：“《考异》曰：《实录》，‘十九年（731）七月癸巳，吐蕃遣其大臣名悉猎来朝，请固和好之约，且献书’云云。按《长历》，十九年七月丁未朔，无癸巳。”囊、腊，乃“猎”字形近致误。

［5］《唐会要》卷97《吐蕃》条：贞元二十年（804）“四月，吐蕃使臧河南观察使论乞冉等五十四人来朝贡”。元和“十二年（817），吐蕃告哀使论乞冉献马十匹玉带金器等”。《旧唐书·德宗纪下》贞元二十年：“夏四月……丙寅，吐蕃使臧河南观察使论乞冉等五十四人来朝贡。”《旧唐书·吐蕃传下》记载：“（贞元十九年）四月，吐蕃使臧河南观察使论乞冉及僧南拨特计波等五十四人来朝。”“（元和）十二年赞普死，使者论乞髯来。”《新唐书·吐蕃传下》贞元“二十年，赞普死，……其弟嗣立，再使使者入朝”。“永贞元年，论乞缕勃藏归金币、马牛助崇陵，有诏陈太极廷中。”宪宗初“吐蕃亦以论勃藏来”。“（元和）十二年，赞普死，使者论乞髯来，以右卫将军乌重玘、殿中侍御史段钧吊祭之。可黎可足立为赞普，重玘以扶余准、李骖偕归。”《册府元龟》卷972《外臣部·朝贡五》：元和十二年“四月，吐蕃使论乞髯献马十匹，玉腰带二条，金器十事，牦牛一”。李正宇认为臧河南观察使即吐蕃某川大统领。敦煌文书S. 11454《子年悉□心儿等便酥抄》记载：“子年四月十一日悉□心儿宅便酥四升，酥三升。五月廿三日论结勃藏寒造食便酥廿两。”即其人也。S. 542V《戌年(818)六月沙州诸寺丁口车牛役簿附亥年——卯年注记》记载：“子年四月六日差车一乘般淤二车两日用安国修佛与悉歹勃藏卿般草两日，卯（年）耕桃园黎（犁）牛一（具）三日。大云寺车三乘，与番种麦，牛一具，三日。与教授般麦，差车一乘两日。榇笼麦草壹车箱。子年四月六日，差车一乘一日修安国般上。与悉□勃藏草一车两日。”悉歹勃藏或即其人。

［6］吐蕃对灵州的进攻，《新唐书·吐蕃传下》记载吐蕃于永泰、大历间“俄寇灵州，……灵州兵破虏二万，上级五百首。……三年，虏引众十万复攻灵州，略邠州。……邠宁马璘、朔方将白元光再破其众，获马羊数千，剑南亦破虏万人”。“八年，虏六万骑侵灵

州，败民稼，进寇泾、邠，浑瑊与战不利，副将死，略数千户。……十三年，虏大酋马重英以四万骑寇灵州，塞汉、御史、尚书三渠以扰屯田，为朔方留后常谦光所逐，重英残盐、庆而去。”贞元二年吐蕃又对朔方用兵，“吐蕃攻盐、夏，刺史杜彦光、拓拔乾晖不能守，悉其众南奔，虏遂有其地”。三年“结赞得盐、夏，皆戍以兵，乃自屯鸣沙，然馈饷数困”。后与唐结盟土梨树，归二州。十四年“吐蕃以下屡叛，大侵灵州”。元和十二年“吐蕃使论矩立藏来朝，未出境，吐蕃寇宥州，与灵州兵战定远城。……十四年，乃归矩立藏等。吐蕃节度论二摩、宰相尚塔藏、中书令尚绮心儿总兵十五万围盐州”。吐蕃对灵州用兵时间很长，李正宇认为论悉悉诺悉揭任征朔方军兵马使是在贞元、元和年间。《新唐书·吐蕃传》记载的论悉诺息可能就是其人：刘元鼎长庆年间出使吐蕃还，“虏遣论悉诺息等入谢，天子命左卫大将军令狐通、太仆少卿杜载答之”。《唐会要》卷 97《吐蕃》记载长庆二年（822）七月“其月，吐蕃使论悉诺息等随元鼎来谢”。S. 5812《丑年八月女妇令狐大娘牒》记载的论悉诺悉即其人。

［7］后改任北同城使，李正宇以为北同城即同城。同城，即唐宁寇军，《新唐书·地理志四》“甘州删丹县”：“北渡张掖河，西北行出合黎山峡口，傍河东壖屈曲东北行千里，有宁寇军，故同城守捉也，天宝二载为军。军东北有居延海，又北三百里有花门山堡，又东北千里至回鹘衙帐。”“瓜州晋昌县”：“东北有合河镇，又百二十里有百帐守捉，又东百五十里有豹文山守捉，又七里至宁寇军，与甘州路合。”同城在居延海西南。《通典》卷 172《州郡二·序目下》大唐：“宁寇军，张掖郡东北千余里，天宝二年置，管兵千七百人，马百匹，西去理所千余里。”陈子昂《为乔补阙论突厥表》称：“突厥所入大道，莫过同城。……调选天下精兵，采拔良将，任以同城都护。”《元和郡县图志》卷 40“甘州删丹县”：“宁寇军，在居延水两汊中，天宝二年置。”两汊中即张掖河流进居延海前分为东河（纳林河）与西河（穆林河）之间位置。《旧唐书·地理志》记载：“河西节度使，断隔羌胡。统赤水、大斗、建康、宁寇、玉门、墨离、豆卢、新泉等八军，张掖、交城、白亭三守捉。”“宁寇军，在凉州东

北千余里。”《资治通鉴》卷203唐则天后垂拱元年（685）六月："同罗、仆固等诸部叛，遣左豹韬卫将军刘敬同发河西骑士出居延海以讨之，同罗、仆固等皆败散。敕侨置安北都护府于同城以纳降者。”胡三省注曰："同城，即删丹之同城守捉，天宝二载改为宁寇军。”岑参《田使君美人舞如莲花北铤歌》注云："此曲本出北同城。”李正宇认为北同城必即同城无疑。敦煌文书S. 2146V《行军转经文》记载："然今此会转经意者，则我东军国相论掣晡敬为西征将仕（士）保愿功德之建修也。伏惟相公天降英灵，地资秀气。岳山作镇，谋略坐筹。每见北虏兴师，频犯边境；抄劫人畜，暴耗田苗。使人色不安，烽飚数举。我国相勃然忿起，怒发冲冠。遂择良才，主兵西讨。虽料谋指掌，百无一遗；然必赖福资，保其清吉。是以远启三危之侣，遥祈八藏之文；冀士马平安，永宁家国。故使虔虔一志，讽诵《金刚》；济济僧尼，宣扬《般若》。想此殊胜，夫何以加？先用庄严，护世四王，龙神八部；愿使威光盛，福力增，使两阵齐威，北戎伏款。又用庄严行军将相，伏愿才智日新，福同山积；寿命遐远，镇坐台阶。诸将仕(士)等三宝抚护，万善庄严。”同卷《转经文》记载："则我国相论掣晡敬为西征将仕（士）保愿功德之所建也矣！伏惟相公乃河岳降灵，神威动物；衔恩出塞，抚俗安边。一昨春初，扶阳作孽，剽掠人畜。由是大举军师，并除凶丑。虽兵强士勇，然福乃祸师。是以远杖（仗）流沙，积祈转念。今者能事遐列，胜福斯圆。总用庄严行军将相即体，愿使诸佛护念，使无伤损之忧；八部潜加，愿起降和之意。然后人马咸吉，士卒保康，各守［边］陲，永除征战。然后散沾法界，普及有情。赖此方因，咸登觉道。”S. 2146V《置伞文》记载："时则有二节儿、岳牧杜公等为城隍报安之所建也。唯节儿都督以虑敦煌西极，境接北胡，跃马控弦，寇盗无准。恐艾践稼穑，百减衣食之源；九农匪登，使万人怀罄悬之念。所以互相设计，务在安人；若论护国，匡邦无过。”所记述的内容就是吐蕃时期对回鹘西域的战争。S. 6315《文样》愿文记载到张女郎神："夫神光破暗，宝烛除昏，诸佛为之割身，菩萨上自热臂。遂使千灯普照，百焰俱明；状若空□□□似等天边之布月龙，仙夜齐□□影飞来，贤圣遥瞻，□空□□□，铁围山内，赖此灯明，黑暗狱中，蒙斯光照。是以二万亿佛，同号燃灯；三千定光，皆称一字。时则有我节儿等年岁就此灵龛，访千贤之胜迹，寻万代之神踪。共建灯轮，续建供养，如上功德，无限胜因。先用奉资，我当今赞普，……□□极西陲，心同诸佛之心，体若金刚之体，公卿□相，百姓行寮（后缺）。”S. 6315V《发愿文》记载：“以此开赞，大乘甚深，义……益，梵释四王，龙天八部，惟愿……悲，救护国。使四时顺序，八表……法轮常转，佛日恒晖；刀兵不兴，疾病……历历，上彻天宫；钟梵零零，下临地狱。刀山落刃，剑树摧锋；炉炭收烟，冰河息浪。针咽饿鬼，永绝虚羸；鳞甲畜生，莫相食啖。歌咏乾闼，弦管长鸣；斗战修罗，征旗永折。散枝大将，护国护人。欢喜龙王，调风调雨。恶星变怪，扫出天门。异兽灵禽，潜藏地穴。怀胎难月，母子平安。征客远行，乡关早达。狱囚系闭，枷锁离身；病卧缠眠，起居轻利；亡过眷属，顶拜弥陀；合道场人，恒闻正法。亦愿盲者见道，哑者能言；聋者再闻，愚者复智。如斯不完具者，愿垂法力因缘，悉得诸相具足。然后天成地平，河清海晏；五谷丰稔，千箱善盈；官补恩彼，人知乐节；仰希大众，各竭精诚。奉为龙天八部及土地神祇，大声称念，摩诃般若波罗蜜，庄严一切普诵。又将殊胜功德，最上福田，奉用庄严，我当今圣神赞普，伏愿永垂阐化，四海一家，广扇仁风，三边镇静，南山作寿，北极标尊，长为菩萨之人王，永应如来之付嘱。又将功德，奉福庄严，东军宰相大论，惟愿盐梅大鼎，舟楫巨川，泉石先以贞其心，松篁然后方其寿。使两国还好，重圆舅生（甥）；四方艾安，保无征战。节度慈深蠢动，子育黎兆。怀仁自纳其嘉祥，副圣独标其忠谨。龙车凤驾，出入九重。宝马金缨，两邦尊贵。金有益民，节度使代天理物，助圣安人，福将山岳以齐（后缺）。”S. 515V《斋文集》记载：“（前略）今者叩洪钟，奏鱼梵，散炉烟，集……消灾。玉轴金文，广洪宣而资助，所申意者……神姿，智雄英达，谋能克获，大国称□。……辞人代天界迁昇万天失雨露，……骋骑，远届流沙，集庆资神，广修胜事，余……还龙宫，福备恒沙，功圆已毕，以兹种种无限胜因，总用庄严大论公，神武□□，□□宝□，识托龙庭，再登国祚之阶，永继百王之□。又将胜福，次用庄严，惟愿荣华日进，宠禄逐增。节儿诸官，愿功名克著，清素永闻，常为邦国之忠臣，恒绍人王之社稷。愿常以奇才独拔，智溢超群，悟世非常，设斋修福，年年列供，月月延僧。愿家国平安，所求称遂。今得如愿，报佛慈恩。”Дx. 153V《书仪》记载：“先用庄严，龙天八部，惟愿起慈悲念，运神变切，拥卫生灵，扫除气侵，使二仪交泰，两国一心，五谷丰盈，万人安谧。伏用功德，奉竟当今圣神天子，即愿璇枢藩国，玉烛弥坚，发弘阐之胜心，布淳陀之厚泽。”BD15473《子年后六月十三日赞普新加水则道场付维那官大般若经录（拟）》记载：“子年后六月十三日赞普新加水则道场付诸寺维那官《大般若经》其名如后……。”有某寺维那谈义、某寺维那信乘、大云寺维那真诠、报恩寺维那义成等。BD15473《子年后六月十七日赞普福田出大般若经付诸寺维那》记载有“子年后六月十七日赞普福田出《大般若经》付诸寺维那如后”，有永康维那福胜、金光明寺维那法济、某寺维那信戒等。还记载：“子年七月十五日僧灵照请藏一本，《金光明经》一部，设□卷并帙足，分付照。”

［8］论乞利陀欻临波任宰相幕府兼度支使专知蕃汉回纥三［国］盟誓。李正宇认为论乞利陀欻临波即参加清水会盟的论乞利陀斯。《资治通鉴》卷228唐德宗建中四年（783）记载：“春，正月，丁亥，陇右节度使张镒与吐蕃尚结赞盟于清水。”《册府元龟》卷981外臣部盟誓：“（建中）四年正月，诏陇右节度使张镒与吐蕃相尚结赞等盟于清水，……结赞与其本国将相论悉颊藏、论藏热、乞利陀、斯官者论乞力徐等七人俱升坛为盟。”乞利陀，《旧唐书·张镒传》作论利陀，《旧唐书·吐蕃传》作论利陀。《新唐书·吐蕃传下》记载：“结赞与论悉颊藏、论臧热、论利陀、论力徐等对升坛，刑牲坛北，杂其血以进。”“贞元二年，……尚结赞屯上砦原，亦令使论乞陀来请盟。”《旧唐书·吐蕃传下》记载：“至上砦原，与结赞相见，令其使论乞陀与成同来。”论乞陀、论利陀，李正宇以为即其人也。

［9］《唐会要》卷97《吐蕃》元和元年（806）：“元和元年七月，遣使论勃藏等来朝，并献方物。”这位论勃藏可能就是贞元二十

一年七月“赞普使论乞缕勃藏来奉献”。“（太和）六年（832），又遣使论董勃藏来朝。”《册府元龟》卷976《外臣部·褒异三》记载太和六年（832）：“二月丙辰，麟德殿对入朝吐蕃论董渤藏等一十九人，……宴赐有差。”《旧唐书·牛僧儒传》记载：“（太和）六年，吐蕃遣使董勃义入朝修好。”《新唐书·吐蕃传下》记载：“永贞元年，论乞缕勃藏归金币、马牛助崇陵，有诏陈太极廷中。……又以使告顺宗丧，吐蕃亦以论勃藏来。”三部落，即沙州行人三部落，纥骨萨（曷骨萨）、悉董萨（悉东萨或者思董萨）和悉宁宗三个汉人军部落。论董勃藏既兼任三部落使，必不早于公元824年即长庆四年。P. 3256V《祈愿文》记载：“庄严三部落使班宠日益，禄秩恒昌；寿同劫石而不穷，福比江河而永固。”敦煌吐蕃文书P. T. 1111《寺庙粮食账目清单》记载：“马年秋，沙州唐人三部落（东岱）有唐人六百八十四户，每户向寺院交供养粮二克计，共计青稞一千三百六十八克；与余粮合计共有麦子、青稞四千四百九十克九升，粟米三千五百三十七克于库。”根据Ch. 73. xv. 5文书记载唐人三部落共有29将，将即百户长。河西吐蕃写经315号《大般若经》第11页背面书信：“内主论□思却逻及论摩叵热、董勃藏：董摩敬呈书信，问候如天神幻化之内主陛下，时来心体安康与否？此方本应敬书奏闻，请勿诧异。卑职不得亲谒［陛下］真容，故［只得］将此语以烦听闻，若蒙垂询，请复至卑职之行辕，沙州汉部落。”S. 1134《官人封户名簿（吐蕃时期）》记载：“卅六人部落使及副部［落使］……封户沙高延英（后缺）。”P. 2583《申年施入历》记载有“十月九日宰相上乞心儿及论□勃藏福田捌头牛价折得麴尘绢两匹绯绢叁匹，紫绫壹匹”，此论□勃藏可能就是论董勃藏。P. 5579《吐蕃占领时期具僧法惠等状残片》记载吐蕃上纥结、宰相论纥颊藏、宰相尚乞心儿、宰相论勃藏等：“（前缺）□□，俗名阴荣子，上乞心儿印，巳年……酉年六月至沙州。□□，俗名宋盈金，上纥结罗印，未年十二月廿二日……僧统纥□赞□□年□月廿□日。□□，俗名索文奴，宰相论纥颊藏印，申年正月对□寺僧统仓孙罗度，酉年六月至沙州上。法惠，俗名□佛奴，宰相尚乞心儿印，酉年二月廿五日到甘州，僧统遍执度，酉年七月至沙州上。智秀，俗名樊和和，上乞心儿印，申年十二月对廓州僧统度行。□□，俗名董晏奴，尚乞心儿印，未年十月廿日□□僧统度行正月一日至沙州。□□，俗名侯苟子，宰相论勃颊藏印，未年十月对肃州僧统行申年正月一日至次。法高，俗名张太平，上乞心儿印，未年十月对肃州教授度下正月一日至沙州。”论勃颊藏可能就是论董勃藏。另外 P. 2807《释门文范》记载监军尚论可能就是指论董勃藏：“［监军］尚论公等，愿福祚潜运，休祥大来，荣贵日新，英声不朽。”S. 542《戌年（818）六月沙州诸寺丁口车牛役簿》记载“安国修佛与悉□勃藏卿般草两日”“与悉□勃藏草一车两日”，是否与之有关，有待进一步研究。

［10］悬泉路次，指敦煌至瓜州间的路程。P. 2005《沙州都督府图经》记载：“悬泉水。右在州东一百卅里。出于石崖腹中，其泉傍出细流，一里许即绝。人马多至，水即多；人马少至，水出即少。”《西凉异物志》云：“汉贰师将军李广利西伐大宛，回至此山，兵士众渴乏，广［利］乃以掌拓山，仰天悲誓，以佩剑刺山，飞泉涌出，以济三军。人多皆足，人少不盈。侧出悬崖，故曰悬泉。”同卷记载敦煌一十九所驿中有悬泉驿：“悬泉驿。右在州东一百卌五里。旧是山南空谷驿，唐永淳二年录奏奉敕移就山北悬泉谷置。西去其头驿八十里，东去鱼泉驿卌里，同前奉敕移废。”《后汉书·盖勋传》记载：“盖勋字元固，敦煌广至人也。”李贤注：“广至，县名，故城在今瓜州常乐县东，今谓之县泉堡是也。”《元和郡县图志》卷 40“沙州敦煌县”：“悬泉水，在县东一百三十里。出龙勒山腹，汉将李广利伐大宛还，士众渴乏，引佩刀刺山，飞泉涌出，即此也。水有灵，车马大至即出多，小至即出少。”S. 5448《敦煌录》亦记载较详：“贰师泉，去沙［州］城东三程。汉时李广利军行渴乏，祝山神，以剑劄山，因之水下，流向西数十里黄草泊。后有将渴甚，饮水泉侧而终，水遂不流，只及平地。后来若人多即水多，若人少即水少，若郡（群）众大噉，水则猛下，至今如然。其二（贰）师庙在路傍，久废。但有积石驼马，行人祈福之所。次东入瓜州界。”《续汉书·郡国志》刘昭注补曰：“《耆旧记》曰：‘国当乾位，地列艮墟，水有县

（悬）泉之神，山有鸣沙之异，川无蛇虺，泽无凶虎，华戎所交，一都会也。’”据本卷敦煌东有悬泉谷，悬泉当在此。《太平寰宇记》卷153 引《凉州异物志》记载：“汉贰师将军李广利伐大宛还，士众渴乏。广利乃引佩刀刺山，飞泉涌出，三军赖此以获济。今有祠甚严，郡侯岁谒。”又 P. 2488、P. 2712、P. 2621V 载乡贡士张俅撰《贰师泉赋》记载：“昔贰师兮仗钺专征，森戈矛兮深入虏庭。伐不宾之獯鬻（音欲），射芒角之狼星。才登乌岭，始誓众而前行。初涉大河，愁落日之西倾。于是北出雁门，崎岖峡斜。长城黯黯，漠漠平沙。指燕山而难进，陟渺邈之天涯。既而经过狼峤，乃渡金河。铁门险峻，玉岭嵯峨。跋李陵之战所，思陈汤之止戈。直趋瀚海，掩袭雕巢。纵貔貅之百万，围十角于天罗。周獐黠虏，败衂而星驰。既乘胜而奔逐，擒名王之禄蠡（音离）。卤生俘而回捷，献赤刀于彤墀。于时回戈天堑，朱夏方兼。经敦煌之东鄙，涉西裔之危阽（音盐）。皑皑大碛，穹隆岩岩。前无指梅之麓，后无濡溇之沾。三军告渴，涸困胡髯。枯山赤坂，火薄生炎。我贰师兮精诚仰天，拔佩刀兮叱咤而前。想耿恭之拜井，思夫人之濯绵。刺崖面而霶霹，随刀势而流泉。山列（裂）地吼，鬼哭神趁。虫狼嗥叫，毒蛇吐烟。三危震而巘巘，泉水荡而潺潺。军吏大嗷，相谓而言：‘我将军之神威，使枯鲈而复苏。’一队队饮，一队队穿。人马多而溢涌，人马少而涓涓。于时振旅东去，神功永传。煞白马以旌信，酬圆盖而飨乾。铭常乐之乐石，纪灵通于万年。”P. 3929《敦煌古迹廿咏》记载有：“贰师泉［咏］：贤哉李广利，为将讨匈奴。路至三峗回，山连万里枯。抽刀刺石壁，发矢落金乌。志感飞泉涌，能令士马甦。”S. 788《沙州图经》记载：“（前缺）拔佩刀刺山，飞泉涌出，［以济三军］。令人马饮。”记载的是悬泉。P. 2691《沙州城土境》记载：“贰师泉，州东一百三十里。”P. 2880《习字杂写》记载敦煌水渠和镇名有：“无穷、掉消、北府、宜禾、东河；瓜州、常乐、悬泉、会稽、寿昌、紫亭。”之后记载一条：“正月廿六日太保东窟上去迎顿破酒壹瓮。”唐五代敦煌县东三十里有悬泉乡，又有悬泉府，瓜州唐有悬泉守捉，唐末五代有悬泉镇，皆取悬泉水为名。S. 9452V《押衙知悬泉副使荆幸昌启》记载：“［押］

衙知悬泉副使荆幸昌。”《重修敦煌县志》记载：“盖即甜水井以南之挖密泉，距甜水井六七里。”泉在山北口内二里东崖丈余高处，今名吊吊水，山口西北侧约三百米，有古遗址一处，1990—1992 年在此出土汉简两万多枚，由简文得知，此遗址乃西汉悬泉置，即传递文书接待来往官吏之所。

［11］右地阳关，指西方阳关。敦煌文书《寿昌县地境》记载寿昌县有“镇二：龙勒，西关”。P. 5034《沙州图经》记载二古关中有：“阳关，东西廿步，南北廿七步。右在县西十里，今见毁坏，基址见存，西通石□（城）、于阗等南路。以在玉门关南，号曰阳关。”石城镇道路中有：“一道南路，从镇东去沙州一千五百里，其路由古阳关向沙州，多缘险隘。泉有八所，皆有草，道险不得夜行，春秋二时雪涤，道闭不通。”S. 5448《敦煌录》记载：“州西有阳关，即故玉门关，因沙州刺史阳明诏追拒命，奔出此关，后人呼为阳关。接鄯善城，险阻乏水草，不通人行。其关后移州东。”P. 3929《敦煌古迹廿咏》记载：“阳关戍［咏］：万里通西域，千秋上有名，平砂迷旧路，眢井隐（引）前程。马素无人问，晨鸡吏不听。遥瞻废关下，昼夜复谁扃。”

［12］平河口，P. 2005《沙州都督府图经》记载：“北府渠，长卌五里。右源在州东三里甘泉上，中河斗门，为其渠北地下，每年破坏。前凉时刺史杨宣以家粟万斛，买石修理，于今不坏。其斗门垒石作，长卌步，阔三丈，高三丈。昔敦煌置南府、北府，因府以为渠名。三丈渠，长五里。右源在州东三里甘泉水上，于河斗门南向东修堰，穿渠一十三里，其渠阔三丈，因以为号。”中河斗门，应作平河斗门，于河斗门，即平河斗门，位置都在唐沙州城东三里。李正宇以为平河口即三丈渠口，又名东河口，在敦煌城东三里东侧，平河口北侧为北府斗门。

［13］S. 1316《蕃占时期沙州某寺油粮支破历》记载：“面叁斗伍胜，油壹胜，粟壹硕，修城东寺看行人用。”李正宇以为“可能就是慰劳为董勃藏修佛寺的行人部落人夫而破支的账目。归义军时期仍名‘城东寺’［见 P. 4640V《己未年—辛酉年（899—901）归义衙内

破用纸布历》]。此寺，本世纪六十年代（即20世纪60年代）以来被拆除平毁，改建为敦煌市体育运动委员会训练场。伯希和《敦煌图录》第六册第372、373、374、375、376等五图即此寺殿堂及塑绘照片。”贺昌群《敦煌佛教艺术的系统》（《风土杂志》1931年28卷7期）认为：“其制作年代亦未能决定，但观其风格大约为六朝或盛唐所造，经后世补修者。”运动场西北角，原有古寺一所，殿内绘壁画，塑释迦牟尼及菩萨像七躯。贴壁有贤劫千佛像。吐蕃时期的佛教还可以参考BD00791《敕修弥勒禅》记载：“有敕颁下诸州，令应坐禅人为当今圣神赞普乞里提足赞圣躬遐远，圣寿延长，国界安宁，普天清谧。其坐禅人最初稽首十方诸佛，三世如来，如对前深心作礼，然后安坐。如曾闻师训，或通弥勒禅者，依法修行。如未闻训道者，依此方法，指点规谋，旦某修行条令如后：夫坐禅时，先发广七慈心，依闲静处，端身正坐，收摄根门，唯观目前，心无掉举，身心安泰，加趺而坐。一等观众生，如父母想，无爱无憎，无高无下，亲疏平等。下至施其半食，上极济拔全身。各随前人所须，惠施内外财宝。使一切众生世出世间，从凡入圣，人天果报，无上菩提，自及彼身，普皆圆满，方称弥勒慈悲之禅。一初心修行，于怨亲境未能调伏者，怨、亲各分三品。无怨无亲，分为一品，都合七心。先从至亲起，慈悲行而淳熟，已而调次亲，次亲淳熟，如调下亲；下心淳熟，如调平人；平心淳熟，如调下怨；下心淳熟，而调中怨；中心淳熟，而调上怨。如是怨亲平等。复于邻里巷陌，乃至村邑。而淳熟者，后乃遍于四方八表，海内海外，有情无情，有相无相，无边世界，悉皆平等。此禅既尔福祚，亦然如是修行，是弥勒修行之法。一如上所说，盖为初心，调心方便，故云弥勒慈心三昧，暂用防御众生狂心。若其行者欲得真实无分别禅者，当须悟解，一切诸法，不从自生，不从他生，不从自他生；亦不是无因而生，众缘和合而生起者。盖是众生自心，现流而于本性，实无生者。无生亦不分别了了，知心不住分别无分别者，是名弥勒无分别禅。”S. 329《书仪镜》记载有：“四海平蕃破国庆贺书。使至辱问，深慰驰情。孟秋尚热，伏惟公动止胜念。某乙幸推遣即此，将军违和，竟未痊损。西苍事意，前伏具呈二郎。远涉巍（危）途，实当难弊。伏承擒获生口数百余人，吐蕃投降，莫知涯际，且未动兵甲，凶丑来宾，勃律小蕃，灭亡在即。此皆圣恩远播，中丞良谋。凡所知闻，莫不欣庆。各限王事，拜贺未由。谨因王惟翼赴军，谨奉状不宣，谨状。”P. 3885《前大斗军使将军康太和书与吐蕃赞普》记载：“前大斗军使将军康太和书与吐蕃赞普一首。家则满家，国则满国，为然分野，常自守隅。天子圣明，垂拱而理。不拘细物，海纳百川。四海宾朝，重易来贡。故待已（以）礼，荣之以官。人事往来，自无忠（中）外。吐蕃国大，早为敌礼之恩；华夏清勤，号曰外甥之国。起为不终，德违背主，□边情恓惶，常负戈戟。自兵马北侵，越□川岭。道路苕荛（迢峣），人畜疲劳。小军孤□，阙为主礼。河西、陇右两节度使盖大夫，昨往南军，逡巡未出。近令驰报，朝廷即来，少留三五日，决定一两场。强弱得知，臧否便定，田苗不惜。人之敢当足！马斯有草，人食有苗，足得踪横。于此养省（生），何期总速，便拟告还。太和拱奉□堦，侍卫天子。但缘边隙，勒此镇□。客军自来，未申主礼，增已惭颜，□多恋德。谨遣行官郑玄志驰书重咨，可否垂报？康太和书。”反映了当时唐与吐蕃的关系。

［选自郑炳林、郑怡楠辑释：《敦煌碑铭赞辑释》（增订本）上册，上海：上海古籍出版社，2019 年，第 79—98 页］

吐蕃监军论董勃藏修伽蓝功德记

——羽 689 号

一、解题

敦煌写本羽 689，前 11 行下半行残缺，首行有题名“大蕃故沙州行人部落大监军使论（下缺）”，根据写本内容并对照敦煌写本Дх. 1462 + P. 3829《吐蕃监军论董勃藏修伽蓝功德记》，应当是同一碑文的不同抄本。该碑抄图版收录于武田科学振兴财团杏雨书屋藏《敦煌秘籍》第九册第 71 页：“番号：六八九。题名：大蕃故沙州大监军论董勃墓志铭。”“原题名：大蕃故沙州大监军论。尾题：记具日辰月朔及时安置。”朱点校正。岩尾一史《再论吐蕃论勃藏修伽蓝功德记——以羽 689 的分析为中心》（《敦煌写本研究年报》第八号，2014 年，第 205—215 页）有录文。岩尾一史纠正了《敦煌秘籍》定名的错误，即非“大蕃故沙州大监军论董勃墓志铭”，而是“吐蕃论勃藏修伽蓝功德记”，确定该文书的撰写年代是公元 839 年 1 月，还对这篇文书进行了校订，与Дх. 1462 + P. 3829 写本进行了对勘，发现两卷抄本中有一些字句异同。但是两卷笔迹非常相似，应为同一人所抄写。根据卷末记载“骥以词惭鄙拙，抑使题文，约举当时，用传斯美”看，应当是吐蕃占领敦煌时期著名文士窦良骥撰写。

二、录文

大蕃故沙州行人部落大监军论［董勃藏修伽蓝功德记］[1]

记曰：国之治也，泰道寰彼；教之明也□——

法设济人之便，所以福皇勤勣□——

惟我大监军论董勃藏[2]□——

耶氏其皇考君论乞□——

风而行勇直[3]，南[4]经八阵□——

谋，同平章机密军事授大鍮石□——

部落大监军使，授大鍮石□——

孳成畜聚，业绪基深；果□——

之风；右地阳关，不假前茅之候□——

最严凝之重。五邻劝附，三部□——

仁义，依依古礼；更号令，赫赫军容。控□□□，常居便地；科驰百姓，使殖膏腴。藉田肆意于春光，断狱不违于秋杀[5]。城中吏庶，更沐来苏；路上行人，皆传颂德。开公门而信直，向法界而清心；望南亩之桃蹊，将生金粟；味东流之溉水，想似耨池。然则逞[6]射戟于营中，视蒐军于墎外；两偏既列，三令已申；蹲甲使慎于孤虚，攒锋莫窥于太白。时则回辕府幄，积虑途中；敬事安全，信归秘实[7]。因遇州东三里平河口侧，故坏伽蓝一所，像制金躯，逐[8]微尘而化尽；垂形宝艳，类琢石而光消。知存水际之基，未没风轮之座；墙生白草，地遍黄蒿。监军论，遂以方祈十力，仰告四王；虔跪一心，启[9]颡千礼。时有惠日辉辉，煦开人境；翔云片片，似落天花。故知灵运潜通，神聪异应；清波龙吐，将用杇镘；白石龟文，宜安柱礩。遂即使推髻而持筑锤，募胼胁而起新［功］。广布行廊，高隆月殿，上成屋宇，内备素真者矣。殿内素释迦佯尼像，兼侍菩萨七躯，药师像四躯[10]，三身四智，贤劫千佛等，诸图彩众多，不得备论。然乃图真粉壁，疑梵天而下来；德水涟漪，若弥陀之净域。光流紫麽（磨），色现珍璃；花历夏而恒青，鸟迎春而似笑。毫分绮绣，笔彩锦纹。监军论复以恐三途之苦恼[11]，省已回心；望十地而向修，宜然速就。减灶殇生之便，预忏悔而得除；焚巢火宅之灾，虑先鸣而得免。加以情田善种，由甘露而生芽；佛性尘迷，沐智贤而得除。傍求惠眼，引发道心。因遇禅师，法名无尽藏[12]，执尹铎而行村墅，为导首而劝街衢。多树新幢，缮增故塔。一言道合，六度共修。恳恳始终，衷心佐矣。又有律师法镜[13]，将承创命，敏事咨询，委付助修，当成励节。收福田之贮积，基固招提；散鹿苑之花香，司存常住。又栽种梅李千株，桃梨五百，施驼牛头马匹，及水硙人户，设斋千人供，度僧一七人[14]。已上功德，将用奉资，圣神赞普，四邻款睦，万姓安和；治霸道于王（玉）阶，开聪明于金镜。处及亲亲九族，眷眷亡灵，有此见存，咸当证福。骥[15]以词惭鄙拙，抑使题文，约举当时，用传斯美。时龙集协洽律如太簇记，具日辰月朔及时安置。

三、校释

［1］敦煌写本 Дx. 1462 + P. 3829 作“大蕃古沙州行人三部落兼防御兵马及行营留（残缺）”，李正宇不录“三”字。我们根据碑文内容中记载功德主论勃藏的官职是“既监军论字号董勃藏，名金刚，敕补充沙州三部落兼防御兵马行营留后大监军使，授大鍮石告身”。残缺文字应当是“后大监军使论董勃藏修伽蓝功德记”。

［2］Дx. 1462 + P. 3829 记载：“其监军论，宗源本自吐蕃国人，望高则大□□□□□□□□□□。前曾皇祖论乞利悉耶名悉囊，西征勃律国行军大节度使，授大［鍮石告身］，□实犛牛皮皮裘，先锋猛将。高皇祖论乞利髯农恭，前任中节度函馆使，□仁纽川大统首领授大鍮石告身。皇祖论悉悉诺悉揭，先征朔方军兵马使，后改任北同城使授大鍮石告身。皇考君论乞利陁欸临波任宰相幕府兼度支使，专知蕃汉回纥三［国］盟誓，得使三国和好，委任机密，勋绩有殊。授大银告身。并以德资务本，运智水而备方圆；业绪论新，仰国风而横勇气。近经八阵，陈力就官，远镇十年，奇功见采。故知部落酋豪，

统兵元帅矣。既监军论字号董勃藏，名金刚，敕补充沙州三部落兼防御兵马行营留后大监军使，授大鍮石告身。”

［3］行勇直，Дх. 1462 + P. 3829 作“横勇气”。

［4］南，Дх. 1462 + P. 3829 作“近”。

［5］杀，Дх. 1462 + P. 3829 作“礼”。

［6］逞，Дх. 1462 + P. 3829 作“骋”。

［7］信归秘实，Дх. 1462 + P. 3829 作“早归信实”。

［8］遂，Дх. 1462 + P. 3829 作“逐”。

［9］启，Дх. 1462 + P. 3829 作“稽”。

［10］药师像四躯，Дх. 1462 + P. 3829 无此句。

［11］复以恐三途之苦恼，Дх. 1462 + P. 3829 作“仰三身而立效”。

［12］名，Дх. 1462 + P. 3829 作“号”。无尽藏，其生平事迹待考。

［13］法镜，即曹法镜，杏雨书屋藏羽 734《瑜伽师地论注释》第三纸有“曹和尚”即曹法镜。杏雨书屋羽 709《法镜文》中记载有“河西节度使兵部尚书”，即张淮深。文书记载：“法镜闻：自周星□彩，言符降诞之征；汉日流祥，载□通神。……化被座区，玉毫舒耀而除昏，金口弘宣而遣滞。破烦……之军，唯凭慧力。辟圆明之界，广纳于无边。开常乐之……者。元正上序，献岁初巡，广扇玄风，大建法幢者，则我河西节度使欤！伏惟我河西节度兵部尚书美胄远机，叶由先白，□开受国之风，单印沙建侯之任。旧依受越，特天照于军门，耿□临营，誓强兵于阃外。后更能威扬释教，大阐玄宗□乎，其有成功荡荡乎，而无咸可称扬者矣。次则有河西管内法将唐公，天生迅骨，神假其真。幼岁谈玄，青劫尘而入道；调年落彩，攀惠镜以明心。龙树宣扬，世亲后哲。故得招由凤阙，□龙楼，故得雨法雨于三千，阐玄宗［于］百亿。但法镜桑门碎品，像季涓流，福惠缺然，业行无取。内亏三学，外阙六书。识晦空门，心迷寡想。退不能安禅薮泽，弘七净以修身；进不能高论王庭，扬四辩而光国。忽奉旨命，战悚连心。傥若再言，魂惊胆碎。法镜闻：夫沧溟冲融，俯

之者难测其际；层峰郁佛，仰之者宁致其高伟造化之功。玄信乾坤之为大，若乃出纳掌界；丈量虚空，应现多方，汲引宏远，畅元生于像外，包有识于天中者，则有当坐法公之为也。唯法将公，口累连里，言随花发；律如剑击，语下星流；谈秉一晖，万人净耳。但法镜拦沾缁服，□踪留迷，虚臻法流，毫厘未晓，理合识扬真化。实乃迷滞时多，别命高明，即是恩甚恩甚。法镜闻：投身觉路，得预缁流，理合奉报四恩，弘扬圣教。但闻真佛元方，道□慈周于晦海；神功不测，开智忌于邪山。窥涉者莫究其原，归仰者感超彼岸。法公妙开八转，孔违玄门。所以秋日玄空，众星莫能并其耀；春雷骇物，皮鼓不足浑其萼。但法镜触除未晓，庶事吝微，仰法鼓而魂惊，瞻义山而战悚。但以法门幽邃，莫测其原，岂敢对扬，幸垂矜悉。恩甚恩甚。”P. 4660 记载曹法镜的僧官是入京进论大德兼管内都僧政赐紫沙门故曹僧政，其生平事迹：“丕哉粹气，历生髦杰。频步超群，佩觿多节。厌世喧华，预投缁烈（列）。弱冠进具，戒圆秋月。洗濯八尘，永辞九结。参禅问道，寝食俱辍。寸阴靡弃，聚萤映雪。温故知新，玄源妙绝。仰学惟明，资奚不哲。瑜伽百法，净名俱彻。敷演流通，倾城怿悦。后辈疑情，赖承斩决。入京进德，明庭校劣。敕赐紫衣，所思皆穴。旋归本群（郡），誓传讲说。葺治伽蓝，绳愆有截。年期八十，示同殒灭。法鼓绝音，渠波水噎。愁云四起，门人泣血。图兹影像，往来瞻谒。银钩啜（缀）兮微词，记香名兮长设。”P. T. 783《瑜伽论手记》是法镜和尚听讲记录。P. 3839《西方净土赞》，背面杂写：“三界寺僧□□”，“法镜临空”。北临 914《诸寺流通录》记载：“（前缺）请龙兴寺藏本：《佛华严经》叁帙；新写本，叁帙，内壹……卷，并分付法镜勒手帖。法镜。第六帙内欠两卷，法镜。《大般若经》藏本，第六十帙。”Дх. 6065《分配勾当辩惠法师灯名录》记载有法镜。参 P. 4660《都僧政曹法镜和尚邈真赞》及其注释。

[14] 吐蕃统治时期敦煌佛教发展的程度，僧尼的数量目前还没有具体的记载和研究。杏雨书屋藏羽 694《报恩寺所管僧总数》记载报恩寺所管僧总卅七人，朱笔记载“番僧维摩诘等二人”，“计七十五人本寺，又唐寺五人，共八十人。”杏雨书屋藏羽 737《吐蕃圣神

赞普千僧斋》记载："调御称尊，独标无上；法王利见，厥号能人。由是广运慈舟，济苦海之沉溺；高悬仁日，朗法镜于昏衢。天中之天，岂名言之可测？今此横敷大厦，广辟真场；供设千僧，珍羞（馐）百味者，其谁施之？则我当今圣神赞普启愿崇福之所建也。伏惟赞普圣历自天，皇图作镇；居九五而称最，首万国而咸尊。威雄八方，恩加四海。霞施霈泽，广布慈灵。加以情殷至道，深□法门。启弘愿于四时，讽金言于八部，将冀国休谥，圣寿遐延，建福未足，□王业之恳诚。以佛乘为国正之端，将法门为治道之本。故得声高往帝，威盖前王；处百姓之欢，当一人之庆。虽复年长恳愿，阅八藏之金言；又弘化更坚，重增四时之胜会；欲使经声合响，六时无间隙之音。福庆相资，八节有康灾之益。将成款愿，必藉良贤。佥曰有谁，则我天下都僧统和尚之谓矣。伏惟资岳之灵，禀星神象，横才杰出，气悉腾芳。七众仰其清规，万乘委之法印。既承纶音，正驾西行，无倦畏途，远届边城，躬亲劝导，虽小邑于□名德，捧高德六时无赞于宣扬。今者能事既就，胜愿咸享，若不广建檀那，何以庆扬斯美？于是开宝帐，［图］真仪，缁徒严雅而临进，冠冕诜然而入会。想此遐福，夫何以加。"记载了吐蕃时期敦煌佛教道场的盛况。S. 6315《愿文》记载吐蕃时期敦煌佛教法会情况，祭祀的神有张女郎神，愿文还记载到节儿："时则有我沙州节儿等，年岁就此灵龛，访千贤之圣迹，□万代之神踪，共建灯轮，续明供养。"S. 6315V《愿文》记载到圣神赞普、宰相大论和节度等。

［15］骥，即吐蕃时期敦煌文士窦良骥，又名窦良器（P. 3425）、窦夫子（P. 4640）、扶风窦（P. 3703）等，敦煌文书中保留其作品主要有 P. 3425《金光明最胜王会功德之赞》、P. 3703《释迦牟尼如来涅槃会功德之赞》、P. 4638、P. 4640《大蕃古敦煌郡莫高窟阴处士公修功德记》、P. 4640《故吴和尚赞》、P. 4640《先代小吴和尚赞》、P. 4640《往河州蕃使纳鲁酒回赋此一篇》、P. T. 1070《大蕃敕尚书令赐大瑟瑟告身尚起律心儿圣光寺功德颂》等。P. 4640《往河州蕃使纳鲁酒回赋此一篇》记载："往河州蕃使纳鲁酒赋此一篇，窦骥。驿骑骖赶谒相回，笙歌烂漫奏倾杯。食客三千蹑珠履，美人二八舞金

台。西园明月刘贞赋，南楚雄风宋玉才。慕德每思门下事，兴嗟世上乏良媒。”

［选自郑炳林、郑怡楠辑释：《敦煌碑铭赞辑释》（增订本）上册，上海，上海古籍出版社，2019 年，第 99—117 页，注释有调整］

大蕃敕尚书令尚起律心儿圣光寺功德颂

——P. T. 1070

一、解题

P. T. 1070，汉文编号为 P. 2765V 号，系《大蕃敕尚书令赐大瑟瑟告身尚起律心儿圣光寺功德颂》。王重民《敦煌遗书总目索引·伯希和劫经录》：“2765 甲寅年历日。存一月至四月。卷端有藏文数行。背裱愿文数篇，又‘大蕃敕尚书令赐大瑟瑟告身尚起律心儿圣光寺功德颂’下题：‘大蕃右敦煌郡布衣窦□撰’。”施萍婷《敦煌遗书总目索引新编》记载：“P. 2765 唐太和六年（843）甲寅岁历日。P. 2765va 愿文数篇。P. 2765vb 大蕃敕尚书令赐大瑟瑟告身尚起律心儿圣光寺功德颂，大蕃右敦煌郡布衣窦□撰（首题）。”该篇文书是用于裱背的，所以文书后半残缺。该篇文书记载了尚起律心儿的曾皇祖、皇祖父、祖父等人事迹，是一篇研究吐蕃统治时期敦煌及吐蕃历史的珍贵资料。关于这篇文书的录文，戴密微《吐蕃僧诤记》、姜伯勤《唐五代敦煌寺户制度》等都有部分录文和研究，邵文实《尚乞心儿事迹考》（《敦煌学辑刊》1993 年第 2 期）有录文和研究。马德《吐蕃国相尚纥心儿事迹补述——以敦煌本羽 77 为中心》（《敦煌研究》2011 年第 4 期）认为：“《尚纥律心儿圣光寺功德颂》的成书年代应在圣光寺建成之后的 826 年。”并有录文。余于 2013 年 4 月 16

日在法国国家图书馆阅读敦煌文书时专门调出这件文书，详加阅读，并纠正出误字数处。《法藏敦煌西域文献》第18册第132页有图版，然不甚清晰。前抄发愿文一篇，字体与功德颂相同。

二、录文

大蕃敕尚书令赐大瑟瑟告身尚起律心儿圣光寺[1]功德颂

大蕃古燉煌郡布衣窦撰[2]

危峰[3]百仞，接[4]金方而镇地；悬泉[5]一带，虽水浅于天河。池收龙马之驹[6]，草秀莲台之瑞[7]。人风鲠直，怯私斗[8]而逡巡；扞[9]崇坚能，启先行而公战。所以成勋则勇破邪原，绩效则多归正法。大雄演座，此堞当施。厥今敕尚书令公兼统六军甲兵霸国都元帅赐大瑟瑟告身尚起律心儿，和四门入贡，匡[10]五服输琛；揆方土字人，崇圣门设教[11]；黄金布地，白璧邀工；进直道以事君，倾真而向佛。爰乃卜宅敦煌古郡，州城内建造圣光寺一所。议其□也，圣主统三光之明，无幽不照。令公承九天之宠，肱股奉阳[12]。近沾圣德之弘[13]，远沐恩晖之重。率宾咸服观国之光，烛赈[14]流沙，称圣光寺也。是则英猷自远，基业由先；白茅开授国之封，丹印陟建侯之住，即[15]曾皇祖，敕宰辅，赐大［瑟瑟］告身，讳，泮水长流，既侪臣于舟楫；盘根宰鼎，贵位重于盐梅[16]；乘轩畏夏日之威，变理问春前之喘[17]。皇祖父尚已立藏，敕时（侍）中，大瑟瑟告身，讳，弼承霸业，世禄良家；居朝诤处理之能，出战任轮辕之重。敕曰相国，先门尚赞磨[18]，副尚书令，瑟瑟告身，讳，实豫樟耸干，处宇宙长材；横沧海鲸鳞，吸江淮不测；跨秦右地，方外不敌骁果；救邻国艰虞，起义兵而济及。伏惟令公，地侧昆仑，应瑶台[19]粹气；河源味水[20]，辅千载澄波；统六军以长征，率[21]十道而开辟；北举欃枪，扫狼山一阵；西高太白，破九姓胡军；獫狁旌边，逐贤王遁窜；单于帐下，擒射雕贵人。科头迸走，獐狂偏裨；衅鼓鱼澜，乘山则血流漂杵，略野则庐舍竟焚[22]。兀（未抄完）

三、校释

［1］圣光寺，敦煌寺院。敦煌文书滨田德海旧藏115V对比《诸寺付经历》记载巳、午、未年间付给敦煌诸寺佛经账目，巳年的账目中没有出现圣光寺，而在午年七月、未年正月和二月出现过三次。马德《敦煌文书〈诸寺付经历〉刍议》（《敦煌学辑刊》1999年第1期）认为午年即826年。马德《吐蕃国相尚纥心儿事迹补述——以敦煌本羽77号为中心》（《敦煌研究》2011年第4期）并根据撰写于818—823年的S.542《役部》没有圣光寺名，认为823年还没有圣光寺，“由此可知，尚纥心儿在敦煌建成圣光寺的时间应在公元826年七月之前”。北1183《大般若波罗蜜多经》卷277题记：“圣光寺尼真空写。”

对于吐蕃统治下的河西与西域佛教的发展状况，P.3918《佛说金刚坛广大清净陀罗尼经》题记有珍贵的记载：“此《金刚坛广大清净陀罗尼经》，近刘和尚法讳昙倩，于安西翻译。至今大唐贞元九年，约卅年矣。是诸佛如来大乘秘密了义之胜因，亦乃众生修行解脱之捷径。于阗安西合国，今见弘持。自此向东，未闻宣布。即有舍官入道比丘僧利贞，俗姓李，字日孚。顷在西州长史兼判前庭县事日，因遇此经，神生渴仰，作大利益，广欲流通。纸写恐年祀迁变，法教将亏，遂割减俸料之余资，敬于彼州妙德寺宝方，像祇园买地，创造精室，征召良工，镌砺贞石，崇写斯经，将传不朽。彦宾为居部属，见此胜缘，聿来随喜，助写碑经。其经本约有廿三纸，字数稍广，欲恐长短算料不周，数日忧惶，未能题作。忽于夜梦，有一老人报言：你若写此石经，每行书五十五字，不须疑虑。豁然惊悟，寻此梦言，更不计算，决意便书。至‘信奉行’唯残两行，题记年月日，兼及施主名号，亦无一字余剩，信知圣力冥加，善神潜助。据斯感应，足为征验。其经梵本，在于阗藏中。有一小僧，于藏取夹开读，不信毁訾，便唾隔墙扔弃，其夹挂在树上。其夜洞彻放光，举国咸见。其僧悔恨，投于树下，碎身自武，求哀忏悔。其时有二百余小乘僧，并舍本业，归向大乘。自尔僧俗讽诵弘持。其次，有一僧受持此经，临终于澡濯口上正念，结跏而逝。诸如胜境，其数实繁，不能具载。其经去年西州倾陷，人心苍忙，收拾不着，不得本来，乃有同行僧广林，先日受持，昨于沙州略有讽诵，僧俗忽闻，欣欢顶戴，咸请留本，相传受持。今次届甘州，未有闻者，遂请广林阇梨，附口抄题，将传未晓见闻之者，普愿弘持，广令流布。癸酉年十月十五日，西州没落官甘州寺户，唐伊西庭节度留后使判官、朝散大夫、试太仆卿赵彦宾写，与广林阇梨审勘校，并无差谬。普愿宣通，作大利益。其广林，俗姓田氏者也。乙亥年秋，得向西元本勘，头边阙三纸，来不得，余校竟。比丘利贞，比本勘后甚定，受持之者，请无疑虑。”癸酉年即贞元九年（893），乙亥年即贞元十一年（895）。P. 4765《都僧录为水则道场帖》也记载到圣光寺：“都僧录帖。水则道场，次至报恩寺，敷设庄严，仍须殊妙。若故违者，罚当所由。于中失脱，仰当翻僧祗当。前旬六月八日圣光寺竟，次旬九日为始。第一翻：慈惠、广绍、庆弁、愿度；沙安住、进定、敬信、宝圆、理贞。第二翻：信德、绍建、海眼、信达；沙宝甲、信藏、善净、惠贞、□愿。（后缺）”P. 2944《大乘圣光寺等尼名录》记载：“圣光寺：戒善，申阇梨；明会，张阇梨；善胜，阴法律；善念，大米法律；妙志，儿米法律印。（后缺）”北支 54《点圣光寺大般若经数》记载收藏一部《大般若经》的欠缺情况。S. 2669《年代未详（865—870）沙州诸寺尼籍》记载：“圣光寺应管尼总柒拾玖人。”S. 2614《唐年代未详（895）沙州诸寺僧尼名簿》记载圣光寺“［计］大戒尼叁拾肆人，式叉尼拾人，计沙弥尼伍人，都计肆拾玖人”。P. 2930《年代不明（9 世纪）诸色破用历》被唐耕耦定为 10 世纪，但因其记载到绍建等僧人，应是 9 世纪文书：“麦贰斗，与圣光寺纳麻替用。”P. 2638《后唐清泰三年（936）沙州儭司教授福集等状》记载：“绵绫壹匹，圣光寺庆钟用。绵绫壹匹，开元寺南殿上梁用。”S. 4760《宋太平兴国六年（981）圣光寺阇梨尼修善等请戒慈等充寺职牒并判辞》记载：“圣光寺阇梨尼修善等。请晚辈尼戒慈充法律，愿志充寺主，愿盈充典座，愿法充直岁。右件尼虽为晓辈，并是高门。戒行以秋月全俱明，德业共春花竞色。况且圣光之寺，相承古迹，鸿基净室，金田继踵，未赏坠陷。而乃常住糟粕，切藉有功之人；帑库珍财，贵要英灵之众。昨者，合徒慎选，总亦堪任准请，若不佥升，梵宇致令坠坏。伏望都僧统大师特启明镜，洞鉴晚辈之尼，察照众情，赐葺招提之业。允垂判凭。伏请处分。牒件状如前，谨牒。太平兴国六年辛巳岁十一月　日圣光阇梨尼修善以寺徒等牒。其前件所请法律尼等状申堪可，应件上同付寺徒阇梨准次所差，能人住持，勾当鸿业之间，不令阙失者。廿九日。□□。”表明到归义军晚期，敦煌圣光寺仍然存在。

［2］马德录作“大蕃右敦煌郡布衣窦撰”。

［3］危峰，指三危山。《元和郡县图志》卷40沙州敦煌县：“三危山，在县南三十里。山有三峰，故曰三危。《尚书》‘窜三苗于三危’，即此山也。”P. 3929《敦煌古迹廿咏》记载有三危山咏：“危山镇群望，岫崿陵穹苍，万古不毛发，四时含雪霜；岩连九陇险，地窜三苗乡，风雨暗溪谷，令人心自伤。”P. 3633《辛未年（911）七月沙州耆寿百姓等一万人状上回鹘可汗》记载敦煌“东有三危大圣，西有金鞍毒龙。尝时卫护一方处所”。P. 5033V《残诗六首》中记载有：“远客心孤语即悲”“三千回鹘满奔波”。P. 5036《残状》记载：“……驰恋，孟夏渐热，伏惟……万福，厶乙蒙推免，上下……皆沐庥赖夙夜感激，造……举远来号痛，无任又……有时且未归北庭，喜孤……奉驰结但增谨因傔敬……不宣谨状。……状上。”《太平寰宇记》卷153沙州敦煌县：“三危山，其山有三峰，故曰三危。俗亦名曰昇雨山。在县东南二十里。《书》‘窜三苗于三危’，是此山。又云：‘导黑水，至于三危，入于南海。’盖黑水自北而南，经三危，过梁州，入南海。《山海经》云：‘三危之山，青鸟居之。’三青鸟主为西王母取食者，别自栖息于此山也。又按段国《沙州记》云：‘山有鸟鼠同穴者，鸟如家雀而小白，鼠小黄而无尾。凡同穴之地皆肥沃，壤尽软熟如人耕，多生黄花紫草。’”

［4］接，马德录作“褛”。

［5］悬泉，参Дх. 1462 + P. 3829《吐蕃监军论董勃藏修伽蓝功德记》校释（11）。

［6］收，马德录作“杖”。相传沙州寿昌县渥洼池出天马。P. 3929《敦煌古迹廿咏》记载有渥洼池天马咏：“渥洼为小海，伊西献龙媒，花里牵丝去，云间曳练来。驣（腾）驤走天阙，灭没下张（章）台，一入重泉底，千金市不回。”敦煌文书《寿昌县地境》记载：“寿昌海，源出县南十里。方圆一里，深浅不测，即渥洼池水也。长得天马之所。大渠，县南十里，从渥洼池内穿入渠。”S. 367《沙州伊州地志》记载沙州寿昌县：“寿昌海，［县南十里，即渥洼］水，屈曲周回一里，其深浅不测，汉得天马处也。”P. 5034《沙州图经》记载：“一［所］海水寿昌海：右出寿昌县东南十里，去州一百廿里。方圆可一里，□（其）深浅不测，地多芦苇，其水分流二道，一道入寿昌县南溉田，一道向寿昌东溉田。旧名渥洼水，□（按）《□（汉）书·孝武本纪》记载：‘元鼎四年秋，马生渥洼水中，作□(天)马之歌。’李斐云：‘南阳新野有暴利□□□（长，当武）帝时遭刑，屯田敦煌，见□□□□□□□□□马中有奇异者，与凡马异，来饮此水，利□，作土人，将绊勒于水傍，后马玩习久，人代土人持绊勒，收得其马，献之。神异此马，云从水中出。’渥洼水，即此海也。”《汉书·武帝纪》元鼎四年（前 113）“秋，马生渥洼水中，作《宝鼎》《天马之歌》”。颜师古注云：“李斐曰：‘南阳新野有暴利长，当武帝时遭刑，屯田敦煌界，数于此水旁见群野马中有奇［异］者，与凡马［异］，来饮此水。利长先作土人，持勒靽于水旁。后马玩习，久之代土人持勒靽收得其马，献之。欲神异此马，云从水中出。’”元鼎五年（前 112）十一月诏书称：“渥洼水出马，朕其御焉。”《太平寰宇记》卷 153 沙州敦煌县：“渥洼水。汉元鼎中，南阳新野人暴利长遭刑，屯田于此水边。见群野马来饮，中有奇者，乃作土人持勒靽立，后马因玩久之。利长乃用人代土人，收得马以献。帝异之，云从水中出，遂作《天马歌》。故《汉书》谓大宛出名马，亦相近也。”寿昌县“后魏正光三年改为寿昌县，取县界寿昌泽为名”。“寿昌泽，在邑界，因名之。”寿昌泽即渥洼水。Ф. 298V《正月三日官酒记》记载：“正月三日官酒缸凭寿昌张勿地。”

［7］P. 3929《敦煌古迹廿咏》记载有三攒草咏：“池草三攒别，

能芳二月春，渌（绿）苔生水嫩，翠色出泥新。散舞飧花蝶，潜惊触钩鳞，芳非（菲）观不厌，留与待诗人。”

［8］斗，马德录作“闻”。

［9］扞，马德录作“秆”。

［10］匡，马德录作“佳”。

［11］马德录作“揆方土安人，宇圣门设教”。

［12］阳，马德录作“隔”。

［13］私，马德录作“弘”。

［14］赈，马德录作“烛”。

［15］白茅开授国之封丹，丹印陟建侯之住：马德“丹”字未录，录茅作“第”，录陟作“沙”。

［16］盘根宰鼎，贵位重于盐梅：马德录作：“盘宰鼎贵，住重于盐梅。”

［17］敦煌写本 P. 2537《略出籯金》辅相篇有“问喘称贤，论兵赞善”。《汉书·丙吉传》记载丙吉为丞相：“吉又尝出，逢清道群斗者，死伤横道，吉过之不问，掾史独怪之。吉前行，逢人逐牛，牛喘吐舌。吉止驻，使骑吏问：‘逐牛行几里矣？’掾史独谓丞相前后失问，或以讥吉，吉曰：‘民斗相杀伤，长安令、京兆尹职所当禁备逐捕，岁竟丞相课其殿最，奏行赏罚而已。宰相不亲小事，非所当于道路问也。方春少阳用事，未可大热，恐牛近行用暑故喘，此时气失节，恐有所伤害也。三公典调和阴阳，职（所）当忧，是以问之。’掾史乃服，以吉知大体。”

［18］尚赞磨，即尚结悉赞摩或者尚结息赞磨，简称赞摩。《旧唐书》卷 196 下《吐蕃下》记载“（永泰）三年八月，吐蕃十万寇灵武，大将尚悉摩寇邠州。邠宁节度使马璘破二万余众，擒其俘以献之”。尚悉摩可能就是尚结悉赞摩。P. 2555《窦昊为肃州刺史刘臣壁答南蕃书》记载到赞摩：“今上赞摩为蕃王重臣，秉东道数节，何不谏王以治国之道，安社稷之计？罢甲兵于两疆，种黍于原野。止汉家之怨愤，通舅生（甥）之义国。此万世之计也，不独一时而用之。若顺君以安私，谄媚而求位，此殊国之臣也，忠良之所不为。倾安禄

山背恩，史思明构乱，结党辽水，扇动幽燕，敢以狂兵拒扞河洛，外生（甥）未能以助兵静乱，反更侵渔，袭人之危，深不义也。……且肃州小郡，山险路侠（狭），境少泉泽，周围碛卤，地方不过二百里，素非士马偃憩之所。三年已前七月十五日劳赞摩大军，远辱弊邑。泻金河单酌，论两国甲兵；倾东门淡杯，叙舅生（甥）义好。一言道感，便沐回军。期不再来，果副明信。则知赞摩量广而器深，节高而志大，怀甚愧也，何尝忘之。”

［19］瑶台，即瑶山。P. 3907《籯金》记载有“瑶山，颛顼为太子时，习乐之所。”《山海经·大荒西经》曰：“有榣山，其上有人，号曰太子长琴。颛顼生老童，老童生祝融，祝融生太子长琴，是处榣山，始作乐风。”

［20］河源味水，马德录“味”作“哇”。《艺文类聚》卷8《水部上·河水》：“《山海经》曰：昆仑山，河水出焉。”《初学记》卷6《河第三》：“按《水经注》及《山海经注》，河源出昆仑之墟。(《山海经》曰：昆仑山纵广万里，高万一千里，去嵩山五万里。有青河、白河、赤河、黑河环其墟，其白水出其东北陬，屈向东南流，为中国河。河百里一小曲，千里一大曲，发源及入中国，大率常然。）东流潜行地下，至规期山，北流分为两源，一出葱岭，一出于阗。其河复合，东注蒲昌海。复潜行地下，南出积石山，西南流，又东回入塞，过敦煌、酒泉、张掖郡，南与洮河合，过安定、北地郡，北流过朔方郡西。”敦煌文书《寿昌县地境》记载：“蒲昌海，在石城镇东北三百廿里。其海圆广四百里。《汉书·西域传》记载：此海西源一出葱岭山，一出于阗国南山之下。北流与葱岭［河合］，东注蒲昌海，一名盐泽。流于积石，名中国河也。”S. 367《沙州伊州地志》记载：“蒲昌海，在石城镇东北三百廿里，其海周广四百里。《汉书·西域传》云：黄河西源，一出葱岭，一出于阗。［于阗］在南山下，其河北流，与葱岭河合，东注蒲昌海。［蒲昌海］，一名盐泽者也。去玉门、阳关三百余里，伏流地下，南出积石山，为中国河焉也。”

［21］率：马德录作“广”。

［22］敦煌文书记载到尚绮心儿的文献不少，戴密微《吐蕃僧诤记》、邵文实《尚乞心儿事迹考》、杨铭《吐蕃宰相尚绮心儿事迹》、马德《吐蕃国相尚纥心儿事迹补述——以敦煌本羽77号为中心》专门对之进行研究。尚起律心儿，即尚乞心儿，率领吐蕃军队攻占敦煌的吐蕃将领。《册府元龟》卷980《外臣部·通好》："（元和七年）二月，吐蕃东道节度论诰都宰相尚绮心儿以书遗凤翔节度使李惟兰，惟兰奏献之。"《旧唐书·吐蕃传下》记载："（元和十四年）十月，吐蕃节度论三摩及宰相尚塔藏、中书令尚绮心儿共领军约十五万众，围我盐州数重，党项首领亦发兵驱羊马以助。阅历三旬，贼以飞梯、鹅车、木驴等四面齐攻，城欲陷者数四。"长庆元年（821）会盟词中有"大蕃赞普及宰相钵阐布、尚绮心儿等"。《资治通鉴》卷241唐宪宗元和十四年（819）十月："是岁，吐蕃节度论三摩等将十五万众围盐州，党项亦发兵助之。"《新唐书·吐蕃传下》记载："（元和）十四年，乃归矩立藏等。吐蕃节度论二摩、宰相尚塔藏、中书令尚绮心儿总兵十五万围盐州，为飞梯、鹅车攻城，刺史李文悦拒之，城坏辄补，夜袭其营，昼出战，破虏万人，积三旬不能拔。朔方将史敬奉以奇兵绕出虏背，大破之，解围去。""始，沙州刺史周鼎为唐固守，赞普徙帐南山，使尚绮心儿攻之。……又二岁，粮械皆竭，登城而呼曰：'苟毋徙佗境，请以城降。'绮心儿许诺，于是出降。自攻城至是凡十一年。赞普以绮心儿代守。"《旧唐书·吐蕃传》记载：长庆二年（822）"初，元鼎往来蕃中，并路经河州，见其都元帅、尚书令尚绮心儿云：'回纥，小国也。我以丙申年逾碛讨逐，去其城郭二日程，计到即破灭矣，会我闻本国有丧而还。回纥之弱如此，而唐国待之厚于我，何哉？'元鼎云：'回纥于国家有救难之勋，而又不曾侵夺分寸土地，岂得不厚乎！'"P. 5579（16）《吐蕃占领时期具僧法惠等状残片》记载："（前缺）□□俗名荣子，上乞心儿印，巳年……酉年六月至沙州。□□俗名宋盈金，上纥结罗印，未年十二月廿二日……僧统纥□赞□□年□月廿□日。□□俗名索文奴，宰相论纥颊藏印，申年正月对□寺僧统仓孙（？）显度，酉年二月至沙州上。法惠俗名□佛奴，宰相尚乞心儿印，酉年二月廿五日到甘州，僧

统遍执度，酉年七月至沙州上。智秀俗名樊利利，上乞心儿印，申年十二月对廓州僧统度行。□□俗名董晏奴，尚乞心儿印，未年十月对肃州僧统度行申年正月一日至沙州。□□俗名侯苟子，宰相论勃颊藏印，未年十月对肃州僧统行申年正月一日至次。□□俗名张太平，上乞心儿印，未年十月对肃州教授度下正月一日至沙州。”P. 2583V《申年比丘尼修德等施舍疏十三件》第一件记载：“申年正月十五日，时□□时福田紫一匹卌七尺，绢两匹各十五箭，金五两，上锦两张，杂绢两匹各十五箭。（牛三头折得上牛两头，共计十三石）。□□二月五日，宰相上乞心儿福田入僧壹拾伍两金花［银盘壹］，拾两银瓶壹，上锦壹张。□□□日宰相上讫结罗福田施僧拾伍两金花银盘壹，拾两银盘壹，柒两银盘壹，三事准得麦陆拾驮，命□报恩寺来入。十月九日宰相上乞心儿及论勃颊藏福田捌头牛价折得麴尘绢两匹绯绢叁匹，紫绫壹匹（折绢叁匹，每牛一头，得绢一匹）。”尚绮心儿的事迹，根据邵文实研究，认为有：第一长征开辟，分土列茅；第二使两国还好，重圆舅甥；第三匡护家邦，弘化人伦；第四倾心佛事，建寺立名。敦煌文书羽字077《本阐晡（钵阐布）为宰相就灵龛祈愿文》和《某大判官为宰相尚纥心儿祈愿文》（《敦煌秘籍》第1册）、S. 2146《愿文》都记载到尚绮心儿。马德论文有录文，根据马德录文并参照原卷转录如下：羽字077《本阐晡（钵阐布）为宰相就灵龛祈愿文》记载：“（前缺）刹，分形于无边之域，寂照于不二之门。……体同于水月。故得有必遂，无愿不至哉。牟……面豁灵龛，官史（吏）隐振而汤（荡）谷遥（摇）川，军……则有进（晋）昌幕本阐晡奉为当今宰［相］……贵位，天生灵骨，地禀精奇，怀乾坤之量，秉……塞，座筹谋而决胜，敛袛（猃狁）来投；振德星于四禺（隅），八方……获千代之基而津济，百僚政王侯之盛业。所以冀……仰凭佛力。昔者灵山圣迹，以类愿崇修而古合；金……以如刀利之宫；金色再豁，咸若百千之日。复乃安僧施……缯彩、燃灯、印佛、设斋、度僧、造蕃（幡），大建薰修，功以被矣。时则……会，建恭佛日。伏惟公位列崇班，品居雄职；仁慈天授，忠略神资；佐明主以守边，仰精节而净疆境。故使誉传四海，威侠三军，征旗不张，寇盗潜迹。由是退公务，启福门，正宝马以西垂，就灵龛而祈福祐。[善甲之解，意想慈云；砺兵之余，心祈法雨]。亦乃习君臣之胜道，表忠效之良谋。所以抽奉禄而助建崇修，咸（减）家储而祈福祐。大披甘露，广布其乘，召法众于二州，种津梁于万劫。所巢（冀）宰相神位，保安台辅，群官镇居，社稷[安泰]。节度家室，大小咸康。五稔丰登，仓廪殷实。考斯多愿，建此砝（法）薰，奉福庄严侍中，惟愿寿齐东海，福比南山，镇座台阶，恒匡社稷。又庄严节度，诸佛寘资，百神潜护，财名胜福，随四序而逾增；宠位斑（班）荣，毕千龄而永固。长作释门之信仕（士），进取菩萨；终为圣[主]之忠臣，匡赞王化。郎君等持六艺于龙门，继公侯之不绝；诸官等百福备体，千灾永除，荣位日增，所愿□□。然后上穷右□，善及无（原文止于此）。"《某大判官为宰相尚纥心儿祈愿文》记载："惠严闻：我大师妙方难思，神威罕测。趣包生灭，理会有无；然以觉体□[禅]，遍三千而显相；法身分号，冠百亿以标尊。故得四王赞翼而钦慕，八部冥归而阴化。求之必应愿也，咸亨至哉，玄门曷可谈矣！厥今崇妙业，建良因，龙象造筵，鸳鸾烈（列）席者，其谁为之？则有我国相某公。伏惟我国相尚乞心儿，名山托孕，神岳降临，天假雄才，宿资持秀。幼而有异，居然怀鉴物之心；长而不群，邈矣负凌霜之节。所以依垂仙台，德重台座。屡陈忠略，四海由是肃清；频□深谋，三边于焉□净。滴薰风于庶品，勤节者蒙恩；沐甘露于群生，有缘者沾泽。是以罢扇庙堂之神笔，乘风御而入朝；挺三军尽勒于海偶，驾四马车而直进。遂得龙颜亲诏，陪明王出入九重；无非有隔，因言塞表广阔，疆长小群，三危孤城赖犁礼，竭力而[无辞]悦纳，尽忠而两贺，惟友离异邑，恒里赏赐功高；决疑棱怜，以□济□万乘明直闻。所以帝心偏副，千户犁（黎）庶，所冀得四天书，重加相印，令一州□品，得万代无名。舒日之光，照覆盆之下。我相公乃体扶明运，道合天心，类升贵受之荣，再育边黎庶。云山无雁，去来万乘咸康。道露（路）遥长，寐梦常恒青吉。今则贺贤圣而寘资，报龙天而潜卫。所以月乡飞印，日（驲）骑临边，高建法幢，广修白业，买金锦七妙宝，施佛法三轮。特敕印天，书血四生，苦趣转空，真般若彰，妙有福门。燃智炬神灯，益三台贵体。其则有专使相牙大判官，温雅为怀，清谦作志，三端迴秀，七略标奇；勤王教以竖良因，谨洁心而成事流沙。冠盖相贺，俱怀袒腹之欢；缁侣忻然，共列休祥之会。是时也，龙堆旧岁，畏新□而不飞；墨沼坚冰，遇寒威而未解。星罗聚会，食满香厨；幡花隐映凝空，圣座陵层列席。总斯多善，无疆福因，先用庄严，我国相贵位，伏愿盐梅邦国，舟楫巨川，长为明主之腹心，永作圣神之台鼎，松篁比寿，金石齐□，千秋备不朽之功，万代保荣华之乐。”P. T. 1123《为赞普赤祖德赞诵〈无量寿经〉功德愿文》记载：“（前缺）吾等……法轮常转……生菩提慈愿……愿以此功德回向辖下属民……获得自在，解脱众人，而解脱之道……成为对众人有利及平安之事业，赞普赤祖德赞……寿元与事业等具备十自在（命自在、心自在、资具自在、业自在、解脱自在、受生自在、愿自在、神力自在、智自在和法自在）。不受他人所奴役。祈求……都将成为世间所有一切神、人、众生供养之处所。愿赤祖德赞陛下，许多众生上师……之地。对三宝所供之众多油灯；酥油成为大海，灯芯成为须弥山，灯光照亮世间顶端以下，射照各处，愿供神灯成为器世界，成为一切殊胜圣者。愿赞普赤祖德赞陛下，净除苦恼障和所知障，具有圣智光辉，保佑大小众生之性命，使三界一切众生获得不死地。愿赞普赤祖德赞陛下，远离寿元危难之魔，获得长寿。新建及恢复这寺宇及茔塔，系天人供养之处所，直与虚空日、月同光，圣教不遭灾难而永存，成为众生福泽之根基。愿赤祖德赞陛下，成为众生老师善知识不断常修菩提行，供奉并念诵佛陀金口所讲《般若波罗蜜多经》，一切众生有情聆听大乘经论即获菩提种子。愿赤祖德赞陛下，明慧晓悟《般若波罗蜜多经》真谛。如上所述，祈愿以此功德回向，赞普赤祖德赞积一切过去、现在、未来三世之善业。以真诚之福力，获得所有一切威德及全部神圣能力、法性。愿赤祖德赞赞普陛下，除净此生罪过之熏染，福德资粮和智慧资粮迅速圆满，八方之主皆集于号令麾下。今生今世不现恶兆，不坠魔障，远离侵害，寿元如雍仲之永固而无恙。诸请大梵天、帝释天、诸大王天、世间十守护神等佑以福荫。一切魔害，不加侵损赤祖德赞政躬，并护佑之!”足见吐蕃占领敦煌时期对佛教的传播和推动。

［选自郑炳林、郑怡楠辑释:《敦煌碑铭赞辑释》（增订本）上册，上海：上海古籍出版社，2019 年，第 118—132 页，注释有调整］

《戊年十二月德论为沙州众僚对官秩品阶意见不一事牒》

——P. T. 1089

一、解题

P. T. 1089 是敦煌所出最重要的藏文官文书之一。其正面存 84 行文字，末尾钤红色印章“德论支计之印”（བདེ་བློན་ཀྱི་རྩིས་ཀྱི་ཕྱག་རྒྱ），其图案为两人相对，一人于左边高坐，另一人于其前恭敬下跪。印章左侧空白纸张被剪切，余白部分有数道墨线。背面上部有 1 行倒书 ཡ［ལ་］ཐབས་ཀྱ(ཀྱི)ཕྱག་རྒྱ（“官秩品阶之印”），笔迹不同，可能为后人杂写。背面两处纸张接合处可见红色骑缝章，印章图案同正面，未见其他“官秩品阶之印”。文书除最上 4 行右侧缺约一半内容，余处虽略有破损，但内容基本完整，为戊（狗）年十二月德论因沙州官员对官秩品阶意见不一事颁发的批文副本。

文书最早由拉露（M. Lalou）于 1955 年刊布。除提供文书的录文和翻译，她还讨论了文书的年代，并对大量词语进行注释，尤其详细罗列文书中出现的人物或其同族同姓人员出现在其他文书中的情况，至今仍富有学术价值。① 1980 年，山口瑞凤对文书重新进行了翻

① Marcelle Lalou, “Revendications des fonctionnaires du Grand Tibet au VIIIe siècle,” *Journal Asiatique*, vol. CCXLIII, 1955, pp. 171-212（此文以下简称 Lalou 1955）。

译，对文书的年代提出新的看法，并重点分析文书的内容，讨论文书中出现的མཁར་ཚན军镇的地理位置以及沙州汉人两个军千户的成立时间等问题。[①] 国内对 P. T. 1089 的关注始于汶江。[②] 1989 年王尧与陈践合作，提供较前者更为准确的汉译文。[③] 以后杨铭亦对此文书进行研究，在介绍山口瑞凤研究成果的同时，对文书的年代、མཁར་ཚན军镇的位置、སྟོ་བལ的词义、文书反映的吐蕃统治政策等问题提出自己的意见。[④] 2007 年谢萧（Cristina Scherrer-Schaub）再对文书进行综合研究，在给出更加详细的译注本的同时，对文书的结构进行细致的分析，同时提出她对文书年代的看法。[⑤]

由于 P. T. 1089 涉及吐蕃统治敦煌及河西地区的部落建置、职官制度等各方面问题，相关研究难免皆会涉及。因此除以上数种专门针对这件文书的翻译与研究外，其他有所关系的讨论可谓举不胜举。

为更好理解 P. T. 1089 的内容，先简介吐蕃的告身等级。吐蕃官员皆有告身，惟大尚论例外，因其居所有官员之首，位高权重，不赐告身。敦煌所出法律文书 P. T. 1071 记吐蕃官员的告身从高到低有以

① 山口瑞凤:《沙州漢人による吐蕃二軍団の成立とmKhar tsan軍団の位置》,《東京大学文学部文化交流研究施設研究紀要》第 4 号，1980 年，第 13—47 页（此文以下简称山口 1980）。山口于此文中将沙州汉人两个军千户成立的子年定在 832 年，次年发文更正为 820 年（《漢人及び通頰人による沙州吐蕃軍団編成の時期》,《東京大学文学部文化交流研究施設研究紀要》第 5 号，1981 年，第 1—21 页，此文以下简称山口 1981）。山口的观点又见其著《吐蕃支配時代》，榎一雄編集《講座敦煌》2《敦煌の歴史》，东京：大东出版社，1980 年，第 195—232 页。

② 汶江:《吐蕃官制考：敦煌藏文卷 PT1089 号研究》,《西藏研究》1987 年第 3 期，第 40—48 页。

③ 王尧、陈践:《吐蕃职官考信录》,《中国藏学》1989 年第 3 期，此据《王尧藏学文集》，北京：中国藏学出版社，2012 年，第 1 册，第 370—392 页（此文以下简称王尧、陈践 1989）。

④ 杨铭:《P. T. 1089〈吐蕃官吏呈请状〉研究》，王宗维、周伟洲编:《马长寿纪念文集》，西安：西北大学出版社，1993 年，此据作者《吐蕃统治敦煌研究》，台北：新文丰出版公司，1997 年，第 115—138 页。按此文初刊时的标题作“关于藏文文书《吐蕃官吏呈请状》的研究”。感谢杨老师惠赐此文初刊本。

⑤ Cristina Scherrer-Schaub, “Revendications et recours hiérarique: contribution à l'histoire de Śa cu sous administration tibétaine,” in Jean-Pierre Drège eds., *Études de Dunhuang et Turfan*, Genève: Droz, 2007, pp. 257-326（此文以下简称 Scherrer-Schaub 2007）。

下数种：瑟瑟告身（གཡུའི་ཡི་གེ）→金告身（གསེར་གྱི་ཡི་གེ）→颇罗弥告身（ཕྲ་མེན་གྱི་ཡི་གེ）→银告身（དངུལ་གྱི་ཡི་གེ）→黄铜告身（ར་གན་པའི་ཡི་གེ）→红铜告身（ཟངས་གྱི་ཡི་གེ）→大藏（གཙང་ཆེན）。

细察 P. T. 1089 内容，事情经过大致如下：吐蕃统治沙州后，设节儿管理沙州，由吐蕃人担任；又设都督，由汉人担任，为节儿之佐副（第 29 行）。吐蕃将沙州汉人划分部落（即千户），被任命前往沙州担任千户长的，是持大藏品阶的吐蕃人（第 8 行），另有千户佐副，由汉人担任。某子年，吐蕃选拔部分沙州汉人成立两个军部落（即军千户），任命千户长与千户小长分管之，授予千户长小黄铜品阶，授予千户小长大红铜品阶（第 9、52 行），从而使军千户的千户长和千户小长的品阶空前提高。子年沙州汉人官员的品阶看似不低，大都督获赐大颇罗弥告身（第 56 行），副都督获赐银或大黄铜告身（第 32、56 行），千户佐副亦获赐大黄铜告身（第 59、63 行）。但是，第一，按吐蕃的成规旧例，边鄙官员虽有较高告身，但实际职权有限，故在官品序列中往往排在告身较低的吐蕃人官员之后（第 22—26 行）；第二，子年凉州军镇将军议决军千户长位在红铜告身节儿之上（第 14、30—31 行）。这样大概就在次年（即丑年；牛年），吐蕃人担任的军千户之千户长便要求位在大都督之上（第 31 行）。相应地，千户小长多半也同时要求位在银告身副都督和黄铜告身千户佐副之上（不过对于后者，上司似不予允许，第 32 行）。对此大都督、副都督和千户佐副自然不愿意。千户佐副的呈请见第 21—28 行，要求都督和千户佐副分别位在千户长和千户小长之上（第 21—28 行），都督的呈请见第 28—33 行，同样要求他们和千户佐副分别位在千户长和千户小长之上（第 28—33 行）。由于沙州汉人可能主要归沙州的乞利本（万户长）和乞利悉编（万户监军）管理，所以都督和千户佐副的呈请应该是提交给沙州的乞利本和乞利悉编，再由乞利本和乞利悉编向德论提出呈请，请求德论颁令明示（第 8—20 行）。

德论接到沙州乞利本与乞利悉编的呈请后，不知为何，似乎很多年没有处理。以后又发生某边鄙千户长要求位在小将军之上的呈请（第 67—70 行）。沙州方面，因官秩品阶的问题没有解决，官员间常为此发生争执（第 44 行），沙州节儿曾请其上司瓜州军镇的将军与悉编决议，为沙州官员暂拟一个官秩品阶序列，其中大都督与小都督（当即副都督）皆位在吐蕃人所任之千户长之上，汉人担任的千户佐副亦位在吐蕃人担任的千户小长之上（第 47—49 行）。不过后来德论终于展开调查，包括：一、凉州军镇对官秩品阶决议的情况（第 33—43 行），其中吐蕃人、孙波人、通颊人和吐谷浑人担任的千户长皆位在红铜告身节儿之上（第 39 行），而且此序列完全未及汉人担任的都督和千户佐副；二、子年沙州设职任官的情况（第 50—67 行）。这样八年之后的申年，德论（四位德论分别是尚赞勃藏、尚绮立赞、尚结赞、尚绮立独儿）终于议决沙州官员的官秩品阶（第 6—7、73—80 行），但仍需上司批准并经集会讨论（第 74—75 行）。此后此决议先由参与机密的官员论历热其磨奴等进行斟酌，再审议并提交戌年冬召开的德论集会通过（第 6—7 行、75—77 行；此时的四位德论是尚赞勃藏、论结逻、悉编论弃热、论玉逻）。这样又过去两年，戌年季冬，德论有关官秩品阶的决议终于下达沙州（第 1 行）。沙州汉人官员的权益得到维护，大都督位在吐蕃人担任的千户长之上，小都督和千户佐副位在吐蕃人担任的千户小长之上（第 80—81 行）。而就在此年春，沙州方面因多年得不到德论批复，还曾派令牌信使曹顺子持瓜州军镇为沙州官员决议的班次序列前往德论处，请示是否可暂依瓜州军镇的决议执行（第 43—50 行）。

从上可见，所谓沙州官吏对官秩品阶意见不一，主要是汉人担任的都督、千户佐副与吐蕃人担任的军千户的千户长、千户小长之间的争执。有些学者将争执双方归为民政系统的官员和军政系统的官员[①]，有些学者将争执双方归为沙州的汉人官员与吐蕃人官员[②]。皆不够确切。

戌年季冬德论将决议下发给沙州时，将过去沙州乞利本和乞利悉

① 山口 1980，第 23—25 页。

② Kazushi Iwao, "Preliminary Study of the Legal Court Proceedings in the Old Tibet Empire, "in Dieter Schuh ed., *Secular Law and Order in the Tibetan Highland*, Andiast, Switzerland: IITBS GmbH, 2015, p. 317.

编的呈文、戌年春曹顺子的呈文以及德论调查的资料等文件一起作为附录，放在判文里面，从而使 P. T. 1089 的结构特别复杂，使人初读之下如蒙一头雾水。文书结构如下：

一、戌（狗）年德论颁发沙州判文的日期及事由说明（第 1—4 行）

二、戌（狗）年德论颁发沙州判文的内容（第 5—84 行）

（一）总括判文事由及对德论最终通过官秩品阶序列决议的集会日期的说明（第 5—7 行）

（二）德论调查、决议及附录文件（第 8—84 行）

1. 丑（牛）年沙州乞利本和乞利悉编上禀德论的呈文及其附录（第 8—33 行）

（1）丑（牛）年沙州乞利本和乞利悉编上禀德论的呈文（第 8—20 行）

（2）沙州乞利本和乞利悉编呈文中附录的沙州千户佐副的呈文（第 21—28 行）

（3）沙州乞利本和乞利悉编呈文中附录的沙州大都督的呈文（第 28—33 行）

2. 德论调查及其他附录文件（第 33—73 行）

（1）凉州军镇决议的官秩品阶次序（第 33—43 行）

（2）瓜州军镇为沙州官员决议的官秩品阶次序（第 43—50 行）

（3）子（鼠）年沙州设职任官的情况（第 50—67 行）

（4）另一个有关官秩品阶争议的案例（第 67—73 行）

3. 申（猴）年德论就沙州众僚对官秩品阶意见不一事之决议结果（第 73—84 行）

据以上释读结果，文书可定名为《戌年十二月德论为沙州众僚对官秩品阶意见不一事牒》。

二、译注

翻译符号说明：［……］，中缺，所缺字符不详；［---］，中缺，括号中横线的数量代表所缺字符的数量；+abc+，原卷插入的文字；abc（def），原卷作 abc 不确，当作 def；{abc}，多余的文字；[abc?]，录文不能确定；###，原卷空白；[abc]，笔者据文意增加的内容。

（一）戌（狗）年德论颁发沙州判文的日期及事由说明

（1）戌（狗）年季冬之月，发自若地（ཞ）集会处①，钤[德论]支计（རྩིས）②之印③。[沙州都督?][……]（2）对[官秩]

---

① འདུན་ས་ཞ：P. T. 1079、P. T. 1173、P. T. 1542 等提到 ཞའི་འདུན་ས/ཙ。P. T. 1093、P. T. 1113 和英藏 Fr. 67（Vol. 56，fol. 55）有 འདུན་ས་/ཙ་ཞའི་བདེ་སྨུམ་ཚལ/འཙལ 之语。参见 F. M. Thomas, *Tibetan Literary Texts and Documents concerning Chinese Turkestan*, Parts II, London: The Royal Asiatic Society, 1951, p. 19；山口 1980，第 36 页，注 2。黎吉生（Hugh Richardson）认为 ཞ 地可能即 821 年出使拉萨的刘元鼎记录的大夏，地在今甘肃拉卜楞寺（"The Province of the Bde-blon of the Tibetan Empire, 8th to 9th Centuries," in P. Daffinà ed., *Indo-Sino-Tibetica: Studi in onore di Luciano Petech. A Collection of Oriental Studies Presented to Professor Petech on the Occasion of His 75th Birthday*, Roma: Bardi Editore, 1990; reprinted in Michael Aris ed., *High Peaks, Pure Earth. Collected Writings on Tibetan History and Culture*, London: Serindia Publications, 1998, pp. 174-175）。田泽尔（Gertraud Taenzer）对黎吉生的意见表示反对，同时认为此地在 དབྱར་མོ་ཐང 境内。见其著 *The Dunhuang Region during Tibetan Rule (787-848)*, Wiesbaden: Harrassowitz Verlag, 2012（此书以下简称 Taenzer 2012），pp. 30-36. 另一方面，据谢继胜和黄维忠分析，དབྱར་མོ་ཐང 即大夏川（谢继胜、黄维忠：《榆林窟第 25 窟壁画藏文题记释读》，《文物》2007 年第 4 期，第 70 页；黄维忠：《德噶玉采会盟寺（de ga g. yu tshal gtsigs kyi gtsug lag khang）考》，《敦煌研究》2009 年第 3 期，第 95 页）。如此，则 ཞ 地应该就在大夏川境内。ཞ，本文据敦煌汉藏对音材料音译作"若"（周季文、谢后芳：《敦煌吐蕃汉藏对音字汇》，北京：中央民族大学出版社，2006 年，第 126 页）。

② རྩིས：支计、度支之意。《唐蕃会盟碑》北面第 36 行所记吐蕃官员中有 རྩིས་པ་ཆེན་པོ，汉文音译"资悉波折逋"，一般理解是财务官。参见 Li Fang Kuei and W. South Coblin, *A Study of the Old Tibetan Inscriptions*, Taibei: Institute of History and Philology Academia Sinica, 1987, pp. 62, 443.

③ S. 10647 + P. T. 1111《申年三月六日算仓斛斗迴残牒》第 1 行：སྤྲེའུ་ལོའི་དཔྱིད|| ཞའི་འདུན་ཙ་ནས| རྩིས་ཀྱི་ཕྱག་རྒྱ་ཕོག་སྟེ| "申（猴）年春，自若地集会处，钤支计之印。"文书末尾亦同 P. T. 1089，钤"德论支计之印"。参见岩尾一史：《古代チベット帝国支配下の敦煌における穀物倉会計：S. 10647 + Pelliot tibétain 1111の検討を中心に》，《内陸アジア言語の研究》卷 26，2011 年，第 39—74 页。另，末尾铃德论支计之印的文书还有 P. T. 1128，见 Taenzer 2012，p. 264.

品阶意见不一，沙州之乞利本（ཁྲི་དཔོན）[①]、乞利悉编（ཁྲི་སྤྱན）[②] 先后呈请[③]，［……］（3）先后向上（ཞེ）[④] 呈请。经审议，裁决官秩［品阶］［……］（4）呈请，于彼钤印并赐执行[⑤]，官秩品阶裁决之记录（དཀར་ཆག）[⑥]［如下］。

（二）戌（狗）年德论颁发沙州判文的内容

1. 总括判文事由及对德论最终通过官秩品阶序列决议的集会日期的说明

（5）沙州之节儿论以下，下级佐吏以上[⑦]，对官秩品阶意见不一。以后官秩品阶依此，（6）记录中所书者：戌（狗）年冬，［赞普］驻跸于###宫，德论（བདེ་བློན）[⑧] 集会由尚赞勃藏（ཞང་བཙན་

---

① 乞利本即万户长之意，汉译又作“乞律本”。关于吐蕃的万户及其在敦煌等绿洲地区的建置情况，见岩尾一史：《吐蕃の萬戶（khri sde）について》，《日本西藏學會々報》第50号，2004年，第3—15页；英文版见 Iwao Kazushi，“On the Old Tibetan khri-sde”，沈卫荣主编：《西域历史语言研究集刊》第1辑，北京：科学出版社，2007年，第209—226页。

② 林冠群认为悉编（སྤྱན）即敦煌汉文史料中的“监军”或“监军使”。见其文《沙州的节儿与乞利本》，《中国藏学》2018年第3期，第45页；《吐蕃职官 spyan（悉编）研究——吐蕃地方职官委员制的形成与发展》，《敦煌学辑刊》2019年第2期，第1—25页。

③ 较以文书第47—48行瓜州军镇决议的沙州官吏品阶和第80行德论决议的沙州官吏品阶，可知沙州的乞利本和乞利本州内权限者（ཁྲི་དཔོན་གོ་རྣ་ཅན）、汉人乞利本（རྒྱའི་ཁྲི་དཔོན）为一个官职；沙州的乞利悉编和汉人乞利悉编（རྒྱའི་ཁྲི་སྤྱན）为一个官职。笔者推测，沙州的乞利本和乞利悉编可能主要管治沙州汉人，代表沙州汉人的权益，故由他们代表沙州汉人官吏向上呈请其诉求。而德论下文批复时，也首先指出此批文是因沙州的乞利本和乞利悉编先后呈请之故。

④ ཞེ：本文书中此词一般指上司，有时也指赞普。

⑤ འཆང་དུ་སྩལ་པའ：赐执行。参见山口1980，第36页，注8。Scherrer-Schaub 2007，p. 282认为这里指将钤印牒文返回到支计使（tenant du registre）手中。

⑥ དཀར་ཆག：一般为索引、目录之意。Lalou 1955，p. 193译作 registre，认为在这件文书中指档案中保存的记录。从之。

⑦ 从此句可见节儿论是沙州的最高长官。这和第47行瓜州决议的沙州官员的品阶、第80行德论决议的沙州官员的品阶及第53行子年任官的情况是一致的。

⑧ P. T. 1287记墀松德赞赞普之时，韦·赞热奴陆（དབའས་བཙན་བཞེར་མདོ་ལོད）等率军至凉州（མཁར་ཚན）以西，攻占八座城池，设五通颊万户部落，新生一个德论大区。

བཟང)①、论结逻（བློན་རྒྱལ་སྒྲ)②、（7）悉编论弁热（སྤྱན་བློན་བྱང་བཞེར）与论玉逻（བློན་གཡུ་སྒྲ)③ 于若地（ཞ）召开；六（ལུག)、晻（ངན)④二部落与骨巴（དགོར་པ)⑤ 及馆驿中玛曲军镇诸人（སྤྱངས་ཆ་གྲོམ་པ）为权益而争吵（ཐང་ལ་བཀྱལ་བ）之时。

---

① 《全唐文》卷674 白居易《代王佖答吐蕃北道节度使论赞勃藏书》（上海：上海古籍出版社，1990 年，第3 册，第3048 页）："大唐朔方、灵、盐、丰等州节度使检校户部尚书宁塞郡王王佖，致书大蕃河西北道节度使论公麾下：……况麾下以公忠之节，雄勇之才，翊佐大邦，经略北道。"复查吴廷燮《唐方镇年表》卷1 朔方条（北京：中华书局，1980 年，第144—145 页），王佖于元和五年（810）至八年（813）间为朔方、灵、盐等州节度使，可知有一位论赞勃藏于810—813 年间担任河西北道节度使。P. T. 1078 bis 第4—5 行："后，辰（龙）年夏，瓜州节度集会由论结赞（བློན་རྒྱལ་བཙན)、论赞勃藏（བློན་བཙན་བཟང)、论……等于瓜州སེ་ཤི་ཐང召开之时。"此辰年，笔者推断为824 年（《敦煌统治时期沙州的部落划分问题——P. T. 1089 年代研究》，《中国藏学》2021 年第4 期）。又P. T. 1079 第3—4 行："未（羊）年，德论尚赞勃藏（ཞང་བཙན་བཟང)、论玉逻（བློན་གཡུ་སྒྲ）与尚绮立独儿（ཞང་ཁྲི་དོག་རྗེ）于若地集会。"不知这几处的赞勃藏是否为一人。

② 拉露提示P. T. 1147 有论结逻之名（Lalou 1955, p. 189）。这是一件护经纸（གླེགས་ཚས)，上有许多杂写，其背面一处作ནང་རྗེ་པོ་བློན་རྒྱལ་སྒྲ་ལ་དབྱིགས་ས་ཀྱི་མཆིད་གསོལ་བའ། "致囊儿波论结逻，དབྱིགས་ས谨呈。"关于护经纸，见 Tsuguhito Takeuchi, "*Glegs tshas:* Writing Boards of Chinese Scribes in Tibetan-ruled Dunhuang," in Brandon Dotson, K. Iwao and T. Takeuchi eds., *Scribes, Texts and Rituals in Early Tibet and Dunhuang*, Wiesbaden: Reiert Verlag, 2013, pp. 101-109.

③ 尚赞勃藏（ཞང་བཙན་བཟང)、论结赞（བློན་རྒྱལ་སྒྲ)、悉论弁热（སྤྱན་བློན་བྱང་བཞེར）与论玉逻（བློན་གཡུ་སྒྲ)：此四人又见于文书第77 行。另P. T. 1079《比丘惠检（ཧྭེའི་ཀེམ）等为妙子（འབྱེའུ་ཙེ）等所属事牒及判词》第3—4 行记："未（羊）年，德论尚赞勃藏（ཞང་བཙན་བཟང)、论玉逻（བློན་གཡུ་སྒྲ）与尚绮立独儿（ཞང་ཁྲི་དོག་རྗེ）于若地集会。"

④ 契约文书P. T. 2125 第5—6 行：ཉང་རོའི་ [སྡེ] ། ཟྭ་གུ་ [ཚོ? སྟོང་?] གི་བྲན་ཚེའུ་ཛིན་ཧིང་གིས་ནས་ཁལ་ [ཕྱེ] དང་གསུམ་དང་བྲེ་བཞི་འཚལ་ [པ་] དང༎ ལུག་ངན་ད་བུ་སའི་ [འབང] ས་ [གཞེན་?] གསས་ཆུང་ནས་ཁལ་ཕྱེ་དང་ [ག] སུམ་དང་བྲེ་བཞི་འཚལད "娘若部落，ཟྭ་གུ [ཚོ? སྟོང་?] 之奴曹进兴（ཚེའུ་ཛིན་ཧིང）借青麦二斗半四升，ལུག་ངན་ད་བུ་ས之民 [གཞེན་?] གསས་ཆུང借青麦二斗半四升。"武内绍人指出，此处之ལུག་ངན་ད་བུ་ས为娘若部落内的地方或地区名称（Tsuguhito Takeuchi, *Old Tibetan Contracts from Central Asia*, Tokyo: Daizo Shuppan, 1995, pp. 243-244, 246）。但P. T. 1089 称ལུག་ངན 为སྡེ་གཉིས，则当为二部落之名。或许此二部落居处毗邻，故常放在一起相称。

⑤ P. T. 2125v 记སྤྲེའུ་ལོ་འི་དཔྱིད༎ དགོར་ [སྡེ] འི་འབངས་འགའ ["申（猴）年春，དགོར部落百姓འགའ]"，而其正面提到ལུག་ངན 的某人（T. Takeuchi, *Old Tibetan Contracts from Central Asia*, pp. 243-244）。则P. T. 1089 此处的དགོར་པ 当指དགོར 部落之人。参见 Scherrer-Schaub 2007, p. 283, note 84.

2. 德论调查、决议及附录文件

(1) 丑（牛）年沙州乞利本和乞利悉编上禀德论的呈文及其附录

①丑（牛）年沙州乞利本和乞利悉编上禀德论的呈文

(8) 沙州乞利本与乞利悉编呈请云：沙州昔时吐蕃人任千户长(སྟོང་དཔོན)[①] 职位[②]，为持大藏［告身］(གཙང་ཆེན་པ) 者。然 (9) 自去年[③]以来，选拔沙州汉人为军户（རྒོད），［任命］千户长、千户小长分管部落（སྡེ་བཅད），授予千户长小黄铜（ར་གན་ཆུང）品阶（ཐབས），授予千户小长 (10) 大红铜（ཟངས་ཆེད་པོ）品阶[④]。汉人都督[⑤]与千户长对官秩品阶意见不一，吐蕃人所任之千户小长、汉人副都督、(11) 黄铜［告身］之汉人千户佐副（སྟོང་ཟླ）诸人亦对官秩品阶意见不一。今副节儿（རྩེ་རྗེ་འོག་པོན）之品阶，在大都督 (12) 之下、副都督安丰益（ཨན་བུང་ཡིག）[⑥] 与汉人所任悉编及张悉逻历（ཙང་སྟག་ལེགས）[⑦] 之上[⑧]。

---

① 千户长：敦煌汉文文书一般作“部落使”，千户小长则为“部落副使”。本文为更好理解文书内容，暂按其意翻译。

② 山口瑞凤认为གོང་ཚ当作གོ་ས理解（1980，第 37 页，注 14），从之。

③ 据下文第 52 行，此“去年”指子（鼠）年。Scherrer-Schaub 2007，p. 284 认为这里指戌（狗）年的前一年，即酉（鸟）年，不确。

④ 笔者按，小黄铜告身和大红铜告身的品阶高于大藏告身。不过后面第 54—55 行提到子（鼠）年沙州设职任官，未及千户长的情况，至于两个吐蕃人千户小长，则是一人获赐红铜告身（未言大小），一人获赐小红铜告身。

⑤ 据吐蕃统治时期的汉文文书，都督的地位次于节儿。见金滢坤：《吐蕃沙州都督考》，《敦煌研究》1999 年第 3 期，第 87 页。

⑥ 此人出现在后文第 56—57 行，子（鼠）年获赐大黄铜告身。另 P. 3774《丑年(821) 十二月沙州僧龙藏牒》载有“（龙藏）大兄度女平娘，于安都督处买度印一，用驴一头，牸牛头”。此安都督或即安丰益。见唐耕耦、陆宏基编：《敦煌社会经济文献真迹释录》第 2 辑，北京：全国图书馆文献缩微复制中心，1990 年，第 283—287 页。

⑦ 张悉逻历：此人于后文第 62 行为水官（ཆུ་མངན）。因此笔者判断此处“汉人所任悉编”非指张悉逻历。也可能文书此处缺文。

⑧ 这句 Scherrer-Schaub 2007，p. 285 读作“今副节儿之品阶，在大都督之下；此外，副都督ཙན་བུང་ཡིག和汉人所任之སྤྱན，在ཙང་སྟག་ལེགས之上”，不确。另据第 55—57 行，大都督具颇罗弥告身，副都督安丰益具大黄铜告身，副节儿的品阶在此二者之间，当为小颇罗弥告身。

（12）去年[①]凉州军镇（མཁར་ཅན་ཁྲོམ）[②] 之（13）众僚对官秩品阶意见不一，经将军[③]审议，向大尚论论结赞（བློན་རྒྱལ་ཙན）[④] 和论历逻（བློན་ལེགས་སྒྲ）呈禀，（14）裁决如下：吐蕃与孙波之千户长，其下为通颊[⑤]与退浑之千户长，其下为红铜［告身］节儿，其下为吐蕃（15）与孙波之千户小长及通颊与退浑之千户小长，其下为红铜［告身］然无实职者（སུག་སྟོང）[⑥] 及持虎皮鞍韂［告身］者（སྟག་གི་ཟར་ཅན་པ）[⑦]。节儿与（16）都督之官秩品阶，则昔时班次如何，今亦同例。

（16）吐蕃人实授新任（གཉུག་མར་གསར་དུ་བསྐོས་པ）[⑧] ［之］千户长［与］千户小长，（17）其官秩品阶班次应当如何，吾等未能决定。若上（ཞི）不（18）裁断，众僚甫[⑨]及上任，即为此等微末琐事意见

---

① Scherrer-Schaub 2007，p. 285 认为此指申（猴）年，不确。笔者推断是子年。

② 关于མཁར་ཅན与凉州的比定，见 G. Uray, "*Khrom*: Administrative Units of the Tibetan Empire in the 7th-9th Centuries, "in Michael Aris and Aung san Suu Kyi ed., *Tibetan Studies in Honour of Hugh Richardson*, Warminster: Aris and Philips Ltd. , 1979, p. 314；荣新江：《通颊考》，《文史》第 33 辑，1990 年，第 125—126 页。

③ 指凉州军镇的最高长官。

④ 文书第 72 行有尚结赞（ཞང་རྒྱལ་ཙན），不知是否为一人。另 P. T. 1078 bis 第 4—5 行记辰（龙）年瓜州节度集会由论结赞、论赞勃藏等召开，笔者推断此辰年为 824 年，则瓜州节度论结赞与 P. T. 1089 年大尚论论结赞不是一人。见朱丽双：《吐蕃统治时期沙州汉人的部落划分问题——P. T. 1089 年代研究》，《中国藏学》2021 年第 4 期。

⑤ 荣新江确定མཐོང་ཁྱབ即汉文史料中的通颊部落（《通颊考》，第 119—144 页）。

⑥ ཟངས་པ་སུག་སྟོང：山口瑞凤译作红铜告身然无职位之人（1980，第 15 页，第 37—38 页注 20）；王尧、陈践译作小红铜告身者（1989，第 384 页）；Scherrer-Schaub 2007 推测或指红铜告身的肃州（སུག་ཙུ）千户长（2007，p. 286，note 95）。从文书行文来看，一般告身放在职官名称之后，如红铜告身的节儿作ཙེ་རྗེ་ཟངས。果若如 Scherrer-Schaub 所论，则当作སུག་སྟོང་ཟངས་པ。本文从山口瑞凤。

⑦ སྟག་གི་ཟར་ཅན་པ：陆离认为是"虎皮缎韂"的意思（陆离：《吐蕃统治河陇西域时期制度研究》，北京：中华书局，2011 年，第 108—113 页）。按，ཟར 通གཟར，意为韂，是衬在鞍下保护马背的褥垫。

⑧ གཉུག་མ 意为"真实"，Scherrer-Schaub 2007，p. 287 译作 résident（常驻）；山口瑞凤认为གཉུག་མར修饰其前的སྟོང་པོན་སྟོང་ཅུང，将这句译作"吐蕃人方面新任命的真正的千户长与千户小长"（1980，第 15 页），笔者同之。王尧、陈践将གཉུག་མར་གསར་དུ་བསྐོས་པ译作实授新任（1989，第 384 页），本文从之。

⑨ ཐོག་མ：甫及，最初。Scherrer-Schaub 2007，p. 287 理解为དཔོན་སྣ的修饰词，意为品阶最高的官员，不确。

不一，争执纷纭，即对诸勤于王事者（19）不利①，复于上（བླ）无益。诸千户长之品阶、二都督和副节儿诸人（20）班次当如何；汉人千户佐副与吐蕃人千户小长，何者为上，请颁令明示。谨呈。

②沙州乞利本与乞利悉编呈文中附录的沙州千户佐副的呈文

（21）沙州汉人众僚呈请云②：沙州都督与我等③恳请位在千户长和千户小长之上。边鄙（སྟོ་བལ）④ 都督（22）与诸任千户佐副者，未有位在实授官员之上的成规（ལུགས）旧例（བྲི་དཔེ）⑤。谨呈下例，如于阗国主，（23）依其勋绩（ཚོ་ཤ），圣上（བླ）施加恩典（ཐུགས་པགས་མཛད）⑥，赐予王号，许其王者仪制⑦，却位在银［告身］之于阗论（ལིའི་བློན）之下；（24）于阗之阿摩支（ཨ་མ་ཙ）⑧ 等，虽赐予金与瑟瑟（གཡུ）⑨ 品阶，却在红铜［告身］节儿之下。

（24）边（25）鄙统御千户（སྟོང）之乞利本、千户长、千户小

---

① 此句 Scherrer-Schaub 2007，p. 287 理解为རྗེ་བླས对负责指令的官员不满，不确。

② 从第 21—28 行可知，此部分呈文由沙州的千户佐副提出，要求沙州都督和千户佐副位在吐蕃人所任千户长与千户小长之上。

③ 我等：山口 1980（第 38 页，注 30）和 Scherrer-Schaub 2007，p. 288 推测指千户佐副（སྟོང་ཟླ）。第 27 行有“沙州人所任诸都督和千户佐副呈请位在边鄙大部落之上”之语，两位前辈的意见正确。

④ Scherrer-Schaub 2007，pp. 268-269，p. 288，note 102 认为སྟོ་བལ指外国俘虏（captifs étrangers），显然不确。

⑤ བྲི་དཔེ：山口瑞凤认为其意是“相应的例子”（1980，第 38 页，注 32），本文从之。Scherrer-Schaub 2007，p. 299 译作 texte auxiliaire“附加文本”，不确。

⑥ ཐུགས་པགས་མཛད：古藏文有“厚加关照”“施加恩典”之意。参见山口 1980，第 38 页，注 34；Li Fang Kuei and W. South Coblin, *A Study of the Old Tibetan Inscriptions*, p. 407.

⑦ རྒྱལ་ཆོས：王者仪制。ཆོས意为礼制、礼仪（参见朱丽双：《古藏文政治文化术语 chos 与 gtsug lag 探微》，《中央民族大学学报》2020 年第 5 期）。山口瑞凤译作王者的威仪（1980，第 16 页，第 38 页注 35）；王尧、陈践译作佛法经卷（1989，第 385 页）；Scherrer-Schaub 2007，p. 289 译作王法。

⑧ ཨ་མ་ཙ：于阗语作 āmāca，梵语作 āmātya，原意为大臣、宰官。吐蕃统治时期，于阗的阿摩支概指于阗的高级官员。参见 F. M. Thomas, *Tibetan Literary Texts and Documents concerning Chinese Turkestan*, Part II, p. 194；沈琛：《吐蕃统治时期于阗的职官》，朱玉麒主编：《西域文史》第 10 辑，北京：科学出版社，2016 年，第 225—226 页。

⑨ 作为告身的གཡུ意为瑟瑟，实指波斯绿松石。见朱丽双：《古藏文“瑟瑟”》，待刊。

长，［虽有］瑟瑟与金品阶①，但毋庸多言大藏［告身］之大将军，（26）更位在果藏巴（སྐོ་གཙང་པ）②［告身］的小将军之下。如此，中央与边地二者之官秩品阶昔已确定，然若虑及成规（ལུགས），（27）裁夺（ཐུགས་ཚོད）③ 当在上司（བླ）。沙州都督与诸任千户佐副者，恳请位在边鄙大部落长（སྡེ་ཆེན）④ 之上；余者，（28）若勋绩不崇且品阶不高，官秩品阶请［仍］依昔时所定与旧例。请许我等⑤［官秩品级］在上。谨呈。

③沙州乞利本与乞利悉编呈文中附录的沙州都督的呈文

（28）沙州都（29）督与诸千户佐副呈请云⑥：我等大都督被任为节儿佐副（རྩེ་རྗེའི་ཟླ），赐颇罗弥（ཕྲ་མེན）品阶，位在红铜［告身］节儿之上。（30）［我等］之上，本不应有军千户长⑦。然今据凉州军镇将军呈禀，议决诸千户长（31）位在红铜［告身］节儿之上。据此，诸千户长呈请位在大都督之上⑧。（32）若银［告身］副都督与黄铜品阶千户佐副之上不应有红铜［告身］千户小长，则请许我等（33）都督位在吐蕃人所任之千户长、千户小长之上⑨。谨呈。

---

① 这句 Scherrer-Schaub 2007，pp. 289-290 译作征服ཏོ་བལ千户的万户长及千户长与千户小长有绿松石及金告身。这种理解显然不合文脉。结合前后文，可知这里是说由边鄙之人（如于阗人、沙州汉人）担任的万户长、千户长及千户小长，其品阶虽高，但实际权力很低。

② 值得注意的是，P. T. 1071 无此告身，其记最低级别的告身是大藏。

③ ཐུགས་ཚོད：第 76 行有གཡར་ཚོད，笔者推测可能皆为ཚོད的敬语。Scherrer-Schaub 2007，p. 290 译作 sensé（明智），不确。

④ 此处似指担任军户千户长与千户小长的吐蕃官员。

⑤ 此指第 27 行的“沙州人诸任都督和千户佐副者”。

⑥ 从第 28—33 行内容来看，此呈文似仅由大都督提出。

⑦ 千户长过去仅有大藏告身，其品阶低于都督。ཆུད་པ 有容纳、盛受之意，མི་ཆུད་པར་གདའ་བ 字面上的意思可能是“不应该有”。

⑧ 这里的千户长指军千户长。因子（鼠）年成立军千户，授予军千户长小黄铜品阶，军千户长地位空前提高，位在红铜节儿之上。虽都督的颇罗弥告身仍高于军千户长的小黄铜告身，但据成规旧例，边鄙诸人担任官职虽有较高告身，实际权力却比吐蕃人担任的官员低。加以凉州军镇议决的官秩品阶中没有汉人担任的都督与千户佐副，故军千户长要求位在大都督之上。

⑨ 此处意思当是大都督要求位在吐蕃人所任之军千户长之上，副都督和千户佐副要求位在吐蕃人所任之军千户小长之上。若军千户长要求位在大都督之上，则军千户小长自然也会要求位在副都督之上，但对于后者，可能上司并不允许。

（2）德论调查及其他附录文件

①凉州军镇决议的官秩品阶次序

（33）凉州军镇众僚之官秩（34）品阶，经向大尚论呈禀而议决之文本，据吐蕃人所任汉地众僚[1]手中所持之牒。（35）凉州军镇众僚对官秩品阶意见不一，参照昔时所定惯例与所从事王差（རྗེ་བླས་ཀྱི་གཉེར་དག）[2]，（36）经向大尚论呈禀，议决官秩品阶［如次］：

（36）茹本，乞利本，大防御使，黄铜［告身］节儿，（37）大营田使（ཞིང་པོན་ཆེན་པོ）[3]，大防城使[4]，上、下财产仓库之大仓督[5]，诸内侍任茹悉编者，（38）中防御使，代理茹长（རུ་ཐེབ）[6]，小防御使，大税务使，机密大文书官[7]，大支计使[8]，大司法官，（39）吐蕃和孙波之千户长，通颊和退浑之千户长，红铜［告身］节儿，机密信使，机密中文书官，（40）机密小文书官，总裁断官，吐蕃和孙波

---

① རྒྱ 在此文书中有时指“汉人”，有时指“汉地”。这里应该是指吐蕃人所任在汉地治理汉人的官员。

② རྗེ་བླས་ཀྱི་གཉེར་དག：王尧、陈践译作“所从事王差”（1989，第 386 页），本文从之。གཉེར་དག：Lalou 1955，p. 195 和 Scherrer-Schaub 2007，p. 292 译作 archives（档案），不确。

③ P. 3613《申年正月令狐子余牒及判词》有“营田官”与“营田副使”。见唐耕耦、陆宏基编：《敦煌社会经济文献真迹释录》第 2 辑，第 281—282 页。

④ མཁར་དཔོན་ཆེན་པོ：S. 530、P. 2021《沙州释门索法律窟铭》记索义辩兄清宁曾任吐蕃“沙州防城使”，正可与 མཁར་དཔོན 勘同。见郑炳林：《敦煌碑铭赞辑释》，兰州：甘肃教育出版社，1992 年，第 91 页。

⑤ སྟོད་སྨད་ཀྱི་ཕྱུག་མའི་གཞིས་པོན་ཆེན་པོ：山口瑞凤译作“上下牧地大管理长”（1980，第 17 页）；王尧、陈践译作“上下［部落］之大牧放使”（1989，第 386 页）；荣新江译作“上下之大财产仓库管理官”（《通颊考》，第 128 页）；Scherrer-Schaub 2007, p. 292 译作 Régisseur des domaines de plaine et de montagne“平原与山地财产之管理官”，杜晓峰同之（Brandon Dotson, *The Old Tibetan Annals: An Annotated Translation of Tibet's First History*, Wien: Verlag der Österreiisen Akademie der Wissensaften, 2009, p. 71）。笔者推测 གཞིས 即 གཞི。

⑥ P. T. 997 第 7 行有职官名 རུ་འཐེབ。ཐེབ 与 འཐེབ 通，འཐེབ 意为剩下的、剩余。Scherrer-Schaub 2007，p. 292 将 རུ་ཐེབ 译作 Le subsitut de commandant de ru，本文从之。山口瑞凤译作“翼副长”（第 17 页，第 40 页注 55）；王尧、陈践译作“茹特”（1989，第 386 页）。

⑦ P. T. 1169 和 P. T. 1196 皆记有德论地区的机密文书官（བདེ་གམས་ཀྱི་གསང་གི་ཡི་གེ་པ）。见 Tsuguhito Takeuchi，“*Glegs tshas*，” p. 107.

⑧ 此据荣新江：《通颊考》，第 128 页。

之千户小长，汉与突厥译语舍人①，龙家（ལུང）与洮羌（དོར）② 之将军，红铜［告身］头领③，计支使（41）悉编④，通颊和退浑之千户小长，虎皮鞍韂［告身］头领，机密［信息］管理官（ཉབ་མ་པ）⑤与传送官（འགྱེད་མ་པའ）⑥，仓督长悉编⑦，（42）畜产大管理官⑧，小虎皮鞍韂告身，仓督副长，机密书吏，边鄙小将军，畜产小管理官，教法（43）支计使，木牌书吏（ཁམ་པ）⑨，堪舆师（ས་མཁན）⑩。

②瓜州军镇为沙州官员决议的官秩品阶次序

（43）沙州节儿之令牌信使（ཤིན་བྱང་པོ་ཉ）⑪ 曹顺子（ཚའོ་ཤུན་ཙེ）

---

① 此据荣新江:《通颊考》，第 128 页。

② ལུང་དོར: 指龙家与洮浦（དོར་པོ）。据岩尾一史，后者可能即汉文史料中的洮州羌（《ドルポ考——チベット帝国支配下の非チベット人集团——》，《内陸アジア言語の研究》卷 31，2016 年，第 1—19 页）。

③ 《翻译名义大集》（京都：铃木学术财团，1962 年）第 3679 号：སྣ་ཆེན་པོ་ལ་གཏོགས་པ 对应汉语“头目、尊长”，故知སྣ有头领之意，见 F. W. Thomas, F. M. Thomas, *Tibetan Literary Texts and Documents concerning Chinese Turkestan*, Parts III, London: The Royal Asiatic Society, 1955, p. 151. Scherrer-Schaub 2007, p. 293 将ལུང་དོར་གྱི་དམག་པོན། ཟངས་པ་སྣ་ལ་གཏོགས་པ 理解为一个官职，译作包含持红铜告身官员的ལུང、དོར［二地］的将军，不确。从这部分行文可知，单垂线或双垂线断开的皆为不同官职。

④ 前人皆将第 40 行末的རྩིས和第 41 行开头的སྤྱན视作一个官职。但从文书这部分行文来看，单垂线或双垂线断开者皆为不同官职。第 40 行的རྩིས后有一单垂线，则和第 41 行开头的སྤྱན似为两个不同官职。或许书吏抄写有误，第 40 行རྩིས后面的单垂线多余。

⑤ ཉབ་མ་པ: 管理官。据 P. T. 999，ཉབ 可能是སྙབས的异体字。此词山口瑞凤（1980，第 18 页，第 40—41 页注 62）、荣新江（《通颊考》，和 128 页）、Scherrer-Schaub（2007, p. 293）推测为“收集官”；王尧、陈践译作“征集官”（1989，第 386 页）。

⑥ 山口瑞凤（1980，第 18 页）和荣新江（《通颊考》，第 128 页）译作“传播官”；Scherrer-Schaub 2007，p. 293 译作 distributeur，王尧、陈践译作“传导使”（1989，第 386 页）。

⑦ 荣新江（《通颊考》，第 128 页）译作“仓督官”；Scherrer-Schaub 2007, p. 294: L’inspecteur du régisseur des biens fonds“庄园管理者监督官”。

⑧ 此据山口瑞凤（1980，第 18 页；第 41 页注 63）。王尧、陈践译作“大军需官”（1989，第 386 页）；Scherrer-Schaub 294 译作 Le grand [préposé au] ravitaillement“负责供应的大官”；杜晓峰（*The Old Tibetan Annals*, p. 72）推测为大看守者（Great caretakers）。

⑨ ཁམ་པ: 王尧、陈践译作“简牍文书官”（1989，第 386 页），本文从之。

⑩ སམ་མཁན: Lalou 1955，p. 206 认为同ས་མཁན，本文从之。王尧、陈践译作“占卜风水师（向导）”（1989，第 386 页）；Scherrer-Schaub 认为同སམ་ཁ或སམ་ཏ，意为书写文字的木简。

⑪ ཤིན་བྱང，托玛斯释作 message tablet“令牌”（F. M. Thomas, *Tibetan Literary Texts and Documents concerning Chinese Turkestan*, Parts III, p. 157），ཤིན་བྱང་པོ་ཉ当即令牌信使，此职山口瑞凤译作“通达牌使者”（1980，第 18 页）；王尧、陈践译作“令牌驿使”（1989，第 386 页）；Scherrer-Schaub 2007，p. 294 译作 messager des tablette et lettres“木简与书状信使”。

戌（狗）年季春三月（44）七日称，节儿以下，汉地众僚（རྒྱའི་དཔོན་ནམས）① 对官秩品阶意见不一，常起争执。官秩品阶（45）若请瓜州将军决议之文本，以后奉之执行，会无过失？（46）谨呈。

（46）沙州节儿论以下，汉地众僚之官秩品阶，暂按此执行云。瓜州（47）将军与悉编之决议云。沙州节儿发来之官秩品阶如下：节儿论［与］汉人乞利本②，（48）汉人乞利悉编③，大都督，副节儿，小都督，汉人悉编，吐蕃人所任之诸千户长，汉人所任之诸千户佐副，（49）小节儿与岸本州内权限者（ཀོ་ཙུ་ཙབ）④，吐蕃人所任之沙州总防御使，吐蕃人所任之诸汉地千户小长，汉人所任之诸千户小长佐副，（50）汉人所任之防御使，汉人总大税务使，乞利本书记⑤。

③子（鼠）年沙州设职任官的情况

（50）沙州汉人之众僚，若核以大尚论（51）任命之原始记录

---

① 此指管理沙州汉人的官员，其中有吐蕃人，也有汉人。

② ཙེ་རྗེ་བློན་རྒྱའི་ཁྲི་དཔོན：陆离译作“节儿论汉人乞利本”，认为这是一个官职名称，是沙州的节儿论、即沙州的乞利本的全称（《吐蕃统治河陇西域时期制度研究》，第19—20页）。林冠群已辨其非（《沙州的节儿与乞利本》，《中国藏学》2018年第3期，第40—51页）。笔者按，文书第47—50行所列官职可与第80—83行互相比拟，后者所列沙州最高品阶的官职为ཙེ་རྗེ་བློན་དང་ཁྲི་དཔོན་ཀོ་ཙུ་ཙབ“节儿论与乞利本州内权限者”，从而可知这里ཙེ་རྗེ་བློན（节儿论）与རྒྱའི་ཁྲི་དཔོན（汉人乞利本）之间缺一དང字，节儿论与汉人乞利本多半是两个官职。但其品阶相当，故放在一起。

③ 所谓汉人乞利本和汉人乞利悉编可能指的是管理汉人的乞利本和乞利悉编，非指汉人担任的乞利本和乞利悉编。对于汉人担任官职，文书多用རྒྱ་ལས་བསྐོས་པ表示。正如对吐蕃人担任官职，文书多用བོད་ལས་བསྐོས་པ表示一样。

④ ཀོ་ཙུ་ཙབ：山口瑞凤译作“州内权限者”（1980，第18页，第41页注66），本文从之，大概此职其权限仅限于州内事务。Lalou 1955，p. 196推测为负责战士装备的官员；王尧、陈践译作“武库令”（1989，第387页），但这种翻译于他处无法理解。

⑤ P. T. 1078 bis第24行有ཁྲི་ཡིག一词，即此职的缩写。见岩尾一史：《Pelliot tibétain 1078 bisよりみた吐蕃の土地区画》，《日本敦煌学论丛》第1卷，2006年，第7页，第24—25页注52、53。

(གཞི)①，给事中（ཕྱིན་བློན）论悉逻热纥骨琼（སྟག་བཞེར་ཁོད་ཁྱུང）② 等之令牌（ཕྱིན་བྱང），由属庐·历奴悉（ཅོག་རོ་ལེགས་འདུས）于子（鼠）年季春三月（52）四日下达者。

（52）子（鼠）年夏，大尚论③巡边，于陇州（ལོང་ཅུ）召开集会，时沙州汉人分为二部落④，（53）设职任官，颁发命令，任命［下述］吐蕃人为沙州官员：戎波·玉公（རོང་སྦོ་གཡུ་གོང）⑤ 任节儿论；琼波·矩立摩（54）（ཁྱུང་པོ་གླུ་ཟ）任节儿悉编⑥；没庐·玉公（འབྲོ་གཡུ་གོང）任中节儿；末·度磨历（འབལ་དུ་མ་ལེགས）任小节儿兼防御使州内权限者（དགྲ་བློན་གོ་ཙུ་ཙུབ）；查·卢悉波相（ཚར་ལོ་སྤྲ་ཧོ）⑦ 任千户小长，赐红铜告身。（55）薛·腊摩（སེར་ལྷ་ཟ）任千户小长，赐小红铜品阶。

（55）任命［下述］汉人为官员：杜悉逻悉吉（དོ་སྟག་སྐྱེས）⑧ 任汉人都督兼吐蕃节儿之佐副，（56）昔已有小颇罗弥告身，［上司］施加恩典，褒奖一级（ན་ཅིག），赐大颇罗弥告身。安丰益（ཨན་ཧྭང་

---

① གཟུགས，第 84 行作 གདུགས。Lalou 1955，p. 196 认为这里是 rallié、réuni、immigré 的意思。岩尾一史译作“比较”（《古代チベット帝国支配下の敦煌における穀物倉会計》，第 49 页），笔者认为是核查之意。

② 拉露提示 P. T. 1093 言及一位尚悉逻热（Lalou 1955，p. 190），其第 1—3 行：འབྲུག་གི་ལོ་ལ།། ཞང་སྟག་བཞེར་དང་། བློན་སྟག་ཟིགས་དང་། བློན་ཁྲི་འབྲིང་ལ་སྩོགས་པ།། བདེ་བློན་གྱི་འདུན་ས་ཞའི་བདེ་སྲུམ་འཚལ་དུ་བ［ཏབ་］པའི་ལན་གྱི་དགུན།། “辰（龙）年，尚悉逻热、论悉逻昔、论绮立觅零等德论之集会于若地之德心园召开，时年冬。”似非同一人。

③ 可能指尚结赞。

④ 即第 9 行所谓选拔沙州汉人为军户后成立的两军千户，普遍认为即悉董萨部落（སྟོང་སར་གྱི་སྡེ）和纥骨萨部落（ཁོད་སར་གྱི་སྡེ）。见山口 1980，第 31 页。

⑤ P. T. 1157 和 P. T. 1176 有 རོང་སྦོ 氏；P. T. 997 第 6 行则有 ཙ་དཔོན་རོངས་པོ་ལྷ་འདུས “茹长 རོངས་པོ་ལྷ་འདུས”。查林冠群《唐代吐蕃的氏族》（《中国藏学》2010 年第 2 期，第 26 页），未见有 རོང་སྦོ 氏或 རོངས་པོ 氏，此处 རོང་སྦོ 氏不知究应如何析分。

⑥ 陆离认为藏文节儿悉编即吐蕃统治时期敦煌汉文文书 S. 6172、P. 3699、P. 3770 中的节儿监军（《吐蕃统治河陇西域时期制度研究》，第 27 页）。

⑦ Taenzer 2012，p. 30 提示 P. T. 1224 有一位 ཚར་འགུ་སྨ་ཧོ，属 ཚར་ལོང 部落；Or. 8210/S. 2228 有一位 ཚར 氏妇女 མཆུམས་པན་ལག་ཟིག。

⑧ P. T. 1077《都督为女奴事诉状》之都督名 སྟག་སྐྱེས，与此似为一人。据金滢坤，吐蕃统治时期至少有两位杜姓都督（《吐蕃沙州都督考》，第 88 页），此杜都督取藏文名，显然已非吐蕃统治之早期。

ཡིག）（57）任副都督，已有黄铜品阶，［上司］赞赏（ངོའི་ཚེ）①，施加恩典，赐大黄铜告身②。

（57）任命###部落之众官。（58）阎平（ཡེམ་ཕེང）任千户佐副，当有小黄铜告身之品阶，昔已有小黄铜告身，［上司］施加恩典，（59）赞赏而褒奖一级，赐大黄铜告身。张奴子（ཙང་མདོ་ཙེ）任一部落之税务使兼仓曹官（གཞི་རྫོངས）③。索方（སག་ཕོ）出自昔都督（60）族第故，后［上司］施加恩典，任为总大税务使，赐和大藏［告身］相应（རྒྱན）④ 之奖赏。曹长施（ཚེའུ་ཙང་ཞི）任部落水官。（61）李布华（ལི་པུ་ཧྭར）任总大营田使，已有大藏品阶，［上司］施加恩典，赐和大藏［告身］相应（རྒྱན）之奖赏。（62）张悉逻历（ཚང་སྟག་ལེགས）任水官。

（62）任###一部落之众官。康小耽（ཁང་སེའུ་ཏམ）任千户佐副，当有小黄铜告身之品阶，（63）［上司］赞赏，施加恩典，褒奖一级，赐大黄铜告身。刘黄（ལིའུ་ཧྭང）任税务使兼仓曹官（གཞི་རྫོངས）。（64）安兴子（ཨན་ཧིང་ཙེ）任部落营田使。李宾（ལི་ཕྱིན）任总水官（སྤྱིའི་ཆུ་མངན）⑤。张豆奴（ཙང་དེའུ་འདོ）任千户小长，当有小红铜品阶，（65）已有小黄铜［告身］，［上司］施加恩典，赐可打制并缝合和小红铜

---

① Scherrer-Schaub 2007, p. 298, n. 148 认为意同ངོ་ཚེ，意为“赞赏”，从之。

② 第 32 行讲到不允许红铜告身的千户小长位在银告身的副都督和黄铜告身的千户佐副之上。考虑到大都督获赐大颇罗弥告身，副都督似应以银告身更为合理。文书此处或有误。

③ གཞི་རྫོངས：Lalou 1955, p. 197 认为指管理私人土地的官员；王尧、陈践译作“财务总管”（1989，第 387 页）；Scherrer-Schaub 2007, p. 299 未译。Taenzer 2012, pp. 30-31, note 75 指出གཞི指粮仓，རྫོངས指士兵的给养，因此གཞི་རྫོངས当是负责政府粮仓的官员，并且可能与给养分配有关。

④ རྒྱན：山口瑞凤（1980，第 20 页，第 42 页注 82）译作“相应”，本文从之。王尧、陈践（1989，第 387 页）译作“待遇”，唯此种理解于下文第 65 行无法解释。

⑤ ཆུ་མངན：P. 3613《申年正月令狐子余牒及判词》有水官之名，见唐耕耦、陆宏基编：《敦煌社会经济文献真迹释录》第 2 辑，第 281—282 页。

（小黄铜）［告身］相应［之物］（ཟངས་ཆུང་ངུའི་རྐྱེན་རྡུངས་དང་འདྲུབས）①。氾悉逻昔（བམ་སྟག་ཟིགས）② 任岸本。（66）郑腊纥顿（ཇེང་ལྷ་རྟོན）任岸本。杨矩立历（ཡང་གླུ་ལེགས）任水官。王安（ཝང་ཨན）任部落水官。左安（ཛོ་ཨན）任部落营田使。谨此。

④另一个有关官秩品阶争议的案例

（67）觅零也・赞贡（འབྲིང་ཡས་བཙན་ཀོང）申誓而言：据往昔成规，吐蕃人诸任为小将军者，位在边鄙内之乞利本与（68）千户长之上。一件有关官秩品阶的牒文（ཕྲ་སྦྱོང）③ 称，切・俄帮（ཅེ་ངེ་པོང）任勃拉・悉吉布欲波（ཐ་④སྐྱེས་བུ་ཡོག་པ）⑤ 之千户佐副，是故，请允许千户佐副位在吐蕃人所任之边鄙千户小长之上。（69）边鄙诸千户长据此旧例向上呈请，（70）请裁决位于诸小将军之上，并赐印。

（70）申（猴）年夏，诸小将军呈请后，支计使与（71）［诸］参与机密［官员］商讨（དབྱངས་དཀྱིགསྡེ），呈禀往后小将军位在边鄙内任命之瑟瑟［与］金［告身］之乞利本等之上，（72）由尚赞勃藏（ཞང་བཙན）、尚绮立赞（ཞང་ཁྲི་བཟན）、尚结赞（ཞང་རྒྱལ་ཙན）和尚绮立

---

① 此句译文不能确定。Lalou 1955，p. 184 译作 à cause d'un “petit cuivre”, on a été frappé et cousu [dans une peau (?)]“因‘小红铜’之故，可敲打与缝制在［皮毛上?]”；山口瑞凤译作锻造精炼和小红铜相应的［章饰］、刺绣之物（1980，第 20 页，第 42 页注 84）；王尧、陈践译作“小红（黄）铜告身之待遇地位”（1989，第 388 页）；Scherrer-Schaub 2007, p. 300 译作 octroyé[le droit] de frapper (rdungs) et coudre ('drubs) [l'insigne] de petit cuivre“赐予敲打与缝合小红铜告身之权力”。考虑到张豆奴已有小黄铜告身，此处可能如王尧、陈践指出的那样，是赐给他和小黄铜告身相应的待遇。

② བམ་སྟག་ཟིགས：拉露提及 ITJ 1357（Ch. VIII. 5）记有 བམ་སྟག་ཟིགས་ཀྱི་ཁྲམ་ཚན（氾悉逻昔的ཁྲམ་ཚན），为 དགའ་ལྡན་འབྱུང་གནས 寺的施主（F. M. Thomas, *Tibetan Literary Texts and Documents concerning Chinese Turkestan*, Parts II, pp. 87-88; Lalou 1955, p. 187）。据岩尾一史，ཁྲམ་ཚན 是千户的下属组织，由 10 户组成，བམ་སྟག་ཟིགས 是这个 ཁྲམ་ཚན 的头领。见其文《古代チベット帝國の千戶とその下部組織：百戶、五十戶、十戶》，《东方学报》第 88 卷，2013 年，第 352、348 页。

③ ཕྲ་སྦྱོང：Scherrer-Schaub 2007，p. 300 译作 texte officiel，从之。

④ ཐ：Scherrer-Schaub 2007，p. 301，note 156 认为是 ཐ 的异体字。

⑤ ཐ་སྐྱེས་བུ་ཡོག་པ：拉露读作地名（Lalou 1955，p. 190），似不确。

独儿（ཞང་ཁྲི་དོག་རྗེ）① 议决，每一万户，（73）皆赐一印章。

（3）德论就沙州众僚对官秩品阶意见不一事之决议结果

（73）申（猴）年，吐蕃和边鄙所任之统御边鄙千户诸众僚，对官秩品阶（74）意见不一。德论和悉编议决②，但仍未经上司（བླ）批准③。每一千户各赐一印章，然亦未即时（75）经集会审核（འདུན་ཚར་གཟུག་དུ་མ་མཆིས）。如是议决，呈请参与机密［官员］论历热其磨奴（ལེགས་བཞེར་ཁྲི་མ་འདོད）等（76）裁夺（གཡར་ཚོད）后，审议并［向上］呈禀。

（76）沙州众僚之官秩品阶以后即依此执行，（77）给节儿论与悉编去函云。尚赞勃藏（ཞང་བཙན་བཟང）、论结逻（བློན་རྒྱལ་སྒྲ）、悉编论弁热（སྤྱན་བློན་བྱང་བཞེར）、论玉逻（བློན་གཡུ་སྒྲས）议决④，（78）论历热其磨奴（ལེགས་བཞེར་ཁྲི་མ་འདོད）与论矩立热王赞（ཀླུ་བཞེར་སྟོ་བཙན）于下押私章（ཕྱག་རྒྱ）⑤，沙州之节儿与（79）众僚之官秩品阶以后即依此缮写于记录副本，沙州众僚之官秩品阶已议决，（80）以后依此执行：

（80）节儿论与乞利本州内权限者（ཁྲི་དཔོན་ཀོ་ཙུ་ཏུབ）、乞利悉编、大都督、吐蕃人所任之诸千户长、（81）副节儿、小都督、汉人悉

---

① Lalou 1955，p. 211 提示 M. I. viii. 2（ITN 376）有大尚论绮立独儿（参见 F. M. Thomas, *Tibetan Literary Texts and Documents concerning Chinese Turkestan*, Parts II, p. 337）。此人还出现在 M. I. ii. 37. b（IOL Tib N 130）和 P. T. 1079 中。另外 P. T. 997 有论绮立独儿。

② 此处的德论和悉编很可能即第 72 行的尚赞勃藏（ཞང་བཙན་བཟང）、尚绮立赞（ཞང་ཁྲི་བཙན）、尚结赞（ཞང་རྒྱལ་ཙན）和尚绮立独儿（ཞང་ཁྲི་དོག་རྗེ）四位。后面第 77 行应是戌（狗）年的四位德论。看来在申年和戌年之间，德论官员有所变动，除尚赞勃赞，余三人皆被更换。应该注意的是，对于此案中吐蕃人所任小将军与边鄙之人所任乞利本、千户长之间有关官秩品阶的争执，四位德论作出的决议是小将军品阶在上，即对吐蕃人官员有利。但据第 80—81 行，在新确定沙州官员的品阶序列中，汉人所任大都督位在吐蕃人所任千户长之上，汉人所任小都督和千户佐副位在吐蕃人所任千户小长之上，即此决议有利于沙州汉人官员。换言之，前面四位德论更偏向吐蕃人官员，后面四位德论则似乎对汉人官员妥协，尽量满足汉人官员对官秩品阶的要求。戌年与申年之间德论人选的变动或与此有关。

③ 此据山口瑞凤（1980，第 21 页）。

④ 据文书第 6—7 行，可知此次决议的时间是戌（狗）年冬。

⑤ 文书后面未见私章。Scherrer-Schaub 2007，pp. 259-260 认为这是因为此为副本（འོག་དཔེ），私章当押于正本（བླ་དཔེ）之上。

编、汉人所任之诸千户佐副、吐蕃人所任之诸千户小长、(82) 小节儿与岸本州内权限者 (མངན་ཀོ་ཙུ་ཙབ), 吐蕃人所任之沙州总防御使, 汉人所任之诸千户小长佐副, (83) 汉人所任之防御使, 汉人总大税务使, 乞利本书记。

(83) 向尚矩立逻 (ཞང་ཀླུ་སྒྲ)、论达勃藏 (བློན་ཟླ་བཟང)[①]、论玉热 (བློན་གཡུ་བཞེར)[②]、论莽儿 (བློན་མང་རྗེ)[③] 呈禀。腊·龙昔 (ལྷ་ལུང་ཟིགས) 核[④]而述之 (སྦྱད)[⑤]。

(选自朱丽双:《吐蕃统治时期沙州官员的官秩品阶问题——P. T. 1089 释读》,《中国藏学》2020 年第 4 期)

---

① བློན་ཟླ་བཟང 之名又见 P. T. 1111 第 25 行、P. T. 1128 第 6 行 (Taenzer 2012, pp. 263-264, 281-283)、P. T. 1202 第 9 行。

② 拉露提及 P. T. 1072 有大人论玉热 (རྗེ་ཆེ་བློན་གཡུ་བཞེར), P. T. 1080 有曩儿波论玉热 (ནང་རྗེ་པོ་བློན་གཡུ་བཞེར), 应为一人 (Lalou 1955, p. 189)。

③ 拉露提及 P. T. 1182 有曩儿波莽儿 (Lalou 1955, p. 189)。按这是一件护经纸 (གླེགས་ཚས), 其上文字为写经生杂写, 出现"曩儿波莽儿"的部分为一书信草稿的开头, 无其他内容。参见沈琛:《再论吐蕃与景教、摩尼教的联系》,《敦煌研究》2022 年第 3 期。

④ 第 51 行有 གཏུགས, 当为一个词。Lalou (1955, p. 156) 认为这里是 comparé、confronté 的意思。

⑤ སྦྱད: 岩尾一史认为是"口述"之意, 本文从之。见其文《古代チベットの会計と支出処理: IOL Tib J 897の事例より》, 沈卫荣主编:《西域历史语言研究集刊》第 3 辑, 北京: 科学出版社, 2010 年, 第 44 页, 注 37;《古代チベット帝国支配下の敦煌における穀物倉会計》, 第 56—57 页。

《尚书》

——P. T. 986 号

一、解题

P. T. 986《尚书》现存 158 行，前残缺。最后一行跋文，书ཞང་ཤུ་བམ་པོ་དྲུག་པ་རྫོགས་སོ།།数字，意为“《尚书》第六卷完”。从法国国家图书馆网页上的彩色照片来看，文书行间较密，前 17 行左边残缺，前 60 行页面有磨损，且有缺损，不过由于有对应的汉文本，因此除缺损部分，其他大致可以识读；60 行以下则卷面干净，文字清晰可读。据学者研究，文书内容可细分为以下 5 个部分：1—28 行，《泰誓中》第二；29—67 行，《泰誓下》第三；68—89 行，《牧誓》第四；90—157 行，《武成》第五；158 行，尾题“《尚书》第六卷完”。推测完整的写卷前面当有《泰誓上》。[①]

1978—1979 年，麦克唐纳和今枝由郎主编《法国国家图书馆藏藏文文献选集》二卷出版，收录了 P. T. 986。在其解题中，今枝由郎

---

① 王尧、陈践：《敦煌藏文写卷 P. T. 986 号〈尚书〉译文证补》，原载中央民族学院藏族研究所编：《中央民族学院藏族研究所论文集》第 1 册，中央民族学院藏族研究所，1982 年，收入《王尧藏学文集》第 4 册，北京：中国藏学出版社，2012 年，296 页；今枝由郎：《中国・インド古典——〈書經〉・〈戰国策〉・〈ラーマーヤナ〉》，第 558 页；W. South Coblin, “A Study of the Old Tibetan *Shangshu* Paraphrase, Part I,” *Journal of the American Oriental Society*, vol. 111. 2, 1991, p. 304。

称此件文书译自汉文，他正进行研究，论文即将出版。[1] 次年，今枝由郎发表即《ཆིས 字释读》一文，指出根据 P. T. 986《尚书》，P. T. 1287 等早期藏文文献中出现的ཆིས一词对译汉文的“乂”“治”，即执政、管理之意。[2] 1981 年黄布凡发表《〈尚书〉四篇古藏文译文的初步研究》[3]，这是迄今为止有关 P. T. 986 最重要的研究论文之一。首先，文章确定 P. T. 986 的具体内容，包括《尚书·周书》的《泰誓中》《泰誓下》《牧誓》《武成》4 篇。其次，文章对 P. T. 986 做了全面转写和翻译，并对一些疑难词汇进行了解释，还依据《十三经注疏》本附上汉文《尚书》相应部分的原文。第三，文章讨论了 P. T. 986 的翻译技巧和翻译风格的问题，概括地说，就是藏译文并非对汉文的直译，译者为理解艰涩难懂的古汉语，首先是参考了伪孔安国传古文《尚书》和孔颖达《尚书正义》的内容，另外可能还参考了《史记》或其他材料的相关记载。比如对于《泰誓下》篇中“斮朝涉之胫，剖贤人之心”两句，译文非常详尽，几乎就是一个完整的故事。这种译法，黄布凡称之为“译述手法”，认为这种译法使得藏译本通俗易懂，并保持文章的完整性，对于藏文翻译古汉语文献，不无借鉴作用。其次，藏译文为便于阅读者理解，对一些成语，不拘泥于一字一句地对译、硬译，比如《武成》篇中的“血流漂杵”，藏译本作ཁྲག་མང་པོ་ཕུབ་ཞིག་པ་ཙམ་དུ་སབ་སྟེ“血流漂盾”，以“盾”（ཕུབ）代“杵”，因为盾是藏族熟知的武器，从而使藏族更容易理解这句的意思。第四，文章还从文书的书法特点讨论了其成立年代（9 世纪中叶

---

① Ariane Macdonald [Spanien] et Yoshiro Imaeda, Choix *de documents tibétains conservé à la bibliothèque nationale*, Tome 1, Paris: Bibliothèque nationale, 1978，图版 292—296；解题，第 27 页。

② Yoshiro Imaema, “Towards an Interpretation of the Word *Chis*,” in Michael Aris and Aung San Suu Kyi eds., *Tibetan Studies in Honour of Hugh Richardson: Proceedings of the International Seminar on Tibetan Studies, Oxford* 1979, Warminster: Aris and Phillips LTD, 1980, pp. 131-132. 按最早讨论ཆིས的是黎吉生，他的《古藏文 chis 与 tshis》一文提出 P. T. 1287 等早期文献中出现的ཆིས一词，指有关属民事务的管理，后被ཚིས字取代。见 Hugh E. Richardson, “Tibetan *Chis* and *Tshis*,” *Asia Major*, vol. xiv. 2, 1969, pp. 254-256; reprinted in Michael Aris ed., *High Peaks, Pure Earth. Collected Writings on Tibetan History and Culture*, pp. 25-27。

③《语言研究》1981 年创刊号，第 203—232 页。

或9世纪末)、文书对理解古藏文词意及中古汉语音韵学研究的意义等问题。

1982和1983年，王尧和陈践发表两篇有关P. T. 986的文章，分别是《敦煌藏文写卷P. T. 986号〈尚书〉译文证补》和《P. T. 986〈尚书〉译文》。[①] 两文的贡献，主要是指出敦煌汉文写卷中有29个卷号为伪孔传《古文尚书》，包括英藏6个卷号、法藏23个卷号，并罗列了这29个卷号的编号及其篇名，可惜相当长一段时间内，研究敦煌汉文《尚书》写卷的学者多注意法藏部分，对于王尧、陈践文章指出的英藏卷号未予注目。[②] 文章还指出，敦煌藏文本《尚书》的出现，与当时流行在敦煌一带的汉文写本有关。1984年王尧撰写《敦煌藏文写本手卷研究近况综述》一文，对此问题继有涉及。他提出，为何单选《泰誓》两篇、《牧誓》一篇和《武成》一篇进行翻译，而不选择其他？这几篇都属于《周书》的范围，王尧推测，可能当时吐蕃以“周”自命，俨然有“以周伐殷”的姿态，为他们进驻河湟，继而据秦陇、入长安的行动寻找历史根据，因此颇有“影射史学”的味道。[③] 不过，我们并不能因为敦煌发现的藏文本《尚书》仅有《泰誓》《牧誓》《武成》数篇，即进而推断当时只选择了这几篇文献进行翻译，因为其他部分很可能是遗失了，而非没有译成藏文。

1985年山口瑞凤编辑的《讲座敦煌》6《敦煌胡语文献》出版，其中由今枝由郎执笔，介绍敦煌藏文文献中的中国和印度的古典文献，包括P. T. 986《尚书》、P. T. 1291《春秋后语》（今枝由郎误作《战国策》）及《罗摩衍那》的数种藏文写本。[④] 对于P. T. 986，文章介绍了其各行所对应的《尚书·周书》的《泰誓中》《泰誓下》《牧

---

① 王尧、陈践：《敦煌藏文写卷P. T. 986号〈尚书〉译文证补》，《王尧藏学文集》第4册，第290—305页；同氏：《P. T. 986号〈尚书〉译文》，《敦煌吐蕃文献选》，成都：四川民族出版社，1983年，第62—82页。

② 吴福熙：《敦煌残卷古文尚书校注》，兰州：甘肃人民出版社，1992年。

③ 原载《中华文史论丛》第30辑，上海古籍出版社，1984年；收入《王尧藏学文集》，第383—404页，引述观点部分见第393页。

④ 今枝由郎：《中国・インド古典——〈書經〉・〈戰国策〉・〈ラーマーヤナ〉》，山口瑞凤编辑：《讲座敦煌》6《敦煌胡语文献》，东京：大东出版社，1985年，第557—573页。

誓》《武成》的部分，然后主要分析了藏译文的翻译特点。首先是藏译文参考了伪孔安国传。其次对于藏族来说难懂的汉文内容，藏译文作了巧妙处理，比如汉文《牧誓》所述的庸、蜀、羌、髳、微、卢、彭、濮八国之人，藏译本就没有罗列，而以སྣ་ཕྲ་མོ་ལ་གཏོགས་པ（各级小官吏）概括言之。再次是对于儒家固有的概念如“仁人”（第21行：མྱི་ཡང་དག་པའི་སྤྱོད་ལམ་དང་འཐུན་པ）、“五常”（第33—34行：སྤྱིད་པ་རྣམ་ལྔ）等，藏译文做了富有意味的翻译。还有是藏译文的一些故事性叙述，比如对“斮朝涉之胫，剖贤人之心”之句的长篇解释，显示了译者丰富的汉文化学识。今枝由郎并指出，藏译本所述这些故事的文献来源，即其汉文原典的出处，值得学者深入探究。总而言之，今枝先生介绍的 P. T. 986 的这些翻译技巧和风格的特点，多半已为黄布凡文章所论及，不过其讨论更为详细一些而已。但今枝先生在其文中并未提到黄布凡的文章。由于黄文所发表的《语言研究》不太为学界所知，今枝先生写作此文时很可能并不知道有黄文。

此后对 P. T. 986 作出重大贡献的当属柯蔚南（W. South Coblin），1991 年他在《美国东方学会会刊》以两篇连载的形式发表他对敦煌藏文本《尚书》的研究。[①] 此文充分利用黄布凡的研究成果而有新的推进。首先，黄布凡文章的藏文转写采用的是国际音标，不太为藏学界熟识，且有一些失误。柯蔚南改用国际通行的拉丁符号系统重新对藏文进行了转写，并以校注的形式对黄文的转写失误进行了订正。在此基础上，其译文整体上亦比黄文更为准确。第二，柯蔚南对词汇进行详细的注释，这对于我们进一步理解古藏文特别重要。第三，在其下篇中，柯蔚南做了一个词汇索引表，如与其师李方桂合著的《古代西藏碑铭》文末所附词汇辑释那样，以藏文字母的顺序，罗列 P. T. 986 中出现的所有词汇的英文翻译及其出现的行数，俨然一份以 P. T. 986《尚书》为语料的古藏文词典。文章最后附汉文《尚书》中

① W. South Coblin, “A Study of the Old Tibetan *Shangshu* Paraphrase, Part I, ” *Journal of the American Oriental Society*, vol. 111. 2, 1991, pp. 303-322; Idem, “A Study of the Old Tibetan *Shangshu* Paraphrase, Part II, ” *Journal of the American Oriental Society*, vol. 111. 3, 1991, pp. 523-539.

《泰誓中》《泰誓下》《牧誓》《武成》4 篇的英文翻译。

除了以上这些专论 P. T. 986 的论文，石泰安在 1983—1992 年间撰写了多篇《吐蕃文献集释》的文章（Tibetica Antiqua I-VI），讨论见于包括敦煌文书和碑铭文献的一系列重要古藏文词汇，例如སྐུ་བླ、ཆ་གང、ཆོས、གཙུག、གཙུག་ལག、ལུགས、སྲི་ཞུ等等的含义,不时引用到 P. T. 986 的内容。文章原为法文,2010 年由亚瑟 · 麦基翁（Arthur P. McKeown）译成英文并结集由荷兰博睿书店出版。①

至于 P. T. 986 藏文本《尚书》的文献来源问题，由于 P. T. 986《尚书》卷次与目前通行的 20 卷本《尚书正义》的卷次不同，藏文本“《尚书》第六卷”的问题曾使一些藏学家百思不得其解②，另外一些藏学家如柯蔚南则仅简单写道，在多种《尚书》版本中，《泰誓》《牧誓》《武成》合刊为第六卷。但作者未提供任何资料加以说明，读者仍不明所以。③ 实际上，敦煌藏文本《尚书》本自 13 卷本伪孔传《尚书》。在这个本子中，《泰誓》3 篇和《牧篇》《武成》一起，正好构成卷六的内容。敦煌汉文文献 S. 799 所存篇目包括《泰誓中》《泰誓下》《牧誓》《武成》4 篇，与 P. T. 986 完全一样。

有学者曾经推测，P. T. 986《尚书》和 P. T. 1291《春秋后语》及 P. T. 992、P. T. 1284、IOL Tib J 724《孔子相托相问书》等作品，“都是吐蕃文人直接根据唐代敦煌地区广泛流传的汉族古代和当代文学作品而编译的作品，反映了吐蕃文人积极学习、吸收汉族文化的历史情况”。④ 如此看来，敦煌藏文本《尚书》很可能是对敦煌地区流传的汉文《尚书》传本的翻译，不一定为源自吐蕃本土的藏译文的抄本。

① Rolf A. Stein, *Rolf Stein's Tibetica Antiqua: With Additional Materials,* translated and edited by Arthur P. McKeown, Leiden: Brill, 2010.

② 王尧、陈践：《敦煌藏文写卷 P. T. 986 号〈尚书〉译文证补》，第 296 页。

③ W. South Coblin “A Study of the Old Tibetan *Shangshu* Paraphrase, Part I, ”p. 304.

④ 张先堂：《敦煌文学与周边民族文学、域外文学关系述论》，《敦煌研究》1994 年第 1 期，第 57 页。

二、译文

(一) 第1—28行

……是为第二章也……及至十三年春[1]，行次洛水北岸（王作誓），（从西方）聚集的人众，听我告诫之辞：（善人）虑及善事难成，故平日力行善事，永无懈怠。譬若善行与……殷之纣王，违法悖理，疏离方正元良，（亲暱）恶人，肆溺于不良之残酷暴行……与亲人为敌，以暴力行内争，彼此杀戮，无辜者被任意残虐，生民怨声载道。王之暴行……皇天后土亦明白见闻。昊天为救众人，降命人主，应敬天奉道。昔，王桀逆天行事，残虐臣民，如降流毒，为灭桀计，天降命于（汤）。……纣王逆天，违法之事远过于桀。行止端守法者剥夺财物，恣意惩罚，杀害忠贞耿介之伯叔子侄。并宣称不祭昊天，不敬神灵，不祀祖先人有何害？孤行无道。以假为真。如此不正行为比桀王尤其。上天降命治民，消弭纣王暴恶之行。予觇梦、贞卜，恰恰相符，是予之心愿将成之预兆。引兵伐纣，必能制胜。纣王虽有伯叔子任父系亲党臣属万人[2]，志同道合者却无一人；予虽只有异姓大臣十人，却同心同德。纣任命之近臣如此众多，但不能与予之人数少，品行端正者臣属相媲。乃人间世界万物，上天造就，降命为王者乃上天之耳目[3]，生民遇有祸患过失，是乃王者治理不善之过也。今，予军旅友武健锐前往，追蹑纣王，涤扫纣王之罪；于兵法诸端，极为善美坦荡。这胜（昔日）汤王所为[4]！诸侯众将，勿藐予之诫辞！勿存首战克敌之念！且应有不能胜敌之忧虑，此战方能取胜。集中精力，全部奋起作战欤！纣之生民惊恐，胆怯，如牛、鹿失角，勇气全消。众将士，其与予一心一德，如有完成大业，政事将巩固而久远！

(二) 第29—67行

武王对众多将士作誓（下），是为第三章。

及至十三年孟春正月二十九日[5]（即戊午之次日）周武王聚集众士兵，列队于前，检阅后，对六师[6]明白作誓师之辞，谓："告诫居于西境之贵胄人等，因你等明晓天道，应恪守善恶天道与国家法度。殷王纣不行孝义分[7]，不守世间伦常五法[8]，不敬先人典籍，不祀神灵祖宗等，因而虽曰天绝纣命，实纣自绝也。纣与众多生民结怨，恣意残虐无辜生民。如：纣王与妃[9]妲己坐于平台之上。冬，有二人至河边欲渡。一人至，即涉水而过，另一人不敢涉水。妃妲己曰：'奴奴听说，壮年父母生子，骨殖坚硬，行路有力；老年父母生子骨殖松脆，行路无力。'纣王遂将那两人召来，为辨明（妃言）真伪，令将其双脚斫断。时王叔比干曰：'此举与礼法相违。极不应该！'（纣王）曰：'予无杀一人之权乎？'言已，下令。妃妲己奏曰：'奴奴曾闻：圣人心有九窍；贤人，心有七窍。此公为贤人启奏，莫非心有七窍乎？是真是假，请于圣驾看可乎？'（纣王）立即将比干杀掉，挖心呈验。心上果有七窍。涉水二人足被斫下后，奏请王验看，果如妃妲己所言，真实无讹。如此残虐无辜之事，遍于天下，弃却王礼；对父叔、臣僚等忠诚谏告之人，严刑酷相加；极尽奇技淫巧，以取悦妃妲己心意，肆意行乐。因此。天降祸星，思绝纣命。众将士，切勿懈怠、骄慢（、胆怯），谨听予之所言，顺合天流，往克纣命。古人云：敬重与我和睦之辈，回报害我之人。今纣王行为违悖王道任意残虐众人，已成吾等世仇。概而言之，行善，应功成业茂；除恶，应连根务尽。予小王将同众将士一起，歼灭纣王，绝其子孙。予希望众将士进击时毫不犹疑，成就予之大业。不惜牺牲，为社稷立功（战功）者褒以厚赏。不遵予之命令，不致力于王业者斩。"武王复以痛楚之言曰："予之先父文王，盛德溥临四方。如日月之华，无往不及。四周边民，仰慕贤德，多来投效。令予能胜纣，并非予之武勇、熟娴兵法，乃因予之先王，无罪昊天，顺合大道，故上天亦相助，此乃父王之德也。设或予不能胜纣，亦不能归过于父王，乃予小王无德之故也。"

（三）第68—89行

武王于牧野地方与诸侯王、众将士作誓。是为第四章。

武王在牧野地方疆场，对配有三百辆战车的二万一千名士兵与三百名虎贲勇士[10]作誓。仲春二月四日，阳木鼠日（甲子）[11]天色将曙，（武王）乃定与纣交战。摆开阵势，武王左手执金钺，右手握军旗，告诫众将士曰："西方来此众士卒！尔等稍停须臾，先与邻邦诸侯众友军[12]。齐心合力，协商一致，然后出阵。将军、要员以下，千人将、百人将等，微末小官以上各军官，善为思索予先后训诫之辞，依随予军旗如何变化麾动而进退作战。古人云：'母鸡司晨，家要遭殃；妇夺夫权，政权必失。'今纣王听信妃妲己之言，妲己夺纣王之权。因此，纣不祭天地，不敬神灵、祖先等；阻塞兄弟近臣劝谏，疏离骨肉之亲；啸集他邦全部奸险邪恶之辈而授命任职；与此辈纠合，做尽种种违天逆理之事；邦家内外，施行奸诈，恣意残虐无辜生民。故此。予上遵天命。领兵伐讨。今是作战，进攻、逼进，不能超过七寻，再攻亦不能越过七寻，其齐心合力欤！不惜牺牲，如虎豹熊罴，勇猛顽强。于兵败投诚者，切勿阻拦、截打而要放行。其同心勉力，切勿懈怠欤！不遵予令者立斩。"

（四）第90—157行

军略武艺之大业告成，是为第五章。

武王灭纣而返，诏告曰："予一次用兵，天下太平；永远安定。因此，今后，不需征伐用兵，亦不需军粮补给。宜将驮运军粮之牛马，放回天然牧地，任其自由。"乃将牛马放归华山。灭纣后，（武王）检视殷汤全部法典，保留殷纣祖先有德之善政，弃其恶法。武决定伐纣时，孟春一月二日，阳水龙壬辰之日，新月初升，其大部仍为黑暗笼罩[13]，休憩一日；初三，阴水蛇癸巳之日登程，引兵伐纣。孟春一月二十八日（一月戊午?）渡黄河孟津灭纣。孟夏四月三日阴土蛇（已巳?），新月初上时[14]，武士自商纣之地返回车（镐）。乃弃兵戈。"今后，要习用经籍书、算。军马放归华山，任其自在。驮牛放归桃林。从今以后不事征伐。故此。兵戈武器，军需驮畜等不再使用。”如此颁诏。孟夏四月一日阴火羊（丁未）祭扫七代祖宗之时，王宫二千里以内居住之诸侯，不召自来，执祭幡、祭器，齐集于祭祖之地，虔行祭扫。孟夏四月四日阳铁狗（庚戌）置三牲于柴堆之上，举火燔祭。祀奉上天，曰：“只遵昊天之命，完成大业，已灭纣政。予之大业告成。”并祭礼辖土之内一切神灵、崇山大川等等。孟夏四月望日后。四方诸侯、尚论有爵者以上，齐集恭敬聆听周文（武）王之命，悉归治下。文（武）王以痛楚之词、告诫诸侯：“自予之先世后稷，得诸侯之封。自彼时受封起，后稷之曾孙公刘，广有威德，发扬遵行先人美德，社稷日益昌隆。此大王具备先辈贤德，并开创伟业。王子季历贤明，仁慈牧民，治国有方[15]。其后，王子文王出世，上符天意，善就大业，使天下生民安定。文王胸怀宽广，为恢弘疆域，对上国大邦，以国力威镇；对小邦下国。以贤德抚服。（惜）大业未就而薨。灭纣之事，非予欲作，乃遵奉先父文王遗命欤！纣王所行不义，违天悖理之故也。伐纣之时，乃如此征而讨之也。子父祖遵循德行，奉行王道之子孙武王，下令灭纣，祭朝皇天、后土、神龙、神灵、祖宗始发兵。纣王违天悖礼，应竭其财物之力祭祀皇天、后土、神灵、祖宗。应祭之处，悉不奉行。縻集、保护天下恶人，使无法捕获，如野兽贪恋森林岩洞，如泉水混入大河无法抓获（犯人）。予小王盛德之臣有九，连同一位贤妇人共十人，与此等臣属奉行天道，断绝纣王乱道。予之家邦与众不同，疆域辽阔，具典籍丰宏，蛮貊诸邦悉归治下，恭敬听命。”初，引兵伐纣之时，其地人众男女齐集声言：“英睿武王驾到，将脱吾等于苦海。”集绢增丝帛，献作贡礼。上天亦乐于周成此善举，助周完成五件大业。与纣交战，孟春正月八日晚，刚列队布阵，天降大雨，乃祷日：“天若助予则雨停，天若助纣则雨继。”雨遂停。齐谓：“天助予也。”其后，仲春二月初四，阳木鼠日（甲子）天将曙时，纣兵如林，列队布阵交锋。彼军岂能与周兵相敌。纣军自相残杀，血流漂盾。予着铠甲，仅一次交锋，天下底平。昔日，纣王盛德兼备之叔伯箕子、比干，曾犯颜劝谏纣王。但比干被挖心杀害，箕子被投入地牢。现已释箕子出狱，以大臣礼奠比干。隐士贤者容闾，纣不予顾，现亦起用任职。悉取内库鹿台之财与钜桥之粟，厚赏生民。如此施惠，盛称庆幸感恩。昔日，诸侯、臣工爵分五级，中间被纣取消。现用旧制，恢复爵位等级。采邑分封，亦按三等。顺合旧制。任人唯才，如无学识，虽属近亲亦不任用。扬忠义，敦五常，祭亡灵，敬祖先，（其俗方盛，方正）忠直者如上所云，敬而重之，故夫生民之事，垂手端坐，天下太平。即所谓垂拱而治也。

《尚书》第六卷完。

三、注释

［1］“十三年春”：汉文原文“惟戊午”。据今本《泰誓序》：“惟十有一年，武王伐殷，一月戊午，师渡孟津，作《泰誓》三篇。”

孙星衍引《汉书·律历志》云：“《书序》曰：‘惟十有一年，武王伐纣。《太誓》，八百诸侯会，还归二年，乃遂代纣，克殷，以箕子归。十三年也。’《志》又曰：‘一月戊午，师渡于孟津’。”按：《志》以伐殷观兵为十一年事；一月戊午，师渡孟津为十三年事。似《书序》“一月”上当有“十三年”三字。今藏文译本乃明白标出“十三年”，可以看出，唐时人们的观点是同意“十三年”之说的。

［2］“亿兆夷人”和“乱臣”二词，藏文译文中分别译为“伯叔子侄父系亲党臣属和异姓大臣”是符合吐蕃当时社会习俗的译法。此句又见于《左传·昭公廿四年》所引：“周苌弘曰：《太誓》曰纣有亿兆夷人，亦有离德，余有乱臣十人，同心同德。”文句稍有不同。《左传·成二》，又有“君子曰，《太誓》所谓商兆民离，周十人同”之句。

［3］“天视自我民视，天听自我民听”句，见于《孟子·万章（下）》所引。藏译文作：“乃人间世界万物，上天造就，降命为王者乃上天之耳目。”这样翻译，可与吐蕃王室宣扬的赞普乃天神之子入主人间的说法参照理解。

［4］“我武惟扬，侵于之疆，取彼凶残，我伐用张，于汤有光。”

见《孟子·滕文公（下）》所引。藏文译为："予军旅雄武健锐前往，追蹑纣王，涤扫纣王之罪，于兵法诸端，极为善美坦荡，远胜（昔日）汤王所为。"是比较能体会原文的意旨。

［5］时厥明：藏文迳直译为"十三年孟春正月二十九日"，这是由于在上文的"一月戊午"藏文译作"十三年正月二十八日"。厥明，即为其明日，依伪孔传，"戊午"之明日，当然是二十九日了。这一问题在文中注解不同，在于三正之差（夏正、周正、殷正）而异其月，这里采用的"十三年"说，是依刘歆的《三统历》。

［6］六师：藏文译作六军。按《周礼·夏官·司马》："凡制军，万有二千五百人为军，王六军，大国三军，次国二军，小国一军。"这里似有王者六军之意。

［7］孝义：藏文作孝行与胆识、志气。"胆识""志气"一词，转义为"义"解，于是就译为"孝义"。

［8］五常：这是最早的关于"五常"的出典。［唐］孔颖达疏："五常即五典，谓父义、母慈、兄友、弟恭、子孝。五者，人之常行。"汉儒则明白标榜为仁、义、礼、智、信，谓"五常之道，王者所当修饬也"。藏文译文同。

［9］妃：藏文译为"宫室"，转义为后妃。主宫室者即为妃。

［10］《牧誓》中所举兵员数字不见于伪古文《尚书》原文，唯见于《牧誓序》："武王戎车三百辆，虎贲三千人。"又见于《史记》："……于是武王遍告诸侯，曰：'殷有重罪，不可以不毕伐。'乃遵文王，遂率戎车三百乘，虎贲三千人，甲士四万五千人，以东伐纣。"这里的藏文译文兵员数字作二万一千人，系以车乘武士来统计的。一车步卒按七十二人计，则举其整数为二万一千人。"虎贲"，勇士之称谓。孔颖达疏云："若虎之贲（奔）走逐兽，言其猛也。"藏文译文正合。"三百"当为"三千"之误。

［11］"甲子日"，藏文译作仲春二月阳木鼠日。时文王受命十三年，武王即位四年。二月庚申朔，甲子乃二月五日。《史记·周本纪》云："二月甲子昧爽，武王朝，至于商郊牧野乃誓。"注：徐广曰："殷之正月，周之二月也。"

［12］藏文以众友军对译庸、蜀、羌、髳、微、卢、彭、濮等小邦。顾颉刚先生有《牧誓八国》一文，（载《史林杂识初编》，北京：中华书局，1963 年，第 26—33 页）云："其皆西方部族，一般称为夷国者也。"在翻译此文时，时人已经不察八国所在，于是泛作"友军"。据顾颉刚、徐中舒、张澍诸先生考证，八小邦均在今四川、湖北等省境内。而羌人之中心则在甘肃南部，与周人境土相接。可以参看。

［13］藏文所译"孟春一月二日，新月初升，其大部仍为黑暗笼罩"，系对"旁生魄"一词解释性的翻译。按古代一种记日的名称叫做既生魄、既死魄（魄又作霸）。魄，指月未盛明时所发之光。月既生魄而未大明，叫"既生魄"，即从上弦到月望的一段时间。《礼记·乡饮·酒义》："月者，三日则成魄。"《白虎通·日月》："月三日成魄，八日成光。"最重要的考证文章是王国维在其《观堂集林·生霸死霸考》一文中说："二曰既生霸，谓自八、九日以降至十四、五日也。……八、九日以降，月虽未满，而未盛之明则已生矣。"

另有一说，月轮无光处山似魄，望后，明死而魄生，《汉中·律历志》："生霸，望也。"伪孔传注此"既生魄"云："魄生明死，十五日之后。"

既死魄：指下弦到月晦一段时间。王国维说："四曰既死魄，谓自二十三日以后至于晦日也。……二十三日以降，月虽未晦然始生之明固已死矣。"

又有一说，朔后明生而魄死，一日为始死魄，二日为旁生魄。《逸周书·世俘解》既死魄，孔晁注："朔后为死魄。"

看来，藏文译文是取后者之意，即月之二日为旁死魄也。

［14］既生魄，藏文评文见上注。

［15］关于周武王这一段祖述先德的文章可以与《史记·周本纪》参照阅读，为了阅读的方便，制一简表如下：

稷（弃）——不窋——鞠——公刘——庆节——皇仆——差弗——毁隃——公非——高圉——亚圉——公叔祖类——古公亶父（太王）（古公亶父，复修后稷、公刘之业，积德行义，民多归之，民颂其德。)

古公亶父 { 太伯
虞仲
季历（公季，王季）——昌（西伯，文王）——武王（发）

（选自郑炳林、黄维忠主编，陈践编：《敦煌吐蕃文献选辑·文化卷》，民族出版社，2011 年，第 200—214 页；朱丽双：《敦煌藏文本〈尚书〉的研究现状及其文献来源问题》，《中国藏学》2018 年第 1 期）

《春秋后语》

——P. T. 1291

一、解题

法藏 P. T. 1291 号敦煌藏文文书是一件比较重要的文书。该文书共 4 片，共 94 行，包括 5 篇短文，除去第四片保存状况较差外，其余三片比较完整。[①] P. T. 1291 译自汉文本《春秋后语》卷七《魏语》，作为古藏文文献中少有的几件藏译汉文典籍之一，该写本对于研究吐蕃时期汉藏文化的交流、吐蕃时期的翻译史、古藏文词汇的比对、《春秋后语》的文献学研究，都具有十分重要的价值。[②]

该文书最早被误断为藏译本《战国策》。今枝由郎先生在 1980 年对这件文书进行释读，比定为《战国策》的藏文译本，并将其分为 5 篇，翻译成法文发表[③]，引起学界的广泛重视[④]，之后西方学界

① 图版见 A. Macdonald & Y. Imaeda, *Choix de documents tibétaines conservés à la Bibliothèque Nationale complete par quelques manuscrits de l'India Office et du British Museum* II, Paris: Bibliothèque Nationale, 1979, pl. 604-607；金雅声、郭恩主编：《法藏敦煌藏文文献》第 12 册，上海：上海古籍出版社，2011 年，第 36—40 页。

② 此外，在 P. T. 1291D 的背面存 4 行藏文，系另外一件文书，拉露定名为《有关奴婢的请示牒》（M. Lalou, *Inventaire des manuscrits tibétains de Touen-houang conservés àla Bibliothèque nationale,* Vol. 3, Bibliothèque Nationale, Paris, 1961, p. 3），书写时间较早，尚有待于进一步研究。

③ Yoshiro Imaeda, "L'identification de l'original chinois du Pelliot Tibétain 1291, traduction tibétaine du *Zhanguo ce* 战国策", *AOH*, 34. 1-3, 1980, pp. 53-69.

④ 山口瑞凤主编：《敦煌讲座》6《敦煌胡语文献》，东京：大东出版社，1985 年，第 557—573 页。

对该文书的利用主要就是依据此文。1983 年王尧、陈践先生对这件文书进行重新释读，也将其定为《战国策》，[①] 之后又收入氏著《敦煌吐蕃文献选》[②]，为国内学界所广泛引用。需要指出的是，王尧、陈践的译文并未参考今枝的翻译，因此今枝的许多重要的发现都没有被吸收，尤其是在 P. T. 1291B 第 16—20 行今枝已经将其与 P. T. 1291C 缀合组成一篇，而王、陈则因翻译问题导致第 18—20 行无法与汉文本《战国策》对应，因此将第 16—20 行单列一篇，致使总篇数变成 6 篇，给以后国内学界关于汉藏文本对勘的文献学讨论造成了一些困扰。虽然今枝和王、陈都认定 P. T. 1291 译自《战国策》，但是由于藏文本中出现了许多不见于《战国策》的记载，因此他们一致认为这些藏文译者除了根据《战国策》外，还采用了《史记》中的某些记载对译文进行了再加工，由此反映了汉藏文化交流之密切。

1984 年马明达先生根据王尧、陈践的翻译，对比敦煌 P. 2589 号汉文《春秋后语》残片，指出 P. T. 1291 实际为已经亡佚的根据《战国策》改编的《春秋后语》的藏文译本，而非译自《战国策》，[③] 论证缜密，遂成定谳。但是，对于王、陈译文中误译的 P. T. 1291B 第 18—20 行“将魏收入治下”以后的文字，作者推断应是 P. 2589 号汉文文书残缺所致，《春秋后语》完本应有此记载，并且以之为《春秋后语》取材于《战国策》《史记》之外其他文献的证据。

此后，对于 P. T. 1291 的讨论转入到文献学的领域，1988 年康世昌先生发表《孔衍〈春秋后语〉试探》一文，对《春秋后语》的体例、流传、散佚、注本、译本、辑本作了详尽的论述，其中专辟一节讨论了 P. T. 1291 藏文本《春秋后语》，在马明达研究的基础上，又对藏文还译和今存《春秋后语》残卷的相应部分进行比较，发现 P. T. 1291 较之汉文本内容约少一半，应是译自《春秋后语》节本，

---

① 王尧、陈践：《敦煌吐蕃文书第 P. t. 1291 号〈战国策〉藏文译文证补》，《青海民族学院学报》1983 年第 3 期，第 32—45 页。

② 王尧、陈践：《敦煌吐蕃文献选》，成都：四川民族出版社，1983 年，第 82—98 页。

③ 马明达：《P. T. 1291 号敦煌藏文文书译解订误》，《敦煌学辑刊》1984 年第 2 期，第 14—24 页。

或是节译自《春秋后语》。尤其值得称道的是，作者虽然未能参考今枝的翻译，却能够排除王、陈的藏文误译带来的干扰，指出 P. T. 1291B 第 18—20 行藏文还译的“将魏收入治下”一句实际上与 P. T. 1291C 相连，为下一篇之开头。[①] 在之后出版的两个辑本——《〈春秋后语〉辑校》[②] 和《〈春秋后语〉辑考》[③] 中，都附录了王尧、陈践先生对该文书所做的藏文还译。

然而，在《春秋后语》的辑校本出版之后，藏学界却没有根据辑校本对原有的藏文还译进行重新检讨，而是继续利用王尧、陈践的译本[④]，使得这一文书的价值没有充分得到利用。本文通过 P. T. 1291 与辑校本《春秋后语》的对勘，结合今枝和王、陈的译文，对 P. T. 1291 进行重新释读，希望能对这一问题的讨论有所贡献。

《春秋后语》是东晋人孔衍（268—320）所著[⑤]，原书 10 卷。《史通》论其旨趣云：

> 孔衍又以《战国策》所书未尽，乃引太史公所记，参其异同，删彼二家，聚为一录，号为《春秋后语》。除二周及宋、卫、中山，其所留者七国而已。始自秦孝公、终于楚汉之际，比于《春秋》，亦尽二百三十余年行事。

结合现存敦煌残卷和清代辑佚之作来看，《春秋后语》主要以《战国策》和《史记》为主干，旁采他书，采《史记》之编年，删补而成。虽然体例上仍然保持了《战国策》分国记事的特点，但是“分国纪

---

① 康世昌：《孔衍〈春秋后语〉试探》，《敦煌学》第 13 辑，台北：新文丰出版公司，1988 年，第 112—131 页。

② 康世昌：《〈春秋后语〉辑校》（上、下），《敦煌学》第 14 辑，台北：新文丰出版公司，1989 年，第 91—187 页；《敦煌学》第 15 辑，台北：新文丰出版公司，第 9—85 页。

③ 王恒杰：《〈春秋后语〉辑考》，济南：齐鲁书社，1993 年。

④ 王尧、陈践：《敦煌古藏文文献探索集》，上海：上海古籍出版社，2008 年，第 433—440 页；郑炳林、黄维忠主编：《敦煌吐蕃文献选辑 · 文化卷》，北京：民族出版社，2011 年，第 217—227 页；周季文、谢后芳：《敦煌吐蕃汉藏对音字汇》，北京：中央民族大学出版社，2006 年，第 247—249 页。

⑤ 孔衍本传见《晋书》卷九一《儒林传》，北京：中华书局，1974 年，第 2359 页。

年，以各国君主世系为纲，编年纪事”[①]，弥补了《战国策》叙事纷乱的不足。因此在唐、五代时期颇受欢迎，有取代《战国策》之势，不仅在敦煌吐鲁番文书当中屡有发现，甚至流行于南诏、日本。至北宋曾巩整理《战国策》，南宋时复经姚宏、鲍彪校注，《战国策》的地位得以确立，《春秋后语》则渐渐散佚，南宋时姚宏据之校《国策》，其书已颇难寻觅，至元代吴师道据卢藏用注本以校《国策》后，其书遂不复见。[②] 明清以来，续有辑佚，所获有限。敦煌吐鲁番文书中陆续发现了一些《春秋后语》的残卷，极大地促进了《春秋后语》的辑校工作，目前发现的各类汉文本《春秋后语》共 14 件，篇目如下：

Ch. 734　卷一《秦语》上“卢藏用注本”

P. 5034　卷一、二《秦语》上、中

P. 5523　卷一、二《秦语》上、中

P. 2702　卷二《秦语》中

罗振玉旧藏卷　　卷二《秦语》中

P. 5010　卷二《秦语》中

S. 713 + Дх. 02663 + Дх. 02724 + Дх. 05341 + Дх. 05784 + Дх. 11638　卷三《秦语》下

BD14665（新 865）卷三《秦语》下

辽宁省博物馆藏卷　　卷三《秦语》下

P. 3616　卷四《赵语》上

P. 2872　卷五《赵语》下

P. 2589　卷七《魏语》

P. 2569　卷四《赵语》上、卷五《赵语》下、卷六《韩语》、卷七《魏语》、卷八《楚语》之略出本

S. 1439　卷七《赵语》上、卷八《楚语》、卷九《齐语》、卷十《燕语》之“释文本”

康世昌与王恒杰的辑本即是分别以当时所发现的相关敦煌残卷为

① 康世昌：《孔衍〈春秋后语〉试探》，第 114 页。

② 同上。

底本和参校，旁采清代辑佚成果及诸书引文而成，为进一步的汉藏文本比较提供了极大的便利。虽然未能包括后来荣新江先生发现的德藏 Ch. 734 吐鲁番写本和陆离、陆庆夫发现的俄藏 Дх. 02663 + Дх. 02724 + Дх. 05341 + Дх. 05784 + Дх. 11638 号敦煌写本，以及郭丹发现的辽博藏敦煌写本，[①] 但是这 3 片文书皆为《秦语》残片，与 P. T. 1291 无涉，因此可以依据康、王的辑校本进行对勘。

我们通过对文本的翻译和对辑本《春秋后语》的相关部分进行比较，可以得出以下几个结论：

一、这 4 片文书应该分作 5 篇，其中 P. T. 1291B 第 16—20 行与 P. T. 1291C 的第 1—23 行实际为一篇策文。P. T. 1291B 第 18—20 行的翻译，对应于第 5 篇开头的“鄢陵君者，魏之族也。秦始皇既灭魏，使人谓鄢陵君曰”一句。因此并不存在藏文译者旁采《春秋后语》之外的其他文献的问题，P. 2589《春秋后语》此处亦无缺漏。而 P. T. 1291B 与 P. T. 1291C 原先是首尾相接的，P. T. 1291B 第 21 行所存残字迹乃是 P. T. 1291C 的第一行残字迹的上端，两者原系一行，汉文本对应的文字是：“‘寡人欲以五百里之地，易鄢陵五十里，君其许寡人乎？’鄢陵君。”

二、藏文本确实是对《春秋后语》的节译，或者是一个节选本的翻译。P. T. 1291A 上记载了两篇短文，第 1—8 行记襄王十六年死哀王即位重用田需之事，第 9—23 行则记哀王死后安釐王四年段干子求和事。对比辑本《春秋后语》，其中略去“哀王九年田需死”策文。第 3 篇策文与第 4 篇策文同书于 P. T. 1291B，对比辑本，其中略去“秦败魏于华”以及“秦败我于鄐丘”两篇策文。另外，P. T. 1291C 中也包含了“唐雎说秦援魏”和“唐雎说秦保鄢陵”策文的开头，中间略去了 3 篇策文。

---

① 荣新江：《德藏吐鲁番出土〈春秋后语〉注本残卷考释》，《北京图书馆馆刊》1999 年第 2 期，第 71—73 页；陆离：《俄藏敦煌写本〈春秋后语〉残卷探识》，《文献》2001 年第 2 期，第 212—225 页；陆庆夫、陆离：《俄藏敦煌写本〈春秋后语〉残卷再探——对 Дх. 11638 号与 Дх. 02663、Дх. 02724、Дх. 05341、Дх. 05784 号文书的缀合研究》，《敦煌学辑刊》2004 年第 1 期，第 1—12 页；郭丹：《敦煌写本〈春秋后语〉残片再发现》，《文献》2013 年第 5 期，第 66—72 页。

三、藏文翻译者确实并未采取直译的方式逐字逐句地翻译，但亦有其规律。其一，删削历史典故，主要体现在第 4 篇策文中“专诸之刺王僚”等 3 则典故的删削；其二，译者对于不太熟悉的地名和人名进行模糊化处理，尽量加以删削，如第 2 篇策文中的“孟卯”径称“孟论（མེང་ལོན）”，第 2 篇策文中“秦南阳”、第 5 篇策文中“武成侯”“襄王”“无忌”的等专名则均不译出；其三，对于晦涩难懂的汉文表达方式则变换为较简单的说法，如第 3 篇策文中“受冠带、祠春秋”、第 5 篇“子煞父，臣煞君，有常不赦。国虽大赦，降城亡子，不得与焉”，均按照译者理解以易懂的方式进行意译。而对于其余较易理解的内容，则尽量直译，因此，能与汉文《春秋后语》进行细致地对勘。

四、通过对文书的重新录文和翻译，我们初步释读出了一些词汇，如 ཐང་ཁྲིམས（大府之宪）、ཐ་ར་བ（候者，候人）、ཕྱག་བཞེས（敬诺）、ཁ་འབངས（藩属）、མི་སྟོད་རིམས（士人）、ཁྲིལ་བོར（不孝）等等，这些词汇多不见于现代藏文，也未被前辈学者指出，故可以对其他古藏文文献的释读提供些许参考。

二、译注

（一）P. T. 1291A 第 1—8 行

［汉译］国王襄王薨后，子哀王继任为王，哀王继任后，任命田需（为）相，器重并恩宠之。智者惠子语田需曰：“你虽（身为）大臣，要遵守恭敬之道。今夫譬犹杨树，若横放亦生长……生长……若一（人）拔之，则不能生长；十人种杨树，一人拔之，则不能生长。十人合力种易生之杨树，一人拔之……何故也？夫所谓栽而使之生长难，毁坏之则易也。汝受任命……受国王盛宠，然据闻不喜汝且欲逐汝出大臣之位者不少，恐权力不稳，故大臣（您）要守规！”

［注释］第 2 行：ཐུགས་རབ་ཏུ་ཅེ་སྟེ་གནང་བ，ཅེ 与 ཆེན 通，ཐུགས་རབ་ཏུ་ཅེ 字面意义为“心甚广大”，གནང་བ 意为“恩惠、赏赐”。Imaeda 1980

译作“有很高的美德并得王优崇”，王—陈 1983 译作“颇得王之信任”。今译作“器重并恩宠之”，与汉文本《后语》“甚贵信之”对应。

（二）P. T. 1291A 第 9—23 行

［汉译］国王哀王薨后，子昭王即位为王，十九年之后昭王薨，子……即位为王期间，秦军(攻)魏华阳城，魏(将)孟论……惧。派大臣段干与子崇二人[①]为使者赴秦国求和，(苏)代献策曰：“今作为使者求和的段干，欲得印玺，秦王贪念土地。若使者以魏之疆土献秦，则和可成，而使者可得印玺。若不……，魏之疆土不尽，则和不可成；且夫以地献秦而求和，譬如所谓抱持干木以救火，木不尽则火不灭。割魏(地)献秦以求和，秦得以增广其土地，如同所谓的持木救火，(徒)使火势蔓延。”安釐王云：“你所论（极是)，然以地献秦之议已决，使者也已就道，不能止矣!”大臣（苏代）报曰：“国王陛下未见枭鸟乎？夫枭每得一食物，食物的机会……（为了）食物不被夺走，至安乐之处方食，不得安乐之处，获得食物也不食。陛下所思：‘遣使赴秦国之议已决，不能止矣。’岂能有此言乎？陛下所思，不及枭也。”国王曰：“你所言不错。”遂止赴秦献地之使。

［注释］第 12 行：ངོ་འཚལ་ཡིག་ཙང，ཡིག་ཙང་ 即 ཡིག་ཚང，告身之意，参 *Rolf Stein's Tibetica Antiqua*，p. 97；*The Old Tibetan Annals*，p. 100。ངོ་འཚལ 则未见于其他古藏文文献中，或为 ངོ་འཚར 之变体，为“珍奇、稀奇”之意，ངོ་འཚལ་ཡིག་ཙང 似应对译汉文本“玺”。

（三）P. T. 1291B 第 1—15 行

［汉译］魏安釐王在位时期，齐楚联军进逼魏国，魏困，求援于……，希冀赴援（魏国)，候者接踵，而援军不至，魏之老者名为唐雎，年已九十余岁，言于王曰：“小人请往西秦，恳请秦王速发援军!”魏王谓唐雎曰：“敬诺。”乃下诏送之。唐雎到秦国，谒见秦

① 段干子，名崇，《春秋后语》原文作“段干子崇”，藏文译者由此误作两人。参王—陈 1983，第 42 页；康世昌：《〈春秋后语〉辑校》下，第 21 页。

王，（秦）王谓唐雎曰：“丈人心窍堵塞……魏多次（遣）使者来（求）援，魏之困境我已知矣！”唐雎答曰：“知道（魏之急）而不发救兵，是陛下谋之失也。（魏）为一（万乘之国），西面而为秦之附属，秦之社稷……秦强盛，为强藩之主。今齐与楚两国约纵。……不救，魏尚未大惧于困境，魏困而惧，则魏之疆土，秦……约纵之后，陛下虽派援军亦无益。若至魏困不能解，方欲派援军，则将失秦之藩属魏国，魏与齐楚三者约纵为一，何益于秦。”秦王乃集合大军救援魏国。魏国之不亡，唐雎之功也。

［注释］第2行：ཐེང་ཚགས་པ：行成队列、络绎不绝、接踵，汉文本《春秋后语》此处残，然据《战国策》，此处对应于汉文本的“冠盖相望”一词。

第5行：ཕྱག་བཞེས，王—陈1983译作“握住……手”，Imaeda 1980译作“同意，允许”，《藏汉大辞典》意为“实行、实施”（第1736页）。P. 2589号文书此处以上残，若《春秋后语》此处记载与《战国策》相同，则该词当与“敬诺”对译。

第10行：ཁ་དྲག་པོ：ཁ，有“边、侧”之意，可译为“邻、藩”，དྲག་པོ为“凶猛、凶悍”之意，ཁ་དྲག་པོ似应译作“强藩、强邻”。此词亦见于IOL Tib J 740号骰卜文书第236行，意为“凶恶”（格桑央京：《敦煌藏文写卷ch. 9. Ⅱ. 19号初探》，《中国藏学》2005年第2期，第9—17页）。

第13行：ཁ་འབངས：王—陈1983译作“藩篱”。ཁ译为“邻、藩”，见上，འབངས意为“领属、属民”，ཁ་འབངས可译为“藩属”，与汉文本“东蕃”对应。

（四）P. T. 1291B第16—20行+P. T. 1291C第1—23行

［汉译］魏王假在位期间，秦王始皇命王贲为将军（攻）魏，王贲引大水淹魏之国都大梁，城坏……虏（王假），灭国，收归治下。魏王的一个族人……先前未归附秦之治下者，秦王秦始皇……传命（安陵）君：“尔君之国已为我所灭，今疆土亦……”（鄢陵君）曰：“恩惠虽大，然我（先）王命我父亲永守此城，我（愿）穷余年

（守）此城，不能（交换）。”秦王大为不悦。其后（鄢陵君）派使者（唐雎）谒见秦王始皇。始皇曰：“韩、魏两国已（为秦）所灭，鄢陵君以五十里之疆域独存，令（其）不绝，不敌对也不攻掠，以十倍土地易之，而不与，违抗我言，忤逆我心，此轻我……。”唐雎曰：“并非如此，岂敢云轻陛下。鄢陵君受尊先王之命，永守（之），弗敢易也。岂能满足于赐五百里。且夫忠（孝?）……鄢陵君又岂能只顾惜利益，不取也。”（始皇）勃然作色，谓唐雎曰：“你以前曾（闻）天子之怒（乎?）”（唐雎曰:）“我未曾闻也。”王始皇曰：“天子之怒，（血）流千里。”唐雎答曰：“陛下之前可曾（听过）士人（之怒乎）?”始皇曰：“布衣之士若发怒，以头抢地，头上（免冠）。”唐雎答曰：“此乃庸夫发怒，（非）士之怒也……如我等（之士）若怒，瞬间伏尸二人，（流）血五庹，天下服丧，今日是也！请看。”唐雎（挺）剑……王始皇畏惧，笑迎唐雎，跪地（谢曰）：“当遵……之命，所言均可。韩、魏（亡），而鄢陵君的五十里疆域不归附而遗存，（徒以有）先生（故）。”

［注释］第18行：ཕུ་ནུབ，Imaeda 1980 此处译作“族人、亲属”，王—陈 1983 则译作“兄弟”。此词亦写作ཕུ་ནུ་བོ、ཕུ་ནུ，前者见于 P. T. 1287《吐蕃王朝大事记》第193、293行、《恩兰·达札路恭纪功碑》北面第30、63行、《谐拉康碑》西面第39行，后者见于敦煌藏文本 P. T. 986《尚书》第80行（黄布凡 1981，第220页），A. Róna-Tas 1955 首先指出该词泛指同族的男性亲属，这一说法为李方桂、柯蔚南以及黎吉生（Richardson）等学者所接受（Li & Coblin 1987, pp. 179-180；Richardson 1985, p. 21）。今按第四段“收归治下”一句之后的两行半文字实际上是连接第五段，此处对应于“鄢陵君者，魏之族人也”一句，ཕུ་ནུ་ 毫无疑问是“族人”的意思。

第11行：ཆབ་གང་ཞིལ，ཆབ་གང 为ཆུ་གང 的敬语形式，两者都常见于古藏文文献当中。石泰安（Stein）指出ཆུ་གང 为“勇”之意，也用为“忠”。作为“忠”的意思出现时，常与ཞིལ（ལྷས）（谦逊、谨慎之意）连用，如 P. T. 0239，fol. 23 出现的ཆུ་གང་དང་ཞིལ་ལྷས 描述子女对父母的伦常观念，参 Stein 1970, p. 161; Stein 1971, pp. 487-488; *Rolf*

Stein's Tibetica Antique, p. 65。今按，据 Jäscke，*Dic*，p. 52，ཁྲེལ 的意思有“孝敬”的意思，如按此理解，ཚུ་གང་དང་ཁྲེལ་ལྷུས 则可译为“忠与孝”。在 P. T. 986《尚书》译文的第 33 行（参黄布凡 1981，第 212 页；*Rolf Stein's Tibetica Antique*, p. 127; Coblin 1991b, p. 306），存在以སྲི་ཞུ་དང་ཚུ་གང་གི་ལུགས（直译为“孝忠之道”）以指“五常、五伦”的用法，如此，在吐蕃人的观念中，忠孝［ཚུ་གང་དང་ཁྲེལ་（ལྷུས）或སྲི་ཞུ་དང་ཚུ་གང］即可代表儒家的伦常。汉文本此处作“以利割义”，ཚུ་གང་ཁྲེལ 即对应于“义”。然此处无དང，且ཁྲེལ 后残缺，因此这一比定仍有待进一步考证。

第 15—16 行：ཁྱི་སྟོད་རི[མས]：汉文本《春秋后语》此处作“布衣之士”（《战国策》作“布衣”），此处意译为“上层人”。则ཁྱི་སྟོད་རིམས 当译作“士人”，与འབངས་ཁྱི་ངན་པ（庸夫）相对。16 行སྟོད་རིམས 与“士”对应，འབངས་སྟོད་རིམས 直译为“上层平民”，即汉文本“布衣之士”。

（五）P. T. 1291D 第 1—28 行

［汉译］初安陵人缩高，其子……秦命其为管地节儿，管之节儿……魏大臣信陵君攻秦地管，欲引兵……遣使者传信于鄢陵君前：“遣汝之属民缩高来此，将命其为（持大）夫爵之大论。”鄢陵君见使者云：“缩高……小国之人，王事……缩高亲见使者。”缩高曰：“魏大论（幸）我，攻秦城（管）时，欲使我招之，我子为管之节儿，（我）招之，将为人所笑；若我子见我而降，是父使子乱，人将讥之。父诱子（叛）秦而降魏，岂大论所喜。”使者报信，大论怒，传信鄢陵君曰：“鄢陵之土亦属魏，今我……来攻管，秦之援军必来，援军……，我魏之（社稷）必（危）。缩高若不能来，即执之，若不致缩高，（发）十万之师造安陵城下。”鄢陵君对曰：“我之先王……受诏，著于大府之宪，永守此城，民弑（君），节儿弃城叛，子孙不孝，杀戮等……缩高为臣与父而尽忠，我（尊）先王诏命与大府之宪……大论信陵君乃令执缩高，我虽死不能为也。”缩高闻之，曰：“魏大论信陵君乃一……鄢陵君答复之辞必将（触怒）信陵君，

将危害鄢陵君之社稷，我安陵君之(臣)……岂能……岂能因我致我主鄢陵君受魏患？缩高遂至使者之前……信陵君听说后，(穿戴)丧服(辟舍)……致书鄢陵君曰：小人心智不清，心胸狭窄，前函言辞谬误，请勿怪罪。”王……承认(错误)心中懊悔。

［注释］第 3 行：ཀ：Imaeda 1980 认为即ཀལ，今意“渡过、翻越、超过”（《藏汉大辞典》，第523 页）。该词与下文第7 行的ཀལ都与汉文本的“攻”字对应，因此应译为“攻”。

第 15 行：ཐང་ཁྲིམས：已不见于现代藏文，P. 2589 汉文《春秋后语》作“奉符之宪”，不可解，《战国策》此处作“大府之宪”，大府即公府，“大府之宪”即公府颁布的法令，藏文ཐང为权威、权力、命令之意（Li & Coblin 1987，p. 407），ཁྲིམས为法律、戒律之意（《藏汉大辞典》，第283 页），与“大府之宪”可以对应。P. 2589 此处疑是“泰府之宪”之讹。

第 16 行：ཁྲེལ་བོར，Imaeda 1980、王—陈 1983 皆译为“无耻”。ཁྲེལ有孝顺、虔敬之意（Jäschke，*Dic*，p. 52）。བོར，为འབོར的将来式，抛弃之意（《藏汉大辞典》，第1977 页）。故ཁྲེལ་བོར应为“不孝、不敬”之意，与汉文的“子弑父”相对应。

缩略语：

黄布凡 1981 = 《敦煌藏文写卷〈尚书〉四篇古藏文译文研究》，《语言研究》1981 年，第 203—232 页。

山口瑞凤 1980 = 山口瑞凤，沙州漢人による吐蕃二軍団の成立とmKhartsan 軍団の位置，東京大学文学部文化交流研究施設研究紀要，vol. 4，1980，第 13—47.

王 - 陈 1983 = 王尧、陈践《敦煌吐蕃文书第 P. t. 1291 号〈战国策〉藏文译文证补》，《青海民族学院学报》1983 年第 3 期，第 32—45 页。

《藏汉大辞典》 = 张怡荪主编《藏汉大辞典》，北京：民族出版社，1985 年。

Choix II = A. Macdonald & Y. Imaeda, *Choix de documents*

*tibétaines conservés à la Bibliothèque Nationale complete par quelques manuscrits de l'India Office et du British Museum*II, Paris: Bibliothèque Nationale, 1979

Coblin 1991a = W. S. Coblin, "Notes on Old Tibetan *rje-blas*", *Tibetan History and Language: Studies Dedicated to UrayGéza on his Seventieth Birthday (Wiener StudienzurTibetologie und Buddhismuskunde, Heft* 26). Vienna, 1991, 63-110.

Coblin 1991b = "A Study of the Old Tibetan *Shangshu*Paraphrase", Part 1, *JAOS*, 111. 2, 1991, pp. 303-322; Part 2, *JAOS*, 111. 3, 1991, pp. 523-539.

Imaeda 1980 = Yoshiro Imaeda, "L'identification de l'original chinois du Pelliot Tibétain 129, traduction tibétaine du *Zhanguo ce* 战国策", *AOH*, 34. 1-3, 1980, pp. 53-69.

Jäschke, *Dic.* = H. A. Jäschke, *A Tibetan-English Dictionary, With Special Reference To The Prevailing Dialects*, London, 1881

Li & Coblin 1987 = Li Fang-kuei & W. South Coblin, *A Study of the Old Tibetan Inscriptions*, 台北中研院史语所, 1987.

Richardson 1952 = H. E. Richardson, "Tibetan Inscriptions at Žva-hi Lha Khan, I-II", *JRAS*, 1952, 133-154.

Richardson 1985 = H. E. Richardson, *A Corpus of Early Tibetan Inscriptions*, London 1985.

Róna-Tas 1955 = A. Róna-Tas, "Social Terms in the List Grants of the Tibetan Tun-huang Chronicle", *AOH*, 1955, 249-270.

Rolf Stein's Tibetan Antiqua = R. A. Stein (translated by A. P. Mckeown), *Rolf Stein's Tibetan Antiqua: With Additional Materials*, Brill, 2010.

The Old Tibetan Annals = Brandon Dotson, *The Old Tibetan Annals: An Annotated Translation of Tibet's First History*, Wien: AW, 2009

TLTD II = Thomas, F. W., *Tibetan Literary Texts and Documents Concerning ChineseTurkistan*. Vol. 2, London, 1951.

TLTD III = Thomas, F. W., *Tibetan Literary Texts and Documents Concerning ChineseTurkistan*. Vol. 3, London, 1951.

Uebach &Zeisler 2008 = H. Uebachand Bettina Zeisler, "Rje-blas, pha-los and components with Suffix s in Old Tibetan Texts", in: *Comolangma, Demawend and Kasbek: Festschrift für Roland Bielmeier*, ed: Huber, Volkard and Widmer, Halle, 2008, pp. 309-334.

（选自沈琛：《P. t. 1291 号敦煌藏文写本〈春秋后语〉再研究》，《文献》2015 年第 5 期，有改动）

《礼仪问答》写卷

——P. T. 1283/P. T. 2111

一、解题

在敦煌藏文文献中，P. T. 1283 号是一份十分有趣的卷子。全卷分印成 19 页，532 行，系一份长篇文本。它是以对话形式来论述待人接物、应对进退，处理君臣、父子、师生和主奴乃至夫妻之间关系的绝妙文章。当然，这些“问”都是虚设的，可以说是明知故问，而“答”才是实质性的阐述。像这一类形式，古已有之，著名的屈原的《天问》就是一例。

这篇文章，前有序言，尾有小结，中间是文章实体，在译成汉文时，我们把它按问答而断，共分为 79 问。原无标题，我们把它定为今名。这是 8—9 世纪之间的卷子。因入洞年代已久，略有残破，幸而 P. T. 2111 号卷子恰好是同一内容的另一写本，取以互校，发现残损部分足可补罅，同时，还有若干增文，因之一并录在一起，加以注明，使它成为一个完整的足本。

这种问答形式，能突出主题，引人入胜，又以兄弟相称，叙述一些有关生活琐事和社会关系的关目，当然给人以十分亲切的感觉。可见当时的藏族学者已经很讲究文章的表现形式了。这类文章可以说是后来藏族学者非常喜爱的“训世格言”的滥觞。然而它又有自己的特点，与“格言”又有区别——尽管这份卷子的内容充满了训世、说教的意味，但它既不是宗教的命定论的教条，又不是冰冷、森严的法律条文。它可以帮助我们了解8—10世纪时吐蕃人的伦理思想和道德观念；同时，也为我们提供了一份了解当时社会风貌和阶级关系的资料。比方说，卷子的作者不厌其烦地提醒那些为官做宦的老爷们：

“若为长官，应如虚空普罩天下；应如秤戥一样公平。”（第5问）。

“为官公正，现时即于己有益，此为颠扑不破之理……若能不偏不倚，则谁能对之不钦佩折服。”（第6问）

同时，他也强调维护奴隶制度下的秩序：

“主仆之间、官仆之间、老壮之间，行公正之法，谁不歆羡而麇集?!”（第28问）

他在这里提出一个做人的标准，一个道德的规范：

“做人之道为公正、孝敬、和蔼、温顺、怜悯、不怒、报恩、知耻、谨慎而勤奋。”（第16问）

看来他把对上级、对同辈、对下级的各种关系都考虑在内了，并且还把这种伦理上的标准的良好后果描写得十分动人：

“同心协力，不仅眷属和睦，行至何方亦相安无事。子与父同心，弟与兄同心，奴与主同心，妻与夫同心，仆与官同心。如此，则公正无误，齐心协力，大家皆得安宁。”（第26问）

事实上，这就是奴隶主阶级在建立了统一政权以后所要求的“同心协力”！此外，在文章中对于为富不仁的人，颇不客气：

“敬重正直穷人，应胜过富人；敬重（乞丐）应胜过盗贼。”（第7问）

把富人直截了当地跟盗贼相提并论。倾向性很明显！在夫妻和男女关系上，又有一套理论：

“娶妻要选有财富与智慧者，若两者不可兼备，应挑选有财富者。”（第57问）“选婿要选有智慧而富裕者。”（同上）

这就可以看出，婚姻关系对当时的统治阶级来说，是增加政治力量和财富来源的一种手段。

我们可以从文中看出作者提出许多做人处世的方法，如谦卑逊上，知足寡欲，创造而不占有，成功而不倨傲。还强调：贪欲是罪恶的根源；知识是文明的由来。从方法上又是那种“欲取先予，以退为进和以柔克刚”的传统方法。当然，这些思想无不打上阶级的烙印。恩格斯说：“实际上，每一个阶级，甚至每一个行业，都各有各的道理。”（《路德维希·费尔巴哈和德国古典哲学的终结》，见《马克思恩格斯选集》第4卷第236页）他还说：“一切以往的道德论，归根结底都是当时社会经济状况的产物。”（《反杜林论》，见《马克思恩格斯选集》第3卷第134页）他的这些话对于理解吐蕃奴隶制社会中产生的这些礼仪是基本的指导思想。

不过，我们对这篇礼仪问答还有两点认识值得提出来商讨：第一，礼仪与宗教不同。宗教是用神的、超人的世界天国、极乐世界和地狱苦海交替使用的手法来出售天国的门票，而对于信仰者提出各种清规戒律，以求达到惩“恶”劝“善”的目的。而我们在这篇文章中几乎看不到宗教的影子，看不见宗教（不管是苯教还是佛教）的影响。这是否可以说明，在吐蕃时代，宗教（特别是佛教，因为苯教本来就没有什么理论）还没有能统治人们的意识形态；或者说，这一类卷子所反映的思想是远离佛教教义的，是佛教还未占统治地位时的作品。第二，礼仪与法律不同。我们介绍过P. T. 1071号（包括P. T. 1072、P. T. 1073和P. T. 1075）吐蕃的《狩猎伤人赔偿命价律》，那是以法律的形式来维护奴隶社会秩序的典范。它用权威的、不容申辩的法律条文来规定人们应遵循的秩序。不过，律条始终是有限的，而且是消极的。于是就有谋士们为统治者出谋献计，搞出礼仪来规范人心。礼仪的阶级属性在上面已经用恩格斯的话加以确认，在这个认识的基础上，我们可以进一步看出，“礼仪”是法律的补充，是法律的外延；而法律又是礼仪的极限，是礼仪的影子。它们是相辅相成，互为表里的。不过，给人的感觉，法律是冷冰冰的警戒和防范，礼仪是暖烘烘的劝导和诱发。可以毫不夸张地说，“礼仪”作为统治者的心声，在阶级社会中起着润滑油的作用，它可以大大减少主奴、官仆、君臣、父子、夫妻之间的摩擦。

统治者一般都惯于把法律的约束和礼仪的劝导结合起来，即所谓“齐之以刑”和“导之以礼”。在吐蕃奴隶主军事部落联盟的政权建立以后，它要求社会进一步稳定，政权进一步巩固，提出这样一种礼仪的规范，正是统治者的需要。

二、译注

古昔，在色夏玉（金冠玉佩）地方……有和睦二兄弟，（兄）身患肝病……水……弟被遣往他乡，……恐受欺侮。兄年二十九，弟年为十八，……临别时，请兄垂训、教诲……时，兄年已二十九矣。

弟云：今派我去修炼、学习，远走他乡，……亲友之中，于我仁慈、疼爱如君者……罕矣。……常于心中惦念，……每于夜间，梦中浮现，心中思念之殷难以言表。……今后，……命运安排，能否再见，难以逆料，请讲述如我之辈……适合之教诲，深恩厚德永世不……忘，殷殷教诲，……铭镂于心。

兄云：于我心中……恒念二事，一是离开真正同心……之人，极为伤心。二是我你长聚亦难，岂有不愿讲述……之理?！以往，同心合意，离乡……无论远近，无限恩情，常在心中思念，此与相聚又有何别?！你此去如获平安，为地方福缘……令众人满意。……往昔，彼此惦念，无所谓有分离之时。任何时候，（两人只要同心同德,）现今分离与今后百年分离，二者并无区别。由于我二人情感深笃，你所问者，我有所答，讲述自己心中所想者。再者，讲述教人极易，如此遵行者……很难。现，我将念及者归总讲述你听，若中意者要记住，……不同意者再问。

兄又云：千句话里……有一句大义永存。施财……无尽，人所共知，所以，施以真言，更为德行，应能紧记！记取真言较之获得财产更为重要！

（1）弟问：托生为人，以何种平安为最殊胜之平安？

兄云：心安为殊胜之安。若心不安，其他任何安乐亦不安乐。

（2）弟问：如何能使心安？

兄云：自己若无罪过过失，地位高则高处安，地位低则低处安。无论何时，国王之律令，应使百姓生命与国家社稷二者安稳，事事皆有法度为是。若与此相违，以友为敌，以王作靠山（王言代替律令），则无人不骄横，而争辩无休，无公理……岂能稳固?!

（3）弟问：何谓不弃所需?

兄云：要而言之，世上并无既需要而又可抛弃者。其至上者，生命与社稷不能抛弃。

（4）弟问：如此说来，该记何等道理?

兄云：要记住中心之公正之理，则枝节即可无误而事成矣!

（5）弟问：……如此……如何能无误则事成?

兄云：王之国法……均等，则谓公正；若虽非出于正法，但真实与虚假，是与非，二者有别，则枝节即可无误而事成。若为长官，应如虚空普罩天下；应如秤戥一样公平。则无人不喜，无人不钦，此乃是也。

（6）弟问：诚如此行，与人有益为真实也，然与己何利?

兄云：总言之，对人有益，对己永远有利；危害他人，对己长远有碍。为官公正，现时即于已有益，此为颠扑不破之理，能紧记否?亲子、仇敌二者之恩怨亲疏已明，若能不偏不倚，则谁能对之不钦佩折服?!

（7）弟问：……如秉正道，在当地应尊敬何人?

兄云：敬重正直穷人，应胜过富人；……敬重（乞丐）应胜过盗贼。

（8）弟问：如此无道之人，有何可敬?

兄云：地方之人，赞颂、敬重不正富翁；讥讽、卑视正直穷汉；喜爱盗贼、骗子；詈骂乞丐、穷人。

（9）弟问：不得公正时，当如何忍耐?

兄云：要有对“行罪恶人超生，……正直善人处死”不公正之事认可、忍耐之力。自己则不可对姿容美、言谈正者内存狡诈，心怀不善。

（10）弟问：何种事物见而不乐，食而不香?

兄云：不义之财见之如鬼不善不乐。诱饵之食，见而欲呕而不觉其香。

（11）弟问：珍宝美好，食物味香，赠此二者。颇类仁爱，何以要如此看待？

兄云：珍宝、食物二者若是起意不良，则成重压，并非仁爱，自应视为……死敌矣。

（12）弟问：若非如此，有出于善意赠以珍宝、食物者乎？

兄云：……旧（怀疑对方）去犯罪，既讲道理又施以财产。怕不走正道，既斥责又给以食物……可能属于正者。

（13）弟问：一贯品行端正，偶尔也遭恶果，有何过错？

兄云：此等人甚为罕见，仅个别而已。自己虽无罪，但若无权，谁能挽回?！判罪杀头，悔之无及。无论何时，行恶得善者百中得一。行善得善者比比皆然。

（14）弟问：如何方能不滥言、行为高尚、事业忠正？

兄云：行为高尚者有二，即善巧与平等也。事业忠正有二，即正直与持平。不滥言者，即不说无意义之言。总言之，缙绅豪门之习性，极为虚伪；贩夫走卒之辈，见识微细；幼儿稚童言语琐碎，均弃之为是。……不知彼，己不知者，粗鲁空洞之言谈以不讲为是。

（15）弟问：多口舌则不宁，贪心大则不妙，然否？

兄云：总言之，做任何事，须达目的。虑别人议论自己不安分……不询问，岂能说。虑别人议论自己贪心大，就装假作伪……可乎？任何时候都谨慎，别人对己能满意吗？自己不是多少做了点好事？已有欢乐之事，深怕别人不[①]［晓，某些人，不能保守秘密。勿如此行，勿如此吹嘘。遇大小不乐之事，如伤心之类者，既不做亦不说。见到别人之牲畜和畜圈，勿歆羡询问："牲畜好否?"见到自己眷属与份产勿立即表态云好云坏之类无意义之词。勿称颂自己，亦勿卑视他人。骤然产生信念或自己需要某物，无论其获得、丢失与否，……若已违背戒律，勿想"最好人不知"。……若仅己知，也勿生"别人不知不好……"之念。若（不）违背戒律，虽遭受误会、不安，……（均须忍受，）如此等等之行为，即谓"稳重"。……总之，

① 方括号内译文系据 P. T. 2111 补译。下同，不一一俱注。

要符合当地习俗。自己能做自己证人，此乃不贪心而又稳重。另，若不能对一切人为善，］也该符合做人之道。

（16）弟问：何为做人之道？何为非做人之道？

兄云：做人之道为公正、孝敬、和蔼、温顺、怜悯、不怒、报恩、知耻、谨慎而勤奋。虽不聪慧机智，如有这些，一切人皆能中意，子息亦安泰。非做人之道是偏袒、暴戾、无主见、无耻、忘恩、无同情心、易怒、骄傲、懒惰。身上若有这些毛病，一切人皆不会中意。

（17）弟问：过分孝顺非虚伪乎？温顺非欺诈乎？怜悯中非寓软弱无刚之意乎？粗暴中毋得有英勇之气乎？

兄云：做任何事均须有分寸。孝顺过分即成虚伪，若不过分则是孝顺。一切行为均有目的，即为温顺，并非欺诈。若无目的，无论如何凶厉，均非反抗而为败坏。所谓可怜者，自身不了解自身（之能力）、无廉耻与行为不端。无罪岂能惩处乎？所谓英雄者，指对敌勇猛，愤怒亦有所为而发，即为英雄。无端之凶暴有谁颂为英雄？此非英雄，斯为恶汉也！

（18）弟问：勿能行大善，施行小惠有何益处？

兄云：腹内若无智慧，虽不能行其他善事。能对地方做有助益而不做有损之事，此谓正直、可靠之人。能如此，即大有裨益。缺点虽小也应去之，好处虽小也要趋之。

（19）弟问：一切事业，岂可不议而行，但应如何议之？

兄云：开始计议，荦荦大端，须和众人商议。所有议事，一开始即应细致斟酌，以期达到预定目的，后则不再更动。一切商讨、想法，心境宽松，思想开朗，方可达到目的。事事皆疑，心存报复，虽有微念，也须改之，否则，能误大事。磋商时，先自问自答。能完成乎？抑或不能！事业……与友同心，不能损人，无虑指责。［不可独断专行，与之相反，众人之事，多人集议。个人之事，亦可告诉他人，研究为妥。回答所问为“兴许这样，兴许那样”较妥。说“无疑、必然”者难矣。某事似可行后又不可行；某事似不可行后又可行。事尚未成，将自己列于前，磋商事情，说真话，］……有引来相反效果之危险。再者，从友人嘴中抢来之辞，谓自己先想到，友人心中……，无法堵塞人言。无论何时，要广泛商议，非一人说了算，要集思广益，何人正确，依之而行。如“一定照我所说而行”，则何用商议？商议之时，正确不知在谁之手，不能因出身低贱，其貌不扬而凌辱之。正确无误之理，无论出自何人之口，均我大师。有时，可能未懂他人之言，勿存羞意应再请教。再者，容易之事，若无把握，亦不可立即将所想者说给他人。自认正确，对别人虽有损害又须行之，则应设法去做为是。在年长利舌人中，一问立即能忆及多事者有之，向其人查询为是。

（20）弟问：如何方可使诸事均达目的？

兄云：有人论点赅要而论述细腻。有人则繁于细微末节，而粗略于重要关键。正确者，不失要点，而枝节均包含在内，以此为最。再者，富有经验而已通晓，再肯请教，即万无一失矣！

（21）弟问：若一切事均须与友人共同完成，不能做使友人不乐之事，而事情又要无误完成，如何行之？

兄云：无论他人论长道短，勿反驳、答非所问、说一半藏一半；要心情舒畅，并能接受（意见），任何关键大事均能无误提挈。若必须反驳者，不必羞愧，和颜悦色。缓缓而述，他人既不致愠，事情亦能无误完成。

（22）弟问：一位贪财人，且有智慧，若需与之共事，应如何行之？

兄云：彼虽有智慧，然任何时候，贪财与聪睿正直一时难以区分时，开始，不与交友，即不会有争吵之由。如此若不可行，则最后亦应好好相待。自身勿沾染恶习，勿做无理之事。

（23）弟问：不失宗旨则与彼之心愿相违，产生不愉之事，如何处之？

兄云：众人喜欢禳灾诸事，定要善自为之。总而言之，不必做之事则不做，不必说之话则不说，不与偏心人为友，此乃最大之不偏。一定要认识事物，勿依赖他人。

（24）弟问：若行谏诤，如何为之？

兄云：一切谏诤，（对方）若有过错，当面谏诤。不能当面谏诤者，勿背地讥毁。任何时候，确实应向对方谏诤，或确实了解对方有过错时再行谏诤。善于苛责他人，疏于认识自己，如此之辈颇多。如要指责对方，首先克服自己缺点，以后不再重犯，此谓自我纠谬也。自身难能，而指责他人，岂为适宜？

（25）弟问：如何掌握谏诤之分寸？自我纠谬极为不易。某些好友，为人狡诈，能依靠否？

兄云：应谏诤则为之，勿吐伤人之语。对方若能改掉、抛弃狡诈，则可进行谏诤。忠实之友，与己真正同心同德，勿行欺诈。勿在众人面前多语。

（26）弟问：如何能使眷属相聚和睦？

兄云：铭记情义。同心协力，不仅眷属和睦，行至何方亦相安无事。子与父同心，弟与兄同心，奴与主同心，妻与夫同心，仆与官同心，如此，则公正无误，齐心协力，大家皆得安宁；若彼此不和，大患而已，别无其他。

（27）弟问：如此行事，即可和睦，如何方能使人同心协力？

兄云：即使身为上师，亦需行事适可而止，恰如其分，居高位而不欺凌、行为正直、役使下人有法度。下人亦能瞻前顾后，为未来永久平安，能不断地做出成绩。再者，对上面之人应尊重而珍视。对任何事均虔敬而有礼度，即可和睦相处。任何时候，欢乐为福，不乐为苦。于家庭之中，勿过于专横，勿过于滋扰下属。做事勿拖沓，勿使下属不满，应该抓紧完成。再者，应有长幼之序，官仆之分，主奴之别。勿违当地礼俗，严谨行之。

（28）弟问：何为规矩？

兄云：凡年轻之人，奴仆之辈，对之勿似对土、石一般遗忘而不加重视。勿做不让其生儿育女、无经济基础之事。应设身处地，役使要恰如其分。若使其幼子、侄与居所，则对己有利，他人亦欣然愿意亲近。如此行事，即合规矩。合规矩，则不会出现伤风败俗之事，严而行之，其谁不喜？如此行而不变，即为公正之法。主奴之间、官仆之间、老壮之间，行公正之法，谁不歆羡而麇集！

（29）弟问：在奴仆中有无胜过亲叔者？

兄云：除了真正忠心耿耿者，无有。奴仆若热诚如亲叔，那有比此更胜者。心若背离，如亲叔之奴亦无益。若对己忠诚者，即使是囚犯，亦可任事。

（30）弟问：如何役使性情野犷之奴及愚奴？

兄云：无论何时，绅士以恩养奴仆，劣者以严法役使居多。但对贤愚不同之辈，恩与罚皆不可废。对桀野之奴仆，严以驯之，若能改正，应施以恩惠、赞扬而使其归于正道。对愚者应尽力设法劝说、诱导。心背离者则教诲之。有时，其为善，应施以恩惠，加以赞扬，安抚之，勿令气馁，勿令分心。对能做之事而不为，或为非作歹者，应严加惩处。

（31）弟问：奴仆中分好、坏两类，惩奖二者孰为大小？指责时不揭其短，心不解恨，揭短过甚，则其人又将灰心，如何是好？

兄云：所谓“惩处”者乃不令其作恶之警告也，“奖赏”乃是树立全心全意赤忱办事之榜样。若能如此，应大加宣扬为是。指责过失时，应恰如其分，有多大，责备多大。若过分责备，连祖辈对己之批评责骂也会伤心。不宜于揭短，虽好好相待也无面子。若犯有罪而不指出，无论怎样婉言，总是不妙，而是混乱。

（32）弟问：如何孝敬为上？

兄云：儿辈能使父母、亲友不感遗憾抱恨，即为最上之孝敬。奴仆能使主子、官长不指责斥骂，即为最上之侍奉。苦能如此行事，自己所做一切，必将平安、顺利。不能控制、约束自己，听信他人之言，心生误念，杀害、分裂主子、官人、父母乃至亲友、奴仆当中诸人，此等恶人，所有见之者，可视之为鬼魅。这种杀害无辜之人者，岂能不妄杀他人？由此可见，确实非人，明白是鬼。有某些人，对妻室之恋胜过骨肉之情。妻子无论怎样美貌可以买来、找到。父母兄弟如何丑陋，另外找寻不着。故对父母兄弟应比对妻室儿子更为珍视。父母养育儿子，珍爱照顾有如自己的眼睛。父母年老，定要保护、报恩。养育之恩，应尽力报答为是。例如，禽兽中之豺狗、大雕亦报父母之恩，何况人之子乎。虽不致如愚劣之辈不能利他，也应听父母之言，不违其心愿，善为服侍为是。父母在世时，子辈可当面议明为好

（如财产方面），但不宜操家产之权。儿子尚且不能如此做，况儿媳乎。不孝敬父母、上师，即如同畜生，徒有“人”名而已。

（33）弟问：自己若有慈友，应如何待之？

兄云：与好人一条心。若主人、官长仁慈，无论何处，不会没有温暖，也不会有别人加害子侄之事。自身死后，也会有人怜惜伤心，不会毫不可惜地对自己死去而幸灾乐祸。任何时候，要使一切人记住自己。

（34）弟问：如何能使别人信任自己？

兄云：从不说谎言，大家即信服，人若信服，众人即信任。

（35）弟问：施以何种仁爱为最？

兄云：主人仁慈，比授予政权还好。官长仁慈地给予智慧、教诲，乃是最大的仁慈。

（36）弟问：我有一个干练之仆，若施以财宝，我将变穷；若不大加赏赐，何以报之？

兄云：不予权力而令其知礼，乃是最上乘之酬答，财宝亦在其中矣。总言之，仁慈与瞋怒二者应该有区别。仅行仁慈亦不可，只想瞋怒也有错，仅行瞋怒也不可，仅行仁慈也有错，有些人，心中虽不瞋怒，但所行如瞋怒，这也不佳，亦为过失。如此所做之事虽不错，亦与瞋怒等同。

（37）弟问：那三者如何？

兄云：（别人）怀疑自己有过错，批评、责备自己，忠实地说出、指出自己过错，这是对自己爱护。但由于不合自己心意，因而生气者有之。有时，别人对自己一切过错都说“对”，还加以赞扬。有人是为了减轻他过去的错误而需要有一个陪衬之友，故以财物和甜言来欺骗而说好话，这对己是瞋怒，但由于迎合自己心意，反会认为是对自己的爱护。有人是不认识而做有害之事，如对“愤怒”“喜新厌旧”等等，却说那样做“很好”“不错”，加以赞扬，这是由于对方和自己一样未认识到，因而将“恶”当作“善”迎合自己。这与把忠直的规劝认为不善同样有害。

（38）弟问：上师责骂自己应如何对之？

兄云：自己有错应承认；若无过错，和蔼说明自己清白无辜受责。若稍有对立就把内部之语对人扩散，于己有损。自身有不正事，弃之，回心转意后，仍应信赖为是。

（39）弟问：人若犯罪，惩处上有别否？

兄云：有别。年轻人所犯之罪，不应记恨于心。思想成熟之人犯罪，证据确凿，应该记仇。主奴、父子、官仆之间，记恨适当否？可依前面所说行事。

（40）弟问：有仇应雪恨否？

兄云：可依复仇律行之。

（41）弟问：有人在他人心中合意，而不合我意；有人在他人心不合意，而合于我心，应如何对之？

兄云：依习惯法，自己尽力行善，关心属从。自己心中不合意亦不用羞怯，而应喜悦。自己心中合意，而不合于别人，若不恰如其分，对方会不乐，自己也会感到羞怯。

（42）弟问：如何做才能恰如其分？

兄云：对之一贯友好疼爱，反受其侮，谓不能与己和睦相处，先不要当面争执。可在路遇时装作视而不见那样处理即可。任何时候，对不甚好者，勿过分仁爱。对无罪者，勿过分愤恨。自己内心虽憎恨对方，但口中勿谓“不喜欢、讨厌”为是。若如此直说，对己并无损伤，但对方会感到不乐、羞愧。

（43）弟问：好友犯罪，如何做才够朋友？

兄云：如有公开的办法相帮则公开行之，哪怕用财宝去求助也可以，自己不能有私心。任何时候，能为知友抛弃财宝，是为好友；如不能与友有益，待别人陷入罪恶，再以财物相助是为恶友。

（44）弟问：如任何事都以宽厚为上，心生疑惑有何益处？

兄云：该不该做，若不假思索，政事将出现纷乱；饮食该不该吃，不生疑惑，将被毒食夺去生命；妻子该不该信，而不生疑，她将成为别人之相好。净秽不察，将生劣种；寒暖不察，人将患病。

（45）弟问：亲近何者为佳，何者为劣？

兄云：白天亲近主人、官人及智慧正直者、有学问而英勇者、艺高者，以及精通词章、法令者为佳。夜晚亲近妻子为佳。白天亲近盗贼、虚伪者、妓女、疯子、淫荡者、胆小懦夫为劣。夜晚亲近幼女为劣。

(46) 弟问：亲近主人、官人有利，办事能否迅速奏效？

兄云：若能正确领悟，能迅速有益于事。未了解勿追随他人之言，不了解之事多，自己也嫌厌烦，关心自己者也会意倦。另一方面，亦会变成挑拨者之谗言。

(47) 弟问：对谗言可听与否？

兄云：要者，先守密而后缕析，不可不加缕析而全听。

(48) 弟问：在许多好友中，个别人由于怨恨后来发生怀疑；有人开始不和睦，后来很契合，应如何做才是？

兄云：任何时候，无论多么和睦，若属歪门邪道气味相投，虽为好友，到后来不可能不发生怨仇。由此可见，无论如何投机，不适宜结为亲密朋友。若奉公守法，彼此相投，友谊不会变成争吵。朋友还以多为好。无论何时，结交朋友要有分寸。有些人，开始即不和睦，后来不能不起冲突，对这种人以不交为宜，但不要对人去讲。一旦成为知友，无论如何。勿争吵而牢记于心。稍有过失，要能忍耐。若不忍耐，对方就会误会而蔑视自己。一个人希望自己好，为自己出谋划策，为自己做有益的事，自己岂能吃亏？双方发生误会后，或犯过错，若他的本意是希望我好，但却不合自己的心意等，虽稍有过失，亦应很好报答之。

(49) 弟问：自己未做有益之事，如何会有好报？

兄云：无论何时，由于对自己好就高兴，比一般人亲近。俗语云“因祸得福”，但无论何时不会有“因福得祸”者。再者，做好事，要高兴而齐心。无论是谁，只要是对自己有恩都不能忘却。忘恩，反而谓“对我好、对我坏，一个样”，这是胡话，根本没有好处。无论与谁争论，应争论在关键（点子）上，勿改变（宗旨），勿丢失枝节。别人托付之事不能或不去完成，从开始就应说清。一旦应诺下来，应与枷锁一样坚定去做。对身体不要吝惜，敌和魔从何处来不清楚。无论出远门还是去近处，应带上财物和仆从。对相宜之事勿压制。若自己身体懒惰，何能勤奋工作？故自己保重身体，不过分，有深意焉。命若如崇山之固，方可不必惜身体！

（50）弟问：忙碌一事，何者不忙碌家中不安？

兄云：命和心不忙碌是最大之不安。

（51）弟问：政事忙碌不重要乎？

兄云：心里凝聚政事而不忙碌，政事也能顺利。

（52）弟问：有子女如何行事，给何财物为上？

兄云：任何办法都应善为才是，将正直无误之正道作为财富交给他们是最大馈赠，生命和政事皆聚其中矣！

（53）弟问：如何才能有“识”？

兄云：无论何时，决无不讲（宣讲）而有识，不修学（教诲）而领悟之事。聪明人凡事皆知，但教诲后则更勤奋，宣讲后则更听话。敌人有优点也要学，自己有错误也应弃。公正指出，即使是责骂也应高兴；错误指引，即使是仁慈也应摒弃。由此可见，父母、兄弟长辈没有保留地教导，训练子侄青年人品忠诚更紧要者。由是之故，低下人能变为中材，聪明人更何须说。虽有毅力，但不讲说、不教诲、不训练，聪明人也将成为中材，低下人何须说。故教诲之重要明矣！爱护儿子、青年，为增添智慧令其学文习算，为增添勇气令其射击学武。应劝其学习为是。只要对长远有利，虽困难也要修学。对长远有损，虽合意也应抛弃。对目前更何须说。教诲自己子侄，首先置于对自己仁爱而有智慧者跟前学习、训练。然后，置于位高家贫之大臣跟前学习、训练。然后，置于正直有名望之人跟前学习。为人不忠厚，即使权大位高也不应放在他身边学习。年轻人，变化多端，对歹人、贪者勿依靠而结交。

（54）弟问：首先放在仁者之前学习，然后放在位高而贫之人跟前学习，有何必要？

兄云：首先放在仁者之前学习，是由于自己之子年轻，不能区别善恶，不能掌握做事分寸，对自己若不仁爱，就会事情未办成而触犯律令。再者，亲近青年人也有心烦之事，仅仅用仁慈还不够，如无智慧及无教育之可能，一切教诲与讲说均不会接受而空废。用智慧则怎么做均能达到目的，对亲生儿子也要按规矩教诲。首先，年轻人力量还未发出时，对他们如此教诲。领悟后，放在贫穷大臣跟前学，是因为，为大臣者，不可能没有智慧。而贫穷，不能不是正直厚道寡欲之人，为教诲自己儿子有此等规矩而放在该处。再者，身为贫穷之人，任何方面都节约，少许即知足，上下二者，做何事也能顺利。很好掌握词章、文字，并让其念书即可增添智慧。（自己故去）留下子侄，任何时候都勿留下怨仇，财富应均等为是。

（55）弟问：对奴仆亦要相同对待乎？

兄云：其本人另有福分，无论何时，不应希求，不给一份亦不应怨恨。子侄不在父、叔跟前，无论何时，担心其变坏，教诲、批评、斥责甚至鞭打，子侄不应记恨。若不惦记叔伯父母，犯小过失，告诉别人实为不宜。若向别人诉说，于父辈及子侄辈均感羞愧也。

（56）弟问：兄弟既不听劝告，又不肯改正，应如何办？

兄云：这是无罪受惩之根源。性命、子息之敌也由此产生，要敢于翻脸。立即如对邪魔远逐之为是。

（57）弟问：如何结亲？

兄云：娶妻要选有财富与智慧者，若两者不兼备，应挑选有财富者，选婿要选有智慧而富裕者。

（58）弟问：若依妻言好处大还是小？

兄云：妻子若无不妥之处，是好话，立即听从即可。美妻可以找到，不争气之子没法换掉。

（59）弟问：己父若有妻妾，我若依照父言行之而与母意相违；若依母意行事，又与父意相违，以何做法为是？

兄云：应该一心调和，自己对生母和庶母要同样亲热。平等相待。有理无理首先要公正行事。大妻小妾合于当地风俗，表面要相等而不应有特殊。要消除女人因无止境地储藏财物而造成不愉快之事。自己对她们要产生感情，都应和谐而无矛盾，彼此和睦相处。

（60）弟问：如能这样，先做何者为上？若不能这样，要合谁心意？

兄云：对子来说，父权为大，必须顺从父意。然后，和睦才能（附带）同时产生。

（61）弟问：婆媳发生争执，应如何办？

兄云：此事很多，乃人间习俗。成亲后，公婆对娶来的媳妇勿相争，勿当面呵斥。一般以解释、讲叙为是。媳妇也应将公婆当作父母看待。相争、乱说均不妥，应尊敬而有（等级）长幼，善为侍奉为是。如此行之，口角怎会产生?！男人要美貌之妻，此乃不可缺，但若以父母为敌，宁无过乎？互相斗嘴亦不妥，亦是过失。任何人，年轻时为媳，年老时为婆。人生要经历两个阶段，要看到自己也会衰老为是。父子俩真诚相待为是，相互谦让，就不会有口角。对外出（之子）与在家（之子）应给以等同的财产，此谓公道。

（62）弟问：与妻异常相爱，别人又会耻笑；若嫌憎她，她又做出各种媚态，如何是好？

兄云：无论表现怎样媚态，若是善好妩媚。应该相爱，别人不会耻笑。她无过错，顾虑别人讥笑而抛弃她，这怎么能行？若为人不厚道，无论多么美貌，也不要相结合，而说："她没有过失，有些地方由于与自己不合，自己有权与她疏而远之。"但勿过分发怒。

（63）弟问：对财宝如何掌握分寸？

兄云：应掌握知足之分寸。

（64）弟问：多少即可？

兄云：肚不饥、背不寒、柴水不缺不断，即可足矣！这些目的达到，富裕而安逸；超过以上财物，不会安宁富裕。财宝役使自己，财宝即成仇敌。

（65）弟问：这些就知足，岂非衣食简陋，奴畜绝少乎？

兄云：常与下等人去比，若比寻常人果腹暖身为何不行？若与富裕者相比，即无边际，当国王也不会知足。如此过分，太贪婪，其他分寸不能合适，使生命、政事二者皆受鄙视。衣食是为了暖、饱二者而已。比平常人暖、饱为何还不知足？奴畜，穷人也没有，不步行即可。一般来说，人若老在人群中，马若老在畜群中，（会受到照顾）没有什么过不下去。身为人之长官，欲望如此之多，就会贪婪无边，贪得无厌，歪门邪道由此产生。王、臣们根据你功绩未给予之财富，自己却已得到，那就是以欺骗狡诈之法夺得者。如不从属下手中去掠夺，财物自不会来。请看，当官就能从贫穷变为富有者。

（66）弟问：若过于贫穷，间或想留些东西给后代应该怎么做？

兄云：无论何时，留下“智慧、公正”为上。留下“英勇、巧法”为上中之下者。留下“坚定、讲义气”为中者。注重留下财物和衣着者为下。

（67）弟问：如一点财富也没有，过活用具和死后墓坟，及留给子侄之物皆无。用何法既不行歪门邪道，又可找到财富？

兄云：这有五种办法：一是英勇为社稷立功（战功）受奖；二是勤劳地发展牲畜；三是勤劳地当好奴仆；四是勤劳地做买卖；五是勤劳地种地。

（68）弟问：若用这些认真办法去做，会富裕否？

兄云：照此生计持家致富，没有过错。但要恰到好处。对可缺之物不要珍惜，勿做无谓之浪费。

（69）弟问：家中何者众多能致富？

兄云：家中子多能致富。

（70）弟问：如子多，有些不会成为败类乎？

兄云：无论何时，有低劣者，肯定也会有智慧者。谁也不能预料将来儿子中有许多劣坏者抑或有一个坏劣者。正因为怕出现劣种才需要多子。只要有一个聪慧者，能顶上百个低劣者。古语说：有一个儿子就是有一份财宝，有两个儿子就是有两份财宝。

（71）弟问：我以自己之能力去行事，对人无损，有无过失？

兄云：与世俗之法规不违，幸福度日为上。

（72）弟问：何为世俗之法规？如何掌握能力之分寸？

兄云：若与世俗法规不违，以不遭讥讽为是。对己无讽，即是最大幸福。能力之标准是：可以不羡慕别人，此谓“能力”。

（73）弟问：无论何时，做一切事情，让其富裕与掌权容易，让其贫穷与无权困难，然否？

兄云：若无公正无误之法，做何事均不易。权大者对权大者如魔，富裕者对富裕者如敌（权大与魔近，富裕与敌近）。无论何时，若想富裕而有权，要抓住政权之柄。所谓政权之柄是公正，知廉耻而知足。虽贫穷而弱小，若能如此做，即是有智慧而博学。常有富人因财富遭祸，智者因言词而亡。使用财宝之危险是敌人。说智语之危险是别人恶毒中伤。由此可见，财宝使用要适可而止，有智慧也要谈吐温和才是。有智慧又善言，是政事之胜者；善使财宝是家务之胜者。俗话说："若比心中所想还要说得好，嘴是吉祥之门户，舌是变幻之钥匙。若说有错之语，嘴是灾难之门，舌是魔鬼之斧。"有此一说。可见，嘴头厉害，过于蔑视别人，强手就会不安，关系就要紧张。决不做"暗探"和"卧底"之事。若看不见自己程度，又怎么能看见别人水平。如搞不清（不清楚）谁大谁厉害，先对所有人皆尊敬。勿不乐，勿灰心去做为是。

（74）弟问：对何事应该勤奋？

兄云：凡属一切好事，没有一样不应勤奋；最低限度，不做别的，对王差也该勤奋支应。

去各地方，不可去有夫之妇跟前。若不去不行，那就去吧！

（75）弟问：怎么去法？

兄云：所有可去之女人跟前都去，将获有罪与败类之名。常去女人跟前，会得"淫乱"之名。若不与女人相好不行。可从远处捎信，然后接触几次。勿整夜眠宿①，要做得体面，这样接触走后，别人反

① 吐蕃时期，藏族人尽管在经济上已进入奴隶时代，但仍保留着浓厚的原始公社时的思想、风俗和社会意识，尤其在婚姻与家庭上表现得最为明显。一般说来，这时已经进入严格的"血亲禁止婚配"的时期，往往形成以一个家庭为单位的婚姻俱乐部，即：一个家庭中的同辈男性可以同娶一个从另一家庭中来的女性。这种风俗一直延续到20世纪。恩格斯就曾注意到这一现象，在他的《家庭、私有制和国家的起源》一书的序言中明确指出，西藏人的婚姻制度值得研究。但是，我们发现，就在实行同辈男性共偶制的同时，同辈的女性姊妹又有相对的性生活的自由作为补充。这可以看作是群婚制的残余，或者是对偶婚的特点，即成年女子在未婚前，享有性生活之自由。正如恩格斯指出的那样："旧时性交关系的相对自由，决没有随着对偶婚制或者甚至个体婚制的胜利而消失。"（见《马克思恩格斯选集》第四卷，第61页）这种习俗在我国也不是个别的，除了藏族以外，纳西族的婚姻制度也与之相似。傅懋勣先生以语言学家的敏锐眼光注意到云南永宁地方纳西族婚姻状况中的这一事实。他描写道："男女相悦，彼此有意……经女子同意，男方可以在夜间到女子的家里，过夜晚来、白天走的半同居婚姻生活。"在同一篇文章中他把这种婚姻叫做阿注婚姻制度。然后，又说："根据这种制度，女儿们除少数情况外，从小到老住在自己所属的家庭里，她们可以在家里接待自己的意中人，生男育女，把孩子带大。"（见《永宁纳西族的母系家庭和亲属称谓》，《民族研究》1980年3期）还可以参考王承权发表在《民族研究》1980年4期上的《从婚礼看永宁纳西人的一夫一妻婚》、詹承绪等发表在《社会科学战线》1979年第2期上的《云南永宁纳西族的阿注婚姻》，都可以与藏族吐蕃时期的婚姻制度进行比较。至于"勿整夜眠宿"的习俗可能是社会力量正在冲击着这种制度的反映。

映不错。

（76）弟问：何谓度量大？应如何去做？

兄云：对人对己应等同。曰："非照此做不行"，话说出后，不了解好坏，也不许别人申辩；明明有正确无误之法，仍选一最易行凑和，如同给魔鬼喂食一样（打发之）；看出过错，当别人问"怎么办？"也不作答复。这些都非度量大，好事办不成。

（77）弟问：父言为主，母言为辅。父母二人意见不一，如让自己行窃、狡诈之类，对这样话语，应该听从而考虑否？

兄云：没有比父母更亲近者，（父母）怕子犯罪，不会讲要他去做倒行逆施之语；故才讲盼子正直、善良之希望。若依照父母不正确之言词，认为这是父母所言，明知不对照样去做（即不反对），那怎能行?！自己过去做错事之报应，别人也会同样遭受，以后不能再做。任何时候，勿谓"自己强大、厉害"之语，不说不合时机之侮蔑言词，不说不合适、不相称之言词。就连自己子、妻，也不能忍受，对仆奴都不该做之事，对别人更何须说？这在何处亦行不通。所谓有廉耻者，做任何事皆能办成。若做自己不知、办不成之事，虽为下等人，哪有比此更坏。对友人勿说：我试探你这些话。别人对自己所讲之言，与好友也勿讲，若须讲为上，则应作为自己之言词讲出为妥。勿讲父之坏话，若讲这些，朋友感到羞涩而不信任自己。无论谁有过错不要说："勿如此做！"勿轻易与人盟誓，由于不察彼心，对方很少遵守誓言。若有过错与不是，则对己有损。倘不这样，渝盟会出现麻烦。如不做不行，世上哪有不起誓不能做之事。有人不堪对方欺侮成为仇敌。无论如何，勿谓"自己有学问、聪慧"。首先赞扬对方，对方就会高兴，对比自己差者也不要讥讽，以后，别人自有分晓，为时不晚。明摆着对方不敢加害自己，则适可而止。勿进言勿褒奖。拐弯抹角谴责对方，像是对己颂扬。一切指责，对方早晚会知道：批评他为的是炫耀、宣扬自己的聪明，别人就要反驳（轻视）自己。这样，谁真也无益，谁假也无害。无深意之事轻轻放过为是，勿说不加思考、轻浮之言。有些话语，自觉好笑，别人认作侮辱。勿轻易应诺别人托付之事，也勿立即拒绝，而说："让我回去看看（想想）怎么办好。”对财宝勿抓得过紧。抓得过紧，亲朋好友需要也不给，有它又有何用？反成怨恨。若过于放松，对方不但不感恩，时间长了，自己一旦不愿给时，反成冤家。要施给，从一开始就要有目的。给了以后，勿作假。若没有，也勿说假话。借口要给，弄虚作假，那还是当初勿说为好。任何时候做任何事，口、手应该一致才好。凡是说出，不要有可疑之废话。可疑之处皆应注意：“谁问话都要回答，勿争辩。醉时勿跑马。多讲不伤舌、肝（无关紧要）之戏言。此三者，自己若做错，对生命社稷皆有损也。”

（78）弟问：还有什么其他办法？

兄云：照此规矩，一点勿误行之。懂得要害，为人厚道，所行不会有误。做一切事要有目的，如果说了，至死应该抓住去做。总之，做一切事，了解后去做，务必勿误。即使懂得，有时也会出错。我所说者，一部分是闲话，但意义大，有道理。

（79）弟问：对下人要信赖否？

兄云：可信赖者依靠之，不可信赖者勿依靠。有劣者必有智慧者，有小必能寻到大。寻到贫者必有富裕者，有愚人必有巧匠。一切均是如此，能看到当前与将来为上。

弟弟非常高兴。兄云：“正确之言词牢记于心上，勿对他人讲。”

如此一人对一人讲述后，于是，聪明两兄弟各自分手而去。

（选自郑炳林、黄维忠主编，陈践编：《敦煌吐蕃文献选辑·文化卷》，北京：民族出版社，2011 年，第 167—199 页）

《分别讲说人的行止》

——P. T. 992

一、解题

P. T. 992 号卷子是折叠本，每页 9 行至 10 行不等。石泰安在《敦煌写本中的印—藏与汉—藏两种辞汇》一文中将 P. T. 992 号统称为《格言集》，并在该文的“史料提要”中对 P. T. 992 号各部分的小标题有简要的介绍。① P. T. 992 号的内容较为繁杂，以论述为人处世等方面的伦理道德为主，大致有以下几个部分：

1. 标题为：“ལེགས་ཉེས་ཀྱི་དོན་བྱེ་བྲག་ཏུ་བསྟན་པའ་།།”，可译为“分别讲说善恶之义”。②

2. 标题为：“ཕན་པའི་སྤྱི་ཆེད་དུ་བསྟན་པའ་།།”，可译为“特别讲说有益之总则”。③

3. 标题为：“གྲོགས་དང་གཉེན་བདམ་གྱི་བདམ་དུ་བསྟན་པའ་།།”，可译为“讲说如何选择朋友和婚姻”。

4. 标题为：“ལེགས་ཉེས་ཀྱི་མཚན་མ་བསྟན་པའ་།།”，可译为“讲说善恶之

---

① 石泰安著、耿昇译：《敦煌写本中的印—藏与汉—藏两种辞汇》，载《法国藏学精粹》(4)，兰州：甘肃人民出版社，2011 年，第 1315—1316 页。

② 此处“善恶”的藏文原文为“ལེགས་ཉེས”，意为好坏、优劣、善恶、是非。法成从汉文翻译的《佛说善恶因果大乘经》之“善恶”就译为“ལེགས་ཉེས”，但藏文佛典中善恶一词用的较多的是“དགེ་སྡིག”。这里，按法成的译法，将“ལེགས་ཉེས”译为“善恶”。

③ ཕན་པའི་སྤྱི：直译为“利益之一般”或“利益之总”，遂译为“有益之总则”。

特征”。[①] 其结尾处云：“分别讲说人的行止，完毕。”则以上四部分的总名称应是“分别讲说人的行止”。[②]

5. 无标题，结尾处云：“变化童子对孔子的答复，完毕。”（ཁོང་ཙེ་ལ་ཕྲིའུ་སྤྲུལ་པས་ལན་བཏབ་པའ་རྫོགས་སོ།།），内容是孔子和项托之间问答的故事。因此，藏文本的名称根据结尾，翻译过来应是“变化童子对孔子的答复”。学界一般译为“孔丘项托相问书”。

6. 标题为：“འཕྲུལ་གི་ཐིག་ཤུ་མོའི་བཀའ།།ཕྱི་མའི་མི་རྣམས་ལ་བརྩལ་བའི་མདོ་མི་རྟག་པའ་བཤད་པའ།”，可译为“神通比丘之语教，授予后人之经典，讲说无常”。其内容又可分为“讲说无常”（མི་རྟག་པའ་བཤད་པའ།）和“讲说孝经”（སྲིད་ཞུའི་མདོ་བཤད་པའ།）两部分。结尾云“神通比丘讲说完毕”（འཕྲུལ་གི་ཐིག་ཤུའི་བསྟན་པ་རྫོགས་སྷོ།），之后又有两段偈颂文，似是前面讲经文的结束语。

7. 标题为：“སུམ་པ་མ་ཤགས་ཆེད་པོ་ཞེས་བྱའ་བ།ཕྱིར་རབས་ཀྱི་དཔེར་གཞག་པའི་མདོ།”，可译为“松巴谚语大全，作为后人榜样之经典”，结尾云：“讲说松巴谚语大全完毕”（སུམ་པ་མ་ཤགས་ཆེད་པོ་བསྟན་པ་རྫོགས་སོ།།），一般简称为“松巴谚语”。

8. 无标题，后面内容残缺，为如来佛调伏国王果彭的故事，暂定名为“如来调伏国王果彭记”（དེ་བཞིན་གཤེགས་པས་རྒྱལ་པོ་གོ་ཕངས་བཏུལ་པ།）。

以上内容中，最先引起学界重视的是第五部分“孔丘项托相问书”和第八部分“松巴谚语”。20 世纪 50 年代 F. W. 托马斯所著《东北藏古代民间文学》中就翻译过“松巴谚语”，[③] 国内有谢后芳等人的研究。对于“孔丘项托相问书”的研究也始于 20 世纪 50 年代，法国敦煌学者苏明远率先在《亚洲学报》发表研究成果。1981 年中国学者冯蒸发表了《敦煌藏文本〈孔丘项托相问书〉考》一文，

---

① “特征”：藏文原文为“མཚན་མ”，意为标记、符号、征候等，我们在这里译为“特征”。

② P. T. 992 号的藏文原文见金雅声、郭恩主编：《法国国家图书馆藏敦煌藏文文献》第十册，上海：上海古籍出版社，2009 年，第 2—4 页，该书中这部分内容的汉文定名为“善恶义分别论说”。

③ F. W. Thomas, *Ancient Folk-Literature from North-Eastern Tibet*, Berlin: Akademia-Verlag, 1957；李有义、王青山译：《东北藏古代民间文学》，成都：四川民族出版社，1986 年。

研究了 P. T. 992 号和 P. T. 1284 号两个写本。[1] 由此，P. T. 992 之这部分内容广为人知。至今，在敦煌藏文写本中发现了 3 种《孔丘项托相问书》。

第六部分属于经变文，用通俗的语言来讲述佛理。亦有单独的抄本，如 P. T. 126 号、P. T. 640 号等。罗秉芬教授对此有专文研究，[2] 并翻译成汉文与类似的汉文经变文进行比对。虽未发现与此完全相同的汉文本，但罗秉芬教授提出的藏文译自汉文的推测，大致不差。

但学术界对 P. T. 992 号卷子中的前面部分研究不够，而且过去将整个 P. T. 992 号卷子定名为“孔丘项托相问书”，显然没有反映该卷子的全部面貌，也是不准确的。

P. T. 992 号中的前 4 部分内容有内在的关联，故以《分别讲说人的行止》为总称。该文献的主旨是讲说为人处世，及行为取舍方面的是非标准，应归类为吐蕃社会伦理类文献。文中将人的行为总的分为善恶或好坏，好的或善的是道德行为，反之则是非道德行为。肯定或赞扬道德行为，否定或批判非道德行为。当然，有关“善恶”的标准有着深深的时代特征。

P. T. 992 号中论述了不同的阶层，或不同的社会身份应遵循的行止操守，提出了一定的伦理标准，总结了君臣、主仆、夫妻、父子、朋友之间的行为规范。比如第一部分主人与奴仆之间，提出主人对奴仆应有慈悲心，而奴仆要忠于主人。仆从是否对主人忠心，在等级严明的社会中是评判其行为的道德标准。而同时也提倡，位于社会上层的主人们，不要过于苛求奴仆，而是要他们对奴仆有一定的爱护之心。第四部分中亦言对仆人要尊重、爱护。显然对奴仆的地位有所关心，希望主仆之间能建立较为和谐的关系，而不是紧张的关系。

孝道是《分别讲说人的行止》的核心内容，明确提出要孝敬父

---

① 参见冯蒸：《敦煌藏文本〈孔丘项托相问书〉考》，金雅声等主编：《敦煌古藏文文献论文集》（下册），上海：上海古籍出版社，2007 年，第 496—511 页。陈践教授新译文见《敦煌古藏文 P. T. 992〈孔子项托相问书〉》，《中国藏学》2011 年第 3 期，第 95—105 页。

② 参见罗秉芬：《唐代藏汉文化交流的历史见证》，金雅声等主编：《敦煌古藏文文献论文集》（下册），上海：上海古籍出版社，2007 年，第 512—527 页。

母。认为孝道就是善行，孝是社会必须遵循的道德。但同时也提出父子关系中，并不主张作为儿子必须无条件地服从父亲，而是提出父亲要有宽容心，不要过于严厉，否则连儿子也会背叛的。可知，作者提倡的是“父慈子孝”的伦理，对父子双方都有所要求。

对于妇女的伦理要求中，强调的是妇女要克服自身的过失，维护贞洁。看来妇女道德行为的重点是“防护”，无过便是德，并将内部的争斗也说成是妇女之因，从中反映了当时社会对妇女的歧视和妇女社会地位的低下。

《分别讲说人的行止》融合有佛教的伦理内容，如第一部分中有不杀生等佛教的五戒。再如对法的信仰、敬重比丘等，都是属于佛教的伦理。但是与后弘期的伦理著作有所不同，后期的佛教大师撰写的伦理类著作中，充斥着佛教伦理，以十善法为伦理的主题。而《分别讲说人的行止》中世俗社会的伦理与佛教的伦理并存，而且世俗社会方面的伦理占有主要的地位。

《分别讲说人的行止》在为人处世方面提出了一系列原则，如明辨是非，为人要正直、真诚，反对欺诈行为等等。当然，这些原则具有普世的价值，属于人类社会的优良传统，闪烁着人性的光芒。同时，不少内容含有哲理，充满智慧，具有一定的辩证思想。因此，《分别讲说人的行止》也可称为智慧之学，具有启蒙读物的作用。

《分别讲说人的行止》中多有中原伦理文化的因素。第一部分中的“བསྙན་ངག་དག་གི་གཞུང”，直译为“诗歌等之经典”，似指汉文的《诗经》。所引述的“以勤奋劝勉”之句，似与《诗经・邶风・谷风》中的“黾勉求之”有关。第一部分中的“对神要敬，对鬼要舍离”，与《论语》中所说有相近处：“务民之义，敬鬼神而远之，可谓知矣。”“敬神远鬼”也许是吐蕃人对“敬鬼神而远之”的一种符合本土思想的解读。对占卜、诅咒等属于原始宗教的行为，持否定态度，而吐蕃本土的社会氛围是“重鬼右巫”。敦煌发现的汉文蒙书中，重点亦是讲述为人处世的伦理规则，内容亦是儒佛相融。而讲说因果报应、孝敬父母等的经变文中，亦杂有儒家思想。可知，儒佛相合是唐代伦理文化的特色。而如上述，《分别讲说人的行止》的内容亦具有类似的特点。不过，我们目前还未发现与其完全一致的汉文文献。P. T. 992号中的《孔子项托相问书》明显是译自汉文的(归为蒙书类)，与《分别讲说人的行止》等汇编在一起，是否意味着它们有共同的渊源呢？当然，也有可能因性质相同，而编在一起了。

与此同时，《分别讲说人的行止》有吐蕃自身的一些特点，如其语言风格，与吐蕃时代的格言诗或谚语相近，视为格言类著作亦无不可。术语的表达也有本土的特色，如尚论、由仓（ཡིག་ཚང，汉文译为“告身”或“官之章饰”）等，完全是吐蕃自身的语汇。如果是翻译作品的话，也说明译者力图与本土文化对接。而且在讲述人的行为时，往往与牲畜相对而立言，似乎也是与吐蕃人的社会生活、生产活动紧密相关。就此而言，《分别讲说人的行止》不完全是翻译作品。

综上所述，目前我们对《分别讲说人的行止》的来历方面，倾向于认为这些文献属于吐蕃时期的编著，融合有中原的伦理文化。通篇言简意赅，但有时语言不够顺畅，拼写错误较多。从一些句子看，有不少异体字，或音近而字误者，说明不是传抄之误，亦可知编者的文字水平不高。这些文献反映了吐蕃人的伦理取向及行为规范，是研究吐蕃伦理道德的重要资料。可与《兄弟礼仪问答》等文献互为参照，从而进一步探究吐蕃对唐朝、印度等地的伦理文化的吸收，并与吐蕃固有之伦理相结合的问题，深化吐蕃伦理文化的研究。

二、译注

我们这里就P. T. 992号卷子中未解读的前4个部分，进行译注。由于P. T. 992号中的文字极不规范，内容亦有不解之处，部分句子的翻译令人踟蹰再三。我们基本采用直译的形式。以下凡原文有误或拼写可疑者，注在圆括号内，需要加以说明的，加页下注。

(一)“分别讲说善恶之义”部分

第1页：

复（ཨང，疑是“ཡང”之误）次，世人的天性者，善于讥讽，而不善于做；善于言说，不善于事。于义如此（ཕྱ་འདྲུ，疑是“ཕྱ་དྲུ”之误），虽做善事而不信善恶（业），如同虽站立（འགྲེ，疑是“འགྲེངས”之误），而（身）弯曲（དགུས，疑是“དགུར”之误）般。因此，应弃者恶，应取者善；应尽力（ཅི་ཐུས་སུ，疑是“ཅི་ནུས་སུ”之误）守护的（行为）者不杀生；未作而取者，乃贪欲；若不饮，则善者，乃酒；若一点都未作，则善者，乃偷窃。对所有人（ཡོང་ལ，疑是“ཡོངས་ལ”之误）造成损害者，乃尚论（ཞང་ལོན，应是“ཞང་བློན”）窃贼掌控国王（རྗེ་གོལ?）；令内外一切争斗者，乃妇女不温良故。妇人掌权者，乃破败魔（ཕུང་སྲིན）所控；① 奴仆不温良者，定是凶狠之人。极富的结果是破败，极贫的结果是患病。过于自大，则使不动奴仆；过于贫穷（འཕོངས，应是“ཕོངས”），则儿子亦会偷窃。人希望生活安逸，牲畜

第 2 页：

至腿未断间一直受役使。

不适合的惩罚者，连儿子都难以忍受；做非分内之事（བྱེད་ག）者，任谁都不会赞扬。对于该惩治的过失，不要特为（དམིག་སུ，疑是“དམིགས་སུ”）开脱，不然会阻碍善缘（དམིག，疑是“དམིགས”）；善好之事（བྱད་ག，疑是“བྱེད་ག”）若不为，则罪业过失会增加。人不能心灰意冷，牲畜不能厌烦；不厌烦的人思勇气。强壮（ཉམ་མ་ཐག་པ）的牲畜者能忍受鞭打；役使适合的仆役者，会长期忠心。男子要成智者，为了长远的家政（གཏན་གི་སྲིད་ཕྱིན）。② 男子贤惠者，③ 财富方面要通达；女子贤惠者，为家政护育奴仆。男子贤惠者，寻找永久之道；女子贤惠者，守护身体的过失。狡诈的人着虎豹衣④者，使自己的背部成污垢；坏人获得告身者，长久则会成为（自己的）负担。无知识而喜被赞扬者，乃坏人之本性；虽未有过失而反省过失者，乃贤者

---

① ཕུང་སྲིད：译为破败魔，一种能害人命，障碍人之善事，使人遭遇种种不幸的妖魔。

② གཏན་གི་སྲིད་ཕྱིན：其中“སྲིད”有两种含义，即政治和长度，这里译为“家政”。

③ 贤惠一词的藏文原文作“མཛངས་པ”，而且这种用法在敦煌古藏文文献中常见，当代藏文中作“འཛངས་པ”。

④ 虎豹衣：在吐蕃是勇士的着装，统治者也以虎豹皮作奖赏。

之本性。（眷属）无论多友善，而嗔恨眷属者，

第 3 页：

乃行为恶劣者的本性；家狗恶劣者，咬自家人。对做善事者，不要吝惜慈爱（བྱམས་མ་སྐྱེན?）；对无罪过者，不要嗔恨。神亦不能特别多，不适宜时亦不请鬼。做占卜禳解众事，① 成为鬼集会处；活动频繁之人者，乃灾难之前兆。乞丐微笑者，乃饿鬼（ཡི་དགས，应是“ཡི་དྭགས”）之本性；为利而见财者，乃本性恶劣者的行为。大臣不要太偏袒，平民不要吝啬。小事（ཕྲན་ཚེག，应是“ཕྲན་ཚེགས”）不要疑虑（ཇུ་མ་དོག，其中“དོག”，疑是“དོགས”），大事不要交给占卜者（ཕྱྭལ་བ，疑是“ཕྱྭ་པ”）。虽值得（རིན་ཆོག）争强，但亦有要点和做法。② 对于小事常无羞愧心，几许罪过几许心想者，亦不忠于国王。此生不行欺诈。大勇之人连自身都不顾，行为善好之人不看（他人）情面。

第 4 页：

《诗经》（བཉན་ངག，疑是“བསྙན་ངག”之误）中云：“因以勤奋劝勉。”过于勤奋亦有过失，亦有优点（ཡོན་ཏན）。亦有将卑劣（དངན，应是“ངན”）而欺诈（的行为）丢弃一边（འཕར་འདོར་བ），为利益而以勤奋持家者（གཞི་འཛིན་པ）。未有错误而勤奋，乃是优点（ཡོན་ཏན）。谗言亦有优点，亦有过失。善恶真实之话语者亦需讲说，亦需听闻。不做一切不真实的诽谤（སྐྱུར་པ，应是སྐྱུར་བ）；仅说零星的（诽谤语）亦是恶劣，听闻亦是恶劣。凡做任何事时，亦应观察而做。技巧虽不学也能善巧；作为经典的基础，书算③是不可缺少的；通达（མཐར་ཞིན་པ，疑是“མཐར་ཕྱིན་པ”）书算者，乃是智慧之源。需要的房舍者，应与

---

① 占卜禳解：原文为“མོ་བོན”，其中“མོ”指占卜，“བོན”即“苯教”之“苯”，当指有关宗教仪式。

② 此句难解，其藏文原文是“བསྡོ་བའི་རིན་ཆོག་ལ་དོ་གལ་དང་བཅའ་བ་ཡང་ཡོད།”，其中“བསྡོ་བ”为“སྡོ་བ”之未来式，有三种含义，即换取、拼舍；较量、比赛；讲话、吩咐。P. T. 1287 号中有：“བཙན་པ་ནི་བཙུགས། སྡོ་བ་ནི་སྨད། འཇིགས་པ་ནི་མནན།”王尧、陈践译为“强横者入狱，惩治骄暴者，抑压令人畏怖者”（王尧、陈践：《敦煌古藏文文献探索集》，上海：上海古籍出版社，2008 年，第 118 页），将“སྡོ་བ”理解为“骄暴者”。从其语句的前后关系看，P. T. 1287 号中“སྡོ་བ”的确应是指“骄暴”之辈。根据 P. T. 1287 号中的用法，笔者将此处的“སྡོ་བ”译为“争强”。

③ 书算：指书写和计算。

（自己的）条件相当。闲话多者，则损害生计法，并增长罪业。

第 5 页：

虽难而需守护的是法律，虽苦而需要喝（བདུང་བ，应是“མཐུང་བ”）的是药。对父母极为孝敬者，乃姓氏高贵的后代（རུས་བཟང་གི་རྗེས）。对兄弟友爱者，可入上流之辈。斗升按计量者，乃善规之基；不追逐商业利润者，乃本性正直者的行为。人做不适宜事，则行为恶劣，而且言语恶劣；畜群因受灾，不仅消耗（གཟྱངས་དགོད，疑是“ཟྱངས་གོད”），并且身体亦会（ཞྱང，疑是“ཞྱང”）变坏。波浪大的地方声音小；行为良好的下属者，性情（亦）温和。对恶业不能追求，对善（事）应报答。

（二）“特别讲说有益之总则”部分

第 5 页：

人不要集结（དཔུང་མ་འཆའ），[①] 畜群不要大。人不要在一个地方扎堆（སྤུང），部落不要成对地纠集在一起。人要想军队能胜（དཔུང་ཐུབ་དུ），畜要转往开阔地（ཆེ་ཐང）。人者心不要急，畜者不要学玩耍。人在黑暗

第 6 页：

地方者，距幸福之地遥远；缓缓流淌之水者，长久则成江河。不要对他人有害心，无损害之生计不要放弃。要降伏强大外敌者，则内部的方法（ནང་ཆིས，应是“ནང་ཆོས”）是极为团结。[②] 若命运好，则无需筹划（འབྲི）生计法。[③] 做外部事务，（要学）技能之著作；（处理）内部事务的方法应高低平等。皮甲兵器坚者，能救护生命；乘骑的快马是男人的助伴。公马要耐跑，[④] 需（策之）以大声；小牛犊、羊者，长远（益处）从褐布（སྣམས་བུ，应是“སྣམ་བུ”）可知（གཟུགས，疑是

① དཔུང་མ་འཆའ：“དཔུང”有“兵旅”“队伍”；“依靠处”；“肩膀”等含义。“འཆའ”有“创立”“组织”；“咬吃”；“允诺”；“居住”等含义。“དཔུང་མ་འཆའ”也可译为“不要组建军队”。根据下文的关系判断，我们暂译为“人不要集结”，似指人不要结成帮派。

② 原文中“ཆོས”均作“ཆིས”。

③ འབྲི：本义为“书写”“画”；“减少、减退”。此处理解为“筹划”“谋划”之义。

④ 此句直译为“长久的公马”。

“གཟིགས”）。打仗的计谋（དགྲ་ཐབས），临战时应宣布（ཆ，疑是“སྒྲ”）实施；织褐布的方法（སྣམས་ཚེས），应与老一辈的（做法）相合。外出他乡之法（ཕྱིས་ཚོས）是要有警惕（心），晚上（དོ་དགོངས，应是“དགོང་དོ”）应（住于）有水草的（地方）。找适宜的条件而安置，是外出时最重要（ཆས་ཀྱི་དམ་པ）的（事）。[①] 具色香味的食物未有过失，应享用。吃合适的食物，乃是良药；自己不偏袒者，乃殊胜之道。医生要选最精通的；

第7页：

医药无论需要多少种，应该寻找。儿童不依恶劣的经典，心愿不要放在财物和嗜好（དད）上。[②]

(三)“讲说如何选择朋友和婚姻”

第7页：

若与有兄弟（སྤུ，疑是“སྤུན”）和姓氏（རིགས）[③] 者进行联姻，则家族优良；与正直者若联姻（གཉེན་ཏགས），则家政（སྲིད）牢固。联姻方面的过失者，乃以鬼神、不净之妇女行占卜（དབང་ཏང，应是“དབང་ཐང”），[④] 使与经典（所说）合适不合适者于此相合。与大富豪联姻者，则家政方面会出现离间女，并是遭受损害之根源；与娼妓、患瘟疫、贫穷、单身一人者联姻，则使家门破败，并使所有人不与其结交（གྲོ་ཕྱི་སྲོགས）。年轻（ན་ཚུངས，应是“ན་ཆུང”）的贤者可择为长期的朋友；贤明（འཛངས，应是“མཛངས”）的邻居，作为兄弟的替代，应该寻找。适宜依靠的朋友：一是正直而贪欲小（མདོད་ཆེན་ཆུང་བ，疑“མདོད་ཆེན”有误，应是“འདོད་ཞེན”）；二是秉性善良而且事少；三是

第8页：

不傲慢而且珍惜光阴；四是心意相合；五是（心胸）宽广；六是喜

---

① དམ་པ：有“正士”“善士”；“正确”“优越”等含义，此处，笔者译为“重要”。

② དད：有“信仰”；“爱好”“贪爱”“嗜好”；“信仰”等含义。

③ རིགས：有“种族”“姓氏”“种姓”等含义。

④ དབང་ཐང：传自中原的历算或占卜方面的术语，类似于天干，将五行各分为阴阳两类，如阳木、阴木，阳火、阴火等。

欢佛法，并通晓教义。不能选择为朋友，与以上所说各项相反。智慧虽小，但为人正直并稳重者（ངོ་ཏག་པ，应是“ངོ་བཏན་པོ”）可择为朋友。

（四）“讲说善恶之特征”部分

第 8 页：

国王要喜欢人，并善于用人；大臣应正直（དྲང་དཀན་ཆེ?），并善以贤明（འཛངས，应是“མཛངས”）护政。人应心正直，并对他人（ཕུར་མི）慈爱。人者性格要稳健；畜者口要轻（ཡངས，疑是“ཡང”）。① 人不要在议事厅（འདུན་ས）聚集，牲畜不要在围栏中汇集。家长（མི་ཆེད་པོ）在地方上游历，集会处（འདུ་ས）由儿子守护。本地人在跳舞，游人在做游戏，居家者在看热闹，老人在抚胡须（ཕྱང་མོ?）②，青年人在擦拭镜子。对神要敬，对鬼要舍离。家长要宽宏，妇女要恭敬。儿子要精明能干，奴仆要

第 9 页：

单纯。随从不偷窃，孩子话少而（心）开阔。对父母要特别孝顺，对子孙要善教育。对仆人要尊重（རྫོད་པ）温和，对邻居要慈爱。家室不要建在小碉堡中，院子不以荆棘围绕。玩耍时要缓慢，装束要宽大。谈话要悦耳，饮食要有营养（སྣུམ）③。行为要高尚，地方要舒适。对比丘要敬重，若见乞丐要援手（ལག་སྡོང）。④ 本地人不守打青稞之场，旅客晚上不巡逻（མེལ་ཅེ་མི་བྱེད）。本地人（居住）天堂（一般），旅客如同回到家中。

恶之特征，国王喜欢畜生，而不选择人；大臣狡黠，而十分偏袒。属民以欺诈为生，并对他人（ཕུར་མི）起嗔恨。人的内心忙乱，牲畜的草场狭窄。人将议事厅抛弃，牲畜不能圈入围栏。本地人计算

---

① 口轻：指牲口的年龄不大。

② ཕྱང་མོ：疑是“འཕྱང་བ”之误，“འཕྱང་བ”有悬垂之义，引申为“胡须”。

③ 原文“སྣུམ”字有点模糊，笔者以为是“སྣུམ”，“སྣུམ”即“སྣུམ་པ”，有美好、浓厚、有益、油多、色泽美好等含义。

④ ལག་སྡོང：意为“援手”，现代藏文中为乞丐的异名，此处应指伸手援助。

赋税，游客示傲慢。男子惊惧（འཇོན，疑是“འཇོག”之误）而老，女子因妒忌而衰（རེངས）。[①]

第 10 页：

牲畜在太阳未落山时收入圈中，天（ནངས）未亮人就起来。[②] 家室置在小碉堡中，院子以荆棘篱笆围绕。对于穷人，虽乞求，但不施舍；而对自己所依靠者，甚至允诺做奴仆。若有财物处，连死地亦行；若见酒者，连监狱亦入；若有利益，则儿子亦会出售。以打仗(ཐབ་མོ，疑是“འཐབ་མོ”）为游戏；艰难时（ཁན་ངགས，疑是“ཁན་འདེ”)，则施放咒语（དམོད་མོ)。男子知识少而倔强，女子坏而不和蔼。男子自己恶劣，却对他人讥毁（འཕྱལ，应是“འཕྱ”)；女子自己淫荡，却嗔恨娼妇。衣服窄小，食物没有营养。所行处阴险(གནག)，地方小而寒冷。若见比丘，则关门；若见乞丐，则放狗。对邪恶的宗教，未观察而信奉；对好的经典，不熟悉而诽谤。

讲说人的行止，完毕。

（选自才让：《法藏敦煌藏文文献 P. T. 992 号〈分别讲说人的行止〉之研究》，《中国藏学》2012 年第 1 期，有删改）

---

① རེངས：有“走”“出”；“破旧”“陈腐”等义。

② ནངས：现代藏文中是早晨或上午之义。

敦煌藏文儒家格言读物

——日本中村不折旧藏本/P. T. 987/P. T. 988

一、解题

目前敦煌藏文儒家格言读物共有 3 种，分别是日本中村不折旧藏本、法藏敦煌藏文文献 P. T. 987 和 P. T. 988 号。

（一）中村不折旧藏本

由矶部彰所编《台东区立书道博物馆藏中村不折旧藏禹域墨书集成》（以下简称《禹域墨书集成》）作为日本文部科学省科学研究费特定领域研究的东亚善本丛刊之一，出版发行已有多年，但第 16 号写本背面的藏文文献并未引起学者们的注意。《禹域墨书集成》卷上刊载的第 16 号写本在锅岛稻子所撰《不折旧藏写经类コレクションについて》中没有提及，故无法判断写本的原藏者为何人。该写本为卷轴装，正背书写。正面为汉文《大智度经卷卅》，隶书，首残，凡 6 纸，25.4 厘米 ×334.9 厘米。跋文 3 行，所记为"宗庆写，用纸十七张。永平三年课狭来安写此比字校竟"，说明其是北魏宣武帝永平三年（510）写经。背面为藏文文献，亦首残，共 201 行，《禹域墨书集成》书末目录及叙录未收。根据背面所抄藏文判断，此卷应该出自敦煌藏经洞，即《禹域墨书集成》所述千佛洞。

背面所书藏文由两篇文献组成。第一篇首残尾全，不分段连续抄写，凡 38 行，文本左侧边缘有部分残损，导致少数藏文无法识读。

文本中部纵贯一条缝隙明显的裂痕，当为折叠所致。首行有ལེགས་ཉེས་ཀྱི་ཤེས་སྲོག་བཅད་དང་།།།།།།ཤ་ཆང་ཐུང་བའི་ཚུལ་བཤད་པ།།བདག་གི་ཆུང་［“解说不知善恶而行杀生、（吃）肉、饮酒之行径，己妻……”］，末尾两行有འཕྲུལ་གྱི་ཏྲིག་སྣུས།།ཀྱི་ཕྱི་རབས་ལ་བསྟན་པའི་མདོ་བཛོགས་སོ།། 的字样，点出了该篇文献的题名，即《神通比丘对后人教诲之经》。目前所知敦煌藏文文献中，与此相关的写本尚存 4 件，即 P. T. 640、P. T. 126v、P. T. 992、P. T. 1284。前两部写本国内罗秉芬有专文介绍，[①] 文中提供了写本的拉丁转写及汉译，认为其属于佛经变文类。

第二篇文献接第一篇文献，但另起一行抄写，首尾全，凡 163 行，抄写中有明显的分段分节标记，即云头符和四垂分隔符，第 42 行甚至出现了六垂分隔符。云头符所标示的段落均另起一行，计有 15 处，即第 1、22、30、38、42、58、62、103、110、120、132、144、153、159、163 行；四垂分隔符和六垂分隔符均出现在段落中间，除受纸张宽度影响的少数例外，均不另起一行书写。第 1—52 行藏文书写间距疏朗，墨迹较浓；从第 53—131 行间距逐渐缩小，墨迹较淡；自第 132 行以下又逐渐恢复疏朗间距，直至结束，但墨迹更为淡化，从照片上可以看出部分汉文墨迹已浸至藏文一面，两相重叠，导致部分藏文识读困难。

第二篇文献首题གནའ་ཐེ་འི་ཀོང་གི་སྟན་པའ།།ཕྱི་རབས་ལ་བཞག་པའི་དཔེའོ།།，即“往古太公之教，存后世之书”；尾题གནའ་ཐེ་འི་ཀོང་གི་བསྟན་པ་ཛོགས་སོ།།，即“往古太公之教结束”，据此，我们可以将此文献定名为《古太公教》。

目前，该文献有 2 篇研究文章，即萨尔吉、萨仁高娃的《敦煌藏文儒家格言读物研究——以中村不折旧藏本〈古太公教〉为中心》，以及陈践的《敦煌藏文文献〈古太公家教〉译释（上）（下）》[②]。

---

① 罗秉芬：《唐代藏汉文化交流的历史见证——敦煌古藏文佛经变文研究》，《中国藏学》1989 年第 2 期，第 100—113 页。

② 萨尔吉、萨仁高娃：《敦煌藏文儒家格言读物研究——以中村不折旧藏本〈古太公教〉为中心》，《中国藏学》2017 年第 1 期，第 39—59 页。陈践：《敦煌藏文文献〈古太公家教〉译释（上）（下）》，《西藏民族大学学报（哲学社会科学版）》2017 年第 2 期，第 46—51 页；第 3 期，第 51—58 页。

（二）法藏敦煌藏文文献 P. T. 987、P. T. 988 号

经检视发现，敦煌藏文文献中与《古太公教》相关的写本有两个，即 P. T. 987、P. T. 988。这两部写本曾经石泰安撰文介绍，[①] 但因写本残损过多，文义不连贯，留下了许多问题无法解决。借助于中村不折旧藏本的发现，我们可以对这两部写本重新讨论。

P. T. 987，卷轴装，首残尾全，左右亦有不同程度的残损，现存尺寸 29 厘米 ×24 厘米，两面书写。

正面墨迹清晰，书写工整，音节点（ཚེག）写在每一音节的右侧中间，而非上方，导致多数地方音节点被所书文字掩盖，增加了识读困难。现存 22 行。始于དེང་སང་དེ་ལྟ，对应于 P. T. 988 第 43 行，终于ཆལ་གྱི་རྣོན་ལ་པན་ནོའ||，对应于 P. T. 988 第 62 行，也就是说，P. T. 987 的内容全见于 P. T. 988。文本分为三大段，诸段之间可见间距较宽的留白，其中第二段和第三段中分别又有一处分段，但只是换行书写，前一行末尾留白。第二段起始尚有云头符可见。第三段结束处的留白倒书两行藏文，墨迹较淡，内容不详。

背面墨迹较淡，书写潦草，且漫漶严重，无法准确识读，大约书写文字 22 行。第 1 行可见བྱང་ཆུབ་སེམས་དཔའ་སེམས་དཔའ་ཆེན་པོས（菩萨摩诃萨）字样，第 2 行起始有云头符，始于དེ་ལས་བརྟུས་ན། ཁྲིམ་དང་བསྙེན་པ་གཉིས་ཀྱང་།，借助中村不折旧藏本，我们可以得知该行对应于 P. T. 988 第 1 行，由此我们估计该写本应该和 P. T. 988 有同一来源[②]，但从该行文字在背面重复抄写三次，以及其他重复出现的文字判断，背面文字可能是率尔习作。

P. T. 988，卷轴装，首残尾全，左右亦有不同程度的残损，现存

① R. A. Stein, "Tibetica Antique VI: Maximes confucianistes dans deux manuscrits de Touen-houang." *Bulletin de l'École françise d'Extrême-Orient*, 79, 1: 9-17. 英译参见 Rolf A. Stein, "Tibetica Antiqua VI: Confucian Maxims in two Dunhuang Manuscripts", translated and edited by Arthur P. McKeown, *Rolf Stein's Tibetica Antiqua: with Additional Materials*, vol. 24, Brill's Tibetan Studies Library, 2010, pp. 273-283. 汉译参见耿昇译：《两卷敦煌藏文写本中的儒教格言》，《国外藏学研究译文集》第 11 辑，拉萨：西藏人民出版社，1994 年，第 268—283 页。

② 石泰安亦认为这两部写本是同一作品的不同抄本。

尺寸34厘米×94厘米，单面书写。墨迹较为清晰，书写工整，音节点（ཚེག）同样写在每一音节的右侧中间，而非上方，导致多数地方音节点被所书文字掩盖，增加了识读困难。现存62行。始于དབང་ཀྱི་ལ，对应于中村不折旧藏本第70行，终于གནའའི། དཔེའ་འདི་ནི་གནའ་ཀྱི་འཛངས་པའི་དཔེའ་ལགསོ།（“此往古之譬喻为先贤之范例”），这句话不见于P. T. 987。P. T. 988的文本分为三大段，诸段之间可见间距较宽的留白，段落内部亦有数处分段，但只是换行书写，前一行末尾留白。部分有云头符的地方并未提行另写，尤以第二段最为明显。

（三）中村不折旧藏本与P. T. 987、P. T. 988号关系

P. T. 987的内容在P. T. 988中都能找到，二者唯一的区别是P. T. 988结束之处比P. T. 987多了一句话。因此，以下的讨论以P. T. 988为例。

中村不折旧藏本与P. T. 988号写本有很强的关联性，二者的文句有很大部分重合，具体而言，中村不折旧藏本第69行结尾དབང་ཀྱི་ལ至第98行前半ཀུང་དཀར་སྣང་དུ་སྦྱེད་པ་འི་དཔེ་ནི་དེ་ཡིན་ནོ，相同的文句出现在P. T. 988第1行至第17行前半；中村不折藏本第112后半ཀོང་ཙེ་འཕྲུལ་གི་བུ་ན་རེ至第162行སྐྱི་འི་བུ་བསྟབས་པ་ཡང་དེ་དང་འདྲ་འོ།对应于P. T. 988第17行后半至第42行前半。

中村不折旧藏本与P. T. 988号亦有不尽一致之处，具体而言，中村不折旧藏本第1—67行、第98行后半至第112行前半、第162行结束的话语在P. T. 988中阙；P. T. 988第42行后半至第62行不见于中村不折旧藏本。

总体而言，中村不折旧藏本本身为一完整的写本，其中的一些难解之处可以通过与P. T. 987、P. T. 988的对校得以解决，而P. T. 987虽然残损过多，但总体而言，在书写的准确性方面明显优于P. T. 988，可资参校。

（四）与敦煌藏文写本相关之敦煌汉文写本

石泰安曾注意到P. T. 988中“太公钓鱼”的说法与《太公家教》

的相关性，但未就整篇文献进行比照，他指出“这是一卷汉地儒教智慧格言集。正如对于其他译作藏文的汉文文献一样，我们很难指出这部文集是吐蕃人编写的、还是这些人翻译或改写了一部很可能是在敦煌制作的汉文文集”①。根据石泰安的研究与译文，聂鸿音对P. T. 988进行了考补，考证出数条实出自汉文《太公家教》的格言，并且认定《太公家教》是P. T. 988的主要资料来源。②

根据中村不折旧藏本的题名《古太公教》，以及对其内容的研读，与之相关的敦煌汉文写本首推《太公家教》。此外，上述敦煌藏文写本的部分文句与敦煌汉文写本《百行章》《新集文词九经抄》亦可以比对。《太公家教》是现存最早的格言谚语类的童蒙读物，《百行章》《新集文词九经抄》亦属于敦煌童蒙类读物，自发现以来，研究者众多，兹不述，相关研究成果可以参看《敦煌蒙书研究》，以及《敦煌写卷新集文词九经抄研究》两书。③ 需要注意的是，敦煌藏文写本与已知的《太公家教》只是在部分文句上吻合，说明敦煌藏文写本并非《太公家教》的译本，也正因为如此，我们遵照藏译，将其定名为《古太公教》，以与汉文《太公家教》区分。

（五）写本的拼写翻译特色

总体而言，3篇敦煌藏文写本都反映了敦煌藏文写本的典型特征，即反写的元音ྀ（གི་གུ）随处可见；མི往往写作མྱི或者མྱི；部分音节的后面还保留有如今已经不可见的后加字འ；存在送气音和不送气音互换的情况，部分词汇的拼写存在前加字与今见词汇不一致的情况，如མཛངས在写本中往往写为འཛངས。中村不折旧藏本的写法在总体上要优于P. T. 987和P. T. 988，但部分漏写、误写之处也可以藉由P. T. 987和P. T. 988得以说明。P. T. 987和P. T. 988的正字法很不规

① 据耿昇译文。

② 聂鸿音：《敦煌P. 988号藏文写卷考补》，《民族研究》2005年第3期，第78—84页。

③ 郑阿财、朱凤玉：《敦煌蒙书研究》，兰州：甘肃教育出版社，2002年。郑阿财：《敦煌写卷新集文词九经抄研究》，台北：文史哲出版社，1989年。此两条信息蒙北京大学朱丽双相告，特此致谢。

范，尤其是属格助词འབྲེལ་སྒྲ的用法比较随意。P. T. 988 的缩略语较多，如将ཟས་སུ写作ཟསུ，ལས་སུ写作ལསུ，རིགས་སོ写作རིགསོ，མ་སུར写作སུར，འོང་ངོ写作འོངོ，ལུས་སོ写作ལུསོ，མཚུངས་སོ写作མཚུངསོ，ཟླུན写作བལུན，ཟླགས写作བལགས等等，具体情况请见文末附录的藏文原文。

根据目前所能找到的写本中与汉文格言有对应关系的文句，可以看出，藏文对汉文并非机械直译，而是在理解的基础上灵活翻译，并未拘泥于文字表面。例如，对“色”的翻译，一处译作“不洁虚假污秽”①，一处译作“与女共宿”②。前一处的语境是讲“色能招害”，估计藏译者将其理解为不专指女色，而是有《老子》中“五色令人目盲”的“色”的内涵，因此将整句话译作“任何不洁虚假污秽，对心的（分辨）能力有损害”；在后一处语境中，因为讲的是杨秉丧妻后不复再娶的事情，因此采取了“女色”的含义。对“事君尽忠，事父尽敬”中“事”翻译，第一处采用“服侍”（ཞམ་འབྲིང་ན་འདུག）之意，第二处采用“身后”之意（ཕྱི་ན་འདུག），而且将“父”译作“父母”（ཕ་མ），对“敬”的翻译也采取了“行大孝”的译法（མི་ཞུ་ཆེར་བྱས་ཤིག）。另一方面，对不同的汉文词汇采用相同的藏文词汇翻译的情况也存在，例如，对“善事须贪，恶事莫乐”中“事”的翻译，对“礼闻来学”中“礼”的翻译均用的是ཆོས。

有的地方，因为汉语的语境在藏语中并不适用，藏译者根据藏族社会的实际情况，作了灵活翻译，甚至是诠释。例如，在对“见善如不及，见不善而探汤”的翻译中，译者根据藏族社会实际生活每天都要用到的火塘，将“探汤”译作“向火塘中伸出手指头般迅速抽手”（ཕྱི་མ་སུར་གི་ནང་དུ་ལག་པ་སོར་པ་ཙམ་གི་ཚོད་དུ་བསྐྱུར་ཏེ་འབྱུང་བ），栩栩如生地描写出了人在此情况下所应采取的避犹不及的态度。试想，如果译者对“探汤”采取直译，藏族读者因为缺乏这种生活体验，必然不会产生共鸣，其文学效果也大打折扣。进一步，上述汉语非常简练，如果只是根据汉文直译，藏文恐怕也非常难解，翻译者颇具匠心，不光翻译出了“不及”（ཕྱི་སླེབས），而且增加了注释性的解释，即对待

① P. T. 988，第 53 行。虽然藏文在此处有部分缺失，但仍可看出མི་སྣང་ཤབ་བརྫོག的译法。

② 中村不折旧藏本，第 136 行，藏文为བུད་མེད་དང་ཉལ་བ。

善，要像学习中不放过一丝疑惑那般去追索（ལེགས་པ་དང་བཟང་པོ་ནི་སྒྱི་སློབས་ཀྱིས་དོགས་པ་ཙམ་དུ་ཚོད་དུ་བརྟག་པ），对待不善，要像向火塘中伸出手指头般迅速抽手。这样一来，把《论语》中的这句名言完全采取了贴近藏族生活的处理，传神地译出了汉文的内涵。在对“礼闻来学，不闻往教”的翻译中，译者根据求取佛法的场景，不光将“礼”译作“法”，而且对其进行了佛教语境下的处理，即将其传译为听法的话，只有弟子到师尊堪布处学习的道理，没有堪布去弟子处传授的道理（ཆོས་ཀྱི་ཉེ་དུ་ཐོས་ན། སློབ་དཔོན་མཁན་པོ་འི་གམ་དུ་སློབ་དུ་འགྲོ་བའི་ཆོས་ཡོད་དོ། །མཁན་པོ་སློབ་མའི་གམ་དུ་འགྲོ་བའི་ཆོས་ནི་མྱེད་དོ།།）。

再如，对“非礼勿动”中“动”字的翻译，译者并未将“动”单纯理解为“身动”之意，而理解为“心动”之意，译作“情亦不动，不作贪恋”（ཉམས་ཀྱིས་མྱི་གཡོ། །བཀམ་པོར་མྱི་བྱེད་དོ།།）。对“不慎之家，苦于官府”中“官府”的翻译，译者没有采取直译，而是翻译为“聚讼”（རྒོད）。这些都说明了译者面对汉文格言时所采取的不拘泥于文字、灵活处理的态度。

（六）写本对藏族传统谚语的补充

写本中的一些语句，不仅在汉文语境中是脍炙人口的格言，藏译读起来也朗朗上口，可以视作是对藏族传统谚语的补充，兹举出以下数例为证：

1. 自作孽，不可逭。

ཉེས་པ་བདག་གིས་བྱས་ན། ཐྱོལ་བའི་ས་མྱེད་དོ།།

2. 人无远虑，必有近忧。

ཡི་ནི་སྙིང་རྒྱུང་མ་ཟབ་མོ་ནས། མ་བསམས་ན། དགྲ་ཉེ་བ་དམྱིག་སྔ་ནས་ལྡང་བ་ཡོད་དོ།།

3. 近朱者赤，近墨者黑。

མཚལ་དང་ཉེ་ན་ནི་དམར་རོ།།སྣག་ཚ་དང་ཉེ་ན་ནི་གནག་གོ།།

4. 己所不欲，勿施于人。

བདག་གི་སྙིང་ལ་མྱི་འདོད་པ་ནི། མྱི་གཞན་ལ་ཡང་མ་སྟོན་ཅིག།

5. 三人行，必有我师焉，择其善者而从之，其不善者而改之。

མྱི་གསུམ་ཞིག་ལྷན་ཅིག་དུ་འགྲོགས་ན། དེ་འི་ནང་ན་ཡང་དཔོན་པོ་ཡོད་དོ། །བདེན་པ་དང

ཤེས་པ་ལྷར་བྱས་ཤིག། རྒན་པའི་ཁ་ན་མ་ལུས་སོ།།

6. 人不可貌相，海水不可斗量。

ཡི་ནི་མྱི་ལ་རྒྱལ་ཡོད་པ་ན། བཞིན་བྱད་ཀྱི་ཁར་མ་ལུས་སོ། །མཚོ་ཆེད་པོ་ལ་བྲེས་བཅལ་དུ་མྱི་རུང་།།

7. 人为财死，鸟为食亡。

མྱི་ནི་ནོར་གི་ཕྱིར་ཤུང་། བྱ་ནི་གཟས་ཀྱི་ཕྱིར་འཆི།།

8. 好事不出门，恶事传千里。

ཆོས་ལེགས་དང་། གཏམ་སྙན་པ་བྱས་པ་ནི་སྒོའི་ཐེམ་པའང་མྱི་འདས་ཆོས་ངན་པ་དང་། གཏམ་མྱི་སྙན་པ་ནི་ལི་སྟོང་གི་ལམ་དུ་ཕྱིན་ཆེས་བྱས།

（七）写本与汉文相关材料的关系

根据中村不折旧藏本的题名《古太公教》，以及藏文内容判断，上述写本与汉文的《太公家教》确有极强的相关性，此处将写本中确定与《太公家教》对应的文句胪列如下，限于篇幅，相关藏文原文仅标出行数，译文请参看前面第二部分。

1. 行善获福，行恶得殃。（第 17—18 行）

2. 含血损人，先恶其口。（第 49—50 行）

3. 人无远虑，必有近忧。（第 58—59 行）

4. 孟母三移，为子择邻。（第 66—69 行）

5. 近朱者赤，近墨者黑。（第 72—73 行）

6. 蓬生麻中，不扶自直。（第 73—74 行）

7. 勤耕之人，必丰谷食；勤学之人，必居官职。良田不耕，损人功力；养子不教，费人衣食。（第 75—77 行）

8. 小人为财相杀，君子以德相知。（第 78—79 行）

9. 陪年已长，则父事之；十年已长，则兄事之。（第 79—80 行）

10. 三人行，必有我师焉，择其善者而从之，其不善者而改之。（第 80—82 行）

11. 凡人不可貌相，海水不可斗量。（第 87—88 行）

12. 茅茨之家，或出公王；艾蒿之下，或有阑芳。（第 88—89 行）

13. 助斗得伤。（第 89—90 行）

14. 闻人善事，乍可称扬；知人有过,密掩深藏。（第90—91行）

15. 是故罔谈彼短，靡恃已长。（第92—93行）

16. 鹰鹞虽迅，不能快于风雨。日月虽明，不照覆盆之下。（第93—95行）

17. 蛟龙虽灵，不煞岸上之人；刀剑虽利，不斩无罪之人。（第95—96行）

18. 不慎之家，苦于官府。（第99行）

19. 禾熟不收，苦于雀鼠；屋漏不覆，坏于梁柱；兵将不慎，败于军旅。（第99—101行）

20. 事君尽忠，事父尽敬。（第103—104行）

21. 礼闻来学，不闻往教。（第104—106行）

22. 舍父事师，必望功效。慎其言语，整其容貌。善事须贪，恶事莫乐，直实在心，莫作诈巧。（第106—109行）

23. 己所不欲，勿施于人。（第119行）

24. 贫不可欺，富不可恃，阴阳相摧，终而复始。（第149—151行）

25. 太公未遇，钩鱼渭水。相如未达，卖卜于市。（第151—153行）

26. 明珠不莹，焉发其光；人生不学，言不成章。（第154—155行）

27. 小儿学者，如日出之光；长而学者，如日中之光；老而学者，如日暮之光；老而不学，冥冥如夜行。（第156—158行）

以上为中村不折旧藏本与《太公家教》对应之处，我们再来看P. T. 988：

1. 积财千万，不如明解一经。（第47行）

2. 良田千顷，不如薄艺随身。（第49行）

3. 财能害己，必须畏之；酒能败身，必须戒之；色能招害，必须远之；愤能积恶，必须忍之。（第52—53行）

4. 见人打斗，即须谏之；见人不是，即须教之；非是时流，即须避之；罗网之鸟，悔不高飞；吞钩之鱼，恨不忍饥；人生误计，恨

不三思；祸将及已，恨不忍之。（第53—55行）

5. 多言不益其体，百伎不妨其身。明君不爱邪佞之臣，慈父不爱不孝之子。（第58—59行）

6. 孝子不隐情于父，忠臣不隐情于君。（第60行）

除了与《太公家教》对应之处，写本中也有与敦煌汉文写本《百行章》《新集文词九经抄》等对应的文句，兹引如下：

1.《百行章》：蠢动含灵，皆居人性，有气之类，盛爱其躯。莫好煞生，勿规他命。（第25—27行）

2.《新集文词九经抄》：君子心争，小人力争。（第25—27行）

3.《新集文词九经抄》：一言之益，重若千金；一语伤人，痛如刀斧。（第56—57行）

4.《新集文词九经抄》：生我父母，知我朋友。（第71行）

从以上引文我们可以看出藏文写本与敦煌汉文写本《太公家教》的密切关系，借助于藏文写本，我们或许可以厘清关于《太公家教》的一些聚讼纷纭的问题。首先是关于敦煌写本《太公家教》题名的解释，我们知道，对于“太公”的所指，有人认为是实指，即姜太公吕尚，理由是文中提到了太公钓鱼的掌故，有人认为是虚指，指的是曾高祖之类的家庭长辈，证据是《太公家教》的自序。从藏文写本来看，太公钓鱼的掌故出现了两次，在文末的一处与《太公家教》一致，而出现在文首的一处不见于任何已知的《太公家教》，其中较为详细地叙述了文王谘问太公，拜其为相的故事。藏文写本一首一尾均出现太公的事迹，这应该不是偶然，说明“太公”确实应该是实指，即姜尚。另外，对于“家教”的解释，陈寅恪曾有将“家”与“太公”连读，理解为“太家”，进而将题名释作“太公与太家之教言”①，观之藏文写本，其题名中并未出现“家”的翻译②，或许《太公家教》应该读作“太公家”的“教言”，而非我们一般认为的“太公”的“家教”，“家”为虚指，类似于我们现在所说的“老人家”。

---

① 张求会：《陈寅恪佚文〈敦煌本《太公家教》书后〉考释》，《历史研究》2004年第4期，第175—180页。

② 藏文题名中有“古”（གནའ）字，不知是否是对汉文“家”的翻译。

另外，我们也需要注意，虽然藏文写本中多处引用《太公家教》，但还有大量的内容不见于已知的任何《太公家教》，说明藏文写本并非直接源自《太公家教》。藏文写本的体裁也与《太公家教》不一致，《太公家教》通篇基本上采取了四言韵文，虽然也提到了一些掌故，但并未敷演发挥，也没有提到其中格言谚语的出处。藏文本则在多处点出了引文的出处，计有《论语》《孝经》《周易》《礼记》等，而且还对一些引文敷演发挥，详细说明了典故的来源和背后的故事，例如，孟母三迁的故事、雁节食脱逃的故事、杨震及其子的故事等等。总体而言，藏文本看起来更像是对格言谚语的注释文本。

就目前的研究而言，我们倾向于认为藏文写本不是对某一个现成的敦煌汉文写本的翻译，而是对敦煌流行的类似的童蒙读物的摘录选编，而且很可能加入了对这些读物进行口头传授的内容。从选编的原则来看，写本本身出现了四句总结性的语句，即“勤问有益”“施行或不施行善恶好坏人法的自由端赖于自身”“人有改事之力”“自不犯过，心中无愧，孰皆无法与之为敌”，包括了勤学善问、扬善弃恶、知过必改等主题，此外，还有贤良敦厚、慈爱有情、恭敬谦逊、知足不贪、跟从益友、谦虚谨慎等方面的教导，但《太公家教》等敦煌汉文写本中关于女德方面的劝诫全然不见于藏文写本，说明藏文本对这些格言谚语的选取也是经过了一番斟酌，使之适应于藏族社会的现实情况。

虽然藏文本所提到的书籍以及人物主要是儒家的，但从内容来看，其中的格言谚语并非全部源自儒家经典，可能还有道家的思想在内，如寡欲、知足、少言等的说法。文中还提到了“仙师”（ལྷ་བོན་པོ），现有情况下，我们不知道其确切所指，但很可能和道家有关。另外，藏文本也可以看出佛教思想的影响，如不杀生的说法，尤其是 P. T. 988 的结尾提到书写听闻该书的功德，不仅与佛经的结尾如出一辙，而且“无尽灯”的说法更是直接源自佛教经典《维摩诘经》。

写本中出现的汉语音译词，为我们了解中古时期的汉藏对音提供了材料，部分意译词汇可以看出藏文与儒家词汇的对应关系，兹列举如下：

1. 音译词

ཀང་ཤུ（荆树）、ཁོང་ཙེ（孔子）、ཅི་ཝུ་ཝན་ཝང（周文王）、ཐེ་ཝུ་ཀོང（太公）、ཙང་ཞུ（相如）、ཡང་འཚིན（杨震）、ལེ་ཝུ་ཀོང（刘公）、ཤུག་ཚེར（叔节）、ཅིཝུ་ཡག（《周易》）、ལེ་ཀི（《礼记》）、ལོན་འགྱུའ（《论语》）、ཧོ་ཀང་ཏེ་ཝུ་ཚྭན་ཏེ་ཝུ་ཁྱེང（《孝经》）

2. 意译词

རྒྱལ་པོ་འཛངས་པ（明君）、ཕ་འཛངས་པ（慈父）、མྱི་ཡ་རབས（君子）、མྱི་མ་རབས（小人）、མྱི་འཛངས་པ（智者）、ཆོས（礼、事、法）、རྩལ（伎、艺）、སྲི་ཞུ（孝）

（八）写本年代的推断

既然藏文写本多处引用敦煌汉文写本《太公家教》，或许我们可以通过《太公家教》的成书年代推测藏文写本的年代。《太公家教》目前发现有42件，其中9件有题记，年代最早的为唐宣宗大中四年（850），年代最晚的为宋太祖开宝九年（976）[①]，因此，藏文写本很可能是吐蕃势力退出敦煌以后才抄写的。进一步，上述藏文写本很可能是汉文化在敦煌重新占据主导地位后，当地的藏族人主动或被动学习汉文化的产物，但我们也知道，在吐蕃势力退出敦煌后，藏语文还在这一地区广泛使用，因此也不排除写本是当地汉族人学习儒家经典的抄本，虽然这种可能性比较小。

以下首先给出中村不折旧藏本，以及P. T. 988第42—62行汉译。对于文中可以与《太公家教》《百行章》《新集文词九经抄》等相比对之处，均以注解的形式给出，所引敦煌汉文主要参考《敦煌蒙书研究》和《敦煌写卷新集文词九经抄研究》的录文，由于《太公家教》的写本众多，彼此之间亦有差异，若藏文译文与《敦煌蒙书研究》的录文有差异时，则参校其他录文，径直改正，不再一一注明。若能追本溯源，找到引文的原始出处，亦以注解的形式给出。

---

① 参见《敦煌蒙书研究》，第358页。

二、译注

（一）中村不折旧藏本①

1. 往古太公之教，遗后世之譬喻。

昔语（云）：“毋责他人，自身多过，责备他人，愚者之行径也。”

自己称扬自己，是小人欲自贤也。

2. 古人刘公曰：“多闻习语，贤则增广，善勤问者，谓之‘政勤’②。”

往古谓之“太公”者，年届八十岁，（直钩）钓鱼③而住于湖滨，与周文王相会，文王向太公讨教少许未谙之益政嘉言，（答）辞皆实，周文王使（其）为相，执文王之政。④ 此为勤问有益之譬喻。

3. 《论语》书中有传曰：“过而后忆，若能改之，与无过等，于此指摘，不合道理。”⑤ 无有无过之人，先过后改，自若于己身悔而改之，书籍则于世有益，是贤良之方策。学所谓“省察”之法⑥，毋需远道，身心中有。心若思善，等如住于近处；心不思善，等如远道求之而不达。⑦ 此为施行或不施行善恶好坏人法⑧的自由端赖于自身之譬喻。

---

① 编号参考了写本中云头符的标示，分段参考了写本中的四垂符或六垂符，但并未以之为据。

② 政勤：藏文原文为སྲིད་ཀྱི་ཐུ，我们将ཐུ理解为ཐུར་བརྩོན。

③ （直钩）钓鱼：藏文原文为ཉ་བོར，意思是鱼儿逃逸，指的正是直钩而钓。

④ 参考《汉书》卷五十一：“周文王猎泾渭，载吕尚归，以王天下。”应劭注：“西伯出遇吕尚于渭之阳，与语大悦，因载归。”

⑤ 参考《太公家教》：“知过必改，得能莫忘。”《论语・学而》和《论语・子罕》：“过，则勿惮改。”以及《左传・宣公二年》：“人非圣贤，孰能无过？过而能改，善莫大焉。”

⑥ ཁེང་ཀ：对音应为耕稼，但与该段的语境不合。

⑦ 参考《论语・述而》：“仁远乎哉？我欲仁，斯仁至矣。”

⑧ 人法：藏文原文为མི་ཆོས，指世俗道德，藏文中还有与此相对的ལྷ་ཆོས一词，指出世间的道德，即佛教戒律。

4. 多多行善，终致康泰，多多行恶，终致困顿。[①] 往古汉（地）谓之“仙师”者[②]，本该七日（后）死亡，他见七只蚂蚁，有被水冲走之危险，遂将其从水中取出，本该七日（后）亡故，而增寿七年[③]。由是观之，于一切生灵实施杀害等（事）为邪行，不合道理。

5. 往古谓之“昙苏”[④] 者，以下人之身，行贤善之法，不作恶人，变为神仙。诸作恶者蒙昧，转为病痛所缠之身。自若作恶，无有避处。[⑤]

6. 仙书《周文契》[⑥] 中有传曰：“一切含生蠢动悉皆有命，我贵（其）性，我（与之）嬉戏而乐故，伤害其他生灵，不合道理。”[⑦] 众人不信此言，执持恶法者亦甚多。

7. 若行耕耘，五谷齐聚[⑧]，勤作之粮，不为祸执，若行恭敬，疏亦同亲。

8. 行大敬之书、《孝经》中有传曰：“行人伦及恭敬，如同自己对自己行恭敬。”学习的人的数量如同黄牛身上所生毛之数；学成者的数量如同麒麟头上所生角之数。[⑨] 对旁人行不敬，如同自己对自己行不敬。若问如何与此相等？己若对他恭敬，亦得恭敬回报；若对此不敬，彼之回报亦为不敬。[⑩] 如此则等同于自己对自己行恭敬和不

---

① 参考《太公家教》：“行善获福，行恶得殃。”《周易·坤·文言》：“积善之家，必有余庆；积不善之家，必有余殃。”

② 仙师：藏文原文为ལྷ་བོན་པོ。

③ 此段据陈践教授《敦煌古藏文〈古太公家教〉译释》（未刊稿）一文改正。谨此致谢。

④ 昙苏：藏文原文为ལྷ་སྲུར,我们无法找到对应的汉文,或许ལྷ是实指,意思是神。

⑤ 参考《尚书·太甲》：“自作孽，不可逭。”

⑥ 仙书《周文契》：藏文原文为ལྷའི་ཡི་གེ་ཅི་ཙུ་ཝན་ཋིད，我们无法找到对应的汉文。ཋིད或者读作ཋིང，即对音为“经”，那么，《周文经》是否指的就是《周文王经》，即《周易》？或许这里指的就是历史上“文王拘而演《周易》”的说法。

⑦ 参考《百行章·慜行章第四十七》：“蠢动含灵，皆居人性，有气之类，盛爱其躯。莫好煞生，勿规他命。”

⑧ 参考《太公家教》：“勤耕之人，必丰谷食。”

⑨ 参考《北史·文苑》（卷八十三，列传第七十一）：“学者如牛毛，成者如麟角。”从藏文上下文的意思来看，应该是说学习恭敬的人很多，但真正懂得恭敬的人少之又少。

⑩ 敬他还自敬，轻他还自轻。参考《孟子·离娄下》：“敬人者人恒敬之。”

敬。虽罕亦视作珠宝，勤勉修学非正理?[①]

9. 孔子儒童（曰）[②]：“虽不娴于礼法及书[③]，然始发愤，可畏矣!”[④] 由是观之，对新学者亦不可轻贱。学无谓先后，凡学成者为通达。[⑤] 恶法，虽处近处，亦避而远之；善法，虽处远道，亦思追索。

10. 贤者虽处远道，与善法一意；恶者虽处近道，而行恶法，心非一致。君子以智慧相竞争，小人以力量相竞争。[⑥] 力士与牛相当，然力士无过于牛；信使与马相当，然信使无过于马。[⑦]

11. 孔子曰：“贤人随处皆有，恶人亦随处皆有。贤者学善掩恶，恶者掩善扬恶。”

恶者扬（恶），取譬而喻，等如口中注血喷人，不及他人，自口反为血所触，红矣![⑧]

若对人多言，终无不惑之事[⑨]，多言终致不善。[⑩] 恶人口出恶言，譬如树木起火，火先从树腔而起，树而后焦。恶言亦先从自口而出，后自损挠。从人口而出之一切（言语），先细细思量，后说出者，为有节制；先说后思则有过，一再反悔，毫无所得。说一句真实语，称

---

① 真正懂得恭敬的人很少见，但是应该视为世间珍宝，对此难道不应该勤勉学习吗?

② ཀོང་ཙེ་འཕྲུལ་གི་བུ: འཕྲུལ་གི་བུ 字面意思是幻化的儿子，神童，我们在这里理解为儒童。

③ ཆོས་གཙུག་ལག: 礼法? 或者径直译为“礼”? 整句话似乎可以翻译为“知书达礼”，如果是这样，གཙུག་ལག 就是对汉语“礼”的翻译。关于的 གཙུག་ལག 的讨论，参见 Rolf A. Stein, “Tibetica Antiqua III: Apropos of the Word *Gtsug Lag* and the Indigenous Religion”, translated and edited by Arthur P. McKeown, *Rolf Stein's Tibetica Antiqua: with Additional Materials*, vol. 24, Brill's Tibetan Studies Library, 2010, pp. 117-190. 在佛教的语境中，གཙུག་ལག 有“论”的含义，例如，《密严经》藏译中出现了下列语句（D 110 52a5）：ཤེས་རྒྱ་ཆེ་ཞིང་གཙུག་ལག་མཁས། །དབང་པོ་འཇིག་རྟེན་སྤྱོལ་ཡི། །གཙུག་ལག་མཚན་ལ་བྱོད་གནས་ཏེ། །མི་འམ་ཅི་ཡི་གཙུག་ལག་ཀྱང་།།，不空的汉译译作（T16, no. 682, 774a17-19）：“巧慧具诸论，帝释世间明，于彼法通达，及紧那罗论。”

④ 参考《论语·子罕》：“后生可畏，焉知来者之不如今也?”

⑤ 学无先后，达者为先。

⑥ 上人竟智，下人竟力。参考《新集文词九经抄》第 201 则：“君子心争，小人力争。”转引自《敦煌写卷新集文词九经抄研究》，第 235 页。

⑦ 虽然力士力大如牛，然而超不过牛，虽然信使迅疾如马，然而超不过马。

⑧ 参考《太公家教》：“含血损人，先恶其口。”

⑨ 最终没有不惑乱的情况。

⑩ 参考《太公家教》：“十言九中，不语者胜。”

之为“千两金山”[①]；说一句恶言，对人造成损挠，如同以利刃砍斫（他人）。[②]

12.《周易》书中有传曰：“一开始心中没有广大深远之思虑，近敌就会达至眼前。”[③] 对于有益之善法，若一点也不敢去做的话，难道不应该视作恶法吗？[④]

13.《仙书》[⑤] 中所谓：“一直以来于善法全然不知，一日行恶，迅即滋长。”

14. 吾观其要，贤人行贤法，初亦入于善中，末亦入于康泰中矣！恶人行恶法，初亦入于恶中，末亦入于烦恼中矣！由是观之，恶法属远离之类，善法属亲近之类。改事之力，人有之，人若不改，无有此理。

15. 以譬喻之，古人有谓之“孟轲”者[⑥]，年少失怙，母子二人相依，近肆安家而居，学一切屠户坟间之法，然母不喜，迁至教人学习之所而居，子亦学习文化，后成为大相。[⑦]

此为人有改事之力之譬喻。

16. 由是观之，家法及依止亲近二者，岂非至关紧要乎？

---

① 一诺千金。参考敦煌写本《杂抄》：“一言所（可）为千金。昔者子路南游，往辞孔子曰：‘愿赐一言，所（可）为千金。’孔子曰：‘君子不整其身则无功，不广学则无以辅君，不行仁义则无信，不行谦恭则无敬。思此四章，可为千金。’”转引自《敦煌蒙书研究》，第172页。

② 恶语伤人，如利刃斫。参考《新集文词九经抄》第150则：“一言之益，重若千金；一语伤人，痛如割（痛如刀斧）。”转引自《敦煌写卷新集文词九经抄研究》，第248页。

③ 参考《太公家教》：“人无远虑，必有近忧。”又见《论语·卫灵公》，以及（宋）张根撰《吴园易解》卷二。

④ 善不敢行，视若作恶。

⑤ 仙书：藏文原文为ལྷ་འི་ཡི་གེ。

⑥ 孟轲：藏文原文为འགེང་ཁ，对音应该是“荆轲”，从上下文看，འགེང 为འམེང之误写。

⑦ 参考《太公家教》：“孟母三移，为子择邻。”以及（西汉）刘向撰《列女传·卷一·母仪》：“邹孟轲之母也，号孟母。其舍近墓。孟子之少也，嬉游为墓间之事，踊跃筑埋。孟母曰：‘此非吾所以居处子。’乃去，舍市傍。其嬉戏为贾人衒卖之事。孟母又曰：‘此非吾所以居处子也。’复徙舍学宫之傍。其嬉游乃设俎豆，揖让进退。孟母曰：‘真可以居吾子矣。’遂居之。及孟子长，学六艺，卒成大儒之名。”

人之一身为父母所生，政事则拜朋友所赐。①

所谓“朋友所赐”，是善于依止亲近之极致。

近朱者赤，近墨者黑。②

骆驼刺虽短而无法支撑，若与麻一起生长，就会直直地生长。③

人若有朋友依止亲近，善或不善之范例如同此等。勤于耕耘之人，以稻糜为食；勤于学习之人，以宰相为业。若耕田而不播种，则成业之劳顿；若生子而不教授，谓之虚耗衣食二者。④（此为）世间贤法之中，任何人皆可请教咨询之道理。

小人为财以命相争，君子以谦逊而称扬世间。⑤

17. 对比自己年长一半者，应该以唯如父亲般的标准来恭敬，年长十岁者，应唯如兄长般恭敬！⑥

三个人一起走的话，其中亦有师长，应根据事实和学识来作（师长），（而）不要根据年长的方面。⑦

虽未达至善与贤良，应该如同（对待未能解决的）一丝疑惑般追索，对于恶与不善，应该如同向火塘中伸出一点指头般迅速抽手。⑧

对他人指责也好，对他人还口也好，若先自己找自己的短处，自己对自己还口，就会想起（自己）有可指摘；若一开始对他人指责

---

① 参考《新集文词九经抄》第377则：“生我父母，知我朋友。”转引自《敦煌写卷新集文词九经抄研究》，第275页。

② 参考《太公家教》。语出（晋）傅玄：《太子少傅箴》，参见（明）梅鼎祚编：《西晋文纪》卷十，以及张溥编：《汉魏六朝百三家集》卷三十九。

③ 参考《太公家教》：“蓬生麻中，不扶自直。”语出《荀子·劝学》：“蓬生麻中，不扶而直。”

④ 参考《太公家教》：“勤耕之人，必丰谷食；勤学之人，必居官职。良田不耕，损人功力；养子不教，费人衣食。”

⑤ 参考《太公家教》：“小人为财相杀，君子以德相知。”

⑥ 参考《太公家教》：“陪年已长，则父事之；十年已长，则兄事之。”

⑦ ཀན་པའི་ཁ་ན་མ་ལུས：字面意思是“不留在年长的方面”，也就是说不靠年长与否来确定师长，而靠正直和学识。参考《太公家教》：“三人行，必有我师焉，择其善者而从之，其不善者而改之。”语出《论语·述而》。

⑧ 参考《论语·季氏》：“见善如不及，见不善而探汤。”

和还口，就会（认为）自己无可指摘。[1]

人若真正有本事，并不挂在面容脸色上，大海不能用斗来衡量。[2]

以譬喻之，薄薄的茅草屋中有贤人，艾草的近旁会产生馨香。[3]

谁都不要去挑起争斗！挑起争斗的最终会产生伤害。[4]

若贤人听闻了他人好的传闻，会在口头宣扬流传；一个人犯了过错，（贤人）会深深地掩盖和隐藏。[5]

他人若有过失，不要在口头宣扬！自己即使有一点点好，也不要立即志得意满！[6]

吾观其要，天空中没有比飞翔的鸟儿更快的了，（但是鸟儿）没有警觉到大风的扬起。[7]

太阳和月亮二者的光辉明亮，（但是日月之光）不在倒扣的盆的下方生起。[8] 虽然没有比江龙更有神力（的生灵），但是（江龙）不伤害陆地上的人。虽然没有比刀剑更锋利（的东西），但是（刀剑）不斩无有罪过的人的头。[9]

鬼魅麻烦虽大，不入谨慎（者）和供敬[10]者之门。

此为自不犯过，心中无愧，孰皆无法与之为敌之譬喻。

18. 《礼记》中有传曰："不行警惕之门，聚讼恒常来至。"[11]

---

① 参考《太公家教》："欲防外敌，必须自防；欲扬人恶，便是自扬；伤人之语，还是自伤。"

② 参考《太公家教》："凡人不可貌相，海水不可斗量。"后半句话语出《淮南子·泰族训》："江海不可斗斛也。"

③ 参考《太公家教》："茅茨之家，或出公王；艾蒿之下，或有阑芳。"

④ 参考《太公家教》："助斗得伤。"

⑤ 参考《太公家教》："闻人善事，乍可称扬；知人有过，密掩深藏。"

⑥ 参考《太公家教》："是故罔谈彼短，靡恃已长。"

⑦ 参考《太公家教》："鹰鹞虽迅，不能快于风雨。"

⑧ 参考《太公家教》："日月虽明，不照覆盆之下。"亦见于敦煌写本《百行章·平行章第十九》："日月虽明，覆盆难照；时君至圣，微兴难知。"转引自《敦煌蒙书研究》，第329页。两相对照，二者所出现的语境并不一致。

⑨ 参考《太公家教》："蛟龙虽灵，不煞岸上之人；刀剑虽利，不斩无罪之人。"

⑩ 供敬：藏文原文为རིམ་གྲོ，这个词有靠近作供养崇拜之义，这里可以理解为作经忏法事，驱除鬼祟。

⑪ 参考《太公家教》："不慎之家，苦于官府。"

糜成熟后不收割的话，会成为小鸟和老鼠之食物。屋漏了不遮盖的话，房梁一定会朽坏。行军者麻痹大意[①]的话，部队会陷入艰险中。[②]

如是，对于谨慎和恭敬承事，做任何事情都应该如此。

19.《孝经》中有传曰："在君王周遭随侍，要忠心耿耿；在父母之后，要行大孝。"[③]

若为了听闻礼，有趋往师尊堪布近旁学习之理，无有堪布趋往弟子近旁之理。[④] 若离开父母，受堪布教授，最终对自己的事业有益。语从口出，要能控制！传统的贤法要发扬光大！若贪恋贤法则善，对恶法切勿贪恋！

内心若正直真实，勿行离间奸邪！[⑤]

20.《孝经》中有传曰："若行甜言和供养承事，不行骄傲自满之恶法，露水也会生出甜味；若行骄傲自满之恶法，是为一切罪过齐至之地。"

21. 孔子儒童曰："吾观之，人说很多年轻人的话，说到点子上的很少；君子寡言少语，最终有益之数则多。"[⑥]

22. 先传有曰："说一句话，提升一个国王的政事；[⑦] 说两句话，知王政长治久安。话落到点子上，多言亦不应谓过。"

若行善法，虽多多行，人亦不以为忿。

由是观之，一切聪明人，说任何话，做任何事，都分别对待，应根据古代先贤的准则行事！

---

① 麻痹大意：藏文原文为རེམ་གྲོ་ཆུང་ས。

② 参考《太公家教》："禾熟不收，苦于雀鼠；屋漏不覆，坏于梁柱；兵将不慎，败于军旅。"

③ 参考《太公家教》："事君尽忠，事父尽敬。"语出《孝经·士章》："故以孝事君，则忠；以敬事长，则顺。"

④ 这句话中的"礼"和"理"，藏文用的都是ཆོས，此处的翻译参考了《太公家教》："礼闻来学，不闻往教。"语出《礼记·曲礼上》。

⑤ 以上几句话参考《太公家教》："舍父事师，必望功效。慎其言语，整其容貌。善事须贪，恶事莫乐，直实在心，莫作诈巧。"

⑥ 参考《论语·先进》："夫人不言，言必有中。"

⑦ 参考《论语·子路》："一言而可以兴邦，有诸？"

自己心里面所不乐意的，也不要教示给他人！[①]

23. 孔子（曰）：“吾观之，君子贤人虽自己行贤善正直，但归功他人，虽然是他人犯过，但是（君子）自己认错。”

24. 先传有曰：“非礼[②]眼亦不视，口亦不言，耳亦不闻，非礼情亦不动，不作贪恋。”[③] 不贪则善之喻：古有一雁为人所擒，置入地（上）之竹篓，养而（将）杀，雁黠慧，日减谷七粒（而食），遂致消瘦，由竹篓孔隙出而逃之。此为不贪则善之譬喻。禽不解义，尚知不贪为善，解义之人，岂不应如是思之？

世俗俚语中（言及）诸贪婪而富贵者，大恶之人也；[④] 不贪而贫贱者，持续欢喜也。[⑤] 财富确实对人既有利处，也有害处，习语中说：“人为了财富而衰败；鸟为了食物而死亡。”[⑥] 实或非实？若确实如此，为何不思量之？

昔有古人曰“杨震”者，有人施财，震不欲（得），财主曰：“孰亦不知，且受之。”震言：“有四知，天知、地知、汝知，吾知。有四知，吾不欲。”不受。[⑦] 古人曰“叔节”者，断除了与女共宿、酒及财三者。[⑧] 此二人如此质直坚定，将自己的身体和事业待若珍宝，黄金和珠宝等则看得很轻。虽处处遭厄，亦行正直，对国王忠心耿耿，对父母行大孝，堪为一切聪明人之榜样。若话语两舌[⑨]，行盗窃等，众人中之恶人也，勿听恶语！离间及胡作非为者，臣子中不入

---

① 参考《太公家教》：“己所不欲，勿施于人。”教示：藏文原文为སྟོན，P. T. 988 读作སྟོང，可能是གཏོང的命令语气ཐོང的异写，若是如此，则 P. T. 988 的读法更准确。还有一种可能就是中村不折旧藏本将“勿施于人”读作了“勿示于人”。

② 礼：藏文原文为ཆོས。

③ 参考《论语·颜渊》：“非礼勿视，非礼勿听，非礼勿言，非礼勿动。”

④ 或即言为富不仁。

⑤ 或即言安贫乐道。参见《文子·上仁》：“圣人安贫乐道，不以欲伤生，不以利累己。”

⑥ 人为财死，鸟为食亡。

⑦ 参考《后汉书》卷五十四《杨震传》：“（杨震）道经昌邑，故所举荆州茂才王密为昌邑令，谒见，至夜，怀金十斤以遗震。震曰：‘故人知君，君不知故人，何也？’密曰：‘暮夜无知者。’震曰：‘天知、神知、我知、子知，何谓无知？’密愧而出。”

⑧ 叔节是杨震次子杨秉之字。参考《后汉书》卷五十四《杨震传》：“秉性不饮酒，又早丧夫人，遂不复娶，所在以淳白称。尝从容言曰：‘我有三不惑：酒、色、财也。’”

⑨ 两舌：藏文原文为ལྗེ་རེ，我们读作ལྕེ་གཉིས。

忠心耿耿（之流）。黎民中不入大孝者（之流）。

闻悦耳语而不喜者无有。悦耳动听的两舌语，传称比蜂蜜还甘甜，虽然一时高兴，却无究竟的利益。

25.《大雅》[①] 中有传曰：“人无富贵贫贱，但凡谦逊及有魅力[②]者，是为富；说谎及行邪行者，是为贫。”

人无谦逊魅力，无有生处[③]，车无轮不行。[④]

积聚稻糜，以需饥馑之粮；积聚谦逊，以惜困厄之备。

人无财者，不应称之为“贫”，无有惭愧谨慎及魅力，称之为“贫”，如是，谦逊甚为紧要。

26. 对贫贱者不可欺侮，对富贵者不可趋炎附势，日月二者环绕（运行），贫富二者亦处一榻。[⑤]

以譬喻之，贤者“太公”于河滨（直钩）钓鱼[⑥]而住，使任为相；所谓“相如”者，于市井卜卦而住，使任为相。[⑦]

虽有好珠，若不拂拭，不堪为宝；一身之中，虽有干劲和心劲，不练不学的话，才艺和本事不能显示。[⑧] 如是，学习和陶冶至关紧要。幼童从小学习，犹如初升之日；壮而练之，与日中等；老而后学，与日暮等；完全不学，同于夜晚在冥暗中行走。[⑨]

---

① 大雅：藏文原文为ཡི་གེ་དེ་འགའ，从对音来看，དེ་འགའ似乎对应的是“大雅”。

② 魅力：藏文原文为གཟུངས，佛教语境中，该词为“咒语、陀罗尼”之意，或许这里指的是人的威严，权且译为“魅力”。

③ 字面意思是没有出生的地方，སྐྱེ་བའི་གནས，根据佛教，一般译为“生处”，有四种生处：胎生、卵生、湿生、化生。这里可能的意思是“一无是处”。

④ 参考《论语·为政》：“人而无信，不知其可也。大车无輗，小车无軏，其何以行之哉？”

⑤ 参考《太公家教》：“贫不可欺，富不可恃，阴阳相摧，终而复始。”

⑥ （直钩）钓鱼：藏文原文为ཉ་བོར。

⑦ 参考《太公家教》：“太公未遇，钓鱼渭水。相如未达，卖卜于市。”

⑧ 参考《太公家教》：“明珠不莹，焉发其光；人生不学，言不成章。”

⑨ 参考《太公家教》：“小而学者，如日出之光；长而学者，如日中之光；老而学者，如日暮之光；老而不学，冥冥如夜行。”亦见于敦煌写本《杂抄》，录文参见《敦煌蒙书研究》，第172页。语出《说苑·建本》：“晋平公问于师旷曰：‘吾年七十，欲学，恐已暮矣。’师旷曰：‘何不秉烛乎？’平公曰：‘安有为人臣而戏其君乎？’师旷曰：‘盲臣安敢戏其君乎？臣闻之：少而好学，如日出之阳；壮而好学，如日中之光；老而好学，如秉烛之明。秉烛之明，孰与昧行乎？’平公曰：‘善哉！’”

27.《礼记》有言："君子虽穷，然不移志；小人虽富，然不生名。"[①]

28. 孔子曰："学而后通之譬喻，（犹如）牛马等等，虽不解义，鞭笞而学，堪为驱策。人子学习亦是如此。"

29. 往古太公之教结束。

（二）P. T. 988 第42—62 行汉译

1. 贤者于途中看见叫做"荆树"的（做）鞭子的原料，贤者对此树作一揖而去。若问为何对树礼敬，此人回答："以此树做成鞭子，（能）鞭打我，今如此知晓而学会（辨认）此树，是为能人，（所以）对其如此顶礼。当今（像）你（一样）的后人如果也根据先代法则而行事，幸福安康旋即而至。"

2. 愚者说："比起学习万千诸多经书，（我）更喜欢一袋铜钱，困厄之际能马上享用，学习经书，困厄之际不能马上利用。"

3. 贤者回答说："穷一生而学艺，非常有价值，不学习的话，人为恶法所束缚，以后无法得到净治[②]。比起一袋沙金，（我）更喜欢一卷文书。[③]"

4. 若以譬喻来（说明）人有钱财，就像树上有果实一样，日后会对树本身造成损害，人拥有钱财，最终会贬损自己的事务。

5. 孔子说："若知足的话，不会感到困窘[④]。拥千两金山，财不为大，一开始精进学习，通晓技艺，一技在身，恒为富足。[⑤]"

6. 愚者关注钱财，不关注人身。若无钱而有身[⑥]，用人去找钱，找得到；若有钱而身不存[⑦]，用钱去找人，找不到。由此看来，把自

① 参考《太公家教》："君子固穷；小人穷斯滥矣。"语出《论语·卫灵公》。

② 藏文此处不清楚，这只是权宜的翻译。

③ 参考《太公家教》："积财千万，不如明解一经。"

④ 参考《新集文词九经抄》第182则："知足则无害。"转引自《敦煌写卷新集文词九经抄研究》，第229页。《老子》第四十四章："知足不辱。"

⑤ 参考《太公家教》："良田千顷，不如薄艺随身。"《颜氏家训》："积财千万，不如薄伎在身。"

⑥ 藏文为"有钱而身不存"，据上下文意改。

⑦ 藏文无此句，据上下文意补。

己的身体和技艺两者当作最紧要的，难道不对吗？

7. 愚者回答说：“人和钱财二者是一起产生的，没有钱财也不合适。”

8. 贤者之书《周易》中有传曰：“财为身敌，应怖畏！酒为身毒，应戒除！任何不洁虚假污秽，对心的（分辨）能力有损害，应抛弃！言辞暴戾，内部的分歧就会产生①，应忍耐！② 见人诤斗，应指摘！见行非法（之事），应指出！助伴和方法没有到位时，应规避！”若对应规避者不予规避，犹如鸟困于网，鱼执于钩，诸种不谋划（的）过患的譬喻如此。若事先不谋划，事后追悔，无有是处。③

9. 先传有曰：“先难后易，事之理④也，先易后难，与事理不符。”吾今观之，人有（此等行事者）为少，（行事）不合而灭亡者为众。

10. 施行善法，名声很好，不会超出门槛；施行恶法，名声很臭，会传至千里之外。⑤

11. 做错一件事⑥，犹如做错百件事。⑦

12. 说很多话，对身体会有损害，拥有小小的技艺，对身体有好处。

贤王不赞扬谗佞之臣，贤父不慈爱不孝之子。⑧

---

① 分歧：藏文为གཅུག（ས），该词有两个含义，一为亲爱，二为挑拨离间，此处应选挑拨离间之意。参见赞拉·阿旺措成编著：《古藏文辞典》，北京：民族出版社，1996 年，第 156 页。若参考《太公家教》，似乎应读作བཙོག（恶）。

② 参考《太公家教》：“财能害已，必须畏之；酒能败身，必须戒之；色能招害，必须远之；愤能积恶，必须忍之。”

③ 参考《太公家教》：“见人打斗，即须谏之；见人不是，即须教之；非是时流，即须避之；罗网之鸟，悔不高飞；吞钩之鱼，恨不忍饥；人生误计，恨不三思；祸将及已，恨不忍之。”

④ 理：藏文原文为ཆོས。

⑤ 参见《增广贤文》：“好事不出门，恶事传千里。”

⑥ 事：藏文原文为ཆོས。

⑦ 一错百错。

⑧ 参考《太公家教》：“多言不益其体，百伎不妨其身。明君不爱邪佞之臣，慈父不爱不孝之子。”

忠臣对贤王不表现出忤逆之心，孝子对贤父不表现出忤逆之心。[①]

一切聪慧之人应在心中如是思虑而行动！凡诸行事，未有不善。

13. 若根据此书所载而行，犹如首先只有一灯，终至增长为百灯，光明遍照，贤善无有穷尽之时。[②]

14. 一切人等，须听闻此书！若书写听闻一行，在技艺长进方面大有裨益。

15. 此往古之譬喻为先贤之范例。

（选自萨尔吉、萨仁高娃：《敦煌藏文儒家格言读物研究——以中村不折旧藏本〈古太公教〉为中心》，《中国藏学》2017 年第 1 期，有增删）

① 参考《太公家教》："孝子不隐情于父，忠臣不隐情于君。"

② 参考鸠摩罗什译《维摩诘经》："譬如一灯，燃百千灯，冥者皆明，明终不尽。"《大正藏》第 14 册，第 543 页中栏 19—20 行。"冥者皆明，明终不尽"一句不见于《维摩诘经》的梵文本和藏译本。

《孔子项托相问书》

——P. T. 992

一、解题

P. T. 992号文书，共75行，字迹清晰，文书完整，原卷无标题。现根据其内容，与《敦煌变文集》下集第231—235页《孔子项托相问书》相对照，可确定为其藏译文。因此，P. T. 992可命名为《孔子项托相问书》。P. T. 992还有两个类似写本，即P. T. 1284、IOL Tib J 729。P. T. 1284共74行，首尾完整，错别字多，既有抄错的衍文，也有抄漏的阙文。末行署名ཤིག་ཧྭ་ཡན（石华延），应为初学藏文之汉人所抄。此卷与P. T. 992比较，字迹不如后者清晰，有几处用词不同，语序不一，可能抄自另一底本。IOL Tib J 729，斯坦因原编号Ch. 73. IV. 2，全卷共69行，首尾均有残缺，背面无字。

冯蒸曾在《青海民族学院学报》发表题为《敦煌藏文本〈孔丘项讬相问书〉考》一文，后又转载于《敦煌古藏文文献论文集》下册。[①] 他在注释②、④中说明：P. T. 992号文书原卷未见，据法国学者苏远鸣（Michel Soymié）的Léntrevue de Confucius et de Hiang Tó（*Journal Asiatique*，242，1954，pp. 311-393）一文所示的藏文拉丁转

① 冯蒸：《敦煌藏文本〈孔丘项讬相问书〉考》，见金雅声等主编：《敦煌古藏文文献论文集》（下册），上海：上海古籍出版社，2007年，第496—511页。

写加以转引，在翻译过程中曾参考其法文释文。冯蒸译文文字流畅，分析也较全面，遗憾的是缺少原卷藏文录文。该文转载时，由于出版社与印刷厂无人懂藏文，加上法国式藏文拉丁转写十分繁杂，一个 n 字上面加一点代表ང，上面加一横代表ཉ。另外，还有加ˇ和′等符号，排版时经常遗漏 n 字上面之小点，致使诸多གང 字成了གན 字，དང 字成了དན 字，整篇转写录文，无法卒读。

二、汉译文

往昔，孔子乘车东游，路遇三幼童。二幼童在玩耍，一幼童既不玩耍，且脸色严肃。孔子问道："［尔等］三小儿，二人欢乐玩耍，一人既不玩耍且脸色严肃，这是为何?"一幼童答道："我曾听说，两人玩耍逗乐，若一人伤害了一人，必然发生斗殴，若发生斗殴，除了撕破衣服别无其他。若一人要杀一人，轻则一人伤害一人，上至败坏父母名声，下至叔伯受到牵连，故而［不与他们］玩耍。"

孔子曰："小儿你如此年轻，却懂诸多道理，这是为何?"

幼童道："小龙出生三日能游大海；小驹出生三日能行千里；小兔出生三日能奔驰视力所及三倍之地；婴儿出生三日能识父母，此乃世间常事，何足为怪。"

孔子曰："善哉！善哉！小儿你姓甚名谁?"

幼童道："我无姓无名。"

孔子曰："何人无名？何山无石？何水无鱼？何男无女？何女无夫？何树无枝？何牛无犊？何马无驹？何门无闩？何车无轮？何火无烟？何刀无鞘？何人无名?"

幼童道："土堆之山无石；井水无鱼；化身仙人无妻；玉女（玻璃女人）无夫；泥牛无犊；木马无驹；单身旅客行走无妻；枯树无枝；剪刀无鞘；二人所抬之辇车无轮；墓门无闩；萤火无烟；坟地集市无利；我也同上；无姓无名。"

孔子曰："善哉！善哉！吾车内有棋盘，你我二人亲密无间，痛快地下一局，可否?"

幼童道："我曾听说，国王沉迷于此，则不顾百姓生计；大臣沉迷于此，则风雨失期（时无宁日）；商贾沉迷于此，则输却家私；农夫沉迷于此，则会错过耕种农时；出行人沉迷于此，则会遭受损失；小儿沉迷于此，背脊则遭笞挞；我也与上相同，故不想与你痛快玩耍。"

孔子曰："善哉！善哉！小儿你来我车里，一起周游天下，可否？"

幼童道："我家父母［管教］严厉，既要为父亲丧葬，又要让慈母安乐，又要教育小子幼弟，不能去周游天下。"

孔子曰："善哉！善哉！你我二人秘密结盟，若有美酒则相互邀请，若有斗殴则相互援助，周游之后分手，可否？"

幼童道："经常喝酒名声败坏；作斗殴相助之友，日后仇恨加深。因此，不如远离避之。"

孔子问："父母亲，还是妻子亲？"

幼童道："父母亲。"

孔子曰："妻子亲。为何说妻子亲？活时同床共枕，死后共葬墓穴。"

幼童道："父母亲可比作何物？可比作树根。妻子不亲可比作何物？可比作车轮。树根若断，则百枝干枯。一位母亲去世，十个孩子则成孤儿。马车旧了可以翻新。妻子去世，可以再娶。繁星聚集，也抵不上一轮明月光亮。一窗六牖之亮光，也比不上户门进来的光芒。一根针眼，能穿过千条绺线。夫子，所谓妻子亲、父母疏之看法，是愚人国里才如此吧。要说父母恩，终身难忘。"

孔子曰："极好！极好！小儿，我问你，我与宇宙从何而来？谁为父？谁为母？何为雄？何为雌？何为左？何为右？风从何处刮来？雨从何处降下？何人为贵？何人为贱？天地二者空间，相距上千里，问你这是为何？"

幼童道："将事物如此分开询问无意义。天为父，地为母。太阳为夫，月亮为妻。东方为右［，西方为左］。南方为外，北方为内。风从昆仑山刮来，雨从东北山降下。富人为贵，穷人为贱。天地之间相距十万九百九十［里］，四边成正方形。夫子，你是长辈，［你］前面问我之事，从何而来？”

孔子无言对答，将马车调转走了三里，见路上一小孩正追杀一只逃窜水鸟。孔子拴住马车后说道：“小儿，此水鸟不食五谷，它犯何罪，你等要打杀它？”

小孩答道：“夫子，你只知其一，不知其二。我曾听说，男儿至十五岁，便能代父从军；女孩至十岁，便能替母做饭；水鸥生下八日，便将父母置于窝内，喂食报恩。此水鸟从母肚一形成，便与其他动物不一样，在母腹将其心、肺吃掉，才啄破母背出来，不丧葬其母，到树上一个劲儿乱叫。［我］并非喜食鸟肉，只想杀死此不肖子孙而已。”

孔子句句听得真切，［愧得］浑身出汗，十分惊惶，直接调转马车返回［故里］，选择［吉利］年月，才给父母举行丧葬。孔子也得大孝之名声。

化身幼童答孔子书讫。

（选自郑炳林、黄维忠主编，陈践编：《敦煌吐蕃文献选辑·文学卷》，北京：民族出版社，2011 年，第 210—220 页，有删节）

脉诊书

——P. T. 1054r

一、解题

P. T. 1054 是一件藏医写卷，写于连缀在一起的 4 张仿贝叶经形制的长方形纸上，4 张纸的长缘用线缝合，成为一幅近乎正方形的卷帘式纸页。整幅纸页正面的内容为脉诊，背面为药方。正面与背面文字的方向相反。以往发现的纸本敦煌藏文文献，多是宽幅纸张沿短边粘接成卷轴，或是未装订的仿贝叶长条形活页纸，也有少量装订成册的蝴蝶装，而这一卷帘形制的写卷，为敦煌医书中所仅见。

这种在缀合的长条纸页面上书写的方式，与卷轴相仿。P. T. 1054 写卷是整幅单面连续书写的，而不是像贝叶经书那样每个单页正反面交替书写。写卷正面近缝合缘处，有部分字划被缝合线遮掩，可据此推断是单页书写之后才缝合的（抑或后来重新缝合过）；反面的文字离缝合缘较远，没有字划遮掩现象，很可能是在纸页缀合成幅之后才书写的。

藏医写卷正面（P. T. 1054r）文字共 17 行：第 1 页 4 行，第 2 页 5 行，第 3 页 4 行，第 4 页 4 行。具体内容可分为 4 部分：（1）第 1 页第 1 行第 1 句。该句之前文字残缺，结尾处有圆满词，在双垂符间竖写 2 个圆圈，是为段落标示符，说明前述内容到此结束。从残留文字看，这一部分是讲诊断。（2）第 1 页第 1 行第 2 句—第 2 页第 1 行第1句，专论“区分五脏病不同的诊法——浮脉三部主病”，结尾处在双垂符间竖着写有4个圆圈，表明该项内容结束。(3) 第2页第1行第2句—第4页第2行双垂符间竖写的2个圆圈之前，阐述诊脉时间、位置、五脏脉位、寒热脉、疾病脉、鬼邪脉，以及脉象预后等。(4) 第4页第2行双垂符间竖写的2个圆圈之后的2行多文字，论述死脉、奇脉。

总的来看，这一写卷书写风格前后一致，笔锋流畅有力，在敦煌藏文写本中，有多件文书的书写特点与之非常相近，由此推测，该写卷应该是专职抄写工匠在敦煌地区抄写的，抄写者很可能是居住在敦煌的藏族人。其中虽然仍有少量古文的用法，如：མྱི的基字མ下，有下加字ཡ་བཏགས，འྀ和ཡྀད等元音符号反写等特点，但总体上看来其文法比较规范，可推定为第2次厘定藏文，即9世纪中期之后不久的抄本。

P. T. 1054r虽憾为一残卷，但其脉诊的内容应该早于《月王药诊》中的“脉诊十章”。这是已知现存最早的藏医脉诊文献，是研究吐蕃时期藏医史的重要文献。本处除列出汉译文外，特别加以笺注。

二、汉译文及笺注

[译文] ……问是否寒风，有病也。

[注释] 词句以上残缺。从残存的词句看，这句以上内容是讲问诊的。

[译文] 区分5种精脏（脏器）病差别的诊法，第1手指（食指）下的脉浮者，风所中也。由热引起，头痛之类也。所谓浮者，手指按时，（脉）大而动摇，松散而凸起，此搏动之名为“突起”也。……（中指）下脉浮，内弱（消化不良），糌粑不进（不欲饮食）之类。后指（无名指）下之……脉浮者，尿闭之类也。

[注释] 此处的诊脉方式，用“第1手指”“中指”和“后指”，实则为医者的食指、中指和无名指。依照一般的惯例，凡正常人的5个手指，都是从大拇指开始顺序排列下去的，然而，在这里的“第1

指”指的却是食指，很显然，这里的记述并不是按照惯例来进行，而是指通常诊脉所使用的 3 个指头。

［译文］人未劳作、未进食，太阳刚出升之时，（在）手……左、右的（掌后）横纹（后的）心脉（五脏脉），用 3 个手指按压的位置，认真地诊察：左手初为心脉，中间肝，后为左肾。右侧的第 1 为肺，中间脾，后边右肾也。脉搏动者，气息出入 1 次（1 息），脉不疾不徐（缓急适中）搏动 5 次，……此为正常脉也。（1 息间）脉动 6、7 次以上，为强（数）脉，为热，病脉也。（1 息间）3、4 次以下者，为迟脉，属寒也。脉粗大而轻疾（?）者，有热风，头痛，颈以上热。脉粗大而迟缓者，有寒风，腹鸣，……懒散。脉弱而沉者，内寒，腰、肝和肾病。脉弱而浮数者，内弱，热而纳呆。……有，不消化。脉时强时迟缓者，有邪也。脉数而软，搏动快者，酒和饮料未消化也。……弦而动……者，糌粑不消化也。左右脉相同地，哪个指头下脉强者（对应的脏器）有热。脉缓者寒也。患者体大脉细，息弱者难治也。患者体弱脉粗大，息强者……也。体大者息强有力者可治，体弱小者息弱者善也。

［注释］此处记录了诊脉部位，是用手指在腕部诊脉，寻找脉位的体表标志为“（掌后）横纹”，与《月王药诊》中的论述一致，而不似《四部医典》中以“骨头突起”为标志。同时，文中记述了用医者的 3 个手指去诊察，“左手初为心脉，中间肝，后为左肾。右侧的第 1 为肺，中间脾，后边右肾”，实际上这里指的是患者左、右手的初、中、后 3 个脉位，而不是医者的手指。中医的“寸关尺”脉位名称在汉代已经出现，其位置到 3—5 世纪最终明确。文本中虽然通篇未出现“寸关尺”或“冲甘恰”的记述，但是这种患者腕部左右脉位的位置，实际上就是中医“寸关尺”的位置。在脉位与五脏的对应关系上，文中“（患者的）左手——心、肝、左肾；（患者的）右手——肺、脾、右肾”的描述，与王叔和《脉经·两手六脉所主五脏六腑阴阳逆顺》中“心部——左寸口；肝部——左关上；肾部——左尺中；肺部——右寸口；脾部——右关上；肾部——右尺中”的记载相一致。对这一关系的记述不同于《四部医典》，而与

《月王药诊》一致。不过，这段只提到五脏对应脉位，而没有提及六腑与脉位的对应关系。此外，这一段记述中还出现了“糌粑”这种藏地特有的食物。

［译文］（死脉和奇脉）脉搏与蛙跳相似者，一跳跟一跳的；如鸡啄食般咄咄有力而间歇的；如沸水般……；如屋漏般搏动有力；如皮囊般变化者，三脉……。

［注释］唐代以前，中医脉学就有死脉或绝脉的脉象。这些特殊脉象最早起源于《素问》的真脏脉或曰死脉，如《素问·平人气象论》：“锐坚如乌之喙，如鸟之距，如屋之漏，如水之流，曰脾死”；“发如夺索，辟辟如弹石，曰肾死”。此后《难经·十五难》中有死脉的记载，如：“来如解索，去如弹石”“来如雀之啄，如水之下漏，是脾衰见也”。

古人记载死脉，都习惯用比喻的方法来形容其脉状。王叔和《脉经》将这些内容汇集为“扁鹊诊诸反逆死脉要诀”，其中十几种死脉基本上都是用比喻来表达的。例如“脉来如屋漏、雀啄者死，脉来如弹石、去如解索者死。脉困病人，脉如虾之游，如鱼之翔者死。脉如悬薄卷索者死，脉如转豆者死，脉如偃刀者死。脉涌涌不去者死。脉忽去忽来，暂止复来者死……”。藏文医学写卷的这段文字描述了4种死脉和奇脉跳动的特点，如蛙跳、如沸水、如啄食、如屋漏，因文字残缺，后面的论述无法得知。从已有的描述方式来看，与唐及唐以前中医对死脉的认识有相似之处。

［选自甄艳、刘英华：《敦煌藏医写卷译释（上）——脉诊内容研究》，《中华医史杂志》2016年第3期，有删节］

十二生肖人命相

——P. T. 127r1

一、解题

P. T. 127r（正面）的第一部分，第1—77行，内容是“十二生肖人命相”。这部分内容首尾完整，字体较潦草，卷面有多处磨损，字迹模糊不清，甚至缺失。其中还有不少古代汉语及其他民族语的借词（北斗七星名和古代国名）。与P. T. 127r1内容相当、敦煌本汉文写本P. 3398《十二时人命相属法》也是十二生肖命相文书。敦煌本藏文十二生肖命相文书，除本文译介的巴黎法国国家图书馆藏P. T. 127号写本之外，已知的还有2种，即伦敦大英图书馆藏IOL Tib J 748和IOL Tib J 1253，前者基本完整，后两者都是残卷。由日本山口瑞凤编写的《斯坦因收集敦煌藏文写本目录》可知，IOL Tib J 748残卷现存30行，其内容是关于从虎年生人至猪年生人（似乎少了兔年）的命相，IOL Tib J 1253号首尾残，仅存15行，内容是关于牛、虎和兔年生人的命相。显然，这3个本子是相互独立的，是异抄本。IOL Tib J 748（1）最后一句“བཙུ་ཡག་གྱི་ཡི་གེ་རྫོགས་སྷོ||”（译文：“久亚”之书结束）显然是整篇的结尾。བཙུ་ཡག应该是གཙུག་ལག，在P. T. 127号写本开头题名一行中有。IOL Tib J 748（1）最后一句“གྱི་ཡི་གེ”，P. T. 127r1写本中残存的གྱ་ཡ་ག应该是གྱི་ཡི་གེ。笔者未见IOL Tib J 748和IOL Tib J 1253的照片，也未见全部残存文字的誊录本。

英藏敦煌藏文文献 ITJ 741 和 ITJ 748 残卷中也有同类的内容，陈践先生做过专题研究和翻译[①]。

本文书使用的元音符号 ི 有正反两种写法，有时用逗号代音节符，诸如此类的字反映了古藏文的特征。在标点符号方面，有起始符两种，一个是 ༄||，位于篇首，或一个新的单元起于行首时。另一个是花朵状的符号，用于一个新的单元前，紧接前一单元结尾后两个双竖线符之间，偶尔也用于行首 ༄||，双竖线之间。通常写在行外，像是在文字抄好后补插入符号。

本命相文书是基于十二生肖，同时提及了北斗七星名和域外地名，提及度量衡、粮食品种以及人的性格分型等方面，对于研究吐蕃时期科技有参考价值。学界研究方面，罗秉芬、刘英华汉译、笺注并与敦煌汉文十二生肖文书作过对比研究[②]，陈于柱先生先后发表了相关研究[③]，陈践先生给出汉译本[④]。本处除列出汉译文外，特别加以笺注。

二、汉译文及笺注

［译文］古稀幻化之人所作经文，向后辈传授垂范之经文，（可预）见福禄大小、生年属相相宜否、凶吉等等。

鼠年生人者，星宿（北斗七星）之东方大帝之子，命落于鼠身。降生于鼠年之后，俸禄每日黍一升（石?）。衣服宜穿红色，病时宜服红色药。（为人）心地善良，但不专一，擅长农业。其危险厄运者：仲夏月与仲冬月，此两月之内不宜探视病人、吊唁死者。鼠与马相不合（相冲）。

① 陈践：《英藏敦煌占卜藏文文献十二生肖命相残卷译释》，《西藏民族大学学报（哲学社会科学版）》2017 年第 6 期。

② 罗秉芬、刘英华：《敦煌本十二生肖命相文书藏汉文比较研究——透过十二生肖命相文书看汉藏文化的交融》，《安多研究》（藏学论文第二辑），北京：民族出版社，2006 年。

③ 陈于柱：《敦煌藏文本禄命书 P. T. 127 推十二时人命相属法的再研究》，《中国藏学》2009 年第 1 期。

④ 见郑炳林、黄维忠主编：《敦煌吐蕃文献选辑 · 文化卷》，北京：民族出版社，2011 年。

［注释］关于方位、星宿、帝神名：马王堆帛书《五星占》："北方水，其帝端玉（颛顼）。"《淮南子·天文》高诱注："颛顼，黄帝之孙，以水德王天下，号曰高辛氏，死托祀于北方之帝。"《唐开元占经》（卷五十三·辰星占一·辰星名主一）："天官星占曰：辰星，北方之位，黑帝之子。"又"荆州占曰：辰星，太阴之精，黑帝之子"。然而，上面的记载还只限于星宿、神仙和帝王，似乎没有普通人的份。作为一般意义上的人与五行和天神的对应关系是怎样的呢？中医经典《黄帝内经灵枢》卷三十九"阴阳二十五人第六十四"（以下简称《灵枢》）记载："水形之人，比于上羽，似于黑帝"，五行中属水的人，与黑帝相似。藏文本鼠年对应东方与红色，显然与规定不符，应是误写。汉文本中，亥猪、子鼠两肖人都属北方黑帝子。从此面上看，汉文本此条所谓"北方黑帝"中的方位是地理方位，但据上引星占书和藏文本记载方位都是指星宿在天空的方位，如果用图来表示的话，是星图（上北下南）而不是地图（上南下北），与地图坐标相反。在汉藏本一部分段落中有说明某属相人所属的星名，而在这一段没有说明。今录隋代萧吉《五行大义》卷四引《黄帝斗图》（以下简称《斗图》）记载供参考，《斗图》载："七星一名贪狼，子生人所属。"（引自《丛书集成初编》）

［译文］牛年生人，北斗七星北方大帝之子，以前世不守法，故降生于牛年。俸禄每日黍半蕃克。着衣及服药宜黑色；为人虽正直但善变化，口恶（骂人）易发怒，对人心怀歹意。结交权贵，可获官爵告身，无论身处何方均适宜。好听谗言，本领高超，傲慢且好面子。最终娶妻二度，子孙成器。若十二岁、二十岁不死，恶语止息，但"阴卓"鬼缠身。十年不死，则可活百岁。月份忌讳：季冬月与季夏月，此两个月中不宜探病及吊唁。

［注释］《唐开元占经》（卷三十八·填星占·填星名主一）记载："石氏曰：填星主夏季，主中央，主土，于日戊己，是谓黄帝子。"《灵枢》记载："土形之人，比于上宫，似于黄帝。"根据汉族传统数术学说，十二地支中丑、辰、未、戌四支属土，分属东北、东南、西南、西北四隅，其他八支当中亥、子属水，北方，色黑；寅、

卯属木，东方，色青；巳、午属火，南方，色赤；申、酉属金，西方，色白。此处，“北方”应为“东北方”之误写。藏文本没有将辰、戌、丑、未四支归属四隅属土，十二属相三个一组，分属四方，所以猪、鼠、牛属北方，黑色；虎、兔、龙属东方青色；蛇、马、羊属南方红色；猴、鸡、狗属西方白色。汉藏文本差异在于他们依据的理论差异。需要指出的是，汉地数术与中医都有一年五季学说，即一年分为“春、夏、长夏、秋、冬”五季，分别对应着木、火、土、金、水五行，青、赤、黄、白、黑五色。春、夏、秋、冬各三个月，把每季第三个月之中的后 18 天拿出来，四季加起来共 72 天，这 72 天合为一季称为“长夏”，属土，黄色。据《贤者喜宴》引《金光经》（吐蕃时期已传入西藏）中关于季节的经文，一年当中季节的划分有四季和六季两种。其中四季说除了常规的春夏秋冬各三个月外，还有四季接合处各有 18 天，四季合起来共 72 天（藏文本，第 779 页）。约 9 世纪成书的藏医经典《月王药诊》和《四部医典 · 脉诊》中也有同样的记载，但是藏文生肖文书没有采用这个学说，可能说明藏文本比《月王药诊》年代早。又，《斗图》载：“（七星）二名巨门，丑亥生人所属”，由此知丑生牛相人命属巨门星。

［译文］虎年生人，北斗七星中的“当囊僧旺”东方青帝之子。因于彼地不守圣法之过，虎年降生。俸粮每日红米半蕃克。命在“既莲石林华树”之下也。二十岁将有报应，衣着与服药宜青色。人品：鲜耻、放任、欺侮他人、杀人不偿命、与主人等相合，无论何地均亏损。娶妻二度，子息成才。二十四、三十四、三十七、五十岁上有厄，“阴卓”鬼纠缠，如在此关口上不死，则可活到百岁。虎猴不合，孟春月、孟秋月不宜探病与吊唁。

［注释］《唐开元占经》（卷二十三 · 岁星占 · 岁星名主一）引“石氏曰：岁星，木之精也，位在东方，青帝之子”，又引“《天镜》曰：岁星主春，苍帝之子”；《灵枢》记载：“木形之人，比于上角，似于苍帝。”《七星法》记载：“寅戌生人，属禄存星，日食稻米一石六斗，受命八十五。”《斗图》记载：“（七星）三名禄存，寅戌生人所属。”藏文本“当囊”星官与“禄存”星官之关系待考。

［译文］兔年生人，北斗七星中之“谟中曲”星官，因前世不守法，降生于兔年。俸禄每日黍半蕃克，娶妻二度，聪明，手艺高，报恩如亲人。最终五子成才。十五岁上大厄，如不死可活到八十四岁。属相年不合者：兔、鸡不合；得子息而不得财富。月份不宜者：仲春月与仲秋月，此二月不宜探病与吊唁。

［注释］《七星法》记载：“卯酉生人属文曲星，日食小麦九斗，受命九十五。”又，《斗图》记载：“（七星）四名文曲，卯酉生人所属。”P. 3398 十二生肖本缺载星名，藏文本“玛窘阔”星与“文曲”星之关系待考。

［译文］龙年生人，北斗七星中之“烂耶（廉贞）”星，东方帝王之子。前世于西方素严之地修法不成，降生于龙年。命在“眼天平石”之下也。食禄每日麻子一捆另五蕃升。衣着及服药宜青色。……（收入?）小，债务多，羡慕他人财物而不偷窃。孝顺父母，心地善良。娶妻二度，十九岁上有大厄，如不死可活到八十四岁。最后得三子。龙年与狗年不合，季春月与季秋月不宜探病及吊唁。

［注释］“东方”应是“东南方”之误（参见前文“丑生牛相”条之笺证）。《七星法》记载：“辰申生人，属廉贞星，日食麻子五斗，受八十三。”又，《斗图》记载：“（七星）五名廉贞，辰申生人所属。”P. 3398 十二生肖本缺载星名。

［译文］蛇年生人，北斗七星内有“无国（武曲）”星官，（北）方帝王，前世住于东方“当海空贡”之地，官司缠身难解，故降生于蛇年。命属“天神”的“草书（奏书）”之下。俸禄每日豌豆五升。衣着服药宜红色。性耿直，能忍辱，正直，手段高。可娶二妻。十二岁、五十四岁大厄，如那年不死，可活到八十四岁。蛇年与猪年不顺。孟夏月、孟冬月不宜探病与吊唁。

［注释］《唐开元占经》（卷三十·荧惑占一·荧惑名主一）引“吴龚《天官书》曰：荧惑火之精，其位在南方，赤帝之子”，《灵枢》记载：“火形之人，比于上徵，似于赤帝。”《七星法》记载：“巳未生人属武曲星，日食大豆三石八斗，受八十七。”又，《斗图》记载：“（七星）六名武曲，巳未生人所属。”P. 3398 缺载，藏文本

“伍果”星与“武曲”发音接近。

［译文］马年生人，“衮僧旺”星南方赤帝之子，住于“印娄”地方。由于前世自大好胜，如今降生于马年。命相属“热瓦”之下。俸禄每日豌豆五升。衣着、服药宜红色。若去议会所，不善与人商讨。为人傲慢自负，出手大方，不侵害他人而且正直。娶妻二度，三十四岁遇敌，将有大厄。若那时不死，可活到八十岁。马年与鼠年不合。仲夏月、仲冬月不宜探病与吊唁。

［注释］《七星法》记载：“午生人属破军星，日食豆三石八斗，受命九十五。”又，《斗图》记载：“（七星）七名破军，午生人所属。”P. 3398 缺载。

［译文］羊年生人，北斗七星中的“国囊（武曲）”星官，即南方赤帝之子。前世于东方之东普其果修成神法，但半夜被打乱，故降生羊年；命相属热达先星贝得哇下。俸禄每日豌豆半蕃克。衣着及服药宜红色。心黑愚蠢，傲慢，……。十九岁、三十三岁有大厄。如那时不死，可活到九十九岁。最终五子成器。羊年牛年不顺，季夏月、季冬月不宜探病与吊唁。

［注释］《七星法》记载：“巳未生人属武曲星，日食大豆三石八斗，受八十七。”P. 3398“命属廉贞星”，与《七星》《斗图》二本所载“（七星）六名武曲，巳未生人所属”不一致。藏文“国囊”星官与“武曲”星关系待考。

［译文］猴年生人，北斗七星中属“同”星，西方白帝之子。前世于……（地名）修法不成，如今降落于猴年。命相属“体山根久夏”之下。俸粮每日麻子五大升，衣着、服药宜白色；不害人、知廉耻、有远见、为人可靠、能干、与友人亲近；二十岁、五十岁上有大厄，如那时不死，可活到九十岁。虎年与猴年不合，孟春月、孟秋月不宜探病与吊唁。

［注释］《唐开元占经》（卷四十五 · 太白占一 · 太白名主一）载“吴龚《天官书星占》曰：太一位在西方，白帝之子，大将之像。一名天相，一名大臣，一名太皓”。《五行占》：“西方金，其帝少浩（皓），（中略）其神上为太白。”又《乙巳占》（卷六）：“太白占第

三十四：太白，一名天相，……”《灵枢》记载：“金形之人，比于上商，似于白帝。”P. 3398汉文本申生猴相对应于西南方，而且“西南方白帝子”和“不得向西南方大小便”前后两处都写作西南方，与前文规则不符，“西南方”应该是“西方”之误。相比较，藏文本“西方白帝之子”的说法更合理。《七星法》记载：“辰申生人，属廉贞星，日食麻子五斗，受八十三。”P. 3398“命属廉贞星”，与《七星》《斗图》所载“（七星）五名廉贞，卯酉生人所属”一致，藏文“同”星与“廉贞”星关系待考。

［译文］鸡年生人，属“中曲（文曲）”星官，即西方白大帝之子。前世作恶偷盗，如今降生鸡年。命属“天辛辛吉幸廉华束”之下。俸粮每日小麦五蕃升。衣着、服药宜白色。不对他人作恶，有忍耐性，先苦后甜。十八岁、三十二岁上大厄，如那时不死可活到八十二岁。鸡年与兔年不合，仲春月与仲秋月不宜探病、吊唁。

［注释］《七星法》记载：“卯酉生人属文曲星，日食小麦九斗，受命九十五。”敦煌医书《新集备急灸经》（伯2675，以下简称《灸经》）载：“酉生人年六、十九、三十五、四十六、五十九五厄不死，受命九十八，得六［子］力。”共有五个岁厄，不分级；而P. 3398有三岁厄，按程度分级“十二小厄，廿三四中厄，廿九大厄”；藏文本有二岁厄“十八岁、三十二岁上大厄”；此外，汉藏本有年厄、月忌之说，汉文本“大厄卯酉之年，小厄二月八月”，藏文本有“鸡与兔不合，仲春月与仲秋月不宜”，而《灸经》没有。期望寿命：《七星法》九十五岁，《灸经》九十八岁，P. 3398八十一（岁），藏文本八十二岁。项目虽同，但具体年、寿不同。又《斗图》所载“（七星）四名文曲，卯酉生人所属”，P. 3398“命属文曲星”与《七星》《斗图》二本记载一致，藏本“中曲（文曲）”星官与“文曲”星所指相同。

［译文］狗年生人，属“禄追”星官，西方白帝之子，命相属“行嘿束”之下。俸粮每日大米半蕃克，衣着与服药宜白色。性情温和安静。七岁、二十八岁大厄，如那时不死，可活到八十四岁。最终六子成器。狗年与龙年不合，季春月与季秋月不宜探病与吊唁。

［注释］按《七星人命属法》记载："寅戌生人，属禄存星，日食稻米一石六斗，受命八十五。"又据《灸经》载："戌生人年五、十六、三十八、四十九、五十一五厄不死，受命九十六，得［……子］力。"共有五岁厄，不分级；而 P. 3398 只有三岁厄，按程度分级"年十八小厄，卅中厄，卅三病大厄"；藏文本"七岁、二十八岁大厄"。另外，汉藏本还有年厄、月忌之说，汉文本"大厄辰戌之年，小厄三月九月"，藏文本有"狗年、龙年不合，季春月与季秋月不宜"，而《灸经》没有。期望寿命：《灸经》与汉文本均为九十六岁，藏文本为八十四。项目虽同，但具体年、寿有同有异。P. 3398"命属禄存星"与《斗图》所载"（七星）三名禄存，寅戌生人所属"一致。

［译文］猪年生人，（命属）"辰门"星……，北方黑帝子。前世乃"起沙国"人，因未能守法，颠倒之故，今降生于猪年。命属"角太神城杜瓦"之下。俸粮每日黍半升，衣着、服药宜黑色。为人正直不放逸。二十七岁、三十二岁、三十九岁、四十六岁有大厄。年忌：猪年蛇年不合。孟夏月与孟冬月，不宜探病吊唁。

［注释］《灸经》载："亥生人年四、十九、三十四、五十七、六十六五厄不死，受命九十，得六［子］力。"有五岁厄，不分级；而 P. 3398 有三岁厄，按程度分级"年十八小厄，廿五中厄，四十大厄"；藏文本有四年厄"二十七岁、三十二岁、四十六岁、七十九岁大厄"。汉藏本还有年厄、月厄之说，P. 3398"大厄巳亥之年，小厄四月、十月"，藏文本"猪蛇不合；孟夏月与孟冬月，不宜"。三种文献所列厄期都不相同。期望寿命：《灸经》为"九十"，P. 3398 为"八十三"，藏文本缺。项目虽同，具体年、寿全不同。P. 3398"命属巨门星"与《斗图》所载"（七星）二名巨门，丑亥生人所属"一致，藏文本"辰门"星应是"巨门"误作"辰门"之音译。

［选自罗秉芬、刘英华：《敦煌本十二生肖命相文书藏汉文比较研究——透过十二生肖命相文书看汉藏文化的交融》，《安多研究》（藏学论文第二辑），北京：民族出版社，2006 年］

六十甲子纳音五行

——P. T. 127v2

一、解题

敦煌藏文文献 P. T. 127v2 文本保存大体完好，个别字略有模糊，但基本都能辨识。P. T. 127v2《古藏文六十甲子纳音五行》是已知最早的完整藏文六十甲子表。经考证，其五行配属，符合纳音五行的规则，所以暂定名为《六十甲子纳音五行》。

麦克唐纳最早发现和介绍这段文字，将此认作“甲子周”，“一份完整的甲子周年表，由鼠打头的十二动物（生肖）周和双五行（five elements）组成。不过后世（藏文文献中）写作‘ལྕགས’（五行中的金），而在这里写作‘གསེར’（黄金之金）。这种特别的五行的排序与中世纪以来固定的（规则）不一致。”① 对其用途，乌瑞认为这段内容“显然不是或（至少）不是特指甲子周”而是“作为占卜或（和）占星术的一种工具”。不过，他还是把这段内容看作是甲子周，“P. T. 127v. 1 中的一份完整的甲子表，是（有关甲子周）最早最值

① Ariane Macdonald, “Une lecture des Pelliot tibétain 1286, 1287, 1038, 1047, et 1290”. *Eudes tibétaines dédiés à la mémoire de Marcelle Lalou*, Paris. 1971. 此处据乌端引文(英译本)转译, 参见 Uray, Céza. “The Earliest Evidence of the Use of the Chinese Sexagenary Cycle in Tibetan”. *Tibetan and Buddhist Studies Commemorating the 200th Anniversary of the Birth of Alexander Csoma de Körös*. Ed. Louis Ligeti. Vol 2. Budapest: Akadémia Kiadó. 1984: 354。

得关注的藏文记载之一”[①]。乌瑞并没有将其与纳音联系起来。熊文彬将乌瑞的论文汉译发表。[②]

P. T. 127v. 1 十二属相内容和顺序与汉、藏历完全一致，但是五行的对应和排列不同，以阳金鼠（甲子）、阴金牛（乙丑）打头，其五行为金，恰好与“甲子、乙丑海中金”的纳音五行相符，通篇看下来，与纳音五行完全符合。藏历甲子周的禄（དབང་ཐང）、命（སྲོག）、身（ལུས）、运（རླུང）和宫（སྨེ་བ）等都按依一定的规则与五行对应。其中，禄和天干的五行一致，命和地支（生肖）五行一致，身就是纳音，它的五行与地支五行是母子关系。此写本所列五行次序与六十甲子纳音（身）五行完全相同，因此，可确定此写本中的五行是纳音五行，P. T. 127v. 1 可推定为六十甲子纳音文书。[③]

纳音学说产生于汉地，是汉文化数术学之重要概念。藏史记载，文成公主和金城公主进藏时，都携带汉地历算文书。P. T. 127v1 六十甲子纳音五行文书，与敦煌汉文文书 P. 3175. 1 内容一致，显然是从 P. 3175. 1 这类汉文纳音文书翻译的。正是这一时期汉地文化传入藏地的例证，对研究汉藏文化交流史和中华数术学术史都有重要史料价值。

二、译文

1. ［阳金］鼠，阴金牛，阳火虎，阴火兔，阳木龙，阴木蛇，

2. ［阳］土马，阴土羊，阳金猴，阴金鸡，阳火狗，阴火猪，阳水鼠，阴水

3. 牛，阳土虎，阴土兔，阳金龙，阴金蛇，阳木马，阴木羊

① Uray, Céza. “The Earliest Evidence of the Use of the Chinese Sexagenary Cycle in Tibetan”. *Tibetan and Buddhist Studies Commemorating the 200th Anniversary of the Birth of Alexander Csoma de Körös.* Ed. Louis Ligeti. Vol 2. Budapest: Akadémia Kiadó. 1984: 354.

② 乌瑞著，熊文彬译：《藏族使用汉族甲子的最早例证》，王尧主编：《国外藏学研究译文集》第五辑，拉萨：西藏人民出版社，1989 年，第 102—104 页。

③ 刘英华：《敦煌本藏文六十甲子纳音文书研究》，《中国藏学》2015 年第 1 期，第 160—174 页。

4. 水阳猴，阴水鸡，阳土狗，阴土猪，阳火鼠，阴火牛，阳木虎，阴木兔，

5. 阳水龙，阴水蛇，阳金马，阴金羊，阳火猴，阴火鸡，阳木狗，阴木猪，

6. 阳土鼠，阴土牛，阳金虎，阴金兔，阳火龙，阴火蛇，阳水马，阴水

7. 羊，阳土猴，阴土鸡，阳金狗，阴金猪，阳木鼠，阴木牛，阳水虎，

8. 阴水兔，阳土龙，阴土蛇，阳火马，阴火羊，阳木猴，阴木鸡，阳水狗，

9. ［阴］水［猪］。

（选自刘英华：《敦煌本藏文六十甲子纳音文书研究》，《中国藏学》2015 年第 1 期，有删改）

敦煌藏文禅宗文献

在法藏和英藏的敦煌藏文文献中，与禅宗相关的有 38 个卷号，内容包含了 73 篇长短不一的文献。

日本学者冲本克己将这些文献具体分为 5 类：中原禅宗文献；关系摩诃衍禅师的文献；中原造的伪经；大瑜伽派文献；其他藏文禅宗文献。之后，木村隆德又进一步细化了文献种类，先分为两大类，即翻译文献和著作文献。在著作文献之下细分为：1. 诸禅师教义论说；2. 看心教义；3. 教义问答；4. 如来禅；5. 中观义；6. 其他。

在上述两位所作的分类基础上，结合“吐蕃禅宗”为主题，我们按照流传的时间和文献性质将敦煌藏文禅宗文献在此分为以下几类：1. “顿渐法诤”前流传的禅宗文献，主要包括可以判断出的一些较早的禅师语录、禅宗传法录、禅宗伪经等翻译文献。2. “顿渐法诤”时期的有关记录文献，主要包括《顿悟大乘正理决》内容的翻译和相关记录等。3. “顿渐法诤”之后变化的禅宗文献，主要包括以摩诃衍之名所作和对摩诃衍之说进行阐释论证的教义论说，还有进一步融汇中观、唯识思想的大瑜伽文献等。大部分文献包含在最后这一部分中。

（一）关于“顿渐法诤”前流传的禅宗文献，目前发现 P. T. 116 文书中的禅师语录中有“无住禅师语录”，P. T. 121 和 P. T. 813 中引用有被称为“七祖禅录”的内容。从这些文书中分析出内容来自成书于 774 年以后的禅宗剑南系保唐派无住的作品——《历代法宝记》，从而佐证了在“顿渐之争”之前就已经有禅宗派别的布道和禅宗典籍的流传。

（二）关于“顿渐法诤”，目前最为直接的文献材料是敦煌汉文文献中由王锡编辑的《顿悟大乘正理决》（P. 4646）。

1. 关于《顿悟大乘正理决》的藏文文书，目前发现的有：

（1）P. T. 21（1），此文书是王锡编辑的《顿悟大乘正理决》（P. 4646）问答中旧问部分的藏译，内容主要是摩诃衍的“看心教义”，此文几乎和 P. T. 823（1）的译文完全一致。

（2）P. T. 823（1），此文书是由 13 组问答组成的问答体，与《顿悟大乘正理决》旧问部分相对应，为之前的汉文原文译文。

（3）P. T. 827（2），《顿悟大乘正理决》旧问部分的第一至第四问，有简略成分。

2. 还有几件关于早期禅宗经典的译文文书，从译文风格上看比较早，可能属于这一时期：

（1）IOL Tib J 709（5），此文书是精选鸠摩罗什译《思益梵天所问经》进行藏译的文献，有汉文直译的特点。此经被初期禅宗，特别是北宗禅所重视，是《顿悟大乘正理决》多处引用的经典。

（2）IOL Tib J 710，是北宗禅派主要记述传持《楞伽经》的禅宗史传《楞伽师资记》的藏文译本，汉文原本推断写作于 720 年左右。经过分析对照，这是属于比较粗略的汉文直译，由此推测可能是在吐蕃统治敦煌时期进行汉典藏译的某本“习作”。

（3）P. T. 116（8），此文献题为《顿悟真宗本性修行金刚般若达彼岸法之要门》。与之相关的内容也有两件敦煌汉文文书，即《顿悟真宗金刚般若修行达彼岸法门要诀》（P. 2799）、《顿悟真宗要诀》（P. 3922），汉文文书中有序言，记有 712 年的年号，但汉文本不完整，只有前半部。此文书内容以自问自答的形式，以《金刚经》中“看无所处（无心）”为主题进行论述，属于北宗禅后期的纲要书之一。

（4）P. T. 623，是禅宗伪经《金刚三昧经》的藏译，有特殊译语风格，在其他的敦煌藏文文献中可以见到本经的引用。

（5）P. T. 2105（2），是禅宗伪经《法王经》末尾的汉文藏译，提到“法王大乘经，末尾拔萃”。

（三）“顿渐法诤”之后，摩诃衍回到敦煌，但是禅宗并没有像后来藏文佛教史书所述的那样，立即停止发展。从敦煌文书中，我们看到“吐蕃禅宗”以更为积极的形态，整理、汇编大量的禅宗语录、禅宗经典，并在与印度中观派进行较量后，也在自觉不自觉中，吸取印度佛教中观派的教义，进行汇合，渐渐产生《无所得一法论》等大瑜伽修习一类的文献来。既有草草的起草文书，也有成型的贝叶型文书，可见当时在敦煌，“顿渐法诤”之后，吐蕃禅宗出现了更为丰富和积极的形态。

1. 阐发摩诃衍教义的文献作品

在摩诃衍之后有关摩诃衍教义的文献可分为两类：一类以阐发摩诃衍“看心教义”为主；一类以摩诃衍教义为名，汇入其他的佛学中观思想。

（1）P. T. 121（3）为《显明智慧论》，主要内容为“看心教义”。内中有“大迦叶”“达摩多罗”的名称出现。

（2）IOL Tib J 689（1），与 P. T. 121（3）为同一文献，内容关于“看心教义”，其注释书有 P. T. 699（1）。

（3）P. T. 699（1），是 P. T. 121（3）的注释文，内容为“看心教义”。有“付嘱摩诃迦叶之法，印度二十八祖师流派最后由达摩多罗付嘱的”，受到《历代法宝记》的影响。

引用了《金刚萨埵问答》中的一节和标题（这是无上瑜伽坦特罗典籍），这一事实表明，8 世纪后半叶，在敦煌、吐蕃等地传播的汉地禅，在 9 世纪中叶以后接触了密教。

（4）IOL Tib J 468，题为“摩诃衍之禅、顿入门”，内容以摩诃衍“看心禅”为中心，加入其他因素，属于摩诃衍之后用藏文整理的禅文献。

（5）P. T. 116（6），题为“堪布摩诃衍的无分别禅法中六和十波罗蜜多经”，属于摩诃衍之后的文献，按照摩诃衍六波罗蜜多的解释，对十波罗蜜多作了同样的解释。“入不观时，舍三界，完成大布施。入不观时，不起三门之恶，完成大界。……忍、精进、三昧、智慧、方便、力、愿等十波罗蜜。”

(6) P. T. 117 (4)，题为“摩诃衍之禅顿入门解说经”，内容判断为对《顿悟大乘正理决》中“旧问，作何方便，除得妄想及习气。答，妄想起不觉名生死，觉竟不随妄想作业不取不住念念即解脱”这一问答内容的扩展，主要从无记、凡夫、灭、一向寂静、正禅等5个方面说五方便。此文献与P. T. 812 (5)、P. T. 813 (4) 几乎同文，P. T. 827 (1) 也有类似的内容，推断为摩诃衍之后的文献。

(7) P. T. 117 (5)，题为“堪布摩诃衍的无分别禅法中六和十波罗蜜多要论”，与P. T. 116 (6) 内容完全一样，尾部到智慧，成为残卷。

(8) P. T. 812 (4)，题为“摩诃衍师说禅要”，与IOL Tib J 709 (10) 为同一文献，与IOL Tib J 706 (2) 的一部分一致，是P. T. 121 (3) 的注释文。标题中“摩诃衍”有改写的痕迹，为假托摩诃衍之故。本文献的内容，前边有“在众多的大乘禅经中顿入正确的中观义”，然后叙述顿入的修习方法。

(9) P. T. 812 (5)，题为“摩诃衍之禅”，与P. T. 813 (4) 是同一文献，P. T. 117 (4) 只有开头部分与此相异。

(10) IOL Tib J 706 (2)，题为“摩诃衍师说禅要”，与P. T. 812 (4)、IOL Tib J 709 (10) 为同一文献，是P. T. 121 (3) 的注释文。

2. 汇集禅师语录的文献作品

(1) P. T. 116 (7)，内容是18段禅宗堪布的语录。

(2) P. T. 635 (2)，开头写有“用藏文写，降魔藏禅师安心法”。本文献为翻译文献，汉本不明。在P. T. 116号中有降魔藏禅师之名，《顿悟大乘正理决》中也提到摩诃衍依止的上师有降魔藏。

(3) P. T. 811 (1)，题为“卧轮禅师安心法”。“卧轮禅”是人名还是书名，不太清楚，内中列有出家十功德。

(4) P. T. 813 (1—12)，共有12段文献，第1—2段主要介绍禅法以及如何修行禅法；从第3段开始，主要是引证诸禅宗语录来积极论证禅法中修法的问题，以及在禅法修行中对诸多问题的看法。

3. 禅宗伪经的藏文译文

（1）P. T. 102（1），题为“圣最胜三昧经”，是禅系伪经之一《最妙胜定经》的藏译。译语风格和《法王经》《金刚三昧经》等其他禅系伪经不同，大概是依据《翻译名义大集》（814 年）而定。

4. 以“大瑜伽修习义”为主题的文献

（1）P. T. 116（5），题为“无所得一法论”，开头“无始以来，对事物和语言执着的人们的立论，排斥其观点，一边进一步记录修习脱离所取能取大瑜伽行者之必要义要点”。在末尾有“无所得一法论，大瑜伽行者必要义之备忘书”。时间大致推断为 824—841 年，因为内引法成译的《金光明经》。主要内容有三部分，一为有关修行的 15 组问答；二为有关般若波罗蜜多修习的 23 组问答；三为阐述 8 位禅师的主要观点。编入大藏经中的梵文藏译作品《顿入无分别修习义》（北京版“大藏经”编号 5306）中含有《无所得一法论》的内容，和本文献内容相关的有 10 余篇文献。

（2）P. T. 118（1），首尾都缺，与 P. T. 116（5）中的内容完全一致，字体更为潦草。

（3）P. T. 817，首尾残缺，与 P. T. 821 中的部分内容一致，为《无所得一法论》同种内容。

（4）P. T. 818，题为“大瑜伽修习义”，与 IOL Tib J 705 可组成一个写本。标题用朱笔写有“大瑜伽修习之义，从大乘诸甚深经典中摄集的八十八品”，《大瑜伽修习之义》系益西央著作。

（5）P. T. 821，和《无所得一法论》为同种内容，与 P. T. 116（5）、P. T. 817（1）相一致。

（6）P. T. 822（1），和《无所得一法论》、P. T. 116（5）为同种内容。

（7）P. T. 823（2），与《无所得一法论》的一部分一致。可补 P. T. 116（5）欠缺部分。有三处引文，涉及《金刚三昧经》《思益经》等内容。

（8）IOL Tib J 703（1），首尾缺，与《无所得一法论》［P. T. 116（5）］的一部分一致。

（9）IOL Tib J 706（1），和《无所得一法论》［P. T. 116（5）］的一部分一致。

（10）IOL Tib J707（1），和《无所得一法论》［P. T. 116（5）］的一部分一致。

（11）英藏藏文文献卷 70，f. 9a，贝叶形，和《无所得一法论》［P. T. 116（5）］的一部分相一致。

5. 混合印度禅、汉地禅的作品

（1）P. T. 117（1），题为“释《禅论》”，当中对“一行三昧”的翻译似乎为直译，与后来大藏经中的表达不同。含有“སྤྱོད་ཅིག་བསམ་བཏན”（“一行禅”）等术语。

（2）P. T. 121（1），题为《顿悟摄要论》（《顿入论经摄要》），与续藏《顿悟入道要门论》有相似内容。该文书以“不观”（无分别）为中心内容，有关于中观的解释，后面紧跟《大乘中观义论》（2）。

（3）P. T. 121（4），末尾写有“明智所作”，内容是以“不动”来解释“堪布七祖”（《历代法宝记》）（无住）的“无忆是戒，无念是定、莫忘是惠”三句话。

（4）P. T. 822（2），是对顿门和渐门进行比较的文书。

（5）P. T. 827（1 正面），前面是介绍“大乘禅五觉”的内容，后半部分是关于大乘禅的诸种说法，并有阿赖耶识的说法。最后“集约五种觉于三，是外觉，三觉也集约于一觉，即法无我。断思索和语言之道，得佛身”。该文书以“不观禅”为中心，含有中观思想。

（6）P. T. 829（1），开头提到“说入不观禅正法经诸事，寻求某经典，略说某义”。

（7）P. T. 829（2），题为“中观义师（摩诃衍）大乘法的意义和因问答根据之书”，是摩诃衍之后的文书，受到中观派影响。句法在 P. T. 823 和 P. T. 827 中能见到。

（8）P. T. 829（3），将智慧和方便结合说义，中心在于阐明“不观禅”。

（9）P. T. 835，开头有“说顿入大乘瑜伽修习方便一切众生本有佛性”的语句，该文书是以“佛性”为基调的禅文献，含有密教内容，也可以见到印度佛教的内容。

（10）IOL Tib J 704（1），含有“大瑜伽”一节和 IOL Tib J 710（1）同文，有“如来禅”的术语，引《圣虚空藏经》《解深密经》《无分别经》等经，还有“顿悟说”等。

（11）IOL Tib J 704（2），主题为“无记心”，引经有《宝云经》《十万颂般若》《三昧王经》《楞伽经》《宝积经》等。

6. 混合摩诃衍教义、大瑜伽教义、其他印度禅、汉地禅以及禅宗伪经译文等内容的综合性作品。

IOL Tib J 709，是贝叶型经卷，共38页，每页中央有一个线孔，在正面左端有部分页码，包含12个文献，全部与禅文献有关。

（1）IOL Tib J 709（1），是摩诃衍之后，以摩诃衍“看心禅”为中心，加入其他因素，用藏文整理的禅文献。

（2）IOL Tib J 709（2），是关于“顿入如来禅”的内容。

（3）IOL Tib J 709（3），“修习大乘中观义方便略说”，“一切法之自性如此，所以无论如何要修习不观”。

（4）IOL Tib J 709（4），主要“说禅定之过失”，包含三种文献，依据《解深密经》和相当于莲花戒的《修习次第》；引用了菏泽神会批判北宗禅的四句要语，“凝心入定，住心看静，起心外照，摄心内证”。是8世纪末以后写成的。

（5）IOL Tib J 709（5），此文书是精选鸠摩罗什译《思益梵天所问经》藏译的文献，有汉文直译的特点。此经被初期禅宗，特别是北宗禅所重视，是《顿悟大乘正理决》多处引用的经典。

（6）IOL Tib J 709（6），是以如来藏为主题的教义问答书。所问涉及7项，所答都是从《楞伽经》偈文中精选组成。

（7）IOL Tib J 709（7），题为“阿阇梨菩提龙王的论说”，有般若波罗蜜多的内容。

（8）IOL Tib J 709（8），开篇对修习，末尾对止观，中间引用了藏译的《解深密经》，内容是关于止观的因果、止观的障碍。吸取了印度佛学的止观说。

（9）IOL Tib J 709（9），是说方便与智慧结合的短论。同类内容在 P. T. 829（3）和 I. O. 709（3）中也可见到。

（10）IOL Tib J 709（10），与 IOL Tib J 706（2）、P. T. 812（4）（摩诃衍师说禅要）为同一文献，是 P. T. 121（3）的注释文。“大乘禅门多，但要顿入其中正确的中观义。”

（11）IOL Tib J 709（11）（禅书），“赤松德赞王命令书写”。“入大瑜伽者之必要义”，以《楞伽经》中的大瑜伽行者的四法为基础，汇有神会的如来禅意识。

（12）IOL Tib J 709（12），IOL Tib J 667（1）接续本文献末尾。“入禅不能一次全部成就，要逐渐入禅，净化种种分别，如热心地数大地之尘。又，不知心之自性如何，根据一个对治制止一举也是无益的。”

还有两件与 IOL Tib J 709 相关的文献，即：

（13）IOL Tib J 710（1），内容和 IOL Tib J 709（11）（禅书）一样，是根据《楞伽经》说“大瑜伽”和“如来禅”的。在本文献中，讲净心的方法有顿渐的区别，但大瑜伽及如来禅认为可以顿净。

（14）IOL Tib J 667（1），接续 IOL Tib J 709（1），开头为“声闻、独觉灭尽定，于法中急断粗心，微细的习气如不可思议因，生死不尽”。

7. 关于摩诃衍之后的藏族禅师的文献

（1）P. T. 996（1），堪布虚空藏师承谱系，赤松德赞时期出生，其师会见了沙州长官尚绮心儿；虚空藏功德；虚空藏瑜伽道赞歌，含有密教术语。

（2）P. T. 996（2），《大乘无分别修习之道》，讲述贝・益西央的思想。贝・比丘益西央生于 771 年，在赤松德赞赞普时出家，50 年间用不住和不观的方法修习，并著书一部。于马年（850）80 岁时在青海湖附近圆寂。他的著作概说大乘无分别修习道（属于大瑜伽修习义），对八十八章各种质问，以八十经根源组成经证来说明大乘义无所谓一法义。

（3）IOL Tib J 667（2），内中有笔迹不同的楷书体，提到摩诃衍谱系及贝·益西央的说法。

吐蕃禅宗史曾是20世纪藏学研究之热点，以戴密微所著《吐蕃僧诤记》开启先河。日本学者随后跟进，并以敦煌藏文禅宗文献为研究之重点，寻觅禅宗在吐蕃之踪迹，成果迭出。至20世纪末，此领域之研究渐趋于沉寂状态，似乎已有的成果使吐蕃禅宗史之研究划上了圆满的句号。实则不然，敦煌藏文禅宗文献方面仍有待发之覆，藏文禅宗文献需要进一步的梳理，并进行全面的翻译、解读，及与相关汉文文献之间的比对，方可廓清这些文献的渊源流变等问题，而已有的研究成果也有待总结。

一、《楞伽师资记》（IOL Tib J 710）

（一）解题

IOL Tib J 710是北宗禅主要记述传持《楞伽经》的禅宗史传《楞伽师资记》的藏文译本，汉文原本推断写作于720年左右。经过分析对照，属于汉文直译。由此推测，可能是在吐蕃统治敦煌时期所进行的汉典藏译的某本“习作”。

（二）汉译

（15a）《楞伽法师和弟子经》卷一。

第一，论说求那跋陀罗。

汉地宋王朝时，中印度境域的三藏法师求那跋陀罗，通晓大乘，号称摩诃衍法师。年号元嘉时，乘坐大船，一年到达广州，宋太祖于丹阳亲自迎接。（15b）此由楞伽法中的文字译出。

关于朝廷中的王子和公主在家或出家，请教于禅定佛语，跋陀不知汉语，心中留意，夜晚梦中，用剑斩首，随后心中开悟，禅训之门大开，三藏法师说：“此地是东方居地，无可修之法，无此法，有些堕入小乘（16a）或二乘法中，有些堕入九十五种外道法，有些堕入鬼神道中。”通达一切人的善恶之义。对此说：“在禅定中看到，这是烦恼的大义。”此大义我昏沉，他昏沉。

我对如此这等长时劫中，处在鬼神道中，而且长时处在生死烦恼，对此无法得到解脱，感到悲悯。

有人堕入如幻的咒法中，差遣鬼神，看他人是否合适的义，如此之类。一般凡夫心意被欺骗而不知，所谓如此神幻之法。全被调伏，偏向一方，据此而入，执为究竟之法。此是含有非天鬼神之法，不知如此，非常深厚。

我们中部地域有正直的法，秘密拥有，而未宣说。挑选此类根器成熟的，路途中碰见纯洁之人，讲说并赐予。根器不成熟的，父子之间一对一也不讲说，更何况对于不同见解的人。

《楞伽经》中说，诸佛的心是自身最殊胜的。

我所讲法，心不起动之处是也。此法是跳过、越过三乘。超出十地，到达究竟的佛果之处。一旦得到心，自己所知可以去做，而从别人施与不行。没有得到心，则需要正确了知。没有忆念，身体安乐，寂静处不动摇而居住，守住根字，朝向正方。对我的法要秘密且珍爱，对于普通愚笨的人因所知不清而不予宣说。

（18a）假如，对于善良而吉祥深厚的人，他们能够原本接受。但是，不了解（此法）的百中有百，而了解（此法）的只有百中有一。想要修行佛法，先要让心安乐。心不安乐，善都不是善了，还需要说恶心吗？心安乐而不动摇的话，善恶二者都无所作。

《华严经》中说：“一法不见法，（18a）法不了知法。”

到达此地，不但没有见到修行道法的人，何谈心安乐无忧苦。间或看到有一人仅仅是喜欢来修行，而道法不合适；有人是根据经验听说而已；有人是需要疗养而已；有人是补特伽罗与自身的缘故，对心嫉妒而已。

如何来看嫉妒所为呢？与道法无违，（19a）有人修行道法，与经书中所述契合而行，所知处相符合的缘故，有人就来朝拜皈依，得到供养利益，就会产生嫉妒心。这是一种憎恨但不困苦的心态，自身对此业特别了知，但贪欲执持，这就是所谓的嫉妒心。

有智慧认知，对此昼夜的修行，成就所为，断苦恼，清除所得的障碍，成就道法。（19b）障碍有各种各样的欺骗性，无法拥有安乐而无欺骗，所以名为修行，而非名为修心。

或有六波罗蜜，讲说法和修行禅定，也有获得二禅、三禅，在烦恼中精进修行等等，仅仅名为善而非其他，即非名为修法。也就如同器皿不同的水灌入田中，此中就有很多类型。（20a）识种未发芽，此就如比丘，名为修法也。

所谓心安乐寂静的经法有四种：一、与书籍理论相违背的心，即凡夫大众的心理趋向而已；二、与书籍理论相一致的心，即厌离生死，追求超脱苦难，空而且没有欺骗相一致，即所谓声闻乘的心；三、与书籍理论一致，（20b）此心断除障碍，理论所为，然而精通心意而非菩提心意；四、是平等的心，即无内违，也无外违，平等与书籍理论相一致，此乃佛陀觉者的心。对于凡人、神通、生死、行为、智慧统统未见，即无二的书籍理论和意义融为一体，心意中的思索（21a）与纯净融为一体，佛与众生平等，合为一体，自性纯净，所谓名平等心。

楞伽法的文字中说，“一切无涅槃，佛也无涅槃”。

受所受分离，有无二分离。大乘的道法本来无果，特别（21b）清净。本来有的是幻中所得而非本有。如云遮蔽空中的阳光是同理，移开后太阳又显现了。

广学名称有何用？沙子、灰尘、文字颗粒和口传字句了知所见，忽而又朝向生死道。口说而为文字的图画解释，此为修行道法。

此人贪求祈请的财物，自己被破坏，他人被破坏，这不是正直善良的（22a）朋友。

与一个擦拭镜子的比喻同理，镜子上的污垢擦尽，镜子才能够显现并干净。因此，最好的法本来就没有修行。

法的文字中说，“佛没有作为，佛不度众生，众生强分别，佛被众生度所作”。

而心的行为未认知，对此没有变化。（22b）认知就会真实显现，有缘摇动起大行为就会广泛的作，即无所取，也无阻碍，名为修行大道法。

自身和对方二者全无，任一行为和任一时刻中的前后全无，中间也无，此名为大乘。

内外没有贪，究竟平等，名大舍弃，名为施舍波罗蜜多。善恶（23a）平等，二者都不可得，这是持戒波罗蜜多。心境无作为，怨敌消尽平等，这是忍辱波罗蜜多。如同能仁，行为如此，这是精进波罗蜜多。聚集与不聚集，二者没有区别，这是禅定波罗蜜多。端正无诳，没有显现，这是智慧波罗蜜多。（23b）如此了知，名为大乘。追求大乘，心不安乐，必定有误，需要正确显现。

《大品经》说，“诸佛五眼观众生，心和任一法，最终没有区别”。

《华严经》说，“无见欲能见”。

《思益经》说，“非眼所见”。

耳、鼻、舌、身、意，（24a）诸识皆不知。从何正确见、闻、受、想如此种类的来源呢？如此见、闻、受、想如其所能。此名正直的见和知。

《禅经》说，“蝙蝠和猫头鹰白天怎么都看不见，夜晚能看到实物，是根识颠倒的妄想”。

缘何存在颠倒所取呢？（24b）如此的缘故是蝙蝠摸索出他人认为黑暗的地方能见到显现，凡夫众生是在它们认为显现的地方见到黑暗。这是人的心中认为这样真实，怎么能够认为是颠倒所取呢？一是因为业力所障而未见正法。如此以来显现没有不变化的，黑暗也没有不变化的。如此能知不为颠倒欺骗搅和，正入如来常乐我净中。

大堪布说，“《楞伽经》中讲到，如何令心清净，不想不真实的想法，不想想法不真实。他想如同佛想，他想如同般若想。相续不中断想，空而无想，最终空而纯净”。

又说，“接受（25b）不退还，恒长不动摇，是佛所说也”。

之后，魏朝时，论说三藏法师菩提达摩。

菩提达摩承求那跋陀罗后，禅师达摩心中意向大乘。越海至洛州和桑州，比丘道（26a）育和惠可二人一起尊敬奉侍五年，唯有一日掌握，讲授了四欲行法。

《楞伽经》卷四是行之祖本，如此行生死中自身解脱。其他如广本《僧伽有证侯经》（《高僧传》）内中所说的那样。此如《大乘道法四行经》所说。

法师（26b）是在西方印度南部居住的印度国王二王子之下的（三王子）。具有大神变密意迅速领悟并理解，心是大乘器，舍弃俗装，穿上法装，心想神变种，得心为空，不动摇中，世间一义，化入胸中，内外显现，善者（27a）超乎世间之外，悲心教化边境愚者，正法继承，道路遥远，渡过大海，来到汉地教授修法。

得心不动摇，无垢无偏，没有不中意的。取色贪见者们指责并妄为者产生。此时，比丘道育和惠可，二者年轻，但意向深远，（27b）吉祥日，遇到法师，多年敬侍，数月请求，法师认为此心诚恳，一心一意，教导道法。

如此安心，如此行动，如此相投无违，如此方便，这些就是大乘心安乐之法。没有错误和迷乱的做法。

（28a）如此心所知者是面壁来观；如此发行者是四行；如此合意无违者是，指责而有羞愧。

所问的教导，在经中略为一说，详细的教授在文中有。

又道法内入门中，经中所说无外乎两种：一为书中道理（28b）中进入；二为行为中进入。

书中道理中进入的教导，是从书籍中感受，心的普通与圣神，正确的自性如一，意深处被不真实的尘土覆盖，不能够真实明了。因此要舍弃不真实的心，朝着正确的方向，干净明亮，如此面墙而观，我也无，他也无。（29a）普通和圣神如一平等，如此能够忍耐居住而不动摇，对于教导、词语不去跟随，这就与正确的书籍理中和意向一致符合，没有分别，空空不动，没有作为，这就是名为从书中道理中进入。

所谓从行为中进入，是指四行，行者其他所有门都从此行中进入。何者（29b）谓四行？一是不抱怨行；二是如缘而行；三是无所求行；四是与法顺行。

如何看待所谓的无抱怨行？修行法的人，遇到烦恼时，应该自我思索，我先前的无数劫来，舍弃最初根本，追随后来末位，诸有在内中（30a）流浪，多起怨恨，颠倒和错误的行为无数，今天虽然没有错误行为，但这是我昔时曾经所犯恶业，苦果成熟所为，天和人施与的，自己思维甘愿忍受，没有怨恨之心。

经中说，“遇见烦恼，不持不高兴的态度”。为何这样？（30b）是认识到理中合乎胸意。此心有时，与理相符，因此没有怨恨心，是欲求道法的结果。这就是所谓的不抱怨行。

第二，所谓如缘而行，是指一切无我，一切都是随缘而变化，乐苦都是因业而生。如果得到荣誉和兴盛之事，此是我往昔的因所得。功德已尽，忽而没有，何喜之有？得到和失去是功德回报和业力所为，心中没有生起和减少，喜悦之风不动摇，心意和道法相一致。这就是所谓的如缘而行。

第三，所谓无所求行，是指世间之人，连续沾染，思维五欲，渴求贪着，名为追求。智者（31b）悟出正理，容易将心安乐。意中无为，身如运来。有者皆空，如何所愿，无有说法。善义和黑暗，常常随行。三界长时居住，好像火宅一般。有身体皆是苦恼，有谁得安乐？真正能够如此了悟得到，对于诸存在，（32a）阻止思维，无所追求。

经中说，“有求皆为烦恼”。无求欲则乐，无求是真正的道法修行。

第四，所谓与法顺行，是指自性清净之理，是行法的原因。此理的正真形象是一切空的，没有染污，没有贪着，所谓相互彼此也没有。

（32b）经中说，“法中无众生，此心离污垢”。法中无我，此我离污垢。智者如果能够了悟如此，这就是与法顺行。

法的本性没有吝啬，对于身体、生命和财物的施舍应当舍得。心无爱惜和吝啬，了悟三空，（33a）没有贪着和得到。如何对粘有污垢众生讲说无取无贪着所作，这是对己有益对人有益，能够庄严菩提道法。布施波罗蜜多如此，其他五个波罗蜜多也为同理。对于不真实的心等，行六般若波罗蜜多，无所行，就是所谓的与法相顺行。

（33b）这四行是禅师菩提达摩亲自所说的。

二之后，齐朝时，邺中出家人惠可，承菩提达摩之后。

出家人惠可，年十四岁时，遇到达摩禅师，在嵩山和洛州之间，恭敬侍奉六年时间，详细探究大乘成就，（34a）达到很深的理中。（达摩）略说修行道法，珍贵之法，心中如实宣讲，趋于正行。

《楞伽经》说，“佛陀空而不动的观察，是因远离生死。此名现在之时和后来之时，不取而清净”。

十方诸佛，没有一人有点禅定功德，说成为佛陀，这是不真实的。

《十地经》（34b）中说，“众生身体中，有金刚佛陀之性，犹如太阳的光轮一样，外部纯净圆满，广大无边，五蕴的厚云遮蔽缠绕，因此众生不能看到。对此，智慧的风相遇，吹走五蕴厚云并散尽，佛陀自性普遍显示，明亮清净”。

《华严经》中说，“大（35a）如法界，究竟如空”。等同如一瓶内燃烧之光，反而内部不能显现。又等同一世间的云层，八方顿起，天边之下蒙蔽，太阳光不能显现。此时，太阳光无法平等，云在阻挡遮蔽，众生不能见到。（35b）此云散开，太阳光普遍显现，清净而无遮蔽。众生也清净。这等同智慧之太阳，与欲望中不真实思维所见全部苦恼迷乱的厚云相遇，道被阻挡遮蔽，不能真实显现。对此不生不真实心，无论如何也不动摇而住，大智慧的太阳自己显现。与真实（36a）不动相一致。

普通书中说，“冰自水中生，冰能阻隔水，冰融水解脱”。

驱逐不真实的心而成为清净。对于学习的人，用写的文字和说的语句，如此追求道法，就如风中的灯火一样，既不能够催破黑暗，又无火舌可以燃烧。如果清净而坐，也无所有，自心（36b）自己了解，如同寂静室内的灯火，能够催破黑暗，真实显现，分辨一切。

对此了知有情之心，根源清净，常以禅定，六门阻断，一切六尘歪风不被容纳，智慧灯火清净，分辨清晰，真实显现，自成为佛，行愿圆满，此后（37a）未见有。

如此得到法身者，在众生恒河沙中一个都没有，在十万个十万劫中与此相一致的也许有一人，对此不能勇行和精进，发大愿的话，即使达到无数劫，得遇恒河沙一般的佛陀，如何也不能作为。如此看来众生的心（37b）识自己给自己救度，其实不是佛救度众生。佛能够救度众生的话，往昔度过的时候，相遇无数恒河沙般的佛陀，为何我等没有成就佛果呢？这是未能坚韧虔敬心，内部没有体察，口上说了心的行动未能做。

（38a）……书中说，“空口说，行为具有，内中而居，最终业的缘故，追随并生起，业中解脱”。

如此看来，佛的自性，就如天空上面的太阳和木头里面的火一样。人的身体内部是佛的自性在燃烧，名谓智慧镜。如此，大智慧镜是太阳月亮的显现，遍及内外，清净，没有边际。

（38b）犹如炼金，真金融化而无，金的本性没有褪失。有情的生死用尽，虽然没有了，法身依然没有褪失。犹如泥团散失无，而微细尘土没有褪失；又如水的波浪静下来而水的自性没有褪失一样等等。

禅定而坐有意义的话，需要了解自身的真实。（39a）口中法的文字安顿好而心中破坏，追求成佛的人，万中无一。

古书中说，“图上画的饼子，不能填饱饥饿的肚子，说的食物对于饱肚无益。先前机构没有解开，反倒更加紧了”。

《华严经》中说，“比如一穷人，昼夜数财宝，自己连一分的（39b）权利都没有。道法未修未学，听闻很多等同此理”。

欲读而又只看，转眼迅速天黑，对此放弃未学，又从文字学起，等同此理。这如从烧开水中求冰，仆人从中求雪一样。因此，诸佛间或说，间或不说。诸法正确名相，内中所说（40a）也无，未说也无。知此一的理中，动一则如同万千。

《法华经》中说，“真实也无，虚假也无，相一也无，相异也无”。

大师说，正法来说，普遍正确如真实，真实如理，没有不同。本初迷恋珠宝，别说成是破砖瓦；自己的感受中，（40b）这是真正的珠宝。无明和智慧等同如此。没有差异，所有法都真实如一。看到这二者的诸位，因慈悲宣说此话，文字如此。从身体来看，佛没有异样，各自分别需要无上追求。又一次，内中最初心动摇时，我将一手臂截断，从最初天黑，（41a）到深夜之间，在雪中站立，雪淹没了膝盖，如此追求无上道法。

《华严经》中说，“东方住正直的感觉，西方的禅定动摇起来；东方的禅定动摇起来，西方住于正直的感觉”。于眼根中住正直的感觉，于颜色法中的禅定动摇起。颜色法（41b）真实讲说，心不普遍，一切天人不能知。于颜色法中住正直的感觉，从眼中得到动摇，心不错乱，观察眼没有产生，自性也无，空不动摇，不动摇如何说不动摇。耳、鼻、舌、身、意以上所触都同此理。

孩童、年轻人、男女、比丘、比丘尼（42a），以及声闻、独觉、菩萨，同根器其他也都是如此同理。一个和一个相抵触，没有中断。一切法、一身、无数身所作从一动摇，全部都是如此。法身和根有之理如此。

三之后，隋朝时，舒州思空山的禅师粲，承惠可（42b）之后。

《续高僧传》中说，“惠可之后为粲”。思空山中居住，住于真实不动摇中。不写文字，不说话语。对此秘密，一对一，不外宣法。唯有比丘道信，侍奉粲师，一十二年，得器一一灌入，灯一一点燃(43a)，圆满成就。

粲说，“道信见到了真实佛性”。对道信说，“《法华经》中说，唯有大乘真谛，其他再无第二。如此看来，圣神道法已很深奥，言语所说不够圆满，法身空而不动，见闻都无缘分”。如此看来，书成文字（43b）和所说言语的教导，怎么也没有益处。

《楞伽功德正直分析大乘安心论》中说，“圣神道法是寂静，片言只语也不宣说”。

大师说，“无他，根本禅定大宝所为，最后抓住这大稀奇，我今站立，生死变化而已”。说完，手抓树枝，(44a)气息而尽。

后来，于山完公山的寺庙中，存在圣神光像，所依房屋现在还有。

大家都说，一一称颂，又一正法广大高深，身像俱全则多而杂乱。真正和凡俗相异而原本如此。凡俗和圣神区分而道一致。边际所断（44b），无处着手，没有边际，最终也无，最初也无。

了解和迷惑等同如一，沾染和纯净此二等同，等空如何不动摇，天地间一切如一。真金不改变足环内部一样，滴水不损坏冰块的冰冷。

注疏中说，“理显现（45a），对此没有黑暗和混淆。愚昧边际之谈也决断。真的自性不是实物所作，最终和最初没有沉沦”。

如此看来所谓的显现和黑暗门中没有二样，善恶在一相的法中消融，如此看来，动中无，空中无；异中无，同中无。犹如水和波浪等同一样。（45b）用金子做的器物中不会没有金子的。波浪中不会没有水的。

缘中存在来观察，没有挂碍。存在的根本自性来思维，很难相信。比如宝殿中锤炼大宝一样，水晶台上悬挂镜子一样，形像相异，溶于像内。紫色和赤色，一一（46a）相遮，事物自身和他者没有挂碍，对于词义没有歪曲和正直的障碍。

大空界法的天空是一样的，一种语言的三种词义顿时看见。对于此词信念很小，怀疑处得到根蒂网，怀疑解除。只有普遍的眼能够看见，怀疑的心什么都不明了。

注疏中说，“对此珍贵秘密（46b），缘中而起，真实所作”。根蒂之网的法界是一切为一，像异而非一，不符合。如此看来，像无真实，起为真依，真正的理了解，像无所见。大小无异，犹如镜子和影像等同。

像和相，又一（47a）一融入，相互区分。颜色相异之像，一切为一；缘起而无挂碍。从理处来看，大千宽广高大，微尘内住而无疑，三时长时，一刹那内观而能容纳。

自己的宽广来真实看金子和墙壁（47b）之外，没有阻隔。身体岩石中去而无挂碍的经验，如此来看，神圣的人得理成就的行为，理不可以的话，圣神在此来看不会触及。所说理由此解脱，挂碍是意阻挡回报。心眼的智慧，能够了知真谛。

猿猴铁锁（48a）而套，心忍受烦躁；蛇笔筒中进入，盘匐变长。渡过大海是法船的行为，不了解显现。智慧之灯的行走。

注疏中说，“猿猴进入铁锁，犹如心注重戒律；蛇进入笔筒，犹如禅定制止迷乱”。

《(大）智度论》中说，“蛇行走的自性是盘匐的，一进入笔筒（48b）就成为直行。禅坐之心的关键之处也同此理”。

《金光明最圣显现经·三身品》中说，“佛有三个名号，而无三种自性”。

四之后，李朝（唐朝）时，蕲州双峰山中禅师道信（哈火宗），承禅师粲之后。

（49a）禅师道信（哈火宗）打开学禅定之门，天下遍开，有《菩萨行法》和《入道之安心方便珍贵法门》，为有缘者并根器成熟者宣说。我此法之心要，如《楞伽经》所说，一切佛（心）为最上乘法。

又一（49b）《文殊般若经》中说，“如一行三昧说，佛心之心就是佛，思维言说是大众凡夫”。

《文殊般若经》中说，“菩萨请教，‘师尊，如何名一行三昧’，佛答说，‘法缘和法界是名为一（50a）行三昧’。执着于缘相为一，法界之一相是名一行三昧”。

善男子和善女子欲入一行三昧，先问般若波罗蜜多，如其所说而学，欲入一行三昧，如法界之缘，无退无坏，不可思议（50b），无挂碍，无相。

善男子善女子欲入一行三昧，空寂静处，集中错乱之心思，相像不取，佛陀一相努力思索，在佛一侧的朝向处身体端正，朝向一佛陀的相，心如能够一一而见，此心中过去、（51a）现在、未来之佛都能见到。

何故，思维一佛的善意就无量，与诸无量佛的善意无二。不可思议佛法一样平等，无分别。一切真正的乘如一，成就最好的真正觉受，无数善意，无量才能，（51b）普遍具备。如此以来，融入于一行三昧，了知得恒河沙诸法界，尽无差异之相。身体、心、足中、足下，常常住于清净法中。设施行动所为都是菩提。

《普贤观经》中说，“一切业障海，（52a）皆从妄相生”。对此若想忏悔，端正而坐，思维真实影像。此名忏悔第一，除去三毒心、分支心、觉受观察心、求佛心。心之心相续，此定清净、空寂而无他。

《大品经》中说，“无任何思，（52b）此名佛心”。如此名任何无思，就是佛思；名如何无思，与心分离，一旁无佛；与佛分离，一旁无心。佛思之性，就是心思。求心之性就是求佛。为何如此，心识无像，佛无像。

（53a）完结！完结！

二、《顿悟真宗要诀》[P. T. 116（8）/P. 2799/P. 3922]

（一）解题

P. T. 116（8）题为《顿悟真宗本性修行金刚般若达彼岸法之要门》。与之相关内容也有两件敦煌汉文文书，即《顿悟真宗金刚般若修行达彼岸法门要诀》（P. 2799）、《顿悟真宗要诀》（P. 3922），汉文文书中有序言，记有712年的年号，但汉文本不完整，只有前半部。此文书内容以自问自答的形式，以解释《金刚经》中“看无所处（无心）”为主题进行论述，属于北宗禅后期的纲要书之一。

（二）汉藏对照

1.

[P. 2799] 顿悟真宗金刚般若修行达彼岸法门要决

[P. 3922] 顿悟真宗要诀

[P. T. 116（8）]（汉译文）：真正顿悟的真实感受——到达彼岸的金刚智慧修行法门要诀

2.

[P. 2799] 侯莫陈琰问智达禅师口诀萦主簿本上

［P. 3922］侯莫陈琰问，智达禅师口诀

3.

［P. 2799］侯莫陈居士者，雍州长安人也，俗名琰，法号智达，[1]不顾荣利，志求菩提，在嵩山　余年，初事安阇梨[2]，后事秀和尚[3]，皆亲承口决，蜜（密）受教旨，至于精义妙理，达本穷源，出有入无，圆融自在，契家中之要（幽）智，得修心之正觉，亦难于比矣。居士以禅思叹余暇，此群迷，遂托为答问，开慈法要，可谓集释门之龙象，涉海之舟船，经云：直往菩提，斯言信矣，席（庶）将来学者，幸依文守心。先天元年十一月五日，棣州刺史刘无得叙录。[4]

［P. 2799］琰问智达禅师，佛法幽玄，凡人不测，文字浩汗，意义难知，请问禅门法要，不求人天，直趣菩提彼岸，禅师慈悲不？不弃俗流，幸无秘蜜（密），垂赐直言，城中有为请不劳智，方外无为愿垂法要。

智达禅师答曰：善哉！善哉！长身五十有三，入道卅有二，未曾有人问斯意义，汝有何疑，复决何事，直问直答，不设烦言。[5]

［P. 3922］琰问曰：佛法幽玄，凡夫不测，文字浩大，意义难知，请禅师略说法要，弟子不求人天果报，直愿菩提彼岸，愿禅师慈悲，不弃俗流，幸无秘问，垂赐直言，不乐有为，方外无为，愿惠法要。

禅师答曰：善哉！善哉！吾年五十有二，未曾有人问斯意义，汝

---

① 从这句序言来看，是智达禅师的自问自答。

② 安阇梨：从名称来看，应为西域或印度僧侣名。

③ 秀和尚：似为禅宗大师神秀。

④ S. 4268 号文书与 P. 2168 号文书，题名为“大乘开心显性顿悟真宗论”，当中有段论述与此处非常相似，摘录如下：

有居士俗姓李，名慧光，是雍州长安人也，法名大昭，不顾荣利，志求菩提，前事安阇梨，后会和尚，皆已亲秉口诀，密授教旨，至于精义妙理，达本穷源，出有入无，圆融自在。居士乃禅思余暇，叹此群迷，遂显事理幽门，咨呈妙义，开斯法要，可谓涉海之舟船，直往菩提，斯言信矣！庶将未悟者，愿令得悟；未安者，愿令得安；未解脱者，愿令解脱。

⑤ 同上注解文书中还有一段论述与此处非常相似，摘录如下：

居士问曰：“佛法幽玄，凡人不测，文字浩汗，意义难知，请问禅师法要，变辞方便，直往真言，不弃俗流，幸无秘密。”

大昭禅师答：“善哉！善哉！观汝所问，菩萨根基，似欲纯熟。吾长身卅有五，入道以来，二十有余，未曾有人问斯意义，汝有何事，复决何疑，直问直说，不假烦言。”

有疑直问，吾直说，不假繁言。

［P. T. 116（8）］（汉译文）：学生侯莫陈琰向辨分别禅师智达请教："由于佛法非常艰深冗长，凡人不知的文字写了很多，所以这些佛典理论很难懂，现向禅师郑重请教，不追求神和人的威德，直接执取菩提，寻求到达彼岸。禅师慈悲鉴察，不要嫌弃俗人，也不要保守秘密，请直言赐教。城中有为的说法不解说了，城外无为的佛法要诀希望宣说。"

4.

［P. 2799］问曰：《金刚般若经》云：菩萨摩诃萨不应住色生心；不应住声、香、味、触法生心，应无所住而生其心，其意义云何？

答曰：善哉！善哉！解问此义，观汝所问，根基纯熟，为汝直说法要，不出意念，到于彼岸，汝谛听此菩萨修心，行到彼岸处，欲得学不？

琰曰：愿闻要妙，信受奉行。

师曰：一切心无，是名无所。更不起心，名之为住。而生其心者，应者当也，生者看也，当无所处看，即是而生其心也。

［P. 3922］琰问禅师曰：《金刚经》云：'菩萨摩诃萨不应住色生心，不应住声、香、味、触法生心，应无所住而生其心'，此义如何，愿为解释。禅师曰：善哉！善哉！解问此义，观汝根基纯熟，今为汝就实相法要，不动意念，达于彼岸，汝谛听，此是菩萨修身心，行到彼岸处，汝欲得学不？

琰曰：愿闻法要，顶受奉行。禅师曰：一切心无是所处，更不起心，名之为住，而其心者，应者当也，生者看也。当无所处看，即是而生其心也。

［S. 5533］……其心者，应者，当也，生者，看也。当无所处看，即是而生其心中也。

［P. T. 116（8）］（汉译文）：于是，就问："《金刚般若经》中说，'菩萨、大菩萨不应贪着颜色而生起心来；不应贪着声、香、味、触、法而生起心来；不应[①]无观察处住（停留）而生起心来。'

① 不应：汉文原本中为"应"。

对此典籍中所说如何看待?”

禅师说：“很好，很好！关于这个典籍的问题的解说，先不观察你所问，原根可一次赐予①，向你直说佛法要诀。不超出意念，到达彼岸，你想不想学?”

琰回应：“愿意听佛经要诀，信受敬行。”

禅师说：“一切心无观察，称为‘无观察处’；此又心不动摇，称为‘住’。此生起心应当理解为所知；所谓‘生’指观看。无观察处观看，当指生起心来。”

5.

[P. 2799] 问曰：“当无所处看有何意义?”

答曰：“一切诸佛皆从无所得道，亦是诸菩萨修法身处，亦是汝法性住处，汝看时，令汝得见。”

[P. 3922] 琰又问曰：“当何看无所处，以何意义。”

答曰：“一切诸佛皆从此，亦是如来法身住处，若使看时令汝得见。”

[P. T. 116（8）]（汉译文）：问：“在无观察处观看有何意义?”

禅师说：“一切诸佛都在无观察处得到法道；同样，这也是菩萨法身修行处；也同样是你真正永恒的法性住处。你这样进入观看时，你可以观见。”

6.

[P. 2799] 问曰：“见何物?”

答曰：“经云：见性成佛道。”

[S. 5533] 问曰：“见何物?”

师曰：“见性成佛道。”

[P. T. 116（8）]（汉译文）：问：“观见什么?”

禅师说：“观见自性，成就佛法道。”

7.

[P. 2799] 问曰：“看时若为看?”

---

① 此句与汉文原本意义相差较大。

答曰："只当无所处看。"

［S. 5533］问曰："看时若为看？"

师曰："直当无所处看。"

［P. 3922］琰问曰："看时若为看？"

禅师曰："当无所处看。"

［P. T. 116（8）］（汉译文）：问："如何观？"

禅师说："观见自性，性的无所处观。"

8.

［P. 2799］问曰："无所在何处。"

答曰："一切心无即是无所。"

［S. 5533］问曰："无处在何处？"

师曰："一切心无，即是无所处。"

［P. 3922］琰曰："无所处在何处。"

师曰："一切心无，即是无所处。"

［P. T. 116（8）］（汉译文）：问："无观察处在哪儿存在？"

禅师说："是在一切法无的无性处。"

9.

［P. 2799］问曰："一切心无所时可不着空耶？"

答曰："看即不着空，不看即着空。"

［S. 5533］问曰："一切心无所时可不是着空耶？"

师曰："看即不着空，不看即着空。"

［P. 3922］琰曰："一切心无时可不是着空耶。"

师曰："看即不着空。"

［P. T. 116（8）］（汉译文）：问："一切心是无处所的话，是否是贪着空？"

禅师说："若观看不贪着空，若不观看就会贪着空。"

10.

［P. 2799］问曰："看时不着有耶？"

答曰："看有所即着有，看无所即不演着有。"

［S. 5533］问曰："看时不是着耶？"

师曰："看有所即着有，看无所即不着有。"

［P. 3922］琰曰："看时，可不是看有耶。"

师曰："看无有所即不着有。"

［P. T. 116（8）］（汉译文）：问："观看本身不是贪着吗？"

禅师说："若有处观看，贪着有；若无处观看，则不贪着有。"

11.

［P. 2799］问曰："看无所可不是着无所耶？"

答曰："令无所心看无所处，名无为法，即不着无所。"

［S. 5533］问曰："看无所可不着无所耶？"

师曰："令无所心看无，无所处名无为法，不着无所；令有所心看有，无所处名有为法，即着无所。"

［P. 3922］琰曰："看无有所可不是着无所耶？"

师曰："令无心者看无所处名无为法，令有心者有所处名有为法。"

［P. T. 116（8）］（汉译文）：问："向无处观看，就不是贪着无处吗？"

禅师说："若无处无心向无处无心观看，此称为'无为法'，不贪着无处。若无处有心向无处有（心）观看，此称为'有为处'，贪着无处。"

12.

［P. 2799］看即得见。

［S. 5533］问曰："令有心看时，始得见？"

答曰："有心看无所，看即不见。无心不着无所，看即得见。"

［P. 3922］琰曰："有心看时，始得见，令无心看若为得也。"

师曰："无心时不是断灭，有心时不是存在。"

［P. T. 116（8）］（汉译文）：问："若观看有心，可观见原本吗？"

答："若有心，贪着无处，此观看不会观见。若无心，不贪着无处，此观看可以观见。"

13.

［P. 2799］问曰："无心离，不着无所，看即有所见，岂不着

见耶?”

答曰:“无心看，不取不舍，以不舍不取，故此见是无见之见，是名真大见，以真见故，得见实相，是故菩萨之心，常在无所。”

[S. 5533] 问曰: “无心虽不着无所，看既有所见，岂不是着……”

[P. T. 116 (8)] (汉译文):问:“无心无处中贪着，然而观看就是有所观见的话，不是贪着吗?”

回复说:“由于无心观看时，不取不舍，故此观见是没有观见的观见，称为‘真实大观见’，是可以观见实相的。因此菩提心是住在无处。”

14.

[P. 2799] 问曰:“何名不取不舍?”

答曰:“若言(取)即无见，若言舍即有看，是故经云:无取无舍。”

[P. T. 116 (8)] (汉译文):问:“如何理解所谓的‘不取不舍’?”

回答说:“所谓取就是未观见，所谓舍就是贪着有，如此看来，佛法经文中说:没有取就没有舍。”

15.

[P. 2799] 问曰:“不着有无而有无所即有无所，岂不是着耶?”

答曰:“有能生无，无能生有，去有绝无，去无绝有，离有无，故名中道。离中道，故名为无所，亦名不二法门，不二法门中用心修行，念念不住，即证一合相，一合相者，不可说示汝，证者乃知此，恃无所亦离。故经云:‘不在内，不在外，不在中间，是为证处’，亦是汝本心，真如实性，不生不灭，清净法界，究竟不等，号曰如来;广大无边，号曰庐舍那;清净无相，号曰净土;出现于世，内外明澈，号曰药师琉璃光佛;一切相亦不能染着，名曰解脱;看一切色相，了了见法性，清净常现前，故是诸佛。毕竟空中，炽然建立，汝学勤学，看即是证，是汝本神。得如是自在故，证为佛。是自许真如，号曰真人，欲得证此果时，当向无所观。”

[P. 3922] 琰曰:“有……(约11字不清楚)。”

师曰："有能生无，无能生有，去有绝无，去无绝有，形相资中，名道，故称不二法门。当无……（约6字不清楚）合相，相合相者知不可说示汝，亦是汝本心真如佛性，不生不灭清净法界。广大究竟平等，如如不动，号曰如来；广大无边，号曰庐舍那；清净无相，内外明澈，号曰药师琉璃光；一切境相上不能染着，名为解脱；看一切法，离一切诸相是（?）毕竟清净，趣于真空，汝当勤学，学看即证见汝性，如此自在，故称为佛。"

[P. T. 116（8）]（汉译文）:问:"有无处,若有无处不是贪着吗?"

回复说："有能生无，无能生有；舍弃有而断绝无，舍弃无而断绝有；离有无，称为'中观道'。所谓中观道，称为'无处'。也称为'不二'。不二法门中，用心修行。心续（意识）不断不住，得到留住一整体形色，这对你示说不了，唯有得知。这是无处，说起来很困难。佛法经文中说：不住外，不住内，也不住中间，这就是所谓的证得处。同样是你原本真实、永恒真实的自性，不生不灭，清净法界，究竟平等，禅定不动真实相，称为'如来'。广大无边，称为'相净遍性身'。清净无形色，称为'净土'。世界圆满显现，内外直接显露，称为'药师琉璃相'。一切形色，上下不能贪恋爱着，称为'解脱'。观看一切表色，圆满观见法自性，清净常现前，称为'佛'。究竟空中，光彩建立，你勤奋学，观学证得性，即你的本知。如此而有大自在，称为'佛'。这是你自身的真实永恒。称为'真人'。欲证此果，需要向无处观。"

16.

[P. 2799] 琰答曰："善哉！善哉！经文了说，弟子心中不解，不因禅师解释，无由得悟此理，一切众生冥寞，不知自身心中有此宝船。慈愍授弟子方便，于身、命、妻、子一切财宝，终不怯惜。"

师曰："汝发四弘誓愿，不敢轻慢，誓愿成佛，心无懈怠，发愿讫即，与汝授法。"

琰即依师语发愿，讫。

师曰："谛听！谛听！无所处，在汝心上三寸，灵空无物，名之为藏，亦补为心眼，如神识在中居，经云名如（来）藏者也。汝当谛观，看熟即是，本心清净。”

［P. 3922］琰曰：“经中虽了了说，弟子心中不解会，不遇大师解释，无由得悟此理。百劫千生，轮回六道，岂知自身中有此宝珠，清净光明湛然常住，被无明烦恼，尘垢之所盖覆，不得晓了。愿大师慈悲指授弟子，方便得入佛道。”

师曰：“汝发弘誓愿，当为汝说，闻法如说，修行不敢轻慢，至成佛已来，常勤精进，不敢懈怠。”

琰依师发愿。迄。

师曰：“汝于无所处用心看无所处。在心上三寸中间，虚空无物，名之为，亦称心眼，汝神在中居，经名如来藏者，是汝当熟看，须息生灭妄想，湛然清净，乃见汝本清净性。”

琰曰：“行住坐卧者，得见否?”

师曰：“行住坐卧名曰四威仪，但于语几作一切生活，施为举动一切时中常须用心。”

［P. T. 116（8）］（汉译文）：琰回应说：“好！很好！佛法经文明确说，我没有完全领会。经过禅师解释，我对此经文意义的了解［不］确定的没有。由于一切有情迷惑，不知自身中有如此宝贝，禅师慈悲鉴察，希望给我传授一切，而对于身、命、女人、财宝一切都不可惜。”

禅师说：“你发四次大誓愿，成佛的心不懈怠，如此发愿的话，原本地对你施法。”

琰立即按照禅师的语句发了四句誓愿。

禅师说：“分辨而听！无处在你的心上（三寸，灵空而没有任何东西，称为‘如来藏’）[1] 同样，也称为‘心的眼’，是你清净识在此中居住。佛法经文中为‘真实如来藏’。你分辩观看，熟习就能观见原本。你的自性是清净的。”

17.

［P. 2799］问曰：坐“时看，行时看，得不?”

---

① “在汝心上三寸，灵空无物，名之为藏”，此句在藏文中因粘连而无法认读。

师曰："行、住、坐、卧、语、笑、作、生活时，施为举动一切时中，常看不住即得。"

［P. 3922］琰曰："行住坐卧者，得见否？"

师曰："行住坐卧名曰四威仪，但于语几作一切生活，施为举动一切时中常须用心。"

［P. T. 116（8）］（汉译文）：问："如走、坐中教导可不可以？"

禅师说："行、住、坐、卧、说、笑、作、起、伏等一切时，经常观看不要舍弃，可以（观到）原本。"

18.

［P. 2799］问曰："看时教头见何物？"

答曰："凡所有相皆是虚妄，但静看无所处即是。"

19.

［P. 2799］问曰："坐时或见菩萨、师、僧身，或空中闻说法声，或闻语声与弟子授记，或赞叹弟子，此是真不？"

［P. T. 116（8）］（汉译文）：问："坐时有时观见佛，身如金色；有时观见菩萨和众僧的身；有时听到天空中说法的声音；有时听到论师的声音对我授记；有时对我大加赞叹，这是正确还是不正确？"

20.

［P. 2799］答曰："此是大魔王欲来摄汝，莫爱着，亦是汝妄心作。经云：'若以色见我，一切是音声，求我空中声，是人行邪道，不能见如来。'如来者，号汝自性本心，心无相貌，汝心看无所处时，即是如来心。不着一切，则名为如；不看时，如心即去，汝常看，汝（如）[①] 心即来，故称如来。汝若将如来有眼，有相貌，有卅二相，作此解。见如来时，真是着魔人也。汝但熟看细看，或见屋中明，或见明中种种物；光色黄者，是眼光。或是汝身上放大光明，或眼前种种光色，并不是实。若内看时，或如云，或如烟，或如星，或如乱丝，或如火，或似人眼，或似人头，或如树，[②] 或如水，或五色，有种种变现，皆是有相不实。见此莫惊，莫怕，了了白日用功，

① 从上下文，以及藏文译本来看，此处的"汝心"应为"如心"。

② "或似人头，或如树，"在藏译文中未译。

夜中共人同坐，莫独自坐，莫和睡坐，有睡即卧。或见如深坑，或见如井，或见如染（七?），或须熟看如功用力，莫使间断，又汝夜行胧月，或如夜望青天；或清净如明月，亦不爱着，但须熟看，端坐开眼，台策（荣?）身心，弩迩（运?）神识，了了星星，莫使朦胧和睡。细看密用功看，其清净境界，渐渐光净，青白分明，常有不异，莫怖，其心地，即渐轻虚空净，心意坦位，常见清净境界，无边内外，皆一种无，暂舍举意，即见即不见。善识有心眼者，堪主事。”

［P. T. 116（8）］（汉译文）：禅师说：“这是大魔王，前来引你，你对此不要贪着，也是你妄心之处。佛法经文中说，在颜色中观见我的话，都是一切形色；在声语中寻求我的话，是空里面的声音。由于这类人走上邪道，所以不能观见如来。

你自性原本中无身材和面貌，你的心观看无处时，这就是如来心，若不贪着任何，就称为‘禅定不动’。你没有去观看时，禅定不动的心就去了。经常观看时，禅定不动的心就来了。如此看来，称为‘如来’。如来为佛，有身材和面貌，即有三十二相，如此来理解，观看如来的话，这是真正贪着魔的人。

你无论如何要熟练观看，详细观看，有时观见屋内光明，有时观见光明中各种各样，（光）色青者是魔光；（光）色黄者是眼光。有时在你身上放出大光明；有时眼前光色很多，都非真实。向内观看，观见如云；有时如烟；有时如星星；有时如纷乱的克什米尔丝绸；有时如火一样红；有时如人眼；有时如深水中的五色；种类很多，无论哪种变现，都因有形色而不真实。

如此观见，不要恐惧，不要害怕，白日明了，秘密行动，夜晚与人一起坐，不应单独入睡。打瞌睡就睡。

有时观见很深的洞；有时观见如井一样；有时观见黑色，黑暗如漆染一样；无论如何需要详细观看。发力运行，对此行为不要间断。同样，如同夜晚在朦胧月亮下行走一样，有时如同夜晚观看青天；有时清净如月明了。如此观看而不要贪着。一定要详细观看，端坐，睁开眼睛，身心自然，意识集中，明明了了的做，不要朦朦胧胧打瞌睡。详细观看，观看非常含义，这清净境界渐渐来到，青色白色真实分辨，常有不变，不要惧怕，心处渐轻而清空。心意开朗安乐，经常观见清净境界无边无际，内外都一样。刹那未舍，动意观见性。对此善知识有心眼者，意义是在可以寻求。”

21.

［P. 2799］师匠说示，决疑。

师曰：“更有疑，早问与汝决定，入正法，法须得益，若不得法意，汝后学无善知识决，心中有事不了耶。正知列疑起，即心识钝根，宜早问。昼吾清净大宅上修，了生死功德事，须检校，不得各为汝往。”

［P. T. 116（8）］（汉译文）：禅师精通叙说，断绝意未决者。

禅师说：“还又有意疑者，早问，为你分别，直法中，真正止旧行新，需要得法的典籍意义。若观见佛法典籍意义，而无你后学需要问的善知识，心中有疑惑，歪直不能分别，刹那间意未决有，成为钝根心识，因此，应该尽快问。我清净大宅上，善为了断生死。长时间不与你说闲话，有重要问题就问。”

22.

［P. 2799］琰有要问者，呈问，曰：“了生（死）[①]功德，若为修造？”

答曰：“汝清净大宅，犹未成就，云何了生死功德，汝成就，教汝修造。”

［P. T. 116（8）］（汉译文）：问：“断生死的善义如何作？”

禅师说：“你清净宅中未成就，而问断生死善义作何？你的宅尚未了，教示你原本是如何修造的。”

23.

［P. 2799］问曰：“未合修行，就此功德，令弟子爱乐，道心增长。”

答曰：“为汝略申个。谛听！谛听！了生死功德，喻汝，有人经天下大乱，自有清净大宅，弃之走向它国，后归本国，宅舍荒秽，心中不忍了，向洛阳[②]道上五谷涧逼三壤（壕?）上侧，造一草庵，随时作活。逢善知识，善知识指尔本宅在长安，极清净，汝今在辛苦。随即听语，善知识往至长安，一依指授，自不见本宅，细看多日，忽

① 根据上下文以及藏译本，此处漏写“死”字。

② “洛阳”二字，藏文未译。

然省得知日，本宅荒秽多时，既修堂屋未成就，且向草庵边寄住，时往本宅中营造。后宅舍成就，移向长安宅中。其五谷草庵使无明奴婢，注记得钱资大宅家口。至秋，火烧却草庵及无明奴婢，忽尽，郎君断绝，更不往来。了生死功德亦复如是。”

［P. T. 116（8）］（汉译文）：问：“修行虽未成，请说此善义，我爱听闻，让我生道法心，请传授。”

禅师说：“给你简略地说一下，请分辨听说。关于生死善义，举个例子：某人在天下大乱时，虽然自己有清净大宅，但只能逃往其他地方，后来回到先前的地方时，看到家宅如此破烂，已经不认识自家宅院，在路边，五沟汇合处修造了一座草房，立即做农活。（一天，）遇见一位善知识告诉你，你先前的家宅在常乐城中居住，极其清净。而现在如同在这个苦恼中居住。听了此话，（与善知识）结伴而行，到达安乐宅的周围，按照他的教导，找寻我先前的家宅，细看多日，突然在意念中想起来，认出先前的家宅，看到（家宅）破败以久，于是整修家宅，在家宅整修完工以前，在草房中居住，时常去先前家宅中整修，后来家宅整修完工，就搬迁到常乐城的家宅中，而五谷草房，使唤无明奴隶，清点财物，一切所得送往大家宅中。到了秋天，山中着火，草房和无明奴隶被烧，一切死绝，主人又断绝，从此不往来。了断生死的善义也是如此。”

24.

［P. 2799］问曰：“此喻大好，弟子犹未了解，今呈是和上见解，长安大宅是本性清净，五谷草庵是色身，无即归清净性，大宅其义可知？问曰：何名了生死功德，一切声闻菩萨皆有此宅，弟子未解。”

答曰：“声闻草庵里，闻他说有大宅，将闻作见，即妄想见，大宅犹如水中月，将为真同是。故经云：未得，谓得[1]菩萨亲到大宅，了了照见，犹如天上见真月，似有见真月，以有见草庵，时来检校，为时有不了了见，虽未了了见，终是亲见。后烧却草庵，即常住大宅，即了了常见，当终道要，须脱此色身，始得自在作用。是经云：

① “将闻作见，即妄想见，大宅犹如水中月，将为真同是。故经云：未得，谓得”，此句藏译文中漏译。

佛不在世，菩萨不见。①”

用，充用也。

［S. 5533］……世，艹廾（菩萨）不见。

［P. T. 116（8）］（汉译文）：问：“这个例子非常好，我仍然未全部了解，现在观见和知道的，请禅师开示。常乐大家宅是指本性清净，五谷草庵是形色身。若形色身死去就归还本性。先前家宅的意义如何称呼，可以叫为断生死善义。关于声闻和一切诸菩萨都有如此宅舍，我未理解。”

禅师说：“在声闻的草房里面，我听到别人说还有一座大家宅。菩萨来到大家宅，对此观看的话，是眼睛真实所见，犹如（见到）天上真实的月亮一样。由于有草庵，时常来检阅，此时来的有，是没有真实观见，虽然没有真实观见，真实是不会观见的。后来过了很长时间，草房被烧，经常住在大家宅，常常会真实观见。现在修行道法，无论如何需要在显色身中解脱，然后开始得到自在修行。这个观点在佛法文字中说：‘佛在世间不停留，菩萨未观到。’”

25.

［S. 5533］问曰：“声闻反艹廾（菩萨）宅，可解了生死，未解，愿和上慈悲。”

师曰：“色身见在是生，命终之后是死。汝入正受之时，清净湛然不动，不见色身，见与不见，是名生了死。命终之时与生时，入正受不异，是名死了生。故称了生死。”

［P. T. 116（8）］（汉译文）：问：“寻求声闻和菩萨的家宅，生死中解脱还未寻求到，希望堪布慈悲鉴察。”

禅师说：“形色身在此住，称为‘生’；一生耗尽就是‘死’。你能够端正进入时，清净不动禅定中未观见有些身，观见和未观见是一样的，这称为‘活命从死里解脱’。渐渐死时与活时能够端正进入没什么不一样，这称为‘生从死里解脱’。这种观点就是断生死。”

---

① 从此处开始敦煌本在 S. 5533 中可以连接。下面 P. 2799 中的最后一句“用，充用也”，不知连接何处，与藏译本无关。

26.

[S. 5533] 问曰："生即了却死时，经云：如入禅定是不？"

师曰："是。"

[P. T. 116 (8)]（汉译文）：问："'活命从死里解脱'，是否为经文中'能够入住禅定'的观点？"

禅师说："是的。"

27.

[S. 5533] 问曰："常住意清净法界中炽然建立色身，名了死。色身建立炽然在清净法界，名了生死。出没自由名自生，生既了死更不死，死既了生不生。经云：不生不死是也。弟子住此见解是不？"

师曰："善哉，善哉，汝勿疑。"

[P. T. 116 (8)]（汉译文）：问："常常心意清净，在法界内形色身光彩增长，如此生起建立，称为'断绝死'。建立的形色身光彩增长，住于法界内，称为'从生中解脱'。生死中自在出现和没入，称为'生'。生从死里解脱后不死；死从生里解脱后不生。这就是经文中所说的'不生不死'。我是这样看待的，理解的对不对？"

禅师说："很好！很好！就是这样，你不用疑惑。"

28.

[S. 5533] 问："草庵里了大宅，大宅里了草庵。经云：生死即涅磐（槃）。弟子领解，深有慚愧，不胜悲泣，五内崩催，心中痛切，多劫以来，迷此真理。[①]"

师曰："令人修道，但求解，不求证。明解经论，即将了竟，说法度人，将为功德。此无明心中说，自亦未了，那得救人。自诳诳他，彼此俱堕贪真（嗔）。得凡修道人，逐急学何物？穷急了生死，穷急先学了生死竟，然后作余业。"

[P. T. 116 (8)]（汉译文）：问："从草庵中认知大家宅，从大家宅中认知草庵。经文中说'生死本性是涅槃'。我理解此意，深怀感恩。在不乐中五脏破碎，非常悲痛，许多劫以来，学此真理。"

---

① S. 5533 中此句的连接与藏文本不同，在此主要按照藏文本对照。

又禅师说："现在修学道法者，追求了解，不求证悟。如果是精通经文和论说，完全掌握佛法，来说法度人，是掌握了善义。如果是无明之心在宣讲，自己都还没有明白，如何能够帮助别人呢？欺骗自己，也欺骗别人，相互同时堕入贪、嗔、痴中。来修道法的名称中，哪一个是先学，当中要了解哪一个？要学习生死中解脱，生死中解脱后再做其他事。"

29.

［S. 5533］问曰："行住坐卧看时，作生活得不得，若为存生活。"

师曰："汝问此大要，一初时中，大忙时即忆莫使忘，小小缘事来时时看，忆殊别，莫将笑看作。看中有两种，只勿看一种。熟视形相，闲室中坐，身正坐，开眼，（台策?）精心，了了星星，奋迅神识，莫令昏沉，朦胧似睡，（品品）用力当忆上看，取相，此是佛秘密法要，莫生轻慢，谛看有事，频频见不异，三五日看，常在即见，即取决，决看，相当者依决看，不相当者但看莫取即自灭。看处见境一界而决，上无是决，凡事皆是虚妄。决内相当者，虽虚妄皆用功看，得境界。人觉触，不必皆同，但虚妄事尽即到真，须依法看。"

［P. T. 116（8）］（汉译文）：问："行走、居住、坐下、睡下观看时，能否做事，如何做事？"

禅师说："你问的很重要，什么时候可以呢？大忙时作回忆不要忘记；小忙时，有时看，但与回忆不一样，不能说作'观看'。观看中有两种，一种是简略性的观看；第二种是详细的观看，在寂静的房子内观察，身体端坐，睁开眼睛，集中精力，使得身体和心明明白白，激励本识，断除昏沉，别让睡意朦胧，观看前方形体，拿取事物的外形。这是佛法要诀，并非秘密，不要轻视、怠慢。

详细观看，无论观见有何？多观别变，四天、五天的观看，若观见常住，依据文字明确来看，分辨与其一致的地方。观看若有不一致的地方，仅观看不要贪着，自己会消失。再观看，看见何物？若文字上没有记载，其他文字上没有记载的都是虚幻而不真实。文字上有记载的，虽然虚幻不真实，要观看根本意义，观见真实。人的一切感觉和认知都不一致，一切虚幻不真实到尽头，就到了本初永恒的真实，这需要如法观看。”

30.

［S. 5533］问曰：佛说无间无漏智，云何得成，请示方便。

师曰：“看汝所问，先是卄廾（菩萨）根基，一一所问皆是要妙用功之处。汝能如此问定是至成（诚）求①……”

［P. T. 116（8）］（汉译文）：问：“佛讲的无间断无漏的智慧，如何可以成就，请赐教方便之法。”

禅师说：“观看一切你所问，先前是菩萨根基，一切所问都是修行要妙之处。你能如此发问，是真心诚意追求佛法道路，我对你说直接成佛的无漏智方便之法。正法言语少而含义广，粗俗法言语多而含义少。你不要因为看到言语少的就轻视它，如果宣讲佛法没有言词，为何需要正要诀法。言词多，你的心就乱。你要心意深沉，勤于修行，不要追求在无明心内的观见和认知。你若不听禅师的言辞，可暂时离去，以后想听再来。如果你的心已成，给你要授予无间断无漏的智慧方便之法，但是现在还不可以授予，因为追求观见和认知的心还没有穷尽。向错乱之心宣讲，所说对你来说是非常粗劣的说法，将会破坏你的法器。”

31.

［敦汉本］缺

［P. T. 116（8）］（汉译文）：问：“我虽然属于俗人之辈，但认知的心早已进入道法之内，听到禅师所说，如果不吝赐教所有无上正直的菩萨秘密处，随学方便之法，希望禅师慈悲鉴察。”

然后，顶礼七次，燃香，献供，如同先前发大誓愿，诚心祈求，泣声滴泪，情不自禁。顿时断除世俗之念，六识一下子集中在无所，心聚于一处，如同观修惟有心境。

禅师说：“你为何需要向我布施财物、发愿、顶礼、燃香？要验证你的心是否确是寻求佛道，是否是真正的错乱心？善知识不授予正法，是怀疑怀有颠倒之心的人尚未成就，而不是吝惜法；对于心已成

① S. 5533 记述至此。

者，来寻求法，则一切都不吝惜。

你要具体辨析，聆听所讲，对于经文中真实本初顿受法门，直问直说。现在所说的无漏方便之法，是属于妙正方便之法，对于修行道法的人，指导并实行，有时候观看所见的事物，因为远近的方便之法不一致，用同一说法不合适。学后所说的任何观见的事物，对此要随顺讲修心，进行方便之法，每天所传授的经教不可以提前宣说。妙正法无数，相异而不同。一切菩提无道法可入而获得，向你讲无漏之法，不合理，但由于你的心是真诚的，片断词句可向你讲述：

由于一切有情的所有根识，佛藏中都有，各种心的解脱，可详细观察狮子心。心自无所来，其余分支刹那灭，心来处用心观看，此称为‘无间断法’。心自无所来，用心观看又观看，观看、观看而观看不断，此称为‘无漏智慧’。心自无处来，执着于追求了知经文，常常思索、分析，不观看，此称为‘善于追求世俗心’。心自无所来，执着于获得不动空，谋划用心了知空，此称为‘声闻法’。心自无所来，无恒长处，而清净住，在世间不出现，这又是‘菩提所束缚’。心自无处来，东方天空无量，四方也是如此，此称为‘到达原前家宅’。

如果你如同此段心要来做，不用多久就会成佛。你如果不知此段含义，未按心要去做，则不会成佛。先了知含义，无错无乱，然后修行义理。即无论如何要了解此段含义，勤奋修行。如果没有勤奋修行，你将会退步并堕入懒惰罪中，这与诽谤大乘罪相等。二来，最初没有听闻。如果已听闻并修道，却又反复，将会堕于懒惰罪中。”

32.

［敦汉本］缺

［P. T. 116（8）］（汉译文）：问：“不贪着形色的不动禅定是怎样的?”

禅师说：“如果对心有修行、有法就是法，一切都是有形色。对心无做作是无为法，没有形色，就是无形色不动禅定。有形色的形色是衰败而破坏的，即不乐。又经文中说：‘一切有为法，是梦境、虚幻、水泡，如同影子、露水、闪电一样，应该如此观看和分析。’这一切都不是真实，刹那没有，这就是无常。”

33.

［敦汉本］：缺

［P. T. 116（8）］（汉译文）：问："常在哪里？"

禅师说："此段词句中，所说'应该如此观看和分析'，不是寻常意义，'应该'是指明了，'作'是指修行，'此'是指无所，'如'是指处。'分析'是指观看。因此，无所处观看，即观见本常处。你不需要诚心问很多，从而成为你心中的所知障。断除文字所写，了知它的意义是无明心所学所知。这是真实的学，真实学即无学。经文中说：'大道法中无为也就是没有作为。必须勤奋修行义理，顿时感受一切，则没有不知的。法的词句没有什么可说的，问起来，需要言词来说。法无来去，法无取舍，法无形色，若问，就有形色。法无高低，若问，就有高低。若不问，就是法一样等同。法与自性一致，你听闻禅师的语句，必须勤奋观看穷尽一切含义，从中观看而明确显现，成就真实。我匆匆走，一切经文，一切讲说，一切所说对心观看，仅此而已。必须观见心的自性，成佛。如果获得法要，修行义理，则能够速证佛果。'"

因此要断除文字所写，而追求很多词义有什么益处？如果不舍弃寻求了知，妖魔和鬼怪侵入你的心田，一切都是世间的了知，成为障碍。你的根基会变。听我的言语并记住，勤奋观看而不要懒惰，具体分辨这些经文，如果心中有疑惑，可观看问答经。如果没有疑问，则不需要观看和背诵。不是如此修行的人，不需要指教。对有情不让观看，并不是吝惜法，如果不了解法，生起诽谤法的心，其罪孽使有情堕入地狱。若有真实学法者，不会吝惜而来指教。

［选自牛宏：《敦煌藏文、汉文禅宗文献对读——P. t. 116（191—242）与 P. ch. 2799、S. ch. 5533、P. ch. 3922》，载《敦煌学辑刊》2007 年第 4 期，有删改］

三、《无所得一法论》[P. T. 116（5）]

（一）解题

P. T. 116（5）题为“无所得一法论”，开头为“无始以来，对事物和语言执着的人们的立论，排斥其观点，一边进一步记录修习脱离所取能取大瑜伽行者之必要义要点。”在末尾有“无所得一法论，大瑜伽行者必要义之备忘书”。因内引法成译的《金光明经》，撰写时间大致推断为824—841年。主要内容为三部分：一为有关修行问答的15问；二为有关般若波罗蜜修习的23次问答；三为阐述8位禅师的主要观点。编入藏文大藏经中的梵文藏译作品《顿入无分别修习义》（北京5306）中含有《无所得一法论》的内容。和本文献内容相关的有10余篇文献。

（二）汉译

答复那些无始以来对事物和语言等实体执着者们的驳论，回遮他们的观点，离能取所取净治相，此乃大瑜伽修习义略微论说。

（1）有人问：智慧资粮独自修习，觉悟无上正等菩提，有为之福德资粮不作不可以吗？

对此答复：如来的一切教导，是无义不变的。

《般若经》中说，“布施等以三轮清净方法而行，超越世间到达彼岸”。如此来说，仅仅修习智慧资粮，成就无上菩提没有什么不行，对此如何现观？《圣月光经》中说，“无论一法如何具足，功德资粮一切圆满，这是速证无上菩提成佛之道”。

何谓“一法”？是对诸法的自性如来了知的话，诸法没有称号，要摒除一切称号。

《除暗论》中说，“修学般若波罗蜜多，一切般若波罗蜜多都已超越”。

《金光明经》中说，“依法身禅定之宝，无量佛法涌现，善男子，如此种种法身，非时无分别之分别，此时无法讲述的，是中道而已”。修行一法的智慧资粮，是无上菩提任运成就，如果相中类同，轮回中不能超越的缺陷显出。

《楞伽经》中说，“现观著行，佛法之相……”，因而，相不类同，修学一法的智慧资粮，是最殊胜而现观的。

（2）有人问：多闻，不作不可以吗？

对此答复：《楞伽经》中说，“所谓多闻，是指要对含义善巧精通，而不必对词句善巧精通”。并非思维作意……。《金刚经》中说，法门如同水上之舟，

（3）（阙补）① 有人问：六度等需要实际行动吗？

对此答复：《金刚三摩地经》中说，“心之空性毫不动摇即六度”。

《梵天思议所问经》中说，“不思是布施；不住是持戒；不作区分是忍辱；不作取舍是精进；不贪着是禅定；不二是智慧”。

心不动摇即六度，若布施等追随心思，那么它就会有缺陷而不能超越轮回。

《楞伽经》中说，“此有的世界仅为顺世论者”。

因此，表象之后的寻思，论法不会从轮回中超越。

（4）（阙补）又有人问：诵念、默记、质问和誓愿等，不做不可以吗？

对此答复：《大顶经》中说，“为培育正法善缘，整日整夜询问、默记和诵念，不如修行智慧所具有的无量功德。这是为何呢？因为它脱离生死。正如所说，瑜伽者对经典诵念并听闻等的意义，为了分别而在读诵或已读诵，都是积累了珍贵的福德”。

《金刚经》中说，“要了知法门如同水中之舟，对诸法断除，法非贪求如何说而说，多问多读，成为瑜伽的首要业障习气，因此，谙习含义而修行，是现行的殊胜行为”。

（5）又有人问：用善根去行一切所缘方法，菩提不回向不可以吗？

---

① 此问的前半部分是根据德格版《藏文大藏经·丹珠尔》（木刻版），གི། 函中的《顿入无分别义》中与之相同的问答文，后半部分是根据敦煌藏文文书 P. T. 823 中的相同部分补充完整。

对此答复：《集颂经》中说，“法对诸法不回向，由此得知是遍回向，若是作相此是回向，何者无相是菩提回向”。无相深入性，乃现观菩提回向，假若无所缘理，回向罪过之误将变化。《集颂经》中说，“难道混杂毒物的食品好吃吗？缘善法并如同国王语旨般表现，缘理回向是现观意义很大”。

（6）又有人问：初发心后，一切无分别禅定，顿修不可以吗？

对此答复：《般若经》中说，“初发心后，是一切相智心意所作”。《大宝积经》中说，“顿的含义在心意中一切顿悟，而在实物中顿者消失，是依次出现”。《智显庄严经》中说，“有因依缘起，渐次而入说，诸惑方便说”。那么对于俱生成就法如何渐次来修呢？无边之自性，团识如何见，少许也不行，此心是虚空，是说觉着和行境为一。《正知不可思议经》中说，“诸有情如何如实所化而见，如何如实所化而闻”。《楞伽经》说，“大智如实见，镜中显影像，一切影像都是无分别推察顿时显现。如此大慧为如来，一切有情自己显现心意，无分别思维，无显之行境，顿悟而成”。首先是修习诸相无推察现观，如果得后则成为无分别义，中间心思，则成滞后。《集颂经》中说，“如果有人说此时是妙高山后获得菩提心，由此产生厌离心，此心所做，已成菩萨的滞后”。最初修得相无分别是不合适的，属于断见，如同赶牛的棍棒对待驴子，它是无法忍受的，此行非正士现观。

（7）又有人问：因为住空性禅定，就不能作众生之义了吗？

对此答复：《般若经》中说，“须菩提，菩萨摩诃萨三种禅定中，有情处于极喜想识行为，对此成为空性状态；有情处于有相行为，对此成为无相状态；有情处于异熟行为，对此成为无异熟状态。须菩提，诸菩萨大菩萨行波若波罗蜜多，处三种禅定中，诸有情皆能度”。深深法门中有情的含义广大而现观，若在有相中，罪过增加无疑。在《般若经》中说，“从一切所缘的理来说，佛祖也是众生之罪过”。在有相中，一切有情说法，实际上是从现观反法而说。

（8）又有人问：忆念三宝，不做不可以吗？

对此答复：《般若经》中说，“一切法无实的自性，经过推察剖析后，佛陀随顺忆念修习。无忆念而无作意的话，佛陀随顺忆念？此性法性随顺忆念？此性僧伽随顺忆念？”无作意是指，佛性下佛陀忆念现观而成。假若缘者的理下佛陀随顺忆念来做的话，对涅槃成障。《般若经》中说，“小处佛陀作意为有相，此也成障，由此对他者来看如何可知？”因此，缘者的理下，佛陀忆念来做，无大意义现观。

（9）又有人问：在心之外，外境是颠倒识的存在吗？

对此答复：《密严经》中说，“大地存在为诸色，天境之处为诸家，各种各样来显现，此皆根识显现已”。《楞伽经》中说，“身体及受用，诸人根识显”。内外一切法皆由心出现现观。假若认可从心中出现颠倒识存在境，则成为下劣见之过。对此《楞伽经》中说，“唯心来安置相属于恶见，不予主张”。又此经（《楞伽经》）中说，“如何声中安立相，从法性中声安立，由此正中来增益，死后有情堕地狱”。主张从心中出现颠倒识存在境，非是现观特意之见。

（10）又有人问：刹那智作为胜义存在吗？

对此答复：《楞伽经》中说，“对形状执分别的诸识为五大和合而成，一刹那时不住而称为一刹那。宣称的根识如来藏，与意一起刹那而入的识之习气非是刹那，无漏习气非是刹那”。《金刚经》中说，“须菩提，过去心无所缘，未来心无所缘，现在心也无所缘之心为无”。因而现观来看刹那智非是胜义。如果主张刹那智为胜义的话，法身能做到如此。《楞伽经》中说，“另外获得黄金、金刚、王政，此非入最胜，获得现观而非刹那，诸圣而非成圣者，诸圣而非不成圣者”。主张刹那智胜义存在，是为了允许昏暗心思的存在，与了义和合，因而，现观来看刹那智胜义不成立。

（11）又有人问：菩提成就的时间，是唯历三无量劫而成就吗？

对此答复：《密意定释经》（《解深密经疏》）中说，“处所定取为习气所显，三无量劫与时刻、年、月，以及月份的划分是根据与太阳的相顺而划分，刹那与心中的一下，都是一劫的显现”。菩提成就的时刻，并非是一种。

（12）又有人问：有为之供养，不做不行吗？

对此答复：《宝积经》中说，“无佛想，无法想，无僧想，为正供养”。瑜伽者对于有为之供养，并不是不做不行。

（13）又有人问：忏悔罪过，发露无瞒，不做不行吗？

对此答复：《方广经》（《华严经》）中说，“何者欲多全，端正坐来观，正性而正见，正观而解脱，此为最胜忏”。从现观来看修习不动摇就是最好的忏悔。

（14）又有人问：修道之人，对治相，不依不行吗？

对此答复：《虚空藏经》中说，“极静之诸法，无需诸对治”。从现观来说，对心相无分别，对治无需依。

（15）又有人问：发菩提心者，是首先在寻伺法门中发心，然后在无分别中成就吗？

对此答复：《大顶经》中说，“初无生灭心扩张，终无生灭果变得。初生灭有之心，终无得有之果”。《般若经》中说，“初业发初心，很快积累，所学一切法无所缘”。《佛藏经》中说，“此法，无想，无专智，可为本初，思维和分析是知而非果”。从推察分析来看，行为之相唯有意所做。从现观来看，诸无生灭之形的推察无益处。此前对相诸信心的回报唯有去做，在瑜伽师的著作中获取。得来上述回报的讲述，突然超越条件出现的诸说法，正确而稳当可靠的话，看我的书，绝无超出彼岸，也犹如无取得涅槃和断除轮回。

四、《顿悟摄要论》《大乘中观义论》《显明智慧论》（P. T. 121）

法藏敦煌藏文写本 P. T. 121 为经折装，由《顿悟摄要论》（有的译为《顿入论经摄要》，11 页）、《大乘中观义论》（23 页）、《显明智慧论》（7 页）等多种不同内容的文献组成，没有标注页码。这批文献的抄写字迹相同，当出于同一人之手。从内容看，皆以讲述佛教见解为主，属于同类型的文献。因该卷的前后部分已残，现在亦难以了解其原来的所有组成部分。这也对判断这些文献有无内在关联造成了极大的困难。

（一）P. T. 121（1）《顿悟摄要论》

1. 解题

P. T. 121 写本中的《顿悟摄要论》和《显明智慧论》皆属藏文禅宗文献，颇有资料价值，值得重视。P. T. 121（1）《顿悟摄要论》的前面部分残缺，有尾题：ཅིག་ཅར་འཇུག་པའི་ལོན་མདོ་བསྡུས་པ་རྫོགས་སོ།། 其中རྫོགས་སོ 义为“完毕”“结束”，是藏文佛典结尾常用语，即指“某某佛典完毕”。则此处的ཅིག་ཅར་འཇུག་པའི་ལོན་མདོ་བསྡུས་པ་རྫོགས་སོ 应是该文献的名称，新出《法藏敦煌藏文文献》第 3 册中简译为“顿悟摄要论”。藏文ཅིག་ཅར 有“顿时”“同时”之义；འཇུག་པ 即“进入”。ཅིག་ཅར་འཇུག་པ 直译为“顿时进入”，简译为“顿入”。从藏文禅宗文献看，ཅིག་ཅར་འཇུག་པ 相当于汉文中的“顿悟”一词。ལོན 可能是ལན 之义，① 即“答复”“回答”。མདོ་བསྡུས་པ，今作མདོར་བསྡུས་པ，即“简要”“总略”之义。因此，这部文献的名称也可译为“顿悟方面的简要答复”。

2. 译文

（答曰）：“（前残）因与果于实有并未成立，② 因自性之故，未有生起，于任何边际亦不住、无所缘者，③ 名为胜义谛。④ 名为大乘者，因比一切声闻、独觉、菩萨乘尤为殊胜无上故。名为中观者，不住常、断、有、无之任何一边，非语句和文字表述之境；非有，不同于虚空；非无，不同于兔子角。⑤ 不说亦非最初有，亦非今无。佛经

---

① 噶尔美·桑丹曾认为ལོན 是汉语“论”之译音。参见［日］木村隆德著、耿昇译：《摩诃衍之后的吐蕃禅宗》，《法国藏学精粹》（2），兰州：甘肃人民出版社，2011 年，第 353 页。

② 实有（དངོས་པོ）：即真实存在的事物或现象，又译为实有法，包括一切色法、心法和不相应行法。

③ 无所缘（མི་དམིགས་པ）：若直译，应作“不缘”。唐代汉文禅宗文献中亦见有“不缘”之用法。

④ 胜义谛（དོན་དམ་པའི་བདེན་པ）：即真谛，又称第一义，究竟之真理，与世俗谛相对。胜义谛和世俗谛是佛教哲学的两大概念，但各派对二谛的理解不同，禅宗文献中亦多见对二谛的论述，如 S. 516《历代法宝记》中无住禅师云：“有法是俗谛，无性第一义。”

⑤ 兔子角（རིང་བོང་གི་རྭ）：比喻不可能存在的事物。

中谓‘若生起不思一切，则为觉’,① 此为初业有情方便说法云云。②如狮子般之具大精进之士夫，不说任何生起、觉而迈步，于任何安立的四威仪不分别、不住。”③

问曰：“见此食指（ཛུབ་མོ，应是མཛུབ་མོ）否?”

答曰：“见。”

复问：“现在见否?”

答曰：“见。”

(问者)：“若食指有时能见则无时何见，真稀奇!”

答曰：“因食指有来、去，而见之相续（རྒྱུན）未中断，于此有何稀奇!”④

（问者）对此之责难（གལ་བཙུག་པ，即གལ་ཚུགས་པ）：“佛经云：‘法者从见、闻、觉、知相离’,⑤ 何故言见?”⑥

答曰:“愚痴者、声闻、独觉因见解低劣,以贪着于相故,遂以方便言相离。若见实义,则法者与见、闻、觉、知未相离。烦恼与菩提有何不相宜,比如冰与水不相异般。依最初的觉,证悟本性之觉(ངོ་བོ་ཉིད་ཀྱིས་ཚོར་བ་རིག་གོ,疑ཀྱིས是ཀྱི之误)。若证悟本性之觉,则顿时证悟一切有情之根本觉。清净觉之义者,亦不言最初生,亦不言现今无,来亦未从任何处来,去时亦未往任何处。比如穷人之衣中有金币(གསེར་གྱི་དོང་ཙེ),⑦未

---

① 佛经：藏文原文作སངས་རྒྱས་ཀྱི་བཀའ་ལུང，似译自于汉文“佛经”一词。

② 初业有情（ལས་དང་པོ་པ）：又称初业人,指开始进入正道的凡夫,即初学佛法者。

③ 四威仪（སྤྱོད་ལམ་རྣམ་བཞི）：身体的四种起居动作，即行坐卧住。

④ 相续（རྒྱུན）：即“流”，前后相连不断。

⑤ 此处佛经应指《维摩诘所说经》。《历代法宝记》中无住答杜鸿渐所问时云：“此见闻觉知，是世间见闻觉知。《维摩经》云:‘若行见闻觉知,是即见闻觉知。法离见闻觉知。’”

⑥ “觉”：藏文作ཚོར་བ，据《藏汉大辞典》有两种含义，一指感受、觉察；二指指生起领略或乐，或苦，或不苦不乐的感受之心。汉文佛典中ཚོར་བ译为“觉”，即感觉，如敦煌写本 S. 5619《无心论》中云：“我虽无心，能见、能闻、能觉、能知。”P. 2162《大乘开心显性顿悟真宗论》中云：“见闻觉知，四大及一切法等，各有自性。”而《顿悟摄要论》中将上述见闻觉知之“觉”译为ཚོར་བ，我们遂将下文之ཚོར་བ均译为“觉”。

⑦ 金币（གསེར་གྱི་དོང་ཙེ）：其中藏文དོང་ཙེ是汉语“铜子”之音译，藏语中དོང་ཙེ一词的借用可能始于吐蕃时代。不过从此处的“གསེར་གྱི་དོང་ཙེ”的组词看，藏文中དོང་ཙེ所指不限于“铜币”一种，而是金属货币的代称，故将金币称为གསེར་གྱི་དོང་ཙེ。དོང་ཙེ在藏语中沿用至今，亦是各种货币的总称。

看见之时，非无；若得指点而看见之时，则非从外部获得。因此，知实义之时，即为最初觉，亦是根本觉。故根本觉与最初觉并不相异。”

问曰：“见色否？”

答曰：“以色不能见我。”①

问曰：“汝与彼相同否？”

答曰：“我亦如此。对于一切亦无分别心。”

问曰：“其名如何安立？”

答曰：“向我求问。”

问曰：“若色无想，则如何问？”

答曰：“有想和无想，应于见性求问。”

答曰：“吾亦见有想和无想。”

问曰：“如何见？”

答曰：“吾未见有想，亦未见无想。”

（问曰）：“如何使一切法□；如何使一切法清净。”

答曰：“法与心亦无，但若生起分别心，则一切颠倒。如果心无分别，则一切法清净。”

问曰：“决定的法性之名如何安立？”

答曰：“若于法无安立名，则于何者安立！”

问曰：“是有法而无名，还是无法而无名？”

答曰：“法离有无。”

问曰：“如何与有无相分离？”

答曰：“因以法性，与一切分离。于空性生我慢，从幻化等亦生身，四大种中细分辨，② 无我与我之处，幻化出自三毒（དུག་གསུམ，疑是དུག་གདམ）中。明镜自性清净者，何来障蔽处。此仅为方便（言说）。缘起自性寂静，寂静之法不言生，若寻找涅槃并寂静之法，则因寻者自身之故，不能成为涅槃。”

---

① 此句应出自《金刚经》，云：“若以色见我，以声音求我，是人行邪道，不能见如来。”这段经文在禅宗文献中亦多有引用，见《七祖法宝记》等。

② 四大种（འབྱུང་བ་བཞི）：即地、水、火、风四大元素。

《顿悟摄要论》完毕。

（二）P. T. 121（2）《大乘中观义论》

1. 解题

P. T. 121（2）内容为《大乘中观义论》，共有 23 页，每页 5 行。首题：ཐེག་པ་ཆེན་པོ་དབུ་མ་དོན།། 直译为“大乘中观之义”。另外的写本有 P. T. 817，但残缺不全，只剩 1 页。《大乘中观义论》概要讲述了外道和佛教各宗派的见解，具有佛教宗义类著作的特点。该写本中无作者之名，目前尚无从得知是翻译的，还是吐蕃人的作品。《大乘中观义论》反映了吐蕃时代对佛教宗义的一些认知，对研究当时的佛学思想是有所帮助的。

2. 译文

大乘中观之义。凡想如实证悟般若波罗蜜多①、法界清净性者②，首先须依三种智慧，即通过闻、思的智慧，对见作决断。之后以修习法界平等性的智慧③，在一切时中，为熟练而行瑜伽修习。首先，若在见之方面未作决断，则堕入所缘④常见⑤、断见⑥等四边⑦，即所缘

---

① 般若波罗蜜多（ཤེས་རབ་ཀྱི་ཕ་རོལ་ཏུ་ཕྱིན་པ）：“般若”在藏文佛典中译为ཤེས་རབ，意为“智慧广大”“智慧超胜”。般若不同于世俗的智慧，是佛教提倡能破除烦恼、断生死轮回的特殊智能，即明见缘起性空的智慧，为大乘佛教的核心思想之一。“波罗蜜多”在藏文中译为ཕ་རོལ་ཏུ་ཕྱིན་པ，意为“到达彼岸”，又简译为“度”。般若波罗蜜多是菩萨所行六度之一。

② 法界清净性（ཆོས་ཀྱི་དབྱིངས་ཡང་དག་པ）：指空性。

③ 平等性（མཉམ་ཉིད）：指遍于一切事物的真理，即空性。

④ 所缘（དམིགས་པ）：指思考的事物，汉文佛典中译为所缘、境相。

⑤ 常见（རྟག་པར་ལྟ་བ）：又称邪见、有见，为佛教所批判的二见之一，为“断见”之对称。以执实心，观诸法是常，即主张世界为常住不变，人死后之“我”（灵魂）亦常住不灭，执着此见解，即称常见。执常见的学说或宗教，被称为常见派。古印度属于常见论的学派有数论派（གྲངས་ཅན་པ）、梵天派（ཚངས་པ་བ）、毗纽天派（ཁྱབ་འཇུག་པ）、伺察派（དཔྱོད་པ་བ）、自在天派（དབང་ཕྱུག་པ）、胜论派（བྱེ་བྲག་པ）、吠陀派（རིག་བ་ཅན）、裸体派（གཅེར་བུ་པ）等。

⑥ 断见（ཆད་པར་ལྟ་བ）：为“常见”之对称，指否定因果报应，不承认有前生后世的学说。印度古代断见派的代表为顺世派（རྒྱང་འཕེན་པ）。

⑦ 四边（མཐའ་བཞི）：指常边、断边、亦有亦无边和非有非无边。谛实实有为常边，名言亦无为断边，谛实实有名言亦无二者俱有为亦有亦无边，谛实实有名言亦无二者俱无为非有非无边。四边又称四句分别。

成般若波罗蜜多之过失。具所缘的各种见中，若各个分别讲说，则其数亦众多。若摄要言之，则各种外道之见，概括为常断二见。其中外道断见派直哈布达宗者，（认为）世无前后，亦无善恶业，亦无善恶业之果，亦无善趣和恶趣，亦无轮回和涅槃。此身依父母之因缘偶然而生，当此世所受各种乐苦完尽后，即（人）死后一切皆无，木之腐朽与人之死亡相同，持一切皆无之见。外道常见派殊胜宗者，（认为）此身是有漏[①]，初生至寿命一半之间，器官和蕴生长并圆满，谓“有”；寿命一半后至部分骨头（རུ，疑是རུས之误——译者）塌陷间，使器官和蕴衰退并受阻隔，则谓“漏”。同一前后世因业而生，蕴结生相续者[②]，亦名为“有漏”。此有漏者，有名“我”者，“我”成恒常“心”，如罐子破碎成沙蕴般，蕴（ཕུ་པོ，应是ཕུང་པོ——译者）阻塞不通畅（失去功能——译者）时，（“我”）于他处再次结生，此亦是“我”所取。此“我”之自性，虽如同水晶球般圆满清净，但因暗（མུན་པ）、尘（རྡུལ）和有情（སེམས་ཅན）三者障蔽，依此三者之力，生名为“心”（སྙོ）者，从“心”生出分别心。因种种分别心思维，遂成轮回。回转轮回之因的方法，则是不作分别心，使心成清净。若心清净，则黑暗、尘和有情三者得净化，获得心之自性如水晶球般之清净，此时名为涅槃。复次，圣者声闻亦分为四[③]，即堕生声闻、变异声闻、变化声闻和寂灭声闻。其中堕生声闻者，因以三界轮回（原文为འདུ་བྱེད，即“行”）而恐惧，遂信仰涅槃而修习。当想蕴粗分完尽，见寂灭之道，遂谓此乃涅槃。其时，出现少许神通，见后

① 有漏（གང་ཟག）：指人，其梵语之音译为“补特伽罗”。“漏”有流失、漏泄之意，又为烦恼之异名，《俱舍论》卷二十云：“色、无色界烦恼，除痴五十二物总名有漏，谓上二界根本烦恼各二十六。”佛教认为人的身心中所有功德过失，时增时减，数数聚散，故称“有漏”。

② 结生相续（ཕུང་པོ་ཉིང་མཚམ་སྦྱོར་བ）：其中原文之མཚམ，应作མཚམས，指入胎结生，相续不断。

③ 声闻（ཉན་ཐོས）：原指听闻佛陀声教而证悟之出家弟子，大乘兴起后指称信奉小乘者，小乘又被称为声闻乘。但是对“声闻”二字有不同的解释，何以称其等为“声闻”呢？《藏汉大辞典》解释云：“声闻，弟子，佛弟子。三乘中的声闻乘人。对于大乘声教，自己虽不主要修习，但仍从佛等处听闻，复以所闻大乘之法，向人宣说，故名声闻，亦名宣闻。”（张怡荪主编：《藏汉大辞典》上册，北京：民族出版社，1993 年，第 933 页）

世之转生处，以为吾已得涅槃之境，而观后世之生，则佛法亦无真谛，作此诽谤语，遂堕生有情地狱。变异声闻者，初入声闻乘，后遇行大乘之善知识，遂转变为大乘者。

变化声闻者，指须菩提、舍利子等，昔已成正等觉，为使诸声闻进入大乘，以方便示现声闻之身。

寂灭声闻者，以总的四种性相观察一切法，即证悟诸法无常、苦、空和无我，而住于四圣谛，谓应了知苦谛，应舍弃集谛，应现证灭谛，应修习道谛。厌烦轮回而舍弃之，信奉涅槃，勤于自我调伏、自我寂灭、自我涅槃，阻断意识，能通达有漏无我，但不通达法无我。能断烦恼障，但未断所知障。具自我之智慧，但不具方便；成就自义，但不凭依他义。将寂灭浸没任一无有者，视为修法之心要。持仅以寂灭一方面为涅槃的见解。圣独觉之见者①，不依靠其他善知识，而是以自己的智慧，明见诸法从何因、缘所出。因世间法生厌烦和恐惧，断灭一切苦。

对于清净胜义，即无污垢，显而明，以世间之心不能见者，而以圣者自心所见并通达。谓此圆满寂灭者，乃涅槃之境。为自己所见，独自一人观修，如犀牛角。对有情不以语言讲说佛法，而是以各种神通开示。大乘之见分为两种，即唯识和中观。唯识之见②，谓一切法非有，即当自己分别心迷乱所见穷尽时，于胜义非有，比如人患眼病者和食用莨菪子（ལང་དང་ཙེ，今作“ལང་ཐང་རྩེ”——译者）者，看天

① 独觉（རང་རྒྱལ）：又称缘觉，其梵文之音译“辟支”。指无师而能自觉自悟之圣者，但唯有自利行，而无利他心，故不起大悲心救度众生，遂难登佛果位。其教法属于小乘，称独觉乘，或缘觉乘、辟支佛乘。其见通达人无我和所取无性，其修以十二因缘为主，果位为辟支佛地，与声闻阿罗汉相当。《增一阿含经》（卷32）、《贤愚经卷》（卷5）、《大毗婆沙论》（卷7、卷180）、《大智度论》（卷19、卷28）、《瑜伽师地论》（卷32）、《辟支佛因缘论》（卷1）等佛教经论中均有论及独觉乘的内容。

② 唯识（སེམས་ཙམ），大乘佛教教派之一，又称瑜伽行派。“唯识”的意思是一切外在的现象或存在皆是心识的变现。其代表人物有无著、世亲等，主要经典有《解深密经》《入楞伽经》等，主要论典《瑜伽师地论》《唯识二十颂》《唯识三十颂》等。

空时，如见到毛轮、针一般。本无实物，因迷乱显现。以遍计性①、依他性②、圆成性三者作观察③，则遍计性、依他性所出诸法非有。圆成性者，于胜义亦非无，远离有和无之方面，离能执和所执之时，智慧一刹那似油火未被风吹一般于胜义亦非无，若如言此亦无，则行梵行亦无益，持如此之见。

中观亦分两种，瑜伽师中观④和经部中观⑤。瑜伽师中观者，（入）门与唯识宗同，而最终与中观同义。驳斥唯识见，云汝之智慧一刹那为有，则是在世俗谛许可，还是在胜义谛许可。若以世俗谛许可，则可。若以胜义谛许可，则不可。回答云于胜义谛许可。对此言：汝言智慧一刹那者，从有和无的方面远离，从能执和所执分离云云。

而汝若说于胜义谛亦非无，则未离能执和所执，有所缘性相。经部中观者，持一切法为缘起之见，最终二中观之见相同。因一切法因缘生故，于世俗谛，诸法幻化变现，如水中月、阳焰般非无。于胜义谛，则法界无二，离四边，无生灭，超越文字和词语之行境，无取舍，不是任何实有法，不住不贪着，离能所执，性相或所缘连尘埃分都不住，以清净如实分别明见而通达（ཕྲིགས，应是“ཐིགས”——译

① 遍计所执性（ཀུན་དུ་རྟོག་པའི་མཚན་ཉིད）：唯识宗用语，又称遍计所执相、分别性、分别相、妄计自性、妄分别性。略称遍计所执、计所执、所执性。ཀུན་ཏུ་བརྟགས་པ，简称ཀུན་བརྟགས，汉文佛典译为“遍计”，藏文的ཀུན་就是“普遍”之义，བརྟགས་相当于汉文的“计”。ཀུན་བརྟགས་合起来意为“普遍观察”“普遍思维”，过去译为“寻思”或“计度”。因缘所生诸法，实是众因缘和合而成，是假有之法，并无真实体性。但凡夫对因缘所生法虚妄分别，错误地认为有实我和实法，并执著于法、我的自性和差别等，故称遍计所执性。

② 依他起性（གཞན་གྱི་དབང་གི་མཚན་ཉིད）：汉文佛典中又作依他起相、缘起自性、因缘法体自相相，略称依他起、依他，是唯识宗所立三性之一。指依于他缘而生起的诸法，属于因缘的组合，幻有不实。

③ 圆成性（ཡོངས་སུ་གྲུབ་པའི་མཚན་ཉིད）：唯识宗用语，圆为圆满，成为成就，实为真实义。真如（诸法所依之体性）具有圆满、成就、真实等三种性质。

④ 经部中观（མདོ་སྡེ་པའི་དབུ་མ）：又称经部行中观派（མདོ་སྡེ་སྤྱོད་པ་དབུ་མ），指印度佛教大师清辨论师开创的中观自续（“自续”也有译成“自立量”的）派内的支派之一，承认外境自相实有。

⑤ 瑜伽师中观（རྣལ་འབྱོར་པའི་དབུ་མ་དང）：又称瑜伽行中观派（རྣལ་འབྱོར་སྤྱོད་པ་དབུ་མ），是中观宗自续派的支派名，以寂护、莲花戒师徒为代表，此派仅于世俗谛承认识，而不承认所取境。

者），了知法与有漏无我。之后证悟一切法于未生法界为一味，见我与法界、般若波罗蜜多，于清净如实见无二无别，以修习此性相之般若智，使心等住。

完毕。

（三）P. T. 121（3/4）《显明智论》

1. 解题

P. T. 121（3/4）为《显明智慧论》，有尾题：གསལ་བ་ཤེས་རབ་ཅེས་བྱ།། 可译为“称为显明智慧”，故《法藏敦煌藏文文献》第 3 册中，其汉文名称译为“显明智论”。本书译为“显明智慧论”。① 木村隆德在《敦煌藏文禅宗文献目录初稿》中，将《显明智慧论》分为了两个文献，第一篇（3）即观心部分，独立成篇，无标题。从《七禅师传承》以下文字为第二篇（4），称为《明智慧》（即《显明智慧论》）。笔者则将这两部分视为一篇文献，理由是虽然第一部分末尾有表示结束的符，第二部分开头有表示起首的符，但第二部分没有在新的页面上书写，而是紧随第一部分之后。其次，第二部分仅仅是《历代法宝记》的一段引文，何必又单独称为“显明智慧论”呢？笔者以为这两部分之间有内在的关联，《历代法宝记》的引文可视为是对前文的补充。第二部分开头使用了“དེ་ལ”，可译为“对此”，说明引文是对上文的说明。因此，我们将两部分处理为一篇文献加以讨论。

2. 译文

为无边之一切有情，摧毁轮回之监狱、痛苦之河、无明之王母，并令剩余之蕴无余而全部涅槃之故，则应手臂交错，脊背伸直，身体不动，口不言，回遮心之六门入（原文作ཕྱི་ཧག་པ，疑ཕྱི 字是衍文）

① 木村隆德译为“明智慧”，见木村隆德著、向红笳译：《敦煌藏文禅宗文献目录初稿》，《国外藏学研究译文集（第 13 辑）》，拉萨：西藏人民出版社，1997 年，第 191 页。

迷乱之境。① 之后观自己之心，则（知）心之真实，任何亦不是，任何亦不思，不作烦恼意，对任何亦无分别心。如此心之行境圆满清净，因此亦不住任何而长时而住。② 心成清净（གྱུང་དྲ，应是གྱུང་དྲུང་དྲ），③ 则痛苦亦即菩提，轮回亦即涅槃。

原始智之自性从原始起不生，④ 未来不灭，现今不住，三世平等而空，因空性而空。对空性不以空性分别。生、受寂灭之后，出现心与藏识（ཀུན་ཞི，疑是ཀུན་གཞི之误）之粗细习气流动，⑤ 虽特为阻止，但不需要用力抑制（གནན，应是གནོན之误），即智慧无缘和禅定不动二者平等故，虽生起盈满感（ཁང་རྒྱས，应是ཁེང་རྒྱས，ཁེང即ཁེང་པ，充满、充实之意；རྒྱས意为圆满、丰盛），但以力自然解脱。对生起者不作分别，对于未生起者不住，昼夜三座间以精进断除。对不可思议之原始智，于心观修无，所想处不想，无所想处亦不想，思想思想（སེམ，应是སེམས་之误）而不想矛盾处。

复次（ཡུང，疑是ཡང），经中云："不作越细、越寂灭、越明、越平等等分别心，明见从法界无我。"付教于大迦叶，达摩波罗（དར་མ་པ་ལ，应是达摩多罗——译者）亦如此修。⑥ 无分别心，清晰显现亦

---

① 六门（སྒོ་དྲུག）：即六根，指眼、耳、鼻、舌、身、意。[日] 中村元原著、林光明编译《广说佛教语大辞典》上卷，（台北：嘉丰出版社，2009 年，第 257 页）云："于其对境产生感觉认识作用时，具有所依之作用者。即视觉器官（视神经）与其视觉能力（眼根），听觉器官与其听觉能力（耳根），嗅觉器官与其嗅觉能力（鼻根），味觉器官与其味觉能力（舌根），触觉器官与其触觉能力（身根）等五根，以及思维器官与其思维能力（意根）为六根。"

② 此即《金刚经》所说："应无所住而生其心。"大珠海慧的《顿悟入道要门论》中亦云"只个不住一切处即是住处也"。

③ 清净：原文作གྱུང་དྲུང，音译为"雍仲"，意为坚固不摧永恒常在，又为苯教术语。吐蕃时代的佛典中有时将"阿耨多罗三藐三菩提"（无上正等觉）译为བླ་ན་མེད་པ་གྱུང་དྲུང་རྫོགས་པའི་བྱང་ཆུབ，雍仲即梵语"三藐"的翻译，后期佛典中统一译为ཡང་དག་པ（"正确""清净"之义），汉文佛典将"三藐"译为"正"。因此，我们将此处的"雍仲"译为"清净"。

④ 原始智(ཡེ་ཤེས)：据《藏汉大辞典》的解释，有二义，即原始智，一切有情心中本来自然存在的明空了别的意识；圣者的智慧（འཕགས་པའི་མཁྱེན་པ）。但ཡེ་ཤེས往往与ཤེས་རབ无别，通常又翻译成智慧。此处即为第一种含义，原始智即本来智，应同于佛性。

⑤ 藏识（ཀུན་གཞི）：即阿赖耶识，八识中的第八识，是留藏习气、一切异熟及种子依存处。

⑥ 关于达摩多罗，参见戴密微著、耿昇译：《达摩多罗考》，载《法国藏学精粹》(2)，兰州：甘肃人民出版社，2011 年，第 329—344 页。

无分别心，此乃自明原始智，以此无假立。

对此《七禅师传承》中云：“不想念者，乃戒律；不忆念者，乃禅定；不生起幻化之心，乃智慧。于此，所谓不想念乃戒律者，（即）心之想未动摇，戒律亦圆满。对此何谓禅定者，（即）证悟之想未动摇，即平等，则禅定亦圆满。于此不生幻化之心者，何谓智慧，（即）证悟之想未动摇，许为原始智之规。”

此乃显明智慧论。

（选自才让：《菩提遗珠——敦煌藏文佛教文献的整理与解读》，上海：上海古籍出版社，2016 年，有删改）

五、摩诃衍教义（P. T. 813）

（一）解题

在摩诃衍之后有关摩诃衍教义的文献可分为两类，一类以阐发摩诃衍“看心教义”为主，一类以摩诃衍教义为名，汇入其他的佛学中观思想。

P. T. 813 共有 12 段文献（1—12），1—2 段主要介绍禅法以及如何修行禅法；从第 3 段开始，主要是引证诸禅宗语录来积极论证禅法中修法的问题，以及在禅法修行中对诸多问题的看法。

（二）译文

第 1 段：有人在山林中静坐；有人在洞窟中静坐；有人在寺庙中静坐；有人在尸林中静坐；在此处来观察自己的心，当心有生起之念时，全部破灭之，使自己住于不动禅定之中，获得独觉之果，这是因为从观不动禅定的自生相中直达佛果。[①]

第 2 段：声闻禅主要就是数息、观不净、观白骨等许多修行法

① 上文部分不明，此段讲论禅法的修行。

门，它们的修行目的大致相同，即舍弃一切有，住于不动之空中。

对方说，细说一禅之法，指声闻者，对于一切有情和情器世间，在自己的心中出现的是意想而来的有。舍弃世间有，生起圆满出家心，责骂自己的心中贪求世间法、贪恋父母亲友等，想想自己本无所有，仅为生死之间轮回，应该舍弃对世间的贪求。如此责骂自己，来观察自己的感受，此处无有了，就是进入二禅境界。成就观察空性，赞颂自己生起忍性，净行……①

第3段：……不如说这样，所谓圣者之智。

第4段：堪布摩诃衍的禅定②，如何不寻思，就是处在无意想、无联想之中。不能住在此中者，可用五方便法来受益，如何来说呢？对于所感受到的非真实的动心，用无记的方便之法；对于所感受到的非真实的动心，用随顺有情的方便之法；对于所感受到的非真实的动心，动是接触的结果，可用破灭接触的方便之法；对于所感受到的非真实动心，可用无自性、一向寂静或空随影现的方便之法；对于所感受到的非真实动心，可用不观察、不跟随，在心中一一解脱，此谓正禅定。

第5段：《秀禅师禅定语录》③ 中提到，自性正如水现，习气烦恼如土和，生起菩提种子来清除。由此而观见自性，快速成佛。

第6段：《堪布神会禅定语录》④ 中也提到，恒常忆念无的乐相宗，乐从何处来说呢？心自性意中不住。自性是所得无，心和禅定又非无住。对心，是和非，好和坏，有边和无边，有量和无量，无住有无见，对此所作的一切相是无所见。如此心所住，心的平等性，是自性的话，见是自证知，知是堕空边。对此无见，是意中寂静自性能

---

① 结尾部分不全，此段讲论声闻禅法，并详细讲论修行一禅至二禅的过程。

② 摩诃衍在敦煌藏文禅书中出现很多，在 P. T. 116、P. T. 117、P. T. 812、P. T. 813、P. T. 817 中都有其禅法的讲述。此段所讲与 P. T. 812 中的内容一致，与 P. T. 117 中略有不同。内容主要是讲无记、随顺有情、破灭接触、一向寂静、正禅定等五种方便法门。

③ 与 P. T. 116（7）文书中的第 179 行中的内容完全相同，但在 P. T. 116 中写为《堪布贾先生禅论》。

④ 与 P. T. 116（7）文书中第 183—184 行的内容相同。并与下文第 12 段中的《禅定堪布神会禅定语录》大致相同。

触，对此所知是非真实的，现观而有观是无作意，此时圆满法身，与法形体一致，与天空相等，自性常住，无量功德自足圆满。

第7段：《堪布李禅师禅定语录》[①] 中提到，修菩提道的精华在于，身体要特别放松处置，心如天空平等而修。如此之后，色等、六境所缘无错乱和损坏，如此成就如来法身。

第8段：……“最终成佛，有无快慢？”大乘的顿修和渐入是有快慢之分，比如陡山上水浑浊而下，而在平地上水清澈流过。陡山流水是因陡而水浑浊，成佛很快。平地流水，水清澈而缓慢，成佛慢。如此，要顿修大乘的话，勤修菩萨勇猛心，不需要先断尽苦恼来修，成佛也快。渐修则要成就声闻和独觉之果，对治大乘所知障，因此成佛慢。

第9段：《堪布七祖禅定语录》[②] 提到，有人问：“手握拳和拳曲握快吗？”回答说：“很快。”印度论师回答说：“这不快，生死中的菩提心快。”堪布领会此义，认为菩提和生死二者非正信智，问此法境是谁来传授？是印度论师俄堪布乌德达玛达拉吗？此下堪布……

第10段：……修佛和近成。佛对佛道来看，未见佛，修修义，成佛很长。[③]

第11段：来自中原京师使者的《居士禅定语录》[④] 中提到，修道是要寻求最重要的精华。义明白后弹指间就能成佛，义不明白就要经历如同恒河沙一般的劫才能成佛。对大乘义一下子明白，所谓发大法声，即目见和体察中一下子送来一切声。这是数数解脱。对大乘义不明白，所谓愚痴错谬声，即烦恼习气的一切过错全都连累在生死轮回中。比如，狮子最初生下时，就具有狮子的步法和吼声，对别的野兽都能威慑三分。义一下子明白就如同这个道理。而狐狸最初生下时，就具有狐狸的走法和叫声，很多猛兽听到，从害怕到不安一步步

① 与 P. T. 116（7）文书中第 175—177 行的内容完全相同。

② 七祖指无住禅师，此处所引与《历代法宝记》“于是二婆罗门，申手告远公曰，手作举，举作手，是事疾否”（《大正藏》2075 号卷 51，第 180 页 c）所述相对应。无住禅师在 P. T. 121 中也是作为七祖禅师来叙说，而在 P. T. 116 中引为无住禅师。

③ 与 P. T. 116（7）文书中第 181 行的内容完全相同。

④ 与 P. T. 116（7）文书中第 181—183 行的内容完全相同。

变化。义一下子不明白就如同这个道理。

第12段：《禅定堪布神会禅定语录》中提到，恒常忆念无的真实相宗，从何处来说呢？心自性意中不住，自性是所得无，心和禅定又无处找寻。对心，是和非……

六、禅师语录［P. T. 116（7）］

（一）解题

《历代法宝记》古藏文译本（P. T. 116、P. T. 121、P. T. 813），主张以南宗禅之净众宗、保唐宗为正统。敦煌藏译本仅引《历代法宝记》中禅师的说教，并以“某某禅师禅录”的形式出现。P. T. 116禅师语录中有“无住禅师语录”，P. T. 121和P. T. 813中有被称为“七祖禅录”与《历代法宝记》相应段落对应。P. T. 116、P. T. 813文书上的其他禅师禅经，被拟称为《诸禅师语录》，目前尚未找出对应的汉文禅宗文献。

（二）译文

1. 八位堪布语录（P. T. 116第164—168行）

（1）依托大乘授记者堪布龙树的《因缘心论》中也说，“无处除此业，无处立此业，真性需正观，正见诸解脱”。①

（2）七传承的初祖达摩多罗的语录中说，“进入教义要理解导师的著作，凡夫以正确的自性为一，而且非异是也，因虚妄客尘所覆，正确的自性无法真实观察，假如舍离虚妄，归于正道，舍离分别观察，住于光明，无我，无他，贱者和圣者平等如一，住于坚固不动，此后不追随教言导师。对此要冷静正确对待，无各种分别观察，寂静

① 此段引用龙树大师《因缘心论颂》中的“此中无可见，亦无少安立，于真以观真，见真而解脱”一句（《大正藏》第32卷，第490页b），藏文版见北京版《西藏大藏经》5236号（大谷大学监修、西藏大藏经研究会编辑影印，东京、京都，1958年，第95卷，第68页）。

并无做作，这就是进入教义了”。①

（3）禅堪布无住的语录中说，“无念是戒，无忆是定，不显现虚幻心是智慧”。②

（4）禅堪布降魔藏的语录中说，“无忆为何？是所谓觉者所忆，恒常觉者所忆无境，对于摇晃无相，平等成无境。趣入此处忆念心寂静，就无需所依，观自性平等的话，而得如来正觉法身”。③

（5）禅堪布阿丹海的语录中说，“心如何平等，正是瑜伽决定之道”。④

（6）噶轮先生（卧轮禅师）的语录中说，“心动随忆，无诸境，调伏所缘，无需摄受。即无需贪和假立”。⑤

（7）堪布摩诃衍的语录中说，“关于无法性之思，安立无思无观”。⑥

（8）阿阇黎阿雅得瓦（提婆大师）的《手量论》（《掌中论》）中说，“欲断一切烦恼，只需寻找胜义”。⑦ ……

---

① 此段引用禅宗初祖菩提达摩的“二入四行说”中的“理入说”，即直译为“进入教义”，与敦煌汉文文书《二入四行论长卷子》（P. 2923）理入说中的“若也舍妄归真，凝住壁观，自它凡圣等一，坚住不移，更不随于文教”一句的义理内容基本类同。另外，日本学者也考证出在《禅定目炬》（བསམ་གཏན་མིག་སྒྲོན།）（拉达克列城影印出版，1974 年，第 63 叶 b、第 65 叶 b、第 66 叶 a、第 88 叶 a、第 90 叶 a）中有很多有关“二入四行说”内容的段落。

② 此段与《历代法宝记》中的“无忆是戒，无念是定，莫妄是慧”（《大正藏》第 51 卷，第 185 页 a）可以对应，但一二句有差别。无住禅师是禅宗保唐派代表人物，他的思想曾在藏地流传。此句也出现在《禅定目炬》（第 29 叶 b）中。

③ 有关降魔藏与摩诃衍的关系在敦煌汉文文书《顿悟大乘正理决》（P. 4646）中明确写道，“摩诃衍依止和上，法号降魔，小福张和上，唯仰大福六和上，同教示大乘禅门，自从闻法以来，经五六十年”。在 P. T. 635 文书中也存在一段名为“降魔藏禅师安心法”的内容。此句也出现在《禅定目炬》（第 29 叶 b）中。

④ 在 P. T. 996 中有提及“阿丹海”禅师的名字，在《禅定目炬》（第 29 叶 b，第 85 叶 b）中也有此语录。

⑤ 在 P. T. 811 中有名为“卧轮禅师安心法”的文献，在《禅定目炬》（第 82 叶 a，第 84 叶 b）中也有此内容。

⑥ 此段与敦煌汉文文书《顿悟大乘正理决》（P. 4646）一文的“若无少法可得，无思无视”相对应，也与《禅定目炬》（第 29 叶 a，第 85 叶 b）中的内容基本一致。

⑦ 此段与北京版《西藏大藏经》5249 号（第 95 卷，第 142 页）中《掌中论》内容一致；汉文大藏经《掌中论》中的内容为“欲求烦恼断，要明真胜义”（《大正藏》第 31 卷，第 85 页 a）。

2. 摩诃衍禅师说教（P. T. 116 第 171—173 行）

堪布摩诃衍，略论无分别禅中的六波罗蜜和十波罗蜜：入无分别时，遍舍三界，大施圆满；入无分别时，未起三过失，大戒圆满；入无分别时，未起忍心想，大忍圆满；入无分别，瀑流未断者，大精进圆满；无分别为禅定者，大禅定圆满；此无分别性，慧成出世间智者，大慧圆满；无分别性，为无上处众生方便，大方便圆满；入无分别时，调伏三界，大力圆满；无分别性，发为如来愿想，大愿圆满；无分别性，为如来界，大智圆满。①

3. 十八位禅师之论（P. T. 116 第 173—190 行）

（1）据堪布无住禅论所言，“戒、定、慧，对此无念，无分别戒，不起禅定幻化性，是智慧，此乃诵持之门”。②

（2）据堪布根宏先生禅论所言，“心平等，一切法平等。体悟真性，不会不是佛法。了知词义时而贪有之心未生，未具备真实行境时就不会觉知。何故所说此，般若波罗蜜多的真如性是，平等智无缘境而已”。③

（3）据堪布藏先生禅论所言，“若不起忆念，乃为禅定圆满；若不贪着六识境，乃为智慧圆满；如此，禅定和智慧都很圆满。生起无分别智，定将超越三界”。④

（4）据堪布德兰先生禅论所言，“修道需具心眼，如何无分别，如何无境，如何无成，皆为心平等，即所谓心境也。如此，无分别时，对贪着境之色相作境解脱。即耳、鼻、舌、意等如此解脱，那么

---

① 本段与 P. T. 812（5）（6）、P. T. 813（4）、P. T. 117（5）几段内容合起来是关于摩诃衍禅师论及五方便、十波罗蜜和不观思想的。

② 此段与《历代法宝记》中无住所说“念不起是戒门，念不起是定门，念不起是慧门，无念即戒定慧具足”（《大正藏》第 51 卷，第 189 页 a）相对应。

③ 山口瑞凤曾推测此处的根宏先生为早期进入吐蕃的蜀地净众寺的禅师金和尚（见山口瑞凤：《西藏佛教和新罗的金和尚》，载于《新罗佛教研究》，1973 年，第 3—36 页）。

④ 冲本克己指出此处的堪布藏先生与《二入四行论长卷子》中的“藏禅师”可能为同一人；另外在《禅定目炬》（第 60 叶 b），以及在《五部遗教·大臣实录》（藏文）（北京：民族出版社，1986 年，第 461 页）中出现“禅师藏先生”的类似语句。

对所谓的自主六王，也是解脱之处也。解脱者乃觉者也”。[①]

（5）据堪布鲁先生禅论所言，“修道中菩萨宝藏圆满，彼身广大安立，心如虚空，且平等修习。如此完成时，色等六境缘何呢？未成错乱迷雾，最终而成如来法身”。[②]

（6）据堪布根厚禅论所言，“修道者，当与一切见解观察分离，此即所谓一触觉，即这一触觉具备时，一切习气烦恼不生起，这就是解脱之道”。[③]

（7）据堪布八仙先生禅论所言，“诸无分别义为顿悟理者，狮子王或者狮子声宣布，不畏四种行道。相和境成者，如同狐狸幼崽，作分别和差别观察，不能成觉者，这是愚人的空性外衣”[④]。

（8）据堪布巴先生禅论所言，“心一平等，一切法不生，这就是解脱之道”。[⑤]

（9）据堪布贾先生禅论所言，“自性清净瀑流，浸透习气烦恼干地，不退转菩提心，如此见性并速速成佛”。[⑥]

（10）据堪布参格禅论所言，“修道的比丘在推察寂静的感受，如此感受是不能束缚住烦恼绳结”。[⑦]

（11）据堪布王先生禅论所言，“悟一法，一切法未颠倒；一法未悟，一切法颠倒。此所谓真实感受，体悟心处是也。如此看感受，

---

① 冲本克己推测此处的德兰禅师是道林禅师（741—824 年）；另外，在《禅定目炬》（第 87 叶 a）中有正好与此段的后半部分几乎一致的内容。

② 此段文献与 P. T. 813（7）中的堪布鲁先生语录相同；另外，在《禅定目炬》（第 72 叶 b）中也有相应的堪布鲁先生的语录。

③ 小畠宏允推测此段中的“根厚”（གིམ་ཧུ）可能与上文中的“根宏”（གིམ་ཧུན）为同一人；另外在《禅定目炬》（第 81 叶 a，第 60 叶 a）中出现禅师“ཀྱིན་ཧུ”和“ཀིན་ཧུན”两段文字，以及在《五部遗教·大臣实录》（第 460 页）中出现禅师“ཀི་ཧུན”的语录可能与之相关。

④ 此段堪布“八仙先生”（བབ་ཤུན་ཤེན་ཤི）的禅论在《禅定目炬》（第 60 叶 b）和《五部遗教·大臣实录》（第 460 页）中是以堪布“巴先生”（སྦབ་ཤན་ཤེན）之名出现。

⑤ 此段也出现在《禅定目炬》（第 60 叶 b）中，只不过没有禅师名称。

⑥ 此段文献与 P. T. 813（5）中内容相同。

⑦ 小畠宏允推测此处的“堪布参格”为《宋高僧传》和《景德传灯录》中的“南岳明瓒”禅师；还没发现其他藏文资料的记载。

不生一切烦恼习气，犹如沸腾的开水中慢慢注入冷水，开水渐渐平息”。①

（12）据堪布藏萨先生禅论所言，“修道中，观察佛的佛性，因见到佛，越修越离佛近。观察佛的道，而未见到佛，如此越修越离佛远”。②

（13）据中原居士——从京师来的使者的禅论所言，“修道中，寻找本质精华，了知义，弹指一挥而成佛，不知义，犹如恒河水劫后而成佛。大乘义顿悟了知，法大声宣布所知，顿悟明了一切境和分别声，这是数数解脱。未体悟义，所谓的愚昧错乱声，顿时出现一切烦恼习气过失，成为轮回网。譬如，首先生下狮子时，行走狮子姿态，发出狮子声音，威严压过了其他禽兽声，明了顿悟义就是这个道理。而首先生下狐狸时，行走狐狸姿态，发出狐狸声音，在很多猛兽的间隙中被轻视，顿时而成试探、惧怕、不安，未了顿悟义就是如此”。③

（14）据禅师神会的禅论所言，“恒常无念，乃成实相。这又如何说，心的自性，本性是原本不住的，无所得的，纯净心，禅定境。心的有与无，善与恶，及心的颜色和形状，都无所缘；心的有边与无边，有量与无量，有处与无处，都无所缘；对一切作意相都无所缘。如此，心无处所。心的平等性原本不住，是靠自己了悟。所谓悟，是指无住之住也。犹如鸟在虚空中无住而行，如果在虚空中住则会堕落下来。因此，并非无所了悟，无了悟就会堕入空边。因此，无住是意寂静的本性，原本智是难于寂静性的，了悟是可以的。因而，真实智是无所事的智慧，真实所见是无所作意的所见，这就是圆满法身，即

---

① 小畠宏允推测此处的“堪布王先生”为无相禅师（益州金和尚）门下的汉州云顶山“王头陀”（《景德传灯录》中有载），可能是作为益州金和尚的使者去藏地传法；另外在《禅定目炬》（第60叶b）和《五部遗教·大臣实录》（第460页）中是以禅师“唐桑先生”（ཐང་བཟང་ཤེན་ཤི）之名出现类似内容。

② 此段文献内容与P. T. 813（10）相关；另外此段中的堪布“藏萨先生”在《禅定目炬》（第61叶a）和《五部遗教·大臣实录》（第461页）中分别是以堪布“韩萨吉先生”（ཧན་ས་ཅི་ཤེན་ཤི）和禅师“韩塞先生”（ཧམ་ཟེ་ཤེན་ཤི）之名出现类似内容。

③ 此段文献与P. T. 813（11）同文。此外，小畠宏允认为此段内容与永嘉玄觉（665—713年）所作的《证道歌》中的内容风格较为接近，是当时流行的顿悟思想之一。

随顺法界、等同虚空，即自性无住、功德无量、圆满成就”。①

（15）据西利和尚的禅论所言，“生死与涅槃，原本无二，聚合与分离，欢喜与不欢喜无作为。为何如此说，所谓轮回与涅槃而已”。②

（16）据堪布摩诃衍禅论所言，“生死与涅槃，原本无二，聚合与分离，欢喜与不欢喜无作为。为何如此说，轮回与涅槃相同，就是所谓的涅槃”。③

（17）据堪布德先生禅论所言，“心净无需水，施舍无需财，心中成正法，正坐而见佛”。④

（18）据堪布无住禅论所言，“正心在坛城中，无相，无数数解脱，焚香后，无碍忏悔。无念戒，如何作无得禅定？无二是智慧所作，对缘于世界的坛城不做庄严相。又论说，一切有情，本初清净，本初圆满，不增，不减，随顺心意，三界中有漏心，蕴身，种种受用。善知识体察，见性而成佛。贪相而轮回，众生心念有，别名说无念，无念并无斟酌无念。三界之心，不住我寂静地，不住诸相，也非不作业，脱离虚幻，数数解脱。有心思如同水浪，无心思成为外道。随顺生者，众生之污垢。依靠寂静，则会动摇涅槃。不随顺生，不依靠寂静。不进入禅定。不生，不入定。无行为。心无得失，无真实与幻影。不住于性相和表相”。⑤

---

① 此段与 P. T. 813（6）、P. T. 813（12）内容相关。小畠宏允认为神会的顿悟思想重在无念体上的自然知，比起无住的顿悟学说更加活泼，从而也影响了摩诃衍禅师不思不观的顿悟思想。

② 关于西利和尚在 P. T. 996（1）中也有此名称，所引内容也大致相同。

③ 此段与摩诃衍的上段文献基本类同，也与敦煌汉文文书《顿悟大乘正理决》（P. 4646 号第 147 行）中的“生死涅槃二种平等”一语相对应。

④ 小畠宏允推测此处的“德先生”可能为惠能门下的广州“志道禅师”，理由是此处的“德”与汉语“道”发音接近；另外，此段也在《禅定目炬》（第 60 叶 b）和《五部遗教·大臣实录》（第 460 页）中出现。

⑤ 此段可与《历代法宝记》（《大正藏》第 51 卷，第 186 页 a）中的“以真心为道场……以离相为火……影体俱非，性相不立”相对应。

七、《禅师南喀宁波善知识传承略说》《大乘无分别修习之道》（P. T. 996）

（一）解题

法藏敦煌藏文文献 P. T. 996 为梵夹装，共有 5 叶，标有页码，第 1 叶 b 面有 7 行，第 5 叶 b 面有 3 行，其余每叶各有 6 行。该文献在《法藏敦煌藏文文献解题目录》中定名为“八十经源流（禅宗史料等）”,[①] 在《敦煌学大辞典》中定名为“虚空藏禅师善知识系谱略说”,[②] 归为古藏文禅宗文献类。P. T. 996 内容涉及吐蕃末期的佛教历史，自发现以来，引起学界的重视，在敦煌藏文文献中有较高的知名度，尤其是日本学者的研究成果最为显著。[③] 在对文献内容的理解及相关人物的考释等方面，研究者有不同的意见。

近年来西方学者在“塔波文献”中发现了与 P. T. 996 第二部分相关的内容，即益西央的著作《大瑜伽修习之义》（རྣལ་འབྱོར་ཆེན་པོའི་སྒོམ་པའི་དོན），使 P. T. 996 再次进入学者的视野。[④]

P. T. 996 的内容分为两部分，第一部分为“禅师南喀宁波善知识

① 王尧主编:《法藏敦煌藏文文献解题目录》，北京:民族出版社,1999 年,第 130 页。

② 李德龙:《古藏文禅宗文献》，载季羡林主编:《敦煌学大辞典》，上海：上海辞书出版社，1998 年，第 485 页。

③ ［法］拉露:《有关禅宗发展的藏文文书》，载《亚细亚学报》1939 年，第 505—523 页；［法］今枝由郎:《有关吐蕃僧诤会的藏文文书》，载《亚细亚学报》1975 年，第 125—146 页，耿昇汉译文载《法国藏学精粹》（1），兰州：甘肃人民出版社，2011 年，第 310—325 页；［日］木村隆德:《摩诃衍之后的吐蕃禅宗》，载《亚细亚学报》，1981 年，第 269 卷，第 1—2 期，耿昇汉译文载《敦煌译丛》第一辑，兰州：甘肃人民出版社，1985 年，第 221—230 页；［日］冲本克己:《大乘无分别修习义・序文——关于 Pelliot996 的研究》，《花园大学研究纪要》1993 年第 25 期；张亚莎:《吐蕃时期的禅宗传承》，载《西藏民族学院学报》2004 年第 1 期，第 19—27 页。

④ 相关研究成果参见沈卫荣:《敦煌古藏文佛教文献、塔波寺文书和〈禅定目炬〉研究：对新进研究成果的评述》一文，载樊锦诗、荣新江、林世田主编:《敦煌文献・考古・艺术综合研究——纪念向达先生诞辰 110 周年国际学术研讨会论文集》，北京：中华书局，2011 年，第 339—353 页。

传承略说”，第二部分为“大乘无分别修习之道”，讲述益西央的思想。

（二）汉译

1. P. T. 996（1）“堪布善知识南喀宁波善知识传承略说”

禅师南喀宁波善知识的传承略说：善知识亦能见法平等性之道。禅师阿丹叶热（ཨ་རྟན་ཧྱེར）为利益有情，从印度境赴安西（ཨན་སེར），摄集三百弟子，讲说如何入大乘之门。从虚空取天神食物，令三百弟子饱足。其寿满百岁后，在诺地以僧人（ནེར་བན་ཐབས་སུ）方式去世。之后，安西王碰了其遗体，说：“禅师给如许多的有情讲说了佛法，而给我连部分的词语都未讲说就去世了。”（禅师）虽去世三天，但复起立，给安西龟兹王讲说了佛法，尔后去世。

其弟子中能懂法者八人，其中最上者是妙胜和尚，籍贯沙州，赴甘州（ཀམ་ཅུ）地方，给众多弟子讲法，从天空中取天神食物，令诸弟子饱足。年八十岁时，在肃州（སུག་ཅུ）地方寺院西边处，出现五彩云朵，直落和尚顶上，之后和尚于跏趺坐中未有动摇而去世，五彩云朵复飞往西方。其时，三天间，地方昏暗，草木变色。

其弟子中能懂法者有八人，其中最上者是满和尚，因享用天神食物，灭除睡眠，昼夜间连续修习。赴宗喀地方，向众弟子说法，并令修习。弟子策杂·南喀悟见实义，和尚亦开示云：“已见道。”其后三十年后，（和尚）赴汉地，德论尚赤松杰玛布向和尚献食，并奉献财物而请求道：“和尚走后，有谁能讲说佛法之道?”回答说：“吾之弟子策杂·南喀见佛法之实义，能讲说佛道，诸修行者可向他请教。”做如此开示后去了汉地。

略示禅师南喀宁波（原文作ནམ་ཀྱི་སྙིང་པོ，应是ནམ་ཀའི་སྙིང་པོ——译者）的功德。比丘南喀宁波首先在赞普赤松德赞时期出家为僧，于寺院立誓，受乞食行等头陀法为本尊，并从禅师满和尚，获顿入大乘义理的口诀，经修习，明白法义，并通达经教。和尚说道：“所谓父狮生狐子者，指如无生和尚般之阿阇梨，出像我般之弟子也。所谓父狐生狮子子者，是指像我一般的阿阇梨，出像你一样的弟子也。”

（对南喀）极为赞赏。禅师南喀宁波向赤卡香永的化身（佛）献供养时，从佛像中发出光明。复往雅木永（ཡམ་ཡོག）的静修地时，出现五彩云朵相送等奇特景象。其一生修习佛道，修头陀行而达究竟。年七十一岁时的狗年春季正月二十九日，在雄邦之寺院处，跏趺坐未动摇，肤色无变化而去世。当晚在天空中，从静修处上下方的雄邦山脉至神宝山间，出现两道大光明，照得地方通亮，后消失于西方。西方吉楼的僧人丹杰·贝格坚赞和瓜·罗追等众多地方人士共同所见。七期之最后一天，举行启请天人五百之法宴，当晚在天空中央，至静修面的山崖前，出现大光明，后逝往西方。

禅师南喀宁波对瑜伽道之赞颂：

不住、平等瑜伽真实道，
本来无生亦不会断灭，
如同空中飞鸟之迹般，
所见无缘文句不能言。
圣者自见具足本来慧，
善巧通达离所缘分别，
敬礼如来心性之宝库，
此为圣者源地及成规，
本来平等大仙人之道。
无缘平等此坛城，
无有生灭平等者，
是为金刚界本智，
具菩提心善巧师，
于心念诵无动摇。
佛子解脱之手印，
修习妙色平等性，
圆满清净法之身，
此乃殊胜成就云。

2. P. T. 996（2）“大乘无分别修习之道”

大乘无分别修习之道，于此摄要讲说。复次，比丘布·益西央（སྦུག་ཡེ་ཤེས་དབྱངས）首先在国王的祖父时期出家为僧，在寺院学法。依靠善知识之经教传承（ལུང）、口诀，及自己之实修，在寂静处，即五十余年间，按不住、不分别之理修习。对不住之义亦生信解，对诸了义之经典亦领会。依照诸善知识之经教传承、口诀，及自己之修习（经验），并寻根于印度、唐朝和吐蕃的诸禅师的经教传承、口诀，此等之实义，及作为了义讲说的大乘诸经典，作《答疑问八十八品》。从《八十种经根据》中，对每一疑问品，依据经典之义，引两三种（经文）予以讲说。

复次，三世佛虽言以大乘一法门得涅槃，但佛释迦能仁涅槃后，第三个五百年时，不修习胜义一味之法，而仅入于词语和文字（的学习），引发争斗辩论，遂分裂为五部云云。因此，大乘之义为无所得，而如一理之义，依照众善知识的口诀、深奥经典的依据，而作此无误讲说，彼亦对三种人利益故。从头至尾间讲说为五义，复次大乘一理即一理之自性、一理之修习方法、不证悟一理之过失、修习一理之功德、一理之果三身即涅槃为五。此义亦需实修，未修习而以文句相见亦难矣。若修习而具体验，则属于其义虽未言说而能自己相见之辈。

摄集此（经典）之禅师布·益西央年八十岁时，于马年孟秋之月初八日，在赤卡门阅沟口，即策杂·南喀宁波的静修处，上午（身体）伸直中去世。① 复次，诸弟子在阿泽寺做福德法事后，遗体由乡人等以幡、伞（བན་གདུགས）引路而送往安琼（ཨན་ཅུང）静修处时，赤卡城上方天空中出现五彩云朵，所有当地人和牧者所亲见。由比丘没卢·释迦等向安琼送遗体时，到达神宝山顶时，天空中出现五色彩云，形成云雾。达到安琼静修处间，凡经过的山顶，其天空有五色彩云出现。

① （身体）伸直（མ་ཡོ）：似指临终前身体的姿态，如跏趺坐之类。

（三）专有名词注释

1. 禅师阿丹叶热：其中堪布（མཁན་པོ 的音译）一词有多重含义，在藏传佛教中用途较广，其一，指授出家戒或近圆戒的上师，一般译为“亲教师”。其二，指掌握或精通某一种技艺技能的人，如工匠师傅、技艺教师等。其三，指寺院或僧院的住持。而在敦煌藏文禅宗文献中，མཁན་པོ 即 བསམ་གཏན་མཁན་པོ 之简称，亦即汉文“禅师”一词的对译。因此，我们这里将 མཁན་པོ་ 译为禅师。

阿丹叶热为南喀宁波上师传承世系中的第一位，其名称似为梵文的音译，但拼写不规范。按文献的记述看，他应是古印度人。P. T. 996 中明言阿丹叶热临终前给安西王传授了佛法。P. T. 116 之《无所得一法论》中其名字写作 ཨ་རྟན་ཧྱེར，并引有其一则语录，云：“心如实平等者，乃真实瑜伽道。”《五部遗教》中亦有收录，只是内容有所增加，云：“心性不动如实平等者，是为获得瑜伽真实地之道。”① 总之，敦煌文献和后世的文献中，均把阿丹叶热视为禅师。在吐蕃人看来，部分印度大师传承的佛法中有与中原禅宗相近者。

2. ཨན་སེ：与“安西”音相近。接下来的 ཨན་སེའི་རྒྱལ་པོ་ཀྱུ་ཚེ་ཧང，可译为“安西王龟兹王”。ཀྱུ་ཚེ 与“龟兹”的音相近，因此 ཀྱུ་ཚེ་ཧང 可能是汉语“龟兹王”三字的音译，如此安西王与龟兹王应是同指。龟兹又作鸠兹、归兹、屈支等，在今新疆库车县。唐代显庆二年（公元657 年）安西都护府治所迁至龟兹，咸亨元年（公元 670 年）吐蕃攻陷四镇后，移治碎叶。长寿元年（公元 692 年）唐朝复四镇，还治龟兹。790 年后，复为吐蕃攻陷。可知，安西都护府的治所在地主要在龟兹。龟兹地区，佛教自东汉初传入，至唐代时仍很盛行。

3. བེའུ་སིང་ཧྭ་ཤང：ཧྭ་ཤང 是汉语“和尚”的音译，藏文史书中以此称呼汉地的佛教僧人，自唐代起成为惯例，至今依然。བེའུ་སིང 疑是汉语的音译，敦煌其他文献中未见 བེའུ 之汉字对音，而见以 འབེའུ 为“妙”之对音，བེའུ 和 འབེའུ 读音相近，བེའུ 似可理解为汉语“妙”之音

① 《五部遗教》（藏文），北京：民族出版社，1986 年，第 458 页。

译；སེང 之汉字对音有“住”“僧”“胜”。因此，བེའུ་སེང 可还原为“妙胜”。① 他是一位出生于沙州的汉僧，为阿丹叶热的弟子。可知他早先在西域学法，而其传法活动主要在河西一带。

4. ཤ་ཆུ：即“沙州”的音译，又作ཤ་ཙུ，在古藏文中，字母ཙ、ཆ可互换。ཤ་ཆུ 这一地名，在敦煌藏文文献中所常见。

5. ཀམ་ཆུ：即“甘州”的音译。治所在今甘肃张掖市，唐永泰二年（公元 766 年）被吐蕃占领，大中后入回鹘。

6. སེ་ཙུ：疑是སུ་ཙུ 之误，元音ེ是笔误。སུ་ཙུ 应是“肃州”的音译，治所在今甘肃酒泉市。

7. མན་ཧྭ་ཤང：敦煌藏文文献中，མན 可作汉字“曼”或“满”之对音。མན་ཧྭ་ཤང 即“满和尚”，是南喀宁波的上师。冲本克己推测མན 或许是ཡན 之误，而衍和尚即为著名的禅师摩诃衍。冲本克己并没有完全肯定这一推论，不过这得到了国内研究者的认可，相关论著将满和尚和禅师摩诃衍认定为同一人。南喀宁波出家于赤松德赞时期，摩诃衍也正是在此时被迎入吐蕃传教的，南喀宁波向摩诃衍闻法从其生活时代上看完全是可能的，而且摩诃衍是在吐蕃传授禅法的主要人物，凡当时吐蕃的禅宗信徒莫不与其有师徒关系。南喀宁波的禅宗思想，必然会受摩诃衍影响，这点无可否认。但此处的“满和尚”是否是摩诃衍呢？笔者以为二者为一人的理由尚不够充分，还不能下肯定的结论。敦煌汉文文献中，也有吐蕃僧诤后，摩诃衍在敦煌活动的记述，如 S. 1438《沙州某都督文稿》中有对叛乱的驿户由“大德摩诃衍推问”的记述，而该文书的时间正是吐蕃占领时期。这也证明了辩论结束后，摩诃衍又回到了敦煌。

8. 宗喀（ཙོང་ཀ）：现代藏文写法为ཙོང་ཁ，宋代译为“宗哥”，意为“湟水之滨”，指湟水流经的地区。藏语称湟水为“宗曲”，湟水发源于青海海晏县境内，流经湟源、湟中、西宁、平安、乐都、民和，在兰州上方河口注入黄河。此时的大小宗喀是指位于湟水流域的两座城镇，大小宗喀的意思亦即大宗喀城和小宗喀城。将大宗喀理解

---

① 周季文、谢后芳：《敦煌吐蕃汉藏对音字汇》，北京：中央民族大学出版社，2006 年，第 117 页以下对音均引自此书。

为一个大的区域，甚至认为包括了湟水流域之外地区的说法，是不确的。到了宋代青唐政权时，出现了以宗哥命名的部落和城镇，而且宗哥城是青唐境内规模较大的城镇，位于今海东市平安区。①

9. 德论（བདེ་བློན）：བདེ 意为“安乐”，བློན 意为大臣，或将བདེ་བློན合起来译为“安抚大使”“安抚使”“抚边大臣”等。这是吐蕃随着在东部的扩张而新设置的重要官职，出现在赤松德赞时期。敦煌文献P. T. 1287《赞普传记》载：“（赞普赤松德赞时期）政权扩大，陇山山脉以上，尽入手中，建五通颊万户，并新增德论（统辖）的一大区域。”据《新旧唐书》《资治通鉴》等载，吐蕃占领陇右一带，时在至德元载（公元756年）至广德元年（公元763年）间。《新唐书》卷二百一十六《吐蕃传》载：“明年（指广德元年，763年），入大震关，取兰、河、鄯、洮等州，于是陇右地尽亡。”吐蕃设置德论的时间，应在广德元年之后不久。“德”字是不是“安抚”的意思呢？笔者意为这种翻译比较勉强。据《弟吴贤者佛教源流》载，对吐蕃的地理范围有“三康”之说，“三康地者，即三多康（多康意为上部地区），三麦康（麦康意为下部地区），三卫康（卫康意为中部的地区）。或者是多康、德康和宗康。”② 藏文“康”有境域、地区之意，又指边地，此处应是“地区”之义。后一种说法中的“宗康”，应指宗喀地区，而吐蕃占领这一地区是比较晚的，“多康”“德康”和“宗康”为三康的说法也应是吐蕃中后期产生的。有时宗喀和德康又合称为“宗喀德康”，如《宁玛派教法源流》说到喇钦·贡巴饶色的出生地时，云：“水阳鼠年生于宗喀德康。”③ 说明宗康和德康这两个区域是相连的。笔者以为德康应是指包括宗喀在内的吐蕃新

---

① 参见祝启源著、赵秀英整理：《青唐盛衰——唃厮啰政权研究》，西宁：青海人民出版社，2010年，第163页，引《续资治通鉴长编》云：“（宗哥城）城分东西二垒，广八里，北依山，南枕湟水，比诸城最高。”（卷514，元符元年八月易贸记事）

② 《弟吴贤者佛教源流》（藏文），拉萨：西藏人民出版社，1987年，第256页；亦见松巴堪布著，蒲文成、才让译：《如意宝树史》，兰州：甘肃民族出版社，1994年，第303页。

③ 土登维色旦白尼玛：《宁玛派教法源流（上）》（藏文），拉萨：西藏人民出版社，1992年，第562页。

占领的唐陇右、河西之地，德康是吐蕃对这一地区新取得名字，故宗喀和德康往往可合称。“德康”意为“安乐之区域”，这一名称含有吐蕃在这里的统治能够稳固的愿望。吐蕃对新占领的地区往往会取一个寓意长治久安的地名，如占领维州后，吐蕃曾起名为无忧城，即是一例。

10. 尚赤松杰玛布：吐蕃末期任德论一职的官员名称。“尚”一般指出身后族的大臣，敦煌文书吐蕃大相世系表中的倒数第二任大相名“འབྲོ་ཁྲི་སུམ་རྗེ་སྟག་སྣང”（汉文作“尚倚兴儿”），内亦有“赤松杰”（ཁྲི་སུམ་རྗེ）三字，似是吐蕃人名中常用的。尚赤松杰玛布信仰佛教，他对满和尚等人多有支持，这也是吐蕃河湟地区佛教得以发展的重要因素。《如意宝树史》中提到一位名没卢·达囊赤松杰的吐蕃官员，云：“以前，大臣没卢·达囊赤松杰（འབྲོག་སྟག་སྣང་ཁྲི་གསུམ་རྗེ）为抵御汉人来玛隆（黄河谷地），后来出家，常发愿持教，于三十五岁的铁猪年去世。在灭佛前九年的水鼠年，他于宗喀德康（ཙོང་ཁ་བདེ་ཁམས）地方降生为一个苯教徒的儿子，取名木苏萨跋（སུ་ཟུ་གསལ་འབར）。”[①] 铁猪年应是公元831年，水鼠年是公元832年。没卢·达囊赤松杰与前文提到的尚赤松杰达囊应是同一人，而没卢·达囊赤松杰的生活时代与P. T. 996中的尚赤松杰玛布二人的生活时代相吻合，而且都信仰佛教。看来，也许就是同一人。尚赤松杰玛布是位当时较为著名的佛教信徒，后世遂把他附会为喇钦·贡巴饶塞的前身。

11. 头陀行：头陀是梵文的音译，藏文作སྦྱངས་པའི་ཡོན་ཏན，是对僧人日常生活所立十二种修行规定，即称十二头陀行。

12. 赤卡香永（ཁྲི་ཀ་ཤིང་ཡོང）：其中赤卡指青海贵德地区，这一地名至今沿用，则香永也应在贵德境内。下文中又提到“赤卡门阅沟口”（ཁྲི་ཀ་མོང་ཡོག་མདའ）、“赤卡城”（ཁྲི་ཀ་མཁར），均在今贵德境内。赤卡，在宋代汉文文献中译为“溪哥”。“莫约谷口”据《海南州地名文化释义》，今作མོད་ཡོག，译为“莫约”或“毛亦海”“毛乙亥”，位于贵德县河东乡麻巴大队之莫约村，并指出敦煌文献中的“མོང་ཡོག”

① 松巴堪布著，蒲文成、才让译：《如意宝树史》，兰州：甘肃民族出版社，1994年，第301页。木苏萨跋即喇钦·贡巴饶塞在家时的俗名。

之“ང”是“ད”字之误写。特“མོད་ཡོག”之含义释为“高地之下的村庄”。①

13. 雄邦寺院及“雄邦山脉”：雄邦寺是南喀宁波圆寂之处，寺定在离雄邦山不远处，故有此名。雄邦山脉疑在贵德境内。《安多政教史》载在黄河流域有山名ཞོལ་པོ。

14. 神宝山（སྲིན་པོ་རི）：སྲིན་པོ 意为罗刹，该山在今贵德县境内，位于县城东南约30公里处，为当地著名的神山，其山名的拼写法古今相同，只是后期的民间口语中རི多作ཛ，但意思相同。神宝山，据《安多政教史》：“上下贵德分界处有神宝山（སྲིན་པོ་རི）。”并引《直盖俄仁巴》传中的记述云：“神宝山的山神，上身是人身，下身是蛇尾盘曲，形如妙音琵琶。直盖俄仁巴来往隆务，路经神宝山时，这位山神都进行迎送。”② 后世亦有祭祀神宝山神的仪轨文献，如《阿尼神宝煨桑祭祀法诵文》（སྲིན་པོའི་བསང་མཆོད）等。

（15）ཀོག་ཙུ：其中字母ཀོག字因墨色太重，看不大清楚，研究者指出，应是廓州之对音。འཇི་ལིག（吉楼）似为寺院的名字，从读音看，应是汉语的音译。

（16）安琼（ཨན་ཙུང）：今作ཨན་ཚུང，也有写作ཨ་ཚུང（阿琼）的。ཨན་ཙུང是古藏文的写法，古藏文中字母ཚ和ཙ可以互换。安琼又称安琼南宗（ཨན་ཚུང་གནམ་རྫོང），在今青海尖扎县境内，位于黄河南岸。“南宗”意为“天堡”，“宗”有城堡之意，青海境内有四处著名的佛教修行地，均称为“某某宗”。“南宗”是其中之一。吐蕃时期，安琼南宗已成为佛教徒的修行地，建有寺院。《安多政教史》载：“安琼南宗窟，藏传佛教后弘期的三大哲士（指约·格迥等三人，又称‘三贤者’——引者）长期在此居住、闭关修行，并进行教授。安琼南宗窟的对面为当年拉隆贝多居住和修行的石岩山。一些业缘清净者曾看见那两座山之间，有光束互相联结在一起。”③ 山上有光明

① 参见才洛主编：《海南州地名文化释义》，兰州：甘肃民族出版社，2010年，第268—269页。

② 吴均等译：《安多政教史》，兰州：甘肃民族出版社，1989年，第282页。

③ 吴均等译：《安多政教史》，兰州：甘肃民族出版社，1989年，第282页。

相连的记述，与 P. T. 996 中记述相类似，看来《安多政教史》中的说法，也是由来已久。

（选自才让：《菩提遗珠——敦煌藏文佛教文献的整理与解读》，上海：上海古籍出版社，2016 年，有删改）

（以上敦煌藏文禅宗文献部分，除已标注来源外，均由牛宏提供）

《印度高僧德瓦布扎事略》

——P. T. 849

一、解题

法藏敦煌藏文文献 P. T. 849 写本为卷轴本，其内容较为庞杂，大致分为两个部分，一是梵藏佛教词语对照，但对照的不是特别严整，部分词语只有藏文而无梵文，而有的词语只有梵文而无藏文，又夹杂有获得大乘灌顶的吐蕃赞普名和传授灌顶的上师传承名录，及梵语字母等。所录词语包括三宝、三十六种密宗经典名称、四大洲八小洲及相关神灵、三界、各种成就等等，属于佛教显密教法的基本词汇，但前后的次序较为凌乱。二是一位印度高僧的短小传记，现定名为《印度高僧德瓦布扎事略》。该文献的结尾有书写题记，云："由没卢·贡确贝书写（འབྲོ་དཀོན་མཆོག་དཔལ་གྱིས་བྲིས་པ）。" 文献前后两部分的笔迹相同，应出自没卢·贡确贝一人之手。

P. T. 849 最早在 1924 年由哈金（Joseph Hackin）在巴黎刊布，名为《十世纪梵藏对照词汇表》，并认为这些梵文词语是德瓦布扎传授的。[①] P. T. 849 的抄写年代，的确应在 10 世纪，因文献内提到了吐蕃分裂时期王室后裔的名字，如云：

---

① 关于哈金的研究成果参见荣新江撰："十世纪梵藏对照词汇表"条，载季羡林主编：《敦煌学大辞典》，上海：上海辞书出版社，1998 年，第 804 页。

“赞普赤吉楞（བཙན་པོ་ཁྲིས་ཀྱི་ལིང）、长子萨敬贡（སལ་བྱིན་མགོན）、扎西贡（བཀྲ་ཤིས་མགོན）、勒祖贡（ལིག་གཏུག་མགོན）、赞普扎西则巴贝（བཀྲ་ཤིས་རྩེགས་པ་དཔལ）、贝德（དཔལ་ལྡེ）、沃德（འོ་ལྡེ）、赤德（འཁྲི་ལྡེ）、赞普扎西贡波（བཀྲ་ཤིས་མགོན་པོ）、赞普阿杂热（ཨ་ཙ་ར）、赤德贡（འཁྲི་ལྡེ་མགོན）、拉久加合西（ལྷ་ཅིག་ཅག་ཤེ），此等皆为获得大乘灌顶者。”

这里赞普名字的拼写中多有不规则者，其中萨敬贡、扎西贡、勒祖贡应是藏文史书所称之“上部三贡”，他们的名称一般写为贝贡（དཔལ་མགོན）、扎西贡和德祖贡（ལྡེ་གཙུག་མགོན，《弟吾贤者佛教源流》作“祖德贡”）。“上部三贡”的父亲名基德尼玛贡，P. T. 849 中的“赞普赤吉楞”与基德尼玛贡似是同一人。扎西则巴贝为贝科赞之子，贝德、沃德、赤德（《弟吾贤者佛教源流》作“基德”སྐྱིད་ལྡེ）为扎西则巴贝之子，史称“下部三德”。赞普阿杂热和赤德贡应是吐蕃末代赞普达磨之子永丹的后裔，《弟吾贤者佛教源流》作“赤德阿杂热”（ཁྲི་ལྡེ་ཨ་ཙ་ར）、“赤德贡赞”（འཁྲི་ལྡེ་མགོན་བཙན）。

后弘期的藏文史书大多记述有吐蕃分裂后，两位赞普即沃松和永丹的后裔世系，只是相关内容较为简略，尤其缺乏年代的记述。上述王室后裔中的扎西贡为古格王朝的建立者，[①] 其有二子即松额（སྲོང་ངེ）和柯热（འཁོར་རེ），松额后来出家为僧，即为著名的拉喇嘛·意希沃（ལྷ་བླ་མ་ཡེ་ཤེས་འོད）。意希沃的生卒年有不同的说法，一说生于土羊年（公元 959 年），享年 78 岁，卒于火鼠年（公元 1036 年）。[②] 一说生于木牛年（公元 968 年），享年七十多岁，卒年不详。[③] 一般认为他于火猴年（公元 996 年）在古格建了托林寺，火龙年（公元 1016 年）出家为僧。就此推断，意希沃的父亲扎西贡生活时代应在 10 世纪，则 P. T. 849 的抄写年代上限也应在 10 世纪。

---

① 关于拉喇嘛·意希沃的父亲，史书中有不同的记述，《红史》《娘氏佛教源流·花蕊蜜汁》等认为是扎西贡。《雅隆尊者佛教史》《王统世系明鉴》等认为是德祖贡。《东噶藏学大辞典》引《古格王统》（གུ་གེ་རྒྱལ་རབས，由宗喀巴弟子阿旺扎巴著）记述，认为拉喇嘛·意希沃的父亲是扎西贡。

② 见东噶·洛桑赤列：《东噶藏学大辞典》“古格王条”，此说依据噶妥·仁增策旺诺布见于《贡塘王统》的记述。北京：中国藏学出版社，2002 年，第 495 页。

③ 《东噶藏学大辞典》第 2154—2155 页。

从 P. T. 849 第一部分内容的杂乱及所记赞普名称看，不全是德瓦布扎传授的，显然是该文献的编纂者或抄写者加进去的。以这些赞普及王室后裔的生活时代，只能推断该文献编纂或抄写的年代，而不能说明德瓦布扎的生活年代。

P. T. 849 的第二部分《印度高僧德瓦布扎事略》，内容虽然短小，但却蕴含有一些历史信息，有助于佛教密宗传播史和中外文化交流史的研究。扎西才让教授对此予以解读，并结合有关资料，认为该高僧就是著名的莲花生大师，他的这一结论引起了不小的反响。①

二、译文

1. 印度法王之子德瓦布扎（意译天子——译者）于佛法未学而自晓，

2. 获得圣观自在之悉地（意译成就——译者）。赴吐蕃境，

3. 向吐蕃的所有天赞普说法并授灌顶。在冈底斯山

4. 修习深奥法，在玛旁湖举行沐浴（仪式）。赴法轮桑耶寺，

5. 佛教宗师、卫・嘉巴益西，及众多善巧僧众、

6. 两部僧伽等做大供养。派信使，并做祈福佛事后，

7. 送往汉地。汉地的皇帝和众多大臣做大供养。于五台

8. 山，见圣文殊之尊容。复返回印度地方之际，

9. 被迎请到肃州，地方官员、两部僧伽，

10. 及瑜伽师带念珠之部，肃州的所有施主，做大供养。

11. 阿阇梨（意译师长、或轨范师——译者）心生欢喜，授大乘之法。

12. 牛年春季一月二十三日，向波・多杰加波、

13. 嘉普阳阿格、瑜伽阿阇梨部，圆满传授金刚王之灌顶、教敕，

---

① 卡岗・扎西才让：《敦煌文献 P. T. 849 中首次发现莲花生大师传记文献研究》，《中国藏学》（藏文）2009 年第 1 期，第 39—59 页。

14. 抉择密咒、手印和秘诀。完毕。

15. 没卢·官却贝写。

三、专有名词注释

1. ཆོས་ཀྱི་རྒྱལ་པོ，意为“佛法之王”或“信奉、保护佛法之王”，简称“法王”（ཆོས་རྒྱལ）。凡信奉佛教、护持佛教的国王，佛教徒无不尊为“法王”。印度孔雀国的阿育王（意译“无忧王”）因大力扶持佛教，被称为法王，藏文史书中作“法王无忧”（ཆོས་རྒྱལ་མྱ་ངན་མེད）。吐蕃的赞普松赞干布、赤松德赞、赤热巴巾三人，亦因弘扬佛教，在藏传佛教史著中被称为“祖孙三法王”（ཆོས་རྒྱལ་མེད་དཔོན་རྣམ་གསུམ）。另，“法王”也是佛祖释迦牟尼的尊称之一。此处，德瓦布扎的父亲被称为“法王”，意即其为信奉佛教的一位印度国王，而不是佛祖的代称，说明德瓦布扎出身王族。古代印度多有出身王族的高僧大德，如入吐蕃传教的莲花生大师，后弘期入西藏传教的著名佛教大师阿底峡等人，莫不出身于王族。

2. 德瓦布扎，为梵语音译，此处应是人名。“德瓦”（དེ་བ）在古代汉文佛教文献中译为“提婆”，如龙树的弟子提婆。其义为“天神”“功德处”（尊敬供养的对象），又简译为“天”。① 布扎（པུ་ཏྲ，按梵语发音，应读作“布达罗”），意为“儿子”“公子”（敬称）。② 德瓦布扎合起来可译为“天子”或“神子”。《大唐西域求法高僧传》云，印度人称唐朝首都长安为“提婆佛呾罗”，其文曰：“支那即广州也。莫诃支那即京师也，亦云提婆佛呾罗，唐云天子也。”③ “提婆佛呾罗”（Devaputra）即“德瓦布扎”的汉语音译。长安城是唐天子所居，印度人故以“提婆佛呾罗”代称长安。

3. “悉地”（དངོས་གྲུབ），梵语为 siddhi，意译为“成就”“妙成

---

① 安世兴编著：《梵藏汉对照词典》，北京：民族出版社，1991 年，第 198 页。

② 同上，第 302 页。

③ （唐）义净著、王邦维校注：《大唐西域求法高僧传》卷一，北京：中华书局，1988 年，第 103 页。

就”，指通过密宗修习而获得世间或出世间的各种妙果。对密宗修习达到的“悉地”，在《大日经》卷三《悉地出现品》等密宗经典中有详细解说。藏传佛教分“成就”为共通成就（ཐུན་མོང་གི་དངོས་གྲུབ）和殊胜成就（མཆོག་གི་དངོས་གྲུབ），其中共通成就指靠药物、咒力等获得的神通，内外道皆可，故名共通，如八大共通成就（宝剑、丸药、眼药、神行、金丹、隐形、飞游和土行），与道教的神仙之术有雷同处。殊胜成就为佛教所独有，又译作不共成就，指成就密宗持金刚佛位。上文所说“获得圣观自在之悉地（成就）”，即指修习以观世音菩萨为本尊的密法，而获得相应的成就。据《布顿佛教史》之《大藏经》目录，观世音菩萨密法属于密宗事续部，有《观自在根本续王莲王经》等多部密典，[①] 其中吐蕃时期的译本有《六字大明咒》（益西德译）、《观自在如意轮心要陀罗尼》（法成译自汉文）等数部。可知，有关观世音菩萨的密法从唐朝和印度两地传入了吐蕃。而德瓦布扎也是位修习观世音密法的密宗大师，必也推动了对相关密法在吐蕃的传播。

4. 天赞普（ལྷ་བཙན་པོ），此处“天”即“天神”之意，吐蕃王族被认为是神明的后代，尊称为ལྷ་བཙན་པོ，以示王权的圣神不可侵犯。ལྷ་བཙན་པོ在《唐蕃会盟碑》正面的盟辞中作འཕྲུལ་གྱི་ལྷ་བཙན་པོ，相对应汉文盟辞作“圣神赞普”。[②] P. 2807《斋文》、P. 4020《上吐蕃赞普书》等汉文文书中均称吐蕃赞普为“圣神赞普”，P. T. 98 佛经写本后缀祈愿文中，直接借用了汉语“圣神”一词来尊称赞普，藏文音译为ཤེང་ཤིན。可见，在吐蕃时代ལྷ་བཙན་པོ或འཕྲུལ་གྱི་ལྷ་བཙན་པོ是称呼赞普的专有名词，འཕྲུལ་གྱི་ལྷ的语义等同于唐朝皇帝的尊称“圣神”。

5. 冈底斯山（གངས་ཏི་སེ），“冈”是藏语，意为雪。“底斯”是梵语，其意为雪山。冈底斯实际上梵藏合成词语。该山位于西藏阿里地区的普兰县境内，是冈底斯山脉的主峰，藏族又尊称为“冈仁波切”

① 布顿著、郭和卿译：《佛教史·大宝藏论》，北京：民族出版社，1986 年，第 304—306 页。

② 王尧：《吐蕃金石录》，北京：文物出版社，1982 年，第 5 页，藏文第 4 行，第 41 页，汉文第 5 行。

（གངས་རིན་པོ་ཆེ，意为“雪宝山”），为印度圣河——恒河的发源地。冈底斯山备受各种宗教的尊崇，西藏本土的苯教视冈底斯山为象雄的魂命山，苯教的圣地，而后期的苯教文献又将冈底斯山地区神化为人间乐土。印度教认为冈仁波切是其三大主神之一湿婆的修行地，[①] 朝礼冈底斯山的印度教徒至今不绝。佛教认为冈底斯山是大自在天居住的圣地。[②] 藏文史书《巴协》记载，赤德祖赞赞普时期，有两位印度高僧觉护和觉密曾在冈底斯修行。但《巴协》所记是否是历史事实，尚难判定。不过 P. T. 849 中云德瓦布扎在冈底斯修行，却能说明的确有印度佛教徒赴冈底斯山修行。到后弘期时，冈底斯山开始成为藏传佛教的圣地，噶举派的多位大师曾前往彼处修行。

6. 玛旁湖（མཚོ་མ་འཕང），今作མ་ཕམ་གཡུ་མཚོ（玛旁雍措），P. T. 849 中的མ་འཕང可能是མ་ཕམ之误，མ་ཕམ意为“不败”，མ་ཕམ་གཡུ་མཚོ可译为“不败玉湖”。该湖同样位于西藏阿里地区的普兰县境内，与冈底斯山相毗邻，是冈底斯圣地的组成部分，亦受到不同宗教的崇奉。印度教认为玛旁湖是湿婆夫人的沐浴处。佛教文献中也不断神化了玛旁雍措，宁玛派大师隆钦热绛巴的《如意藏论》将其描绘成具八功德水的神湖，有种种奇妙景象。[③] P. T. 849 中对德瓦布扎的冈底斯、玛旁湖之行的记载，说明这一地区在当时也受到印度佛教的重视。宁玛派伏藏文献《五部遗教》言莲花生等人曾去过玛旁湖边。

7. 法轮桑耶寺（ཆོས་འཁོར་བསམ་ཡས），在佛教中以法轮象征佛法，释迦牟尼讲授佛法被称为转法轮。这里法轮应是指寺院，或为桑耶寺的代称，《巴协》中也有类似的用法，如：དེ་ནས་ཆོས་འཁོར་དུ་བྱོན་ནས，[④] 译为：“之后到了寺院。”此处以法轮代称寺院，而所指寺院也正是桑耶寺。桑耶寺的正式名称有不同的记载，其中一名为“三样不变

① 参见陈麟书、朱森溥等编著：《世界七大宗教》，重庆：重庆出版社，1986 年，第 283 页。

② 张怡荪主编：《藏汉大辞典》（上），北京：民族出版社，1993 年，2004 年，第 346 页。

③ 参见才让：《藏传佛教信仰与民俗》，北京：民族出版社，1999 年，第 73—75 页。也有人将玛旁雍措附会为西天瑶池，认为是周穆王会王母之地。

④ 巴色朗著：《巴协》（藏文），北京：民族出版社，1980 年，第 52 页。

天成大法轮寺”，可知“法轮”也是桑耶寺名称的组成部分。[①] 桑耶寺建于吐蕃赞普赤松德赞时期，但具体的建寺年代史书中记述较为混乱，学术界的认识也不一致。据《贤者喜宴》的记载，赤松德赞在二十二岁的铁兔年（根据敦煌文献《吐蕃大事纪年》赤松德赞生于马年，即公元742年，其二十二岁时应为水兔年，公元763年），桑耶寺奠基；赤松德赞年二十六岁的木羊年（应是火羊年，公元767年），“七试人”（吐蕃第一批出家的人）剃度出家；赤德松赞年三十四时的水兔年（应是木兔年，公元775年），桑耶寺全部建成。如果以此年代为基础推算，则德瓦布扎至桑耶寺的时间，至少应在公元767年以后，因为此后吐蕃才有僧伽，其讲说佛法才有受众。

后期的藏文史书言，朗达磨灭法时，桑耶寺被关闭，僧众离散。而桑耶寺的恢复是在公元10世纪末期，《汉藏史集》载：“檫拉纳意希坚赞之子为阿达合赤巴（མངའ་བདག་ཁྲི་པ，阿达合意为‘领主’，是对国王等的一种尊称——译者），此父子二人，为从多麦求得佛法，依次派遣卫藏之人前往。建僧伽部、佛殿，修缮桑耶法轮寺等，在蕃域卫藏佛教余火复燃方面，负起了重担。”[②]《贤者喜宴》亦载希坚赞父子对桑耶寺进行了修缮。《西藏佛教史略》认为桑耶寺一带的封建主意檫拉希坚赞派鲁梅等人到安多学法是在公元970年左右，他们返回后桑耶寺才建立了僧伽组织。[③] 据《桑耶寺简志》，鲁梅等人对桑耶寺做了一定的修缮，但鲁梅等与巴若部（སྦ་རག་སྡེ）交战，桑耶寺遭牵连又遭严重破坏，大部分殿堂被烧毁，寺僧再次逃散，只留庙祝看守。[④] 直到11世纪，热译师时期桑耶寺才正式得到修复。《布顿佛教

① 有关桑耶寺的名称，详见黄颢《〈贤者喜宴（མཁས་པའི་དགའ་སྟོན）〉摘译（六）》之注第26，《西藏民族学院学报》1982年第1期，第45页、66页。

② 达仓宗巴·班觉桑布著：《汉藏史集》（藏文），成都：四川民族出版社，1985年，第214页。

③ 据《东噶藏学大辞典》（第1691页）所引《佛历遍集》（བསྟན་རྩིས་ཀུན་བཏུས）的记述，认为希坚赞派是在火牛年（公元977年）前后去世的。《青史》（藏文，第85页）认为土虎年（公元978年）为卫藏地区重建僧伽组织之始。如果认为德瓦布扎是10世纪入蕃的，则必在公元978年之后。

④ 参见阿旺加波等编著：《桑耶寺简志》（藏文），北京：民族出版社，2003年，第55—56页。

史》言鲁梅等人到过桑耶地区，但接着说鲁梅主持了噶曲寺，无鲁梅主持桑耶寺的记述。显然，10 世纪末桑耶寺曾有修缮，僧伽组织有所恢复。而从 P. T. 849 中记述看，当时的桑耶寺却是一片兴旺景象。

8. 卫・嘉巴益西（དབས་རྒྱལ་བ་ཡེ་ཤེས），卫是吐蕃大姓之一，嘉巴益西可译为“胜慧”，显然是佛教僧人的名字。这里单独列出他的名字，说明他是一位地位显赫的僧人，有可能该文献中的“佛教宗师”就是指此人。[①] 嘉巴益西史书无载，后弘期鲁梅等人的弟子和再传弟子中也找不出他的名字，笔者怀疑他是前弘期时期桑耶寺的僧人。

9. 两部僧伽（དགེ་འདུན་སྡེ་གཉིས），据《东噶藏学大辞典》有两层含义，一指比丘僧伽和菩萨僧伽，二指出家僧人和密咒师（རབ་བྱུང་གི་སྡེ་དང་སྔགས་པའི་སྡེ）。[②]《藏汉大辞典》中称为སྡེ་གཉིས（二众），其汉文解释云：“藏传佛教的二类僧众，在家白衣带发修行大众和出家褐衣持戒修行大众。”[③] “在家白衣带发修行大众”指密咒师，故与《东噶藏学大辞典》中对两部僧伽含义的第二种解释大致相近。但 P. T. 849 的下文中“两部僧伽”与“瑜伽师带珠之部”并列，而瑜伽师即指密咒师，说明“两部僧伽”中不含密咒师，因此若按《藏汉大辞典》的释义，则此处难解。扎西才让指出在敦煌藏文文献中“两部僧伽”又指比丘僧伽和比丘尼僧伽，并认为 P. T. 849 亦是此义。[④] 敦煌藏文文献 P. T. 999 提到了沙州两部僧伽做法事之事，沙州既有比丘的寺院，又有比丘尼的寺院，显然 P. T. 999 中的两部僧伽就是指比丘和比丘尼。因此，P. T. 849 的两部僧伽所指应同于 P. T. 999，为当时的习惯性用法。

---

① 卡岗・扎西才让认为该文书中，“佛教宗师”与卫・嘉巴益西之间虽有虚词དང，加以分开，但敦煌文书中དང有时表示前后无分别，因此他认为此处的“佛教宗师”即卫・嘉巴益西。参见《敦煌文献 P. T. 849 中首次发现莲花生大师传记文献研究》，《中国藏学》（藏文）2009 年第 1 期，第 50 页。

② 东噶・洛桑赤列编：《东噶藏学大辞典》，北京：中国藏学出版社，2002 年，第 608 页。

③ 张怡荪主编：《藏汉大辞典》（上），北京：民族出版社，2004 年，第 1473 页。

④ 参见卡岗・扎西才让：《敦煌文献 P. T. 849 中首次发现莲花生大师传记文献研究》，《中国藏学》（藏文）2009 年第 1 期，第 51 页。

10. 肃州（སུག་ཙུ），隋仁寿二年（公元 602 年）置州，大业（605—616 年）初废，唐武德二年（公元619 年）复置，治所在今甘肃酒泉。《元和郡县图志》载肃州“大历元年陷于吐蕃”,[①] 大历元年即公元 766 年。敦煌藏文文书中也多次提到肃州，如 P. T. 1189《肃州长官向天德王禀帖》、P. T. 1211《肃州色噶致索尊文书》、P. T. 1129《库公布致僧录司赉禀帖》、P. T. 1212《云善致大德玉山等书》等中提到肃州是均作སུག་ཙུ，在 P. T. 1138《张安扎芒古禀帖》中作སུག་ཚུ,[②] 不过古藏文中ཙི་与ཚ་作为同一组字母可以互换，ཙུ་与ཚུ་相通。从 8 世纪后期至 9 世纪中叶，肃州受吐蕃统治。

11. “瑜伽师带念珠之部”(རྣལ་འབྱོལ་འཕྱེང་ཐོགས་གི་སྡེ)，瑜伽师（རྣལ་འབྱོར་པ）在佛教著作中往往指密宗行者，又译为“修观行者”“瑜伽行者”。“念珠”是佛教的法器之一，密宗师诵念咒语以念珠计数，念珠不离身。显然，“瑜伽师带念珠之部”指当时修习密宗的僧团。接下来讲述的事，也应发生在肃州。德瓦布扎在这里传授了密法，波・多杰加波、嘉普阳阿格均是从德瓦布扎处闻受密法者，他们的名字特别标出，定是当时较有地位的人物，但除此之外尚未见到有关他们的记述。从 P. T. 849 的记述看，此时肃州佛教极为兴盛，显密兼弘，僧尼并存。

12. “金刚王”（རྡོ་རྗེ་རྒྱལ་པོ），应是密法的名称，现存藏文密宗经典中冠以“金刚王”的密法不多，在胜乐类密法中有《金刚王续》，但胜乐属无上瑜伽密法，在后弘期才得到传播。另外，密宗的一些神灵有“不动金刚忿怒王”“忿怒明王”等称呼。因此，“金刚王”应是一种密法的简称。

13. “灌顶”（དབང），密宗术语，亦是密宗的重要仪式，凡学密法者，皆要受灌顶，故谓“灌顶乃入密法之门”。《藏汉大辞典》释灌顶云：“灌顶。梵音译作阿毗讫加。有驱散、注入之义。谓能驱散

---

① （唐）李吉甫：《元和郡县图志》卷四十“陇右道下”，北京：中华书局，1986 年，第 1023 页。

② 这些卷子的藏文原文参见王尧、陈践译注：《敦煌古藏文探索集》，上海：上海古籍出版社，2008 年，第 175—244 页。

二障（སྒྲིབ་པ，指烦恼障和所知障——引者注），洗净身心，于此净器注入智力。凭依真实仪轨，种植四身（指佛所拥有的四身，即自性身、智慧法身、受用报身和变化身——引者注）种子于蕴界（ཕུང་ཁམས，指三十六蕴界——引者注）、处（སྐྱེ་མཆེད，指十二处——引者注）中，完全成熟身心相续之道。”① 可知，灌顶的宗旨在于净化弟子的身心，使其成为适于学习密法者。

14. “教敕”（ལུང），ལུང 一词作为佛学术语，指“经教”“教言”。又译为“教授”“教敕”等。在这里指经教的传承，如同学密法先要受灌顶一样，学习显密经文、真言首先也要得传承，方有权力阅读。由上师诵念经文（长篇的经文或大师的文集等，只诵部分内容）、真言等，弟子听受，弟子由此获得了经教的传承，称为ལུང་ཐོབ་པ（获得经文传承）。此处应指密宗经典及真言等的传承。接下来的“决定密咒、手印秘诀”一句，是指上师将密咒的正确念诵法，及所传密法所涉及的各类手印作了详尽的解说，解答疑惑之处，使弟子等熟练掌握。口诵真言、心观本尊和手结手印，为密宗最为重要的修习方法，不同的密法有不同的真言和手印，行者必须熟练掌握。

15. 没卢・官却贝（འབྲོ་དཀོན་མཆོག་དཔལ），没卢是吐蕃后族大姓，在吐蕃时代地位显赫。“官却贝”意为“宝吉祥”，也是佛教僧人用的名字，可知没卢・官却贝是位出身贵族的僧人。

（选自才让：《菩提遗珠——敦煌藏文佛教文献的整理与解读》，上海：上海古籍出版社，2016年，有删改）

① 张怡荪主编：《藏汉大辞典》（下），北京：民族出版社，2004年，第1928页。

《于阗教法史》

——P. T. 960

一、解题

法藏敦煌藏文本 P. T. 960《于阗教法史》（ལི་ཡུལ་ཆོས་ཀྱི་ལོ་རྒྱུས）为卷式写本，边缘有所破损，大小为 31 厘米 × 84 厘米，原编号 254，后重编作 960①。写本以藏文楷书书写，卷面字迹清晰，虽有涂改、插入等现象，但一般情况下这些部分亦易辨识，但第 20 行和第 99 行例外：这两处插入大段文字，插入部分自该行下面往后一直延伸写至卷子右边的上部，延伸部分写本破损，从而为识读带来困难。写本编撰者据所述内容的不同将其分为 18 个部分，一般以双垂线后画并列两排的 4 个圆圈表示，但第 41 行的 4 个圆圈外尚有一大圈，第 59 行单垂线后画一排两个圆圈，不知何意。写本共存 114 行文字，卷首似残，无标题，卷末尾题作དར་མ་མདོ་སྡེ་སུ་ཪྱ་ག་ཪ་དང་། །ཙན་དྲ་ག་ཪ་དང་། བྱེ་མ་ལ་གྲི་ཙའི་གཞུང་ལས་མདོ་ཞིག། མཁན་པོ་མོ་ཀྱ་བདེ་ཤིལ་གྱིས། གསར་དུ་བསྒྱུར། །ལི་ཡུལ་ཆོས་ཀྱི་ལོ་རྒྱུས་ཀྱི་དཔེའ། །ཞུས།，意为“简要录自佛经《日藏经》（སུ་ཪྱ་ག་ཪ）②、《月

① M. Lalou, *Inventaire des Manuscrits tibétains de Touen-houang conservés àla Bibliothèque Nationale*, II, Paris: Bibliothèque Nationale, 1950, p. 25.

② སུ་ཪྱ་ག་ཪ：梵文还原作 *Sūryagarba*，藏文作ཉི་མའི་སྙིང་པོའི་མདོ。参见 *TLTD* I, p. 323; *TTK*, p. 106. 今藏文大藏经《甘珠尔》中收有《日藏经》，参见如德格版（下文简称为 D）《甘珠尔》（བཀའ་འགྱུར）经部（མདོ་སྡེ）ཟ 函，66 卷，叶 91b1—245b1。

藏经》（ཙན་དྲ་ག་བ）[①] 和《无垢光请问经》（བི་མ་ལ་པྲི་ཙ）[②]，大德论道沙门新译，《于阗教法史》抄本，校毕”。关于写本的编纂年代，笔者从其内容推断在9世纪中叶左右。

这份写本最初由托玛斯（F. W. Thomas）英译，收于其著《有关西域的藏文文献与文书》第1卷[③]。后来恩默瑞克（R. E. Emmerick）对写本作了全部转写，和他转写并翻译的《于阗国授记》（ལི་ཡུལ་ལུང་བསྟན་པ）一起出版[④]。再后，陈践和王尧对这份写本作了藏文录文和汉文翻译，分别收于《敦煌本藏文文献》（藏文本）[⑤]和《敦煌吐蕃文献选》[⑥] 当中。以后，《法国国立图书馆藏藏文文书选集》第2卷收录了这份写本的黑白图版。[⑦] 近年国际敦煌项目（IDP）将这份写本的彩色图版放上他们的网站，从而进一步便利学者研究。

这份写本内容丰富繁杂，包括于阗建国传说、于阗的守护神名、

---

① ཙན་དྲ་ག་བ：梵文还原作 *Candragarba*，藏文作འཕགས་པ་ཟླ་བའི་སྙིང་པོས་ཞུས་པ 或简称ཟླ་བའི་སྙིང་པོ。参见 *TLTD* I，p. 323；*TTK*，p. 99。按和田出土有梵文写本《月藏经》残片，见 Hoernle 文书 No. 143a，收入 A. F. Rudolf Hoernle, *Manuscript Remains of Buddhist Literature Found in Eastern Turkestan*, First edition, Oxford, 1916; Reprinted, St. Leonards: Ad Orientem, 1970, pp. 103-108. 今藏文大藏经《甘珠尔》中收有《月藏经》一卷：འཕགས་པ་ཟླ་བའི་སྙིང་པོས་ཞུས་པའི་མདོ་ལས།སངས་རྒྱས་ཀྱི་བསྟན་པ་གནས་པ་དང་འཇིག་པའི་ཚུལ་ལུང་བསྟན་པ།（《圣月藏请问经中佛说住灭理趣授记》），德格版《甘珠尔》经部ཨ函，76卷，叶216a5—220b5；那塘版（下文简称为N）《甘珠尔》经部ཨ函，76卷，叶331a1—336b6。另有英藏敦煌藏文写本ITJ 601. 1。

② བི་མ་ལ་པྲི་ཙ：梵文还原作 *Vimalaprabhāparipṛcā*，藏文作དྲི་མ་མེད་པའི་འོད་ཀྱིས་ཞུགས་པ。参见 *TLTD* I, pp. 137-258, 318, *TTK*, p. 101。此经可见于德格版《甘珠尔》经部བ函，57卷，叶211a1—259b7。

③ F. W. Thomas, *Tibetan Literary Texts and Documents concerning Chinese Turkestan*, Part I, London: The Royal Asiatic Society, 1935, pp. 303-323. 按托玛斯此书共四卷，下文简称 *TLTD*I-IV。

④ R. E. Emmerick, *Tibetan Texts concerning Khotan*, London: Oxford University Press, 1967, pp. 78-91. 下文简称 *TTK*。

⑤ 陈践、王尧编注：《敦煌本藏文文献》（藏文），北京：民族出版社，1983年，第256—278页。下文简称 *THT*。如上所述，据写本卷尾题记，其题名当作ལི་ཡུལ་ཆོས་ཀྱི་ལོ་རྒྱུས（于阗教法史），托玛斯和恩默瑞克均从之，陈、王二位将这份写本命名作ལི་ཡུལ་དུ་སངས་རྒྱས་ཆོས་ལུགས་དར་ཚུལ་སྐོར（于阗佛教法兴盛情形），不知何所出。

⑥ 王尧、陈践译注：《敦煌吐蕃文献选》，成都：四川民族出版社，1983年，第140—158页。标题作“于田教法史”。下面简称王—陈1983。

⑦ Ariane Spanien and Yoshiro Imaeda, *Choix de documents tibétains conservés à la Bibliothèque nationale*, Tome II, Paris: Bibliothèque Nationale, 1979, pls. 244-245.

于阗的菩萨名、于阗的著名佛寺、于阗佛法灭没经过等，其部分内容与藏文大藏经所收《于阗国授记》①、《牛角山授记》（འཕགས་པ་རི་གླང་རུ་ལུང་བསྟན་པ）②、《于阗阿罗汉授记》（ལི་ཡུལ་གྱི་དགྲ་བཅོམ་པས་ལུང་བསྟན་པ）③ 及《僧伽伐弹那授记》（དགྲ་བཅོམ་པ་དགེ་འདུན་འཕེལ་གྱི་ལུང་བསྟན་པ）④ 等佛经接近，但又非完全相同。整体上看，《于阗教法史》好像是有关于阗的佛教文献的一种集成。

关于专名词的翻译问题。若已知汉文文献有相应的专名词，则采用之；若没有相应的专名词，则据约定俗成的译法或藏文的意思进行意译；另外一些专名词似为外来语，意思不明，这种情况一般据敦煌吐蕃汉藏对音材料或利用学者构拟的汉字中古音进行翻译⑤。至于汉译文每段前面的小标题，则是译者根据写本所述内容而作概括。译文中的数字（1）（2）（3）等，表示文书的原行数。

二、译文

尉迟散跋婆王与赞摩伽蓝之修建

（1）当佛法出现一千七百三十三年⑥，自地乳（ས་ནུ）⑦ 王至于

---

① D《丹珠尔》书翰部（སྤྲིང་ཡིག）ཉེ函，173 卷，叶 171b6—188a7。

② D《甘珠尔》经部（མདོ་སྡེ）ཨ函，76 卷，叶 220b6—232a7。

③ D《丹珠尔》书翰部ཉེ函，卷 173，叶 168b2—171b6。

④ D《丹珠尔》书翰部ཉེ函，173 卷，叶 161b4—168b2。

⑤ 郭锡良：《汉字古音手册》（增订本），北京：商务印书馆，2010 年；高田时雄：《敦煌資料による中國語史の研究》，东京：创文社，1988 年；Edwin G. Pulleyblank, *Lexicon of Reconstructed Pronunciation in Early Middle Chinese, Late Middle Chinese, and Early Mandarin*, Vancouver: UBC Press, 1991；周季文、谢后芳：《敦煌吐蕃汉藏对音字汇》，北京：中央民族大学出版社，2006 年。

⑥ 王一陈 1983 第 147 页误译作“一千七百三十年”。

⑦ ས་ནུ：梵文还原作 Gostana，《大唐西域记》作“瞿萨旦那”，于阗语作 Gaustana 或 Gāstana。综合多种文献记载，“地乳”既是于阗建国先祖的名字，也是于阗国之国名，所谓“先祖本因地乳资成，故于阗正音称地乳国焉”（范祥雍点校：《大慈恩寺三藏法师传》，北京：中华书局，2008 年，第 120 页）。相关讨论参见 Sylvain Lévi, “Notes Chinoises sur l'inde”, v, “Quelques documents sur le buddhisme indien dans l'asie centrale”, *Bulletin l'Ecole Française d'Extrême-Orient* 5(1905), pp. 258-259; P. Pelliot, *Notes on Marco Polo*, I, Paris: Adrien-Maisonneuve, 1959, pp. 408-425; R. E. Emmerick, “Names from Central Asia”, *Central Asiatic*

阗王赞历（བཙན་ལེགས）传五十六代国王。（2）尔后，弥勒菩萨和尊者文殊二者，领悟此于阗乃三世诸佛之不共佛土，遂往于阗，（3）为作于阗人众之善友，先至赞摩（ཙ་མ）[①]睢梨（ཙུ་ལེ）林，弥勒菩萨［化作］尉迟（ཝི་ཛ་ཡ）[②]散跋婆（སམ་བྷ་བ，Sam bha ba）[③]王，（4）做……之王。尊者文殊化作比丘毗卢折那（བེ་རོ་ཙ་ན）[④]，住于赞摩睢梨林。初向牧童[⑤]教授字母和语言，（5）于是佛法初被。尔后，尉迟散

（接上页）*Journal*, vol. 12, 1968-1969, p. 89；山崎元一：《アショーカ王傳說の研究》，东京：春秋社，1979 年，第 331—354 页（英译见 G. Yamazaki, “The Legend of the Foundation of Khotan”, *Memoirs of the Research Department of the Toyo Bunko*, vol. 48, 1990, pp. 55-80）；张广达、荣新江：《上古于阗的塞种居民》，原载《西北民族研究》1989 年第 1 期，此据作者《于阗史丛考》（增订本），第 165 页；朱丽双：《〈于阗国授记〉译注（上）》，《中国藏学》2012 年 S1 期，第 240 页。

① ཙར་མ：也见于《于阗国授记》（D 176a5）。此处有一著名寺院“赞摩伽蓝”，汉文资料又作“揚摩寺”“匝摩寺”等，于阗语作 Tcarma。参见 H. W. Bailey, *Khotanese Texts*, Vol. IV, London: Cambridge University Press, 1979, pp. 84, 130; *TTK*, p. 103；季羡林等校注：《大唐西域记校注》下册，北京：中华书局，2008 年，第 1010—1011 页；张广达、荣新江：《于阗佛寺志》，原载《世界宗教研究》1986 年第 3 期，此据作者《于阗史丛考》（增订本），第 225—228 页；朱丽双：《〈于阗国授记〉译注（上）》，《中国藏学》2012 年 S1 期，第 224 页。

② ཝི་ཛ་ཡ：《于阗国授记》（D 176b5）作 བི་ཛ་ཡ，一般认为是于阗王家之姓，但也可能是于阗国王名的一部分，唐朝史料音译作“尉迟”“伏阇”等，于阗语作 Vij'ida、Viśya、Viśa'，梵文还原作 Vijaya。参见 *TLTD* I, pp. 105, 305; P. Pelliot, *Notes on Marco Polo*, I, pp. 418-422; H. W. Bailey, *Khotanese Texts*, Vol. IV, p. 7; *TTK*, pp. 23, 100; P. O. Skjærvø, “Kings of Khotan in the Eighth Century”, in P. Bernard and F. Grenet eds., *Histoire et cultes de l' Asie centrale préislamique*, Paris: Editions du Centre National de la Reere Scientifique, 1991, pp. 257-259；文欣：《中古时期于阗国政治制度研究》，北京大学历史学系硕士研究生学位论文，2008 年，第 41—53 页；朱丽双：《〈于阗国授记〉译注（上）》，《中国藏学》2012 年 S1 期，第 246 页。

③ སམ་བྷ་བ：梵文还原作 Sambhava，汉译据寺本婉雅《于阗国史》，京都：丁子屋，1921 年，第 22 页。参见 *TLTD* I，p. 105；*TTK*，p. 23。

④ བེ་རོ་ཙ་ན：《于阗国授记》（D 176a5）作 བཻ་རོ་ཙ་ན，梵文还原作 Vairocana，当即《大唐西域记》所记的毗卢遮那阿罗汉（第 1009—1011 页）。参见 *TLTD* I，pp. 102，305；*TTK*，pp. 21，101；朱丽双：《〈于阗国授记〉译注（上）》，《中国藏学》2012 年 S1 期，第 244 页。

⑤ བྱིས་པ་ཕྱུགས་རྫི：*TLTD* I，p. 305 译作 children，cattle-herds，孩童和牧人们。王—陈 1983 第 147 页译作“牧人”。按此词亦见于《于阗国授记》（D 176a6、176b7）。综合几处文意，似当作“牧童”解。

跋婆王为善友、尊者文殊所化之比丘毗卢遮那首创于阗赞摩伽蓝。(6) 地乳王之孙①叶护罗 (ཡུ་ལ) 王建于阗国都城城堡，即苏蜜②大城 (དངར་ལྡན་གྱི་གྲོང་ཁྱེར་ཆེན་པོ)。

尉迟毗梨耶王与瞿摩帝伽蓝之修建

尔后，[尉迟] 毗梨耶 (བི་རྱ)③ 王于于阗都城苏蜜城堡上向东南隅 (7) 眺望，见城堡外似有一金银毛色之鹿。王及其侍从追之，来至今牛头山 (འགོའུ་ཏེ་ཤན)④ 下瞿摩帝 (འགུམ་ཏིར)⑤ (8) 大窣堵波所

---

① ཚ་བོ: 意为“孙子”(张怡荪主编:《藏汉大辞典》，北京: 民族出版社，2008 年，第 2246 页)。王—陈 1983 第 148 页译作“甥”，不确。按据《于阗国授记》，ཡིའུ་ལ 王为地乳王之子 (D 176b4)。

② དངར་ལྡན་གྱི་གྲོང་ཁྱེར་ཆེན་པོ: 也见于《于阗国授记》(D 172b1、176b4)、《无垢光请问经》(D 217b7 –218a; cf. *TLTD* I, p. 187) 等; 《汉藏史集》误作 ཐ་ལྡན (Zhu Lishuang, “ ‘The Annals of the Noble Land Khotan’: A New Translation of a Chapter of *rGya bod yig tshang chen mo*”, forthcoming)。*TLTD* I, p. 104 译作 the great city Nectarean, 苏蜜大城; *TTK*, p. 96 还原梵文作* madhumatī, 本文从之。

③ བི་རྱ: 《于阗国授记》作 bīrya (D 178a1)，梵文还原作 Vīrya (*TLTD* I, p. 108; *TTK*, p. 29)，汉译据寺本婉雅《于阗国史》，第 25 页。有关此王及此段所述瞿摩帝伽蓝的修建，也见于《于阗国授记》(D 177b7 – 178a4)。参见朱丽双:《〈于阗国授记〉译注 (上)》，《中国藏学》2012 年 S1 期，第 249 页。

④ འགོའུ་ཏེ་ཤན: 也作 གླང་མགོ་རི、གླང་མགོའི་རི、རི་གླང་མགོ、གོ་ཏོ་ཤན、འགེའུ་ཏོ་ཤན、འགེའུ་ཏོན་ཤན、འགེའུ་ཏེ་ཤན、སྐེའུ་ཏོ་ཤན 等，其中 གླང་མགོ་རི、གླང་མགོའི་རི 和 རི་གླང་མགོ 当是对汉语“牛头山”的意译，其他则是音译，于阗语作 Gūttauṣa̦ nä 或 Gauttūśa̦ ä，梵文还原作 Gośīrṣa。藏文亦作 རི་གླང་རུ，意为“牛角山”，梵文还原作 Gośṛṅga。所谓牛头山或牛角山，即《大唐西域记》卷十二所谓于阗王城西南二十余里的瞿室餧伽山 (第 1013 页)，汉译《日藏经》又作“牛角峰山”(《大正藏》第 13 册，第 294b、294c、295a 页)，此处有一牛头山寺。牛头/角山的位置，一般认为在今和田市西南 26 公里喀拉喀什河东岸的库玛日山 (Kohmārī)，今山上仍有当地人崇拜的麻扎和石窟。参见 Sylvain Lévi, “Notes Chinoises sur l’inde”, iv, “Le pays de kharoṣṭra et l’écriture kharoṣṭrī”, *Bulletin l’Ecole Française d’Extrême-Orient* 4, 1904, p. 555; Idem, “Notes Chinoises sur l’inde”, v, “Quelques documents sur le buddhisme indien dans l’asie centrale”, p. 257, n. 2; A. Stein, *Ancient Khotan*, vol. 1, New Delhi: Cosmo Publications, 1981, pp. 185-190; *TLTD* I, pp. 6, 89, 306; *TTK*, p. 95; 张广达、荣新江:《于阗佛寺志》，第 230—231 页; 朱丽双:《〈于阗国授记〉译注 (上)》，《中国藏学》2012 年 S1 期，第 229 页。

⑤ འགུམ་ཏིར: 于阗语作 Gūmattīrä，此处有瞿摩帝伽蓝，见于《法显传》等汉文文献和于阗语文献的记载。参见 Sylvain Lévi, “Notes Chinoises sur l’inde”, iv, “Le pays de kharoṣṭra et l’écriture kharoṣṭrī”, p. 556; Idem, “Notes Chinoises sur l’inde”, v, “Quelques documents sur le buddhisme indien dans l’asie centrale”, p. 258; *TLTD* I, p. 108, n. 7; *TTK*, pp. 30, 95; 章巽校注

在之处，见鹿化作散脂（ཀུན་ཏུ་རྒྱལ་བ）夜叉王[①]。散脂夜叉王告［尉迟毗梨耶］王道：“嗨！大王，汝（9）宜于此地建一窣堵波。”王道：“为谁而建？”“佛之使者阿罗汉佛陀努大（འབུ་ཏ་འདུ་ཏ）、僧伽悉他（སང་ག་སྟ）、僧伽菩阳（སང་ག་བོ་ཡང）（10）僧伽悉他那（སང་ག་སྟ་ན）[②]，此四位来做汝之善友，为彼等而建。”即刻，四阿罗汉来至［王］前，为说佛法。王（11）遂起大信力，于彼处树立修建窣堵波之桩橛，尔后[③]建瞿摩帝伽蓝之大窣堵波。

论道沙门之由来

［尉迟毗梨耶］王建瞿摩帝［窣堵波］（12）时，携一孩童，［后］遗失，循迹而觅，于今牛头山上和文殊住所[④]二者间

（接上页）《法显传校注》，北京：中华书局，2008 年，第 12—14 页；张广达、荣新江：《于阗佛寺志》，第 228—230 页；段晴、王炳华：《新疆新出于阗语木牍文书研究》，《敦煌吐鲁番研究》第 2 卷，北京：北京大学出版社，1996 年，第 6—7 页；朱丽双：《〈于阗国授记〉译注（上）》，《中国藏学》2012 年 S1 期，第 249 页。

① གནོད་སྦྱིན་གྱི་རྒྱལ་པོ་ཀུན་ཏུ་རྒྱལ་བ：ཀུན་ཏུ་རྒྱལ་བ，意为“遍胜”，梵文还原作 Saṃjaya。《于阗国授记》作གནོད་སྦྱིན་གྱི་སྡེ་དཔོན་ཤིན་པོ་ཡང་དག་ཤེས“散脂夜叉大将”（D 173b1），其中ཡང་དག་ཤེས意为“正知”，梵文还原作 Saṃjñāya。他的名字于其他藏文文献也作མིང་ཅན、འདུ་ཤེས་ཅན等，梵文还原作 Saṃjñin。又作ས་ཉེ，当来自于阗语 Saṃñī。敦煌《瑞像记》作“莎耶摩利神”等，本文汉译据《月藏经》（《大正藏》第 13 册，第 368a 页）。关于这位守护神名字的不同写法、它在不同文献中身份的变化及其在敦煌洞窟中的形象，参见 *TLTD* I, pp. 20, 108, 179; H. W. Bailey, “Hvatanica IV”, p. 912; *TTK*, pp. 28-29, 104-105；荣新江、朱丽双：《图文互证——于阗八大守护神新探》，樊锦诗、荣新江、林世田主编：《敦煌文献·考古·艺术综合研究——纪念向达教授诞辰 110 周年国际学术研讨会论文集》，北京：中华书局，2011 年，第 197—198、209 页。

② འབུ་ཏ་འདུ་ཏ、སང་ག་སྟ、སང་ག་བོ་ཡང、སང་ག་སྟ་ན：梵文似可分别还原作 Buddhadūta（佛使）、Saṃghastha（僧立）、Saṃghabo［dh］ya（僧觉）和 Saṃghasthāna（僧处）。按这四位阿罗汉名字亦见于《于阗国授记》，作བུ་དྷ་དུ་ཏ、ཁ་ག་ད་ཏ、ཁ་ག་རོ་ཡང、ཁ་ག་སྡོད（D 177b7）。参见朱丽双：《〈于阗国授记〉译注（上）》，《中国藏学》2012 年 S1 期，第 249 页。

③ དེའི་འོག་ཏུ：*TLTD* I，p. 306 译作 beneath it，不确。

④ 托玛斯认为，这里所说的文殊住所即《牛角山授记》所记的བར་སྒོང་བྱེ伽蓝（*TLTD* I, p. 306，n. 7）。按托玛斯所用为那塘版；D 222b1 作སྒོང་བྱེད。梵文作 Prahāṇa，见荻原云来编纂：《梵和大辞典》，台北：新文丰出版公司，1988 年，第 882 页；Lokesh Chandra, *Tibetan-Sanskrit Dictionary*, New Delhi: International Academy of Indian Culture and Aditya Prakashan,

之一小沟谷内寻得。王（13）于寻得孩童之处，［即］小沟谷中，建一伽蓝，奉安七世佛之舍利。［此］伽蓝乃三时供养之地，名为圣地（ཨ་ཙ་སྟ་ན）①。（14）王亦放彼孩童出家②，［彼孩童］即刻得证阿罗汉果。［彼］乃于阗最早证得阿罗汉果者，此前未有。彼（15）［亦］因是“示道者”（ལམ་མ་ཉོར་པར་སྟོན་པ）而得名“论道沙门”（མོར་ཀུ་བདེ་ཤིལ）③。初，论道沙门之名即源自于此。尔后，论道沙门亦从具力僧（16）中之能者与苦行僧中之殊胜者选取，任命为论道沙门④。

（接上页）2001, p. 495；朱丽双：《〈于阗阿罗汉授记〉对勘与研究》，同书编辑委员会编：《张广达先生八十华诞祝寿论文集》，台北：新文丰出版公司，2010 年，第 614—615 页。

① ཨ་ཙ་སྟ་ན：《于阗国授记》作ཨཱཙ་སྟ་ན（D 177b7），托玛斯和恩默瑞克还原梵文作 Āryastana（圣乳）（*TLTD* I，pp. 108，307；*TTK*，pp. 29，107），似误；当作 Āryasthāna，此处既是三时供养之地，则理合得名“圣地”。参见朱丽双：《〈于阗国授记〉译注（上）》，《中国藏学》2012 年 S1 期，第 249 页。

② ཐར་པ་བཏང：*TLTD* I，p. 307 译作“being freed and sent away”，意为“被释放并被送走”。*THT*，p. 275 释作ཙབ་ཏུ་བྱུང，意为“出家”。本文从之。

③ མོར་ཀུ་བདེ་ཤིལ：梵文还原作 morgubdeśil。《于阗国授记》作མོ་ཀྲུ་དེ་ཤི或མོ་ཀྲུ་བདེ་ཤི（D 176a6、178b1 –2），梵文还原作 morgubdeśi。为一种称号，意为“示道者”。也见于于阗语文献，作 mārgaupadeśai、mārgāpadaiśai 或 mārgapūdeśai，来自 mārga 和 upadeśa-ka-，和它对应的佛教混合梵语为 mārgadeśika-，巴利语作 maggadesika-（H. W. Bailey, *Khotanese Texts*, Vol. IV, pp. 86-88; P. O. Skjœrvø, *Khotanese Manuscripts from Chinese Turkestan in the British Library: A Complete Catalogue with Texts and Translations*, London: The British Library, 2002, pp. 508-509）。本文汉译据横山紘一、広沢隆之：《瑜伽師地論に基づく梵蔵漢対照・蔵梵漢対照佛教語辞典》，东京：山喜房佛书林，1997 年，第 828 页。托玛斯认为，《于阗教法史》的-ཤིལ字表明，它可能编撰于沙州，因为在那里，古汉语的ཤིལ和ཤི没有区别（*TLTD* I，p. 307，n. 3），但恩默瑞克认为，末尾的-ལ可能是佛教混合梵语 śīla-（意为“戒”）的影响（*TTK*，p. 102）。参见朱丽双：《〈于阗国授记〉译注（上）》，《中国藏学》2012 年 S1 期，第 245 页。

④ ཐུབ་ལྡན་གང་ཡེ་བ和བཀའ་ཐུབ་ཀྱི་མོག：*TLTD* I，p. 307 译作“who are great hermits and have accumulated excellent works of asceticism”。*THT*，p. 275 分别释作སྡོམ་པ་གང་གཙང（戒律清净）和དཀའ་སྤྱད་སྙིང་ཙས（吃苦耐劳）。

毗沙门与舍利弗决海

当于阗仍为海子，世尊命北方天王毗沙门（བེ་ཤ་ར་མ་ཎེ）[①] 与(17) 比丘舍利弗（ཤ་རི་འི་བུ）[②] 二者道："今此海子，乃三世诸佛之不共佛土，后将转成桑田。今莲花生长之处，伽蓝亦将一一出现，(18) 众多菩萨亦将出现。此海子汝［二位］去倾至一旁，使复成桑田。"北方天王毗沙门和比丘舍利弗二者（19）于神山（ཤིང་ཤན）[③] 以锡杖尖和矛头决海，海子遂干。佛涅槃后百年，［于阗］转成桑田。

于阗建国传说

初，彼国之（20）王名地乳者，乃天竺阿育王（ཨ་ཤོ་ཀ）[④] 之子。天竺阿育王出游而寻找国土，偕同众多军队和侍从，到处漫游。尔时于阗都城地方［刚由］海子［而成虚旷之地。其妃于此生一男孩。

---

① བེ་ཤ་ར་མ་ཎེ：本写本中又作བེ་ཤ་ར་མ་ཎི、བི་ཤ་ར་མ་ཎེ等，对应于佛教混合梵语 Vaiśramaṇa。《于阗国授记》作རྣམ་ཐོས་ཀྱི་བུ（D 172a4 等），汉译又作"多闻天王"，梵文还原作 Vaiśravaṇa，于阗语作 vrrīśamaṃ。参见 H. W. Bailey，"Hvatanica IV"，p. 912；*TLTD* I，p. 90；*TTK*，p. 101；荣新江、朱丽双：《图文互证——于阗八大守护神新探》，樊锦诗、荣新江、林世田主编：《敦煌文献·考古·艺术综合研究——纪念向达先生诞辰110周年国际学术研讨会论文集》，北京：中华书局，2011年，第200、211页。

② ཤ་རི་འི་བུ：佛陀十大弟子之一，梵文作 Śāriputra。参见榊亮三郎编：《飜譯名義大集》，京都：鈴木学術財团，1962年，第79页，1032；慈怡主编：《佛光大辞典》第4册，北京：北京图书馆出版社，2004年，第3498页。

③ ཤིང་ཤན：也见于麻扎塔格出土 M. Tāgh. a. iii. 0062、M. Tāgh. b. i. 0097 等共三十余份文书（*TLTD* II, pp. 198-212; Tsuguhito Takeuchi, *Old Tibetan Manuscripts from East Turkestan in the Stein Collection of the British Library*, vol. 2, Tokyo: The Centre for East Asian Cultural Studies for Unesco, The Toyo Bunko; London: British Library, 1998, pp. 50, 82），当是 Hedin 24 于阗语汉语双语文书所谓"神山堡"的神山，即今麻扎塔格，于阗语作 gara（H. W. Bailey, *Khotanese Texts*, Vol. IV, pp. 93, 136）。参见张广达、荣新江：《8世纪下半叶至9世纪初的于阗》，第243页；张广达、荣新江：《圣彼得堡藏和田出土汉文文书考释》，《敦煌吐鲁番文书》第6卷，北京：北京大学出版社，2002年，第273页；杨铭：《吐蕃简牍中所见的西域地名》，收入氏著《吐蕃统治敦煌研究》，台北：新文丰出版公司，1997年，第216页。关于神山堡，参见侯灿：《麻扎塔格古戍堡及其在丝绸之路上的重要位置》，《文物》1987年第3期，第63—75页；殷晴：《丝绸之路和古代于阗》，《西域史论丛》第3辑，乌鲁木齐：新疆人民出版社，1990年，第77页。

④ ཨ་ཤོ་ཀ：梵文还原作 Aśoka，意为无忧（*TTK*，pp. 15，97）。参见朱丽双：《〈于阗国授记〉译注（上）》，《中国藏学》2012年S1期，第239页。

阿育王]① 集诸婆罗门与相者，（21）令观其相如何。相者观之，［此子］乃具殊胜妙相，遂言道："王，此王子较汝更具权势。" 王生嫉忌，（22）怒，将其子抛弃于最初出生之地。王抛弃［其］子之地，即今于阗都城北门内长佛堂②旁、圣观音菩萨（ཨ་རྱ་པ་ལོ）③ 居住之后面、护法神殿④所住［之处］。（23）王抛弃［此］子之时，北方护法神毗沙门和功德天女（དཔལ་གྱི་ལྷ་མོ）⑤ 使地中隆起一乳，育养之，此子得以未死，且得名地乳。毗沙门取之，献与汉王⑥为子，（24）［时］汉王恰少一子，难成千数。［地乳］深得汉王疼爱，如是成长。一次节庆，汉王诸子玩耍，地乳与汉王诸子发生（25）口角，［诸王子］道："小子，尔非汉王之子，乃捡来之弃儿，与吾等王族不同。" 地乳王子懊恼，即向汉王求道："今日吾等王子玩耍时，（26）其他王子言道：'小子，尔非汉王之子，乃捡来之弃儿，与吾等真正王族之子不同。' 若吾并非汉王之子，则吾忝充汉王随从⑦（27）何益？请许吾前去他方寻找国土。" 汉王即言："汝确系我子，其他孩子所言不对，不许［汝］行。"（28）但地乳主意已定，一再

---

① 方括内字为笔者据文意并参考《于阗国授记》的相关内容补（D 175a1 –3）。

② ལྷ་ཁང་རིང་པོ：*TLTD* I，p. 308 译作 "old temple"，意为 "旧寺院"。似不确。

③ ཨ་རྱ་པ་ལོ：梵文还原作 Āryāvalokiteśvara，即观音菩萨（*TLTD* I，p. 308，n. 6；*TTK*，p. 107；王—陈 1983，第 149 页）。按《牛角山授记》述观音菩萨在于阗安住的伽蓝名འོད་ཅན，意为 "具光"（D 222b2）；写本第 37 行作འཛ་སྙ，梵文 Jyotsnā，即 "光明" 之意。参见 *TLTD* I，p. 15; H. W. Bailey, "Hvatanica IV", p. 911; *TTK*, p. 96。

④ *TLTD* I，p. 308，n. 8 认为此处的护法神即指毗沙门天王。

⑤ དཔལ་གྱི་ལྷ་མོ：梵文还原作 Śrī Devī，于阗语作 Śandrāmata。本文汉译据《释迦牟尼如来像法灭尽之记》。参见 *TLTD* I, p. 308; *TTK*, p. 98; H. W. Bailey, *Khotanese Texts*, Vol. IV, p. 12；朱丽双：《〈于阗阿罗汉授记〉对勘与研究》，同书编辑委员会编：《张广达先生八十华诞祝寿论文集》，台北：新文丰出版公司，2010 年，第 633 页。

⑥ 此汉王于《牛角山授记》作ཛ/ཚ་ཡང（D 223b1），托玛斯认为指秦始皇（*TLTD* I，p. 17，n. 3；p. 99，n. 8）。《汉藏史集》作ཅིའུ་ཕང或ཅི་ཕང，陈庆英译《汉藏史集》作 "周王"（拉萨：西藏人民出版社，1986 年，第 49 页），参见 Zhu Lishuang, " 'The Annals of the Noble Land Khotan' : A New Translation of a Chapter of *rGya bod yig tshang chen mo*", forthcoming。

⑦ ཞམ་འབྲིང：当同ཞབས་འབྲིང，意为 "随从、跟随"。参见张怡荪主编：《藏汉大辞典》，第 2376 页。

请求①。汉王［窃思］，此乃毗沙门所赐之子，虽殊胜可爱，终不宜久留。［虽］不乐意，［然］同意地乳（29）所求，派遣众多军队和侍从，偕同前行②，寻找国土而至于阗地方。［时］地乳王子之父天竺阿育王之臣阿摩支（ཨ་མ་ཙ）③ 耶舍（ཡ་ཤ）④ 因犯错而（30）遭驱逐，偕同众多天竺军队及侍从⑤，［也］至于阗地方，与［地乳王子］在西玉河之香梧将（ཧང་འགུ་འཛོ）地方会面。其初［双方］不知详情，各各布阵备战⑥，（31）时护法神毗沙门、功德天女、坚牢地神（ས་འི་ལྷ་

---

① གལ་གྱིས་གནུས་སྟེ།།གསོལ་གསོལ་ནས།།：*TLTD* I，p. 309 译作“with vehement reiteration urged his petition”，意为反复诉说，一再请求。གལ་གྱིས་གནུས་སྟེ，*THT*，p. 276 释作ཞུ་ཚིགས་བྱས་སྟེ།，固执。这个句子，他们译作“再三恳求，一再吁请”（王—陈 1983，第 150 页）。按གལ་གྱིས 收于《藏汉大辞典》，意为“强迫”“强使”（第 353 页）；གནུས 有“拧”“扭紧”的意思（第 742 页），“强使着拧”，也就是“坚持已见”之意。

② *TLTD* I，p. 309 译作“sent him away with a large Chinese army in his train”，意为“派遣众多军队作他的随从而送他前往”。按བཅས 作“带有、偕同、连带”的意思用时，常与དང 字连用（Sarat Chandra Das, *A Tibetan-English Dictionary, with Sanskrit Synonyms*, Calcutta: The Bengal Secretariat Book Depôt, 1951, p. 392；张怡荪主编：《藏汉大辞典》，第 751 页）。大概由于这个原因，托玛斯此处将འཁོར་དུ་བཅས 译为“作为随从”。但修饰བཅས 的状语དང，也可以用ལ 类助词代替，意思不变（周季文、谢后芳编著：《藏文阅读入门》，昆明：云南民族出版社，1998 年，第 151 页）。事实上，这种结构在本文书中多次出现。如写本第 34 行有ཆོས་དང་ཡུལ་དུ་བཅས་པར་སྲུང་བ，托玛斯即译作“guarding the religion together with the land”，意为“守护佛教和国土”（*TLTD* I，p. 310）。

③ ཨ་མ་ཙ：于阗语作 āmāca，或作 āmākya-，其又来自梵文 āmātya-和 amātya-。在和田出土的藏文文书中，ཨ་མ་ཨ 又作ཨ་མ、ཨ་མ་ཨའ、ཨ་མ་ཙ、ཨཾ་ཨ、ཨ་མ་ཙག 等，汉文史料作阿摩支。阿摩支的最初意思是国王的亲信和大臣，在于阗，它逐渐演变为一种荣誉称号。见 *TLTD* II，pp. 191-194; H. W. Bailey, *Khotanese Texts*, Vol. IV, p. 62；张广达、荣新江：《〈大历三年三月典成铣牒〉跋》，原载《新疆社会科学》1988 年第 1 期，此据作者《于阗史丛考》（增订本），第 115—116 页；文欣：《中古时期于阗国政治制度研究》，北京大学历史学系硕士研究生学位论文，2008 年，第 55 页。

④ ཡ་ཤ：梵文作 Yaśa，关于阿育王大臣耶舍的故事，请见佛教譬喻故事集《天譬喻》（*Divyāvadāna*）（*TLTD* I，p. 100，n. 3；*TTK*，p. 19）。参见 John S. Strong, *The Legend of King Aśoka: A Study and Translation of the Aśokāvadāna*, Princeton, N. J.: Princeton University Press, 1983。

⑤ *TLTD* I，p. 309 译作“with a large Indian army in his train”，意为“带着大量天竺军队作为随从”。

⑥ *TLTD* I，p. 309 译作“At first，unwilling to agree，they prepared batter. An interval having occurred in the fighting，……”，意为“最初双方不能达成一致，准备作战。战斗中休息时，……”。ཀྱུས་མ་འཚལ，王—陈 1983 第 276 页释作ངོ་མ་ཤེས，意为不相识。按这个词亦见于《于阗国授记》（D 178b7）。综合文意分析，似当作“不知详情”理解。ཐབ་མོ，同འཐབ་མོ，

མོ)①等从中调解②，细述当初详情，君臣相见，遂得和解。(32) 初，地乳王和阿摩支耶舍君臣相见，此地由二者［共同］执掌，于阗都城地区遂如是而得创建③。

八大守护神

［为使］于阗正法不灭而安住［于此］之八大地方守护神如下：(33) 毗沙门大护法、散脂（ས་ཧེ）大将、阿婆罗质多（ཨ་པ་ར་ཛི་ཏ）④、迦迦那莎利神（ག་ག་ན་སྭ་ར）⑤、莎那末利神（སུ་གར་ན་མ་ལ）⑥、阿隅阇天

（接上页）意为“斗争、战争”（张怡荪主编：《藏汉大辞典》，第1226页）。ཐབ་མོ་བཀྱི, *THT*, p. 276 释作འཐབ་འཛིང་བྱེད，意为“作战”。本文从之。

① ས་འི་ལྷ་མོ：最初托玛斯还原梵文作 Bhūmi-Devī（*TLTD* I，p. 310），后恩默瑞克据梵文《金光明最胜王经》(*Suvarṇaprabhāsottamasūtra*) 还原作 Pṛthivīdevatā (*TTK*, p. 105. 参见 Lokesh Chandra, *Tibetan-Sanskrit Dictionary*, p. 805)，本文从之。于阗语可能是 būma-dīvya（P. O. Skjœrvø, *Khotanese Manuscripts from Chinese Turkestan in the British Library*, pp. 500, 522-523)。汉译据义净译《金光明最胜王经》，《大正藏》第16册，第440a页。

② དབུས་ནས་བྱུང་སྟེ：*TLTD* I，p. 310 译作“interposing”，意为“调解”。本文从之。王—陈1983第150页直译作“在中间出现”。

③ 这段描述于阗建国传说中的关键人物毗沙门、阿育王等也见于中兴五年（982）有关于阗王尉迟达摩（Viśa Dharma）的于阗语文书 IOL Khot S. 21（Ch. i. 0021），另外，地神被称作“地乳女神（milk-giving lady goddess of the earth）”；汉王作“Cayaṃ chrre”（咸阳王?）（P. O. Skjœrvø, *Khotanese Manuscripts from Chinese Turkestan in the British Library*, pp. 522-523)。有意思的是，后者与《汉藏史集·圣地于阗国之王统》的记载基本相同：ཞི་ས་ཆ་ཡང་རྒྱལ་པོ（咸阳地方之王?）。参见 Zhu Lishuang, “ ‘The Annals of the Noble Land Khotan’: A New Translation of a Chapter of *rGya bod yig tshang chen mo*”, forthcoming。

④ ཨ་པ་ར་ཛི་ཏ：《牛角山授记》作ལྷ་མི་ཕམ་པ（D 224b3），《于阗国授记》作ལྷ་གཞན་གྱིས་མི་ཐུབ་པ（D 174b2）；《月藏经》作“难胜天子”（第368a页）。于阗语作 Aparājai[ja]tta，梵文作 Aparājita。本文汉译据敦煌《瑞像记》(S. 2113)，意为“难胜”。参见 H. W. Bailey, “Hvatanica IV”, p. 912; *TTK*, p. 103；张广达、荣新江：《敦煌“瑞像记”、瑞像图及其反映的于阗》，原载《敦煌吐鲁番文献研究论集》第3辑，北京：北京大学出版社，1986年，此据作者《于阗史丛考》(增订本)，第175、209页；荣新江、朱丽双：《图文互证——于阗八大守护神新探》，樊锦诗、荣新江、林世田主编：《敦煌文献·考古·艺术综合研究——纪念向达先生诞辰110周年国际学术研讨会论文集》，北京：中华书局，2011年，第196—197、211页。

⑤ ག་ག་ན་སྭ་ར：汉译据敦煌“瑞像记”，对应于藏文ནམ་མཁའི་དབྱངས，意为“虚空音”，于阗语作 Gaganasvarä，梵文作 Gaganasvara。参见张广达、荣新江：《敦煌“瑞像记”、瑞像图及其反映的于阗》，第175、209页；Lokesh Chandra，*Tibetan-Sanskrit Dictionary*，p. 449；荣新

女（ཨུགས་ཀུ）[①]、悉他那天女（སྟ་ན་བ་ཏི）[②]、吃利呵婆达多（འགྲ་ཧ་བད་ཏ）龙王[③]等。彼等之具誓眷属，共有守护神（34）三万、天神一千

（接上页）江、朱丽双：《图文互证——于阗八大守护神新探》，樊锦诗、荣新江、林世田主编：《敦煌文献・考古・艺术综合研究——纪念向达先生诞辰110周年国际学术研讨会论文集》，北京：中华书局，2011年，第198、208页。

① སུ་གར་ན་མ་ལ：《牛角山授记》作ལྷ་གསེར་གྱི་ཕྲེང་བ་ཅན（D 224b3），《于阗国授记》作ལྷའི་བུ་གསེར་ཕྲེང（D 174b3），《月藏经》作“金华鬘夜叉”（第368a页），于阗语作Svarṇamāla，梵文作Suvarṇamāla。本文汉译据敦煌《瑞像记》。参见*TLTD* I, pp. 20, 97, 310; H. W. Bailey, “Hvatanica IV”, p. 913; *TTK*, pp. 13, 106, 107；张广达、荣新江：《敦煌“瑞像记”、瑞像图及其反映的于阗》，第175、209页；Lokesh Chandra, *Tibetan-Sanskrit Dictionary*, p. 831；荣新江、朱丽双：《图文互证——于阗八大守护神新探》，樊锦诗、荣新江、林世田主编：《敦煌文献・考古・艺术综合研究——纪念向达先生诞辰110周年国际学术研讨会论文集》，北京：中华书局，2011年，第198—199、208—209页。

② ཨུགས་ཀུ：意为“铁钩”。《于阗国授记》（D 174b3）和《牛角山授记》同（D 224b3），作ལྷ་མོ་ཨུགས་ཀུ་ཅན，意为“具钩天女”；《月藏经》作“阿那紧首天女”（第368a页），于阗语作Aṃgūśa'，梵文拟作*Aṅkuśavatī。本文汉译据敦煌《瑞像记》。参见*TLTD* I，p. 97；H. W. Bailey，“Hvatanica IV”，p. 914；*TTK*，pp. 15，96；张广达、荣新江：《敦煌“瑞像记”、瑞像图及其反映的于阗》，第175、209页；Lokesh Chandra，*Tibetan-Sanskrit Dictionary*，p. 229；荣新江、朱丽双：《图文互证——于阗八大守护神新探》，樊锦诗、荣新江、林世田主编：《敦煌文献・考古・艺术综合研究——纪念向达先生诞辰110周年国际学术研讨会论文集》，北京：中华书局，2011年，第199—200、209—210页。

③ སྟ་ན་བ་ཏི：《牛角山授记》作ལྷ་མོ་གནས་ཅན（D 224b3－4），《于阗国授记》作ལྷ་མོ་གནས་ལྡན་མ（D 174b3），意为“有处天女”，《月藏经》作“他难阇梨天女”（第368a页），于阗语作Sthānāvą，梵文作Sthānavatī。本文汉译据敦煌《瑞像记》。参见*TLTD* I, p. 310; H. W. Bailey, “Hvatanica IV”, p. 914; *TTK*, p. 98；张广达、荣新江：《敦煌“瑞像记”、瑞像图及其反映的于阗》，第175、209页；荣新江、朱丽双：《图文互证——于阗八大守护神新探》，樊锦诗、荣新江、林世田主编：《敦煌文献・考古・艺术综合研究——纪念向达先生诞辰110周年国际学术研讨会论文集》，北京：中华书局，2011年，第200、212—214页。

④ ཀླུའི་རྒྱལ་པོ་འགྲ་ཧ་བད་ཏ：《牛角山授记》作ཀླུའི་རྒྱལ་པོ་ཁྲིམ་འཚིག（D 224b3），《于阗国授记》作ཀླུའི་རྒྱལ་པོ་གནས་རྫོས་པོ（D 174b3），《月藏经》作“热舍龙王”（第368a页）。于阗语作Grrahavadatti或Grrahavattä，梵文拟作*Gṛhāvatapta。本文汉译据汉文《日藏经》（第294b页）。参见H. W. Bailey, “Hvatanica IV”, pp. 913-914; *TTK*, pp. 95-96, 98; P. O. Skærvø, “A Khotanese Amulet”, in M. Macu, M. Maggi, and W. Sundermann eds., *Iranian Languages and Texts from Iran and Turfan. Ronald E. Emmerick Memorial Volume*, Wiesbaden: Harrassowitz, 2007[2008], p. 390；段晴：《明咒护身符》，中国新疆文物考古研究所、日本佛教大学尼雅遗址学术研究机构编著：《丹丹乌里克遗址——中日共同考察研究报告》，北京：文物出版社，2009年，第273页；荣新江、朱丽双：《图文互证——于阗八大守护神新探》，樊锦诗、荣新江、林世田主编：

五百有七守护。

四大龙王（缺）与五百菩萨

守护佛法和国土的四龙王之名。（译者按：此处原缺字。）此四者守护。五百菩萨（35）常住［护持］。二百五十以比丘、比丘尼之仪安住，二百五十以在家男女俗徒之仪安住。

灵验之伽蓝

初海子中涌现莲花之处，伽蓝亦一一（36）出现：牛头山、瞿摩帝、梧棒（འགུན་འབང）①、赞摩、陀驴帝（འཛོ་ཏིར）②、达磨帝（དར་མ་ཏིར）③、僧帝（སང་ཏིར）④、萨迦耶仙（སྐའི་སྤོང）⑤等，灵验之伽蓝共

（接上页）《敦煌文献·考古·艺术综合研究——纪念向达先生诞辰110周年国际学术研讨会论文集》，北京：中华书局，2011年，第199、203页。

① འགུན་འབང：*TLTD* I，p. 310误作འགུང་འབང。按写本下面第102—103行有འགོ་བང伽蓝，二者形近，似可勘同。据下文所述，此伽蓝名字在于阗语中意为“茅屋”（སྤྱིལ་བུ）。“茅屋”的于阗语作gavā（ṃ），它来自梵文俗语（Prakrit）gabbha-，梵文作garbha-(H. W. Bailey, “Hvatanica”, *Bulletin of the School of Oriental Studies* 8. 4, 1937, p. 923, n. 1; *TTK*, p. 95)。

② འཛོ་ཏིར：据下文第38行所述，此处为地藏菩萨的住所。འཛོ་ཏིར同时也是于阗一个地区的名字，见于M. Tāgh. 0492等文书，是一个ཚར，相当于唐朝的乡。托玛斯认为它可能在王城西南，位于瞿摩帝和僧帝（སང་ཏིར）之间。འཛོ་ཏིར，于阗语作Drūttīrai。参见F. W. Thomas, “The Language of Ancient Khotan”, *Asia Major*, first series, II, 1925, p. 262; *TLTD* I, pp. 15, 57, 112, 114; *LTTD* II, pp. 175-176; *TTK*, pp. 96-97; Tsuguhito Takeuchi, *Old Tibetan Manuscripts from East Turkestan in the Stein Collection of the British Library*, no. 63; Idem, “*Tshar*, *srang*, and *tshan*: Administrative Units in Tibetan-ruled Khotan”, *Journal of Inner Asian Art and Araeology* 3/2008 [2009], p. 146；朱丽双：《〈于阗国授记〉译注(上)》，《中国藏学》2012年S1期，第254页。

③ དར་མ་ཏིར：可能即《于阗国授记》所述尉迟散瞿罗摩王（Sangrāma）为善友耶舍修建的达磨讫多（Dharmakīrti）伽蓝（D 182b1－7）。དར་མ，梵文作dharma（法）。参见*TLTD* I, pp. 120-121；*TTK*，pp. 49-51。

④ སང་ཏིར：也见于《于阗国授记》(D 180b2)，它同时是一地名。于阗语作Sattīra(*TTK*, p. 106)。参见朱丽双：《〈于阗国授记〉译注(上)》，《中国藏学》2012年S1期，第255页。

⑤ སྐའི་སྤོང：此伽蓝梵文名称还原当作Satkāya-prahāṇa，藏文音写当作སད་ཀ་ཡ་པྲ་ཧ་ཎ。它亦见于英藏敦煌汉文写本S. 2113A第56—57行：“虚空藏菩萨于西玉河萨迦耶仙寺住”（张广达、荣新江：《敦煌“瑞像记”、瑞像图及其反映的于阗》，第175、206页），本文汉译据此。参见朱丽双：《〈于阗阿罗汉授记〉对勘与研究》，同书编辑委员会编：《张广达先生八

有三百三十三。

八大菩萨

（37）今安住于阗之八大自成菩萨之名如下：金刚手即秘密主①，今仍于牛头山最上层常边（ཀོང་ཞུ）住，圣观音于住萨野（འཇུ་སྙ）②（38）住，虚空藏于萨迦耶仙住，文殊和摩尼跋陀罗（མ་ཎི་བྷ་བ）③二者于牛头山④住，地藏于陀驴帝住，普贤于奴卢川（ཏུ་ལ）⑤之僧伽逋耆（སང་ག་པོ་ལོང）⑥住，药（39）王于马囊将（འབའ་ནོ་ཙེ）⑦住，弥勒

（接上页）十华诞祝寿论文集》，台北：新文丰出版公司，2010 年，第 614—615 页。又སྐྱའི་བྱོང 的词源及意思不详，བྱོང 或来自于阗语 buvan-（be destroyed），སྐྱ 字不明。参见 H. W. Bailey, *Dictionary of Khotan Saka*, London: Cambridge University Press, 1979, p. 299。

① གསང་བའི་བདག་པོ：梵文还原作 Guhyakādhipati，字面上的意思为"秘密主"，据张怡荪主编：《藏汉大辞典》，它是金刚手的异名（第 3006 页）。另参见榊亮三郎編：《飜譯名義大集》上册，第 291 页，4337；*TTK*，p. 106。

② འཇུ་སྙ：这个名称也见于于阗语写卷 P. 2893，作 Jūsña，梵文 Jyotsnā，意为"光明"（H. W. Bailey，"Hvatanica IV"，pp. 892，893，911）。参见上文"圣观音菩萨"条。

③ མ་ཎི་བྷ་བ：似音写自于阗语 Māṇabhāva，梵文作 Maṇibhadra，藏文意译当作ནོར་བུ་བཟང་པོ，意为"贤财"。据《佛光大辞典》，它是八大夜叉之一，为毗沙门天王的眷属（第 1 册，第 271c 页）。参见朱丽双：《〈于阗国授记〉译注(上)》,《中国藏学》2012 年 S1 期,第 248 页。

④ 据《牛角山授记》,文殊菩萨加持的牛角山伽蓝名སྦོང་བྱེད(D 222b1)。又于阗语写卷 P. 2893 述文殊菩萨住于牛角山迦叶佛(Kāśyapa)之舍利堂(H. W. Bailey,"Hvatanica IV", pp. 892,893,911)。按据《于阗国授记》,牛头山一山谷中有奉安迦叶佛佛骨的窣堵波(D 178a4)。

⑤ ཏུ་ལ：于阗语作 Ttula（H. W. Bailey，"Hvatanica IV"，pp. 892，893，911）。《于阗国授记》和《于阗阿罗汉授记》也作མདོ་ལོ，*TLTD* I，p. 100，n. 6 和 *TTK*，p. 96 认为ཏུ་ལ是མདོ་ལོ的当地名称，本文从之。参见朱丽双：《〈于阗阿罗汉授记〉对勘与研究》，同书编辑委员会编：《张广达先生八十华诞祝寿论文集》，台北：新文丰出版公司，2010 年，第 632 页；朱丽双：《〈于阗国授记〉译注（上)》，《中国藏学》2012 年 S1 期，第 242、244 页。

⑥ སང་ག་པོ་ལོང：《牛角山授记》述普贤菩萨加持的伽蓝名དགེ་འདུན་སྐྱོང，意为"僧护"（D 222b6），又于阗语写卷 P. 2893 述普贤菩萨住于 Ttula 的 Sagapālāṃ（H. W. Bailey，"Hvatanica IV"，pp. 892，893，911），Ttula 和藏文ཏུ་ལ当可比对，即奴卢川。如此，དགེ་འདུན་སྐྱོང、Sagapālāṃ 和སང་ག་པོ་ལོང三者正相对应，梵文还原当作 Saṃghapāla。又于阗语文书 IOL Khot Wood 25 讲到 Saṅghapālanā 的僧团云云（P. O. Skjærvø, *Khotanese Manuscripts from Chinese Turkestan in the British Library*, p. 566），似亦可勘同。参见 *TLTD* I，pp. 16，311；*TTK*，p. 106。

⑦ འབའ་ནོ་ཙེ：《牛角山授记》述药王菩萨加持的伽蓝名བ་ནོ་ཙེ（D 222b5），于阗语写卷 P. 2893 述药王菩萨住于 Banācvā(H. W. Bailey, "Hvatanica IV", pp. 892, 893, 911)，三者写法虽略异，当可勘同无误。

于马斯囊野（འབས་ནོ་ཉ）① 住。

二部僧伽持见之情形

二部僧伽之持见情形如下：二部僧伽比丘与比丘尼中，行大乘法者执不妄想（རྣམ་པར་མི་རྟོག་པ）② 与首楞严（40）三昧地（དཔའ་བར་འགྲོ་བའི་ཏིང་ངེ་འཛིན）③；行声闻乘者执四谛。二部僧伽与在家人中，行大乘法者与行声闻乘者多少之数：行大乘法者（41）约如马身之毛，行小乘法者约如马耳之毛，多少之数大约如是。

于阗都城未来毁灭而成海子之情形

于阗都城后毁灭而转成海子时之情况如下：当［于阗人众］不行十善之时，（42）［于阗］地方之守护神，［包括］诸具誓护法和诸天龙，复将闭合神山之峡谷，东西玉河之水亦将汇聚于于阗都城苏蜜城堡内、今（43）大集市上方④、瞿摩帝大伽蓝——［即］婆罗

---

① འབས་ནོ་ཉ：《牛角山授记》述弥勒菩萨加持的伽蓝名བི་སི་ནོ་ཉ（D 222b3），于阗语写卷 P. 2893 述八大菩萨守护于阗，其中一位失名，住于 Bisanāña/Bisināña（H. W. Bailey, "Hvatanica IV", pp. 892, 893, 911）。此地名还见于于阗语文书 Hedin 50，作 Besanāña(H. W. Bailey, *Khotanese Texts*, Vol. IV, pp. 155-156)。འབས་ནོ་ཉ、བི་སི་ནོ་ཉ和 Bisanāña/Bisināña、Besanāña，当指一地。

② རྣམ་པར་མི་རྟོག་པ：意为"无分别"（张怡荪主编：《藏汉大辞典》，第 1570 页），梵文还原作 avikalpa。本文汉译据榊亮三郎：《飜譯名義大集》，第 479 页，7452。参见 *TLTD* I, p. 311；*TTK*，p. 98。

③ དཔའ་བར་འགྲོ་བའི་ཏིང་ངེ་འཛིན：梵文还原作 Śūramgama-samādhi。参见榊亮三郎：《飜譯名義大集》上册，第 40 页，506；第 479 页，7452；*TLTD* I, p. 311; Lokesh Chandra, *Tibetan-Sanskrit Dictionary*, pp. 470, 485. 王—陈 1983 第 151 页译作"唯识师和中观师之禅定"，不确。按和田出土有梵文和于阗语写本《首楞严三昧经》（*Śūraṃgama-samādhi Sūtra*），见 R. E. Emmerick, *The Khotanese Śūraṅgamasamādhisūtra*, London: Oxford University Press, 1970。汉译情况参见广中智之：《于阗梵文佛典的流行和于阗语的翻译》，朱玉麒主编：《西域文史》第 3 辑，北京：科学出版社，2008 年，第 60—61 页。

④ 原文ཐོད，不见于张怡荪主编：《藏汉大辞典》。据达斯编《藏英词典》，它有"on the top, on the head"（"上面，顶上"）之意（Sarat Chandra Das, *A Tibetan-English Dictionary, with Sanskrit Synonyms*, p. 257）。

跋舍（ཞ་བ་ཤ）[1]［佛堂］所在之伽蓝——一带[2]，尔后潴聚而成海子。当［于阗］转成海子之时，诸龙寻找其他舍利，（44）于各自之住所供养。七世佛之部分舍利，［奉安］于今牛头山上与文殊住所二者间之一小沟谷内[3]、国王于寻得遗失孩童之地（45）所建之一伽蓝，［即］今三时供养之地、名为圣地之伽蓝奉安之部分舍利，当于阗复又转成海子之时，圣地（46）伽蓝所在之小沟谷将会闭合，舍利在彼，无人能觅。当弥勒佛来做世间护主，于阗之（47）海子复将干涸，转成桑田，［奉安］舍利之伽蓝所在的小沟谷亦将开放，成为弥勒佛及其眷属之应供处所。

世尊之告诫

（48）世尊告曰："此《于阗国授记》凡俗人不宜持有。闻听之福德可清除一劫之罪，谛听之福德可（49）清除无数劫之罪。不宜对比丘等行法者讲说［此《授记》］而扰乱其心，因［此］乃无上正法。"

于阗最后正法毁灭之情形

于阗最后正法毁灭时之情形如下：西部（50）四城之众比丘皆前往于阗都城集合。尔时，于阗人众为魔所惑，不信正法和僧伽，诽谤僧伽，盗窃财物，（51）三宝之财物、粮食[4]和田园皆被掠夺，于

---

① ཞ་བ་ཤ：尚见于下文第80和110行。

② སྒོར：*TLTD*I，p. 312 译作"entrance"，意为"入口"；王—陈 1983 第151页译作"门面"。笔者认为当作སྐོར理解，意为"附近、一带"。

③ 按相似的句型亦见于上文第12行，不同之处仅在第12行于འགེའུ་ཏེ་ཤན་གྱི་སྟེང་后有一单垂线。

④ 原文ཚར，*TLTD* I，p. 313 译作"parishes"，意为"教区"。陈践、王尧释作བཟའ་འབྲུ་འཚམ། ཟ་ཆས།，意为"粮食或食品"（*THT*，p. 276）。按张怡荪主编：《藏汉大辞典》收有ཚར་མ一词，意为"收割了的禾稼"（第2263页）。陈、王二位的解释似可接受。

阗人亦不许［僧伽］居住①。尔后，僧伽皆前往赞摩伽蓝聚会，(52）商议道：“此处于阗人不许［吾等］居住②，前去何方为宜?”尔时，因吐蕃之神圣赞普（ལྷ་བཙན་པོ)③ 信奉正法，敬重、承侍僧伽，遂决定（53）前去吐蕃。彼时僧伽已无临时斋供，［食物］断绝。［尔时］自赞摩伽蓝下现一小宝箧，内含七份（54）黄金之馐膳④，于三个月间供给僧伽全部生活［所需］。尔后冬季来临，众僧伽离开赞摩，向陀驴帝道上行去，在陀驴帝，(55）自成地藏菩萨安住之伽蓝上方的一小亭阁（?)⑤ 尔时自然毁坏，内现一升珍珠，供给［僧伽］三个月生活［所需］。(56)尔后春正月［来临］,［众僧伽］遂向名迦(མྱེས་ཀར)⑥道上行去。在名迦，北方天王毗沙门和大功德天女化作人身，供给春三个月间生活［所需］。(57)于是带着物品(?)⑦，［众

---

① *TLTD* I, p. 313 译作“Li also presented an altered disposition”，意为“于阗人亦改变了性情”。王—陈 1983 第 152 页译作“比丘在于田（阗）无法再安住下去”。按据西北民族学院藏文教研组编：《藏汉词典》，གཅགས་པ 为 འཇགས་པ 的未来式和过去式，而 འཇགས་པ 有“居住、坐定”之意［兰州：甘肃民族出版社，2008 年，第 245 页。参见张怡荪主编：《藏汉大辞典》，第 884 页；安世兴编著：《古藏文词典》（藏文），北京：中国藏学出版社，2001 年，第 168 页］，于此处可得正解。

② 参见上注。

③ ལྷ་བཙན་པོ:《唐蕃会盟碑》有 འཕྲུལ་གྱི་ལྷ་བཙན་པོ，相应的汉文作“圣神赞普”。本文据此而译。参见王尧编著:《吐蕃金石录》，北京：文物出版社，1982 年，第 3、5、44 页；Fang Kuei Li and W. South Coblin, *A Study of the Old Tibetan Inscriptions*, Taibei: Institute of History and Philology Academia Sinica(Special Publications No. 91), 1987, pp. 38, 77, 82-84.

④ 这个句子，王—陈 1983 第 152 页译作“从杂尔玛寺下库藏小匣里，得到十四块金子做的供神食品”。不确。

⑤ 原文 ཐོག་རི，*TLTD* I, p. 314 译作“dome”；王—陈 1983 第 153 页译作“小山”。按张怡荪主编《藏汉大辞典》（第 1843 页）和安世兴编著《古藏文词典》（第 352 页）有 ཐོག་རི 一词，意为“亭阁、楼台”。两词或意思相通。

⑥ མྱེས་ཀར:《于阗国授记》作 མི་སྐར（D 175b2),《于阗阿罗汉授记》作 མྱི་སྐར，也作 མདོ་ལོ་མྱི་སྐར，法成译《释迦牟尼如来像法灭尽之记》均作“奴卢川”。笔者推测，奴卢川（མདོ་ལོ）为行政区名，而 མི/མྱི་སྐར 或 མྱེས་ཀར 是奴卢川的行政机构所在之地。参见朱丽双:《〈于阗阿罗汉授记〉对勘与研究》，同书编辑委员会编:《张广达先生八十华诞祝寿论文集》，台北：新文丰出版公司，2010 年，第 631—633 页；朱丽双:《唐代于阗的羁縻州与地理区划研究》，《中国史研究》2012 年第 2 期，第 88—89 页。

⑦ 原文 ཆ་རྫས་ཀྱང་ཟླ་ལ་བཀྱིས་སྟེ，意义不明。因 ཟླ་བོ 有“朋友”“助伴”之意（张怡荪主编:《藏汉大辞典》，第 2482 页），姑且翻译如上。*TLTD* I, p. 314 译作“when nothing was left”，意为“当一无所余”；王—陈 1983 第 153 页译作“剩下的财物全部用完”，似均为猜测。

僧伽］于孟夏之月到达吐蕃。尔时许多［僧人］还俗，许多于路上死去①。

吐蕃兴佛

尔时，吐蕃之神圣赞普与汉王（རྒྱ་རྗེ）② 结成甥舅关系（དབོན་ཞང）③，(58) 公主（ཀོང་ཅོ）④ 嫁神圣赞普为妻。公主于吐蕃建一大伽蓝，划定［供奉伽蓝之］田园，僧伽全部至彼，由公主供给生活［所需］，(59) 吐蕃之境广兴大乘佛法。

佛法最后灭没之情形

十二年间，僧伽与在家人多行佛法，甚是安乐。后因魔众扰乱，出现黑痘等 (60) 各种疾病，公主亦因胸间长出黑痘而死。于是在家人不再信奉［正法］，言道："黑痘与各种疾病之出现乃因此等僧伽前来吐蕃所致，(61) 故有大罪，不宜留居吐蕃。"一一驱逐。于

---

① *TLTD* I，p. 314 译作"at that time there were many who sank back into the laity or perished of thirst on the way"，"那时许多［僧人］还俗或在路上渴死"。ཆབ་འཚལད་པ，陈践、王尧释作ལྟོགས་ཤི་ཐེབས་པ，"饥饿而死"（*THT*，p. 277），这个句子他们译作"及至此时，有许多僧人还俗，有许多在路上饿死"（王—陈 1983，第 153 页）。按张怡荪主编《藏汉大辞典》（第 788 页）和安世兴编著《古藏文词典》（第 148 页）收有ཡབ་འཚལ་བ一词，其意为"浪费、消耗"，本文据此翻译如上。

② རྒྱ་རྗེ：此词见于《唐蕃会盟碑》，作རྒྱའི་རྒྱལ་པོ་ཆེན་པོ་རྒྱ་རྗེ་ཧྭང་ཏེ，相应的汉文作"大唐文武孝德皇帝"（指唐穆宗，820—824 年在位）；也见于 IOL Tib J 601. 2《于阗阿罗汉授记》，法成译作"汉王"，本文汉译据此。参见王尧编著：《吐蕃金石录》，第 3、5、44 页；Fang Kuei Li and W. South Coblin, *A Study of the Old Tibetan Inscriptions*, pp. 38, 77, 87。

③ དབོན་ཞང：此词见于《唐蕃会盟碑》，本文汉译据此。参见王尧编著：《吐蕃金石录》，第 3、5、44—45 页；Fang Kuei Li and W. South Coblin, *A Study of the Old Tibetan Inscriptions*, pp. 38, 77, 84-85。关于这个词汇的最新研究，见 Brandon Dotson, "The 'Nephew-Uncle' Relationship in the International Diplomacy of the Tibetan Empire (7th-9th Centuries)", in Brandon Dotson, et al. eds, *Contemporary Visions in Tibetan Studies. Proceedings of the First International Seminar of Young Tibetologists, London, 9-13 August* 2007, Chicago: Serindia Publications, 2009, pp. 223-238。

④ ཀོང་ཅོ：据《于阗阿罗汉授记》，吐蕃第七代王娶汉菩萨公主为妃，尔后吐蕃之境广兴佛法。托玛斯认为这位公主即金城公主（*TLTD* I，pp. 60，80）。

是僧伽皆向天竺国之乾陀罗（གན་དྷ་ར）[1] 而去。在天竺（62）之外[2]附近［国家］居住的众僧伽亦一时皆向乾陀罗聚集而去。尔时，天竺俱闪弥国（ཀོཨུ་ཤན་ཏི）[3] 大军王（མན་འདྲེ་སེང་གེ）[4] 生一子，即难当王（འདྲེ་སྤྲེ་སད）[5]。（63）尔时于俱闪弥国，汉王、吐蕃王和回鹘[6]王等三大国王引十万大军，与俱闪弥国难当王战，十（64）二年间鏖战，三国王之军不能取胜，全军覆没。俱闪弥国难当王窃思："吾此生杀戮如许之多军人，（65）作下无间罪业，如何才能净除罪业？"自言

---

① གན་དྷ་ར：梵文作 Gandhāra，也见于《于阗阿罗汉授记》，汉译据法成译《释迦牟尼如来像法灭尽之记》。参见 *TLTD* I, pp. 84, 314; Lokesh Chandra, *Tibetan-Sanskrit Dictionary*, p. 117；朱丽双：《〈于阗阿罗汉授记〉对勘与研究》，同书编辑委员会编：《张广达先生八十华诞祝寿论文集》，台北：新文丰出版公司，2010 年，第 645 页。

② 原文 ཕན་ཅད，收于安世兴编著《古藏文词典》，意为"以后，以外；那以前"（第 326 页）。

③ ཀོཨུ་ཤན་ཏི：文书第 63 行作 ཀོཨུ་ཤམ་འདྲི，《于阗阿罗汉授记》作 ཀོཨུ་ཤ་འདྲི，梵文还原作 Kauśāmbī，汉译亦作"憍赏弥""拘睒弥""拘蓝尼"等，本文汉译据法成译《释迦牟尼如来像法灭尽之记》。参见 *TLTD* I，p. 315；*TTK*，p. 93；慈怡主编：《佛光大辞典》第 7 册，第 6064c—6065b 页；朱丽双：《〈于阗阿罗汉授记〉对勘与研究》，同书编辑委员会编：《张广达先生八十华诞祝寿论文集》，台北：新文丰出版公司，2010 年，第 644—645 页。

④ མན་འདྲེ་སེང་གེ：藏文《月藏经》IOL Tib J 601. 1 作 མཧེན་དྲ་སེ་ན、མེན་དྲར་སེ་ན、མེན་དྲ་སེ་ན（2a6、2a7、2a9），D 217b7 作 མཧེན་དྲ་སེ་ན，N 333a6 和 333b1 作 མཧེ་ན་འདྲ་སེ、མཧེ་ན་འདྲ་སེ་ན；于阗语作 Mahindraysenä，梵文还原作 Mahendrasena（*TLTD* I, p. 315, n. 4; R. E. Emmerick, *The Book of Zambasta*, pp. 398-399; *TTK*, p. 102），本文汉译据安法钦译《阿育王传》（《大正藏》第 50 册，第 126c 页）和那连提耶舍译《月藏经·法灭尽品》（第 377c 页）。求那跋陀罗译《杂阿含经》卷二五音译作"摩因陀罗西那"（《大正藏》第 2 册，第 177c 页）。参见 J. Przyluski, *La légende de l'empereur Açoka*, p. 401; Jan Nattier, *Once upon A Future Time: Studies in a Buddhist Prophecy of Decline*, pp. 290-291。

⑤ འདྲེ་སྤྲེ་སད：下文第 63、64 行作 འདྲོ་སྤྲེ་སད；藏文《月藏经》IOL Tib J 601. 1 作 དུས་སྤྲ་སྭ་ཧ、དུ་སྤྲ་བ་ས、དུ་སྤྲ་ས་ཧ（2a6、2a9、2b2），D 217b7 和 218a5 作 དུ་སྤྲ་ས་ཧ་སྭ，N 333a6 作 དུ་སྤ་ས་ཧ；《僧伽伐弹那授记》意译作 བཟོད་དཀའ（D 167a3，a5，a6。参见 *TLTD* I，pp. 66，315），意为"难忍"；于阗语作 Duṣpraysavä，梵文还原作 Duṣprasaha（R. E. Emmerick, *The Book of Zambasta*, pp. 398-399; *TTK*, p. 97）；本文汉译据《杂阿含经》（第 177c 页）。《阿育王传》（第 126c 页）和《月藏经·法灭尽品》（第 377c 页）作"难看"，当以《杂阿含经》的汉译名与《僧伽伐弹那授记》意译藏文的意思更为相符，本文从之。参见 J. Przyluski, *La légende de l'empereur Açoka*, p. 402; Jan Nattier, *Once upon A Future Time: Studies in a Buddhist Prophecy of Decline*, p. 291。

⑥ ཧོར：汉译据法成译《释迦牟尼如来像法灭尽之记》。参见朱丽双：《〈于阗阿罗汉授记〉对勘与研究》，同书编辑委员会编：《张广达先生八十华诞祝寿论文集》，台北：新文丰出版公司，2010 年，第 618 页。

自语[①]，心生懊悔。［王］思悔过自新，净除并忏悔罪业，遂向四方派遣使者，（66）迎请僧伽。南赡部洲（འཛམ་བུ་གླིང）[②] 之僧伽中，除去还俗者与在路上死去者，所聚之十万僧伽中，无一阿罗汉与熟悉三藏者（67）。迎请僧伽之使者禀告国王道："［您］准许前来之众僧伽业已至此。"国王亦极为欢喜，生起极大信力。（68）时已午后，［国王］邀请［僧伽］次日共进午斋，［向僧伽］致礼，［下令］安排并准备奉献给僧伽的衣服及［其他］供品。（69）当晚是满月，乃僧伽做长净（གསོལ་སྦྱིན）[③] 之时，一位三藏法师[④]室史迦（ཞིར་ཞག）[⑤] 之弟子安

① གཅིག་ཏུ་སྨྲས་ཏེ：*TLTD* I，p. 315 页译作"continually saying"，意为"不断地说"。王—陈 1983 第 154 页译作"当众说出"。

② འཛམ་བུ་གླིང：梵文还原作 Jambudvīpa。参见榊亮三郎：《飜譯名義大集》，第 217 页，3050。

③ གསོལ་སྦྱིན：梵文还原作 poṣadha，音译"布萨"。参见荻原云来编纂：《梵和大辞典》，第 815 页；Lokesh Chandra, *Tibetan-Sanskrit Dictionary*, p. 832。

④ དིར་པི་ལེ་སྡེ་［སྣོད་］གསུམ་དང་ལྡན་པ་：དིར 当作 དྲི，དྲི་པི་ལེ 当来自于阗语 ttrivīlai 或 ttṛvīlei（R. E. Emmerick, *The Book of Zambasta*, pp. 404-405; *TTK*, "Introduction"; Jan Nattier, *Once upon A Future Time: Studies in a Buddhist Prophecy of Decline*, p. 202），梵文作 tripiṭakācarāya，意为"三藏法师"，与其后的藏文 སྡེ་［སྣོད་］ གསུམ་དང་ལྡན་པ 意思相同，汉文《阿育王传》（第 127c 页）、《杂阿含经》（第 179a－c 页）和《月藏法·法灭尽品》（第 377c—378a 页）均称这位法师为"三藏法师""三藏比丘""三藏上座"，或简称"三藏"。

⑤ ཞིར་ཞག：下文第 70 行作 ཞིར་ཞག；藏文《月藏经》IOL Tib J 601. 1 作 ཤིར་ཤག、ཤིར་ཤེ་ཀ、ཤིར་ཤ་ཀ、ཤིར་ཤེ་ཀྱ（2b5、2b6、3a3、3a5、3a7），D 218b4 和 D 218b5 作 སིར་ཥྐ，并解释其意为 སློབ་མ་ཅན，即"有弟子"，N 334a7 等作 ཤིར་ཤ་ཀ；《僧伽伐弹那授记》作 ཤིར་ཤ་ཀ（D 167a7。参见 *TLTD* I，pp. 67，316）；于阗语作 Śärṣakä，梵文还原作 Śīrṣaka（R. E. Emmerick, *The Book of Zambasta*, pp. 404-405; *TTK*, p. 105）；本文汉译据玄奘译《阿毗达磨大毗婆沙论》（《大正藏》第 27 册，第 918b 页）。《阿育王传》作"多弟子"（第 127a 页），《佛使比丘迦旃延说法没尽偈百二十章》作"尸师"（《大正藏》第 49 册，第 11b－c 页），《杂阿含经》作"弟子"（第 178a 页），《月藏经·法灭尽品》作"失师迦"（第 378a、379a 页）。按汉文《阿育王传》和《杂阿含经》均称这位法师名字的由来是因为有众多弟子，《杂阿含经》译名似缺一"多"字。参见 J. Przyluski, *La légende de l'empereur Açoka*, p. 403; Jan Nattier, *Once upon A Future Time: Studies in a Buddhist Prophecy of Decline*, p. 292.

伽陀(ཨང་ཀྲན)①杀阿罗汉苏剌多(སུ་རག)②，阿罗汉之守护神夜叉（70）大提木佉（འདུ་ཧྲ་མུ་ཀ)③ 杀三藏法师室史迦。尔时，僧伽即刻分为两派，内部争斗，寻诸武器。天尚未明，僧伽［皆死］，一不余留，至次晨（71）已无知道并能念诵三宝之名者。天明，国王起身，将向僧伽致礼而去迎请，听闻那晚僧伽［皆死］，一不余留。（72）国王亦抑郁，嚎啕涕泣，痛哭悲，身体撞地，内心极为愁恼。那晚正法（73）毁灭，大地震动，世间六味消失，天降血雨。那晚自三十三

---

① ཨང་ཀྲན：藏文《月藏经》IOL Tib J 601.1 作ཨ་གན་ཧྲིའི、ཨ་གན（3a5、3a7），D 219b3 作ཨི་ག་ད，并解释其意为དཔུང་གི་ཚོགས་འཇིགས་སུ་རུང，即“宜使军队畏惧”，N 335b2 和 335b4 作ཨ་ཀྱ་དི、ཨ་ག་དི；《僧伽伐弹那授记》D 167b6 作ཨ་ཀན，G 535b3、N 419b5、P 443a4 作ཨ་ཀན（参见 *TLTD* I，pp. 68，315）；于阗语作 Aṃggada-，梵文作 Aṅgada(R. E. Emmerick, *The Book of Zambasta*, pp. 414-415; *TTK*, p. 107)；本文汉译据《杂阿含经》（第 179b 页）。《佛使比丘迦旃延说法没尽偈百二十章》作“阿斯”（第 12a 页），《阿育王传》作“噫伽度”（第 127c 页），汉文《月藏经·法灭尽品》作“鸯伽多”（第 378b 页）。参见 J. Przyluski, *La légende de l'empereur Açoka*, p. 407; Jan Nattier, *Once upon A Future Time: Studies in a Buddhist Prophecy of Decline*, p. 294。

② སུ་རག：*TLTD* I，p. 316 误作ར་སུ་རག。藏文《月藏经》IOL Tib J 601.1 作སུ་ར་ད、སོ་ར་ད（3a2、3a4、3a6），D 219a5，a6 等作སུ་ར་ཏ，并解释其意为དེས་པ，即“温和、敦厚”，N 335b2 等作སུ་ར་ད；《僧伽伐弹那授记》D 167b5 作སུ་ཏ་ར，G 535b2、N 419b4、P 443a2 作སུ་ར་ཏ（参见 *TLTD* I，p. 67）；于阗语作 Sūratä，梵文还原作 Sūrata（R. E. Emmerick, *The Book of Zambasta*, pp. 414-415; *TTK*, p. 106）；本文汉译据《阿毗达磨大毗婆沙论》（第 918b 页）。《杂阿含经》作“修罗他”（第 178a、179a－b 页），《佛使比丘迦旃延说法没尽偈百二十章》作“须赖”（第 12a 页），汉文《月藏经·法灭尽品》作“涑罗多”（第 378b 页）；《阿育王传》作“修陀罗”（第 127c 页），与藏文《僧伽伐弹那授记》德格版合。参见 J. Przyluski, *La légende de l'empereur Açoka*, p. 403; Jan Nattier, *Once upon A Future Time: Studies in a Buddhist Prophecy of Decline*, pp. 293-294。

③ འདུ་ཧྲ་མུ་ཀ：藏文《月藏经》IOL Tib J 601.1 作འདྲིད་ཧྲ་མུ་ཁ（3a7），D 219b4 作ད་ཧྲི་མུ་ཁ，并解释其意作ཞོ་གདོང་དིར་ཀ་མུ་ཁ（按ཞོ为“酪”，གདོང为“脸”，དིར་ཀ་མུ་ཁ四字可还原梵文作 dīrgha-mukha，意为“长脸”，合起来的意思为“乐面长脸”），N 335b4 作དི་ཏ་མུཁ；《僧伽伐弹那授记》作ཀ་ར་ཏ，并称他是阿罗汉修罗他的弟子（སློབ་མ），而非夜叉（གནོད་སྦྱིན）（D 167b7。参见 *TLTD* I，pp. 68，316）；于阗语作 Dadämukhä（R. E. Emmerick, *The Book of Zambasta*, pp. 414-415; *TTK*, p. 97），梵文当作 Dadhimukha，而非托玛斯所说的 Dṛḍhamukha（*TLTD* I，p. 316，n. 6）；本文汉译据《杂阿含经》（第 179c 页）。《阿育王传》作“乐面”（第 127c 页），《佛使比丘迦旃延说法没尽偈百二十章》仅作“大鬼神”（第 12a 页）；汉文《月藏经·法灭尽品》音译作“目佉檀提”（第 378c 页），似误，当作“檀提目佉”；《阿毗达磨大毗婆沙论》仅作“天龙药叉”（第 918c 页）。参见 J. Przyluski, *La légende de l'empereur Açoka*, p. 407; Jan Nattier, *Once upon A Future Time: Studies in a Buddhist Prophecy of Decline*, pp. 294-295。

天，释迦牟尼之母的五百眷属亦（74）披发而降，自虚空中发出痛苦哭声，为南赡部洲正法灭亡而起悲恸，[她们]聚起已逝诸僧伽(75)之发甲，复携至三十三天上，建一大窣堵波而作供养。正法灭尽，于是灾害(76)与各种疾病滋生，时世重又变得恶劣。

守护于阗之佛像

尔时，世尊将［于阗］付嘱于毗沙门天王和天、龙［等］于阗之诸守护神，令其守护于阗，使佛法长住。（77）诸天、龙亦承许［守护］。尔时，守护神［毗沙门］大天王和诸天、龙请求世尊道："世尊，当未来世众生信仰衰落，（78）不再恭敬侍奉三宝，此境之诸国主亦偏袒［一方］①。尔时，若天、龙诸守护神威力亦变式微，对此该当如何?"世尊（79）释迦牟尼告言："为于未来世守护［此］境与使正法长住，吾令菩萨、影像（གཟུགས་བརྙན）② 和瑞像(སྤྲུལ་པའི་སྐུ་གཟུགས)③ 守护国境：圣容佛（ཤིང་ཡོང་ཕུར）和摩乌弥（འབྱོར་འཛི）佛堂（80）及于阗都城大集市之婆罗跋舍佛堂，罗阇枷喇磨(རོ་ཇེ་གྲོ་མ)④ 佛像安住；跋若僧枷喇磨（བཞ་སང་གྲི་མ)⑤ 伽蓝，朱盘你

① 原文ཡོ་གལ，陈践、王尧释作ཕྱོགས་རིས，意为"偏袒、偏向"(*THT*, p. 277)。本文从之。

② གཟུགས་བརྙན：也见于《于阗阿罗汉授记》，本文汉译据《释迦牟尼如来像法灭尽之记》。参见朱丽双：《〈于阗阿罗汉授记〉对勘与研究》，同书编辑委员会编：《张广达先生八十华诞祝寿论文集》，台北：新文丰出版公司，2010 年，第 617 页。

③ སྤྲུལ་པའི་སྐུ་གཟུགས：意为"化身佛像"，疑据敦煌洞窟和敦煌《瑞像记》中所谓的瑞像。

④ རོ་ཇེ་གྲོ་མ：《于阗国授记》记རཱ་ཛ་གྲ་མ佛像自天竺飞来，在于阗都城苏蜜城堡住，加持并守护于阗（D 174a4）。文书此处的རོ་ཇེ་གྲོ་མ或即《于阗国授记》的རཱ་ཛ་གྲ་མ，于阗语文献有 Rājagrrāmai jasta be（bsa），可能也与此有关（*TTK*, pp. 13, 104）。又，文书第 109—110 行讲到于阗都城中间的海眼为婆罗跋舍佛堂的化身佛像所制，而敦煌所出《瑞像记》（S. 5659、S. 2113）和敦煌洞窟第 72、231、237 等窟的瑞像榜题有"释迦牟尼佛真容从王舍城腾空而来在于阗国海眼寺住"等记载（张广达、荣新江：《敦煌"瑞像记"、瑞像图及其反映的于阗》，第 171、172、174、185、218 页），王舍城，梵文作 Rājagṛha，所谓自天竺飞来的རཱ་ཛ་གྲ་མ/རོ་ཇེ་གྲོ་མ佛像，梵文还原作 Rājagrāma，意为"王村"，与"王舍"意思相近，或许即《瑞像记》/瑞像榜题的释迦牟尼佛真容。

⑤ བཞ་སང་གྲི་མ：据《于阗国授记》，于阗尉迟王散瞿罗摩（སང་གྲ་མ；梵文 Saṅgrāma）曾建བཞའ་སང་གྲི་རེ་མ伽蓝（D 184b1），两者当可勘同。བཞ་སང་གྲི་མ/བཞའ་སང་གྲི་རེ་མ的意思，可能即是尉迟散瞿罗摩寺（Vijaya Saṅgrāma/Saṅgrāmārāma monastery），于阗语作 Viśe 'sagrārmī。见 *TLTD* I, p. 125, n. 3; *TTK*, p. 103。

(ཛོའུ་པ་ཉི)① 瑞像安住；赞摩将（ཚར་མ་འཛོ)② 伽蓝，（81）土罗工（ཏོར་ཀོང)③ 佛像安住。下东香（ཏོང་ཀན་སྣད）有一废旧伽蓝，神者（ཤེན་འཇའ）佛像与提罗地婆你（འདེར་ཏི་བ་ཉི)④ 佛像安住；奴卢川之骨什比（ཀོར་ཞི་ཁི）佛堂有一佛像（82）安住。度野地方（ཏུ་ཅུ），自天竺化身而至之一尊佛像安住。固城（ཀོ་ཤེང)⑤ 之城门，自天竺而来之六尊熔铸（？ལུག་ཕུར）瑞像安住。（83）又于坎城（ཁམ་ཤེང)⑥ 肉晻

---

① ཛོའུ་པ་ཉི：据《于阗国授记》，尉迟散瞿罗摩王时，ཙོའུ་པ་ན佛像自朱居盘（ཙུ་གུ་པན，今新疆叶城）来至于阗国，两者当可勘同（D 183b7。参见 *TTK*，p. 103）。又，敦煌洞窟第231窟的瑞像榜题有"朱俱半国佛腾空于奴越寺住"（张广达、荣新江：《敦煌"瑞像记"、瑞像图及其反映的于阗》，第221页），唯"奴越寺"与བཞལ་སང་གྱི་མ伽蓝在语音和意思上均难勘同。

② ཚར་མ་འཛོ：此伽蓝也见于 M. Tāgh. a. iii. 0012、M. Tāgh. b. i. 0046 和 M. Tāgh. 0181，参见 *TLTD* II，p. 182。它应当位于赞摩（ཚར་མ）地方。

③ ཏོར་ཀོང：《牛角山授记》作ཐོར་ཁོང，为燃灯佛（དེ་བཞིན་བཤེགས་པ་མར་མེ་མཛད；梵文 Tathāgata Dīpaṃkara）佛像，住在དེན་ཛུ（N 作དི་ན་ཛུ）伽蓝（D 227a5。参见 *TLTD* I，pp. 25，317）。按ཐོར་ཀོང/ཁོང可能指吐火罗。由于在藏文抄本中后加字ར和ང形态十分相似，ཐོར་ཀོང/ཁོང或原作ཐོར་ཀོར/ཁོར，而它可能来自 tukāra 或 tukhāra。在5世纪初，tukāra/tukhāra 指吐火罗斯坦的第四期贵霜王朝。如是，那么这尊佛像或来自吐火罗地区。参见 William Samolin, "A Note on Kidara and the Kidarites", *Central Asiatic Journal* 2 (1956), pp. 295-297; Buddha Prakash, "Ṭhākura", *Central Asiatic Journal* 3 (1957/1958), pp. 227-232；荣新江：《小月氏考》，《中亚学刊》第3辑，北京：中华书局，1990年，第51页。

④ འདེར་ཏི་བ་ཉི：于阗语文献有一菩萨名 Ditkabạnī，*TTK*，p. 97 推测可能即此佛像，也即《大唐西域记》所记"地迦婆缚那"伽蓝中的夹纻立佛像，自屈支国（龟兹）来（第1014—1015页）。

⑤ ཀོ་ཤེང：也作ཀུ་ཤེང、ཀོང་ཤེང，当即《新唐书·地理志》七下所记于阗西二百里的固城镇。参见朱丽双：《唐代于阗的羁縻州与地理区划研究》，《中国史研究》2010年第2期，第83—84页。

⑥ ཁམ་ཤེང：也作སྐམ་ཤེང、ཀམ་ཤེང，汉语作"坎城"，于阗语作 Kaṃdva。据《新唐书·地理志》七下，坎城位于于阗东三百里。从相关文献记载来看，坎城是于阗一个十分重要的城镇。关于它的具体位置，斯坦因等认为在策勒（Cira）达玛沟（Domoko）乡北部的 Uzun-Tati 和 Ulūgh-Ziārat 地方，文欣则提出在今于田县克里雅（Keriya）河流域，笔者同之。参见 A. Stein, *Ancient Khotan*, vol. 1, p. 176; vol. 2, pp. 452-464; H. W. Bailey, *Khotanese Texts*, Vol. IV, pp. 9, 135-137; *TTK*, p. 93；张广达、荣新江：《〈大历三年三月典成铣牒〉跋》，第110页；文欣：《中古时期于阗国政治制度研究》，第90—93页；朱丽双：《唐代于阗的羁縻州与地理区划研究》，《中国史研究》2010年第2期，第78—80页。

(ཞུགས་ངམ)① 之中部，［有］一伽蓝名耶斯俱（ཡུ་སྐྱ），内有往昔迦叶佛之自成舍利塔；（84）在阿施山（ཨ་ཤི་ཤན)②，凡安住者皆十分灵验，因有此等窣堵波的加持力之加持。这些地方若有外敌、战争或疾病、天灾等发生，（85）于此念诵《妙法莲花经》（ས་ད྄་མ་པུན་ད་རི་ཀ)③和《无垢光请问经》中佛曾亲自演说之一百零八真言藏（སྔགས་ཀྱི་སྙིང་པོ)，将会增进福德，促进天、龙诸守法神（86）恒常承诺，使正法长住，地方上之罪恶皆得息灭，国土长治久安。

无热龙王之故事

天竺国有王名末部送达（འབལ་བུ་སོང་དར)④，其司库（དཀོར་པ)⑤（87）施黎祖（ཤི་རི་དན)⑥ 虔诚敬信正法，具大悲心，所有财物皆献给三宝作供养，［或］向穷人发放布施。财物（88）和仆役用尽，［遂成］赤贫。国王闻之，救济⑦而赐［彼］许多仆役与财物。这些［彼］亦献与三宝作供养。尔时，（89）五百粟特（སོག་དག)⑧ 商人［前往］彼国王之境⑨，未至而迷途，面临死亡，故向魔鬼阿伽斯黎

---

① ཞུགས་ངམ：《于阗国授记》作ཞུགས་ངམས，并称它在奴卢川（ནུ་ལ）地方，于阗语作 Sher bzang（D 175b3 -4）。坎城和奴卢川为两处不同的地方，其中或有误，也可能本来即为两个地方。参见 *TLTD* I, pp. 100, 318; *TLTD* II, pp. 204-205, 223-224; *TLTD* III, p. 9。

② ཨ་ཤི་ཤན：于阗语文书 SI P 103.46 有 Aśī 镇，不知是否与此有关？见 R. E. Emmerick and M. I. Vorob'ëva-Desjatovskaja, *Saka Documents, Text Volume* III, London: School of Oriental and African Studies, 1995, no. 315, p. 154。

③ ས་ད྄་མ་པུན་ད་རི་ཀ：梵文还原作 *Saddharmapuṇḍarīkasūtra*，藏文作དམ་པའི་ཆོས་པདྨ་དཀར་པོའི་མདོ་སྡེ。参见榊亮三郎：《飜譯名義大集》上册，第 104 页，1335；*TLTD* I，p. 318，n. 8；*TTK*，pp. 96，103。

④ འབལ་བུ་སོང་དར：托玛斯推测梵文可能是 Prabhusundara（*TLTD* I, p. 318, n. 11）。

⑤ དཀོར་པ：据张怡荪主编：《藏汉大辞典》，意为“司库”和“庙产管理人”（第 62 页）。榊亮三郎：《飜譯名義大集》有དཀོར་གྱི་བདག一词，梵文作 gañja-pati，汉译“管库的、司库”（第 257 页，3701）。

⑥ ཤི་རི་དན：梵文可能是Śrīdhana，意为“祥财”。参见 *TLTD* I, p. 318, n. 11; *TTK*, p. 105。

⑦ 原文བུལ་སོད，*TLTD* I，p. 319 和王—陈 1983 第 156 页均译作“救济”，本文从之。

⑧ སོག་དག：参见 *TLTD* I, p. 319, n. 4; Fang-kuei Li, “Notes on Tibetan *Sog*”, *Central Asiatic Journal* 3, 1957/1958, pp. 139-140; *TTK*, p. 1066; Helmut H. R. Hoffmann, “The Tibetan Names of the Saka and the Sogdians”, *Asiatise Studien* XXV, 1971, pp. 440-455。

⑨ 原文འདབ，*TLTD* I，p. 319 译作 province。王—陈 1983 第 156 页译作“这边”。笔者认为འདབ 可能是འདབས 字（意为“旁侧、近处”）之误，ཡུལ་འདབས 或有“边境”之意。

（ཨ་ག་སྐྱི）请求护佑，誓愿道：“若找到道路而得不死，（90）到达［彼］境，将以一活人供养。”请毕重又找到道路，遂至末部送达国王之境。［尔后众商人］聚会商谈供养魔鬼之人，为（91）司库施黎祖所闻。施黎祖窃思：“吾自无数世代以来，如车轮运转一般，于世间不停轮回流转，吾[①]对如是［轮回］不知厌离，（92）不曾停止轮回。今吾爱惜此劣身何益？亦当思爱惜他人之身，［将彼等］自畏惧中解救。不如让如是众多粟特商人（93）如愿以偿。”想毕［司库］遂将其身卖给粟特人，身价所得之财亦献与三宝作供养及向穷人发放布施。（94）［尔后司库］对粟特人言道：“尔等请垂示，任何教敕，［吾］皆接受。”粟特人令施黎祖沐浴，以铁（95）链系之，缚于铁桩之上，如同煮肉一般，以火烧之。施黎祖以大信力故，诸天、龙护佑之，天亦降雨，故炙热之火（96）未能使之伤害。粟特人遂将他释放。施黎祖复思：“吾已使四赡部洲一切四生[②]之饮食满足，（97）具大福德，吾当先得证无上果，逝后于某处之大海子转生为王，于四方令四赡部洲降雨。”（98）誓愿毕，［司库］于彼海子转生为龙王，名曰阿那婆达（ཨ་འདའ་བད）[③]。［彼］又致力于在坎城创建与发展佛

---

① 原文ཤེ་དག，可能是ཤེ་བདག之误，意为“我”（西北民族学院藏文教研组编：《藏汉词典》，兰州：甘肃民族出版社，1996年，第882页）。

② 原文སྐྱེ་བ་རྣམ་བཞི，可能指众生出世的四种方式，即胎生、卵生、湿生、化生。

③ ཨ་འདའ་བད：即写本第107行的无热（མ་དྲོས）龙王。汉译又作“阿耨达龙王”、“阿那婆达多龙王”等，于阗语作 Anavadatä，梵文作 Anavatapta。参见榊亮三郎：《飜譯名義大集》上册，第228页，3239；*TTK*，p. 107。也见于近年和田丹丹乌里克发现的一份于阗语护身符，见 P. O. Skjærvø, “A Khotanese Amulet”, pp. 387-401；段晴：《明咒护身符》，第273—274页。《大唐西域记》卷一：“其赡部洲之中地者，阿那婆答多池也，（原注：唐言无热恼。旧曰阿耨达池，讹也。）在香山之南，大雪山之北，周八百里矣。金、银、琉璃、颇胝饰其岸焉。金沙弥漫，清波皎镜。八地菩萨以愿力故，化为龙王，于中潜宅，出清冷水，给赡部洲。是以池东面银牛口，流出殑伽河，（原注：旧曰恒河，又曰恒伽，讹也。）绕池一匝，入东南海；池南面金象口，流出信度河，（原注：旧曰辛头河，讹也。）绕池一匝，入西南海；池西面琉璃马口，流出缚刍河，（原注：旧曰博叉河，讹也。）绕池一匝，入西北海；池北面颇胝师子口，流出徙多河，（原注：旧曰私陁河，讹也。）绕池一匝，入东北海。或曰潜流地下出积石山，即徙多河之流，为中国之河源云。”（上册，第39页）两处所述相合，写本所述司库转世的阿那婆达龙王当即《大唐西域记》所载八地菩萨于阿那婆答多池化生的龙王。参见朱丽双：《从印度到于阗：汉藏文文献记载的阿那婆答多龙王》，《敦煌吐鲁番研究》第16卷，2016年。

教，修造伽蓝，(99) 以愿力故，转生为坎城萨波（སྤ）① 持友（འཛི་ཡོས）之子，于于阗都城之陀驴帝伽蓝出家②，获尊者阿罗汉之威力。比丘尊者阿罗汉名囊偈昭（ནོ་ག་ཛེའུ）③ 者与萨波持友之兄、[即]萨波阿赏(འནོར)之子尊者阿罗汉萨婆黎（ས་ཧྲི）④（100）弟兄二人⑤原住陀驴帝伽蓝，[后] 去坎城，为做善友，自于阗都城向名迦道上行去。[二位尊者] 到达名迦时，(101) 于一位萨波之门前见到优良之大蒲柳树。尔后抵达坎城。二位尊者相互较量，决定谁先［建成］伽蓝，(102) 谁先击犍椎。尊者萨婆黎［所建之］梧棒（འགོ་བང）⑥ 伽蓝地方，昔日乃一大海子。[彼] 向龙［王］求得［修建］伽蓝之地基，[尔后] 向下倾移海子，(103) 即今陀罗唯西罗（འདྲེའུ་སེ་ར）海子。尊者萨婆黎及时迅速地建一茅屋，立即击起犍椎。在于阗语

---

① སྤ：于阗语作 spāta 或 spā，汉文作“萨波”，意为“领导、首长”，负责征税等事宜。见 H. W. Bailey, *Khotanese Texts*, Vol. IV, pp. 55, 173-176；张广达、荣新江：《〈大历三年三月典成铣牒〉跋》，第 109 页；池田温：《麻扎塔格出土盛唐寺院支用簿小考》，敦煌研究院编：《段文杰敦煌研究五十年纪念文集》，北京：世界图书出版公司，1996 年，第 219 页；吉田豊：《Sino-Iranica》，《西南アジア研究》第 48，1998 年，第 45 页；Yutaka Yoshida, “Some Reflections about the Origin of *čamūk*”，森安孝夫编：《中央アジア出土文物論叢》，京都：朋友書店，2004 年，第 132—133 页；文欣：《于阗国官考》，《敦煌吐鲁番研究》第 11，上海：上海古籍出版社，2008 年，第 133—138 页。

② ཐར་པར་ཞུགས：直译为“入解脱”，王—陈 1983 第 157 页译作“出家”，本文从之。

③ ནོ་ག་ཛེའུ：托玛斯认为ནོ་ག可能来自梵文 nāga，即龙（*TLTD* I，p. 320，n. 10；*TTK*，p. 98）。

④ ས་ཧྲི：《于阗国授记》有尊者阿罗汉名ཤྲི་ཧྲི，是于阗王尉迟 Kīrti 的善友（D 182a1，a3），两者或可勘同。参见 *TTK*，p. 98。

⑤ ཕ་སྤུན་པོ་གཉིས：*TLTD* I，p. 320 译作“…and his paternal relative，these two”；*TTK*，p. 90 校作ཕ་སྤུན་གཉིས་པོ；陈践、王尧校作ཕ་སྤུད་པོ་གཉིས（*THT*，p. 272），译作“父子俩”（王—陈 1983，第 157 页）。从上下文分析，这里的ཕ་སྤུན་པོ་གཉིས是指ནོ་ག་ཛེའུ和ས་ཧྲི弟兄二人。按ཕ་སྤུན一词收入达斯编：《藏英词典》，意为“brothers by the same father”，即父系兄弟（Sarat Chandra Das, *A Tibetan-English Dictionary*, p. 815）；又收入张怡荪主编：《藏汉大辞典》，释义为“父亲和叔伯；父系弟兄”（第 1695 页）。另据 Martin Brauen 在拉达克地区的调查，ཕ་སྤུན指一种社团成员，这种社团往往由 2—10 户左右（最常见者为 4—6 户）家庭组成，他们具有相互的权利和义务，敬奉共同的护法神（ཕ་ལྷ），而且共同拥有焚化死者的火炉（“The Pha-spun of Ladakh”, in Michael Aris and Aung San Suu Kyi ed., *Tibetan Studies in Honour of Hugh Richardson*, Warminster, England: Aris and Phillips LTD. , 1980, p. 54）。看来，ཕ་སྤུན 这个词有悠久的历史，其含义古今有所变化。

⑥ འགོ་བང：参见上文“梧棒”（འགུན་འབང）条。

中，茅屋称为འགོའ་བང。尊者阿罗汉（104）囊偈昭先考察踒喁（ཨར་ཉང）伽蓝之地基，尔后前去名迦，对［前述］那位萨波言道：“吾欲于坎城建一伽蓝，乞赠全部大［蒲柳］树。”萨波窃思：“坎城（105）建伽蓝而于此求取树木，无乃试探吾①乎？”遂言：“若想要，可全部取之。”尊者阿罗汉讲了偿还之事②，即有仆人（106）七位来，一夜间树皆连根自起，约五六根束为一捆，向坎城自行而去，［为人］所见。于是建成伽蓝，此即踒喁伽蓝。（107）于此伽蓝，［尊者］复转生为龙王，名曰无热龙王。［无热龙王］前往天竺国王舍城（ར་ཛེ་གྲི་ག）③ 之灵鹫山（བྱ་རྒོད་སྤུངས་པའི་རི）④ 听释迦牟尼佛（108）讲法。听法毕佛授记道：“此劫至半时，［汝］将如愿成佛。［汝］将如三世诸佛利益众生、（109）救度三界有情一般具有威力。”言毕加持且做授记。于阗都城地方中间之海眼（མཚོའི་མིག）⑤，在于阗都城苏蜜城堡里面、大集市上方、瞿摩帝伽蓝（110）婆罗跋舍［佛堂］之化身佛像的脚下。海眼今仍为婆罗跋舍［佛堂］的化身佛像之足所镇压。

于阗二部僧伽之数

于阗都城地方之二部僧伽（111）之数，比丘、比丘尼二者共约

---

① 原文བདག་ལ་འགམ，意思不明。*TLTD* I，p. 321 译作“an advantage for me”，意为“对我有利”。王—陈 1983 第 158 页译作“对我的试探”。按འགམ字在各种字典中均释为“干吞/吃”（Sarat Chandra Das, *A Tibetan-English Dictionary*, p. 289；西北民族学院藏文教研组编：《藏汉词典》，第 176 页；张怡荪主编：《藏汉大辞典》，第 489 页），བདག་ལ་འགམ，直译为“吃我”，或有“试探”之意。现参考前人译文，姑且翻译如上。

② 原文སྐྱིན་པའི་ཆགས，*TLTD* I，p. 321 译作“the occasion（?）of the loan”，意为“借期（?）。王—陈 1983 第 158 页译作“回向”。按སྐྱིན་པ收于张怡荪主编：《藏汉大辞典》，意为“偿还物、借人财物后偿还的代替品”（第 147 页）。ཆགས字此处意思不明，张怡荪主编：《藏汉大辞典》收有ཆགས་རྒྱ一词，意为“借约”（第 779 页）。现综合文意，姑且翻译如上。

③ ར་ཛེ་གྲི་ག：梵文还原作 Rājagṛha，藏文作རྒྱལ་པོའི་ཁབ。参见榊亮三郎：《飜譯名義大集》上册，第 277 页，4107；*TLTD*，I，p. 322，n. 5；*TTK*，p. 104。

④ བྱ་རྒོད་སྤུངས་པའི་རི：梵文作 Gṛdhrakūṭaparvata。参见榊亮三郎：《飜譯名義大集》上册，第 278 页，4115；*TTK*，p. 101。

⑤ མཚོའི་མིག：王—陈 1983 第 158 页译作“海心”。

四千七百余人。自吉良（གྱིལ་ཡང）[1] 至固城和度野，比丘、比丘尼二者共约五百三十。坎城之二部僧伽（112）约二百五十。自吉良至固城、于阗都城地方和坎城，二部僧伽，包括家人（ལས/རྒྱེན་པ）和拥有私产者在内，共约五千（113）四百八十。至今于彼诸僧伽中，许多乃是菩萨以方便化身，利益众生。简要录自佛经[2]《日藏经》、（114）《月藏经》和《无垢光请问经》，大德论道沙门新译，《于阗教法史》抄本，校毕。

（选自朱丽双：《〈于阗教法史〉译注》，荣新江、朱丽双著：《于阗与敦煌》附录二，兰州：甘肃教育出版社，2013 年，第 413—468 页）

---

① གྱིལ་ཡང：《于阗国授记》作གྱིལ་ཀྱང（D 188a4），当即《新唐书·地理志》七下所记于阗西三百九十里的吉良镇，地在今皮山县西南的克里阳（Kilian）。参见 F. W. Thomas, "The Language of Ancient Khotan", pp. 259-261；王小甫：《唐·吐蕃·大食政治关系史》，北京：北京大学出版社，1995 年，第 116 页；朱丽双：《唐代于阗的羁縻州与地理区划研究》，《中国史研究》2012 年第 2 期，第 82—83 页。

② དར་མ་མདོ་སྡེ：*TLTD* I，p. 323 作 Dar-ma-sūtras，王—陈 1983 第 158 页作“经藏”。按དར་མ源自梵文 dharma，相当于藏文的ཆོས（Kurtis R. Schaeffer and Leonard W. J. van der Kuijp, *An Early Tibetan Survery of Buddhist Literature: The Bstan pa rgyas pa rgyan gyi nyi 'od of Bcom ldan ral gri*, Cambridge, Mass.: The Harvard Oriental Series, The Department of Sanskrit and Indian Studies, Harvard University, 2009, pp. 3-4），意为“佛法”，དར་མ་མདོ་སྡེ，即指佛经。

碑铭、墓志铭篇

金石不朽，自有文字以来，古人便习惯将文字铭刻在金石等器物之上，以志纪念或纪事，所谓“刻于金石，以为表经”①。在青铜器等金属载体上铭刻文字以之为志的做法，受载体和工艺等的限制，并未能广泛使用；但在砖石山崖等土石载体上铭刻文字以之为志的做法，由于载体易得、技艺简单，故得到了广泛使用，相沿至今。立碑书传，勒石铭功，在土石等载体上铭刻的文字由早期的简单纪事逐渐发展成为一种独立的文体，称之为碑志文。碑志文的撰写与铭刻都具有显著的现场性和不易改易性，是历史文化研究的第一手资料。宋代赵明诚《金石录·序》中说：“史牒出于后人之手，不能无失；而刻辞当时所立，可信不疑。”近人陆和九《中国金石学讲义》指出：“欲考历代种族之区别，疆域之开拓，社会之习尚，文化之变迁，宗教之流传，均宜取资金石以为佐证。”②直接揭示出了碑志文在历史文化研究中的重要作用。

碑志文发源于先秦，兴起于两汉，而大成于唐代。唐代碑志文不仅数量庞大，而且艺术高超，涵盖社会生活的方方面面，其中不乏对吐蕃历史、吐蕃风土人情、吐蕃与唐朝的交往等历史的载记。这些载记是最直观、最直接的历史呈现，是吐蕃研究、唐蕃关系研究等方面的第一手文献资料，有着重要的文献价值。司马光、吴缜、顾炎武等古代学者都曾从唐代碑志文中发现了有关唐蕃关系的新内容，纠正了新旧《唐书》等文献中的一些不正确的认识；近现代以来的学者，研究唐蕃关系、唐蕃文化者，取资于唐代碑志文者更是比比皆是。

综观唐代碑志文，其所涉及吐蕃、唐蕃关系者，大体上有如下内容：

一是入唐蕃人的生活。唐蕃间人员交流频繁，既有入蕃之唐人，亦有入唐之蕃人。在入唐之蕃人中，不乏因出使被扣留、战争被俘获、避祸而投奔之人，他们长期生活在唐朝内地，甚至不再返回吐蕃，这是所谓的入唐蕃人。在入唐蕃人中，论氏家族最具代表性。传世文献有《论弓仁碑》《论惟贤碑》，新出土文献有《禄赞墓志》《论惟

① （汉）司马迁：《史记》卷六《始皇本纪》，北京：中华书局，1982年，第247页。

② 陆和九：《中国金石学讲义》，北京：北京图书馆出版社，2003年，第77页。

贞墓志》《论博言墓志》等，排比勾勒这些碑志文，可以清晰地描绘出论氏家族的世系，也可以看出论氏家族在唐朝的兴衰，更能看出论氏家族逐步融入唐朝社会的历程。

二是记载吐蕃的风土人情、历史文化等。唐代小说中曾记载“吐蕃讳狗”，学者对此多视为小说家言，但新出土《荀曾墓志》恰恰印证了小说关于“吐蕃讳狗”的记载并非虚构，荀曾的确因出使吐蕃而奉敕改“苟”为“荀”，出使回来亦未回改。《李秀墓志》记载了李秀对吐蕃军队优势的分析，其所反应的亦是吐蕃的历史文化。

三是唐蕃间的交聘会盟。如《崔汉衡墓志》载崔汉衡三次出使吐蕃并参与平凉会盟，在促进唐蕃交流上做出了积极贡献。平凉会盟时，吐蕃劫盟，与盟唐朝官员多有被俘者，唯独崔汉衡“受礼而归”。这些细节是史书所未涉及者，对于了解吐蕃文化、唐蕃交聘会盟等，不无裨益。金城公主入蕃是唐蕃关系史上的重要历史事件，但对于入蕃的具体情形，世人知之甚少。据新出土墓志，可知金城公主入蕃时，随行人员尚有宗室子弟李知新、公主府典签贾令琬、杨矩幕僚马骏等人。

四是唐蕃征战，特别是连年征战对社会生活带来的深刻影响。如《李公夫人张氏墓志》载张氏去世时，丈夫李公正在重修盐州城的一线，之所以新修盐州城，则是因为吐蕃占领盐州城后，将盐州城劫掠焚烧一空。碑志文中还有大量关于“防秋”的叙述，既有久戍不归的哀怨，也有四处征战的艰辛，反映了一种特殊的征战生活。

本篇在唐代诸多碑志文中，精选了两组22篇碑志文，一组为论氏家族碑志文，共8篇，可以梳理出较为完整的论氏世系；一组为综合反映唐蕃关系的碑志文，共14篇，从中可以了解吐蕃文化、唐蕃关系等。所选碑志文，无拓片传世者，择其善本而从之；有拓片传世或刊出者，则从拓片中直接录文，其个别文字漫漶不清处标以“□”，原石残缺漫漶字数较多且不易判断具体字数时标以“（下阙）”，原石换行处标以“」”。

《禄赞墓志》

一、解题

禄赞（656—688），系禄东赞之孙，钦陵之子，论弓仁之兄，史籍未载。禄赞武后垂拱四年（688）正月五日去世，天授元年（690）十月十八日安葬，享年三十三，官至云麾将军、行右领军卫翊府中郎将、黄水县开国子。该墓志出土于河南省洛阳市，现藏洛阳古代艺术馆。志石长、宽均为56厘米，志盖已亡佚，文字多有漫漶，志文首题仅存“大周故云麾将”等数字。志文拓片见《隋唐五代墓志汇编·洛阳卷》第6册[①]，录文见《唐代墓志汇编续集》[②]、《全唐文补遗》第7辑[③]，李宗俊《唐禄赞萨逻墓志考释》[④]、仇鹿鸣《读吐谷浑、吐蕃入唐家族碑志丛札》[⑤] 等有专门研究。

① 陈长安主编：《隋唐五代墓志汇编·洛阳卷》第6册，天津：天津古籍出版社，1991年，第186页。

② 周绍良、赵超主编：《唐代墓志汇编续集》天授〇〇三，上海：上海古籍出版社，2001年，第307—308页。

③ 吴钢主编：《全唐文补遗》第7辑，西安：三秦出版社，2005年，第316—317页。

④ 李宗俊：《唐禄赞萨逻墓志考释》，《民族研究》2010年第3期。

⑤ 仇鹿鸣：《读吐谷浑、吐蕃入唐家族碑志丛札》，裴建平：《纪念西安碑林930周年华诞论文集》，西安：三秦出版社，2018年，第208—217页。

二、录文

大周故云麾将（下阙）」

公讳禄赞，字萨逻，西戎人也。往以慕化，卜居于□阳□谷焉。□以解辫输诚，识」□□于律吕；捐裘委质，袭冠带于朝庭。欣然怀向化之心，卓尔抱忠贞之节。并」公兼其美，可略言焉。祖蒲海英雄，葱山俊杰，□藩一品，声誉一时。父钦陵，西」戎赞府之亲舅，本国官荣于将相，才高武略，职绾英机，亲谋白狄之军，欲赴」皇唐之众，见狐□于寇虏，先鸩毒于戎臣。未效归□，奄迁舟壑。公风神独□，□」骨自然，凌霜冒雪之诚，上升□云之气。龙韬十德，皎在于胸怀；豹略九攻，明之」于指掌。秩惟三品，亲统一军，转骑黄河，列营青海。夙怀仇怨，恨起于边亭；远涉」山川，喜投于中夏。一辞戎寇，万里征途，望尧日于长安，背羌尘于绝塞。丹诚□」显，朱绂遂加。制授公游击将军、守左威卫洛汭府果毅长上。参倍紫禁，爪」牙之效遽申；侍卫丹墀，鹰鹯之诚遂展。矜勤一载，严整八屯。又下制书，加」公品秩，除授公云麾将军、行右领军卫翊府中郎将、黄水县开国子。显之爵位，」任以司阶，肃戈仗于重城，俨兵容于复道。□钟□□，侯明警卫之方；鹤鼓传霄，」妙尽严巡之术。顷以獯□背德，杂虏游魂，惩□□□，凭陵纵□，餐而旅拒。公」亲承制旨，受钺专征，方陈百胜之谋，直扫三边之寇。羽扇之下，纵横鸟飞；鳞」甲之前，崩腾鱼溃。风尘清于塞外，烟火静于关山。遂制书许公旋凯，岂谓」灾闻斗蚁，疹结凝蛇，绝迹断肠之川，沉痾张掖之郡，无征福善，有益膏肓，背西」国之神香，就东山之鬼箓。以垂拱四年正月五日卒□□州永昌县温柔里私」第，春秋卅有三。以天授元年十月十八日，权窆□□□□□□□原，礼也。」恩敕赐物一百廿段，丧事所司量供。妻翁上柱国（下泐）德，才高调远，义□」神融，得天□之精灵□皇王之器。水□一（下泐）恩，四海无」虞，共洽和平。□愿承其刈楚，契彼伐柯。不（下泐）

暗伤附萝,」□□戚恨起崩□，嗟□璧之亲，叹深埋玉。恐高岸为谷，□□成田，式铭玄础，纪德」□泉，共兰荪而并馥，与日月以长悬。词曰:」

□族茂远，盛绪□长。声高玉塞，望重金方。英雄□□，令□揄扬。家传将相，代」续忠良。其一。

异人继踵，公其挺出。卓荦英姿，昂藏秀质。松筠□□，□□气逸，怨结□」□，□国就日。其二。

遥寻凤阙，远背狼河。关山月满，碛□□□。□□□□，□□□□。一辞羌笛，永赞虞歌。其三。

□风入款，惟月□荣。龙神□□，鹤陈严兵。□□□□，□□□行。霜锋暂击，虏祲俄平。其四。

平生已矣，幽明遽□。陇生云低，□□□□。□」□□□，夜台寂寂。式纪清徽，勒铭玄石。其五。」

（录自陈长安主编：《隋唐五代墓志汇编·洛阳卷》第6册，天津：天津古籍出版社，1991年，第186页）

《拨川郡王碑》

一、解题

论弓仁（664—723），系禄东赞之孙，钦陵之子，《新唐书》卷一百有传。圣历二年（699）率部归唐，其后屡立战功，官至归德州都督、左骁卫大将军、朔方节度副使。开元十一年（723）四月五日去世，享年六十。赠拨川郡王，谥忠。十二年（724）四月，安葬于长安城南，中书令、右丞相张说奉命撰写了《拨川郡王碑》。该碑见于《文苑英华》，题作《拨川郡王碑》；[①] 又见于《张说之文集》[②]，文字偶有不同。（明）《四六法海》、（清）《全唐文》亦有收录。

张说（667—731）字道济，一字说之，封燕国公，谥号文贞。唐代名相，先后三次担任宰相。掌文学之任三十年，朝廷重要文诰，多出其手，与许国公苏颋并称"燕许大手笔"。其为文精壮，注重风骨，尤其擅长碑志文。《拨川郡王碑》乃其碑志文代表作之一，虽是奉命之作，但二人亦有同僚之谊，故行文恣肆，多用对句、排比，以壮声势。

---

① （宋）李昉：《文苑英华》卷八九一，北京：中华书局，1966 年，第 4688—4689 页。

② 熊飞：《张说集校注》卷十七，北京：中华书局，2013 年，第 850—852 页。

二、录文

拨川郡王（神道）碑（铭并序）

奉勅撰

珠玉无远，而登辇辂之饰，宝也；松栝无幽，而入殿堂之构，才也。物贵其用，人亦如之。拨川王论弓仁者，源出于匹末城，吐蕃赞普之王族也。曾祖赞，祖尊，父陵，代相蕃国，号为东赞。戎言谓宰曰论，因而氏焉。公有由余之深识，日磾之先见，陋偏荒之韦毳，慕上国之衣冠。圣历二年，以所统吐浑七千帐归于我。是岁，吐蕃大下，公勒兵境上，纵谍招之，其吐浑以论家世恩，又曰仁人东矣，从之者七千人。朝嘉大勋，授左玉钤卫将军，封酒泉郡开国公，食邑二千户。周语曰：犬戎树敦，守终纯固。今其俗犷而轻死，其法折而不挠，故前代无降人，中土无僮仆。自公拔身向化，首变华风，泽潞之间，始见戎州矣。若夫河南胡苑，垧牧所利，每岁冰合，虏骑是虞。中军必谋于元老，亚将固选于时杰。神龙三年，以为朔方军前锋游奕使。景龙二年，换左骁（骑）将军。开元五年，兼归德州都督，使皆如故。八年，迁本卫大将军，改朔方节度副大使。公之理兵也，坚三革，利五刃，偶拳勇，齐足力，信赏罚，分甘苦。六辔如手，千夫一心。接玁狁犹蚊蚋，卧沙塞如衽席。荐居露食，垂二十年。雨毕而成师，冰泮而休卒。寒气入于饥骨，夜霜出于须鬓。人不堪其勤，公不改其节。韩公之建三城也，公洗兵诺真之水，刷马草心之山；以为外斥，而版徒安堵。郑卿之和默啜也，公授馆李陵之台，致饔光禄之塞，以为内侯，而宾至如归。九姓之乱单于也，公四月度碛，过白柽林，收火拔部帐，纳多真种落，弥川满野，怀惠忘亡，漠南诸军，韪其计也。降户之叛河曲也，公千骑奋击，万虏奔走。戡翦略定，师旅方旋。而延陁跌跌复相啸聚，上军败于青刚岭，元师没于赤柳涧。公越自新堡，奔命寇场，赢粮之徒，不满五百，凶丑四合，众寡万倍。公杀牛为垒，啖寇为饷，决命再宿，冲溃重围，连兵蹑踵，千里转战。合薛讷于河外，反知运于寇手。朔方诸军，壮其战矣。斫摩之奔也，邀于黑山口，覆其精锐；布思之背也，追至红桃帐，掩其辎重。乳泊之会，剸兰池之狂胡；木盘之役，缧方渠之逋寇。凡前后大战数十，小战数百，算无遗策，兵有全胜。是以六狄逃遁，三垂乂宁，声暴露于天下，业光华于代载。信皇威之所加，亦武臣之力也。故锦衣宝玉，允答戎功；甲第良田，丕承锡命。语其智效，未甚优宠；黄头黑齿，比价齐名。积战多疮，累劳生疹，恩命尚药，驰往诊之。晋竖已深，秦医无及，十一年四月五日，薨于位，享年六十。制赠为拨川王，称故国，志其本也；太常议谥曰忠，由旧典，昭其行也。长子卢，袭官封，继事业。次子旧久，特拜郎将。十二年四月，诏葬于京城之南，怀远人也。大路鼓吹，介士龙旆，虎帐貔裘，封牦殉马。吉凶之仪举，夷夏之物备。长安令总徒以护事，鸿胪卿序宾以观礼。哀荣之道极矣，君臣之义厚矣。有命国史，立碑表墓。吾尝同僚，敢昧遗烈！铭曰：

黄河接天，青海殊壤。举世安裕，拔俗谁放。倬哉论侯，利有攸往。奋飞横绝，搏空直上。以众款塞，因敌立勋。吐蕃万户，吟啸成群。精感天地，气合风云。既封酒泉，乃位将军。朔方阴塞，直彼獯虏。帝命先锋，阚如虓虎。山北加灶，漠南击鼓。十数年间，耀国威武。我有师旅，将军鞠之。我有边氓，将军育之。柳涧亡师，一剑复之。兰池叛胡，三战覆之。武节方壮，朝露不待。王爵送终，宿恩未改。时来世去，人物如在。铭勋谥忠，以告四海。

（录自熊飞：《张说集校注》卷十七，北京：中华书局，2013年，第850—852页）

《论惟贞墓志》

一、解题

论惟贞（731—781），系噶尔·东赞之五世孙，钦陵之曾孙，论弓仁之孙，论诚节之子，《新唐书》卷一百一十有传。建中二年（781）十月九日在长安永宁里之私第去世，十一月三十日安葬在京兆府长安县永寿乡高阳原，享年五十一。论惟贞天宝中崭露头角，平定“安史之乱”时多有战功，官至右领军卫大将军、英武军使，封萧国公，卒赠灵州大都督。墓志中载其世系、行事甚详，可补史书之阙载。

志石长68厘米、宽67.5厘米，35行，行36字，正书。志盖篆书“唐赠灵州大都督论公墓志铭”，4行，行3字。沈琛《入唐吐蕃论氏家族新探——以〈论惟贞墓志〉为中心》①、李宗俊《唐论惟贞墓志及论氏家族源流事迹再考》②、仇鹿鸣《读吐谷浑、吐蕃入唐家族碑志丛札》③ 等有专门研究。

徐浩（703—782）字季海，郡望东海，越州剡县（今浙江嵊州市）人，封会稽郡开国公，著名文学家、书法家。贾至《授徐浩尚

① 沈琛：《入唐吐蕃论氏家族新探——以〈论惟贞墓志〉为中心》，《文史》2017年第3期。

② 李宗俊：《唐论惟贞墓志及论氏家族源流事迹再考》，《中国藏学》2017年第3期。

③ 仇鹿鸣：《读吐谷浑、吐蕃入唐家族碑志丛札》，裴建平：《纪念西安碑林930周年华诞论文集》，西安：三秦出版社，2018年，第208—217页。

书左丞》谓其“有凌云之词赋，兼临池之翰墨”[1]，窦皋《述书赋》赞其书法“娅姹钟门，逶迤王后”[2]。此志署“银青光禄大夫、彭王傅、上柱国会稽郡、开国公”，可知建中二年十一月三十日前，徐浩已从明州别驾召为彭王傅。而此志书成于徐浩去世前五个月，当是他现存最晚的真迹。此时徐浩虽然已经七十九岁，但刚刚结束长达九年的贬谪生涯，回到京城，心情愉快，无论文章之风采或是笔力之遒劲，都达到一生之巅峰。[3]

二、录文

唐故英武军使开府仪同三司试太常卿上柱国萧国公赠灵州大都督论公墓志铭并序」

银青光禄大夫彭王傅上柱国会稽郡开国公徐浩撰并书」

公讳惟贞，字瑀，本名仙芝，至德元年特敕改名，今讳是也。其先西戎君赞普之密族，曾祖」陵已上皆世作蕃相，国俗称宰为论，遂以氏焉。大父弓仁，异气炳灵，全才拯义。庆祥初发于中」土，正道自越于殊方。天后圣历中，乃以所部七千帐归于我，特授左玉钤卫大将军，」封酒泉郡公。回戈外御，朝绝塞忧。由是论氏之门，始大于中华矣。开元十二年薨，赠拨川王，」谥曰忠烈。考诚节，皇朝开府仪同三司、右金吾卫大将军、武威郡王，赠太傅。光膺宠册，继体」为王。公诞袭纯英，显凝茂业，器艺综玄机之致，动静权物命之时，廓乎宏姿，应彩而生者矣。开」元中，始以一子荫为左执戟。天宝八载，破蕃中、鱼海等五城，特加上柱国，寻授左武卫西河郡」贾胡府左果毅。肃宗之巡右地也，劲自朔方持先将军表，于丰安迎觐

① （宋）李昉：《文苑英华》卷三八五，北京：中华书局，1966 年，第 1965 页。

② 尹冬民：《〈述书赋〉笺证》卷下，北京：荣宝斋出版社，2019 年，第 308 页。

③ 陈尚君：《洛阳新获墓志二〇一五》序言，齐运通、杨建锋编：《洛阳新获墓志二〇一五》，北京：中华书局，2017 年，第 2 页。

至灵武，参佐」命勋，因兹赐名。迁中大夫、卫尉少卿，充绥银等州召募使。浃辰之内，得一千余人。有诏同关」内节度副使，扈跸至凤翔府，授光禄卿、充元帅先锋讨击使，屯于歧阳。与郭英乂、王思礼等」分压东寇，破青渠阵，迁正议大夫、鸿胪卿。自是渥赉日融，累戡大敌。收西京，力战于涝水；复」东夏，决命于陕郛。再清函洛，迁金紫光禄大夫、殿中监，充朔方节度左卅将。太尉李光弼旋军」之守河阳也，逆贼周贽以铁骑十万掩迹来攻，疲军未宁，强寇四合，乃命公以五千劲甲出定」众心。于是执律受旗，结诚叶气，出入交命，前无正锋，乘势纵师，大溃凶逆，戮尸获丑，全虏不遗，」再坚河阳。由此一战，特授开府仪同三司，封寿昌县开国伯。又下河内，授太常卿，进封县侯，食」邑一千户。寻充副元帅都虞候，理兵夏县，军令如一。肃宗闻之，召至京师，亲加赏谕，」将拜异姓王。以武威先封，让不敢齿，迁副元帅马军兵马使、同幽州节度副使、晋昌郡开国公，」食邑二千户。时史朝义久围宋州，公以五百骑驰救，突报城下，以坚守心，败其枝军，断彼粮路，」余孽披散，危城用安，特赐一子五品官。寻摄颍州刺史，兼知陈州行营兵马。又以精卒破逆贼」谢钦让、史忠勇等，数万众之围，因而瓦解。既斩钦让，又招忠勇等以降，获其家口士马万计已」上。迁副元帅、都知兵马使，加实封一百廿户，封萧国公，食邑三千户。永泰元年入朝，」代宗以夙彰勋望，擢留禁列，拜右领军卫大将军、英武军使。方期转膺大寄，授钺中坛，而六气」潜灾，十全罔验，以建中二年十月九日，薨于上都永宁里之私第，春秋五十一。圣恩轸悼，军」士恸哭。赙绢百匹，布五十端，赠灵州大都督。即以其年十一月三十日，葬于京兆府长安县永」寿乡高阳原，礼也。有司备物，仪光前典，惟公之道也。托分输国，生不为私。齐军以心，励人以己，」故能绍复前绪，光宣始终者焉。夫人梁国夫人李氏，分庆国系，叶雍壶风，楚心倏亡，理奉遗业。」长子曰偺，正议大夫、光禄寺丞；次曰位，京兆府参军；次曰伾，同州白水县尉。并附学进经，业精」迁秩。小曰侁，左司御率府胄曹参军。皆宿资儒敬，衔荒过毁。以浩尝典旧史，备承懿勋，见托哀」铭，永篆幽石。其铭曰：」

拨川之雄，天纵其聪。拔彼异壤，归于正风。衣冠礼乐，由是毕同。首于中原，光此论宗。武威崇崇，」继业而融。灵赞其忠，载诞萧公。标清骨秀，气略玄授。庭宇边陲，衣裳甲胄。河阳之斗，宛若神佑。」陈蔡之围，前无强寇。夏县全律，宋城突救。齐父封王，让而不就。幼子趋庭，训之以经。家道温穆，」公方辑宁。微灾入气，暗疾收形。命之不淑，药乃无灵。南出郊垧，下归窈冥。终始令德，刊于此铭。」

（录自齐运通、杨建锋编：《洛阳新获墓志二〇一五》，北京：中华书局，2017 年）

《论惟贞夫人李氏墓志》

一、解题

墓主凉国夫人李氏（734—785），郡望陇西，封凉国夫人，嗣子“袭萧国公倏”，与《唐故英武军使开府仪同三司试太常卿上柱国萧国公赠灵州大都督论公墓志铭并序》所载“夫人梁国夫人李氏，分庆国系，叶雍壶风……长子曰倏，正议大夫、光禄寺丞”较为一致，故沈琛《入唐吐蕃论氏家族新探——以〈论惟贞墓志〉为中心》谓凉国夫人李氏即论惟贞之夫人李氏。[①] 惟“凉”与“梁”未知孰是，当以“凉”为妥，盖唐代妇人受封多以“所出之望”[②]。论惟贞婚李氏，其女亦嫁李氏，而李氏则为唐代五大姓之首，可见论氏家族入唐后，很快便融入唐代社会。

二、录文

大唐故凉国夫人陇西李氏墓志铭」

夫人贞元元年十一月十五日，薨于永宁」私第，享年五十有二。

① 沈琛：《入唐吐蕃论氏家族新探——以〈论惟贞墓志〉为中心》，《文史》2017 年第 3 期。

② （唐）冯敦直：《唐故左武威卫将军上柱国张掖郡公冯府君碑并序》，吴钢主编：《全唐文补遗》第三辑，西安：三秦出版社，1996 年，第 7 页。

以贞元三年八月廿」三日，于京兆府万年县洪固乡附于」曾门大茔东北卅步少陵原合祔，礼也。嗣」子云麾将军、行右威卫将军、袭萧国公修」恐谷变陵迁，刊于志石。

贞元三年岁次丁卯八月辛巳朔」廿三日癸卯之记。」

（据“中国历代墓志数据库”所收拓片录文）

《论惟贞外孙女李氏墓志》

一、解题

该墓志出土于陕西省西安市，石藏陕西省西安市小雁塔保管所，长、宽均为 35 厘米，正书，19 行，行 19 字，有网格。墓志撰者为大理评事赵芳。首题“大唐英武军使开府仪同三司兼太常卿上柱国萧国公论第八女所生夫人墓志”，与《唐故英武军使开府仪同三司试太常卿上柱国萧国公赠灵州大都督论公墓志铭并序》所载职爵相同，时间吻合，当为同一人，即论惟贞。论惟贞墓志载其有子四人，未及其女，据此可知其女不少于八人。第八女适濮州长史李晁，是生李氏；李氏则适赵某，生有一女。李氏大历四年去世，年二十七，则李氏出生时论惟贞方才十三岁，十三岁的论惟贞即便生有第八女，但第八女却不可能生下李氏。若此，则颇疑此则墓志记载有误，或第八女并非论惟贞所出。又，墓志首题外家职官、爵位，言其为“论公第八女所生”，当是以外家为荣。

该墓志拓片收于《隋唐五代墓志汇编 · 陕西卷》第 4 册，题“赵君妻李氏墓志”，[①] 当是据赵芳撰志时称“纳我公之室”，然“我公”可泛指，未必就是赵公。《唐代墓志汇编续集》有录文。[②] 沈琛《入唐

① 吴钢主编：《隋唐五代墓志汇编 · 陕西卷》第 4 册，天津：天津古籍出版社，1991 年，第 38 页。

② 周绍良、赵超主编：《唐代墓志汇编续集》“大历〇〇九”，上海：上海古籍出版社，2001 年，第 698 页。

吐蕃论氏家族新探——以〈论惟贞墓志〉为中心》[①] 提及该墓志，谓“论惟贞还有不少女儿”，但未深究此外孙女之生卒年。

二、录文

大唐英武军使开府仪同三司兼太常卿上柱国」萧国公论第八女所生夫人墓志」

大理评事赵芳撰」

夫人姓李，渤海蓨人也。国号渤海郡夫人。曾祖朗，」皇朝散大夫、行信都郡信都县令。祖封，皇朝议」郎、行檀州司马。父晁，朝请大夫、试少府少监、兼濮」州长史。其先令问令望，有国有焉。若夫洛浦之容，」高唐之质，秾纤合礼，其象无双；窈窕承家，其美无」极。□纳我公之室，遂有一女焉。及居处鸣谦，亟闻」雅让。兼资妇德，复习母仪。所以帷薄雍和，闺门顺」序。岂独乍铭秋菊，或颂春椒之盛哉。既而华韡伤」年，膏腴美疹。以大历四年五月廿六日，终于万年」县宣平里之私第，春秋廿有七。即以其年八月八」日，葬于洪固乡□□里之原。呜呼。女才二龄，痛其」偏露，感今怀旧，抚存悼亡，惜高台之正阴，悲玉树」之先落。乃为铭曰：

妇德温柔，母仪恭敬。内外咸穆，闺帷连庆。年华未」殒，电隙先过。虞泉落日，薤露哀歌。风气已悲，松声」即古。高唐此夕，应无行雨。」

（录自吴钢主编：《隋唐五代墓志汇编·陕西卷》第4册，天津：天津古籍出版社，1991年）

---

① 沈琛：《入唐吐蕃论氏家族新探——以〈论惟贞墓志〉为中心》，《文史》2017年第3期。

《论惟贤碑》

一、解题

论惟贤系噶尔·东赞之五世孙，钦陵之曾孙，论弓仁之孙，论诚节之子，论惟贞之弟，论惟明之兄，两《唐书》无传。论惟贤跟随父兄，在平定安史之乱中多有战功，进封国公。大历后期因病赋闲，朱泚叛乱时陷于长安，直到贞元十五年（799）朝廷奖励旧勋得授骠骑大将军、行左武威卫将军、上柱国，且很快致仕。沈琛《入唐吐蕃论氏家族新探——以〈论惟贞墓志〉为中心》谓论惟贞为李光弼部属且举以自代，李光弼去世后，论惟贞很快便被征入京，授英武军使，“（朝廷）实际上是褫夺了论惟贞的兵权”。[①] 论惟贤在代宗时罢去兵权，警卫京师，乃至赋闲，当亦是受到代宗的猜忌。而论氏家族也走过了高光时刻，开始没落，论惟贞、论惟贤的子侄众多，但鲜见于史载。论惟贞长子论傪官至宁州刺史、宁州防御使，未曾封爵；论傪之子论博言官至卢龙节度左都衙，卒葬幽州，其日趋没落，可见一斑。又，《元和姓纂》卷九载“惟贤，右羽林大将军”[②]，不见于神道碑，或有误。

吕元膺（749—820）字景夫，郓州东平人。建中初，策贤良高

① 沈琛：《入唐吐蕃论氏家族新探——以〈论惟贞墓志〉为中心》，《文史》2017 年第 3 期。

② （唐）林宝纂、岑仲勉校记：《元和姓纂》卷九，北京：中华书局，1994 年，第 1280 页。

第，调安邑尉。论惟贤之弟论惟明节制渭北，辟入幕中，由是名达朝廷。历任殿中侍御史、侍御史、右司员外郎，出为蕲州刺史。元和初，征拜右司郎中，迁谏议大夫、给事中，拜御史中丞，出为鄂岳观察使，入为尚书左丞，历都畿防御使、河中节度使等，入拜吏部侍郎，改太子宾客，元和十五年二月去世。其为论惟明幕僚，熟悉论惟贤兄弟事迹，故受托撰写此碑，时当在给事中任。

二、录文

骠骑大将军论公神道碑

吕元膺

公讳惟贤，字惟贤，其先西土人也。高祖讳东赞，作相于西戎。因官立姓，遂为论氏。贞观中，威怀四裔，剪灭北虏①，蕃戎款附，万里献琛。慕向华风，欲为和亲；延颈企踵，心驰阙下。太宗皇帝览其诚至，遂许之公主。时戎王遣相一作祖东赞为使来迎，不忒其仪，不愆于素，召见顾问，进退合旨。诏以琅琊公主外孙女妻之，东赞自陈以本国有妻，又以赞普未谒公主，陪臣不敢先授疑作受殊宠。太宗嘉之，又奇其对，抚以厚恩，遂有归化之心。曾祖陵与祖躬仁同总众于东，至高宗朝，拔部落七千余帐归国，拜特进、左玉钤卫大将军、封归怀郡王。褒忠奖诚，宠锡珠②厚。子孙因家，自银州至于京兆。祖躬仁，朔方副大总管、云麾将军、行左骁卫大将军、酒泉郡开国公，赠拔川郡王，谥曰忠。自高至大父，皆有勋烈著于当时。父诚节，朔方节度副大使、开府仪同三司、右金吾卫大将军、知阶州事、武威郡王，赐太子太傅。天宝季年，安禄山作逆，尘起山东。上皇省方于巴蜀，肃宗巡狩于朔陲。危乱之时，见其臣节。帅子弟及家僮，以牧马千驷，罄其财用，以奉禁旅。公少有志尚，奋身辕门，随先父统其士

---

① 剪灭北虏，文渊阁《四库全书》本《文苑英华》作“平定北庭”。

② 珠，文渊阁《四库全书》本《文苑英华》及《全唐文》均作“殊”，当是。

马，与元帅哥舒翰掎[1]角扞寇。锋刃既接，大小数十战，摧陷坚阵。洎王师失御，以智信保全所领之军，驰于灵武，扈从肃宗。与先父洎乎昆弟。立勋成效，不可备述。至德中授寿府典军，次授左卫郎将、赐紫金鱼袋，俄转左监门率，又迁左领军卫将军，又特进、右领军卫大将军、西平郡开国公、食邑三千户。元勋之胤[2]，受兹光宠。先时，代宗皇帝为天下元帅，求武勇之士。公与兄怀义、惟真同为先锋讨击使，又领部落数千人镇岐阳县。被[3]坚执锐，一月三捷。洎除凶清乱，至上元二年，授特进、行大光禄、兼右领军卫大将军、充凤翔节度副使马军兵马使。宝应中，丁艰茹荼。朝廷以金革从权，由斯夺礼。广德二年，授开府仪同三司、殿中监、充剑南节度副使。大历中，受开府仪同三司、太常卿、上柱国、进封成国、食邑三千户，旋受渭州节度都知兵马使。公以从戎岁久，虽齿发未衰，而疾疢屡作。代宗宠其勋旧，诏许还京，仍全禄赐同大将军，俾其优闲。建中末，德宗迁幸巴梁。公以所疾沉绵，不获扈跸。逆臣朱泚迫以凶威，不变其志。虽积年之疾，累日而瘳。贞元十五年，授骠骑大将军、行左武威卫将军、上柱国。公斯，实朝廷奖旧勋矣。止足求退，俄以本官致仕。中使就闲，宠秩有光。元和四年七月十日，寝疾终于静恭里之私第。以某年十月一日，葬于万年县洪固乡之古原，故夫人太原王氏祔焉。诏给卤簿鼓吹，所以褒宠也。嗣子辅鼎，同州白水县丞。次曰倜，常州江阴县尉。次曰俶，右领军卫骑曹参军。泣血茹荼，存无改之义。公之季弟惟明，为时英髦，文武备用。建中兴元之际，仗义讨逆，摧殄凶徒，勋彰险艰，谋著忠益一作盖。贞元初，以太常伯执金吾，授钺渭北。八座互[4]相，崇奖忠功。元膺获佐戎幕，备阅忠义，由是尽知公之世业勋德矣。铭曰：

大忠之胤[5]，本自西土。奕也[6]崇勋，既明且武。在太宗时，有

---

① 掎，文渊阁《四库全书》本《文苑英华》作“犄”。
② 胤，《全唐文》作“允”，当是避讳而改。
③ 被，《全唐文》作“披”。
④ 互，文渊阁《四库全书》本《文苑英华》作“上”，当是。
⑤ 胤，《全唐文》作“允”，当是避讳而改。
⑥ 也，《全唐文》作“世”，当是。

道攸睹。洎夫拨川，绪业光辉。天宝季年，尘起幽燕。自与其家，殄寇功全。乃拜公侯，宠荣无替。用表丰碑，昭于东裔。

（录自《文苑英华》卷九百九，北京：中华书局，1966 年）

《论博言墓志》

一、解题

论博言（805—865），字知远，论惟明之孙，论俢之子。大和初自长安抵幽州，从事于幽州节度使幕府，遂家于幽州，葬于幽州。墓志首题称其“晋昌论公”，按惯例，“晋昌”当是言其郡望。此可见论氏家族入唐以后，日居月诸，已经逐渐融入唐代社会。李德裕《回鹘事宜状》中有“幽州奏事官论博言”①，与墓志中“善驰诸侯之恳，能达万乘之听”相符，当为同一人。又，墓志言咸通初“与堂弟宥州刺史锷连授兼御史中丞于辇下，时人荣之”，此论锷亦不见于史书，可补论氏世系。

墓志 1995 年 11 月出土于北京石景山区老古城村西，同时出土的尚有其岳母张氏墓志。志石长、宽均为 59 厘米，厚 5 厘米。志文 27 行，行 28 字，正书。志盖篆书“论公墓志”，2 行，行 2 字。幽州卢龙节度押奚契丹两蕃副使张建章撰文，节度要籍兼摄涿州范阳县丞于佥则书并篆盖。石藏石景山区田义墓宦官博物馆。《北京市石景山区历代碑志选》收录墓志拓片②，《全唐文补遗》第七辑有录文③。陈

---

① （唐）李德裕撰，傅璇琮、周建国校笺：《李德裕文集校笺》卷十七，北京：中华书局，2018 年，第 406 页。

② 中共石景山区委宣传部等编：《北京市石景山区历代碑志选》，北京：同心出版社，2003 年，第 36 页。

③ 吴钢：《全唐文补遗》第七辑，西安：三秦出版社，2005 年。

康《从论博言墓志谈吐蕃噶尔家族的兴衰》①、《唐论博言墓志考释》② 及鲁晓帆《唐〈论博言墓志〉续考》③ 等有深入研究及录文。

张建章与论博言为“世旧通家、衙幕兄弟”，二人同在幽幕，同为寮佐，年纪相仿，志趣相投，故受托撰写了志文。张建章（806—866），定州北平人，生平见于《张建章墓志》④，著有《渤海国记》三卷、《诸蕃记》一卷。

二、录文

有唐幽州卢龙节度左都衙银青光禄大夫检校国子祭酒摄檀州刺」史充威武军使兼御史中丞上柱国晋昌论公墓志铭并序」

幽州卢龙节度押奚契丹两蕃副使正议大夫检校太子左庶子兼御史大夫上柱国赐紫金鱼袋张建章撰」

西极金方，地势峻，山域广。面统万里，肘加百蛮，旧惟赞普其雄欤。次有」大论者，犹汉之宰相。公即其国尚书令、东道大元帅论钦陵之裔孙，」唐左卫大将军、宕州都督、临洮王布支之曾孙，渭北节度使、开府仪」同三司、检校刑部尚书、奉天定难功臣、交川王、赠司空惟明之侄孙，」英武军使、奉天定难功臣、银青光禄大夫、检校右散骑常侍、颍州刺史、兼」御史大夫、榆溪王、赠太子太师惟贞之孙，宁州防御使、银青光禄大夫、检」校国子祭酒、守宁州刺史、兼御史中丞、上柱国讳俢之令子。公讳博言，字」知远。时艺逸伦，识略冠萃。大和初，由咸镐抵关东，太保李公一见欣然，

① 陈康：《从论博言墓志谈吐蕃噶尔家族的兴衰》，《北京文博》1999 年第 4 期。

② 陈康：《唐论博言墓志考释》，齐欣：《北京文物与考古》第五辑，北京：北京燕山出版社，2002 年，第 202—209 页。

③ 鲁晓帆：《唐〈论博言墓志〉续考》，首都博物馆编：《首都博物馆论丛》第 27 辑，北京：北京燕山出版社，2013 年，第 40—49 页。

④ 徐自强：《〈张建章墓志〉考》，《文献》1979 年第 2 期。

署」幽州节度散兵马使，奏银青光禄大夫、检校太子宾客、兼监察御史。善驰」诸侯之恳，能达万乘之听。陟衙前兵马使，奏兼殿中侍御史。交四邻之好,」出群宾之首。自卢龙节度押衙，迁幽州节度押衙，以兼侍御史加检校国」子祭酒。畅军令即出于众辈，主戎容则肃于万旅。从右都衙超左都衙。咸」通初，蛮陷交阯，兵凑海岭，蓟府相国清河公递绢五万，委公部进。与」堂弟宥州刺史锷连授兼御史中丞于辇下，时人荣之。惜委麾纲，添摄檀」州刺史，优其俸也。咸通乙酉重五，聘东垣回，暍疾于路。迄秋分，永逝于蓟」城南郭析津坊，寿六十一。夫人防御军使、检校太府卿、兼御史中丞中」山刘騊长女，先于公殁十余年，墓于幽都之西三十里新安原。至是，嗣」子幽州节度牙门将从礼，卜以其年孟冬廿五日，合祔故室茔。鲰以」世旧通家、衙幕兄弟，痛深叹逝，念极恤孤，援毫铭曰:」

逻娑地阔，城临江源。弄栋川高，气连天根。建中狩褒，定难勋门。贞」元筑坛，镇鄘名孙。杖剑出关，握刀仕燕。圆审能人，机智通贤。事协其」宜，众无怨言。话相其时，坐无诤喧。吉士周才，首校遐藩。乘邮鹖冠，专」席熊轩。幽陵兑方，背山古原。号裂遗孤，拱木敛魂。」

节度要籍兼摄涿州范阳县丞赏绯于佥则书并篆盖。」

（录自中共石景山区委宣传部等编：《北京市石景山区历代碑志选》，北京：同心出版社，2003 年）

《刘翾夫人张氏墓志》

一、解题

《刘翾夫人张氏墓志》1995 年 11 月出土于北京石景山区老古城村西，同时出土的还有《论博言墓志》。《论博言墓志》载“夫人防御军使、检校太府卿、兼御史中丞中山刘翾长女”，与《刘翾夫人张氏墓志》所记吻合，则张氏即为论博言之岳母。论博言夫妇墓地在妻家墓地之侧，未能归葬长安旧茔，家世衰落当是重要原因。

刘翾（785—829），郡望彭城，曾祖尚定安县主，故“姻连帝戚，翊戴王家”，然自兹以降，皆官位不显。父刘迪为镇州节度随军，其随父从军，历任副将、步军将、马步都将、节度押衙等。刘翾亦是家道中衰，远赴边塞，沉沦幕府，久淹他乡，故得以嫁女论博言。

墓志长、宽均为 64 厘米，志文正书阴刻，30 行，行 42 字；志盖长、宽均为 63 厘米，正中篆书阴刻“张氏墓铭”，2 行，行 2 字，石藏石景山区田义墓宦官博物馆。《北京市石景山区历代碑志选》收录此墓志拓片①，《全唐文补遗》第七辑有此墓志并张氏权厝墓志录文②，

① 中共石景山区委宣传部等编：《北京市石景山区历代碑志选》，北京：同心出版社，2003 年，第 35 页。

② 吴钢主编：《全唐文补遗》第七辑，西安：三秦出版社，2005 年，第 102—104、410—411 页。

鲁晓帆、龚向君《唐刘騽暨夫人张氏墓志考释》① 有研究。

二、录文

唐故朝散大夫节度押衙兼御史中丞刘公妻清河张氏墓志铭并序」

朝请郎前陈王府参军李方流述并书」

公讳騽，字騽，其先彭城人也。沛国、河间、中山、梁郡等廿四望，而彭城为家焉。曾王父讳孝臣，试」太子通事舍人、申豪宣彭四州都督，尚定安县主。姻连帝戚，翊戴王家。王父讳沔，皇金紫光」禄大夫、赵州长史。佐理有方，声驰遐迩。父讳迪，皇朝散大夫、镇州节度随军。参画戎幕，方之阮瑀。公即」随军第七子也。气宇深沉，幼而宏放。仁贤君子，多所归之。解褐受王府兵曹参军。公尝退食之后，慨然而」曰：大丈夫当自雄飞，安能雌伏而碌碌于末吏，折腰手板哉。思佩吕虔之刀，厥弃班超之笔。乃葺武从戎，寻受」副将。翊佐有功，拜步军将。训炼精锐，迁马步都将。宝历三年，奏加朝散大夫、节度押衙、检校太子詹事、兼」殿中侍御史。大和二年，进位侍御史，又转御史中丞。冠带衙门，佥曰称职。公既遂丹霄，方展鸿翅，而佩剑十年,」奏官有六。捐躯奉上，竭节输诚。清廉可以规绳，忠孝可以师范。元戎委之，非佞媚也。蚁垤成功，非异」贵也。踈于金帛，非沽名也。暨乎祖祢姻结王门，谦卑而行，不自矜伐。廓落大度，细行不修。交深一」言，而获肺腑。禄俸薄资于家而惠于众，服玩俭备其要而均于亲。礼贤虚襟，啸咏终日。大和中，北鄙五军」有獯虏之患，元戎知公器能，命公扬旆而御之。作镇安塞，转防御军。公威振朔陲，戎羯遐遁。务」其耕稼，广备军储。清谧塞垣，戍运减半。大和戊申岁，天产妖孽，横海乱常而戕德；翼焉我君，奉」明诏而讨之。旆摇拂云，箭飞横海。且河

① 鲁晓帆、龚向军：《唐刘騽暨夫人张氏墓志考释》，首都博物馆编：《首都博物馆论丛》第 36 辑，北京：北京燕山出版社，2022 年，第 12—20 页。

间之地，地与贼邻。非控握权谋，心怀果决，谁敢当之，乃命公领马步」都将而作镇焉。公所部士卒，煦慈惠以抚之，申严令以整之。远近争归，如竹苞矣。暨鲸鲵荡尽，小息干戈。公怀忠」勇之心，有不平之色。默揣锐略，欲并常山。未遂衷怀，倏尔冥寞。大和己酉岁夏六月旬有廿九日，殁于瀛州」之官署，享年四十有五。元戎伤悼，数日罢欢。知与不知，皆为流涕。郡将同僚，茹哀倾奠。乃以素车一乘，」扬旌北归。旅榇遥遥，行路兴感。时日未遂，权瘞郊垧。夫人清河张氏，其祖族官讳，以见别志，略而不言。」夫人幼有淑德，而美令仪。采蘩昭华，秾荷比秀。诚可作范母仪，昭宣壶则。自嫔于君子，一祀余两岁矣。妇道」无亏，婉娴琴瑟。呜呼！仁而不惠，生也永终。宝历元年正月十四日先殁，享年三十有三。其年十一月，殡于幽州幽都」县西界卅里房仙乡新安里岗原，礼也。以大和三年秋八月十三日，启夫人故茔，迎府君神柩，遂迁祔焉。合葬非」古，奉周公之仪；墓而不坟，遵宣父之典。有子二人，孟曰自恭，仲曰自勉等，夙承严训，并知礼节。而髫龀之年，未」堪从事。栾栾棘心，茕茕在疚。永号罔极，泣血昊天。有女二人，教以令德，律以和柔。□□合于礼经，女工勤于钏组，盖」奉遣训也。而谓诸舅曰：见我舅氏，如母存焉。号哭于前，请营先远。陵谷恐更，刊兹贞石。铭曰：」

卓哉刘公，门传冠盖。威肃柏台，声驰柳塞。迥然雄姿，秀出时辈。月落乌号，」星瓒剑珮。黄散不贵，珙壁为轻。宣扬军威，奉使竭诚。衙门顾步，英风萧清。」天乎天乎，歼我国桢。清河夫人，秦晋为匹。齐眉不亏，采蘩无失。宝玉非珍，」□□副实。春桃吐荣，秋荷带日。簪裾令族，棣萼连芳。中年未及，一旦云亡。」□□□□，孤坟凄凉。合祔新安，萧萧白杨。」

（录自中共石景山区委宣传部等编：《北京市石景山区历代碑志选》，北京：同心出版社，2003 年）

《李思谅墓志》

一、解题

李思谅（602—659），赵郡赞皇人。起家通事舍人，历任鸿胪寺丞、职方员外郎、祠部员外郎、仓部郎中，“奉使绝域”，“衔命吐蕃”。其子李节墓志亦称“频使吐蕃，戎虏悦服”。[①] 墓志在言及“衔命吐蕃”时，对吐蕃的地理、族群等情形亦有所及。

墓志2005年出土于河南省洛阳市洛龙区龙门镇，2007年入藏陕西省西安市大唐西市博物馆。志石长66.5厘米，宽66厘米，厚7厘米；志文正书，30行，行30字；志盖长65厘米，宽63厘米，厚13.5厘米，阳刻篆书“李君墓志”，2行，行2字。《秦晋豫新出墓志蒐佚》收有拓片[②]，《大唐西市博物馆藏墓志》收有拓片及录文。[③]

二、录文

故仓部郎中李府君墓志并序」

君讳思谅，赵郡赞皇人也。肇庆轩丘，开源德水。崇基耸构，承

① 吴钢主编：《全唐文补遗》第八辑，西安：三秦出版社，2005年，第325页。

② 赵君平、赵文成编：《秦晋豫新出墓志蒐佚》一三四，北京：国家图书馆出版社，2011年，第175页。

③ 胡戟、荣新江主编：《大唐西市博物馆藏墓志》六二，北京：北京大学出版社，2012年，第136—137页。

少昊之清风；长澜」深远，纂皋繇之迈德。太尉申奉国之忠，刺史流恤刑之惠。周史显异，休气浮于」幽谷；汉将申威，雄略驰于塞表。东坐问计，运策而取韩师；西入上书，立谈而居」秦相。朱轮结驷，弈叶腾辉。玄衮承华，芳猷无绝。曾祖希礼，齐著作郎、太中大夫、」征虏将军、通直散骑常侍、太常少卿、信州刺史，赠赵州刺史、鸿胪卿，谥文。懿德」清徽，誉流前代。褰帷刺举，绩劭当时。祖元操，齐给事中、中书舍人、通直散骑常」侍、聘陈使、博陵太守、散骑常侍、聘周使、黄门侍郎，周仪同三司，随上仪同、武安」县子、冯翊郡太守、内史侍郎、金州刺史。早擅文史，夙标词令。吐言抗论，泉涌云」飞。通聘二国，声驰四海。父来王，扶风郡主簿。国初，副御史大夫段确招慰朱粲，」为贼所害，赠上开府、员外散骑侍郎。忠彰劲节，贞表临危。宠服追荣，恩崇礼缛。」君承积德之美，膺川岳之灵。器宇宏深，机神明秀。行为士则，言表身文。贞固之」心，白珪非重；然诺之信，黄金已轻。故美誉播于乡闾，英名流于雅俗。起家通事」舍人。虔奉玉阶，肃恭文陛。承丝言于凤沼，敷纶诰于鹓池。同列仰其风流，衣冠」钦其仪表。转鸿胪寺丞。九棘清显，望实攸归。匡职伫才，佥议惟允。又除职方员」外郎、祠部员外郎，迁仓部郎中。上应列宿，赞务百揆。趋步轩陛，敷奏允穆。历职」中台，事繁务总。敏于从政，剖断如流。又善将顺，奉使绝域。皇华拥节，衔命吐蕃。」但葱岭辽敻，悬度遐阻。盐海际天，苍山蔽日。羌戎之地，杂种寔繁；白兰之南，荐」居非一。绵亘恃崄，亟多翻叛。远人未附，疆场唯忧。扬旆宣风，遐迩清肃。无虞异」域，厥功为重。方当抚翼云衢，骧首天路。而辅仁莫验，福善徒言。未申大夏之材，」遽掩荆山之玉。以显庆四年十月十五日，遘疾终于万年之里第，春秋五十八。」惟君器识宏通，神韵凝远。尚履端肃，风度详华。孝友表于冥资，忠诚符于令德。」谦撝居体，恭慎为怀。处俭绝诡遇之情，在泰无骄矜之色。立松筠之节，执金石」之心。故能入升华省，出使异域。弘政宣风之规，效官弼务之道。追踪前哲，无愧」昔人。而阅水兴悲，颓山奄及。以五年四月廿六日，旋葬于洛州河南县龙门乡」之原。长子敬忠，夙奉庭讼，孝以扬名。

惧舟壑之或移，嗟油素之难永。故式镌□烈,」用纪芳猷，乃为铭曰：

门承积祉，奕叶重辉。柱史方圣，太尉邻」几。流芳嗣美，率礼无违。载德垂裕，令望攸归。其一。

爰挺俊哲，克纂家风。孝资冥立,」信寔由衷。材配杞梓，羽类鹓鸿。魏乐方赐，田歌遽终。其二。

风凄哀挽，日黯佳城。委」騑服，舒卷旒旌。云沉孤陇，雾暗初茔。式镌盛德，用纪英声。」

（录自胡戟、荣新江主编：《大唐西市博物馆藏墓志》六二，北京：北京大学出版社，2012 年）

《甘元柬墓志》

一、解题

甘元柬，丹阳人，历仕唐高宗、武周、中宗三朝，官至鸿胪卿，两《唐书》无传。中宗朝时，其依附武三思，与兵部尚书宗楚客、将作大匠宗晋卿兄弟、太府卿纪处讷被称为“五狗”。神龙三年（707）七月庚子日，太子李重俊与羽林将军李多祚等人发动兵变，诛武三思、武崇训父子于其府第，诛甘元柬于皇城。李重俊兵败被杀，中宗追赠甘元柬为兵部尚书、曹国公。武后末，吐蕃联合西南诸势力袭扰西川，甘元柬曾奉命入蜀，瓦解吐蕃攻势。其后，吐蕃请和，甘元柬复任和亲使入蕃，议定和亲事宜，并由此进位鸿胪卿。神龙元年（705）十一月十六日，其已进位鸿胪卿，《赐食实封敕》盛称其“恩加魏绛，利在和戎”，“外辑强蕃，内安储位”。[①] 陈明迪、陆离《唐边疆治理与用人方略——甘元柬墓志所见六胡州与唐蕃和亲问题考释》[②] 考其即敦煌本吐蕃历史文书《大事纪年》中所记之长安三年（703）出使吐蕃的唐廷使者甘卿。

该墓志出土于河南省洛阳市偃师区，石藏偃师商城博物馆。志石长83厘米，宽85厘米。志文隶书，36行，行36字。《隋唐五代墓

① 齐运通编：《洛阳新获七朝墓志》一三六，北京：中华书局，2012年，第136页。

② 陈明迪、陆离：《唐边疆治理与用人方略——甘元柬墓志所见六胡州与唐蕃和亲问题考释》，《中央民族大学学报（哲学社会科学版）》2023年第1期。

志汇编》洛阳卷收录拓本[1]，《全唐文补遗》第五辑有录文[2]。同时出土的还有神龙元年《赐食实封敕》刻石。

卢藏用字子潜，幽州范阳人。初举进士不第，后隐居终南、少室二山以待时。长安中召为左拾遗，神龙中累转起居舍人、中书舍人，景龙中历任吏部侍郎、黄门侍郎、修文馆学士，先天二年（713）因附太平公主而流配岭南，卒于始兴。卢藏用能文善书，时称多能之士。曾为陈子昂编纂文集并撰序作传，高度评价其文学成就与贡献。此墓志当是奉中宗之命而作。

二、录文

大唐故鸿胪卿兼检校右金吾大将军上柱国赠兵部尚书曹国公甘府君墓志文」

中书舍人卢藏用」

君讳元柬，丹阳人也，其先出自有夏，暨甘盘种德，作师于殷；甘罗树行，立名于秦。戊以坚白倘」佯七雄之地，宁以虓阚折冲三国之军。文武之道，弈世不乏矣。曾祖珍，青州刺史、南陵公，宏略」远诣，不忝前绪。祖基，高代不仕，赠太子中舍人，高标妙识，独与化游。父玄览，皇朝汉王府参军，」赠润州刺史，探精索奥，遗代拔俗，养空守壹，故大位不隮。君潜履厥猷，倬立奇操，英风越迈，俊」气凌轶，雅识粹乎妙年，伟略成乎冠日，词艺美于谈翰，音奏谐于宫律，故夙辈器之，以为挺秀」而杰出也。年十八，举茂才，雅为时俊所赏，朋游颇纵怀，夫所安飞觞戛瑟，舞剑跳丸。盖流于逸」韵之所兴，而荡乎应物之所欢也。期而悔之，慨然以功名为志，乃求使西域。凉州都督裴行俭，」英贵之士，见君一谈而奇之。

---

① 陈长安主编：《隋唐五代墓志汇编·洛阳卷》第15册，天津：天津古籍出版社，1991年，第19页。

② 吴钢主编：《全唐文补遗》第五辑，西安：三秦出版社，1998年，第21—22页。

叹曰：此乃神仙童子。深礼重焉。夫仲连说而田□诎，文举进而李」膺知，毛遂颖脱而不处，终童亢议以自奇，岂才必有适而物固应之哉。由是发名，因使召见，封」扬称旨。敕殿中借官马给亲近左右，数被召见，问以得失。游于公卿间，声名藉甚，补雍州参」军，固辞自免，转右卫率府仓曹，盖违嚣即静，进德修业也。迁通事舍人。青蒲丹禁，敷纳惟休，音」容雅畅，时莫俦矣。以公事左迁婺州司兵，转泽州高平县令。基之以明察，齐之以典刑，仍之以」宽惠，卒之以和平。人免知耻，俗臻一变，古善政之俦欤。转蒲州虞乡县令。理不异前，化则逾美。」迁洛州垣县令。未几，以父忧去职，栾骸致毁，苴茶就制。时幽猃矫轶，郊垒多虞，天子方旰食」思贤是用，起君为塞州刺史。君棼首洵涕，伏表哀乞。优旨勉论，竟夺其情。既至则杂农战之」备，习攻守之机，怀夷貉以信，示疆场以威。由是仁加所临，声振远裔。虽乐毅燕垂，李牧赵际，业」固未齐，抑同轨而异世也。玺书褒美，迁长安令。钩拒以设，桴鼓不鸣。未几，出为凤州刺史。是」岁，湟中杂种诱訹西南夷，蜂合蚁聚，将陷賨蜀，朝廷骇焉，乃命君持节攘遏，以便宜从事。君设」疑纵闲，屯要据危，张先声以振敌，乘虚势以见奇，阳舒阴闭，星流猋驰。寇徒见其所以合，而莫」测其所离也。浃旬之间，川溃务廓，腾籍奔沸，填坑赴壑，全蜀攘戎，降羌定笮，一举而兼四功，不」阵而清蕃落。虽象出齐城，鸟巢楚幕，不之尚也。寻而赞府请和，复以君为和亲使。君衔命绝域，」受词适变，临机响应，思若有神。西戎服义，遂解辫而来宾。朝廷嘉之，拜鸿胪少卿，乃申前约。吐」蕃复羞金帛之礼，随君而还。进位鸿胪卿、兼右金吾卫大将军，封丹阳郡公，别食封三百户。昔」苏武囚而业不就，张骞倦而功未成，陈汤倜傥而为进，申胥痛毒以树名。在节则全，为利未博。」彼劳其事，我裕其荣矣。寻兼检校右金吾大将军。属望思构孽，辛城失亡，怨深击鼓，危甚弄兵。」君告归在庭，扶疾赴难，遇害于皇城之内。呜呼！仲由结缨以就祸，徒费袒背以殒身；信甘死以」徇义，不苟免以违仁。在乎丹阳，诚得其所。朝祲既清，皇情增悼，追赠兵部尚书、曹国公，特赐」锦衾衣服，频加吊赙，册赗之数，率礼而优。

生荣死哀，立事成节。声著国朝，行播徽烈，君子以为」先轸富辰之伦也。粤年月，制葬于洛州偃师孝义乡。有司考行，礼官视日。冕旒衔悼以加」等，萧鼓凝哀而启途，循忠烈以可作，信德邻之不孤，名著业远，夫复何恨。夫人南阳樊氏，皇朝」太子仆珍之女也，妙质冲懿，闲度徽柔，妇容外朗，嫔则内修。傅姆诗书以佑德，君子钟鼓而好」仇。在乎家邦，允迪厥美。先君而没，至是衬焉。有子曰昭、晖、晓，并克荷遗构，增修前绪。诉蔚莪于」昊天，泣涂刍于厚地。惧陵谷之将徙，仰声猷其不忘。遂缵述风范，刊刻金石，垂代业于后昆，永」芳尘而无易。」

（录自陈长安主编：《隋唐五代墓志汇编·洛阳卷》第15册，天津：天津古籍出版社，1991年）

《李秀神道碑》

一、解题

李秀（655—716），字玄秀，靺鞨人。墓志言范阳人，当是攀附郡望。其父李谨行为唐代著名蕃将，两《唐书》有传。李谨行累官至廓州刺史、积石道经略大使、检校右羽林军、右卫员外大将军，永淳二年(683)七月二日薨于鄯州河源军，陪葬乾陵。墓志谓李秀“良将之子，名公之家”，诚非虚誉。其在军中，曾深刻分析吐蕃军队的优势，“一曰深入国家之地；二曰大收国家之麦；三曰排甚厚，五兵不能穿；四曰阵甚坚，三军不能溃；五曰枪长锋利，短兵不能敌”，并提出了运动战、游击战的方略，以扬长避短，克敌制胜。其后，吐蕃大举进攻，李秀的建议得到了检验，取得了成效，也因此受到朝廷的褒奖，特拜云麾将军、左豹韬卫翊府中郎将，封辽西郡开国公。

该碑署“灵昌郡太守李邕文并书”，行书，书法雄遒，具二王之妙。《春明梦余录》谓：“李北海有两《云麾碑》，一为李思训，在陕西，一为此碑，其官同，其姓同也。然此碑笔法遒逸，大胜陕碑。秦人有著《石墨镌华》者，乃以为一碑。且以北碑为赵松雪所临，误矣。此碑旧贮良乡县库中，不知何时入都城。宛令李荫掘地得六础，洗视乃《云麾碑》，建古墨斋以覆之。后移少京兆署中，止二础，其四础传谓万历中王京兆惟俭携去汴中。”①

① （清）孙承泽：《春明梦余录》下，北京：北京出版社，2018年，第1288页。

《全唐文》卷二六五收有李邕《李秀神道碑》残文，题作《云麾将军碑》[①]；《全唐文补遗》第八辑据故宫博物院藏《临川李氏宋拓本》影印本重新录文[②]。

二、录文

唐故云麾将军左豹韬卫翊府中郎将辽西郡开国公上柱国李府君（秀）神道碑并序

灵昌郡太守李邕文并书

尝以张子缵承，珥貂蝉者七叶；杨公丕构，乘朱轮者十人。矧乃地雄一方，鼎贵百代，总武□而□□，绝朔漠而横行。故能轩盖六朝，印绶千数。腾趠今昔，飞行去来者，其惟一门欤。公讳秀，字玄秀，范阳人也。《姓苑》曰：范阳李者，其先出自陇西。洎前燕太子太保武陵元公产，产子续，济北郡守。抗，后魏北营州刺史。固安侯崇。崇子俨，辽东太守。因家焉。代为本官，累登连率。其政□大，其人底宁。以至于曾祖讳谥府君，辽东都督。全德安仁，毕诚大节。临下以简，制事以中。祖讳稽府君，左卫大将军、持节燕州刺史。英算雄举，武谊超绝。猿臂贯革，鹤阵搴旗。考讳谨行府君，左金吾卫大将军。牙将昼巡，信臣夜拜。忠无二命，义有一心。公幼而英明，壮而特达，硕肤海口，美髯燕颔。读书益智，笑三年之为癖；酌酒行礼，短七贤之过差。意气论交，平生感义，引弓抱月，泽剑流星。诵习六韬，不异人意；寻览三略，殊叹亨□。及二九渡辽，什五御寇，耳以金鼓，目以旌旗，纷纷纭纭，杂杂沓沓。公乃独出独入，一纵一横。□飞簇应弦以陷坚，回戈随手以包敌。议者以为良将之子，名公之家。张辽解围，盖其小者；李广飞将，居然在兹。特拜游击将军。日者，犬戎侵边，虎臣拥节。公以名数见召，义勇备行。逮登陇预

① （清）董诰：《全唐文》卷二六五，北京：中华书局影印本，第2696页。

② 吴钢主编：《全唐文补遗》第八辑，西安：三秦出版社，2005年，第38—40页。

谋，入幕规划。公曰：多算少算，惟禀庙堂；七纵七擒，终期主将。今吐蕃之胜者有五，我之长者惟一。诚能沮彼胜，用此长，师可济矣。何者五胜？一曰深入国家之地；二曰大收国家之麦；三曰排甚厚，五兵不能穿；四曰阵甚坚，三军不能溃；五曰枪长锋利，短兵不能敌。何谓我之长者一？若练蕃兵，选骁骑，伺其去，诱之来，马小而人多，甲重而排厚，无阵可整，无地可依，以蕃兵挠其行，以骁骑乘其乱，此以一取十，所云必胜也。时议休之。一战而吐蕃大败。恩加忠武将军、右卫翊府左郎将。累载，吐蕃报东门，掠西牧，众倍于昔，心锐于兹，蓄量练兵，设奇乘间。是时也，列藩失稔，诸军艰食，转输不足以□□，仓困不足以旷旬。战则我单师，彼厚阵；守则我粮绝，彼资多。公乃言曰：不若罢全军，退就粟麦，用偏卒荐食牛羊，驱之不难，啖之又省，自可持久，邀其堕归。且吐蕃以大军回，小敌在，向有预备，必不诫严。其或衔枚销声，乘夜窃发，攻前击后，袭东取西，此可□也。兵法曰：以少击众，必以之日夜，理存于此。议者多之，听其言，行其策。旬有七夕，云雾晦，风沙昏，公乃暗号潜□，深入□旅，吐蕃以为天兵总集，围师数重，尽其力以自诛，因其乱以自北。迟明而营垒□踣，亭午而道路系缧者不可胜数。我天子录异等，加懋功，特拜云麾将军、左豹韬卫翊府中郎将，封辽西郡开国公，食邑二千户。前后降宸翰，赐御衣、金银□□锦服至于八□。呜呼！日有侧，时有来，以开元四载四月一日，春秋六十有二，薨于范阳郡之私第。边镇夺气，士卒悼心。惟公德礼冠伦，周仁而勇。诗书满腹，多才而谦。朋执重之，雅推硕友；朝廷许者，佥允长城。禄俸散于战人，玉帛均于门客。或暮春三日，高秋九辰，或纳吉延宾，献岁聚族。盛礼张乐，撞钟无庭。舆马蹀于郊垧，罗縠照于廊庑。国家方筑坛拜将，分□即戎，而魂归于天，山藏于泽。命也夫！宜室范阳郡夫人班氏，西河郡司马恩府君之息女。贤和淑慎，静恭贞白。移天而辅之以德，训子而教之以方。亦既有成，曾是无愧。以天宝元载合葬于范阳福禄乡原，礼也。胤子朝议大夫、使持节景城郡诸军事、守景城郡太守、兼横海军使、仍充河北海运副使、赐紫金鱼袋、上柱国偃。智员谋长，体大心正。懿文壮武，广孝移忠。惟肖前人，克构丕业。形政尤异，立事通明。直绳闲邪，远量容物。赒悬军之急，海无惊波；恤巨防之虞，山不举燧。利倍往昔，功省今兹。名动藩维，福润河朔。夫子云，与其进者也。每泣血桐柏，椎心霜露，恐桑田或变，陵谷仍迁，是题丰石之碑，式表先公之墓。其词曰：

倬彼茂族，赫乎高门。经文纬武，翼子谋孙。岳立边镇，风生塞垣。英奇照灼，朱紫频繁。其一。

施及我公，克广尔祖。敦书悦乐，重规叠矩。

五色□云，万里投笔。辽水渺弥，陇山嶕崒。勤劳报主，往还计日。其三。

圣代流渥，昌时树勋。衣题锦字，札曜天文。方将遏虐，奄苒招魂。悲缠九族，恋切三军。其四。

黄河东浮，白日西侧。还流不□，倒轮无力。大将未臻，短辰已极。草树萧条，云山惨恻。其五。

哀哀令胤，栾栾棘心。筑坟则古，纪石非今。诉终天兮痛结，局厚地兮悲深。□斯人兮至性，伊厥美兮难寻。其六。

天宝元载岁在壬午正月丁未朔十□日建。

逸人太原郭卓然摸勒并题额。

□慈敏、张昂等镌。

（录自吴钢主编：《全唐文补遗》第八辑，西安：三秦出版社，2005 年）

《郑绩墓志》

一、解题

郑绩（672—727），字其凝，荥阳开封人。武后时举贤良，授越州永兴主簿。历任左金吾胄曹、吐蕃分界使、御史台主簿、秘书郎、太子司议郎、职方员外郎、比部郎中。著有《新文类聚》一百五十卷、《甲子记》七十篇、《古今录》二百卷等，并有集五十卷传于世，惜已亡佚。其“充吐蕃分界使，因撰《拓州记》一卷，深明长久，有识称之”。《〈郑公墓志铭〉及其史料价值》谓“拓州”当为“柘州”之笔误，唐有柘州而无拓州，柘州蜀剑南道，永淳元年（682）曾遭吐蕃进攻，广德（763—764）后没于吐蕃。[①] 郑绩充吐蕃分界使并撰《柘州记》，当是在剑南道与吐蕃勘界，然此次勘界未见于史书，这对于研究唐与吐蕃关系提供了非常重要的史料。

墓志1988年4月出土于陕西省西安市灞桥区向阳公司工地。志文由贺知章撰文，钱琇书，正书，24行，行25字。志盖篆书“大唐故郑府君墓志铭”。《全唐文补遗》第一辑[②]、《全唐文补编》[③] 有录文。王关成、刘占成、吴晓丛《〈郑公墓志铭〉及其史料价值》有研究。

---

① 王关成、刘占成、吴晓丛：《〈郑公墓志铭〉及其史料价值》，《文博》1989年第4期。

② 吴钢主编：《全唐文补遗》第一辑，西安：三秦出版社，1994年，第116页。

③ 陈尚君校：《全唐文补编》上，北京：中华书局，2005年，第425页。

贺知章（659—744），字季真，自号四明狂客，越州永兴人，官至秘书监。少以文词知名，与张旭、包融、张若虚并称“吴中四士”。性格狂放不羁，杜甫将其与李白、苏晋等写入《饮中八仙歌》，合称“饮中八仙”。工书法，尤擅草隶。贺知章为郑绩撰写墓志，当与郑绩多有藏书、长于著述有关系，并非一般性的请托。

二、录文

大唐故中散大夫尚书比部郎中郑公墓志铭并序

贺知章撰」

公讳绩，字其凝，荥阳开封人。稽古命氏建邦，家风祖业，纷载经记，」倬盈碑版，盛矣哉！洎王大父德政，隋工部侍郎。王父玄珪，隋左千」牛。严考大力，唐衡州攸县令。世济惟旧，寔德于公。公禀中和，膺上」美，行先王之道，读圣人之书。观其仪形，朗如明月；挹其文藻，晔若」春华。藏器于身，待时而动。属圣后诏郡国举贤良，公对策天朝，」海内莫比。授越州永兴主簿。秩满，诣诠庭殊等，调左金吾胄曹。」无何，充吐蕃分界使，因撰《拓州记》一卷。深明长久，有识称之。转御」史台主簿。虽体命自安，匪所欲也。俄征秘书郎，深惬素意。由是讨」论七阁，综核九流。或繁失旨要，或缺遗条品，乃著《新文类聚》一百」五十卷，依春秋作《甲子纪》七十篇。除太子司议郎，请加储后元」服。朝廷美焉，所奏编于国史。加朝散大夫，册勋上柱国，拜尚书职」方员外郎。暨掌地图，撰《古今录》二百卷。凡所著书，皆宪章遂古，贻」范后昆。迁比部郎中。公尝以时不我与，位不充量，每因休暇，载思」闲逸，于所居胜业里激流为沼，延石裁峰。植果万株，艺药千品。人」野之际，形胜斯极。重以有书一万卷藏于家，有集五十卷传于代。」何图初微疾苦，遽悲启足。春秋五十六，以开元十五年龙集丁卯」八月辛丑，终于私第。夫人吴兴钱氏，汉州刺史节之女也。刺史以」一则深寄，功铭帝室；夫人以三从懿躅，化著公官。肃咸盥之礼，」尽如宾之敬。率纮组以应勤，友琴瑟而惟穆。九年，授嘉兴」县君，从夫贵也。不克遐艾，早世而终。粤其年十一月己亥廿二日庚申，祔」于杜城东铜人原，礼也。有子展，柴毁充穷，哀懇见托。志夫德业，旌」于泉户。铭曰：

我府君兮维人特，探班扬兮宪孔墨，孝于家」兮忠于国。我夫人兮庶姬则，夸宝容兮阐明德，福不偕兮天何惑。」朱鸟南兮玄武北，柳驾回兮桐阍塞，贞石埋兮芳字刻。

钱琇书。」

（录自王关成、刘占成、吴晓丛：《〈郑公墓志铭〉及其史料价值》，《文博》1989 年第 4 期）

《李知新墓志》

一、解题

李知新（677—734），为唐玄宗李隆基的四从叔，历任贝州参军、殿中省尚辇奉御、尚舍直长、豫州司功参军、太子典膳郎、滁州蕲州别驾、青州长史。金城公主入蕃时，其以宗室的身份随同使蕃，使回后真除尚舍直长。

该墓志2007年出土于河南省洛阳市洛龙区龙门镇，志石长67厘米，宽66厘米，志文正书，28行，行28字。志盖长71厘米，宽70.5厘米，篆书“大唐故李府君墓志铭”，3行，行3字。《秦晋豫新出墓志蒐佚》[①]、《洛阳新获七朝墓志》[②] 等收有拓片，《洛阳流散唐代墓志汇编》收有拓片并录文[③]。杨庆兴《〈李知新墓志〉的史料及书法价值探析》[④]、陈明迪等《唐入蕃使者补遗四则——以出土墓志为中心》[⑤] 及陈明迪博士论文《墓志所见唐代边疆与民族若干问题

---

① 赵君平、赵文成编：《秦晋豫新出墓志蒐佚》四五二，北京：国家图书馆出版社，2011年，第576—577页。

② 齐运通编：《洛阳新获七朝墓志》二一二，北京：中华书局，2012年，第212页。

③ 毛阳光、余扶危主编：《洛阳流散唐代墓志汇编》一三二，北京：国家图书馆出版社，2016年，第264—265页。

④ 杨庆兴：《〈李知新墓志〉的史料及书法价值探析》，《书法》2012年第3期。

⑤ 陈明迪、陆离：《唐入蕃使者补遗四则——以出土墓志为中心》，《西藏民族大学学报（哲学社会科学版）》2019年第6期。

研究》[1] 等有研究。

李知新于开元二十四年（736）正月十六安葬，墓志署“宣义郎、行右威卫仓曹参军、长杨县男边斐”。又，天宝十三载（754）十一月十八日安葬之《故范阳郡君卢尊师墓志铭并序》[2] 及二十九日安葬之《唐故襄州别驾赠齐州刺史李公故夫人扶阳郡君韦氏墓志铭并序》[3]，均署“司金员外郎边斐”。另，《唐尚书省郎官石柱题名》有金部员外郎边承斐[4]，《文苑英华》有边承斐《对太庙登歌判》注“一作斐”[5]。张忱石《唐尚书省郎官石柱题名考补考》疑“边斐”即“边承斐”，当从墓志，作“斐”义长。[6] 或名“斐”字“承斐”，以字行。

二、录文

皇四从叔故太中大夫行青州长史上柱国府君墓志铭并序」

宣义郎行右威卫仓曹参军长杨县开国男边斐撰」

公讳知新，字知新，陇西狄道人也。五代祖」景皇帝，高祖郇王讳祎，曾祖新兴王讳德良，烈祖坊州牧讳仁则，烈考均」州司马讳处嶷。宗崇系茂，岳峻川长，与国咸休，永年齐庆，故世为」王之叔父矣。公器识端详，志怀历落，举则密达，息如挥谦，不拘常伦，自合」大体。属天后拜洛，以宗子陪位，祇礼事而骏奔，濡阳

---

① 陈明迪：《墓志所见唐代边疆与民族若干问题研究》，南京师范大学博士学位论文，2020年。

② 陈长安主编：《隋唐五代墓志汇编·洛阳卷》第11册，天津：天津古籍出版社，1991年，第215页。

③ 毛阳光主编：《洛阳流散唐代墓志汇编续集》一九一，北京：国家图书馆出版社，2018年，第384页。

④ （清）劳格：《唐尚书省郎官石柱题名考》卷十六，北京：中华书局，1992年，第754页。

⑤ （宋）李昉：《文苑英华》卷五一七，北京：中华书局，1966年，第2649页。

⑥ 张忱石：《唐尚书省郎官石柱题名考补考》卷十六，北京：中华书局，2018年，第192页。

和以莺举。始」放选，授贝州参军，陟遐之兆也。后诏除左卫率府仓曹参军，兼摄殿中省」尚辇奉御。会金城公主之聘年也，所谓洮河无氛，沁水方降。盛汉容以出」塞，宾虏庭而简材。公复以宗室誉高，媵臣咨得，故我则假以荣命，彼则尊为上卿。因能专对直叙，抗礼知节。回加朝散大夫，真除尚舍直长。眷兹优」级，犹足惋叹。兼出摄豫州司功参军。秩终，署太子典膳郎，稍迁滁蕲二州」别驾。虔恭庶品，差若鸿骞。屈佐六条，宁闻骥展，又改青州长史。毗岳益声，」距海多洽。以开元廿二年上计于洛都，随其方敷，厥贡苞错。篚异维藤，箱」缫征名实以献功，总僚吏而数课，述职之礼也。方将擢迹轩墀，接翼霄汉，」振东莱以攀咏，下南宫而论道。何生之有涯，而善不流庆。以其年十一月」十三日，遘疾终于洛阳教业里私第，春秋五十八。于戏，邓林之芳，不如若」木之贵；文驷之逸，不如麟趾之荣。且贵乃荣，公之地也。既地而约，公之贤」也。故贤与时会，则乘轩拖朱以通于绝域；而道将命蹇，则虬蟠蠖曲以贰」于外藩。故能推分于琴酒之怀，投义于然诺之契，尽给而费，宁俟散金，当」进不求，焉用鸣玉，噫可叹也。夫人彭城县君刘氏，即夔公之曾孙，鼎绪家」传，阃仪天纵。方永著于苹藻，冀偕韵于琴瑟，而龙泉始挥，鸾镜先掩。以开」元三年二月八日，终于河南陶化私第，春秋廿八。又以开元廿四年岁次」丙子正月辛巳朔十六日丙申，合祔于都城南旧茔，礼也。嗣子前汴州参」军曰澄，次汝州参军曰洽，皆忠孝宅心，体识居望。瞻吉封树，哀恸旻苍。他」□执经，议则过礼，今也刊颂，旌夫后昆。铭曰：」

公族之美兮，问望其声。高门之媛兮，弈叶其荣。宜家适兆兮，蕣落其英。登」朝比周兮，梁木斯倾。周南何为兮，烟垅其成。征芳继实兮，千秋令名。」

（录自赵君平、赵文成编：《秦晋豫新出墓志蒐佚》，北京：国家图书馆出版社，2011 年）

《马俊墓志》

一、解题

马骏（684—736），京兆扶风人，唐代名将马晟、马骥之长兄，马璘之伯父，解褐左领军卫翊府长上，历任陕州芮州府左果毅都尉、岐州山泉府右果毅都尉、宁申忠三王王府典军、郴州长史、广州长史。金城公主入蕃时，其作为和蕃使、鸿胪卿杨弘矩寮佐随同出使，使回升任陕州芮州府左果毅都尉。杨弘矩即杨矩，其本名弘矩，当是中宗神龙元年（705）因避孝敬皇帝李弘讳而改。

该墓志1988年8月出土于陕西省西安市灞桥区洪庆镇路家湾村，石藏陕西省考古研究院。志石长61厘米，宽61厘米，厚10厘米，志文有界格，正书，28行，行28字。志盖长60.5厘米，宽60.5厘米，厚8厘米，篆书“大唐故马府君墓志铭”，3行，行3字。《新中国出土墓志·陕西》（肆）有拓片及录文。[①]

① 故宫博物院、陕西省考古研究院编：《新中国出土墓志·陕西》（肆），北京：文物出版社，2021年，上册第140页、下册第126—127页。

二、录文

唐故朝请大夫广州都督府长史上柱国扶风县开国子马府君墓志铭」

君讳骏，扶风人也。庆绪繁衍，昌源遐深，中朝继荣，外戚称贵。有若融以兴」教，有若援以安人，前史书之详矣。曾祖开，随邛利二州刺史。大父昭，皇」徐滕临沂二县令。皇考正会，皇嘉眉鄜三州刺史、松隽鄯三府都督、云」麾将军，左威武二卫将军、扶风县开国子，政术优洽，所在有声，才略纵横，」无出其右。公即将军之元子也。象贤继业，蕴德贻庆，偃仰游夏，暗合孙吴。」先府君方领松州，有制令岳牧子宿卫，公解巾授左领军卫翊府长上。」后为和蕃使、鸿胪卿杨弘矩所籍，奏以偕行。旋改陕州芮州府左果毅都」尉。未几，丁清河夫人忧。终制，调岐州山泉府右果毅都尉。满秩，除宁王」府副典军。无何，居先府君丧。服阕，除申王府典军。府废，换忠王府，如前」职也。仍袭扶风县开园子。先是，上念蒸人，精择良吏，大君有命，公乃」膺之。拜郴州长史，寻授朝散大夫。因奏计王庭，属铨品人物，以广州雄镇，」炎陬是虞，佐理边甿，实务材干，遂擢公为长史，加朝请大夫。公秉心以谦，」守道以直，安亲以孝，事主以忠，亟历官荣，聿兼文武，总此具美，阶乎累政。」始参禁旅，必尽其劳，爰守外兵，实闻其政。故能三趋邸第，再莅藩方。奉」游宴于西园，致和平于南海。不为义屈，不以利回。当官而行，罔有不乂。尝」曰：饮冰可以励节，酌泉可以诚心，允执其中，恒保贞吉，过此以往，未之知」也。宜其挥利器，骋亨衢，而天不与年，善徒虚语。开元丙子岁季秋旬有四」日，遇疾终于官舍，春秋五十有三。丁丑年秋七月，葬于京师铜人原，礼也。」于戏！悠悠苍天，莫匪尔极，用歼厥懿，谓之何哉。夫人南阳郡君邓氏、嗣子」容府参军晋、女淑惠、英华等，并执丧成疾，泣血涟如。涉三湘，逾五岭，言归」故国，远奉輤车。孀心无从，号诉罔极，以举衣衾之礼，将陈羽葆之仪。幽埏」一开，白日千古。公季驵、骥、駒、駼、暹等，孔怀之悲，或隔于官守；具尔之戚，或」躬于丧事。《诗》云：孝乎维孝，友于兄弟。岂斯之谓欤？铭曰：」

猗嗟若人兮曰清与慎，扶风命族兮轩裳锡胤。西蕃奉使兮南海佐郡，侯」伯之袭兮功名克振。天难忱兮福善非信，越殊俗兮归乎幽榇。返故乡兮」启玄堂，坟既兆兮柏初行。泉户千春兮不复晓，徒见月露之苍苍。」

唐开元廿五年七月卅日葬。」

［录自故宫博物院、陕西省考古研究院编：《新中国出土墓志·陕西》（肆），北京：文物出版社，2021 年］

《卢满墓志》

一、解题

开元二十六年（736）太仆卿王昱出任益州长史、剑南节度使，分道经略吐蕃，在进攻安戎城时大败；九月，王昱被贬为括州刺史。此次失败，唐军多有被吐蕃俘获者，墓主卢满当是其中之一。卢满字季瑾，郡望范阳，河南人。开元二十三年（735）授眉州通仪县尉，二十六年（738）随节度使王公出征，陷没吐蕃，后被赎回，因冷瘴而去世，二十八年（740）三月安葬。由墓志可知，唐蕃征战中被俘人员，是有被赎回的机会的。又，所谓“冷瘴”当是高原反应，从低海拔地区急速进入3000米以上高海拔地区后高寒缺氧等导致的多种不适症状。

《全唐文补遗》第六辑有录文。[①]

二、录文

大唐故眉州通仪县尉上护军赏绯鱼袋范阳卢府君墓志□男道尸柩同殡

君讳满，字季瑾，范阳涿人也，因官家于河南。曾祖谐，随怀州

① 吴钢主编：《全唐文补遗》第六辑，西安：三秦出版社，1999年，第430页。

司□、郓州寿张县令、朝散大夫。父延庆，唐归□州司仓。公以开元廿三载授官。廿六载，遇本道□使王□甄擢，摧扬翼□□□副使。属将军失□□□□亡，公重围轻身□，遂没蕃落。□□□日后，方赎出。即集□□益府，婴疾冷瘴□□□□□□ □□。任前检校晏州司马□□□□□□之礼□□□□□。以今年三月□□□□一日，权窆于□州□□□里原之礼也。夫人河东□□择见任□别驾。有子方并□□□随母□□公之临□至于艰苦。不几日□□□之□丘谨为之□□□□□□□□□□□□□ □□□□□□□又将来贤□□也。

开元廿八年□□□□□□□

（录自吴钢主编：《全唐文补遗》第六辑，西安：三秦出版社，1999 年，第 430 页）

《贾令琬墓志》

一、解题

贾令琬（687—741），汝州临汝人，以门子授金城公主府典签，历任右威卫仓曹、左威卫仓曹参军事、左司御率府长史、相州临河县令。金城公主为嗣雍王李守礼之女，章怀太子李贤之孙女，其封金城公主后，得以开府置官，只是官员数量上比亲王减少一半。金城公主府设典签一人，从八品下，职掌“宣传教命”[①]。金城公主开府，当是为入蕃做准备。贾令琬“谋能专对，策可抚和”，得以辟为府属并奉命出使。从吐蕃返回后，贾令琬升任右威卫仓曹参军事，转左威卫仓曹参军事，正八品上，当是护送金城公主之功。

贾令琬墓志有两盒，分别是王弼文《大唐故朝议郎行相州临河县令上柱国贾公墓志铭并序》，及梁德□《大唐故朝议郎行相州临河县令上柱国贾公墓志文并序》，前志为贾令琬墓志，后志为贾令琬夫妇合葬墓志。《曲石精庐藏唐墓志》[②]、《隋唐五代墓志汇编》[③]、收有

---

① （后晋）刘昫：《旧唐书》卷四十四《职官志》，北京：中华书局，1975 年，第 1914 页。

② 李希泌编著：《曲石精庐藏唐墓志》，济南：齐鲁书社，1986 年，第 51、54 页。

③ 陈长安主编：《隋唐五代墓志汇编·洛阳卷》第 11 册，天津：天津古籍出版社，1991 年，第 4、64 页。

两志拓片，《唐代墓志汇编》[1]、《全唐文补遗》第1辑[2]等有两志录文。陈明迪博士论文《墓志所见唐代边疆与民族若干问题研究》[3] 及陈明迪、陆离《唐入蕃使者补遗四则——以出土墓志为中心》[4] 对贾令琬出使事进行了初步考察。

二、录文

大唐故朝议郎行相州临河县令上柱国贾公墓志铭并序」

秘书省校书郎太原王弼文」

公讳令琬，河南洛阳人也。其先借秦上书，为汉才子。曾祖」晃，皇岐州司户参军；祖纯，皇夔州大昌县令；父嘉宾，正」议大夫、行石州别驾。或参卿有命，主诺司存；或不言而理，或」别乘为政，世济其德，惟公继之。公文学泉深，」形神高迈，礼能周物，义必在公。解褐金城公主府典签。将命」异域，匪躬之故，临事专对，行人奉辞。使回，改试右威卫仓曹。」无何，转左威卫仓曹。环列兰锜，实司我庾。又迁左司御率府」长史，授相州临河县令。毕昴之间，虞夏之故，惟黎婾薄，惟政」其难。自公下车，庭无留事。或曰：操刀大邑，人之庇也。」卓鲁之惠，公实得之。三年有成，褫簪归告。呜呼！天道」无亲，常与善人，衅及君子，乃虚言耳。开元廿九年十一月廿」五日遘疾，终于洛阳毓财里之私第，春秋五十有五。以天宝」元年三月廿八日，葬于北邙平阴乡之原，礼也。公每」诫致盈必损，多藏厚亡。临殁有言，命以薄敛。公之俭」德，

① 周绍良主编：《唐代墓志汇编》“天宝〇〇五、天宝〇七五”，上海：上海古籍出版社，1992年，第1534、1584页。

② 吴钢主编：《全唐文补遗》第一辑，西安：三秦出版社，1994年，第151—152、159—160页。

③ 陈明迪：《墓志所见唐代边疆与民族若干问题研究》，南京师范大学博士论文，2020年。

④ 陈明迪、陆离：《唐入蕃使者补遗四则——以出土墓志为中心》，《西藏民族大学学报（哲学社会科学版）》2019年第6期。

举二可知。嗣子崇裕，左卫率府亲卫；次子朝采，前国子明」经。孝德惟深，克成负荷。昊天罔极，过隙缠哀。爰访小人，式扬」清懿。俾夫陵移谷变，时高梁道之名；阴魄阳魂，恒对晏婴之」像。铭曰：

公之生也，兰有其芳。公之逝也，剑沉其光。出国门兮」望高岗，愁青松兮思白杨。天长地久兮德音孔臧，樵苏不至」兮多历星霜。」

（录自李希泌编著：《曲石精庐藏唐墓志》，济南：齐鲁书社，1986 年）

大唐故朝议郎行相州临河县令贾公墓志文并序」

公讳令琬，雁门人也。十八代祖逵，魏为豫州太守，食菜临汝，今为郡」人焉。家承竹符，代赐茅土。学成左传之僻，材动洛阳之价。故钟鼎连」华，轩裳接武。曾祖晃，隋任岐州司户参军。名擅国英，德为时杰。雄飞」尚屈于三语，坐啸先闻于百城。祖纯，皇夔州大昌县令。制锦从」政，割武城之刀；鸣弦独理，驯中牟之翟。父嘉宾，皇正议大夫、行」石州别驾。骋以鹏翰，展其骥足。能赋是大夫之贤，题舆为刺史之半。」公庆积累仁，材膺耀颖，孤松百丈，绝壁千仞，初以门子授金城公」主府典签。国家以德绥远人，恩降季女，爰修子壻之礼，以」成舅甥□国，故择时杰，以为府官。及公主归蕃，大君有命，以」公谋能专对，策可抚和，异有莘之媵臣，且非负鼎；为我唐之使」者，姑闻酌垒。还授右威卫仓曹，又转左威卫仓曹参军事。荣分两卫，」职典一曹。为宠有司之忲，爰拜春官之袟，迁左司御率府长史。无何，」丁石州府君忧去职。丧过乎哀，杖不能起，洒泪枯栢，崩心匪莪，岂独」无其贰事，实将加于一等。服阕，授相州临河县令。清白守官，温惠字」下，收介特，恤茕嫠，悬明镜以照临，执铦锋以断割。人俾纯嘏，方期夕」拜；

天不慭遗，奄闻朝落。以开元廿九年十一月廿五日，终于东京毓」财里之私第，春秋五十五。夫人扶风马氏，皇朝散大夫、行陈州司」马元礼之贤女也。肃雍嫔则，圣善母仪，致养舅姑，克谐娣姒，帷堂昼」哭，初终穆伯之丧；舟壑夜迁，遽合周公之葬。以天宝四载四月廿二」日，终于东京审教里之私第，春秋五十。以其载十月廿五日，同葬于」河南府洛阳县平阴乡北邙之原，礼也。嗣子崇裕，左卫翊卫；次子朝」采。深谷忽移，恐失绕坟之所，遂托毫翰，式旌徽烈。词曰：」

魂何之兮？之彼北邙。嗟夜台之黯黯，对古树之苍苍。庶乎可作，敢以」言扬。在千秋万岁之后，知夫君子德音不□。」

国子监四门助教梁德（下阙）」

（录自李希泌编著：《曲石精庐藏唐墓志》，济南：齐鲁书社，1986 年）

《李良金墓志》

一、解题

李良金（722—768），陇西人，弱冠之岁，“杖剑独游”，得以入“朔方节度副使论公”幕下，“廿年间，累有迁拜”，官至晋州刺史。李良金大历三年（768）七月卒于河中，十一月葬于晋城，年四十七。逆推二十年，为天宝七载（748），时李良金二十七岁，朔方节度使乃张齐丘。《拨川郡王碑》载论弓仁开元八年至十一年（720—723）任朔方节度副大使，十一年四月去世，“长子卢，袭官封，继事业”。《册府元龟》载至德三年（758）正月朔方节度副使、开府仪同三司、鸿胪卿论诚节袭封拨川郡王。[①] 据此，苏晋仁谓“长子卢”即论诚节[②]，则李良金所入之幕当为论诚节之幕。墓志谓“朔方节度副使论公遇公而置之幕下”，可见论公对李良金的赏识与知遇，由此也开启了李良金的仕途之路，四十二岁时已官拜晋州刺史。

该墓志出土于山西省临汾市，石藏山西大学图书馆，长、宽均为60厘米，正书。《隋唐五代墓志汇编·山西卷》收录有拓片[③]，《唐代墓志汇编》[④]、《全唐文补遗》[⑤] 等都有录文。

---

① （宋）王钦若：《册府元龟》卷一百三十一，南京：凤凰出版社，2006年，第1434页。

② 苏晋仁：《蕃唐噶尔（论氏）世家（下）》，《中国藏学》1991年第4期。

③ 张希舜主编：《隋唐五代墓志汇编·山西卷》，天津：天津古籍出版社，1991年，第132页。

④ 周绍良编著：《唐代墓志汇编》“大历〇一〇”，上海：上海古籍出版社，1992年，第1766—1767页。

⑤ 吴钢主编：《全唐文补遗》第六辑，西安：三秦出版社，1999年，第454页。

二、录文

唐故金紫光禄大夫试太子詹事兼晋州刺史上柱国陇西郡开国公李公墓志铭并序」

山有发地崛起者谓之灵岳，木有梢云挺棹者谓之长材。然木之秀」也，遇惊风或折，山之峻也，有朽壤则崩。噫！以人事拟其伦，我李公近之」矣。公讳良金，陇西人也。五代祖俭，佐高皇帝定都于雍，因居豳郊，子」孙不迁，遂传家于新平矣。皇祖素，宁州真宁宰；大父亨，绛州长祚府折冲;」列考宗，益州新繁令；或墨绶驰声，或鹖冠陈力，皆树德积善而钟美」于公。公即新繁府君之次子也。幼而锐敏，长而英奇，气郁风云，心坚铁石。」弱冠忽投笔太息，杖剑独游。时朔方节度副使论公遇公而置之幕下。尔」后出奇破敌，戡难计功，廿年间，累有迁拜。日者受分符之寄于晋也，人」乐其化，吏畏其威，虽迫凶徒，而身处唐郊；亦怀王命，而心驰」魏阙。间岁职营田之务于蒲也，规画疆理，巡阅耕耘，法立令行，人莫」敢犯。岂意讼因小史，词忤大臣，苍黄之际，命归不测。伤哉！以大历三」年七月十一日奄终于河中府，春秋卌有七。夫人荥阳郑氏。芳兰之」姿，坚冰之操，中年不幸，先公而亡。以广德元年十一月十四日返□」于晋州官舍，享年卅有一。旋以公即世之岁，十一月廿六日，合葬」于晋城东偏，龟筮叶从也。嗣子季平，弱而在疚，哀不绝声」，长号终天，愿言报德。铭曰:」

长材国桢，雅望人杰，植性刚毅，守官忠烈。何□□□□」□心苦节，汾晋作牧，吏畏人悦。如何生涯，忽焉冥□□□□□□」秀木析。繁霜凝兮芳兰歇，千秋兮万□，双魂兮同穴。」

（录自周绍良主编:《唐代墓志汇编》“大历〇一〇”，上海：上海古籍出版社，1992 年）

《李公夫人张氏墓志》

一、解题

盐州治所在今陕西省定边县，地处陕甘宁蒙四省交通节点，素为三秦要塞。贞元二年（786）十一月，吐蕃大相尚结赞进占盐州，截断了关中与朔方、回鹘的联系；三年（787）六月，“吐蕃驱盐、夏二州居民，焚其州城而去”[①]。此后，盐州一直都是残破状态。八年（792），诏张献甫议筑盐、夏二城。九年（793）二月，灵州大都督兼灵、夏等州节度使杜希全上奏，主张重新修筑盐州城，得到德宗的同意。杜希全调集人力物力，仅用了20天便修筑起了盐州城垣。重新修筑盐州城后，形成了灵州、盐州、庆州的防御链条，有效遏制了吐蕃扩张的势头。白居易新乐府《城盐州》便是为此而作，称美“自筑盐州十余载，左衽毡裘不犯塞”，“诸边急警劳戍人，唯此一道无烟尘”。[②] 为重修盐州城，唐朝军民也付出了沉重代价。《李公夫人张氏墓志》所记载的正是丈夫因“国家新盐州”而“绾馈餫之役”，新婚3年的夫人遇疾而亡，自己不在身边，“死生之恨蕴于人心”的悲剧。

该志出土时地不详，志石长33厘米，宽33厘米，厚5厘米。志

---

① （后晋）刘昫：《旧唐书》卷十二《德宗纪》，北京：中华书局，1975年，第357页。

② （唐）白居易著，朱金城笺校：《白居易集笺校》卷三，上海：上海古籍出版社，1988年，第179页。

文正书，16 行，行 18 字。志盖长 33 厘米，宽 33 厘米，厚 5 厘米。篆书“大唐故夫人张氏墓志”，3 行，行 3 字。《陕西省考古研究院新入藏墓志》收有拓片并录文。[①]

二、录文

唐楚州宝应县丞李公夫人张氏墓志铭并序」

夫人姓张氏，清河人也。其门地精华，衣冠联蝉，」弈叶蕃昌，服冕乘轩，列青史者，其可数也。」曾祖礼，皇襄州宜城县令；祖景璋，皇」左羽林军长史、兼司农寺丞；父晋明，左卫兵」曹参军。夫人即兵曹之第十九女也。贤和聪惠，讷」言敏行，志操高远，美声洽闻。年十九归于李氏。其」为妇也，身有敏行，口无戏言，六姻内和，四邻外睦。享年廿有一，贞元九年龙集癸酉遇疾，三月终」于务本坊之私弟。其年六月戊申朔十四日辛」酉葬于万年县崇道乡，殡也。初，」国家新盐州，李公绾馈饵之役，公在役而」夫人亡。虽修短之期定于冥数，终死生之」恨蕴于人心。铭曰：」

古原之上兮草木茫茫，幽泉无晓兮地久天长。」已乎已乎，今与昔兮空伤。」

（录自陕西省考古研究院编：《陕西省考古研究院新入藏墓志》，上海：上海古籍出版社，2019 年）

① 陕西省考古研究院编：《陕西省考古研究院新入藏墓志》“八〇”，上海：上海古籍出版社，2019 年，第 82 页。

《崔汉衡墓志》

一、解题

崔汉衡（730—795），博陵人，官至晋州刺史、晋慈隰等州观察处置都防御等使，两《唐书》有传。代宗、德宗朝时，四次出使吐蕃，两次参与唐蕃会盟，在促进唐蕃交流上做出了积极贡献。

该墓志出土于河南省洛阳市，志石长、宽均为 86 厘米，志文 38 行，行 38 字，正书；志盖篆书“唐故吏部尚书博陵郡开国公赠左仆射崔公墓铭”，5 行，行 4 字。《洛阳流散唐代墓志汇编》首次刊布志、盖拓片并录文[①]，《秦晋豫新出墓志蒐佚续编》亦收有墓志拓片[②]。王庆昱《新见唐崔汉衡墓志与唐蕃关系考论》[③]、吴炯炯《和蕃使崔汉衡考——以新出土〈崔汉衡墓志〉为中心》[④] 等对墓志有研究，李宗俊《法藏敦煌文书 P. 2942 相关问题再考》利用墓志对敦煌文书相关内容进行了新解读。[⑤]

---

① 毛阳光、余扶危主编：《洛阳流散唐代墓志汇编》二三四，北京：国家图书馆出版社，2013 年，第 470—471 页。

② 赵文成、赵君平编：《秦晋豫新出墓志蒐佚续编》七〇〇，北京：国家图书馆出版社，2015 年，第 957 页。

③ 王庆昱：《新见唐崔汉衡墓志与唐蕃关系考论》，《青海民族大学学报（社会科学版）》2017 年第 4 期。

④ 吴炯炯：《和蕃使崔汉衡考——以新出土〈崔汉衡墓志〉为中心》，《中国藏学》2018 年第 2 期。

⑤ 李宗俊：《法藏敦煌文书 P. 2942 相关问题再考》，《敦煌研究》2014 年第 4 期。

杜确，京兆人，大历二年（767）等茂才异行科，官至河中尹、河中节度使，曾编次岑参文集并为之作序，柳宗元有《为韦京兆祭杜河中文》。墓志中自称“故吏”，谓“往在郎位，获参使车”，则其曾为崔汉衡的僚属。

二、录文

唐故银青光禄大夫检校吏部尚书兼晋川刺史御史大夫充晋慈隰等州观察处置都防御等」使上柱国博陵郡开国公赠尚书左仆射崔府君墓志铭并序」

故吏中大夫行给事中京兆杜确纂
处士张惟静书」

公讳汉衡，字汉衡，博陵人也。家声祖德，贻庆济美。河朔著姓，独为冠族。五代祖士谦，后周陈郑等」十四州大总管，《周书》有传。曾祖孝佑，邡州司马。祖思安，梓川玄武县主簿，赠宣州刺史。皇考」使，遂州长江县尉，赠刑部尚书。谋孙翼子，垂范后昆。裕蛊克家，光昭前烈矣。公体度弘博，志气沉」定，能断大事，尤精远图。早游翰场，声振时辈。垂登甲乙，俄属艰难。春官卿尚衡，总戎河右，一见殊礼，」接为上宾。愿自试长理人，请先宰邑。不夺其志，授沂之费令。莅职期岁，大扬休声。尚公方欲」升闻，荐于密近。尚寻罢镇，公亦去官。方涉江南浮，慕彭泽之事。吏部侍郎李季卿衔宣抚，多」举滞淹。表授大理丞，举贤俊也。滑之连率、仆射令狐彰钦悦高风，奏授监察御史。久转殿中，荐归」天朝，奖成绩也。迁检校礼部员外兼侍御史，副和吐蕃使、谏议大夫吴损。损殁列馆，公专奉词。戎狄无」厌，贪求有素。忘虏庭之危险，凭汉主之威灵。捐躯且轻，辱命为耻。竟挫酋长，毕恢封疆也。伏奏，」迁朝散大夫、右司郎中。董正六联，厘举百度。寻以京县剧甚，总领才难，由是改万年县令。政成化洽，」雷动风靡。建中之冶，西戎请盟。诏以公为殿中少监兼御史中丞，充答蕃使，寻兼大夫。复命称」

旨，迁银青光禄大夫、鸿胪卿。四年，加检校工部尚书，依前兼御史大夫，又使蕃中，报朝贡也。兴元」元年，驾在奉天，转检校兵部尚书兼秘书监，封博陵郡公，食邑三千户，充西京留守、京西权宜」处置宣慰吐蕃等使。表授戴休颜、韩游瓌等节度，并建殊勋，以平大盗。俄罢图书之任，真领兵戎」之重。仍进上柱国，寻充东都、淄青、魏博赈给宣慰等使。明年，又充幽川宣慰使。溥畅滬恩，惠」恤凋瘵。犷悍低首，携离宅心。东夏之人，遂获宁处矣。时贞元四祀秋七月，改检校吏部尚书、晋川刺」史、兼御史大夫、充晋慈隰等三州观察处置都防御等使。实沉遗墟，陶唐故宅。华夷杂处，师旅频加。」田菜卒荒，鄽里散逸。沐我仁政，泰然熙春。尔来八年，俗用一变。贞元十有一祀夏六月九日甲辰，寝疾薨」于位，正也。享年六十有六。邑人涕洟，皇情震悼。爰降中使，且吊且伤。赙赗之数，有加恒典。」诏赠尚书左仆射，旌勋焉。以其年十有一月甲午九日壬寅，安神于河南府颍阳县内川乡万安之」原，从龟筮也。夫人吴郡张氏，有唐闻人封丘尉从长之女也。妇道载备，母仪有光。迈文姬之贤，加敬」姜之德。佐辅保清白之节，柔明睦中外之姻。如蕣之华，先公而落。建中辛酉岁，捐馆于万年县廨，享」年卌六。比则权窆，今兹合祔。公端洁固躬，明诚格物。恩洽戎狄，化孚豚鱼。清水之盟也，公约言」一就，蕃人不爽。西裔彻警，逮逾六年。朱玼之难也，公能以蕃徒来助天讨，首挫凶逆，尽殪贼锋。制」胜武亭，实公之力。及使山东也，反侧之人，疑惧顿释，申画封略，悉如诏旨。往年平凉会戎，期继」前好。他使定约，不察奸谋。命公莅焉，衅已结矣。朝服见止，皆成狄俘。受礼而归，惟公而已。恩信素畜，」兹焉益彰。长子助，将仕郎、前守郑州司功。次子劢，宣义郎、前守少府监丞。季子勖，乡贡明经。并孝友」淳深，文行修练。早奉严训，终承洪烈。女适广平刘氏曰从一，圣朝之元辅也。光赞大伦，实惟内」助。才封石窌，俄叹柏舟。及兹荼苦，倍深毁顿。以确往在郎位，获参使车，承命勒铭，多愧才劣。词曰：」

博陵仁人，圣朝名臣。端洁忠纯，明亮清真。大信不约，至诚可亲。夷白体道，中和立德。志学弘通，」属词丽则。特立公器，频更右职。文昌起草，京县推雄。升台弄印，出塞和戎。俾兹丑类，罔不推衷。巡问」齐鲁，抚临幽蓟。通道河壖，宣风海裔。咸布德泽，无遗巨细。内掌邦政，出为州牧。我武惟扬，所部以」肃。四人按堵，三壤和熟。匪懈致理，竟薨于位。邦人罢市，将校掩泪。明诏褒赠，哀荣斯备。松櫝有」族，实惟洛中。今也合祔，复归于东。閟此玄壤，凛然清风。令子孝女，扶羸送终。承休不替，贻庆攸同。」

河东屈贲刻字并篆盖。」

（录自毛阳光、余扶危主编：《洛阳流散唐代墓志汇编》“二三四”，北京：国家图书馆出版社，2013 年）

《荀曾墓志》

一、解题

封演《封氏闻见记》卷十载："兼御史大夫韦伦奉使吐蕃，以御史苟曾为判官，行有日矣。或谓伦曰：'吐蕃讳狗，大夫将一苟判官，何以求好?'伦遽奏其事。今上令改'苟'为'荀'，而其人不易。及使还，曾遂姓荀，不归旧姓。"[①] 议者多谓此事为小说家言，不足为信，继而对"吐蕃讳狗"亦持否定态度。2012 年，西安市文物保护考古研究院出土韦绶《唐故大理正荀公墓志铭并序》则云："有唐大理正荀公，讳曾，字令则，以贞元十三年七月十六日终于位，享年六十有二……公先姓苟氏，顷岁，我天子选和戎之佐，以公为贤，宜避大戎之嫌，以惇从俗之义，遂因象取类，改苟从荀。"墓志所载荀曾因出使，"宜避大戎之嫌，以惇从俗之义，遂因象取类，改苟从荀"，与小说所言，完全吻合，由此可知"吐蕃讳狗"并非道听途说，其所反映的正是吐蕃对狗的动物崇拜。此亦可以说明唐人对吐蕃文化了解之深入，虽然汉语狗与蕃语狗发音不同，但唐使者还是注意到了这一细节，以免引起吐蕃不必要的误解，导致出使失败。

该墓志 2012 年出土于陕西省西安市南郊韦曲原上塔坡村北，长、宽均为 33. 5 厘米，厚 6. 4 厘米。志文阴刻正书，21 行，行 20 字。西安市文物保护考古研究院《唐代大理正荀曾墓发掘简报》[②] 有详细介

---

① （唐）封演著，赵贞信校注：《封氏闻见记校注》卷十，北京：中华书局，2005 年，第 96—97 页。

② 西安市文物保护考古研究院:《唐代大理正荀曾墓发掘简报》,《文博》2015 年第 1 期。

绍，严寅春等的《唐五代涉蕃小说整理与研究》有初步研究①。

二、录文

唐故大理正苟公墓志铭并序」

京兆府户曹参军韦绶撰」

有唐大理正苟公，讳曾，字令则，以贞元十三年七月」十六日终于位，享年六十有二。呜呼。人伤贤士，国丧」贞臣。童无陋巷之居，箧有太玄之草，迹其志行，难以」志书。公先姓苟氏，顷岁，我天子选和戎之佐，」以公为贤，宜避大戎之嫌，以惇从俗之义，遂因象取」类，改苟从苟。祖讳思玄，赠都水使者。父讳适，赠复州」刺史。皆蕴粹含灵，贻庆于后，清规藻思，遂钟于公。公」器韵宏深，智识明□，遭时多故，委身外台。解褐奏授」太常寺奉礼郎、兼协律郎，大理评事、兼监察御史、京」兆府功曹，迁殿中侍御史，转侍御史，授三原县令，后」除太子司议郎，迁秘书丞，终大理正。历官十任，委质」两朝，空留牧马之文，谁继颜原之迹。以其年八月七」日，于长安城南毕原合葬于亡夫人寇氏之茔，礼也。」有子三人，女一人。长曰处仁，次曰处约，幼曰处厚。年」虽童丱，哀过充穷。托以旌传，期于不朽。铭曰：

天道恶盈，人生有欲。猗嗟苟氏，操行贞独。恩彰赐姓，」名著居官。俭德方晏，雄文比藩。节峻行高，学尤才茂。」不介非义之荣，不屑浮云之富。憖遗遵鲁，合葬从周。」痛幽泉之一闭，传令问于千秋。」

（录自西安市文物保护考古研究院：《唐代大理正苟曾墓发掘简报》，《文博》2015年第1期）

---

① 严寅春、王守芝：《唐五代涉蕃小说整理与研究》，北京：民族出版社，2017年，第163页。

《徐履冰墓志》

一、解题

徐履冰（746—804），字伯戡，高平人。安史之乱中，徐履冰以白身入河南副元帅、行营兵马使、徐州刺史论惟贞幕，任掌书记；永泰元年，论惟贞入京任英武使，复转推官。俄丁父忧去职，则其离职当在建中二年（781）十月九日论惟贞去世前。服除后，补太原文水县尉。泾原兵变平定后，又入检校工部尚书、右金吾卫大将军论惟明幕，充引驾仗判官。吕元膺《骠骑大将军论公神道碑》云："公之季弟惟明……建中兴元之际，仗义讨逆，摧殄凶徒……贞元初，以太常伯执金吾，授钺渭北。"则其入论惟明幕当在兴元末、贞元初。其后，历任滁州全椒县令、门下省符宝郎。

该墓志出土于陕西省西安市长安区，志石长 49 厘米、宽 48 厘米、厚 11 厘米，阴刻正书，28 行，行 27 字；志盖长 49 厘米、宽 48 厘米、厚 8 厘米，阴刻正书"大唐故徐府君墓志铭"，3 行，行 3 字。徐项撰文，徐烦书，徐颜题讳。《西安碑林博物馆新藏墓志续编》收有拓片并录文①，王庆昱《新出唐徐履冰墓志所见入唐吐蕃后裔论氏史事考述》有研究。②

① 赵力光主编：《西安碑林博物馆新藏墓志续编》"一四五"，西安：陕西师范大学出版总社有限公司，2014 年，第 449—452 页。

② 王庆昱：《新出唐徐履冰墓志所见入唐吐蕃后裔论氏史事考述》，周伟洲：《西北民族论丛》第十六辑，北京：社会科学文献出版社，2018 年，第 128—136、420 页。

二、录文

唐故朝议郎前行门下省符宝郎上柱国徐府君墓志铭并序」

宗叔朝议郎京兆府渭南县令余姚县开国男项撰」
次子前乡贡明经颎书
侄道州延唐县尉颜题讳」

君讳履冰，字伯戡，其先高平人也。曾祖黄正，皇朝任常州司马；祖元偕，」皇朝任颍州下蔡县令；父庭芝，皇朝任太子通事舍人。君弱冠之年，以」经术自任，禀性刚毅。尝游于京师，不苟合以取容，篮知已以从仕。河南」副元帅、行营兵马使、徐州刺史论惟贞，方受命元戎，分统士马，求辟」忠义，委以咨筹。君为朝贤所推，荐领奏记，授左金卫兵曹参军。及」论公入觐，改英武军使，奏充推官，转右领军卫胄曹参军事。俄丁舍」人府君忧，毁将灭性，言不见齿，发自闺闾，夙于士族。服除，补太原文水」县尉。属逆臣背叛，党类猖狂，皇舆出巡，潜龙近甸。君昼伏宵征，裂裳裹」足，奔赴行在，朝廷嘉之。及銮舆反正，祆祲廓清，日月贞明，天地」开泰。时检校工部尚书、右金吾卫大将军论公惟明，以君徐州旧寮，备」谙素行，奏充引驾仗判官。会其年有制，甄奖义烈，诏书云：忠而不」报，岂朕意焉。减五选与官，又授滁州全椒县令。当兵车之后，户耗赋烦。」君政洽一同，化齐三异，逃亡悦慕而毕至，赋税乐输而光期。故相卢迈」时典此郡，忘言定契，不复以礼袟关怀。以君执心推素，力行近仁，命君」兼领水阳县。俗尚屠牛，令行斯绝；路多剽盗，号发而亡。注考四上，宰邑」五年，给清白状就选，授门下省符宝郎。丹墀近署，清砌侍臣，守忠孝以」立身，匪金石以易槩。方期保大，驰骋长途。何福过灾生，神夺其寿。粤以」贞元廿年六月十一日，遘疾终于长安永宁里之私第，享龄五十九。以」明年四月十日，迁窆于京兆府万年县凤栖原，礼也。君娶东平夫人吕」氏，先君而逝，今之祔焉。有子三人，一女，颁、颙、烦等。男登孝廉科，皆禀义」方之训；女归释氏教，已登清静之阶。项与君情虽叔父，契同休戚。君之」才实，不愧斯文。铭曰：」

竹有贞兮为笙为簧，松有干兮为栋为梁。岂时未偶兮工无良，」何位下兮命不臧。书幌撤兮忆惟长，丹旐举兮白日长。」素车迟迟兮九原苍苍，玄室掩掩兮千古茫茫。」

（录自赵力光主编：《西安碑林博物馆新藏墓志续编》“一四五”，西安：陕西师范大学出版总社有限公司，2014 年）

《李行素墓志》

一、解题

李行素（823—869），字乘之，陇西人。连举进士不第，南游安南，奏为知唐林州军州事，历任富州、藤州、琼州等州刺史、邕州节度副使、太府少卿、容管经略招讨使等。任太府少卿时，曾出使凉州，“和断唱末羌”，说张议潮入覲。李行素出使凉州的记载，对于了解唱末及归义军的历史大有裨益。

该墓志出土于西安东郊韩森寨，石藏大唐西市博物馆。志石长56厘米，宽56厘米。志文正书，35行，行35字。《珍稀墓志百品》收有拓片并录文[①]，《洛阳新获墓志·二〇一五》收有拓片[②]。李宗俊《〈唐故容管经略招讨处置等使李行素墓志〉跋》[③]《晚唐张议潮入朝事暨归义军与唱末的凉州之争再探——以新出李行素墓志及敦煌文书张议潮奏表为中心》[④] 及王庆昱《新见唐李行素墓志所见东南史

---

① 胡戟：《珍稀墓志百品》“九〇”，西安：陕西师范大学出版总社，2016年，第216—218页。

② 齐运通、杨建锋编：《洛阳新获墓志·二〇一五》“三五二”，北京：中华书局，2017年，第352页。

③ 李宗俊：《〈唐故容管经略招讨处置等使李行素墓志〉跋》，《唐都学刊》2016年第6期。

④ 李宗俊：《晚唐张议潮入朝事暨归义军与唱末的凉州之争再探——以新出李行素墓志及敦煌文书张议潮奏表为中心》，《敦煌研究》2017年第4期。

事考述》① 等有研究。

郑愚，生卒年不详，广州人，博学多才，尤好佛教。登进士第，历任监察御史、左补阙、西川节度判官、商州刺史、桂管观察使、岭南西道节度使。咸通八年（867），任礼部侍郎，知贡举。九年（868），出为岭南东道节度使。李行素出任容管经略使的诏书恰由郑愚草拟，不久郑愚也出为岭南东道节度使，二人辖地相连，故受托撰写墓志。

二、录文

唐故容管经略招讨处置等使检校右散骑常侍兼御史大夫上柱国陇西县开国男食邑三百户赠工部尚书李公墓志铭并序」

岭南东道节度观察处置等使充诸道供军粮料使中大夫检校礼部尚书使持节都督广州诸军事兼广州刺史御史大夫上柱国赐紫金鱼袋郑愚撰」

大丈夫处世，根本于忠孝，约束以仁义。其取进也，必以当时所重。国朝文明照天下，事先」于词科，始大于秀才，而盛于进士。其栋梁鼎鼐之选，多重于是。故今进士，员不出三十，而驰」骛京师，岁千有余。其有得也，则公以为是。故其徒老死甘心，而坎轲穷阨，不知自返。圣人所」称：君子见机而作，不俟终日。又曰：文武之道，未坠于地。夫子何常师之有，则负鼎版筑、屠钓」饭牛，哀歌而率能济时利物，夫岂谓是老死甘心一志而不知变者哉。我则于故容帅」李公见之矣。公讳行素，字乘之，陇西人。北朝冠族，而大于申国公穆，国史有传。袭其后支，皆」称申公房。后其家世播迁南裔，而风范益高，岭服敬之。五代祖玄璋，云麾将军、郴州刺史。高」祖重曔，殿中监。曾祖宿，以御史丞为循州刺史。皇祖淮，以气高不能下人不仕。皇考匡符，举」进士高第，命屈于时，官不

① 王庆昱：《新见唐李行素墓志所见东南史事考述》，《暨南史学》2018 年第 1 期。

及大，卒赠秘书省著作郎①。夫人东平县君刘氏，生公。公外」祖述古，进士及第，汝州刺史。汝州之弟遵古，俱登进士第，大理卿、金吾将军、京兆尹、湖南观」察、邠宁东川二节度。官巨人伟，闻显于时。公内外豪英，而材不世出。连举进士，有」司失人。恐日月之不与，拂衣杖剑而游。乘桴于海，安南奏知唐林州军州事。后海贼裘甫寇」制东而窥府城，公以偏师殄之，擒甫以献。」恩授富州刺史。蓂未再落，又除藤州刺史。蛮蜒方挠，移□□□□□□，以备用故也。未几，又」授琼州，而招讨儋耳、朱崖五郡事。哀牢益暴，又以公□□□□官、御史丞，副邕州节度。寇」果围朗宁，王师不振。公亲擐甲，开垒而出，首敢死之士，捐不赀之身，奋而走之，」褰斩无数。又上其功，加御史大夫。既罢来朝，授太府少卿。未逾月，使西凉州，和」断嗢末羌。与张议潮语，议潮执笏入觐。奉使称」旨，未及返也，除容州经略招讨使。延英奉辞，面加检校右散骑常侍。到」任，大兴利物之策，政用是成。不幸疡生于面，以迄捐馆。其西导交阯，南喉百越。立功立事，目」击皆是。幽志不书，以付外史。有男绍孙，前固安令。次曰裔孙，未仕。二女皆贤，配必佳耦。」公之季弟，前右卫兵曹道谟，孝友惇节。以公之为容州也，」褒诏溢美，乃余时为中书舍人之词也，熟公材德。今作镇联壤，方恸其变。且又老」于承学，以事见属，乃言公以咸通十年二月二日，薨于普宁官署，春秋卌七。用」其年十二月一日，葬于京兆府万年县龙首乡南陈村，祔先茔，礼也。宜有志，云：

李之世载，马喙猿臂。今为唐宗，姓无与贰。冠婚既大，德积人戴。是生申公，」明不可晦。揭揭云麾，处士承之。皇考蓬丘，高第是宜。公生俊奇，君子知机。」服岭鹊起，会稽虎威。献俘象魏，富藤来刺。猎黎岛夷，招讨余类。邕江毒波，」哀牢舜歌。副彼师帅，春喉以戈。归朝羁旅，贰乎长□。单车西凉，栗彼羌将。系羁侯王，式是循□。镇以普宁，犀甲沉枪。四稔之勤，事莫无臻。忧血不行，」荡生浃辰。物数无遽，况乎有土。

① 按：“中华石刻数据库”录为：“官不及太平，赠秘书省著作郎”，而碑文拓片不易辨。

公薨之惜，实备文武。东寇纷纷，甲马如云。」龙原可作，公胡不军。他诔唯褒，我志其实。陵谷之变，彰乎白日。」

亲舅朝议郎守国子春秋博士柱国刘道贯书。」

（录自胡戟：《珍稀墓志百品》“九〇”，西安：陕西师范大学出版总社，2016 年）

（以上碑铭、墓志铭篇均由严寅春提供）

附　录

吐蕃时期敦煌汉文文书编年及相关题记

本编年收录吐蕃时期敦煌汉文文书中有确切纪年及学者研究推论抄写年代者，并抄录相关题记。

772—786年

P. 4073V《唐德宗大事记存大历七年至贞元二年》

782—783年

P. 3201V 王锡《呈吐蕃赞普奏章》

786年

S. 5867《唐建中七年于阗苏门悌举钱契》，题记：“建中七年七月廿□□。”

786—788年

P. 2380V《贞元二年至四年》（残史书）

787年

S. 2674《大乘廿二问本比丘法灯题记》，题记：“丁卯年三年九日写毕。比丘法澄书。”

S. 5869《建中八年举钱契》

S. 5869《契》，题记："建中八年四月廿日。"

S. 5869《唐建中八年于阗苏某举钱契》，题记："建中八年四月廿日。"

BD02206《毗尼心一卷报恩寺僧离□题记》，题记："唐贞元三年十月廿日造、报恩寺僧离□。"

BD14622《毗尼心一卷》，题记："唐贞元三年十月廿日。"

788 年

S 碎 079V《龙世英呈文》，题记："贞元四年正月　日。"

S. 2729《吐蕃辰年三月沙州僧尼部落米净辩牒（算使勘牌子历）》

Дх. 18917《唐贞元四年五月杰谢百姓瑟□诸牒为伊鲁欠负钱事》

S. 3475《净名经关中疏卷上索游岩题记》，题记："辰年九月十六日，俗弟子索游岩、于大蕃管沙州、为普光寺比丘尼普意、转写此卷讫。"

789 年

S 碎 075《百姓残状》，题记："贞元五年五月　日。"

S. 3485《金刚般若经王土浑题记》，题记："大蕃岁次己巳年七月十一日，王土浑为合家平善、国下扰乱敬写。"

P. 2763V（一）《吐蕃巳年沙州仓曹会计牒》

P. 2763V（二）《吐蕃巳年七月沙州仓曹杨恒谦等牒》

P. 2654V《吐蕃［巳年?］沙州仓曹会计牒》

P. 3446V《吐蕃［巳年?］沙州仓曹会计牒》

790 年

P. 2763V（三）《吐蕃午年三月沙州仓曹杨恒谦等牒》

P. 2763V（四）《吐蕃午年沙州仓曹状上勾覆所牒》

790—791 年

S. 5862《残文书两行》

793 年

P. 3918《佛说回向轮经译记、佛说金刚坛广大清净陀罗尼译记及西州没落官赵彦宾题记》

BD06922《劝善经一卷》，题记："贞元九年正月廿三日。"

S. 4924《救诸众生苦难经一卷》

S. 4923《劝善经一卷》，题记："贞元九年正月廿三日。"

S. 1185V《劝善经一卷》，题记："贞元九年正月廿三日。"

P. 2567V《吐蕃癸酉年二月沙州莲台寺诸家散施历》

793—794 年

P. 3918《佛说金刚坛广大清净罗尼经》，题记："癸酉岁十月十五日西州没落"，"乙亥年秋得向西元本勘。"

794 年

P. 2732V《绝观论甘州落蕃僧怀生题记》，题记："大唐贞元十年、甘州大宁寺落藩僧怀生勘。"

P. 4646《顿悟大乘正理决叙》，题记："……至戌年正月十五日，大宣。"

P. 2591《历日》，题记："存贞元十年四月十二日至六月一日。"

P. 2732V《缘观论》，题记："大唐贞元十年岁甲戌仲夏八日。"

S. 1864《维摩诘经卷下》，题记："岁次甲戌九月卅日，沙州行人部落百姓张玄逸、奉为过往父母及七世先亡、当家夫妻男女亲眷及法界众生、敬写小字维摩经一部。"

BD08231《戒律小抄题记》，题记："甲戌年十一月十九日，于报恩寺写讫记之也。"

796 年

S. 5568《灌顶经拔抄题记》，题记："丙子年四月十日，于汉大师边抄下记。"

S. 2050V《四分律并论要抄题记》，题记："岁次丙子年六月六日写讫。"

797 年

P. 3342《某论疏比丘昙辨题记》，题记："第三遍。和后丑年三月廿日，比丘昙辨写记于沙州军门兰若毕功。"

800 年

S. 2729V《太史杂占历题记》，题记："大蕃国庚辰年五月廿三日沙州。"

P. 2104《十地义疏卷三翟家题记》，题记："庚辰年五月廿八日，翟家写经记之也。愿受文。"

BD03273《妙法莲华经卷二背题记》，题记："庚辰年八月七日，程自手书记。"

801 年

P. 3677《沙州报恩寺故大德禅和尚金霞迁神志铭》，题记："蕃中辛巳岁五月一日葬……"

803 年

北大 78/109《劝善经残纸》，题记："贞元十九年正月三日。"

P. 3498《劝善经》，题记："贞元十九年正月八日。"

Дx299/1313 《新菩萨经》，题记："贞元十九年正月八日。"

北大 16/110《劝善经一卷》，题记："贞元十九年正月廿三日。"

P. 3463《劝善经一卷》，题记："贞元十九年正月廿三日。"

P. 2608《劝善经一卷》，题记："贞元十九年正月廿三日。"

P. 2650《劝善经一卷》，题记：“贞元十九年正月廿三日。”

P. 3624《劝善文》，题记：“贞元十九年正月廿三日。”

P. 3036《劝善经一卷》，题记：“贞元十九年正月廿三日。”

P. 4872《劝善经一卷》，题记：“贞元十九年正月廿三日。”

S. 0912《劝善经一卷》，题记：“贞元十九年正月廿三日。”

S. 1349《劝善经一卷》，题记:“贞元十九年甲申岁正月廿三日。”

S. 3792《劝善经一卷》，题记:“贞元十九年甲申岁正月廿三日。”

S. 4739《劝善经一卷》，题记：“贞元十九年正月廿三日。”

S. 5113《劝善经一卷》，题记:“贞元十九年甲申岁正月廿三日。”

散 0450/李《劝善经一卷》，题记：“贞元十九年甲申岁正月廿三日。”

S. 3871《劝善经一卷》，题记：“贞元十九年甲申岁正月”。

甘 016《劝善经一卷》，题记：“贞元十九年二月十三日。”

S. 2853《劝善经》，题记：“贞元十九年四月。”

P. 2132《金刚般若经宣演卷下听记》，题记：“贞元十九年，听得一遍。又至癸未年十二月一日，听第二遍记。”

BD01451《劝善经一卷》，题记：“贞元十九年。”

S. 820 + 826《未年尼明相卖牛契》

上图 095《劝善经一卷》贞元十九年。

804 年

散 0896/中村 《天请问经》，题记：“贞元二十年。”

P. 3613《吐蕃申年正月沙州百姓令狐子余牒》，题记：“申年正月日，百姓令狐子余牒。”

805 年

P. 5579《吐蕃酉年大乘寺寺卿唐迁进具当寺应道场尼六十二人牒》，题记：“酉年十月日，寺卿唐迁进牒。”

S. 6503《净名经关中疏卷上一》，题记：“时蕃中岁次乙酉冬末月下旬二日，于报恩寺写讫。比丘神应记。”

S. 2103《吐蕃酉年沙州灌进渠百姓李进评等牒》，题记：“酉年十二月日，灌进渠百姓李进评等。”

806 年

S. 6829 号背《丙戌年正月十一日已后缘修造破用斛斗布等历》

S. 6459《思益梵天所问经抄拓拔守节题记》，题记：“思益梵天妙（抄）卷第四。丙戌年三月二日拓拔守节写。”

S. 545（1）V《吐蕃戌年永安寺僧惠照具当寺应管主客僧名数状》，题记：“戌年九月日，僧惠照牒。”

807 年

P. 2715《孝经题记》，题记：“孝经一卷。丁亥年二月十四日写毕。”

808 年

甘 102《大方便佛报恩经》，题记：“元和三年岁次己丑六月二十八日。”

809 年

S. 542 号 3V《丑年（809 或 821）七月普光寺寺卿索岫请得佛羊牒》

S. 542 号 2V《丑年（809 或 821）十二月二十一日金光明寺卿张点算史太平群见在数牒》

S. 542 号 4V《丑年（809 或 821）十二月二十一日灵修寺卿薛惟谦算见在羊牒》

S. 542V1v《丑年（809 或 821）十二月廿五日莲台寺寺卿某某于报恩寺请得福田羊牒》

S. 542V5v《丑年（809 或 821）十二月大乘寺寺卿唐千进点算见在欠羊牒》

810 年

S. 6515《妙法莲华经卷七题记》，题记：“妙法莲华经第七。丑年闰四月五月廿四日写了。”

P. 2132《金刚般若宣演卷下义林听记》，题记：“庚寅年十一月廿八日听第三遍了。义琳听。当入德法所说。”

812 年

S. 0530V《吊唁文》，题记：“元和七年六月。”

813 至 815 年

P. 2328《大乘百法论随听手抄讲记》，题记：“八日起首说论、至二月十五日终毕记。又说律、从甲午年十二月八日起首、至乙未年正月卅日了、计五十二日。”

815 年

北师大 20《救诸众生一切苦难新菩萨经题记》，题记：“此经，大蕃乙未年正月二日见记。”

816 年

P. 2287《大乘二十二问》，题记：“丙申年二月。”

S. 01475V（02）《申年（816?）五月社司状附判词（拟）》

S. 01475V（04）《申年（816?）五月社人王奴子等状（拟）》

817 年

S. 6568《净名经疏》卷上勘记，题记：“丁酉年闰五月十五日勘定。”

S. 1475V6《酉年行人部落百姓张乜奴便麦契》

818 年

S. 2701《净名经集解关中疏》卷上，题记：“戊戌年四月一日，比丘神威记。”

S. 542V《吐蕃戌年（818）六月沙州诸寺丁仕车牛役簿》，戌年六月十八日诸寺丁仕车牛役簿。

BD09606V《戌年（818）六月沙州诸寺丁仕车牛役簿》（可与S. 542V 拼合）

S. 542V《吐蕃戌年?（818?）沙州诸寺寺户妻女放毛簿》

820 年

北 135《大般若波罗蜜多经》，题记：“庚子年五月　日，三界寺□□□□□。”

821 年

S. 1686《大番沙州释门都教授和尚画功德佛像记》，题记：“沙州都教授和尚画佛功德记首就通子题记。”

S. 5832《丑年百姓曹先玉便小麦契稿》

BD06359V（5）《二月报恩寺人户请便麦牒（依教授正勤处分）》

BD06359V（6）《二月龙兴寺寺户团头等请便麦牒（依教授正勤处分）》

BD06359V（7）《二月开元寺寺户请便麦牒（依教授正勤处分）》

BD06359V（8）《丑年安国寺寺户汜奉世等请便麦牒及处分》

BD06359V（9）《二月灵修寺寺户团头等请便麦牒（依教授正勤处分）》

BD06359V（10）《二月金光明寺寺户团头等请便麦牒（依教授正勤处分）》

P. 3984《传赞文》，题记：“岁次辛丑七月，朔至十三日题毕。”

P. 2614V《祭文》中国历史博物馆藏《吐蕃丑年敦煌曹先玉便麦契》

P. 2162V《吐蕃丑年一二月沙州僧龙藏牒》

P. 2162V《吐蕃丑年沙州左三将纳丑年突田历》

821—822 年

P. 2583R2《残日历》，题记："存二月廿八日至四月元日。"

BD06359V《十二月廿八日百姓曹先玉便小麦契（草稿）》

822 年

S. 01475V（07）《寅年正月令狐丑丑卖牛契（拟）》

S. 6233V《正月十八日报恩寺主僧□如博驴牛契》

S. 6233V《五月金光明寺直岁僧明哲请便麦粟牒金光明寺》

P. 2298《大乘经纂要义》，题记："壬寅年后八月十五日写毕功记。"

S. 3966《大乘经纂要义题记》，题记："壬寅年六月，大蕃国有赞普印信并此十善经本，传流诸州流行赞诵。后八月十六日写毕记。"

S. 5823《十一月杨谦让牒》

S. 6233V《令狐宠卖牛券》

S. 6233V《寅年报恩寺寺主博换》

BD06359V（04）《寅年僧慈灯雇博士氾英振造佛堂契》

P. 2614AV（9）《祭文》，题记："维岁次壬寅十二月丁亥朔廿日丙午。"

823 年

P. 3422《卯年正月十九日曷骨萨部落百姓武光儿便麦契》

S. 1475V（17）《吐蕃卯年二月十一日阿骨萨部落百姓马其邻便麦契》

S. 1475V（16）《吐蕃卯年二月十一日灵图寺僧义英便穀契》

S. 1475V（19）《吐蕃卯年四月十八日悉董萨部落百姓翟米老便谷契》

S. 1475V（9）（10）《某年僧神宝便麦契》

S. 1475V（10）（11）《某年索满奴便麦契》

S. 1475V（11）（12）《僧义英便麦契》

S. 1475V（12）（13）《某年阿骨萨部落百姓赵卿卿便麦契》

S. 1475V（13）（14）《某年僧神寂便麦契》

BD06205《大乘稻芊经》，题记："癸卯年十月十日，永寿寺写。"

824 年

P. 4503《金刚般若经》，题记："金刚般若波罗蜜经，长庆四年四月六日，翰林侍书学士朝议郎行右补阙上经车都尉赐绯鱼袋柳公权为右街僧录准公书。"

P. 2614AV（7）《祭文》，题记："维岁次癸卯十二月辛巳朔十八日……"

P. 2614AV（6）《祭文》，题记："维岁次癸卯十二月朔廿三日丁卯……"

P. 2614AV（8）《祭文》，题记："维岁次甲辰年辛朔正月壬子……"

P. 2614AV（14）《祭文》，题记："维岁次甲辰四月庚辰朔廿九日戊申……"

P. 2614V《甲辰年四月廿九日社官翟英玉等祭苏氏文》

P. 2614AV（16）《祭文》,题记:"维岁次甲辰五月壬朔十月……"

P. 2614AV（15）《祭文》，题记："维岁次甲辰五月己酉朔十日戊午……"

P. 2614AV（13）《祭文》，题记："维岁次甲辰十二月丙子朔四日乙卯……"

825 年

BD03271《净名经集解关中疏卷上》，题记："乙巳年三月廿日比丘谈哲记。"

S. 796《略抄、小钞阚良赞》，题记："清信佛弟子阚良赞替亡父写小钞一卷。乙巳年三月廿一日于大蕃国沙州永寿寺僧法原写毕。"

BDO8080《七皆佛名经》，题记："乙巳年后五月十五日，比丘吕智写毕记之也。”

P. 3621V《秀和尚劝善文》，题记:“乙巳年后五月十六日抄记。”

P. 2614AV（11）《祭文》，题记：“维岁次乙巳六月壬寅朔廿六日丁卯……”

P. 2614AV（12）《祭文》，题记：“维岁次乙巳六月壬寅朔廿六日丁卯……”

826 年

BD02092《四分律》，题记：“丙午年七月五日，大蕃国肃州酒泉郡法荣。写手恶笔、若多阙错、有名师、望垂改却。”

P. 2614A1 · V《丙午年二月十六日社官张加晟等尚飨文》

P. 2614AV（3）《祭文》，题记:“维岁次丙午二月己亥朔十六日甲寅……”

P. 2614AV（4）《祭文》，题记:“维岁次丙午二月己亥朔十六日甲寅……”

P. 2765v（P. T. 1070）《大蕃敕尚书令尚起律心儿圣光寺功德颂》

827 年

S. 2432V《净名经集解》，题记：“丁未年三月廿日，莲僧会自手书记。”

P. 2614AV（5）《祭文》，题记：“维岁次丁未二月癸巳朔廿九辛酉……”

S. 1475V（6）《吐蕃未年十月三日上部落百姓安环清买地契》

BD09344《丁未年十月卅日社长翟良友等祭王丈人尚飨文》

BD06359V（3）《未年灵树寺慈灯等为节儿娘福田传经录》

828 年

S. 11332《吐蕃戊申年四月六日善护、遂恩兄弟分书》

S. 1475V（1）《吐蕃申年五月赵庭琳牒及判》

S. 1475V（2）《吐蕃申年五月赵庭琳牒及判》

S. 1475V（4）《吐蕃申年五月社人王奴子等牒》

P. 2583《吐蕃申年等沙州诸人施舍疏》

829 年

P. 3730《吐蕃酉年正月金光明寺维那怀英等请僧淮济补充上座等状并洪辩判辞》

P. 2858V《吐蕃酉年二月十三日索后、海朝兄弟租地贴》

S. 1479V（5）《吐蕃酉年三月一日下部落百姓曹茂晟便豆契》

S. 1479V（5）《吐蕃酉年十一月行人部落百姓张七奴便卖契》

S. 2103《吐蕃酉年十二月南沙灌进渠用水百姓李进评等乞给公验牒及判》

829/830 年

P. 2797V《残历日》，题记:“存十一月廿二日至十二月五日。”

831 年

P. 5244《吐蕃亥年二月廿七日某贷布？契》

S. 2447V（1）《亥年十月一日以后应诸家散施入经物色目(拟)》

832 年

BD01061《四分律戒本疏卷三》，题记：“壬子年三月廿八日，沙州寿永寺写。”

BD02065《四分律戒本疏卷一》，题记：“戒疏卷一第 壬子年十二月、沙州金光明寺僧大律师书其疏、用于流通记。”

S. 2447《壬子年知经藏所由光璨共前所由伯明交割经论手贴(拟)》

833 年

P. 2794《大乘四法经论及广释开决记》，题记：“癸丑年八月下旬九日，于州永康寺集解毕记。”

S. 2447V（2）《丑年九月六日宋判官请经论卷帙数目（拟）》

S. 2447V（3）《丑年九月〈大般若经〉欠经条记（拟）》

S. 2447V（4）《丑年九月十月吴法阇梨请经论卷帙数目（拟）》

P. 2404V《六门陀罗尼经论》，题记：“癸丑年十月上旬八日，于沙州永康寺集讫、故记之也。”

834 年

P. 2765R（2）《残历日》，题记：“存甲寅年正月一日至四月七日。”

P. 3444P1 + P. 3491《吐蕃寅年二月七日丝绵百姓阴海清便麦粟契》

P. 3444V（二）《吐蕃寅年四月五日上部落百姓赵明明便豆契》

P. 2947《某佛典释》，题记：“甲寅年四月十八日书记。”

P. 2502V（二）《吐蕃寅年六月思董萨部落百姓兴逸便麦契》

P. 2502V（一）《吐蕃寅年七月六日孔买宜将下百姓宗荣奴贷麦契》

S. 5816《寅年节儿为杨谦让打伤李条顺处置凭》

P. 4640《吴僧统碑》

835 年

P. 3422V《吐蕃卯年正月十九日曷骨萨部落百姓武光儿典车便麦契》

P. 2255V(8a)《祭文》,题记:“维岁次乙卯三月丙午十七日……”

S. 2064《八波罗夷》，题记：“岁次乙卯四月廿日，比丘悟真题记。”

836 年

P. 2837V《吐蕃辰年正月二日沙州男女施入疏》

BD08679《姓望氏族谱》，题记：“大蕃岁次丙辰后三月庚午朔十六日乙酉鲁国唐氏比丘悟真记。”

837 年

P. 2686（1）《吐蕃巳年二月六日普光寺人户李和和典当便麦粟契》

P. 2686（2）《吐蕃巳年二月六日僧广惠幢便粟契》

P. 2686（3）《吐蕃巳年二月六日纥骨萨部落百姓王清清便麦契》

P. 2686V《大蕃沙州敦煌郡摄节度功德颂》

P. 2964V《吐蕃巳年二月十日康悉杓家令狐善奴便割价麦契》

敦研 0009《佛说灌顶章句拔除过罪生死得度经卷第十二》，题记：“太和十一年五月十五日。”

838 年

敦研 0062《金光明经》，题记：“太和十二年八月一日。”

P. 3730《吐蕃午年一二月沙州僧道在菀牒》

P. 3730《吐蕃年次未详沙州尼海觉牒》

839 年

P. 3730V《未年四月纥骨萨部落百姓吴琼岳便粟契》

S. 4192V《吐蕃未年四月五日张国清便麦契》

Дx. 1462 + P. 3829《吐蕃监军论董勃藏修伽蓝功德记》

羽 689《吐蕃监军论董勃藏修伽蓝功德记》

840 年

S. 2595《观心论》，题记：“庚申年五月廿三记。”

P. 3744《年代未详沙州僧张月光兄弟分书》

P. 3410《年代未详沙州僧崇恩处分遗物凭据》

P. 3730《吐蕃申年十月沙州报恩寺僧崇圣状》

P. 3730V《吐蕃年次未详沙州教授和尚乘恩判》

P. 3730V《吐蕃年次未详沙州诸寺僧支麦记录》

S. 1313《大乘百法明门论开宗义记序》，题记：“辛酉年十二月十二日了竟。”

841 年

P. 3730《吐蕃酉年正月沙州乐人奉仙等牒》

P. 3730《吐蕃酉年正月沙州金光明寺维那怀英等牒》

842 年

BD02315《诸星母陀罗尼经》，题记：“壬戌年四月十六日于甘州修多寺翻译此经。王颛。”

S. 5010《诸星母陀罗尼经》，题记：“壬戌年四月十六日于甘州修多寺翻译此经。”

上图 121《诸星母陀罗尼经一卷》吐蕃壬戌年。

844 年

BD06358《金刚般若波罗蜜经》，题记：“甲子年五月十五日□□□□□□□□。”

845 年

S. 6418《净名经集解关中疏卷下》，题记:“乙丑年二月十四日。”

BD00414《净名经集解关中疏卷上》，题记：“乙丑年三月六日捷。”

S. 1144《四分律戒本疏卷二》，题记：“乙丑年十一月廿五日勘讫。”

846 年

P. 3730《吐蕃寅年正月沙州尼惠性牒》

P. 2073《萨婆多宗五事论》，题记：“丙寅年五月十五日于大蕃甘州张掖县译。”

P. 3730《吐蕃寅年八月沙州沙弥尼法相牒》

P. 3730《吐蕃寅年九月沙州式叉尼真济等牒》

S. 2041（2）《丙寅年敦煌某社增补社条（拟）》

847 年

S. 2503《赞禅门诗》，题记："丁卯年二月廿三日沙弥明慧记。"

BD03566《四分律戒本疏卷一》，题记："丁卯年十一月十八日僧常澄于讲堂檐下书写记。"

P. 2285《佛说父母恩重经》，题记："丁卯年十一月廿九日奉为亡妣写毕。孤子比丘智照。"

（魏迎春整理）

图书在版编目（CIP）数据

吐蕃文化史料集萃/黄维忠，魏迎春主编．-- 北京：中国藏学出版社，2024.6. -- ISBN 978-7-5211-0531-5

Ⅰ. K289

中国国家版本馆 CIP 数据核字第 2024TP5595 号

吐蕃文化史料集萃　　黄维忠　魏迎春　主编

责任编辑　张　宁
封面设计　李建雄
出版发行　中国藏学出版社
印　　刷　中国电影出版社印刷厂
版　　次　2024 年 9 月第 1 版第 1 次印刷
开　　本　787 × 1092 毫米　1/16
印　　张　35
字　　数　521 千字
书　　号　ISBN 978-7-5211-0531-5
定　　价　118.00 元

图书若有印装质量问题，请与本社发行部联系
E-mail: dfhw64892902@126.com　　电话：010-64892902